U0632349

主　编　　袁行霈　　陈进玉

本卷主编　　林超民

中国地域文化通览

云南卷

中华书局

图书在版编目(CIP)数据

中国地域文化通览. 云南卷/袁行霈,陈进玉主编;
林超民本卷主编. —北京:中华书局,2014.6
ISBN 978 – 7 – 101 – 09477 – 0

Ⅰ. 中…　Ⅱ.①袁…②陈…③林…　Ⅲ. 文化史 – 云南省
Ⅳ. K203

中国版本图书馆 CIP 数据核字(2013)第 140335 号

题　签　袁行霈
篆　刻　刘绍刚

书　　名　中国地域文化通览·云南卷
主　　编　袁行霈　陈进玉
本卷主编　林超民
责任编辑　许旭虹
美术编辑　毛　淳　许丽娟
出版发行　中华书局
　　　　　(北京市丰台区太平桥西里 38 号　100073)
　　　　　http://www.zhbc.com.cn
　　　　　E-mail:zhbc@zhbc.com.cn
印　　刷　北京瑞古冠中印刷厂
版　　次　2014 年 6 月北京第 1 版
　　　　　2014 年 6 月北京第 1 次印刷
规　　格　开本/700×1000 毫米　1/16
　　　　　印张 37½　插页 10　字数 550 千字
国际书号　ISBN 978 – 7 – 101 – 09477 – 0
定　　价　168.00 元

《中国地域文化通览》组委会、编委会

组织工作委员会

主　任：陈进玉　袁行霈

副主任：陈鹤良

委　员：（以姓氏笔画为序）

丁绍祥　于来山　王　君　王立安　王宪魁　王晓东

王祥喜　孔玉芳　石憍巍　布小林　卢美松　尼玛次仁

多　托　刘　智　阳盛海　杨继国　李　康　李少恒

李明远　李联军　李福春　肖志恒　吴　刚　邱江辉

何天谷　宋彦忱　沈祖炜　张　庆　张正锋　张作哈

张杰辉　张建民　张建华　张建国　张俊芳　张炳学

张晓宁　陈　桦　林　声　范晓军　周　义　郑继伟

屈冬玉　赵　雯　赵安东　胡安平　柳盛权　咸　辉

娄勤俭　贾帕尔·阿比布拉　　　顾　久　徐振宏

曹　萍　曹卫星　韩先聪　程　红　谢　茹　谢庆生

詹文宏　谭　力　滕卫平　魏新民

编撰工作委员会

主　　编：袁行霈　陈进玉

执行副主编：陈鹤良　陈祖武

副　主　编：（以姓氏笔画为序）

王　尧　王　蒙　方立天　白少帆　杨天石　陈高华

赵仁珪　程大利　程毅中　傅璇琮　樊锦诗　薛永年

编　委（以姓氏笔画为序）

中央文史研究馆：

王　尧　　王　蒙　　王立平　　王国华　　方立天　　白少帆

许麟庐　　孙　机　　孙大石　　孙天牧　　杜廼松　　杨天石

杨延文　　李学勤　　沈　鹏　　宋雨桂　　张立辰　　陈进玉

陈祖武　　陈高华　　陈鹤良　　欧阳中石　　　　　　金鸿钧

赵仁珪　　饶宗颐　　袁行霈　　郭怡孮　　韩美林　　程　熙

程大利　　程毅中　　傅璇琮　　傅熹年　　舒　乙　　樊锦诗

薛永年　　霍　达　　戴　逸

各　分　卷：

王川平　　王志民　　王国华　　卢美松　　司徒尚纪

朱绍侯　　刘玉堂　　刘硕良　　孙　逊　　杨继国　　李兴盛

李金善　　李联盟　　吴　光　　吴志良　　谷长春　　张在德

张炳学　　阿尔斯兰·阿布都拉　　　　　　林　声　　林仁川

林超民　　周勋初　　周敬飞　　郑德华　　赵逵夫　　胡迅雷

钟文典　　俞兆鹏　　饶宗颐　　格桑曲杰　　　　　　顾　久

郭　因　　黄留珠　　符和积　　谢　佐　　熊治祁　　戴　逸

审 读 小 组： 陈祖武　柴剑虹

编撰工作办公室

主　　　任： 陈思娣

成　　　员： 杨志新　维莉斯　马维洁　王　称　刘　薇　刘永海

　　　　　　　孙立涛　库晓慧

《中国地域文化通览·云南卷》编委会

组织工作委员会

主　任：丁绍祥

副主任：张文勋　何　宣　黄立新　刘　智　王维真

委　员：冯岫岭　张　勇　张亚平　苏建华　林超民　余嘉华

编撰工作委员会

主　任：张文勋　刘　智　王维真

主　编：林超民

副主编：余嘉华　张亚平（常务）

编　委：（以姓氏笔画为序）

　　　　王运生　王国祥　王树五　李孝友　李亚明　李惠铨　朱惠荣

　　　　朱端强　伍雄武　汪宁生　何耀华　张　长　张永康　张　勇

　　　　杨世光　杨世领　徐文德　晓　雪　谢本书　蓝华增　蔡家麒

　　　　蔡　毅

编撰办公室

主　任：杨世领

成　员：李亚明　范　妤　李　婧

三江并流

洱海

大理三塔

丽江古城四方街

丽江古城一隅

元　建水文庙

元　孟连宣抚司署

元谋人牙齿化石　约170万年前，元谋县上那蚌村出土

富源大河遗址旧石器　约4.4万年前，富源大河镇出土

新石器时代　尖底瓶　云南博物馆藏　　　新石器时代　有段石锛　云南博物馆藏

西汉 滇王金印 晋宁石寨山出土 中国国家博物馆藏

东晋　昭通霍承嗣墓壁画

唐代　南诏中兴二年画卷

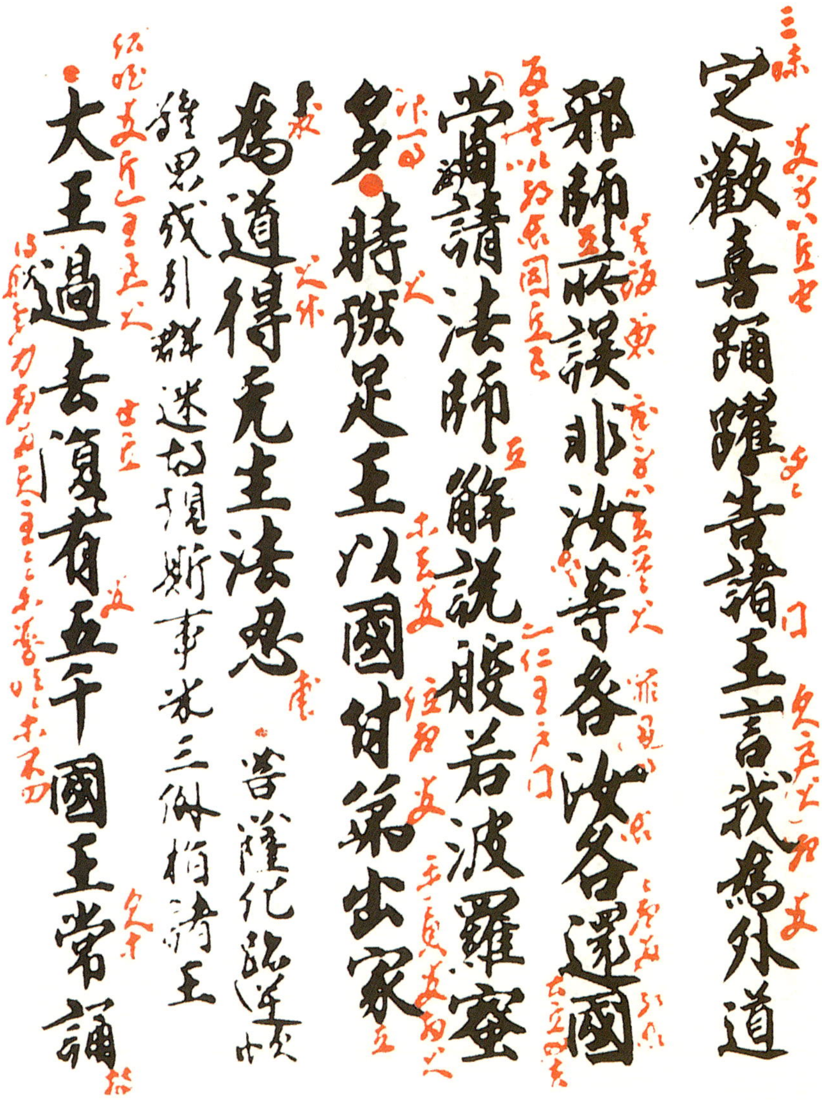

定歡喜踊躍壽諸王言我為外道

邪師恭謀耶汝等各汝谷還國

當請法師解說般若波羅蜜

多時滅足王以國付弟出家

為道得无主法忍　菩薩化眾生

大王過去復有五千國王常誦

宋代　大理国写本佛经

宋代大理国　大理国梵画像长卷

明代　丽江白沙壁画

纳西族东巴木牌图画文字

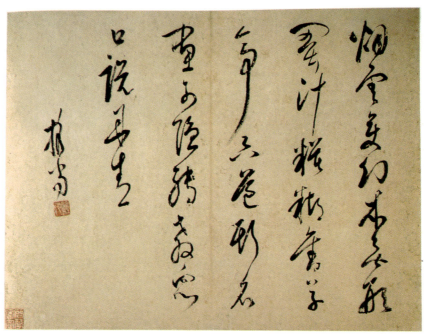

担当书画

总绪论

袁行霈

早在《尚书·禹贡》和《山海经》中已有关于中国地域的描述，包括九州的划分，各地的土地、山川、动物、植物、农产、矿产，还记载了一些神话，这两部书可以视为地域文化的发轫之作。此后出现了许多地理书籍，其中以东汉班固的《汉书·地理志》和北魏郦道元的《水经注》影响最为深远。前者记载了西汉的区划、户口、物产、风俗等，后者通过对《水经》的注解，记录了许多河流及沿岸的风物，保存了丰富的地理和人文信息。

本书对中国地域文化的研究，重视古代的传统，但就观念、方法、论述的范围、传世文献和考古资料的运用诸方面而言，都跟古代的舆地之学有很大区别。本书注重中国文化的空间分布和地域差异，将历时性的考察置于地域之中，而重点在于各地文化的特点和亮点，以及各地文化资源的开发利用。

近二十年来国内学术界出现了不少新的学术生长点和热点，地域研究便是其中之一。本书仅从"地域"这个特定的角度切入，至于中国文化的一般问题则不在本书探讨的范围之内。本书限于传统文化的范围，然而希望以古鉴今，面向未来，有助于当前和今后的文化建设。

第一节　多源同归与多元互补

中国文化的多个发源地　多源同归　以汉族为主体的各民族文化
多元互补

中国文化明显地呈现出地域的差异，这些差异乃是统一的中国内部的地域差异①，是中国文化多样性的表现。

中国文化具有多个发源地：

黄河流域。黄河发源于青海巴颜喀拉山脉西端卡日扎穷山的北麓，其干流流经四川、甘肃、宁夏、内蒙古、陕西、山西、河南、山东，全长 5464 公里，流域面积 75.24 万平方公里②。黄河有众多的支流，这些支流为中华民族的先民提供了优越的生存环境，特别重要的有渭河、汾河、伊洛河、湟水、无定河，在这些支流的两侧分布着数量众多的古文化遗址，例如黄河上游的马家窑文化，黄河中游的仰韶文化—中原龙山文化，黄河下游的大汶口—龙山文化，证明黄河是中国文化最重要的发祥地③。标志着中国文化肇始的夏代④，文化已相当发达的商代和周代，这三个王朝的疆域均位于黄河流域，可见黄河在中国文化史上的重要地位。

长江流域。长江发源于青海唐古拉山脉最高峰各拉丹东峰的西南麓，其干流流经四川、西藏、云南、重庆、湖北、湖南、江西、安徽、江苏、上海，全长 6397 余公里，流域面积达 180.85 万平方公里⑤。其间分布着许许多多古文化遗址。20 世纪以来新的考古资料证明，长江上游的三星堆文化，长江中游的屈家岭文化，长江下游的河姆渡文化和良渚文化，在陶器、青铜器、玉器的制作，以及城市的建筑等方面都已达到相当发达的程度⑥。老子、庄子、屈原的出现，以及近年来在湖北、湖南出土的大量秦汉简帛和其他文物，证明了当时的楚文化已达到可以与黄河流域的文化并驾齐驱的辉煌程度。毫无疑问，长江跟黄河一样，是中国文化的摇篮。

此外，辽河流域文化、珠江流域文化，都可以追溯到很早，而且特点鲜明，对中国文化的发展起了重要的作用，这两大流域也应视为中国文化的发祥地。

总之，黄河、长江是中国文化的主要发祥地，在历史长河中，又广泛地吸取了其他地区的文化因素，逐渐交融，深度汇合，就像"江汉朝宗于海"一样，随着中国大一统局面的建立、巩固和发展，发源于不同地区的文化先后汇为中国文化的大海，我们称之为多源同归⑦。

中国文化又是多元互补的文化，以汉族为主体，自周、秦到明、清，在各个历史阶段随着民族间的交往、融合，吸取了少数民族的文化因素，56 个民族共同创造出中华民族灿烂辉煌的文化。中国的疆域是各族共同开拓的，少数民族对东北、北部、西北、西南边疆的开发做出了重要的贡献⑧。

汉族的先民主要生活在黄河中下游地区，一般说来仰韶文化和龙山文化是汉族先民的文化遗存。传说黄帝之后的尧禅让于舜，舜或出自东夷⑨；舜禅让于禹，禹或出自西羌⑩，这表明了上古时期民族融合的趋势。汉朝以后，"汉"遂成为民族的名称，汉族的文化也成为中华民族文化的主体。

汉族在发展过程中，吸取了各少数民族的文化成分以丰富自己。赵武灵王推行胡服骑射，唐代吸取今新疆一带少数民族的音乐歌舞，都是很好的例证。中国古代的政治家、作家、书法家、画家中，出身少数民族的可以举出不少。例如唐代的宰相长孙无忌其先出自鲜卑拓跋部，元代著名作家萨都剌是回回人，元代著名书法家康里巎巎是色目康里部人，清代的著名词人纳兰成德是满族人，他们为中国文化的发展做出了重要贡献。另一方面汉族又对各少数民族文化产生重大的影响，有的少数民族入主中原时托黄帝以明正朔，如鲜卑拓跋部建立北魏，自称是黄帝之子昌意之后⑪。北魏孝文帝推行的改革，促进了鲜卑人与汉人的融合⑫。一些曾经入主中原的少数民族，如蒙古人在很大的程度上自觉学习汉人的文化。元朝至元四年（1267）正月，世祖下令修建曲阜孔庙，五月又在上都（今属内蒙古自治区）新建孔子庙⑬。元朝开国功臣耶律楚材，为保存汉族典章制度与农耕文化做出卓越的贡献⑭。满人入主中原前，努尔哈赤、皇太极在政权建设、社会发展等方面就已注意吸收汉文化，学习儒家典籍[15]，入关以后对汉族文化的吸取就更多、更自觉了，《全唐诗》和《四库全书》的编纂就是最好的证明。

各民族的文化互补，是中华文化不断发展的重要动力，也是形成中华民族凝聚力的重要因素。例如，内蒙古等北方草原的游牧文化雄浑粗犷，与汉族的农耕文化可以互补[16]。新疆各族的文化，以及新疆在丝绸之路上对中外文化交流所起的作用十分重要。藏传佛教影响广泛，藏族文化丰富多彩，在中华民族文化中的地位值得充分重视。壮族在少数民族中人数最多，其文化品格和文化成就同样值得充分重视。

总之，各地的文化交融，以及汉族与少数民族的文化交融，使中国文化既具有多样性又具有统一性。多元互补，乃是中国文化的一大特点，也是中国文化进一步发展繁荣的坚实基础。

第二节　文化中心的形成与转移

地域文化发展的不平衡　中心形成与转移的若干条件：经济的水平　社会的安定　教育、藏书与科技　文化贤哲的引领作用

某一地区在某一时期内文化发展较快，甚至居于中心地位，对全国起着辐射作用。而在另一时期，则发展迟缓，其中心地位被其他地区所取代。地域文化发展的不平衡，文化中心的转移，是常见的现象。下面举例加以说明：

陕西西安及其附近本是周、秦、汉、唐的政治文化中心，这几个统一王朝的辉煌，在不胜枚举的文化遗址和出土文物中都得到证实，周原出土的青铜器，秦始皇陵的兵马俑，众多的汉家陵阙和唐代宫阙、墓葬遗址，都是中国的骄傲。包括正史在内的各种文献资料，如诗歌、文章、书法、绘画，也都向世人诉说着曾经有过的辉煌。司马迁、班固等则是这片土地哺育出的文化巨人。但到了元代以后，特别是明清以来，这里的文化已经难以延续昔日的光彩。

河南原是商代都城所在，殷墟出土的甲骨文，证明了那时文化的

兴盛。东周、东汉、曹魏、西晋等朝定都洛阳，河南成为全国文化的中心。到了唐代，河南则是文学家集中涌现的地方，唐代著名诗人几乎一半出自河南，杜甫、韩愈、岑参、元稹、李贺、李商隐等人，为唐诗的繁荣发展做出了重大贡献。北宋定都开封，更巩固了其文化中心的地位，张择端的《清明上河图》反映了汴梁的繁华。但在南宋以后，河南的文化中心地位显然转移了。

由上述陕西与河南的变化，可以看出政治中心与文化中心之间的关系。政治中心的迁移，特别是那些维持时间较长的政治中心的迁移，往往造成文化中心的迁移。

山东在先秦是中国文化的中心。曲阜是孔子的故乡，邹城是孟子的故乡，对中国文化影响至深至巨的儒家即植根于此。虽然经过秦始皇焚书坑儒，山东在两汉仍然是儒家思想文化的中心之一，伏生、郑玄这两位经学家都是山东人。但魏晋以后，山东的文化影响力逐渐衰落，儒学的中心也逐渐转移到别的地方。唐代高倡儒学复兴建立儒家道统的韩愈，北宋五位著名的理学家周敦颐、张载、邵雍、程颢、程颐，南宋将理学推向高峰的朱熹、心学家陆九渊，以及明代的心学家王阳明，均非出自山东。

北京一带在春秋战国时期是燕国都城所在，汉唐时称幽州，是边防重镇，与陕西、河南相比，文化显然落后。后来成为辽、金、元、明、清的首都，马可波罗记载元大都之繁华，令人赞叹。元杂剧前期便是以元大都为中心的，元杂剧的杰出代表关汉卿、王实甫，以及其他著名剧作家马致远、杨显之、纪君祥、秦简夫都是大都人。明清两代建都北京，美轮美奂的紫禁城、天坛、圆明园、颐和园，标志着中国古代建筑的辉煌成就。朝廷通过科举、授官等途径，一方面吸纳各地人才进京，另一方面又促使精英文化向全国各地辐射，北京毫无争议地成为全国文化的中心。

上海原是一个渔村，元代开始建城，到了近代才得到迅猛的发展，19世纪中叶已经成为国际和国内贸易的中心，随后又一跃而成为现代国际大都会。各种新兴的文化门类和文化产业日新月异地建立起来，并带动了全国文化的发展。

广东文化的发达程度原来远不及黄河与长江流域其他地方，但到了唐代，广州已成为一个大都会，到了近代，广东在思想文化方面呈现明显的优势，黄遵宪、康有为、梁启超、孙中山等人都出自广东。

文化中心形成和转移的原因十分复杂，需要从多方面探讨。

首先，是由经济发展的水平所决定的。

经济的发达虽然不一定直接带来文化的繁荣，但经济发达的地区文化水平往往比较高。最突出的例证便是江苏和浙江。这两个地区在南朝已经开发，宋代以后以太湖为中心的地区，乃至浙江东部的宁波、绍兴，成为重要的粮食产区。到明清两代，随着精耕细作的农业技术广泛应用，粮食产量大幅增加。在松江、太仓、嘉定、嘉兴等地，棉花耕种面积扩大，棉纺织业迅速发展；植桑养蚕缫丝成为新兴的副业，湖州成为丝织品最发达的地区[17]。农副业的发展带动了商业和市镇的繁荣，以及新兴市民的壮大。经济的发展与经济中新因素的成长，促成了江苏和浙江文化的繁荣，以及文化中新气象的出现。明代王阳明后学中的泰州学派开启了早期启蒙思想的潮流，明末以"公""正"为诉求的东林党具有代表江南地区士人和民众利益的倾向，其领袖顾宪成、高攀龙都是江苏无锡人。明中叶文人结社之风颇盛，如翟纯仁等人在苏州的拂水山房社，汪道昆、屠隆等人在杭州的西泠社，以及张溥在常熟、南京的复社，都在政治文化领域开启了新的风气，社会影响很大。至于文学方面，明清两代江苏和浙江文风之盛更是人所熟知的。著名的文人，明代有文徵明、徐渭、冯梦龙、施耐庵、吴承恩，清代有钱谦益、顾炎武、朱彝尊、沈德潜、郑燮、袁枚、龚自珍、李渔、洪昇等。江浙也是明清以来出状元最多的地方。

然而，文化的发展与经济的发展不一定同步，文化的发展除了受经济的制约外，还有其自身的规律。例如，在清代，晋商特别活跃，金融业发展迅猛。但是在这期间山西文化的发展却相对迟缓，如果与唐代的辉煌相比，已大为逊色。又如，北宋时期，关中的经济已经远不如唐代，但张载却在这里教授生徒，传播儒学，"为关中士人宗师"[18]，关中成为儒学的中心之一。

其次，与社会稳定的程度有很大关系。

东汉首都洛阳，经过一百六十多年的经营，是当时的文化中心。中平六年（189），东汉灵帝病死，并州牧董卓借机率军进入洛阳，废黜少帝刘辩，立九岁的陈留王刘协为帝，是为汉献帝。献帝初平元年（190），在东方诸侯的军事压力下，董卓迁天子于西都。迁都之时，图书文献遭到了极大破坏⑲，东汉王朝在首都积累的文化成果毁于一旦⑳。

南朝齐梁二代文学本来相当繁荣，分别以齐竟陵王萧子良、梁武帝萧衍和昭明太子萧统、梁简文帝萧纲为首的三个文学集团，对文化的发展起了很大的推动作用。齐永明年间周颙发现汉语有平上去入四种声调，"竟陵八友"中的沈约等人根据四声以及双声叠韵，研究诗句中声、韵、调的配合，创制了"永明体"，进而为近体诗的建立打下基础。成书于齐代末年的刘勰所著《文心雕龙》则是中国文学批评史上最系统的著作。由于萧衍、萧统、萧纲父子召聚文学之士，创作诗歌，研究学术，遂使建康成为文化中心。萧统所编《文选》影响尤为深远。可是经过侯景之乱，建康沦陷，士人凋零，江左承平五十年所带来的文化繁荣局面遂亦消失㉑。

与此类似的还有唐朝末年中原一带的战乱对文化的破坏。唐代的首都长安是当时最大的国际都会，居住着许多外国的留学生、商贾、艺术家。在宗教方面，除了道教和佛教，祆教、景教和摩尼教也都得以传播，长安显然是当时的文化中心。到了五代，长安的文化中心地位消失了，而四川因为相对安定，士人们相携入蜀，文化也随之发达起来，俨然成为一个新的文化中心。后蜀主孟昶时镌刻石经㉒，后蜀宰相毋昭裔在成都刻印《九经》《文选》《初学记》《白氏六帖》，对四川文化的发展影响很大㉓。尤其值得注意的是词的繁荣，后蜀赵崇祚所编《花间集》，选录18家"诗客曲子词"，凡500首，其中14位作者皆仕于蜀。《花间集》是最早的文人词总集，奠定了以后词体发展的基础㉔。

我们也要看到，社会变革期往往伴随着社会的不稳定，以及各种思想和主张的激荡，这反而会促进文化的发展，并形成若干文化的中心，如在春秋战国时期，鲁国是儒家的中心，楚国是道家的中心。这从另一个方面提醒我们文化发展的复杂性。

复次，文化中心的形成与教育水平、藏书状况、科技推动有很大关系。

书院较多的地区，私人讲学之风兴盛的地区，蒙学发达的地区，往往也成为文化中心，突出的例子是明代的江西、浙江。据统计，明代江西有书院 51 所，浙江有书院 36 所，这些地方也就成为文化中心[25]。

文化的发达离不开书籍，书籍印刷和图书收藏较多的地区，往往会形成文化中心。例如四川成都是雕版印刷最早流行的地区之一，唐代大中年间已有雕版书籍和书肆[26]。唐末成都印书铺有西川过家、龙池坊卞家等[27]。此后，一直到五代、宋代，成都都是印刷业的中心之一，这对成都文化的发展起了重要作用。又如浙江、福建也是印刷业的中心，到了五代、宋，达到繁盛的地步。这两个地区在宋代人才辈出，显然与此有关。明清两代私家藏书以江浙一带为最盛，诸如范钦天一阁、毛晋汲古阁、黄虞稷千顷堂、钱谦益绛云楼、徐乾学传是楼、朱彝尊曝书亭、瞿绍基铁琴铜剑楼、陆心源皕宋楼、丁丙八千卷楼都在江浙，这对明清时期江浙文化的发展无疑起了巨大作用。

科技带动地域文化发展的例子，可以举李冰父子在四川修建都江堰为例。这项工程创造性地运用了治水的技术，将蜀地造就为"天府之国"，文化也随之发达起来[28]。

最后，要提到文化贤哲或学术大师的引领作用。

山东曲阜一带，如果没有孔子就难以形成文化中心，这是显而易见的。北宋思想家邵雍之于洛中，也是一个显著的例子，《宋史·邵雍传》曰："人无贵贱少长，一接以诚，故贤者悦其德，不贤者服其化。一时洛中人才特盛，而忠厚之风闻天下。"[29]南宋思想家朱熹长期在福建、江西讲学，"诸生之自远而至者，豆饭藜羹，率与之共"[30]。此外，宗教史上如慧能之于广东；思想史上如王阳明之于贵州，王艮之于泰州，都有重大的影响。文学史上也是如此，黄庭坚之于江西，杨慎之于云南，也都有重大影响。明代吴中出现了文徵明等一批兼通诗文、书画的著名文人，形成文化中心[31]。

第三节　地域文化的差异、交流与融合

南北之间的差异　东西之间的差异　沿海与内地之间的差异　文化
交流融合的途径：移民、交通与商贸、科举与仕宦

　　《诗经》与《楚辞》代表了先秦北方与南方两种不同的文化风格，
《诗经》质朴淳厚，《楚辞》浪漫热烈。关于先秦南北思想文化的差异，
王国维的论述具有启发性："我国春秋以前，道德政治上之思想，可分之
为二派：……前者大成于孔子、墨子，而后者大成于老子。故前者北方
派，后者南方派也。"[32]关于南北朝文风的差异，《隋书·文学传序》已
经给我们重要的提示："江左宫商发越，贵于清绮；河朔词义贞刚，重乎
气质。"[33]这种差异在南朝民歌和北朝民歌之间表现得十分清楚。唐代禅
宗有"北渐"、"南顿"二派。中唐时期第一批学习民间词的作家，他们
的作品往往有一种南方的情调。晚唐五代，词的两个中心都在南方。宋
代理学的四个主要学派：以周敦颐为首的濂学，以程颢、程颐为首的洛
学，以张载为首的关学，以朱熹为首的闽学，都带有地域性。在元代盛
行的戏曲，无论就音乐而论还是就文学风格而论，都显然存在着地域的
差异。四折一楔子的杂剧是在北方兴起的一种文艺形式，杂剧创作与演
出的中心在大都。稍晚，南方有一新的剧种兴盛起来，这就是南戏。它
在两宋之际产生于浙江温州一带，先流传到杭州，并在这里发展为成熟
的戏曲艺术，至元末大为兴盛。由宋元南戏发展出来的明代传奇，有所
谓四大腔：海盐腔、余姚腔、弋阳腔、昆山腔，都是南方的唱腔。由苏
州地区兴起的昆曲，在明末清初达到成熟阶段，成为全国最大的剧种。
清中叶至鸦片战争前后，形成五大声腔，除原有的昆腔外，还有高腔（由
弋阳腔演变而成，湘剧、川剧、赣剧、潮剧中都有此腔）、梆子腔（即秦
腔，源于陕西和山西交界处，流行于北方各地）、弦索腔（源于河南、山
东）、皮黄腔（西皮、二黄的合流，西皮是秦腔传入湖北后与当地民间曲
调结合而成，二黄是由吹腔、高拨子在徽班中演变而成），这些声腔都具
有明显的地方特色。乾隆年间四大徽班入京，与来自湖北的汉调艺人合
作，同时吸收昆曲、秦腔的因素，又部分地吸取京白，遂孕育出风靡全

国的京剧㉞，这是地域文化交融的绝佳例证。

东北三省与关内相比，也有自己的特色：粗犷、雄健、富于开拓性。内蒙古的草原文化自然、粗犷，在狩猎、畜牧中形成的与马有关的种种文化很有特色。宁夏回族的宗教、建筑、瓷器等等，都具有独特的民族风情。

东西之间文化的差异首先表现为民族的差异，西部多有少数民族聚居，这些民族的文化各有自己的特色，为中华民族文化增添了亮丽的色彩。其质朴、自然的风格，其文化与大自然的融合，都令人向往。在歌曲和舞蹈方面，更是多姿多彩，显示出少数民族独特的天赋。一些大型的民族史诗，如藏族的《格萨尔王传》、蒙古族的《江格尔》、壮族的《布洛陀经诗》、柯尔克孜族的《玛纳斯》等；还有一些创世纪神话叙事诗，如彝族的《阿细的先基》、瑶族的《密洛陀》、侗族的《侗族祖先从哪里来》、苗族的《苗族史诗》、拉祜族的《牡帕密帕》、阿昌族的《遮帕麻与遮米麻》、哈尼族的《奥色密色》、佤族的《西冈里》等等㉟，都是非常珍贵的文化遗产。

沿海与内地的文化差异也值得注意。早在秦汉时期，齐地多方士，他们讲神仙方术、海外三山，徐福被秦始皇派遣，率领童男童女数千人出海求仙，是颇有象征性的事件。东南沿海与国外的交往较早，南朝、隋唐时期这一地区与印度洋的商旅往来已相当频繁。宋元时期，江苏、浙江、福建、广东都有对外口岸，经这一带出口的瓷器，远销南亚、西亚，直到东非。而明代以后成为中国重要粮食的玉米、马铃薯、番薯等美洲作物，以及在中国广泛种植的烟草，一般认为都是经由东南沿海传入的。明万历年间意大利的耶稣会传教士利玛窦首先到达澳门，再进入内地传教，同时带来西方的科学技术。近代以来，广州、上海、天津等对外口岸在中外文化交流中发挥了重要作用。和内地相比，沿海地区的文化更具开放性和创新性。

文化交流融合有几种途径。

首先是移民，特别是大规模的移民潮。西晋末年、唐末五代以及北宋末年，大批中原的汉族迁徙到江南，对江南经济、文化产生了巨大的作用，移民所带来的文化与当地原有的文化交流融合，使当地文化出现新的特色。闽西和广东梅州客家人聚族而居的土楼（围龙屋），成为当地文化的独特景观。河北、山东一带人民闯关东，推动了东北原住民文化的发展。清代初年"湖广填四川"，促进了西南文化的发展，巴渝会馆的发达，川剧的形成都与移民有关。广西的文化与来自外地的移民和文化名人如柳宗元有关。台湾的文化与闽、粤的移民有极其密切的关系，这表现在民间信仰、建筑风格、生活习惯等许多方面。明末清初是移民台湾的高潮。香港的文化与广东移民有密切的关系，考古发掘证明了香港、澳门与珠江下游地区古代居民之间的关系和交往㊱。

交通与商贸也是各地文化交流融合的重要渠道。汉代以后丝绸之路的开通，对于所经中国内地之间的文化往来，以及中国与中亚、南亚、西亚，乃至欧洲、北非的文化往来，所起的作用显而易见。仅就甘肃河西走廊而言，那是丝绸之路上十分繁忙的一段，在汉唐时的地位类似近代的珠江三角洲和长江三角洲。隋代开通了纵贯南北的大运河，对沟通南北经济、文化起到巨大的作用。唐朝的政治中心在长安，但其经济却在很大程度上依赖江南，运河就成为其经济命脉。沿着运河出现了诸如杭州、苏州、扬州等经济与文化的中心。至于长江航道在交通运输上的作用，及其在文化传播方面的作用更是明显。李白离开家乡四川，沿长江而下，在一生中几乎走遍大江上下，留下许多诗篇。长江沿岸的重庆、武汉、九江、南京、扬州之所以文化发达，得益于这条大江者实在不少。长江流域的洞庭湖与鄱阳湖，以及湖边的黄鹤楼、岳阳楼，还有长江支流赣江边上的滕王阁，成为凝聚着浓厚诗意的地方。明清时期，随着徽商、晋商、粤商、宁波帮等几个活跃的商帮的足迹，文化也得以交流、传播。

科举与仕宦是文化融合的另一条重要渠道。各地的举子进京赶考，考中的或留京任官，或外放任职，考不中的则返回家乡，大批的举子往来于京城和各地之间，成为传播文化的使者。清代钱塘人洪昇，在北京做了约二十年太学生，与京中名流王士禛、朱彝尊、赵执信等人互相唱和。康熙二十七年（1688），其《长生殿》在京城盛演，轰动一时。清代北京的宣南成为进京举子汇聚之地，举子的来来往往，形成文化凝聚与辐射的局面，造就了独特的宣南文化。官员的升迁和贬黜也是文化交流融合的渠道，最突出的例子便是韩愈和王阳明。韩愈贬官潮阳，给当时文化尚不发达的潮州带来了中原文化。王阳明贬官贵州龙场驿，创办龙冈书院，开创了贵州一代学风，他的"知行合一"学说便是在贵州提出来的。此外，李德裕、苏轼等人贬官海南，对当地的文化教育影响巨大。再如清代黑龙江、新疆有许多被流放的官员，其中不乏高级文化人士，他们对当地文化的发展起了重要作用。

第四节　研究地域文化的意义与本书的宗旨

保护地域文化的多样性　地域文化与区域经济　按行政区划分卷
文献考订与田野调查　与地方志的区别　学术性、现实性与可读性
的统一　本书的宗旨与体例

地域文化是按地域区分的中国文化的若干分支。研究地域文化，实际上就是研究文化的空间分布及其特征。研究中国文化如果忽视对其地域性的研究，就难以全面和深入。地域性是中国这个幅员辽阔的大国的特点，是中国文化丰富多彩的重要表现。热爱祖国不是空泛的，首先要热爱生于斯长于斯的家乡。如果对自己家乡的历史文化都不清楚，那么热爱祖国就会落空。有些地区的传统文化正在逐渐削弱甚至濒临消亡，亟待政府采取切实措施加以保护。在文化建设的过程中切忌抹杀地域的特点，避免千城一面、万村一形。如果不论走到哪里看到的是同一种建筑，听到的是同一种戏曲，品尝的是同一种口味，体验的是同一种民俗，既没有关西大汉的铜琶铁板，也没有江南水乡的晓风残月，我们的生活将多么单调，中国展现给世界的形象将多么苍白！在坚定维护国家政治上统一的同时，必须保护各地文化的多样性，保护地域文化的特点，尊重人民群众多种多样的文化需求。这可以视为中国文化发展的战略性举措。地域文化又是港、澳、台人民以及海外华侨、华人寻根的热点，弘扬传统的地域文化有助于祖国的和平统一。从全球的眼光看来，中国这样幅员广阔的大国，如果失去了文化多样性，必然会减弱中国对世界的吸引力。

　　我们提倡文化的大局观，要站在全国看各地。只有将各地文化放到全国之中，才能更清楚地认识各地文化的特点；只有清楚地看到各地文化的特点，才能更深刻地认识中国文化的面貌。在弘扬地域文化特点的同时，要促进地域之间的文化交流，以推动各地文化共同繁荣。各地文化是互相联系互相渗透的，是在互动中发展的。如果画一幅中国地域文化地图，其中每一板块的变化都会造成整幅地图的变化。没有孤立的安徽文化，没有孤立的河北文化，没有孤立的云南文化，也没有孤立的西藏文化。某一地域文化的发展，都要依靠其他地域，并牵动其他地域。政府在致力于地域经济均衡发展的同时，也要致力于地域文化的均衡发展。再放大一点，在经济全球化的趋势下，国内某一地域文化的发展，也会受到国际因素的影响，上海、天津、福建、广东等沿海地区文化的发展，足以证明这一点。

　　地域文化的发展对地域经济的依赖和促进是十分明显的，但文化与经济不是搭台与唱戏的关系，应当互相搭台，一起唱戏。发展文化不仅是发展经济的手段，其本身就是目的，因为人民群众的需求以及社会的进步，不仅表现为经济的发展，也表现为文化的繁荣。文化长期滞后于经济快速发展的现状必须改变。发展经济与推动文化，要双管齐下，相互促进。小康社会的指标不仅是经济的，也是文化的。保护地域文化不可追求形式，不可急功近利，要吸取精华剔除糟粕。那种不管好坏，盲目炒作地方名人（包括小说中的人物），简单地打文化牌以拉动经济的风气不可助长。

　　区域经济的发展已经引起各级领导和全社会的注意，地域文化的发展也应提到日程上来。各地还存在大量文化资源有待开发、研究、利用。《中国地域文化通览》的编撰，就是对我国文化资源的一次普查。我们考察的重点在于各地文化的历史进程、特点、亮点及其形成的原因，各地文化发展的有利条件和制约因素，并力图说明各地文化在整个中国文化发展中的地位、作用，其与邻近地区相互交流相互影响的关系，并着重描述那些对本地和整个中华民族的进步产生过重大影响的标志性成果，彰显那些对本地和中国文化的发展做出重大贡献的人物。我们希望本书能为各地文化建设确立更明确、更自觉的目标提供一点帮助。

关于地域文化，目前已有许多研究成果，但大多是将全国分为几个区域，以先秦的诸侯国名或古代的地名来命名，如河洛文化、燕赵文化、吴越文化、齐鲁文化、荆楚文化、关陇文化、岭南文化等等。也有从考古学的角度，将中国文化分为几个大文化区系的㉟。以上的研究都有学术的根据，也都取得了可观的成就，是我们重要的参考。

本书拟从另一个角度切入，即立足于当前的行政区划，每一个省、自治区、直辖市各立一卷，港、澳、台也各立一卷。本书可以说是中国分省的文化地图。按照行政区划来写《中国地域文化通览》，也是有学理根据的。中国从秦代开始实行郡县制，大致确立了此后两千多年行政建置的基本框架。这既有利于维护大一统的局面，也因为一个行政区划内部的交流比较频繁，从而强化了各行政区划的文化特点。按行政区划分卷，对各地更清楚地认识本地的文化更为方便。其实，今日的行政区划是历史沿革的结果，这种分卷的体例与上述体例可以相互补充，相得益彰。大体说来，所谓齐鲁文化就是山东文化，燕赵文化就是河北文化，三秦文化就是陕西文化，蜀文化就是四川文化，徽文化就是安徽文化，晋文化就是山西文化，吴文化就是江苏文化，越文化就是浙江文化，仍然是与行政区划吻合的，只不过用了一个古代的称呼而已。如果从考古学的角度，研究文化的起源，当然不必顾及目前的行政区划；然而要对包括全国各地的文化分别加以描述，并且从古代一直讲下来，则按照当前的行政区划更为便利。何况，内蒙古、新疆、西藏是中国领土不可分割的一部分，研究中国的地域文化必须包括在内，按照当前的行政区划就不会将这些地区忽略了。

按行政区划编纂当地的文献早已有之，这属于乡邦文献。有的文献所包括的区域比省还小，如汉晋时期的《陈留耆旧传》、《汝南先贤传》、《襄阳耆旧传》等，记录了一郡之内的耆旧先贤。唐人殷璠所编《丹阳集》只收丹阳人的作品，属于地域文学集的编纂。宋人董弅所编《严陵集》，是他任严州（今浙江建德、淳安一带）知州时所编与当地有关的文集。宋人孔延之所编《会稽掇英总集》也属于这一类。近人金毓黻所编《辽海丛书》，张寿镛所编《四明丛书》都是如此。

研究地域文化，必须重视文献资料，特别是乡邦文献，包括各地的方志、族谱、舆图等。文献的搜集、考订和分析，是必不可少的基础性工作。编撰地域文化通览的过程，也就是搜集和整理有关文献的过程。然而文化绝不仅仅体现在文献中，还体现在人们的日常生活中，那是活生生的、每日每时都显现着的。文化除了思想、学术、文学、艺术等内容之外，还包括风俗习惯、衣食住行的方式等等，这乃是社会的各个阶层，尤其是广大民众所创造的。研究地域文化不仅要重视宫廷文化、士大夫文化、精英文化，还要重视平民文化、民间文化、民俗文化。研究地域文化在重视文献的同时，必须注重实地考察，从日常生活中寻找资料。只有将文献资料和实地考察结合起来，并利用新的考古资料，才能见其全貌。

本书跟地方志不同，地方志虽有历史的回顾，但详今略古，偏重于现状的介绍，包括本地当前的自然环境、资源、物产、社会、政治、经济、文化等方面的情况和数据，是资料性的著述。《中国地域文化通览》则是专就传统文化进行论述，下限在 1911 年辛亥革命，个别卷延伸到 1919 年"五四运动"。地方志偏重于情况的介绍，注重资料性、实用性、检索性，《中国地域文化通览》则是研究性著作，强调在大量可信资料的基础上，纵横交错地展开论述，要体现历史观、文化观，总结文化发展的历史经验和规律，史论结合。

《中国地域文化通览》以学术性、现实性、可读性三者的统一为目标。

所谓学术性，简单地说就是符合学术规范，立足学术前沿，注重多学科的交叉融合。本书是一部学术著作，而不是通俗读物，更不是旅游手册。要以实事求是的态度，在认真钻研资料的基础上，力求对事实做出准确的描述、分析与概括。概括就体现为理论。

所谓现实性，就是立足现实，回顾历史，面向未来，希望能对本地文化的发展提供启发。立足现实，是从实际出发，关注当前经济社会文化的发展；回顾历史，是总结经验，以史为鉴；面向未来，是注意文化的发展方向，促进文化建设，促使中国文化以丰富多彩的姿态走向世界。地域文化是国情的重要部分，希望这套书能够成为中央和地方各级政府了解各地历史文化、风土人情的参考，成为因地制宜发展文化的参考。文化的主体是人，以人为本离不开对文化的深入理解。为政一方，既要了解当地的经济资源，也要了解当地的文化资源；既要了解现状，也要了解历史，这样才能最大限度地发挥地域的优势。

所谓可读性，就是要吸引广大读者，让一般读者看了长知识，专家学者看了有收获，行政领导看了受启发。在文字表达上，力求准确、鲜明、生动。

本书各卷都分为上下两编，上编对本地文化作纵向的考察，下编则对本地文化分门别类重点地作横向的论述，纵横结合，以期更深入细致地阐明各地文化的状况。各卷还有绪论，对本地文化从理论上加以探讨。本书随文附有大量插图，图文并茂，以增加直观的感受。

本书的编撰带有开拓性和探索性，我们自知远未达到成熟的地步，倘能对中国地域文化的研究，对中国文化的健康发展，起一点促进作用，参加编撰的大约 500 位学者将会深感欣慰。

> 2010 年 6 月 2 日初稿
> 2010 年 9 月 10 日第 7 次修改
> 2010 年 12 月 12 日第 11 次修改
> 2011 年 12 月 26 日第 12 次修改

【注释】

① 参见《世界地图集》中华人民共和国概况，中国地图出版社 2004 年版，第 228 页。

② 《中国自然地理图集》，中国地图出版社 2010 年版，第 221 页。

③ 参见侯仁之主编《黄河文化》第一编第一章第四节，华艺出版社 1994 年版，第 29 页。袁行霈、严文明、张传玺、楼宇烈主编《中华文明史》第一卷第一章《中华文明的曙光》，北京大学出版社 2006 年版，第 67—73 页。

④ 20 世纪的考古发现，特别是二里头文化的发现，证实了夏朝的存在。参见袁行霈、严文明、张传玺、楼宇烈主编《中华文明史》第一卷第二章《中华文明的肇始》，北京大学出版社 2006 年版，第 95—127 页。

⑤ 《中国自然地理图集》，中国地图出版社 2010 年版，第 222 页。

⑥ 关于长江流域旧石器和新石器时期的遗址，考古学界有许多发掘报告和研究成果。季羡林主编《长江文化研究文库》中《长江文化议论集》收有陈连开、潘守永《长江流域是中华文明的重要发源地》一文，对此有简明的综合介绍，湖北教育出版社 2005 年版，第 21—41 页。另外，此文库中严文明《长江文明的曙光》，李天元、冯小波《长江古人类》，赵殿增、李明斌《长江上游的巴蜀文化》，张之恒《长江下游新石器时代文化》均有综合性的介绍，本文均有参考。关于这些文化的年代，考古界的说法不尽一致，大致距今都在三千年以上，早的可达五六千年以上或更早。

⑦ 苏秉琦有"多源一统"的说法，见其《关于重建中国史前史的思考》，《考古》1991 年第 12 期。此所谓"多源同归"的提出受其启发，又与之不尽相同，更强调各个源头的文化之间动态的交融、汇合。

⑧ 参见《中国大百科全书·民族》"中华民族"条，中国大百科全书出版社 1986 年版，第 573—574 页。

⑨《孟子·离娄下》："孟子曰：舜生于诸冯，迁于负夏，卒于鸣条，东夷之人也。"杨伯峻《孟子译注》，中华书局 1960 年版，第 184 页。

⑩ 汉陆贾《新语·术事第二》："大禹出于西羌。"中华书局《诸子集成》本，1954 年版，第 4 页。《史记·六国年表》："禹兴于西羌。"中华书局点校本，1962 年版，第 686 页。

⑪《魏书》卷一《帝纪第一·序纪》："昔黄帝有子二十五人，或内列诸华，或外分荒服。昌意少子，受封北土，国有大鲜卑山，因以为号。……黄帝以土德王，北俗谓土为托，谓后为跋，故以为氏。"中华书局点校本，1974 年版，第 1 页。

⑫ 参见田余庆《北魏孝文帝》，《中华文明之光》上，北京大学出版社 2004 年第 2 版，第 338—344 页。

⑬《元史》卷六《世祖本纪》：至元四年正月"癸卯，敕修曲阜宣圣庙"，"五月丁亥朔，日有食之，敕上都重建孔子庙"。中华书局点校本，1976 年版，第 113、114 页。

⑭ 见《元史》卷一百四十六《耶律楚材传》，中华书局点校本，1976 年版，第 3455—3464 页。

⑮ 参见史革新《略论清朝入关前对汉文化的吸收》，《炎黄文化研究》第 2 辑，大象出版社 2005 年版，第 158—169 页。

⑯ 参见苏秉琦《苏秉琦考古学论述选集》，文物出版社 1984 年版。

⑰ 参见袁行霈、严文明、张传玺、楼宇烈主编《中华文明史》第四卷，北京大学出版社 2006 年版，第 26—33 页。

⑱ 《宋史》卷四百二十七《张载传》，中华书局点校本，1977 年版，第 12724 页。

⑲ 《后汉书》卷七十二《董卓传》云：董卓"尽徙洛阳人数百万口于长安，步骑驱蹙，更相蹈藉，饥饿寇掠，积尸盈路。卓自屯留毕圭苑中，悉烧宫庙、官府、居家，二百里内无复孑遗。又使吕布发诸帝陵及公卿已下冢墓，收其珍宝"。中华书局点校本，1965 年版，第 2327—2328 页。

⑳ 《后汉书》卷七十九上《儒林列传》云："初，光武迁还洛阳，其经牒秘书载之二千余两，自此以后，参倍于前。及董卓移都之际，吏民扰乱，自辟雍、东观、兰台、石室、宣明、鸿都诸藏典策文章，竞共剖散，其缣帛图书，大则连为帷盖，小乃制为縢囊。及王允所收而西者，裁七十余乘，道路艰远，复弃其半矣。后长安之乱，一时焚荡，莫不泯尽焉。"中华书局点校本，1965 年版，第 2548 页。

㉑ 关于侯景之乱，参见《梁书》卷五十六《侯景传》，中华书局点校本，1973 年版，第 841—861 页。

㉒ 宋范成大《石经始末记》引《石经考异序》云："按赵清献公《成都记》：伪蜀相毋昭裔捐俸金，取九经琢石于学官……依太和旧本，令张德钊书。国朝皇祐中田元均补刻公羊高穀梁赤二传，然后十二经始全。至宣和间，席文献又刻孟轲书参焉。"见孔凡礼辑《范成大佚著辑存》，中华书局 1983 年版，第 159—160 页。

㉓ 参见张秀民著、韩琦增订《中国印刷史》上，浙江古籍出版社 2006 年版，第 32 页。

㉔ 参见袁行霈主编《中国文学史》第二卷，高等教育出版社 1999 年版，第 450 页。"诗客曲子词"之说见于欧阳炯《花间集叙》。又，《四部丛刊》影宋抄本《禅月集》昙域《后序》曰："众请昙域编集前后所制歌诗文赞，日有见问，不暇枝梧。遂寻检稿草及暗记忆者约一千首，乃雕刻成部，题号《禅月集》。"《四库全书总目提要》卷一百五十一《禅月集》曰："昙域《后序》作于王衍乾德五年，称'检寻稿草及暗记忆者约一千首，雕刻成部'。则自刻专集自是集始。"（中华书局影印本，1965 年，第 1304 页）亦可见蜀地文化的发展状况。

㉕ 参见曹松叶《宋元明清书院概况》（续），《国立中山大学语言历史学研究所周刊》第 10 集 113 期，1930 年版，第 7 页。

㉖ 柳玭《柳氏家训序》："中和三年癸卯夏，銮舆在蜀之三年也。余为中书舍人，旬

休，阅书于重城之东南，其书多阴阳杂记、占梦、相宅、九宫、五纬之流，又有
字书、小学，率雕板印纸，浸染不可尽晓。"见《旧五代史》卷四十三《唐书》
十九《明宗纪》附《旧五代史考异》引，中华书局点校本，1976年版，第589页。

㉗ 参见张秀民著、韩琦增订《中国印刷史》上，浙江古籍出版社2006年版，第
22页。

㉘《史记》卷二十九《河渠书》曰："蜀守冰凿离碓，辟沫水之害，穿二江成都之
中。……至于所过，往往引其水益用溉田畴之渠，以万亿计，然莫足数也。"中
华书局点校本，1962年版，第1407页。

㉙《宋史》卷四百二十七《邵雍传》，中华书局点校本，1977年版，第12727页。

㉚《宋史》卷四百二十九《朱熹传》，中华书局点校本，1977年版，第12767页。

㉛《明史》卷二百八十七《文徵明传》云："吴中自吴宽、王鏊以文章领袖馆阁，一
时名士沈周、祝允明辈，与并驰骋，文风极盛。徵明及蔡羽、黄省曾、袁袠、皇
甫冲兄弟稍后出。而徵明主风雅数十年，与之游者王宠、陆师道、陈道复、王穀
祥、彭年、周天球、钱穀之属，亦皆以词翰名于世。"中华书局点校本，1974年
版，第7363页。

㉜《屈子文学之精神》，见《王国维遗书》第五册《静安文集续编》，商务印书馆，
1940年版，第31—32页。

㉝《隋书》卷七十六，中华书局点校本，1973年版，第1730页。

㉞ 参见袁行霈主编《中国文学史》第四卷，高等教育出版社1999年版，第342—343页。

㉟ 参见《中国大百科全书·中国文学》，中国大百科全书出版社1986年版，第697页。

㊱ 香港特别行政区民政事务局与中国社会科学院考古研究所联合，在新界与大屿山
岛之间的马湾岛东湾仔北，发现新石器时代中晚期至青铜时代早期的居址、墓葬
和大批文物。被评为1997年全国十大考古新发现之一。见邹兴华、吴耀利、李浪
林《香港马湾东湾仔北史前遗址发掘简报》，《考古》1997年第6期。关于澳门的
考古发现，参见邓聪、郑炜明《澳门黑沙》，香港中文大学出版社1996年版。

㊲ 苏秉琦把现今人口分布密集地区的考古学文化分为六大区系：以燕山南北长城地
带为重心的北方，以山东为中心的东方，以关中（陕西）、晋南、豫西为中心的中
原，以环太湖为中心的东南部，以环洞庭湖与四川盆地为中心的西南部，以鄱阳
湖—珠江三角洲一线为中轴的南方。见《中国文明起源新探》，三联书店1999年
版，第35—36页。

目 录

上 编

下　编

第一章　多种社会形态共存

第四章　民族民间文学

第五章　民族语言文字

图片目录

彩　页

彩图 -19 担当书画

插 图

绪 论

云南是中国古人类起源的重要地区之一。云南与中原地区的联系可以追溯到夏商时代。秦朝统一天下后，曾在云南通道、置吏、设县。汉武帝元封二年（前109），在云南设置益州郡，云南正式纳入汉王朝版图。云南历史是中国历史的一部分。云南与中原相互交流中，创造了源远流长、光辉灿烂、独具特色的文化。云南文化是中华文化有机组成部分，中华文化在西南边疆传扬光大，促进了民族融合、社会进步、国家统一。

本书着重记述云南文化演进的历程，特别注意描绘云南文化的华彩篇章，彰显为云南文化做出重大贡献的优秀人物。

论述云南文化演进的过程，是为了探究云南文化发展的特点与规律，继承云南文化的优秀传统，满怀豪情和坚定信心，创造更加美好灿烂的社会主义新文化。

第一节 云南文化产生的地理环境

云南高原 黄金纬度 文化走廊

云南省位于祖国西南边疆，地处北纬 21° 8′ 32″ 至 29° 15′ 8″，东经 97° 31′ 39″ 至 106° 11′ 47″ 之间。北回归线横贯本省南部。北与西藏、四川省区相连，东与贵州省、广西壮族自治区接壤，南部与越南、老挝为邻，西部与缅甸毗连。全省面积约 39.4 万平方公里。

全省地势北高南低，滇西北是青藏高原的南延部分，地势最高，平均海拔在四五千米之间。梅里雪山的卡格博峰海拔 6740 米，为全省最高点。南部元江、澜沧江等大河谷地势最低，平均海拔 500 米左右，河口的南溪河与元江汇合处，海拔 76.4 米，是全省最低点。

云南山区面积占全省面积 90% 以上，是受许多河流水系切割的高原山地，大致以元江谷地和云岭东侧的宽谷低地为界，将全省分为滇东高原和横断山地两大地形区。在两大地形区又镶嵌着许多大大小小的坝子（山间盆地）。全省面积在 1 平方公里以上的坝子有 1440 多个，总面积近 2.4 万平方公里，约占全省总面积的 6%。

位于云南省澄江县城东边 6 公里的帽天山，埋藏着丰富的澄江动物化石群，该动物化石群再现了距今 5.3 亿年前海洋生物的真实面貌，为揭示地球早期生命演化的奥秘提供了极其珍贵的证据。

穿过云南中部的北纬 25 度，是云南的"黄金纬度"。其间有许多海拔在 2000 米左右的坝子，气候温和、雨量充沛、交通便利，昆明、玉

图绪 -1　云南最高峰卡格博峰，一山有四季（徐建、张巍巍编《梅里雪山自然观察手册》，中国大百科全书出版社 2011 年）

溪、曲靖、楚雄、大理、保山、腾冲等重要城市就分布在北纬25度上下。这是云南省人口集中、经济繁荣、文化兴盛的地带。

云南、四川、贵州通过长江相互连接在一起，又通过长江与楚文化、吴文化、越文化相互交流、相互学习、相互融合。长江把云南与湘、鄂、苏、皖、浙、闽紧紧连在一起。云南人可以沿长江进入华夏文化繁盛的江汉流域、苏浙田园、中原大地，学习华夏文化。华夏文明也通过长江传播到滇云高原。元明清三代，直至20世纪，长江中下游的大量移民以军屯、商屯、游学、仕宦等方式涌入云南，不仅改变了云南的居民构成，更改变了云南的文化结构，迅速缩小了云南与中原的文化差距。

源于云南曲靖的珠江，流经贵州、广西、广东注入南海。从战国时期开始云南就通过珠江与广西、广东交通往还。现今在广西田东发现的三座战国墓，出土了许多滇式戈、剑。在广西西林的驮娘江畔出土了云南晋宁石寨山式的铜鼓。汉武帝时攻打南越，将军唐蒙发现从夜郎至番禺有"牂牁江道"相连，蜀地商人往返其间经商贸易。唐代南诏与邕州间的"邕州道"将南诏与岭南地区连接在一起，成为南诏学习唐朝文化的重要通道。宋代，宋朝与大理国在邕州置买马司，向大理买马，每年买马逾万匹。随马贸易，大理与宋的经济、文化交流为一时之盛。大理国到邕州贩马，求购儒家经典，寻访中原文化读本。华夏文化在大理国与宋朝博马贸易中传播至云南。

云南北部横断山脉纵谷地带是青藏高原的延伸。沿着山谷形成滇西北与青藏间的经济文化交流的走廊。唐代，吐蕃势力沿着走廊深入到云南腹地洱海区域，吐蕃支持南诏打败唐朝征伐西洱河大军。南诏与吐蕃结成"兄弟之国"。云南的茶叶成为西藏民众须臾不离的饮品。通过茶叶交易，云南与西藏间的文化交流延绵不绝。明朝洪武十五年（1382）明朝大军平定滇西北地区，在丽江设置木氏土府，其管辖范围到达今维西县一带。丽江纳西族、大理白族与藏族间的交流日趋密切。乾隆二十一年（1756）清廷将中甸、维西两厅划归云南丽江府管辖，移楚雄同知驻中甸，称为中甸抚番清饷同知。原来隶属于西藏的迪庆地区完全划归云南管辖，云南与西藏的联系进一步加强。迪庆成为藏、白、纳西、傈傈、汉、回诸族交流融合的"走廊"，也成为云南多元文化的重要区域。

云南是中国与印度两大文明古国交通的前沿。早在公元前4世纪，民间就开通了从云南到印度的道路，史称"蜀身毒道"。这条道路在唐代称为"西洱河天竺道"。唐代从交州（今越南）到印度和从广州到印度的两条道路都经过云南。20世纪，在古代中印交通的基础上修筑了中国、缅甸、印度公路。云南是中印交通的津梁，也是中印文化交流的通道。世界两大文明在云南交汇，对于云南文化的发展产生了巨大而深远的影响。

云南与中南半岛山水相连，有十分亲密的地缘关系。云南与中南半岛上的东南亚诸国山川同源，云南的山脉大多延伸到东南亚诸国，或者说东南亚诸国的山脉向北汇聚于云南。云南的怒江是缅甸萨尔温江的上游，萨尔温江在缅甸的毛淡棉附近汇入印度洋。怒江以西的大盈江、龙川江诸水流入缅甸的伊洛瓦底江，贯通缅甸南北，汇于印度洋。云南的澜沧江出境后称为湄公河，流经缅甸、老挝、泰国、柬埔寨、越南，进入太平洋。云南的元江流入越南称为红河，注入北部湾。云南的把边江、阿墨江在江城汇合后流入越南称为黑水河，在越南的越池汇入红河。云南与缅甸、老挝、越南之间有4060公里的边界线，有16个民族居住在国境线两侧。云南文化与中南半岛的文化有着千丝万缕的联系。

云南的地理特点，使云南文化既与华夏文化中的巴蜀文化、闽粤文化、湘鄂文化、鲁豫文化、晋陕文化、燕赵文化、西藏文化等有着或远或近、或亲或疏的联系，又与域外的南亚、东南亚诸国的文化有着或多或少、或紧或稀的联系。云南不仅是中华文化汇聚交融的场域，也是中外文化、大陆文化与海洋文化相互交流的走廊。

云南的地理环境，使云南文化一开始就呈现多源、多元的特点。在以滇池为中心的滇中及滇东地区的滇人创造了以晋宁石寨山、昆明洋浦头、江川李家山、楚雄万家坝、曲靖"梁堆"为代表的滇文化；在滇西以洱海为中心的横断山脉地区是洱海人、昆明人创造的剑川海门口、宾川白羊村、祥云大波那为代表的洱海文化；在澜沧江以西的哀牢族类创造了以腾冲、永昌为中心的哀牢文化；在滇东北以昭通为中心形成汉晋朱提文化；在滇南热带雨林地区的百越族类创造了具有亚热带特色的壮傣文化。历代汉族移民进入云南，到明代形成高潮，他们在云南各地定居下来，华夏文化与土著文化相互交融，华夷同风成为云南的主流文化。

第二节　云南文化的历史背景

汉设益州郡　晋设宁州　唐代南诏　宋代大理　元明清建云南省
从西南夷到云南人　云南文化中心的移动

云南地处祖国西南边疆。司马迁《史记》中的《西南夷列传》是记录云南居民与文化的最早文献。《史记》中所谓的"西南"指巴（重庆）、蜀（成都）的西南，即今云南、贵州西部、四川西南地区。这里分布着夜郎、滇、昆明、哀牢、筰、笮等族类。

汉武帝时，从建元年间到元封以后，经过30多年的开拓经营，在经济文化长期交流、密切联系的基础上，通过政治招徕与武力征讨，在西南夷地区设置郡县。汉武帝元封二年（前109）在今云南设置的益州郡辖24县，郡治在滇池县（今晋宁）。益州郡有云南县。云南县在今宾川、祥云一带。云南县的北面有大山，在众山之中特别高大，状如扶风太一，郁然高峻，与云气相连结，称为云山，即今大理鸡足山。云南县在云山之南，故名云南。

益州郡的建立，标志统一多民族国家的郡县制度在云南的全面确立，为云南始终成为祖国不可分割的一部分奠定了基础，为祖国西南边疆的形成奠定了基础。郡县制度在云南的确立，把诸部族的大小土长封赐为王、侯、邑长，使之大小相属，上下统领，加强了政治上递相隶属的关系，并成为制度，从根本上改变了西南夷诸部林立，互不统属的局面。

西晋泰始六年（270）在今云南设宁州。此为云南郡县制度发展史上的一个重要里程碑。从此，南中从隶属于蜀的郡县，成为与蜀（益州）平行直属于中央王朝的一个单独的行政区划。宁州（南中）是全国十九州之一。朱提（今昭通）文化为宁州之冠冕。

汉武帝在西南夷地区设置益州郡以后，不断有中原居民以为宦、当兵、经商、流徙等方式迁移到西南夷地区。中原移民落籍云南后逐渐发展起来，从东汉开始云南的户籍已有"汉"与"夷"的区别。迁到云南的汉人中出现了拥有部曲的"大姓"。到东汉末年，出现一批豪强大姓。他们与当地夷帅联姻，相互依存，独霸一方。大姓之间也相互争斗，众多的大姓经过长时期激烈兼并，最后由爨氏独霸南中。他们恃远擅命，自相承袭，而无须由王朝任命，但爨氏始终没有建国独立。凡得势于蜀的王朝，都与爨氏联络，通过爨氏统治南中。南中与内地的联系分不开、割不断。

唐代初期，洱海地区的部族林立，较大的有六诏。蒙舍诏（南诏）主细奴罗兴起于巍山，在唐廷的支持下征服河蛮，并灭五诏，在洱海地区建立统一政权。开元二十六年（738）唐廷册封皮罗阁为云南王。南诏联合吐蕃在天宝年间打败唐朝大军，乘势统一云南。贞元十年（794）异牟寻与唐朝使臣崔佐时结盟于点苍山神祠，整个南诏归附唐朝。

在南诏当权派的大力倡导下，汉文化得到更加广泛深入的传播。南诏每年派数十成百的学生到成都和长安学习汉文化。几乎每一个南诏首领都认真学习汉文经典，王室成员与各级官员"不读非圣之书"[①]。南诏统治者主动学习汉文化，大力提倡和推广中原华夏文化，使汉文化成为唐代云南文化的主流。

唐天复二年（902）南诏蒙氏灭亡，自此到蒙古兵征服大理段氏（1253）的350年间，中原地区经历了五代十国的分裂及宋辽和宋金的对立。两宋王朝穷于应付北方的诸族，无力经营云南地区。这一时期，云南地方政权经历了郑、赵、杨诸氏的争夺递嬗，段思平于后晋天福二年（937）建立大理国。尽管大理国时期，白族是云南的统治民族，但是华夏文化依然是云南的主旋律。

蒙古宪宗三年（1253）十二月，忽必烈率兵击灭大理段氏政权，至元十一年（1274）正式建立云南行省。云南大部分地区为少数民族聚居区，所以路府州县的长官，一般任命土长酋首担任。元朝先后在云南设置民屯八处。军事屯田的任务主要由蒙古、色目、契丹等民族组成的军队承担。派遣到云南镇戍的军队也有汉军（北人）和新附军，亦即归附蒙古的南宋军队（南人）。屯垦镇戍的汉人军队中，当有不少人落籍云南。除从军的汉人移民云南外，还有游宦、商旅、工艺的汉人进入云南的主要城镇。元代进入云南的汉人，不仅在当地安家落户，而且保持世籍，延绵不断。蒙古、回回、契丹移民逐渐在云南落籍。

明洪武十四年（1381）朱元璋任命傅友德为征南将军率师征云南。经两年征战招抚，明军占领云南各地。明王朝为巩固在云南的统治，广设卫所，移民屯田。明代初年，云南户口只有59576户，经200多年的发展，到万历初年已增至471048户，其中军户总计335426户，占71%强。与军事屯田开展的同时，还实行民间屯田。明代还将罪犯贬谪充军到云南，这是明代内地汉人移民云南的一个特点。到明代后期，各种类型的汉族移民的总数已达300万左右。汉族移民的数量超过了土著的"蛮夷"人户，云南"夷多汉少"的状况到明代有了根本改变。汉族人户不仅超过任何一个土著民族，而且超过了所有土著民族的总和，成为云南居民的多数民族。谢肇淛《滇略》说："高皇帝既定滇中，尽迁江左良家闾右以实之，及有罪窜戍者，咸尽室以行。故其人土著者少，寄籍者多。衣冠礼法，言语习尚，大率类建业。二百年来，熏陶所染，彬彬文献，与中州埒矣。"②

明代200多年间，汉族移民附着于土地，世代相袭，从"寄籍"变为世代定居的"土著"，从外来的客户变为本土的主人。原来土著的"夷人"与土著化的汉族移民相互依存、相互融合，形成"云南人"。"云南人"不仅是中原居民对云南居民的认同，也是云南居民对华夏的认同。这种双向认同，对于推进国家统一，维护祖国整体有极大的历史意义。

清顺治十五年（1658），清军由吴三桂、铎尼、赵布泰等人率领，从四川、贵州、广西三路入滇。永历帝败走，各地土司全部归附。清军入滇后，改云南的布政司为云南省，设巡抚，同时设云贵总督在云南贵州两省互驻。

有清一代，云南学校教育沿袭明朝制度而有所发展，不仅数量比明代多，且科举类别比明代全。洱源白族学者王崧，嘉庆四年（1799）进士，官山西武乡县令，编有《道光云南志抄》及《云南备征志》21卷。弥渡人师范，嘉庆六年（1801）中举，官安徽望江县令，著书百余卷，其中《滇系》40卷为云南史志名著。石屏人袁嘉谷（1872—1937），光绪二十九年（1903）中经济特科进士第一名，授翰林院编修，官浙江提学，兼署布政使。光绪二十八年（1902）云南建立高等学堂，各府、州、县普建中学、小学。高等学堂后来发展为两级师范学堂，其中的优级培养中学教员，初级培养小学教员。1902年后又建方言（学英、法文）、东文（学日文）、政法、工矿、农业、工业、蚕桑、商业、铁路、武备、陆军讲武等学堂。陆军讲武学堂于宣统元年（1909）重建，后发展为国内外有重要影响的武官培养基地，为祖国培养了一大批杰出的军事家、革命家。

1911年辛亥革命推翻清王朝，建立中华民国。云南为中华民国一个省，1913年废除府、厅、州，形成省县二级制。

自公元前109年益州郡设置到今天，无论朝代如何更迭，云南始终是中国的一个郡、一个州、一个省。云南历史是中国历史不可分离的一部分，云南文化是中华文化有机组成部分。

从汉武帝在云南设置益州郡到民国建立，云南的政治中心和文化重心有三次大的移动。

汉武帝在云南设置益州郡，以滇池县（今晋宁）为郡治，滇池县亦成为云南的文化重心。东汉永平十二年（69），分益州西部设置永昌郡。以嶲唐（今保山）为郡治，嶲唐成为澜沧江以西的政治文化中心，以哀牢文化为主要特色。蜀汉建兴三年（225）诸葛亮平定南中大姓之乱后，调整南中郡县，设庲降都督统领南中七郡。庲降都督的治所移至味县（今曲靖市麒麟区）。晋设宁州，依然以味县为治所。云南政治中心从滇池地区迁至滇东区域，一直延续到唐代初年。这时，云南文化的主流是以爨氏为代表的爨文化。唐朝势力在天宝西洱河战事失利后退出云南。南诏以洱海为中心统一云南。南诏在今大理古城建立首府，成为云南的政治中心和文化重心。大理国继续以大理古城为首府，直至1253年蒙古军灭亡大理国为止。元帝国于至元十一年（1274）建立云南行省，以昆明为省会，自此，昆明成为云南的政治文化中心。云南政治文化中心差不多500年移动一次。文化中心随政治中心的移动而转变，促使文化在云南各地普遍传播，一方面促进文化在云南各地的广泛交流与融会，减少地区间的文化差异；一方面在增加云南文化凝聚力的同时呈现文化的多样性，推动了云南文化的整体发展。

第三节 云南文化的经济土壤

水稻起源地 茶叶原产区 游牧狩猎 商业贸易 矿业冶金 货币多样

云南是亚洲水稻的起源地之一。直到明代，云南西部的土著族类还依靠野生稻生活。朱孟震的《西南夷风土记》中写道："野生嘉禾，不待播种耕耘而自秀实，谓之天生谷，每季一收，夷人利之。"③1950 年以来，在云南已经发现野生稻的遗址近百处。滇池地区新石器遗址中有稻谷的遗留。在云南宾川白羊村遗址出土的炭化谷，经科学鉴定，距今3770 年左右。元谋县大墩子新石器遗址出土的炭化稻粒，为公元前 1260年左右的遗存。剑川海门口遗址，发现了稻谷、麦子。这些都为云南是世界上较早种植稻谷、麦子的地区提供了有力的实物证据。司马迁《史记·西南夷列传》记述滇人"耕田，有邑聚"④，说明农耕已经是滇池地区主要经济形态。西汉末年，地方官员文齐在今昭通地区穿龙池，溉稻田，为民兴利。其后，他担任益州郡太守造起陂池，开通溉灌，垦田二千余顷，得到民众拥戴。大理时，大理地区的水稻种植已经有较大的发展。大理市大展屯东汉二号墓出土的"水田与池塘"陶模，形象生动地说明大理地区不仅种植水稻，而且有了蓄水灌溉的技艺。唐代，南诏的农业生产进入新的阶段。曲靖州以南，滇池以西，土俗惟业水田。水田每年一熟。从八月获稻，至十一月十二月之交，便于稻田种大麦，三月四月即熟。收大麦后，还种粳稻。不仅种植水稻，而且实行稻麦轮作。在中国农业史上，云南当是最早实行稻麦轮作的区域。明代初期，大量移民进入云南垦殖。诸卫错布于州县，千屯遍列于原野。明代末期，玉米、甘薯、马铃薯传入云南。清代在山区设置汛塘，云南山区农业进入新的发展阶段。从古至今，农耕经济是云南的主要经济类型。

云南大多数地区为低纬度高海拔的山地，不愁天降雨，山有多高、水有多高，人们将山地改造为种植水稻的梯田。早在新石器时代，云南

图绪-2　元阳梯田（采自王清华著《凝视山神的脸谱：神奇的红河哈尼梯田文化》，民族出版社 2006 年）

居民已经在山地修筑台地，种植庄稼。唐代云南梯田已经较为普遍。樊绰《云南志》说"蛮治山田，殊为精好"，"浇田皆用源泉，水旱无损"⑤。《南诏德化碑》称境内"厄塞流潦，高原为稻黍之田"⑥。这是历史上最早见于记录的梯田。明代旅行家徐霞客在他的《游记》中记录了云南许多地方环垒为田、水田夹江的梯田景致。云南山区，梯田层层叠叠，似云梯直上苍穹。梯田稻作农业不仅带来米粮丰收，也是民族文化的重要经济基础。

　　云南山区居民，多实行"刀耕火种"的生产方式。明清之际，云南广大地区盛行刀耕火种。所谓水耕禾稼、火种荞麦，各得其宜。刀耕火种依赖其对山地森林环境的适应性和独特的生产技术体系，在相当长的时间内成为较好的山地农耕方式，其产量与同时期同地域的精耕农田相差不大。生产方式简单，投入少产出高，人们还可以用更多时间从事狩猎、手工劳动补充生活⑦。刀耕火种农耕孕育的文化与精耕水田的文化自然有不少差异。

云南是茶叶的原产地之一。云南发现的镇源千家寨古茶树、勐海巴达古茶树、双江勐库古茶树、澜沧邦崴古茶树、勐海南糯茶王树，形成从野生型、过渡型到栽培型的完整系列。这些古茶树的发现，为茶叶起源地提供了活生生的实物证据。我们可以断定至少在一千年前，西双版纳与普洱地区就已经利用和种植茶叶。云南产茶见于记录是唐代樊绰的《云南志》。其书卷七说："茶，出银生城界诸山，散收无采造法。蒙舍蛮以椒、姜、桂和烹而饮之。"银生城在今景东县，是南诏所设"银生（开南）节度"的首府。到了清代，普洱茶名声大振。世人逐渐发现普洱茶不仅香醇好喝，而且有益健康。普洱茶的身价日益增高，成为京师争购品饮的名茶，也成为云南进献皇帝的贡品。皇帝得到来自云南的普洱茶，不仅自己品尝，而且赏赐给皇亲国戚，并作为礼品赠送外国使臣。西北少数民族日常生活饮乳食肉，缺少蔬菜，不仅不易消化，且易积热；而茶之功用，能释滞消壅，泣喉止渴。所以西北少数民族与茶叶结下了不解之缘，达到没有茶就无以为生的地步。茶叶及茶叶贸易，对于中原与边疆、汉族与少数民族、中国与域外的文化交流起到积极的推动作用。茶叶从单纯的解渴疗疾升华为品味生活，反映心理感受，体现精神寄托，展示生活韵味，形成了云南独特的茶文化。

云南的山地林木茂盛，茅草遍野，适宜畜牧业发展。"夏处高山，冬入深谷"⑧是云南畜牧业的显著特点。这是云南人民适应当地的地理环境，充分利用冬夏高山与深谷的气候、植被不同而总结出来的畜牧经验。这种畜牧方式有利于农畜并举，一直延续到当今。云南的畜牧业中，以养马著名。汉王朝一次从益州掠获牛、马、羊属三十万，可见当地畜牧业规模巨大。唐代北至曲靖州，西南至宣城，邑落相望，牛马被野。腾冲和滇池地区，不仅养马多，而且还培育好马。宋代，云南所产"大理马"闻名天下，成为宋朝战马的主要来源。马是云南主要的运输畜力，各地都有马帮运输物资，运输驮马数十万。

云南少数民族中大多保留采集生产生活方式。采集的物种多达百余种，除采集植物外，还采集昆虫食用。捕鱼狩猎也是云南少数民族重要的生产与生活方式。采集渔猎深刻影响着云南少数民族社会生活的各个方面，对家庭形态、社会组织、分配方式、交换形式都有重要作用，还对人们的心理素质、音乐舞蹈、文化艺术产生极大的影响。

唐宋时期，云南的商业贸易有了新的发展。洱海地区的所谓"河赕贾客"已经成为云南商贸活动的主体。南诏政权有了主管商贸的机构"禾爽"，改变了汉晋时期云南的过境贸易的特点。云南的纺织品，尤其是丝织品已经达到四川的水平，云南的刀、犀甲、漆器都具有很高的工艺水平，沈德符《万历野获编》说"云南漆织诸技甲于天下"⑨。云南的刀剑、甲胄、漆器、丝绸等成为中外贸易的重要商品。宋代云南的马大量输入宋朝。贸易的商品从贵族消费的奢侈品逐渐转为大宗的民间生活用品。云南的交通也从短途相连的形式发展为长途贩运。

元初，意大利旅行家马可·波罗自永昌道入缅，在缅甸南部见到云南阿木州（今通海）所产的马被赶到缅甸南部海滨出售给印度商人，成为盛极一时的贸易。元明清三代，不断有移民进入缅甸经商、开矿、务农，不少人定居缅甸。明朝初年，缅甸孟密地区形成一日一小市、五日一大市，贾客云集、商贾辐辏的盛况。缅甸人也大量到云南经商贸易，明朝初年在昆明设置"缅字馆"，接待缅甸朝贡使团，接待缅甸商贾，培训翻译。18 世纪末，居住在缅甸的华人已经超过六万人。缅王在滇缅贸易的中心城市阿瓦（曼德勒）专门设置"伯坎们纪德由蕴岛"的职官，专门负责管理中国商人事务。

商业贸易促进了初级集市——"街子"（定期定点的贸易场所）的形成，而且很快遍布云南各地，各县都有十几个到数十个不等的街子。云南的街子在不同地区、不同气候条件下形成不同特点，有"露水集市"、"日出市"、"日中市"、"夜市"等类型。云南的街子大多以十二生肖的日子为街期，诸如鼠街、牛街、马街、羊街、猴街、鸡街、狗街、龙街等。云南的街子最大的特点是集商业贸易、社会活动、文化交流为一体。除了日常的街子外，还有节日与商贸结合在一起的一年一度的大型"街子"，如白族的"三月街"、白族彝族等的"火把节"、傣族的"泼水节"等。随着商业贸易的发展，在邑集的基础上，形成了较大的城镇，如昆明、大理、保山、曲靖、楚雄、思茅、蒙自、腾冲等。商业的发展推动了文化的进步。

早在春秋战国时期，云南就有铜矿、银矿、金矿、锡矿的开采和利用。云南是铜、镍合金技术的原创地，这里生产的白铜被专称为"云白铜"。白铜见于文献是晋人常璩《华阳国志·南中志》，但云南生产白铜并非始于晋代。早在秦汉时期，云南的铜、镍合金技术，就已经颇为成熟。唐、宋时期，"云白铜"进一步被贩往西亚、南亚各国。波斯（今伊朗）人称它为"中国石"。

云南出土的战国时期青铜器，数量之多、技艺之高、造型之美、质量之好都令人赞叹。汉代益州的朱提银闻名于世。明英宗天顺二年（1458）云南上缴银课 10 万两，占全国银课的一半以上。清代云南的铜业影响着国

图绪 -3　西汉猴树青铜贮贝器　采自《云南青铜器》，文物出版社 1981 年)

家的金融与经济。明清时期，云南铜矿产量之大、品位之高，为全国之冠。近代云南的锡业在世界上占有极为重要的地位。东川被誉为铜城，个旧有锡都的美名。云南的矿业大多由官方垄断，但也有少量私人经营的小矿。到清代，朝廷实行放本收铜的政策，采用官督商办的方式营运。康熙年间在云南实行听民开采而官收其税的办法，放开由商人经营。资本主义生产方式在矿业生产中逐渐发展起来。

随着商业贸易的发展，商品交易的增加，货币也发展起来。云南是世界上使用货币种类繁多的地区之一。汉代在云南设立郡县以来，就通行国家统一的刀币、布币、铜钱、银币、金币、宝钞等。唐代到元代云南通行贝币，在云南许多地区以盐为币。有的地区还以缯帛、棉纱、丝麻、茶叶充当一般等价物。云南可谓货币的博物馆。

云南的马帮运输随着矿业、茶业、盐业等工商业而发展起来。马帮运输中，马锅头拥有资金买马、雇人承揽交通运输，具有资本主义经营

的特点，是明清以来云南发展最快的行业，也是资本主义经营方式为主的行业。马帮游走于云南山水，穿梭于省外大地，奔波于异国他邦，跋山涉水，栉风沐雨，推动了云南文化与中外文化的交流与融合。

云南是多山富水的省份，高山大川使得交通极为不便，导致云南经济发展极度不平衡，形成多种经济形态并存的局面。有的地方商品化、市场化已经有所发展，并出现了现代金融的雏形，有的地方则保留共同劳动、平均分配、自给自足的形态；有的地方是封建领主制经济，有的地方是地主制经济，有的农村则已经流行雇工经营。经济发展的不平衡导致文化发展的不平衡，使云南文化具有多样性而异彩纷呈。礼失求诸野，云南边疆文化发展的实际情况，使云南保存着不少中原已经消失或变异的优秀传统文化。

第四节　云南文化特质

文化多样　融合统一　中外交汇　和而不同

云南文化，在历史上经史前时代的元谋人、西畴人、昆明人、丽江人的石器文化；历青铜时代的剑川海门口文化、滇文化，两汉时代的滇池文化、洱海文化、哀牢文化、朱提文化、句町文化、越嶲文化等，三国两晋南北朝时期的爨文化，唐代的南诏文化，宋代的大理文化，元代的儒家文化与土官文化，明清时期的汉族移民文化，清代的经学文化、土司文化、汛塘文化，从 19 世纪开始在西方文化与中华文化碰撞中逐渐形成民主观念。每一个历史时期的文化别具特色，但都是中华传统文化的一部分，是构成中华文化的重要元素。

据 2011 年全国第六次人口普查，云南人口在 5000 人以上的民族有 26 个[⑩]。汉族人口占总人口的 66.63%，各少数民族人口占总人口的33.37%，其中彝、哈尼、白、傣、壮、苗 6 个少数民族人口过百万[⑪]。

云南 26 个民族，既有各自的渊源、流变，又有各自的文化特点；在多姿多彩的各民族文化中，既有鲜明的文化个性，又有核心价值相同的共性。

云南众多的民族，每一个民族都有独特的文化。每一个民族的语言文字、神话故事、宗教信仰、婚姻习俗、节日庆典、居住方式、建筑形式、音乐舞蹈都各有特色，别具一格。多民族形成云南文化多姿多彩、异彩纷呈的特质。

以宗教为例，云南是中国宗教种类最多的省份。每一个民族都有各具特色的非制度化的宗教。万物有灵、万物崇拜是云南大多数民族的信仰特色。不少民族形成了制度化的宗教，例如彝族的毕摩、白族的本主等。世界主要宗教道教、佛教、伊斯兰教、天主教、基督教都在云南传布。佛教中的汉文经典、藏文经典、巴利语经典都在云南流传，而且相互间能够包容、借鉴、交流，为当今世界所仅见。

云南文化多姿多彩，具有多元的色彩，但是更有华夷同风的基本特征。从汉代在云南设置郡县以来，华夏文化就不断在云南广泛传播。益州太守王阜的尊儒学"始兴起学校，渐迁其俗"；益州西部都尉郑纯的"独尚清廉，毫毛不犯"，因民之所利而利之；越嶲太守张翕的"政化清平，得夷人和"，开云南华夷同风的先河。东晋以后，在爨氏统治地区，其原住土著之主要者曰叟人，迁徙而来者曰汉人，相互融合后称为"爨人"。所以有爨人之名，不仅与其统治家族有关，且有其社会基础而立新名。是时爨人为当地居民之称，实为叟人与汉人融合之共同体。今存的爨碑具有鲜明的华夏文化特质，不仅用汉文书写，而且是汉字从隶书向楷书过渡的文物证据。碑文所记年号虽然不够准确，但自命为中原王朝的刺史、太守，奉中央王朝正朔的原则一点不含糊。

唐代南诏建立相对独立的政权，但南诏始终认为自己是唐王朝的"万里忠臣"。唐代南诏"传周公之礼乐，习孔子之诗书。蔼有华风"，"变腥膻蛮貊之邦，为馨香礼乐之域"。南诏"人知礼乐，本唐风化"。华夷同风，促进民族融合。

大理三百余年间，云南各族人民与内地的经济文化联系从未间断。北宋初年，王全斌平蜀，大理奉牒庆贺。宋太宗赵炅时，大理首领百万（王）乞内附，册封为"云南八国都王"。太平兴国七年（982），宋太宗诏黎州"造大船于大渡河以济西南之朝贡者"。政和七年（1117），宋徽宗赵佶赐大理国王段和誉为"云南节度大理国王"。宋高宗绍兴二年

(1132)，在邕州（今广西南宁）置市马场，伴随战马贸易，其他物资的交流也同时开展。大理商人不仅向宋朝购买锦缯、丝绸、手工艺品等生活物资，更注意求购宋朝儒家典籍。宋孝宗乾道九年（1173），大理人李观音等到邕州议马匹交易，换回大量汉文书籍。他们在给当地官府的文书中附有诗句说："言音未会意相和，远隔江山万里多。"表达了大理各族与内地人民亲如一家的心情。

元明清三代，大量中原居民移居云南，蒙古、汉、回、苗、瑶等族类进入云南。元代建立云南行省后，兴办学校、传播儒学，中原禅宗也在云南广为发展。明代开始的"改土归流"到清代雍正时期达到高潮，云南的城镇和交通沿线，文化、礼仪、婚姻、风俗等已和中原趋于一致。华夷同风成为云南文化的主流。

明代云南学者李元阳对中庸的领会与体悟十分精到。他主张运用中庸的思想处理中央与地方、国家与民众、中原与边地、华夏与四夷的关系，强调"天下一体"的整体观、"无间华夷"的民族观、"爱民抚夷"的和谐观⑫。他说："今之云南，即汉唐之云南也。云南之郡县，即天下之郡县也。""地不分中边，不分远迩。惟贤是用"⑬。从唐朝南诏时"人知礼乐，本唐风化"，到明代，"天下一体"、"无间华夷"的观念，成为云南文化的主流与本质。

纵观云南历史，华夷同风、华夷无间、民族融合、天下一体是云南文化的主流，也是云南文化的根本特点。

云南地处祖国西南边陲。云南各族民众，自古及今开疆拓土、戍守边防、保卫祖国，形成优良的爱国主义传统，发展为别具一格的守卫边疆、保家卫国的边地文化。19世纪云南面临边疆危机，吸取缅甸、越南沦为殖民地的教训，保卫边疆、保卫家园、保卫祖国成为云南人民共同心声，也成为云南文化的重要特色。

云南地处中南半岛的北端，与缅甸、老挝、越南三国接壤，与孟加拉、印度、斯里兰卡南亚诸国相近，与泰国、柬埔寨、新加坡、马来西亚、印度尼西亚、菲律宾等东南亚诸国相望。中外学者发现，在东南亚各地及环太平洋地区的各民族中，其文化特征与云南境内的民族文化有惊人相似之处，诸如刀耕火种、梯田、祭献用牺牲、高顶草屋、楼居、纹身、凿齿、猎首、瓮（罐）葬、石板葬、铜鼓、龙船、吹箭、弩箭、毒矢、贯头衣、衣着尾、点蜡印花布、少女房、坐月、父（母）子连名、穿耳、穿鼻、穿胸、祖先崇拜、万物有灵、多神崇拜、龙图腾、蛇图腾、狗图腾等约五十种文化特质。这说明云南与东南亚、南亚文化交流的密切。云南处于中国大陆与南亚、东南亚交通的十字路口，是中国文化与东南亚文化、南亚文化交汇的重要区域。

汉代，云南已经开通与中原联系的"南夷—滇池道"、"西夷—洱海道"、"牂牁江—番禺道"。同时，在"蜀身毒道"的基础上开通了"永昌—缅甸道"、"滇池—交趾道"。东汉时，永昌郡西边的掸国国王曾三次遣使经云南到长安"奉国珍宝"，得到汉王朝的丰厚赏赐，于是周边部落酋长纷纷效仿，经云南到汉朝都城朝拜。魏晋南北朝时期，南亚、东南亚的文化不断经过云南传入中国内地。中国僧人结伴经云南到印度取经。公元4世纪，印度室利笈多王朝专门为前来求经的华夏僧人建造了"支那寺"。唐代南诏和宋代大理国，与东南亚、南亚诸国建立了密切的政治、经济、文化联系。缅甸、老挝曾经是南诏大理国的属地。贞元十六年（800）时，南诏向唐王朝进献"南诏奉圣乐"，派遣大型歌舞团到长安表演。第二年，骠国也通过南诏向唐朝派遣使团，到长安表演"骠国乐"。白居易、元稹都留下了赞赏"骠国乐"的诗篇。元明清时期随着中外政治、军事、经济、文化的交流日益频繁，云南在中国与东南亚、南亚诸国的交往中起到更加重要的作用。

云南在中外交流中的地位和作用，使云南文化具有中外文化交汇融合的特质。云南在思想意识和艺术风格两方面，将亚洲各地区链接起来，云南是最为有趣的熔炉之一，印度、尼泊尔、缅甸和印度支那的各种特质都在云南这一文化熔炉中交汇融合，使云南文化异彩纷呈。

云南是多民族的省份，文化的多样性、文化的华夷交融、文化中的中外交流等特点，并没有引起所谓"文化冲突"、"民族纠纷"、"宗教战争"等血腥事件持续不断地发生。不用讳言，在云南历史上出现过"西洱河天宝战争"、"三征麓川"、"沙普之乱"、"咸同事变"等冲突和战事，但这仅是历史上极为短暂的变乱和争战，在一千多年的历史长河中，不过是小小的漩涡。

云南文化起源的多元性、多样性是显而易见的，同时我们更应该注意到，云南文化在华夏文化的浸润下形成的共同性与整体性。事实上，多样性不是孤立的存在，而是存在于共同性与整体性之中。离开了中华文化的共同性与整体性，多样性也就失去存在的依据。

中华文化对于云南文化具有特殊的影响力，对云南文化产生推动、融合与凝聚作用。在中华文化长期不断的影响下，云南积极认同华夏文化，不断吸纳华夏文化，不断为华夏文化的融合、扩大、更新作出贡献。

华夏文化在云南广为流传，移风易俗，突破血缘、种族的樊篱，将不同的族类化为一个整体。明朝初年，朱元璋就一再强调"教化"在处理族类问题上的重要作用，采用"文德以怀远人"的策略，在云南广建学校，大兴教化，规定土官子弟"悉令入学"，"不入学者，不准承袭"。很快云南的文化就与中原相差无几。中华文化超越种族界限成为各族类共同心理素质的基石。

中国文化的一个显著特点是"天人合一"、"致中和"的宇宙观。"至中和，天地位焉，万物育焉"。正是中华文化的"致中和"的理念，视个人与社会、天下、宇宙在时间空间上是一个和谐共振连续不断的整体，在整体之中又做到"和而不同"，尊重他人、异类的观念，不是单方面的"同化"，而是双向的包容、欣赏、借鉴、吸纳。在"致中和"的价值观影响下，云南各族人民在长期的历史发展中，认同中华文化、吸纳中华文化、丰富中华文化、传扬中华文化，使云南文化在相互理解、相互尊重、相互学习中多姿多彩、和谐发展，不断升华、不断繁荣。

【注释】

① 《南诏德化碑》，载《云南史料丛刊》第二卷 377 页，云南大学出版社 1998 年。

② 《云南史料丛刊》第六卷 699 页，云南大学出版社 2000 年。

③ 《云南史料丛刊》第五卷 490 页，云南大学出版社 1998 年。

④ 《云南史料丛刊》第一卷 4 页，云南大学出版社 1998 年。

⑤ 木芹：《云南志补注》96 页，云南人民出版社 1995 年。

⑥《云南史料丛刊》第二卷 381 页，云南大学出版社 1998 年。

⑦ 刀耕火种能够持续发展的前提是，每平方公里人口不能超过 15 人，人均占有林地 30 亩。随着大量移民的涌入，云南大多数山区能够保持人均 21 亩林地以上的村社已经为数不多，刀耕火种的农业生产已经走到其尽头。

⑧《新唐书》卷 222《南蛮传》。

⑨《云南史料丛刊》第五卷 173 页，云南大学出版社 1998 年。

⑩ 云南人口在 5000 人以上的民族是：汉、彝、壮、白、苗、傣、傈僳、回、瑶、满、藏、怒、佤、水、纳西、哈尼、布朗、拉祜、景颇、德昂、蒙古、普米、阿昌、基诺、布依、独龙。

⑪《云南省第六次全国人口普查主要数据公报》，据新华社 2011 年 5 月 9 日昆明电。

⑫⑬ 李元阳《（万历）云南通志》卷十六《羁縻志》第十一。

上
编

第一章

灿烂的史前文化

　　云南是重要的人类起源地之一。在云南元谋县上那蚌村距今大约一百七十万年的地层中发现了元谋人的牙齿和石器，就是有力的证据。在云南各地发现的古猿，元谋人、昭通人、西畴人、丽江人、昆明人、蒲缥人，形成从晚期直立人、早期智人到晚期智人的系列。

　　古人类在云南创造了旧石器文化，留下了旧石器时代早、中、晚期的文化遗存。云南发现新石器时代的文化遗存三百余个，类型各异，呈现多彩的文化特色。

　　云南多个地方出土几千年前的稻谷，同时发现现代野生稻谷，可以推断至少在四千年前已经开始驯化野生稻。在新石器时代，这里的人类已经开始驯化狗、猪、黄牛、马、鸡等动物，已经在装饰、纹身、崖画上创造出令今人赞叹不绝的古朴美好的艺术。

第一节　元谋人创造的远古文化

　　元谋人的发现　旧石器文化　远古文化的肇始

　　1965 年 5 月 1 日，中国地质科学研究所的青年学者钱方先生在元谋上那蚌村西北约 800 米的山沟里发现两颗猿人牙齿化石。这个发现，揭开了我国古人类研究史上崭新的一页。

经中国地质博物馆初步研究，确定这是直立人种的一个亚种，以发现这一化石的元谋县命名，定名为直立人元谋种 Homo（Sinanthropus）erectus yuanmouensis，简称元谋直立人。元谋人可能是来自推测中的人与猿的共同远祖①。

1984 年 12 月，在上那蚌郭家包元谋组第 4 段中发现元谋人胫骨化石一段，胫骨带有较多接近能人的原始特点而与现代人有明显差别，可能代表一个少年女性个体。元谋人已经会制造和使用工具，可能还会使用火。

元谋人的发现，确凿无疑地证明，在云南高原上，曾经有直立人存在过，他们创造了史前的文化，以留下的石器等昭示我们，元谋人开创了一个新的文化时代，揭开了中华文明的大幕，走上了文化发展的舞台②。

1965 年 5 月 1 日在元谋盆地发现直立人牙齿化石以来，先后发现了多种石器，时代为早更新世晚期。石片的制备与器物的二步加工，几乎都采用锤击法，极少数用砸击法，未发现使用碰砧与摔击的痕迹。石器的器型已有分化，其中以刮削为主。有不少砍砸器，用于敲砸，这与发现砍砸器的地点有许多破碎的哺乳动物遗骸，且碎骨上常有砸击痕迹相呼应。

元谋人的石器制作技术，以石片制品为主，器物二步加工以单面锤击为主，工具组合中以刮削器为主，这些与我国早期旧石器时代后一阶段的文化相似。元谋人直接利用小砾石略加打击而成的原始石制品，可能已经有专供敲砸兽骨的敲砸器出现。尽管元谋人的石器显示较为原始的特点，但器物类型已有明显分化，且较进步的砸击法、两面加工法亦开始使用。

除石器外，构成元谋人文化的尚有骨、角制品。在众多的破碎骨中有人为砍砸的痕迹，不少碎片有人为加工的明显痕迹。如其中一件长 8.4 厘米、宽 3.1 厘米、厚 2.6 厘米，骨片两端有清楚的切削痕迹，还不是成型的器物，可能是准备用来制作骨器的。

在元谋人化石产地地层中，还发现炭屑、烧骨、石器、哺乳动物化石，这不是一个偶合现象，让我们联想到元谋人有可能已经会取火、用火。这就有可能把人类用火的历史大大推前一步③。

1988年12月，在元谋盆地西侧的老鸦塘中更新世月龙组的砾石层中找到一批打制石器，在较好的10件石器中，砍砸器有6件，器型较大，由整块砾石，打去两端，取中间的厚片，再经加工而成。器物表面仍然保存大部分岩皮。还发现一件呈盘状的两面器。

与元谋人时期的石器相比，石料仍以砾石为主，打片及二步加工法上亦采用锤击法，单面加工为主，两面加工仍有相当比例。刮削器为数不多。在工艺上有所进步，二步加工疤痕较小，显示工艺上较为细致，出现了"错向加工"与"白莲洞式打片"工艺的实例。1987年12月在小横山元谋组上覆厚约3米的沙砾层中发现六件石器。其中一件为端刃刮削器，实为复刃刮削器，在其石片两侧错向加工，各成凸刃和凹刃。

1970年代初期，在元谋大能雨村火车站铁路东侧山坡上，在元谋盆地的四家村、大能雨村、大那乌、牛肩包、石龙箐、老城、下棋柳、哨房梁子等地二至五级阶地的风化壳表层发现大量石器。这些石器，有大有小，以小型居多。器型种类增多，仍以刮削器占大多数，有厚弧背长刮削器、圆盘状刮削器出现。原料仍以石英与石英质砾石为主。器物身上保留的岩皮大为减少，甚至完全没有。石核的台面有加工痕迹，出现砸击剥片的条痕。加工方法仍以单面修理为主要方式，但双面交互加工的方法仍占一定比例。加工的刃缘边平整，表现出相当的进步性。在元谋盆地内属于这一时期的石制品很容易找到。

除各类器物外，还发现不少制作石器的工作点，由一组组石砧、石锤和众多的碎石组成。这批细小类型的石器，不仅体积小，而且不少器物属于典型的细石器器物，如锥状石核和窄长的小石叶，还发现原始的扇形石核刮削器。与细石器共存的还有较大的石片石器，其制作风格为晚旧石器时代的传统，与四家村的旧石器很接近，有明显的继承关系。小石片的制取，除典型的间接法外，还采用特殊的砸击方法，直接制作的小石片带有独有的特点。这是元谋盆地细石器所具有的独特个性之一。

元谋人化石临近的地区，出现了靴状刮削器、器身肥厚的"小三棱尖器"及鸟喙状棱尖突的雕刻器，还有一类可供直接使用的小石片——

与刃缘相对的一边较为厚硕，便于夹持和镶嵌之用。这在其他细石器文化中尚少见到。这批器物主要产自各阶地的风化壳中，在旧石器晚期地点内，在新石器时代遗址中均未找到同样典型的细石器器物，而这些器物既不与早期陶片，又不与磨光石器伴生，只与一类旧石器的体积较大的石片石器共存，与国内同样情况的地点相比较，其时代被定为"中石器时代"④。

1972 年至 1973 年在元谋大墩子做了三次考古发掘，获得相当丰富的文化遗物。经碳 14 年代测定，早期文化距今为 3210±90 年。出土最多的是石器，占出土器物的 69.5%。其次是骨器，占 18.1%。蚌器占 11.8%。石器以磨制为主，琢、磨兼制者最少。

元谋盆地是目前云贵高原上已知拥有比较齐全的旧石器文化序列的地区之一，也是新石器十分丰富的地区。以元谋人为代表的远古人类，在元谋盆地创造了光辉灿烂的旧石器文化，拉开了云南远古文化的大幕。

第二节　古人类谱写的旧石器文化

遍布全省的旧石器　昭通人　丽江人　西畴人　塘子沟文化

如果说元谋人的文化是旧石器时代早期的文化代表，那么昭通人、丽江人、西畴人以及发现于路南、呈贡等地的古人类所创造的文化则是云南旧石器时代晚期的代表。

考古工作者在石林板桥白石岭发现一批旧石器，形态多样。之后又从厚达 4 米的断层中，掘出打制痕迹清楚的石核 3 件，石片两件，尖状器、刮削器各 1 件，在同一层附近的坍塌土中采集到 70 多件。这些旧石器制品类似欧洲旧石器中期莫斯特技术风格的半月形刮削器。其年代为距今 80 万年，是仅次于元谋遗址的第二个旧石器遗址。

全世界的旧石器考古学家和人类学家曾经将目光注视着法国南部的莫斯特，因为在这里发现了半月形刮削器（旧石器），它代表着旧石器中期人类打造石器的最高技术，这种技术风格被称为"莫斯特文化"，它的年代经测定为 4 万—15 万年左右。在石林县板桥镇白石岭也发现了这种莫斯特技术风格的半月形刮削器，它的年代测定为 80 万年左右。这就是说，这种可以称为"板桥技术"或"板桥文化"的半月形刮削器的打造年代，早于法国"莫斯特文化"近 65 万年。如今，石林板桥已被国务院批准为"古脊椎动物化石保护区"。

1984 年以来在江川发现的甘塘箐旧石器遗址是我国迄今发现为数不多的旧石器时代早期遗址之一。该遗址的发掘将云南旧石器时代早期人类文化遗存的发现由滇中北部扩展到滇中南部，是云南旧石器时代考古中的又一次突破性进展，它以丰富的材料再次证明了滇中是早期人类起源、演化的关键地区之一。

图上 1-1　石林旧石器（采自《云南人类起源与史前文化》，云南人民出版社 1991 年）

1982 年 11 月，昭通文物普查队在昭阳区北 15 公里北闸镇塘房二社过山洞村后 40 米处发现哺乳动物化石和 1 枚人牙化石。经专家鉴定，哺乳动物化石有东方剑齿象、中国犀、猴等种类，其生存时代为更新世晚期或晚更新世早期。人牙化石是我省首次发现的早期智人化石，定名为"昭通人"。昭通人与晚期智人相比有更多的原始性，而更接近早期智人⑤，填补了云南古人类进化链的缺环。

1956 年，距离丽江县城 11 公里的漾西乡木家桥村在修建人工渠时发现哺乳动物化石。1963 年在此地进行短期发掘，出土 6 件石器和剑齿象、犀牛、褐牛、水牛、云南轴鹿等哺乳动物化石。石器均为燧石制品，包括石片、石核和石核碎块。还从砂砾层中发现了一段有钻孔痕迹的鹿角，两边穿孔，但均未穿通，它是云南迄今发现的旧石器时代唯一的角器。1964 年在这里发现三根人类股骨和一具少女头骨化石，3 件股骨中有两件一左一右，属于同一个体；另一件左股骨属于另一个体，1977 年经专家鉴定，被定名为"丽江人"。

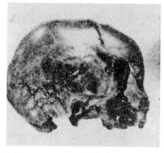

丽江人头骨代表一个少年女性的个体，虽然在某些性状上，如最大宽垂直位置指数较低，枕部有明显的"发髻状"隆起，耳外孔长轴上端朝前方倾斜，带有一定的原始性，但从总体来看，与现代人是十分接近的，没有显著

图上 1-2　丽江人头骨化石（采自《云南人类起源与史前文化》，云南人民出版社 1991 年）

的差异，表现出明显的蒙古人种特点。丽江人头骨是云南迄今已发现的唯一的更新世晚期智人的颅骨化石，为研究云南地区化石人类学提供了资料。

1965 年，在文山州西畴县小新寨旁的仙人洞发现一个旧石器时代晚期的文化遗址。仙人洞依山傍水，清幽秀丽。洞口较小，高度略高于人，宽度约 1.5 米；洞长 40 米，宽 6 米，高 3 米，洞顶平整，适合人类居住。1972 年在这里出土人类牙齿化石 5 枚，右下第二乳臼齿、右下第一前臼齿、右下第一臼齿各一枚，右下犬齿两枚，代表四个个体。形态和尺寸与现代人接近，下臼齿咬合面具有"十"字形沟纹，属晚期智人，命名为"西畴人"，出土的哺乳动物化石 32 种。用铀系法测定，西畴人的年代暂定为 4.7 万至 10.5 万年前[⑥]。

图上 1-3　西畴人牙齿化石（采自《云南人类起源与史前文化》，云南人民出版社 1991 年）

西畴人代表云南旧石器时代的晚期原始人。他们手巧、脑大、腿长、额角丰满、智力较高，与现代人非常接近；有精细的石器、骨器和装饰品，并有原始的雕刻、彩画和塑像。

位于富源县大河镇茨托村的古人类遗址，获得石制品 1400 余件，动物化石 150 余件，发现人牙化石 1 枚。这是一枚古人类的臼齿。遗址上、下文化层都有人工垫石地面、火塘、烧骨、烧土、颜料等古人类生活遗迹。发现石制品主要集中分布于上、下文化层有人工垫石地面上厚20厘米的范围内。洞内有30多平方米左右的石铺地面，是用有一定圆度的石灰石碎块铺成，地面呈灰白色，现在看来虽凹凸不平，但也能阻隔潮湿。用石灰石铺成的地板，是旧石器时期古人类（智人）生活形态进步发展的反映。用铀系法对富源县大河癞石山遗址进行年代测定，证实该遗址中的人工石铺地面距今 4.4 万年，是中国迄今发现年代最早的人工石铺地面。

　　大河遗址石制品加工更为精细，还发现少量的骨制品和似石叶的长石片。技术类型学方面，是锤击法为主，偶有锐棱砸击法，有指垫法和压制法的修理技术，具有本地区文化的传统特点。大河遗址有可能是我国旧石器时代中期向晚期过渡的代表性遗址，反映这个时期中国已拥有高度发达的旧石器时代的发展水平。该遗址的发现弥补了4至10万年期间中国人类活动空缺。大河遗址发现的4至10万年间的人类化石，为现代人起源的"多地区说"提供了新的证据。大河遗址的发现不仅对了解当时古人类生活方式和文化提供了宝贵材料，也是人类多地区起源说的一个重要佐证，对现代人起源和迁移这一学术界热点问题的研究、对旧石器时代中国和欧洲文化交流的研究具有极其重要的意义。大河遗址被评为 2006 年中国十大考古发现。

　　1973 年在北距昆明20多公里，西距滇池约4公里的昆明市呈贡县大渔乡龙潭山，发现了一个古人类文化遗址。其中富含古人类、旧石器及哺乳动物化石。考古工作者在这里的第一地点发现人类牙齿化石2枚，右上第一前臼齿和左下第一臼齿。形态接近现代人，被命名为"昆明人"。在第二地点的二次发掘中，出土人类左下臼齿1枚，石器上百件，还有骨器和角器。经碳14测定，这个遗址的年代距今 30500±800 年[⑦]。

　　1984 年，在第二地点采集到较完整的人类头骨1件；在三号地点出土较多的人类化石，有头骨残片，下颌骨2件，上颌骨1件，单个牙齿及头后骨骼30多件。经碳14测定年代为2.1万年前[⑧]。

　　到了新石器时代，云南昆明滇池地区原始人群大为增加，此期文化遗址多达 20 余处，出土了大量石器，如石斧、石锛、石锥、石刀和带

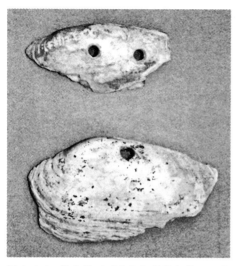

图上 1-4 带孔蚌刀（采自何耀华主编《云南通史》第一卷，中国社会科学出版社 2011 年）

孔蚌刀等，种类繁多，说明当时生产范围扩大，生活内容丰富。此外，还出土大量破碎陶片，复原陶器主要为生活用具，如碗、盘、盆、罐、钵等，陶器内壁还发现夹杂谷壳，说明"昆明人"已能种植水稻，而遗址中出土之网坠、石镞，又说明"昆明人"此时也进行捕鱼和狩猎。

1989 年 8 月到 9 月，在红河州蒙自县城西南约 7 公里的红寨乡杨干寨黄家山山腰的马鹿洞发掘到一个旧石器时代的文化遗址。出土了至少代表四个个体的人类化石，100 多件砾石和角制工具，以及 26 种动植物化石标本，共数百件。还发现了火塘、灰烬等大量用火遗迹。其中一件头盖骨保存完整。头骨厚度大，额部倾斜，眉弓粗壮，顶部有隆起的矢状脊，具有明显的原始特征。最大宽度位于顶结节处，最大高度在囟门位置。它与广东早期马坝人相似，但又具有一些更进步的特征，可以认为它属于晚期智人。专家们将其命名为"蒙自人"。从出土的哺乳动物化石，特别是灭绝种的云南轴鹿化石来看，该遗址年代应为晚更新世至早全新世之间，距今约一万年。

图上 1-5 蒙自人使用过的角器

有趣的是，这个头盖骨的边缘经人工打磨较为光滑，颞颥部位的左右距断边约 1 厘米各有一个人工钻孔，采用对钻的方法加工。钻孔基本处于头盖骨的中心位置，显然是人为加工的。其功用当不是用作

"盛器"，或许与信仰、崇拜、求祈有关。这在国内颇为罕见，对于研究智人的思维、观念有极为重要的价值。

出土的打制石器有89件，角器14件，大量半成品的角器可清晰地复原加工的过程，显示制作角制品的工艺技巧已较成熟。遗址出土植物种子、发现火塘等用火遗迹。

《中国文物报》把"蒙自人"的发现列为1989年全国重要考古发现⑨。

1975年在保山市隆阳区蒲缥镇西北塘子沟村东约100米的小山顶首次发现化石。考古工作者先后对这个遗址做了三次探掘和发掘。出土人类化石7件（头骨1具，上下颌骨和单颗牙齿6件），分属老、中、青四个个体，显示蒙古人种特征，命名蒲缥人。塘子沟遗址的年代，距今7000至8000年之间⑩。

塘子沟遗存显现着与云南省及我国其他旧石器晚期文化迥然不同的地方特征。首先是具有鲜明特色的工具器物群。最典型的是兼具敲砸器、石砧、砾石锤等多种功用的单平面砾石手锤，数量占全部石器的近30%；其他如琢坑石器、角牙锥、角矛、角棒等均为全国首见，角铲的类型和数量远远超过全国此前出土之总和，骨角牙器在器物群中不再是辅助性工具，而是与石器并驾齐驱，骨角牙器与石器之比为1:1.4，制作石骨角牙器的技法和工艺水平均胜于其他旧石器文化。其次是狩猎工具的数量质量在全部生产工具中占显著优势，采集工具居次要地位。在人类食用后的遗弃物中动物骨骸数量巨大，表明人类经济生活是属以狩猎为主兼事采集捕捞的较特殊类型。再次是遗址中出现了我国时代最早的房屋建筑遗迹⑪，这对研究我国房屋建筑史有重要的学术价值。

塘子沟文化是我省继元谋人文化之后建立的第二个旧石器时代考古文化。它把我国特别是西南地区的古人类和旧石器文化分布扩展到一个新的重要区域，填补了滇西地区的一大空间空白，证明了远在旧石器时代中华民族的一支就繁衍生息在这一地区；它对研究旧石器时代滇西地区和祖国内地及与东南亚的文化关系，对进一步弄清云南境内旧石器时代文化序列和相互关系，都有重要学术价值；它填补了我国史前考古序列中重要的时代空白，把旧石器时代文化的下限推移到了全新世早期，对考古时代的划分提出了新课题。塘子沟文化还表现了新旧石器时代转变期的鲜明特点，对探索旧石器时代与新石器时代的联系、转折、承袭等过渡规律有特殊意义[12]。

1983 年 3 月，云南省地矿局地质博物馆在昆明市近郊官渡区大板桥鸡街子山南坡发现了一处旧石器文化遗址。文化层厚达 2 米以上，其中含有人类化石、脊椎动物化石、石制品和用火遗迹（烧骨、灰烬、炭屑、烧过的树籽等）。发现 4 件被火烧过的人头骨碎片化石、1 枚左上第二前臼齿。观察表明，这枚牙齿化石的形态和尺寸与现代人的基本一致，应属于晚期智人类型，为一老年个体。采到石制品 500 余件。遗址时代暂定为晚更新世晚期至早全新世。

此前以小石器为主的旧石器文化类型和砸击制品，在云南没有发现过可靠的材料。在大板桥遗址中发现有用砸击法修理的刃口，扩大了这一技术的时空范围。以砸击法为主要打片方法，以往仅发现于中国猿人文化和小南海文化中，从大板桥目前出土的标本来看，砸击石片数量约等于锤击石片的四倍。这一发现，在我国南方首次提供了以砸击法为主要打片方法的石制品组合，为研究我国南北方及国内外砸击技术的关系和演变提供了宝贵的实物资料。大板桥遗址中以砸击法为主要打片方法，石制品基本上是小型的，又具有磨制骨器，这一鲜明特点有别于云南和东南亚已知的史前文化，与我国南方其他史前文化也有显著不同。因此，从区域和文化性质等方面考虑，有必要给它一个新的文化名称，故命名为"大板桥人文化"[13]。

宜良县九乡张口洞古人类穴居遗址共出土晚期智人牙化石 41 枚，石制品约 1800 件、哺乳动物化石近 2000 件和大量炭屑。有大量的石核、石砧、石锤、石片。石器成品率高，制作精良，有砍砸器、刮削器等，还发现了几件全国首见的多坑型石器。这次发掘出的人牙之多，石器品种之齐全，动物化石之丰富，全省罕见。张口洞遗址发掘表明，在宜良九乡曾有过一种我国旧石器时代独特的区域性文化，其代表实物为多坑石器，大大加深了人们对我国南方旧石器时代文化的认识，并为进一步研究 1960 年代已发现，至今悬而未决的路南南盘江流域旧石器的归属问题，提供了大批宝贵资料，有着重大的考古价值。对研究昆明地区古人类的活动，探索早期智人的演化及分布状况提供了重要的依据，特别对

图上 1-6　宜良九乡张口洞古人类遗址

于探索现代人类的起源有着重大的科学价值。过去在人类的进化史研究中，距今 10 万年至 4 万年间是一段历史的缺环，未发现过古人类化石，在张口洞找到的两颗古人类牙齿以及大量石制品，表明至少我国南方在 4 万年至 10 万年间是有人类活动的，而不是一片冰原或千里赤地的无人区。它将改写欧亚大陆没有古人类活动的论断，也使中国数十年来"没有" 3 万年以前的早期智人化石这一理论成为历史，使九乡张口洞古人类穴居遗址成为中国第一个南方标尺，对非洲起源说提出质疑，对人类学研究是一项重大贡献⑭。

　　位于云南省临沧市沧源佤族自治县勐董镇勐省乡境内的农克硝洞遗址，采集到有砍砸器、刮削器、手镐、薄刃斧、石核等石制品，以手斧最具特色。石制品的平均大小为 10 厘米，其文化性质应与蓝田人遗址、郧县人遗址和百色盆地的石器相当。这是云南省自元谋人遗址发现以来再次发现的旧石器时代早期遗址，而在洞穴内发现旧石器时代早期文化遗物，在云南尚属首次。

　　临沧勐省农克硝洞是考古学家在滇西南地区首次发现的旧石器文化遗址，是由二叠纪灰岩构成的硝洞，勐省农克硝洞距今一万年左右。云南临沧勐省农克硝洞证明了早在旧石器晚期，临沧地区就有先民活动，这对研究临沧地区古代民族原始社会早期的历史具有极其重要的意义。

第三节　新石器文化的华彩乐章

地理分布与特色　栽培稻的起源　家畜饲养　古朴的艺术

20 世纪 30 年代西方探险者在云南元谋龙街发现新石器遗址⑮，但是，真正意义上的新石器时代的考古调查、发掘，始于 1938 年。当时，吴金鼎、曾昭燏、王介忱在大理洱海周围考察并发现 18 处新石器文化遗址，并对其中 4 处做了发掘，至 1940 年方结束考古工作。1950 年初到 1970 年代末，全省 31 个县市发现新石器遗址和采集点 111 处⑯，其中发掘了元谋大墩子、宾川白羊村等重要遗址。自 1980 年代初开始，经文物普查、考古调查与发掘，至今发现新石器文化遗址已经达到 300 多处，遍布云南全省。这些遗址的分布大致分为三类：第一类是分布在河边阶地上，如元谋大墩子遗址、宾川白羊村遗址、永平新光遗址等；第二类分布在河边洞穴中，如维西哥登村遗址、耿马石佛洞遗址等；第三类分布在湖滨或湖滨贝丘上，如晋宁石寨山遗址、通海海东遗址等。目前云南地区比较重要并做过正式发掘的新石器时代遗址点有石寨山遗址、白羊村遗址、大墩子遗址、菜园子遗址、新光遗址、海东遗址、大花石遗址、闸心场遗址、小河洞遗址、海门口遗址、忙怀遗址、倘甸遗址、石佛洞遗址以及阿巧石棺墓、孙家屯墓地等⑰。

云南新石器文化类型多种多样，异彩纷呈。这与云南地理特点、自然环境密切相关。云南高原被金沙江、澜沧江、怒江、南盘江、红河等切割，高山与深谷相间、盆地和奇峰交错，同一纬度的地区，因海拔高低导致气温高低差异极大，生态环境变化无常。山河阻隔造成交通艰难，相互间的交流不便。有的学者把云南新石器划分为七个类型⑱、八个类型⑲、十一个类型⑳。

云南进入新石器时代的时间大约距今 4000 年㉑。这与中国历史上尧、舜、禹传说时代相当。

云南新石器的生产工具主要是磨制石器，还有骨器、牙器、角器、蚌器等。有斧、锛、刀、凿、矛、镞、镰、锥、印模、纺轮、环、弹丸、石球、砺石、研磨器、石盘棒等。有的石器石质较好，器型精美，人们不仅注重石器的实用性，也注意提高石器的艺术性，审美情趣随着加工技术的提高而提高。

新石器时代人们将黏土烧制成牢固的器物，发明了烧制陶器的技术。云南新石器时代的陶器有的是露天烧制，也有规模化的陶窑生产。质地以夹砂陶为主，以灰陶、红陶、黑陶等较为常见。初期以泥制陶为主，火候较低，后期以夹砂陶为主，火候也较高。

云南新石器时代的陶器除晋宁石寨山的陶器底部有同心圆纹，被确认是轮制外，其他大多为手制。

云南出土的陶器有罐、钵、碗、盘、盆、釜、瓮、缸、杯、壶等，基本上满足人们日常生活需要。有的陶器虽是素面，但打磨光滑有素朴的美感。陶器上的花纹种类繁多，人们用拍打、刻划等方式制作出网格纹、水波纹、云纹、叶纹、点线纹等等。

保山塘子沟遗址，有 5 个大小接近、排列有序的柱洞及夯土面、火塘，说明"蒲缥人"已经能够建造简单的房屋。元谋大墩子发现房屋遗迹 15 座，面积一般为 30 平方米，都是长方形的地上木结构房屋，四周竖立木柱[22]。宾川白羊村遗址发现房屋遗迹 11 座，房址均为地面木结构建筑，面积为 10 平方米左右，方向不一，未发现有门道。元谋大墩子和宾川白羊村的房屋遗址是至今发现的云南最早的居住建筑。

滇池地区出土的泥质红陶器，因在制陶时，以稻穗、稻壳铺垫，因而在陶器上留下了整粒稻壳。有些稻壳至今尚保存着麸毛。农业专家鉴定为粳稻，有少数为籼稻。籼稻更接近野生稻。元谋大墩子新石器时代遗址在出土的三个陶罐中存有炭化谷物。经中国科学院植物研究所鉴定，这些炭化物为粳稻。宾川白羊村新石器遗址中也在陶罐内发现植物粉末，经中国科学院植物研究

图上 1-7　元谋大墩子遗址出土的炭化谷物（采自何耀华主编《云南通史》第一卷，中国社会科学出版社 2011 年）

所鉴定为稻谷，因已成粉末，难于确定是粳稻还是籼稻。剑川海门口遗址中出土粳稻，年代为 4000 年前。在宁洱县凤阳乡，也出土了业已炭化的古稻谷。

从考古学、民族学和农学的角度综合分析，可以确定，云南是栽培稻的重要起源地之一。云南驯化野生稻的时间，不晚于 4000 年前。云南的宁洱县是最早驯化野生稻为栽培稻的地区之一㉓。

文献记录也证明云南是我国种植水稻最早的地区之一。《山海经·海内经》载："西南黑水之间，有都广之野……爰有膏菽、膏稻、膏黍、膏稷，百谷自生。"黑水即金沙江，金沙江流域气候温和，故能"百谷自生"。朱孟震的《西南夷风土记》也说：云南西部地区"野生嘉禾，不待播种耕耘，而自黍实，谓之天生谷，每季一收，夷人专利"。所谓"野生嘉禾"、"天生谷"即野生稻。

宾川白羊村遗址出土的狗遗骨，是至今云南发现最早的狗遗骨。这一时期，在大墩子遗址也出土不少狗遗骨，其数量仅次于猪、牛，位居第三位。

猪是云南新石器时代晚期最多的饲养畜类。只要是新石器遗址中有动物遗骨，就会发现猪的遗骨。在大墩子遗址中，猪的遗骨占可供鉴定的猪、牛、狗三者总数的 48%，位居第一㉔。

牛的遗骨在云南新石器时代的遗址中亦较为普遍，在大墩子遗址中牛骨占可供鉴定的猪、牛、狗等三种标本总数的 42.2%，位居第二。白羊村等晚期新石器遗址的情况大体相类。可见牛是当时饲养业中重要的畜类。

在剑川海门口遗址、麻栗坡小河洞遗址及广南铜木犁洞、江川古城山、马龙红桥仙人洞、寻甸先锋姚家村石洞、宣威格宜尖角洞等遗址都出土过马的遗骨。可以断定，在 4000 年前云南已经驯养马了㉕。

云南出土的鸡骨仅见于大墩子遗址，同时还出土一件鸡形陶壶。证明云南在新石器时代已经有鸡的饲养。

云南饲养的动物，狗主要作为狩猎的助手，马主要用于负重与代步，牛、猪、鸡用于祭祀和食用。

在云南新石器遗址出土最多的是陶器。陶器是人类在新石器时代最重要的发明，是与旧石器时代区别的主要标志之一。陶器运用广泛，主要有贮水、贮物、炊爨、饮食等。

图上 1-8　元谋大墩子遗址出土的鸡形陶壶　藏云南省博物馆

在实用的同时，陶器的制作者也注意造型与装饰的美观。这些陶器造型独特，古朴、厚重。元谋大墩子出土的鸡形壶造型别具一格，使这件实用器物有了古拙的艺术韵味。云南出土的陶器没有彩陶，也没有彩绘陶器，只有单色的陶器，如红陶、灰陶、褐陶等，在这些单色陶器上却有丰富的纹饰，有划纹、绳纹、蓝纹、点线纹、剔刺纹、乳钉纹、篦齿纹、圆圈纹、波浪纹、斜方格纹等；几何图案有平行线、菱形、人字、三角等；还有少量的植物纹饰，例如维西戈登村陶片上的叶脉纹、元谋大墩子陶片上的稻米图案；也有少许的动物图案，如耿马南碧桥陶器上有鱼纹、蛇纹、贝纹。

云南新石器时代，人们已经注意自身的修饰，制作装饰品佩戴在身上。现已出土的装饰品有石珠、石镯、石环等。还出土过用 14 片兽骨精心磨制后粘合在一起的骨镯。也有学者认为这不是镯，而是用来固定头发用的"束发器"。

新石器时代，云南有制作精良的多种石器，发明制陶、栽培稻谷、饲养家畜，步入文明，创造艺术，是云南历史最早的绚丽多姿的华彩乐章。

第四节　山野岩画

神秘多彩山野岩画　岩画中生动有趣的社会生活

岩画分为原料岩画与雕刻岩画两大类。以天然原料涂绘在崖壁或

图上 1-9　沧源崖画（采自《汪宁生论著萃编》下卷，云南民族出版社 2001 年）

洞穴中的图画称为原料岩画。雕刻在崖壁或洞穴中的图画，称为雕刻岩画。云南岩画中宜良县的阿路龙河岩画和绥江县的新滩岩画等少数岩画为刻画，大多是原料岩画。1965 年首次在沧源发现 6 个岩画点以来，在云南沧源、砚山等十几个县发现 40 多处岩画点，约 2000 个图像。

云南岩画最集中、图像最多的地点在沧源县，一共 10 个地点[26]。内容丰富多彩，是云南岩画的杰出代表。

云南岩画的时间断代依据不够充分，因为岩画附近发现新石器遗址，多将岩画年代定在新石器晚期。沧源岩画的碳酸碱测定年代为 3030±70 年以及孢子粉测定距今 2500—3000 年。有学者提出质疑，认为云南岩画出现的年代上限定在春秋中后期较为稳妥，春秋至东汉时期是西南地区岩画的主要流行时期[27]。

云南岩画的内容十分丰富，有太阳崇拜、生殖崇拜以及祭祀场面，反映了新石器时代人们对太阳的敬畏、崇奉、膜拜、顶礼。生育崇拜则表现人们对生育的期盼，对繁衍的渴求，对多子的祈祷。

人像是岩画的主体。据沧源岩画的统计，在全部图形中，人物形象至少占 70% 以上[28]。在人物形象中大部分是男性。女性形象大多与生育祈愿有关。

人物的装束丰富多彩。有头插羽毛者，头饰兽角者，头饰兽尾者，身饰羽毛者，身披羽衣者，戴耳饰者，腰间装饰者等。

　　岩画的主要内容有狩猎。狩猎的方式有弩射、长矛刺杀、追赶围捕等。还有设栅栏捉猴、持叉刺蟒等特殊方式。说明新石器时代，人们在长期狩猎、围猎中积累了丰富的经验。

　　放牧牛羊也是岩画时常表现的题材。正是人们蓄养家畜的生产情景通过岩画反映出来。

　　还有描绘生活村落的画面。当时的村落有若干座排列有序的干栏式房屋组成，具有明显的界限。中心有两座较大的房屋，表明在一般住宅之外，还有集会房屋或首领居住的房屋存在。村落周围道路纵横，村外亦有房舍，当是田间小屋或贮存粮食的仓库。从村落的图画可知人们已经过着定居生活，农业生产已成为经济生活的主要部门。沧源岩画的村落图上，几条道路上走着携带武器的人群赶着牛、猪等家畜，皆做向村落行进状，表现出掠夺胜利归来的情景。

　　在岩画中有比较明显的战争场面。人群中有持弩射击的形象，又有倒地死亡的场景，其间无任何动物掺杂，显然是人群与人群之间打斗的血腥图景。

　　舞蹈是岩画所表现的又一重要内容。舞蹈分祭祀性舞蹈与自娱性舞蹈。

　　祭祀性舞蹈有猎首舞、猎鹿舞、斗牛舞、盾牌舞等，当时人们相信，狩猎前举行模拟性猎舞，战前举行战舞，向上苍祈求福佑，可以保证狩猎和战争获得胜利。图画中有头插羽毛、兽尾、兽角、兽齿，身披羽毛者，可能是祭祀的主持者用羽毛、兽角等将自己化装为特殊的角色，向上天表示尊崇、敬畏，祈求得到神灵的保佑。自娱性的舞蹈大多是集体组舞，或列成一排一排，或围成一圈一圈，手脚动作大体一致，同欢共乐。

　　岩画中还有一些类似杂技表演的图形。有叠立人形，抛球者、耍盘者、舞流星者，当是由舞蹈和巫术发展出来的杂技。

　　岩画中有一些人形，身有物体发出光芒，头有动物，还有所谓"太阳人"、"鱼尾人"，还有扁头人、人首蛇身等图形。他们应该是当时人们信奉的神灵、神话人物、有神力的巫师。

　　岩画中有干栏式房屋、树上房屋两种。表明当时人们已经有固定住宅。村庄周围还可见道路。

岩画中有牛、马、猪、狗、象、猿、猴、虎、豹、鹿、鸟、蟒蛇等。有的动物是家畜，有的是人们猎获的野生动物。

山、洞、树及其他植物也是岩画中常见的图画。岩画中的自然物有的是为了说明人们所处的自然环境，或故事发生的背景；而大部分仍与宗教信仰有关，是人们崇拜的对象[20]。

岩画直观地反映了当时人们的生产和生活状况。换言之，岩画是人们生产生活的艺术表现。从中我们不仅可以看到当时人们生产生活的状态，而且可以看到人们开始用图画、舞蹈等方式表现自己的生产、生活、观念、信仰。

岩画向我们展示，云南古代居民在新石器时代就有了艺术的追求、艺术的表现。

【注释】

[1] 周兴国：《元谋盆地人类化石与文化遗存的研究》，载《元谋人发现三十周年纪念暨古人类国际学术研讨会文集》，云南科技出版社 1998 年。

[2] 1985 年，考古工作者在重庆巫山龙骨坡，发掘出一段带有 2 颗白齿的残破直立人左侧下颌骨化石以及一些有人工加工痕迹的骨片。1986 年又发掘出 3 枚门齿和一段带有 2 个牙齿的下牙床化石。经学者研究，龙骨坡遗址出土的遗物代表了一种直立人的新亚种，后被定名为"直立人巫山亚种"（Home erectus wushanensis），一般称之为"巫山人"，距今约 201—204 万年。由于化石材料的缺失，巫山人是人是猿尚有争议。

[3] 张兴永、周国兴：《元谋人及其文化》，载《云南人类起源与史前文化》，云南人民出版社 1991 年。

[4] 周兴国：《元谋盆地人类化石与文化遗存的研究》，载《元谋人发现三十周年纪念暨古人类国际学术研讨会文集》，云南科技出版社 1998 年。

[5] 郑良：《云南昭通发现的人类化石》，载《云南人类起源与史前文化》，云南人民出版社 1991 年。

⑥ 张新峰等：《云南西畴仙人洞动物化石铀系年代》，载《人类学学报》2004年第23卷第1期。

⑦ 邱中郎等：《昆明呈贡龙潭山第2地点人类化石和旧石器》，载《人类学学报》1985年第4卷第3期。

⑧ 胡绍锦：《昆明人遗址的调查收获》，载《云贵川古人类旧石器时代考古经验交流会文集》，1984年。

⑨《去年文物考古获得丰收》，《中国文物报》1990年1月4日。

⑩ 张兴永、耿德铭：《塘子沟旧石器遗址发掘报告》，载《保山史前考古》，云南科技出版社1992年。

⑪ 云南省博物馆等：《云南保山塘子沟旧石器时代遗址发掘简报》，载《云南文物》1987年总第22期。

⑫ 耿德铭、张兴永：《塘子沟文化及其考古学意义》，载《考古与文物》1991年第1期。

⑬ 杨正纯：《昆明大板桥史前洞穴遗址试掘报告》，载《人类学学报》1993年第12卷。

⑭ 沈冠军等：《宜良九乡张口洞的年代：中国40—100ka间人类活动的证据》，载《科学通报》2004年第23期。

⑮ 参看格兰阶：《中亚考察记》，转引自郑良《史前文化》，社会科学文献出版社2006年。

⑯ 阚勇：《试论云南新石器文化》，载《云南考古文集》，云南民族出版社1998年。

⑰ 杨帆等：《云南考古（1979—2009）》，云南人民出版社2010年。

⑱ 阚勇：《试论云南新石器文化》，载《云南考古文集》，云南民族出版社1998年。

⑲ 李昆声、肖秋：《试论云南新石器时代文化》，载《云南人类起源与史前文化》，云南人民出版社1991年。

⑳ 王大道：《再论云南新石器时代文化类型》，载《云南考古文集》，云南民族出版社1998年。

㉑ 杨帆等：《云南考古（1979—2009）》，云南人民出版社2010年。

㉒ 云南省博物馆：《元谋大墩子新石器时代遗址》，载《考古学报》1977年第1期。

㉓ 汪宁生：《远古时期云南的稻谷栽培》，载《思想战线》1977年第1期；李昆声：《云南在亚洲栽培稻起源研究中的地位》，载《云南人类起源与史前文化》，云南

人民出版社 1991 年。

㉔ 张兴永：《元谋大墩子新石器时代遗址出土的动物遗骨》，载《云南文物》第 17 期。

㉕ 张兴永：《云南新石器时代的家畜》，载《农业考古》1987 年第 1 期。

㉖《汪宁生论著萃编》下卷《云南沧源崖画的发现与研究》，云南民族出版社 2001 年。

㉗ 杨帆等：《云南考古（1979—2009）》305 页，云南人民出版社 2010 年。

㉘《汪宁生论著萃编》下卷第 970 页《云南沧源崖画的发现与研究》，云南民族出版社 2001 年。

㉙《汪宁生论著萃编》下卷第 987 页《云南沧源崖画的发现与研究》，云南民族出版社 2001 年。

第二章

汉晋：天下统一中的边郡文化

从公元前 12 世纪到公元前 1 世纪的 1000 多年间，云南经历了考古学上的"青铜器时代"。当秦楚相争力求统一中国时，云南成了统一天下的战略要地。秦楚相争导致楚国大将庄蹻入滇，楚滇融合开创了云南文化的新时代。西南夷是云南见于文献记录的最早居民，他们创造了灿烂的云南古代文化。汉武帝元封二年在云南设置益州郡，自此西南夷进入汉王朝的统治范围，成为统一多民族国家的组成部分。诸葛亮南征，为蜀汉政权北伐中原奠定了基础。诸葛亮成为云南各族民众崇奉的国家统一、团结友好的象征。晋朝于泰始六年在云南设置宁州，自此云南成为直属中央王朝的全国十九州之一。自汉武帝在西南夷设置益州郡以后，不断有中原移民进入云南。进入云南的移民逐渐形成拥有武装的地方豪强，被称为南中大姓。大姓相互争霸，导致爨氏独霸南中的局面，云南出现了华夷交融、族类凝聚的爨文化。

第一节　云南青铜文化

云南青铜文化的分布　云南青铜文化的繁荣　云南青铜器的实用功能　云南青铜文化反映的社会生活

云南青铜文化大致从公元前 12 世纪开始，公元前 6 至前 3 世纪为全盛时期，公元前 1 世纪前后进入铁器时代，青铜时代长达 1000 余年。

光彩夺目的云南青铜文化，以铸造精湛、内涵丰富、工艺精美著称。云南各地出土大量青铜器，真实地展现出当时社会生产、生活的各个历史画面，是我国青铜文化中具有民族风格和地方特点的艺术珍品。

云南青铜文化至今发现最早的遗址为剑川县海门口遗址。剑川海门口遗址的年代，起于距今约 4000 年的新石器时代晚期，经青铜器时代初期至中期，到铁器时代。所出土的青铜器和铸铜石范，以确切的地层关系证明了该遗址为云贵高原最早的青铜时代遗址，是云贵高原青铜文化和青铜冶铸技术的重要起源地之一。

云南青铜文化可以划分为洱海区域、滇池区域、滇西北区域、红河流域四种不同的类型①。

洱海区域的青铜文化，以洱海为中心，北到剑川县，南抵巍山县，东到楚雄州西部，西边到保山市，在剑川、永胜、宁蒗、大理、巍山、昌宁、弥度、祥云、隆阳、姚安等地都发现类型相似的青铜器。其中

图上 2-1　剑川海门口遗址发掘现场

1964 年在祥云大波那出土的巨大的木椁铜棺最为著名，铜棺重达 257 公斤，由 7 块铜板斗接而成。铜棺上遍布动物和花卉图案，为我国青铜时代文物中十分罕见的文物。洱海区域青铜文化以山字形剑格、螺旋纹剑柄、心叶形铜锄、早期铜鼓为特征。始于商代，盛于战国，西汉至东汉衰减[②]。

滇池区域的青铜文化，以滇池为中心，在昆明、晋宁、江川、安宁、呈贡、曲靖、澄江、陆良、新平、富民、禄丰、石林、通海、蒙自等 14 个市县的 40 多个地点发现两千多件青铜器。这一地区以发现晋宁石寨山、江川李家山、昆明羊甫头等规模大、级别高、器物精的墓地为特色。从 1955 年到 1996 年先后五次发掘的晋宁石寨山古墓群，是滇池地区青铜文化的典型代表。石寨山的 6 号墓发现黄金质地的"滇王之印"和玉衣残件，当是滇王的墓地。石寨山墓地出土的青铜鼓、贮贝器、葫芦笙、狼牙棒、伞盖、啄、枕、各种扣饰，具有浓郁的民族特色。

1972 年发掘的江川李家山古墓群出土大量精美的随葬器物，以第一次发掘在 24 号墓出土的牛虎铜案最为著名。随葬器物按照质地可分为铜器、铁器、铅器、金银器、竹漆器、木器、玉石器、陶器、贝器，以铜器的数量为多，造型奇特多样。以用途可分为生产工具、生活用具、兵器、扣饰、鼓、乐器、礼器等。李家山与石寨山相毗邻，文化特征大同小异。

1998 年和 1999 年在昆明市官渡区小板桥的大羊甫村发掘滇式和汉式墓葬 524 座。随葬器物近 4000 件，以青铜器为主，陶器、漆木器次之，有少量铁器和玉器[③]。羊甫头古墓群是迄今所发现的滇文化及东汉墓群中最大的一处，总面积达 4 万平方米。发掘者将滇文化

图上 2-2 江川李家山出土的西汉牛虎铜案（采自《云南青铜器》，文物出版社 1981 年）

的墓葬分为四期。第一期的年代为战国中期，第二期的年代为战国后期至秦汉之际，第三期年代在西汉初至汉武帝元封二年（前109）发兵入滇时，第四期在元封二年至西汉末期。汉式墓分为早晚两期。西汉末年到东汉初年为早期，东汉中期为晚期。

1975年至1992年在呈贡县龙街镇小古城乡天子庙做了四次发掘，共揭露76座墓葬，以小型墓葬为主。天子庙古墓群的年代比石寨山和李家山的墓地要早，弥补了滇文化早期遗存编年的空白，为我们了解滇的社会变革提供了极为珍贵的资料④。

1964年发掘的安宁太极山古墓群，共清理58座墓葬，也属于滇池地区青铜文化。绝大部分是随葬品贫乏的小墓，但从出土的豹猴镂花铜饰物、蛙纹钺、圆形镶石饰物，可以推测太极山原来应是有相当等级和地位较高的一类大中小墓葬⑤。

1974年在楚雄万家坝发掘的古墓群，清理面积3000余平方米，清理墓葬79座，其中大墓13座。发掘和报告整理者将万家坝古墓群的时代定为春秋中晚期至战国前期⑥。也有学者认为其年代当是春秋早期至春秋晚期⑦。大多数学者认为楚雄万家坝古墓群不能构成一种新文化类型，从文化内涵看，既有洱海区域的特点，又有滇池区域的特点，一般认为可以将楚雄万家坝古墓群划入滇文化。

1974年、1979年前后两次在呈贡龙街石碑村清理古墓180座，是目前滇池区域发现并发掘的一处规模最大的墓地。均为小型墓，随葬品稀少，且均为生活实用器。与石寨山、天子庙古墓群形成鲜明对比，石碑村古墓群反映了处于社会底层的滇国普通臣民的状况，对滇文化和滇国的研究具有不可替代的作用。

曲靖市麒麟区珠街乡八塔台古墓群，前后六次发掘，共清理属于青铜时代的土坑竖穴墓220座、封土堆30余座，出土随葬品1000余件⑧。包括铜剑、铜矛、铜戈、铜斧、铜凿、铜壶、铜釜和铁剑、环首铁刀、铁矛、铁釜等。陶器相当丰富，有陶鼎、陶罐、陶缸、陶碗等。铜器中还有铜鼓、铜铃、铜镯、圆形扣饰和浮雕扣饰等。

在麒麟区越州镇大路村西北250米处，与八塔台一样同为土墩型墓地（命名为横大路墓地）于1997年发现。发掘面积1000平方米，清理墓葬 188 座，大部分集中在土堆中部，均为小型墓，随葬器物的种类和类型同八塔台墓葬基本相同，但在器物组合和个别器型上又有着不同之处。随葬陶器是这些墓地的一大特色。陶器有釜型鼎、罐型鼎、深腹侈口罐、深腹大喇叭口罐、圆腹罐、壶豆尊、盘和直口大鼓腹罐。

八塔台墓地和横大路墓地的文化面貌基本一致，同滇池周围的滇文化墓葬比较，在年代、文化面貌上也基本相同。依据器物群和碳 14 年代测定，滇池区域的青铜文化的时代从春秋时期至东汉初期。

滇西北区域的青铜文化遗址主要有德钦县的永芝、石底、纳古和宁蒗县的大兴镇等墓地。出土的器物年代较早，铜器简单，器物种类也较少，常与双耳罐等器物同出。德钦县纳古出土的双环首青铜短剑，具有中国北方青铜短剑的特点。与滇池区域、洱海区域的青铜文化大相异趣。从碳 14 测定的年代看，其年代最早为西周初期，距今 3000 多年。

红河流域青铜文化分布在石屏、河口、金平、红河、建水、屏边、元阳、蒙自、泸西县。其代表遗址有元江洼垤打篙陡墓地、个旧石榴坝墓地、蒙自鸣鹫墓地、个旧黑玛井墓地、个旧冲子皮坡冶炼遗址等。出土的青铜器主要有矛、斧、钺、锛、锄、剑、戈、凿、鼓等，以兵器的种类较多。红河流域的年代与滇池区域的青铜文化相当或略晚[9]。

云南出土的青铜器已超过万件，大致可分为礼器、生产工具、生活用具、兵器、乐器和装饰品六大类。

礼器有贮贝器和铜鼓两大类。贮贝器是云南古代民族存放贝币的青铜容器，有的是筒状三足带盖，有的是

图上 2-3　晋宁石寨山出土的西汉贮贝器（采自《云南青铜器》，文物出版社 1981 年）

用击破鼓面的废铜鼓改制的（即另铸一盖和焊接一底）。无论哪种形状的贮贝器，盖上或腰部都有生动、逼真的人物和动物图像。贝是生殖崇拜象征，也是权力和财富的象征。贮贝器是生殖、权力、财富三位一体的礼器。铜鼓是云南古代民族普遍使用的一种打击乐器，也是具有权威、象征财富的礼器，各地都有出土。根据现有考古资料，楚雄万家坝出土的铜鼓是目前我国铜鼓中最古老的一种。因此考古界普遍认为，铜鼓最早起源于云南西部地区，时间大致在公元前 6 世纪左右。

江川李家山墓地出土一件牛虎铜案，当是祭祀用的礼器。铜案由一虎二牛组成，案身为一头大牛，牛腿即案腿，牛背为案面，牛后有一虎，口咬牛尾，四爪紧抓牛的后胯。大牛腹下横立一小牛，低头垂尾，格外驯顺。作为案身的大牛，健壮稳重，颈肌丰满，给人以重心前移欲倒之感，但尾部后仰一虎，使前倾之案身立即恢复了平衡。腹下横立的小牛亦非多余，它不仅增强了案身的稳定性，而且使整体造型更加协调、美观。这件牛虎铜案构思新颖而不落俗套，铸造难度也大，充分体现了云南古代民族的聪明才智和审美观念。

云南青铜器中最显著的特点是有大量的农具，制作也较精良。常见的有铜镬、铜锄、铜镰等，有的用于深挖土地，有的用于中耕锄草，有的用来收割农作物。当时云南农业生产的各个环节都使用青铜器，这在我国青铜时代是很少有的情况。

云南青铜时代常见的兵器有十余种，其中戈、矛、剑、钺、斧等青铜兵器与中原的造型和纹饰大相异趣。另有一部分兵器不见于中原地区，都是模仿动物的某一部位制作的，如鸟头形铜啄、鹤咀形铜斧、蛇头形铜叉、牙刺形铜棒和犀鸟头铜钺等。这些奇特的"仿生式"兵器是云南古代民族大胆创新和务求实效的结果。它们既吸收我国内地兵器的特征，但又不循规蹈矩；既有作战功用，又有优美造型。

铜编钟是贵族、酋长独享的乐器，用于庄严祭祀、盛大宴飨、节日庆典等。楚雄万家坝、晋宁石寨山、祥云大波那都出土了编钟。

葫芦笙也是云南青铜时代常见的一种乐器，分直管和曲管两种。吹奏方法前者和现在的横笛相似，后者与芦笙相同。如果说编钟为贵族所独享，芦笙则是普通大众娱乐的乐器。当然用青铜制作的精美芦笙也非一般民众能够拥有。

动物纹装饰品。晋宁石寨山出土一件"狼豹争鹿"铜牌饰，一只小鹿被狼豹踩于爪下，作仰卧挣扎状。狼豹又争夺倒地之小鹿，豹口紧噬狼颈，狼又咬

图上2-4 祥云大波那出土的铜棺

住豹腿，生动逼真地描绘出一个"弱肉强食"的悲惨场面。又如"虎牛搏斗"铜牌饰，猛虎被巨牛撞倒在地，虎腹被牛角戳穿，肠露腹外。虎虽倒地，仍紧咬牛腿，前爪抓住牛腹不放。在动物纹装饰品中，动物搏斗纹牌饰最多，除以上两种外，还有"二虎噬猪"、"二狼噬鹿"、"三虎斗牛"、"三狼噬羊"等，形象逼真，栩栩如生。

铜棺。祥云大波那墓地出土一件我国仅有的铜棺，棺为长方形，人字形顶，底下有十只矮足，整体形状像一座"干栏"式房屋。铜棺重约200余公斤，由七块铜板组成，板与板之间有榫口套接，可装可卸。除底板外，每块铜板表面均有精致的花纹和虎豹鹰燕等动物图案，堪称为我国青铜艺术的佳品。

剑川海门口遗址是目前中国发现的最大水滨木构"干栏式"建筑聚落遗址。大量猪、鹿、牛等动物骨骼的出土，以及稻、麦、粟、稗在地层中的发现，再结合大量箭镞的出土，说明遗址上古人的生活以种植为主，同时靠狩猎、打渔、采集等为生，他们还养有一定数量的猪。从出土的北方农具木耜，可知北方的农业技艺已传入洱海区域。种植最早的农作物是稻谷，麦和粟也在剑川海门口遗址出土，不过时间较之稻谷稍晚。洱海区域在4000年前已经有稻作文化，后传入了麦和粟，三种作物的耕种一直延续至今。生活在4000年前的洱海居民已经是耕田有邑聚的社会。这与《史记·西南夷列传》记录的情况大不相同。

从滇池区域的晋宁石寨山遗址、江川李家山遗址、曲靖八塔台遗址等，我们同样可以看到耕田有邑聚的生产生活。出土的农具有铜斧、铜锄、铜铲、铜镰等，从挖土到收获所需的农具齐备，显示农作的细致。

1973 年呈贡小松山东汉早期墓地中出土一件陶制的长方形水田池塘模型。模型的前半段纵分两排，每排各有六个小方格代表水田；后半段一大方格表明是陂池。蓄水的陂池与水田之间有一条沟槽相通，一看即知是灌溉渠道。呈贡七步场东汉墓中也发现过一件陶制的圆形水田池塘模型。这个模型中水田和池塘各占一半，池塘中有荷花、鸭子、螺蛳、团鱼、青蛙等。与池塘相对应的另一半是排列整齐的水田。池塘与水田之间，则是沟渠，渠上有小桥，桥头有一只水鸟站立。类似的陶制水田池塘模型在嵩明县梨花村、通海县杨山等遗址的汉墓中亦有出土。这些水田模型的时代虽在汉代，但是在青铜时代的云南农业耕作中水利灌溉当已存在。《史记·西南夷列传》记录滇池地区"肥饶数千里"，可以推知西南夷的农业与水利不无关系。滇人从事农业生产的情景如春播、秋收、上仓等也在青铜器的图像有所表现。青铜器图像所表现的祈求丰收场面，就是滇人农业生产的真实记录。

早在新石器时代人们已经开始驯养家畜、家禽，青铜时代畜牧业进一步发展。出土青铜器的遗址大多有家畜、家禽遗骨随之出土。牛、马、羊、猪、狗和鸡、鸭等图像，或刻画，或雕塑，在青铜器上随处可见，可谓"六畜兴旺"，"牛羊成群"。

家畜饲养的方式，有放养和圈养两种。牛大多放养。石寨山出土有牧牛、牧马、牧羊、牧猪图。一件圜丘形器盖，铸有一个牧人，身背斗笠、手持棍子，坐在山坡上，四周卧着 3 头牛，是一幅淡雅、闲适、安静的牧牛图。一件贮贝器上铸有一男子手持长杆，做吆喝状，前有 12 头牛。一青铜器上，两个男子手执长杆放牧长鬃马 17 匹。一青铜器上有两组牧羊图，一组为三个男子带犬 3 只，牧山羊 6 只；另一组为二男子，手持长杆赶绵羊 11 只。一贮贝器上，二男子手持长杆牧猪 8 头。又一贮贝器上有人手持盘盂，将饲料倒入槽中，一猪在槽旁等候。一青铜器上有母鸡和小鸡一起在仓房外啄食散落在地上的稻谷，这是至今依然常见的农家养鸡的情景。

畜牧是与农业并重的生产门类，畜类的用途颇为广泛。马用于战斗、狩猎，也作为代步、驮运的工具。牛除食用外，主要用于祭祀，石寨山、李家山出土的铜饰上多有"剽牛祭祀"的场景。狗是狩猎、放牧、看家、战斗的好帮手。
猪、羊、鸡主要为了食
用，同时也是祭祀必不可
少的牺牲。

　　无论洱海区域和滇西
北区域，还是滇池区域及
红河流域，狩猎依然是获
取生活资料的主要方式。
从青铜器遗址出土的兽骨
和青铜器上的图像看，

图上 2-5　西汉剽牛祭祀铜扣饰（采自《云南青铜器》，文物出版社 1981 年）

当时被猎获的野生动物主要有虎、豹、熊、狼、狐、兔、鹿、麂、猴、雉、野猪、孔雀、穿山甲等，以猎鹿的场面最为多见。

　　狩猎的方式主要是集体围猎。如石寨山出土的一件铜扣饰上有八人二犬同猎一虎的场景。六人各执长矛猛刺虎身，二猎犬跃踞虎背，咬其肩部，虎虽已倒地，仍张口怒目咆哮，垂死挣扎。李家山墓地也出土一件八人猎虎的铜扣饰，与石寨山不同的是，没有激烈搏斗的情景，而是猎手们欢天喜地凯旋的场面。李家山的一件铜扣饰表现七人二犬猎一豹的惨烈场景，一人将剑刺入豹子的肩部，却被豹子咬住其颈部，张口惨叫；一人紧紧拉住豹子的腿，一人狠狠揪住豹子的耳朵，一人死死拖住豹子的尾巴，一人牢牢抱着豹子的后胯，另外两人将剑深深刺入豹子的腰部；猎犬一前一后，张口大咬豹子。场面血腥凶残，反映狩猎的险恶、艰难、酷烈，凸显猎手的勇猛、顽强、坚韧。石寨山贮贝器上还有八个男子，半裸身体，手持剑、刀、戈、斧、棒、矛、弓箭等不同器械向同一方向奔逐，好像正在围捕野兽。

　　用陷阱套捕也是常见的狩猎方式。李家山 24 号墓地出土一件铜矛，其銎部的上段有横杆、凹形的栏槛及绳索等，栏槛中有一只虎，周围有一人执剑做刺杀状，其下方另有三人紧紧拉住缚虎的绳索。此图像可能就是用陷阱套捕猛兽的情景。这是以智慧猎取猛兽的方式，较之围捕安全，反映人们在狩猎中不断增进捕猎的智慧。

　　对于奔跑迅速的动物，猎手们则骑马追逐。石寨山和李家山都有骑马捕猎的扣饰。至于类似鹿、麂子、兔子之类的食草动物，也有只身捕获的情况。

滇池、洱海、抚仙湖及大江、大河有取之不尽的水产。青铜时代捕捞鱼虾是人们赖以生存的重要手段之一。从滇池区域、洱海区域等出土的器物和遗骨等看，渔猎的水产以鱼为主。青蛙、水蛇、团鱼、螺蛳、虾、鳄鱼等也是常见的水产品。捕捞的工具主要有鱼钩、渔网、鱼叉、鱼罩等。捕捞的方式就是鱼钩钓鱼，渔网捕捞，鱼叉刺捕，鱼罩罩捕。

最为巧妙的捕鱼方法是鱼鹰捕鱼。鱼鹰在云南又称为水老鸦，水性极好，善于在水中捕鱼。人们将其训练后，用圆环套住脖颈，水鸟入水捕鱼但不能吞食。飞上船后渔夫将鱼取出，再让其入水捕鱼。在石寨山12号墓出土的一件铜扣饰，其图案就是一只秃顶、长喙的水鸟正在捕捉一尾游鱼。又如6号墓出土一件铜啄，其銎背雕塑二只秃顶、长喙、曲颈的鱼鹰，其中一只嘴中叼着一条鱼，仰头欲食而不能吞咽，形象极其生动逼真。李家山24号墓出土的铜鼓上有一条船，下有游鱼四尾，一只秃顶、长喙的水鸟正在追逐一条鱼[10]。也有的水鸟立于船尾甲板上。滇池、洱海等湖泊的渔民至今还用水鸟捕鱼。这是数千年以来传承不变的有效的捕鱼方法。在青铜时代，云南的渔民就已经掌握如此高超的训练鱼鹰捕鱼的技巧，不能不令人赞叹！

青铜器表现着人们的崇拜、祭祀，主要有动物崇拜、祖先崇拜、生育崇拜等。

铜鼓是滇人最崇拜的对象。石寨山出土的祭祀贮贝器，有的祭坛上陈列大铜鼓16面，有的将三个铜鼓重叠在一起，立于祭祀场正中。参与祭祀的人，有的肩荷铜锄，有的手持点种棒，有的头顶籽种篮，在祭师的带领下，围绕铜鼓祭拜。铜鼓原本是大型炊具，用于烹煮食物。民以食为天，祭拜铜鼓就是祈求食物，祈望农业丰收，也就是祭拜农神。用活人的头颅祭拜农神是祈求丰收的主要内容。人们相信，只有用异类的头颅在铜鼓前举行隆重的血祭，丰收才会如愿到来。这种以人头祭祀谷神的风俗在20世纪50年代初还在云南佤族中留存。佤族的每个村落，都会在年初举行"猎首祭谷"的仪式[11]。

石寨山出土的青铜器中，有蛇图像的器物约100多件，其中除多数作为装饰题材外，还有 20 余件器物的蛇图像在各种活动场面中处于显要或特殊的位置。晋宁石寨山 1 号墓出土一件有祭铜柱场面的贮贝器。贮贝器盖面前半中间靠左立一铜柱，高约三人（以俑的高度为比例），柱圆形，下为础，础高约半人。柱的中段则有两条大蛇缠绕，张口露齿，凶猛狰狞。柱顶立一虎，下段横绕一条鳄鱼，双目圆睁，令人生畏。柱之右立一牌，一人裸身反接缚于牌上，头发则上绕牌顶而系于牌后，乳甚大，当为女性。其右坐一人，左脚枷于脚枷中。其前有一人裸身双手反缚跪于地，一人手足被捆于地并由两人拖拉。柱子上的两条大蛇是水神的化身，被缚的大乳裸体女人，是准备抛入滇池，献给水神作妻妾的。整个贮贝器场面体现的是祭水神的宗教活动。从事农业生产的人们，逐渐意识到水在农业生产中所起的重要作用，以及水、旱灾对农作物和人类自身的不可忽视的关系。同时，人们还看到，在雨水为患时蛇也很多；在天旱缺雨时，蛇又极少，而且蛇也常居于水中。这些自然现象，反映到人们的头脑里，很可能产生一种倒果为因的看法，误认为蛇之类的生物是主宰气候和农业的神秘力量的化身。于是，蛇就被人们赋以神性，成了与水有关的神灵。水神，绝不会是普通的、时常可以看见的蛇，它一定是具有特殊神秘力量的、难以见到的、特殊的龙蛇。"龙"最初是含有"巨大"、"神秘"的意思。到后来，人们对蛇的认识越来越清楚，最终只剩下神话般的想象物——龙，作为水神的象征[12]。滇人存在水有神灵的意识，还可从下列器物得到证明。如在石寨山出土的铜鼓等多件器物上，均出现了羽人、竞渡、翔鹭、青蛙等形象，都反映着古代"滇"人对水中有神灵的崇敬意识。鸟、羽毛、羽人、鱼、蛙、蛇等形成了一整套题材，是和水神紧密相连的。

在晋宁石寨山出土的铜铸房屋模型中，于其墙壁的正面设有小的神龛，龛内供奉一锥髻男子头像。头像下面放着铜鼓和案桌，案桌上供奉祭品。案桌周围有人举行虔诚的祭祀仪式，有的跪拜，有的起舞，有的吹奏芦笙，场面既庄严肃穆，又热烈隆重。这是典型的祖先崇拜。祖先给他们以生命，为他们开创基业，教他们生存的本领。祭奠祖先，缅怀先人的业绩，祈求他们的福佑，是人类借助祖先神力开创未来的神圣礼仪。

在石寨山 12 号墓出土的祭祀贮贝器上，有男女二人相拥做交媾状；

在李家山出土的一件铜扣饰上，有男女二人媾和的图像。这些有男女交媾的图像出现在庄严神圣的祭祀场面，显然是生殖崇拜的必要仪式。古代社会生产力低下，人口增长就意味着人手增加。当时社会培育人手的成本很低，过程很短，内容简单，一个五六岁的儿童即可以参加采集等生产劳动。因此，人类自身的繁衍变成了社会生产力发展的决定因素。出于对生产力的人口的再生产的严重关切，原始人类出现了生殖崇拜。生殖崇拜的象征是直接表现性，乃至直接表现男女交媾。生殖崇拜是一种文化，而且是原始社会人类的主要精神文化，甚至也是上古早期人类的主要精神文化。

崇拜总是通过祭祀的庄严仪式来表达。在云南青铜器时代，祭祀的形式多种多样，主要有剽牛祭祀、杀人祭祀、歌舞祭祀几种方式。李家山出土的一件铜扣饰，其图像右侧立一大柱，顶端有双层圆台。柱边一牛站立，牛身上披着有花纹的纺织品；一孩童，双脚被捆绑悬挂于牛角；一人拉住套在牛脖颈及其前腿的绳子绕在柱子上，另一人双手紧紧拉着牛尾巴；其下有二蛇盘绕，一蛇咬住缚牛的绳子，一蛇头上蹲着一只蛙，有一人被牛踩踏在地上仰面朝天。这是剽牛祭祀的典型场景。蛇、蛙都是滇人崇拜的神灵，牛和幼童则是献给神灵的祭品。晋宁石寨山墓地出土的一件剽牛祭祀扣饰，四个戴冠冕的巫师，二人按住牛背，一人紧拉牛尾，另一人用绳索捆住牛腿，另一端系在右侧的圆柱上。这也是剽牛祭祀的场景。在青铜器上有血淋淋的杀人祭祀的场面，祭祀中一定伴随音乐舞蹈。晋宁石寨山和江川李家山出土的祭祀贮贝器上，敲击铜鼓、吹着芦笙、手舞足蹈的场面使我们真切地感受到滇人在远古向神灵、祖先拜祭、祈祷的既肃穆又热烈，既庄严又欢快，既神圣又世俗的隆重气氛。

第二节　秦楚争霸与庄跻入滇

秦楚争霸　庄跻入滇　楚滇交融

战国时期，我国的社会经济急剧变化，各地区的政治、经济与文化联系不断加强。秦、齐、楚、燕、韩、赵、魏七国群雄都在为统一天下而奋战。经过一两百年的争战、兼并，到战国后期，逐步形成秦国与楚国争霸的局面。楚怀王、顷襄王时，楚国实力日渐衰落，秦国日臻强大。

公元前 316 年秦国大将司马错举兵灭蜀，并试图从西南面包抄楚国，形成钳形攻势。公元前 298 年，楚怀王被掳入秦。秦国以此要挟楚国，强逼楚国割让巫、黔中两郡。楚顷襄王十四年（前 285），秦国蜀守张若夺取筰（今四川雅安）和金沙江以南的地区，深入到今天的云南北部，对楚国形成巨大威胁。楚顷襄王二十二年（前 277），秦国蜀郡太守张若又攻拔巫、黔中，打开了楚国西南的门户。至此秦国完成对楚国的钳形包围。

楚国为摆脱后门洞开、腹背受敌的困境，于公元前 279 年左右，派遣大将庄蹻率领大军沿江而上，奋力反攻秦国，拼命夺回巴、黔中要地。于是，秦国大军与楚国军队在巴、黔中一带展开激烈的争夺战。

据《史记·西南夷列传》说："楚威王时（前 339 至前 329）使将军庄蹻将兵循江上，略巴、蜀、黔中以西。庄蹻者故楚庄王（前 613 至前 591）苗裔也。蹻至滇地，池方三百里（'池'字通行本作'地'，从百衲本改），旁平地，肥饶数千里，以兵威定，属楚；欲归报，会秦击夺楚巴蜀黔中郡，道塞不通。因还，以其众王滇，变服从其俗以长之。"这是有关云南历史最早的记录，两汉书西南夷传、《华阳国志·南中志》都记载这件事，只是个别字句有所不同而已。

楚国有两个人同名庄蹻，其中一个被称为"盗"，是反抗统治者的领袖。又一个庄蹻为将军，与唐蔑并称，蔑字亦作昧，是捍卫楚都的军事首领。但《史记·西南夷列传》司马贞《索隐》说："庄蹻，楚庄王弟为盗者"，把两个庄蹻误为一人。其实《史记》说"庄蹻，楚庄王苗裔也"，不可能是楚庄王弟。王应麟《困学纪闻》已有一条辨庄蹻有二人，来到滇池的庄蹻是后一个，也就是楚国的将军庄蹻。楚怀王二十八年（前 301）齐、韩、魏三国大败楚兵于垂沙，杀唐蔑之后，庄蹻离开楚都，楚国也就四分五裂、零落不堪了。庄蹻到何处去了？就是奉命远征秦军，在与秦军争夺巴、黔中以西的争战中，夺得枳（今重庆涪陵），沿乌江进入滇地。虽然取得局部胜利，但楚国兵力分散，国力消耗。秦国攻占巴、黔中，截断了庄跷的归路，他无法回到楚国报告夺取枳并进入滇地的捷报。这就是"楚得枳而国亡"。但庄跷又在与秦国争夺枳的战斗中进入滇地，开创了新的功勋。

庄跷来滇的时间，《史记》说在楚威王时，《后汉书》记为顷襄王时，二说不同。杜佑《通典》卷一八七《边防典》载庄跷来滇事，说："楚自威王后，怀王立三十年（前328至前299）至顷襄王二十二年（前277），秦昭襄王遣兵攻楚，取巫、黔中郡地，若庄跷自威王时将兵略地，秦陷黔中郡道塞不通，凡经五十二年，岂得如此淹久？或恐《史记》谬误，班生因袭便书，范晔所载为正。"所考订的年代是正确的。据荀子《议兵篇》"唐蔑死庄跷起"的记录，唐蔑死在前，那时庄跷还在楚都，《史记·楚世家》唐蔑之死在楚怀王二十八年，所以庄跷离开楚国应该在楚怀王二十八年以后，隔两年楚怀王被秦国诱俘而去，顷襄王嗣位。

庄跷来滇的路线，《史记》说："将兵循江而上，略巴、蜀、黔中以西。"就是由荆州上航到今重庆，再向南进发，至夜郎（今贵阳以西、安顺等处），再向西到滇池。

"滇"当初只是一个部落的名称，后来部落联盟用此称号，且区域广大。《华阳国志·南中志》说："庄跷留王滇池，分侯支党，传数百年。"《史记·西南夷列传》说："滇王者，其众数万人，其旁东北有劳浸靡莫，皆同姓相扶。"那是后来以"滇"部落为主发展而成的部落联盟，应比当初的区域广大。

这区域的社会经济文化，当庄跷来时"旁平地，肥饶数千里"，"千"当为"十"之误，当时已开辟相当广大的农田；又说"变服从其俗以长之"，滇已经有相当高的文化，当然楚的文化比滇要高得多，其所以变服从俗，是由于人口数量的比例，不得不如此。庄跷率众有多少人？不见于记录。《太平寰宇记》卷一二二"庄州"说："或曰，楚威王（当作顷襄王）时，有庄跷将甲士二万人入牂牁。"这是推测之词，但事属可能。庄跷领兵前来作战，想来都是男子，不会有眷属随来，他们既回不去，在滇池住定下来，就与当地土人结婚，第二代楚滇族类就自然融合在一起了。庄跷率领的楚国将士兵卒住在滇池，并且他们都有后裔，当是事实，但过了一代，在滇池找不到楚人而都是滇人了。

楚国派遣庄蹻率大军沿江而上，企图夺回被秦攻占的巴、黔中之地，不是孤立的军事行动，而是楚国与秦国争霸天下、统一中国的重要战略举措。秦始皇于公元前 230 年灭韩国，公元前 225 年灭魏国，公元前 223 年灭楚国。秦国占据富饶的楚国后，第二年就灭了燕国和赵国，第三年灭齐国，统一天下，建立超迈前人的中央集权的统一大帝国。秦国并灭诸侯，统一天下有诸多原因，其中夺取巴蜀、经略西南、控制巫与黔中，对楚国实行钳形包围，不能不是成功的重大原因之一。可见，云南在秦始皇统一中国的战略中具有非同小可的地位。

楚国大将庄蹻入滇，对于云南古代文化的发展具有深远的影响。云南在战国诸侯统一天下的争战中、在秦楚夺取天下的争战中被中原诸国所认识。在一定意义上，秦国、楚国谁控制了长江上游的西南，谁就能够取得优势，掌握主动。正因为秦国占领巴蜀、控制巫及黔中，打开楚国后门，从而轻而易举地将楚国置于死地。从战略上看，秦国实在是技高一筹。楚国意识到长江上游的巴、黔中是保卫楚国的门户，奋力反攻之时为时已晚。失去巴、黔中的楚国，只有死路一条。

有意思的是，率大军抵抗秦军的庄蹻走错了路。楚国大军没有遇上秦兵，也没有能保卫楚国的后门，却走到滇池地区。庄蹻以兵威征服滇池区域诸部，将滇池区域化为楚国势力范围，准备向楚国报捷，可是秦国已经夺取了楚国的巴、黔中郡，阻断了庄蹻回到楚国报功的道路。庄蹻就在滇池地区称王，所率领的楚国军人与当地的滇人结婚生子，相互交融。在庄蹻入滇以后，滇池区域的经济文化一定受到很大的影响，因为楚人都参加了劳动生产，兵器、生产工具和生产技能应有改变，生产力得到提高，这是必然的。

司马迁说："秦灭诸侯，唯楚苗裔尚有滇王。"认为楚国并没有彻底灭亡，楚国的后裔在云南高原以"滇"酋邦为基础，建立起强大的滇国。当汉武帝征服西南夷时，诸多部落都灭亡了，"唯滇复为宠王"，楚国的后裔逃过一劫而延续下来。

自此以后，云南的史书、志书都把庄蹻当做"开滇之王"，把庄蹻王滇视为云南历史的开端，这当然不是历史的真实。但是云南历史文化通过秦楚与中原文化交流、融合则是不容置疑的真实。对庄蹻的尊崇、顶礼、颂扬，就是对华夏的认同、对天下一统的认同。中原王朝也把西南夷、云南人都视为庄蹻的后裔。司马迁把滇国当做第二个"楚国"，鼓吹楚国并未灭亡。桓宽《盐铁论·论功》条说："今西南夷楚庄之后"，楚庄即指庄蹻。《新唐书·南蛮传》说："自滇池夜郎以西，皆庄蹻之裔"，这当然是夸大之词。但是有一点则是历史的真实：云南在天下一统的秦楚争霸中有不可忽视的战略地位和历史地位。

第三节　西南夷文化与边郡的建立

西南夷　金马碧鸡　九隆神话　白狼歌　边郡建立　南中大姓　诸葛亮南征　攻心为上　孔明崇拜

《史记·西南夷列传》载西南夷包括夜郎、滇、靡莫、邛、筰、昆明、笮、冉駹、白马等，《华阳国志》则记"南中在昔夷越之地，滇濮、句町、夜郎、叶榆、桐师、嶲唐，侯王国以十数"。各家所记略有出入，兹归纳、概述如下：

夜郎的分布区域，约相当于今贵州西部和曲靖以东的云南东部地区。夜郎地区的主要居民为僚。僚和濮都属壮语族，为今天布依族的先民。夜郎人的居住区有北盘江（时称牂牁江）经西江可通珠江，最终达越人居住中心番禺，估计越人即沿此路到达夜郎地区，与本地土著融合，形成夷僚或夷濮，此后又以此路线为通道保持与越人的联系。夜郎区域之西南部有句町、漏卧、进桑等部，西汉于其地设句町县（今云南之广南、富宁和广西百色）、漏卧县（今云南之罗平）和进桑县（今云南之河口、马关、文山），其居民与夜郎关系较近，为"鸠僚"、"濮"，是今傣和仡佬之先民。《史记·西南夷列传》说"西南夷君长以百数，独夜郎、滇受王印"，说明夜郎势力较大，唐蒙出使夜郎后对武帝说："窃闻夜郎所有精兵，可得十余万"，建议利用夜郎灭南越，也足见夜郎人多势强。然而，夜郎的经济发展却较为滞后，仍处"畬山为田"、刀耕火种的粗放农业阶段，且"寡畜生，又无蚕桑"，故在西南夷诸部中夜郎"最贫"[13]。

　　夜郎的西部有众多的族类，称为"靡莫之属"，以滇为最大。《史记·西南夷列传》将其视为"氐类"。《华阳国志·南中志》载："晋宁郡，本益州也。汉武帝元封二年，叟反，遣将军郭昌讨平之，因开为郡，治滇池上。"较明确地指出了该地的居民为"叟人"。《华阳国志·南中志》又说"夷人大种曰昆，小种曰叟"，则叟人与昆明人同出一源，皆属氐羌。滇人非单纯的叟人，而是滇池地区的土著居民与叟人的融合体。正是由于土著居民与外来氐羌的融合以及其得天独厚的自然环境和丰富的自然资源，滇池地区成了西南夷地区社会经济发展水平较高的部分。早在新石器时代，滇池地区即进入定居的稻作农业阶段，并出现了制陶（晚期甚至出现了轮制技术）和纺织。战国时期，为与秦国争霸，楚顷襄王（前298—前263）派将军庄蹻远征滇池地区。因归路为秦所夺，庄蹻遂留居滇池地区，"以其众王滇"，又"分侯支党"，把将士派驻各地进行统治，从而在滇池地区建立了以地域为基础的长期稳定的统治，打破了过去以血缘为纽带建立起来的氏族、部落组织；在经济文化上，庄蹻及所率将士来自较先进的楚国，他们把楚国一些先进的经济文化因素带到滇池地区，促进社会的进步；为加强统治，庄蹻及其所率部众"变服从其俗"，主动适应本地居民的风俗习惯，促进了族类融合。因此，庄蹻入滇极大地推动了滇池地区社会的进步，促进了族类间的融合。春秋晚期至东汉初期是滇的青铜文化阶段，由于中原与江汉地区的移民越来越多地融入，滇的社会经济在此时期又获得了较大的发展。农业方面，所出土的青铜农具不但为数众多，而且基本包括了农业生产各个主要环节所需工具，分布地域也比较广泛。在西汉末期至东汉初期，还出现了铁农具、水利灌溉和牛耕技术。这些都标志着该地区农业进入相对发展的阶段。手工业方面，除制陶、纺织业等传统行业继续向前发展外，最显著的是青铜业的繁荣，出土的青铜器数量众多、种类繁杂，装饰精细、构思奇巧，不少器物艺术、史料价值兼备，是世界青铜文化宝库中的珍品。在加工制作技术方面，不但范模铸造技术高超，运用自如，还使用了在全国尚属先进的失（蚀）蜡法、鎏金、镀银、错金银、镶嵌、镌刻等技术和工艺。此外，畜牧业也继续向前发展。这一切都标志着滇池地区社会经济达到了较高水平，"耕田有邑聚"成为滇文化的主要特质。正因如此,《后汉书·西南夷传》等史籍才记滇池地区"有盐池田渔之饶,金银畜产之富,人俗豪汰"。滇也才以"小邑"身份而在汉王朝享有西南夷中"最宠"的地位。

滇池地区有金马碧鸡的神话。《汉书·王褒传》记载:汉宣帝时,"方士言:益州有金马碧鸡之宝,可祭祀致也。宣帝使褒往祀焉,褒于道病死"。《汉书·地理志》越嶲郡蜻蛉下注曰:"禺同山有金马碧鸡。"其后,西晋的左思,在其《三都赋》中曾有"金马骋光而绝影,碧鸡倏忽而耀仪"的描写。东晋常璩所撰《华阳国志》在滇池县条下写道:"长老传言,池中有神马,或交焉,即生骏驹,俗称之曰'滇池驹',日行五百里。"又在蜻蛉县条下记云:"禺同山有碧鸡金马,光影倏忽,民多见之,有山神。"《后汉书·西南夷传·哀牢夷》中有"蜻蛉县禺同山有碧鸡金马光景时时出现"的记载。

把金马碧鸡当做"神"来迎祀,既是先民动物崇拜的一种表现,又是先民们以现实生活为基础,借助想象以征服自然、支配自然的一种创造。它以丰富的幻想,表现了先民对美好生活的憧憬;以优美的神话,寄托先民对自然的敬畏。古代的滇中地区,包括滇池周围及楚雄一带,森林茂密,气候温润,各种原鸡、野雉、箐鸡、锦鸡、孔雀成群结队栖息其间。它们嬉戏欢歌、腾飞自如,其色彩斑斓、光彩照人,为先民所喜爱、钦慕、崇拜,于是就创造了"碧鸡"的神话。其原型可能是孔雀。孔雀,身披翠绿色的羽毛,类似"碧鸡"。孔雀开屏被视为祥瑞,孔雀之乡创造孔雀神话,以碧鸡寄托吉祥的祈愿,正在情理之中。而滇中肥美的水草,广阔的山地,宜于畜牧,多产良马,自古以来,滇马驰名全国。而云南高山峻岭,山高谷深,江河纵横,交通不便,马在人民生活中占有重要的地位。当先民们在山边池畔放牧之际,仰卧绿草如茵的草坪,面对变幻多姿的太空,神游万里,幻想有天马出现以便繁殖理想的"千里马",这是极其自然的。而神话一经创造,由于它灌注了先民的理想和愿望,获得了更多人的认同,便不胫而走,辗转流播,直达宫廷。

汉宣帝时,滇池有金马碧鸡之宝的故事传到京都,方术之士对宣帝说,通过祭祀可以将金马碧鸡引到京城。于是汉宣帝派遣谏议大夫王褒持节前往祭祀。王褒半道生病不能继续前行,便设坛祭祀,作《碧鸡

颂》："持节使王褒谨拜南崖，敬移金精神马、缥碧之鸡，处南之荒，深
豀回谷，非土之乡。归来归来！汉德无疆，兼乎唐虞，泽配三皇。"祭
祀不久，王褒也就病逝。这就使得金马碧鸡的故事笼罩上更加神秘的色
彩。滇池东边的山就以金马为名，西边的山则以碧鸡为名。

　　从《华阳国志》滇池神马的记载看，汉末金马碧鸡的神话重心已移
至滇池周围。至唐，记载更具体。公元 766 年立的《南诏德化碑》就有
"山对碧鸡，波环碣石"之句。唐末樊绰的《云南志》有金马、碧鸡二山
"东南西北相对"、山上有"神祠"的记载。公元 1455 年编写的《景泰云
南图经志书》载："碧鸡山，在郡城西，周围数十里，峰峦碧色……其北
为关，曰'碧鸡关'。按：王升碑勒以为昔有碧凤翔矞于此，讹为碧鸡，
因以名山，理或然也。""金马山在郡城东十里许，山不甚高而绵亘于东
南数十里，有长亭，其下为关，曰金马关。旧传有金马隐现其上，因与
碧鸡齐名。今城南三市街有'碧鸡'、'金马'二坊，盖表其为一方之胜
也。然二山皆有祠。"这说明，明代中期，昆明西郊碧鸡山上有关、有
祠；东郊金马山亦有关、祠；城中建有坊，且金马、碧鸡二坊与北面为
纪念赛典赤而立的"忠爱坊"，呈品字形矗立于昆明城中，神话传说中的
吉祥物，与封疆大吏并驾齐驱，形成昆明特定的人文景观。那昂首奔腾
的金马，似云南人民奋进不息的坚强品格的写照；那五彩缤纷、歌喉婉
转的碧鸡，似乎能给人们吉祥欢乐，反映了云南人民渴望获得美好生活
的愿望。金马碧鸡所象征的这种精神，早已融汇在各族人民的思想性格
中。它超越了某一民族，而成为各族人民的共同财富。这也是金马碧鸡
神话历久不衰的生命力所在。

　　《史记·西南夷列传》载："其外西自同师以东，北至叶榆，名为巂、
昆明。"叶榆为公元前 109 年西汉在云南所设益州郡下一县，相当于今
以大理市为中心的洱海地区，昆明即分布于这一区域。《史记·西南夷列
传》又载汉武帝元狩元年（前 122），"令王然于、柏始昌、吕越人等，
使间出西夷西，指求身毒国。至滇，滇王尝羌乃留，为求道西十余辈。
岁余，皆闭昆明"。汉使至滇受到滇王款待，并被送上了向西求通身毒
之路，因昆明人的阻挠而未达目的，所记昆明人的分布方位，与前所载
吻合。汉代在洱海区域设立了叶榆、云南、比苏、邪龙、巂唐、不韦六

县，除嶲唐、不韦二县的居民为哀牢外，其他四县都为昆明人的分布区域，亦都在洱海地区。

关于昆明的社会经济情况，《史记·西南夷列传》说："皆编发，随畜迁徙，毋常处，毋君长。"据此，很多研究者都认为，昆明人尚处于游牧经济阶段，未具备农业经济。的确，昆明人的畜牧经济较发达，故其畜产品成为战胜者的主要掳掠对象，孝昭帝始元四年（前83），"姑缯、叶榆复反……明年复遣军正王平与大鸿胪田广明等并进，大破益州，斩首捕虏五万余级，获畜产十万（昭帝纪作五万余头）"。可见，昆明是游牧为主的族类。需要强调的是，不少学者把嶲（唐）与昆明相连，将昆明与滇混同，我们依据文献和考古资料不仅将嶲（唐）与昆明分开，也把昆明和滇相区别。

《史记·西南夷列传》没有记录"僰"的情况。《史记集解》引徐广说："西僰，羌之别种也。"把僰看作羌之分支。此外，史籍往往把羌僰、氐僰、邛僰并称，也为僰属氐羌之佐证。至于僰的分布，则经过了一个漫长的迁徙过程，先由河湟地区向南迁入四川岷江与青衣江之间一带（今雅安地区），后由于受南下各部及汉人的挤压，僰人再沿岷江南徙入犍为郡，以岷江和金沙江交汇之僰道县为中心建立僰侯国。应该指出的是，僰迁至犍为的时间大概即在秦汉之际，因为当僰分布于青衣江、岷江地区时，蜀国之保子帝"攻青衣，雄长僚、僰"，保子帝在春秋末期统治蜀国，青衣江一带尚为僰分布区。周慎王五年（秦惠文王更元九年，前316），秦国以司马错伐蜀灭巴，将其纳入秦之统治范围，并以此为基地与楚争夺，青衣江一带之僰人不堪忍受战乱，才向南迁徙至犍为一带，成为该地之主要居民。故《华阳国志·蜀志》说：僰道县"故僰侯国"，"本有僰人，故秦纪僰僮之富"。又《史记索隐》引文颖曰："夜郎、僰中皆西南夷，后以为牂牁、犍为二郡。"说明汉武帝建元六年（前135）犍为郡设立前，该地曾以僰人为主要居民。汉初以后，犍为郡以僰道为中心的僰又因"汉民多，渐斥徙之"，至高后六年（前182）于僰道筑城时，僰道一带已无称为"僰"的族类。

秦汉时期，僰不但有发达的灌溉农业，而且还善金属冶炼，其产品朱提银、朱提堂琅洗等名闻全国，直至两晋时期朱提文化为"宁州之冠冕"。然而，应该指出的是，秦汉时期以朱提为中心的滇东北地区的发达，除有僰的努力和贡献外，也与本地土著居民密不可分。在新石器时代，滇东北地区即出现了"磨制甚精"的斧、锛等石器，出土陶器表面打磨光亮，外敷一层黑色陶衣，以地方特点鲜明的侈口平底罐和细颈单耳小瓶等为主要器型，陶器中还出现了云南所见最早的葫芦勺，大多数陶器采用了轮制技术。该新石器文化"从石器和陶器的制作技术看，比云南其他地区新石器文化进步"⑭。在金属的采冶方面，滇东北地区金属矿产资源丰富，金属采冶历史悠久，在新石器时代即能制作粗放的原始青铜器（显系本地所制）。不但如此，滇东北地区还以其较发达的早期矿冶业成为内地青铜冶炼的主要矿料供给地。1984 年，中国科技大学的金正耀先生用现代同位素质谱技术对河南殷墟出土的青铜器进行了示踪研究，发现其中部分青铜器的铅同位素特征和云南滇东北永善县金沙厂矿山所见一致，而与中国其他地区的铅同位素大异，揭示出商周时期中原地区青铜业与滇东北的联系。其后，李晓岑教授又对此问题进行了深入研究，指出来自云南永善、巧家、昭通等滇东北地区的矿质在商代中原青铜器中广泛存在，西周和东周时期这种云南矿质逐渐减少，东周以后逐渐消失⑮。这些研究说明商周时期滇东北地区即存在规模不小的铜等金属的采冶。因此，我们可以说，在僰移入犍为南部以前，该地已存在较长的文明发展史。僰是在吸取、继承当地文明成果和传统的基础上，与当地土著居民相互融汇、彼此学习的基础上才在滇东北地区创造出更高的文明成果的。此外，秦汉时期僰及滇东北的进步也同样与华夏民族密切相关。一方面，僰与华夏在空间上较为靠近，使僰从华夏吸收了不少东西，所以僰人才会"夷中最仁，有人道"。首任犍为属国都尉文齐在任职期间便组织"穿龙池，溉稻田，为民兴利"⑯，推动当地僰人农业的发展。又闻名于世的朱提堂琅洗，其"造型、款识、纹饰各方面，无不显示出汉文化的深刻影响"⑰。总之，秦汉时期僰在滇东北所取得的成就并非僰人孤立发展的结果，而是僰与当地土著居民和迁入该地的汉族移民相互学习、相互促进的产物，是民族融合的结晶。

　　澜沧江以西为哀牢地。哀牢即嶲唐。关于哀牢的史事，东汉杨终《哀牢传》始有记述，后《华阳国志·南中志》和《后汉书·西南夷传》并有转录。方国瑜先生从《哀牢传》所记世系，推测当哀牢始祖九隆时，哀牢进入部落社会，约在周赧王时（前 300）[18]。至柳貌、扈（又作贤）栗时主动内附，并在扈栗时于东汉永平十二年（69）纳入汉王朝版图。哀牢的主要活动时期即秦汉时期。

哀牢的分布范围，在澜沧江外的永昌郡地区。永昌郡为东汉第二大郡，其地东西三千里，南北四千六百里，包有今保山市、怒江州、德宏州、临沧市，以及缅甸北部在内的广大区域。这里居住着越、濮、鸠僚、僄、身毒等族类，而以濮为主。秦汉时期澜沧江以西的哀牢即濮，为明清时之蒲人，为当今布朗、德昂（崩龙）、佤之先民。

《史记 · 大宛列传》载“昆明人”居住区“西可千余里有乘象国，名曰‘滇越’”。不少学者因“滇越”之称，即指“滇越”为“百越”族类，是今天傣族的先民。细读文献，“滇越”并非是“越人”。《史记 · 大宛列传》说，滇越在昆明（洱海地区）西“千余里”，从今大理到腾冲刚好千余里。腾冲原名藤越，《玉谿编事》载南诏骠信（隆舜）诗曰：“避风鄯阐台，极目见藤越。”大理段氏设置藤越府，即在今腾冲地。滇越就是藤越，“藤”与“滇”古音相近。滇越即在今腾冲一带，是哀牢地区的中心，为哀牢的首邑。哀牢地区居民的族群甚多，而以濮人为主。明代学者董难《百濮考》说：“哀牢即永昌濮人。”所说甚确。《华阳国志 · 南中志》载永昌郡：“有穿胸儋耳种，闽越、濮、鸠僚。”又说永昌郡：“有闽濮、鸠僚、骠越、裸濮、身毒之民。”族群种类不少，但以哀牢亦即濮人为主。滇越就是哀牢的一部分，与哀牢一样，他们是濮人。

秦汉时期的哀牢，已形成酋邦社会，哀牢王为哀牢地区各族的统治者；经济上，“土地沃美，宜五谷、蚕桑。知染采文绣，罽氎帛叠，兰干细布，织成文章如绫锦，有梧桐木华，绩以为布，幅广五尺，洁白不受垢污。……出铜、铁、铅、锡、金、银、光珠、琥珀、水晶、琉璃、轲虫、蚌珠、孔雀、翡翠、犀、象、猩猩、貊兽”[19]。所记物产十分丰富。

关于哀牢的起源，有一个优美的神话：“哀牢者，其先有妇人名沙壹，居哀牢山。尝捕鱼水中。触沈木若有感，因怀妊。十月，产子男十人。后沈木化为龙，出水上。沙壹忽闻龙语曰：‘若为我生子，今悉何在？’九子见龙惊走。独小子不能去，背龙而坐，龙因舐之。其母鸟语，谓背为九，谓坐为隆。因名子曰九隆。及后长大，诸兄以九隆能为父所舐而黠，遂共推以为王。后牢山下有一夫一妇，复生十女子。九隆兄弟皆娶以为妻。后渐相滋长。种人皆刻划其身，象龙文，衣皆著尾。"⑳

九隆神话对我们了解哀牢的历史文化有重要的价值。

首先是婚姻形态。沙壹时代——不知其父，"触木而感"，类似《诗经·大雅·生民》所说的"姜源履迹"而生后稷——祭祀时，踏着扮神者的脚步跳舞，内心欢乐，"舞毕相携止息于幽闲之处，因而有孕"㉑。至沙壹之子阶段，则是不同家庭公社互相结合，即一列姊妹和一列兄弟结成夫妻，他们之间保持着相互的"共夫"和"共妻"的关系，这是群婚制向一夫一妻制发展的过渡形态。

其次，龙舐幼子之背，是"父认子"的重要标志，说明父系血统观念已经存在，并反映了哀牢幼子继承制的特点。待到九隆之后，则"世世相继"，由子承继父业，则母权制逐渐向父权制转化。因此，"九隆神话"概括了先民相当长时期的生活历程，是云南哀牢夷早期生活的缩影。

再次，九隆神话反映了哀牢夷生活的环境——依山傍水。他们崇拜龙，"九隆"是"龙种"——龙的子孙，身上刺的图像是龙纹。龙既是祖先，又是神。龙是故事的核心。据文献记载，华夏和夷狄的许多民族多以龙为崇拜对象。龙是立国的象征。龙崇拜是中华民族内聚力的表现，时至今日仍被称为"龙的传人"。云南各民族神话中的龙崇拜有其特定的民族心理内核。

九隆神话中为我们保留了当时的风俗。纹身，衣着尾；留下了哀牢夷古老的语汇"九"（背）"隆"（坐）——陪坐。

此故事流传甚广，"南中昆明祖之"。唐代南诏异牟寻于贞元中献书韦皋时"自言本永昌沙壹之源也"。直到明代，大理的一些望族亦称"九隆族之裔"。哀牢夷是澜沧江以西诸多族类的统称，以濮人居多。"九隆神话"不是单一族类的文化，而是西南许多族类视为与己有关的故事。《华阳国志·南中志》还载竹王的传说：有一女子浣于水滨，触竹怀孕，得男，长，有才武，遂雄夷。《后汉书·西南夷传》称他"自立为侯，以竹为姓"。此神话在金沙江流域、滇东北、黔西北地区均有流传。

九隆神话对于云南文化有深远影响。唐代南诏自言其先祖为沙壹。

龙为哀牢的保护神，与华夏对龙的崇拜有共同之处。西南夷对华夏文化的接受、认同、归属，与对龙的崇奉有极大关系。

《史记·西南夷列传》载："自滇以北君长以什数，邛都最大；……自嶲以东北，君长以什数，徙、筰都最大。"其方位在滇之西北，洱海之东北。西汉武帝建元六年，派司马相如为郎中，招降邛、筰二部，设一都尉十余县。元鼎六年（前111），又以兵威略定之，在邛都设越嶲郡（约相当于今四川省凉山州及云南省的永胜、华坪、丽江、永仁、大姚一带），在筰都设沈黎郡（约今四川雅安地区）。故其方位范围已很明确。关于其族属，《史记·西南夷列传》将其与冉駹诸部同视为"氐类"，大致不误。《后汉书·西羌传》记载羌族"所居无常，依随水草……子孙分别，各自为种，任随所之"，过着逐水草迁徙的游牧生活，其向南迁徙的部分"或为牦牛种，越嶲羌是也；或为白马种，广汉羌是也；或为参狼种，武都羌是也"。可以看出其分布范围接甘青高原，经四川省之西北部、西部，一直延伸到川西南。因此以川西南的邛、筰属氐羌是较正确的。

汉代开拓西南夷地区，设置郡县，必须开山筑路。开路的民工，在劳作中唱出筑路的艰辛与路通边地的喜悦。见于记载以《华阳国志·永昌郡》所载的《渡澜沧歌》较早。该书云："孝武（刘彻）时通博南山，渡兰沧水、溪，置嶲唐、不韦二县。……行人歌之曰：'汉德广，开不宾。渡博南，越兰津。渡兰沧，为他人。'"同书《南广郡》载的歌谣则是经商贾客在高山险路跋涉时惊心动魄的感受："犹溪赤木，盘蛇七曲；盘羊乌栊，气与天通。看都濩泚，住柱呼（伊）。庲降贾子，左儋七里。"

东汉明帝时滇西北至川西南一带居住的白狼部落首领白狼王唐菆作诗三章，带到都城洛阳，献给汉明帝，帝令录之，载于《后汉书·西南夷传·筰都夷》。后世称为《白狼歌》，其主旨为："蛮夷所处，日入之部。慕义向化，归日出主。""涉危历险，不远万里。去俗归德，心归慈母。"其中"日入之部"，自谓居于西边的部落，"归日出主"指位于东方洛阳的帝王，表达了边疆人民对中原文化的钦慕，具有强烈的向往华夏的归属感和内聚力，是西南少数民族第一篇洋溢着追慕华夏、热爱中原的爱国精神的诗篇。诗以汉字记少数民族语音，后由田恭译成汉语。

其语言族属有多说：彝族先民说、普米说、壮傣先民说、纳西先民说等。方国瑜研究此 176 字之音义，"与纳西语对照，大都可解。证明白狼语与纳西语最相近"[22]。此诗在国内各少数民族文化史上占有突出的位置。

在洱海地区发现的宾川白羊村新石器遗址、永平新光遗址、剑川海门口

图上 2-6 《后汉书》载《白狼歌》书影

遗址、剑川鳌凤山等发掘古墓，以及祥云大波那古墓、弥渡石墓群等的考古资料表明，在洱海地区有一个定居的农耕族类。

依据目前所见文献和考古资料，可以推定洱海地区新石器与青铜器的创造者是文献失载的"古代洱海人"，是洱海地区土著的定居农耕族类。"洱海人"是洱海地区最早的居民，就是白族最早的源头。他们很可能就是唐代洱海区域的"西洱河蛮"的先民。

秦统一全国后，着手开发西南，加强与西南夷的政治经济联系。《史记·西南夷列传》说："秦时，常頞略通五尺道，诸此国颇置吏焉。"又《司马相如列传》说："秦时尝为郡县于邛、笮。"秦时经营西南夷主要做了三件事：一通道，二设郡，三置吏。

秦王朝在农民大起义的风暴中倒塌。在楚汉相争中获得胜利的刘邦建立了汉王朝。汉初，社会经济因多年战事遭到严重破坏，国库空虚，人民贫困；外有匈奴的侵掠袭击，内有异姓诸侯王和同姓诸侯王的割据骚乱。为此，汉初还不能致力于西南地区的开发经营，放弃巴蜀西南以外的诸部落，封闭由蜀通到西南夷地区的道路。但是西南夷诸部与巴、蜀的联系已有很长远的历史，在长期的经济文化交流中已结成了不可分割的紧密整体，所以统治者既不可能抛弃这一地区，也不可能割断其与内地的联系。"巴、蜀民或窃出商贾，取笮马、僰僮、髦牛，以此巴、蜀

殷富"[22]。正反映了西南夷诸部与巴、蜀经济文化的不可分割。《史记·货殖列传》说:"巴、蜀亦沃野……南御滇僰、僰僮,西近邛笮,笮马、旄牛;然四塞,栈道千里,无所不通,唯襃斜绾毂其口,以所多易所鲜。"又说卓氏在临邛"即铁山鼓铸,运筹策,倾滇蜀之民,富至僮千人"。还有程郑亦居临邛冶铸,"贾椎髻之民,富埒卓氏"[24]。可见,巴、蜀与西南夷诸部的密切联系是不依统治者的主观意愿而稍有改变的,西南夷诸部又是通过巴蜀而与中原结成一个整体。正是这种经济文化不可分割的联系,成为汉代开西南夷、设置郡县的根基。

汉武帝时,经过汉初六七十年实行"休养生息"政策,社会经济得到恢复和发展,汉王朝已是财阜有余,士马强盛,加以封国势力削除,中央集权加强,封建统治日趋巩固,中央王朝便有条件、有能力来处理四周边境问题,改变原来退守自保的政策。汉武帝雄心勃勃地实行伐匈奴、击南越、通西域的庞大计划,并取得巨大成功,加强了中原与周边诸部族在经济、政治和文化上的联系,巩固了统一的多民族国家。开发西南夷正是在这样的背景下进行的,它是整个开疆拓土计划的一个重要组成部分。

元鼎五年(前112)秋,汉朝举兵攻南越,分桂阳、豫章、零陵数路出发,另有一路由夜郎出兵。《史记·南越尉陀列传》说:"使驰义侯因巴、蜀罪人,发夜郎兵,下牂牁江。"但是"驰义侯所发夜郎兵未下,南越已平矣"。驰义侯乘势以兵威在南夷地区开设郡县。夜郎遂入朝,被汉廷封为夜郎王。

元封二年(前109),汉武帝"发巴、蜀兵击灭劳浸、靡莫,以兵临滇,滇王始首善,以故弗诛,滇王离难西南夷,举国降,请置吏入朝。于是以为益州郡,赐滇王王印,复长其民"[25]。晋宁石寨山遗址出土黄金"滇王之印"就是汉武帝在滇国设置郡县、赐滇王王印的实物证据。益州郡以滇为主,但亦包有其他族类,主要是嶲(唐)、昆明。《后汉书·西南夷传》说:"滇王者,庄蹻之后也,元封二年武帝平之,以其地为益州郡,割牂牁、越嶲各数县配之。后数年复并昆明皆以属之。"[26]

郡县制度在云南的确立,把诸部族大小土长封为王、侯、邑长,使之大小统属,加强政治上递相隶属的关系而成为制度,从而改变了诸部林立，不相统属的局面，既有利于中央王朝的管辖和治理，又有利于诸部族政治经济文化的发展。随着郡县制的推行，中央王朝和地方土长的关系密切了，中原与云南的经济文化交流加强了。内地先进的生产技术和文化带到了边地，内地的封建生产关系也对边地的经济制度和生产方式产生了有利影响，促进了社会经济的发展，把云南历史发展推向一个新的阶段。

《史记·大宛列传》说，昆明西千余里，有乘象国，名曰"滇越"。所说"滇越"与嶲唐，为蜀身毒道的交通孔道，是澜沧江以西哀牢地的一部分。哀牢地十分辽阔广袤，"东西三千里，南北四千六百里"，在澜沧江以西逾怒江至伊洛瓦底江地带，其南当至怒江下游两岸，近入海地带。

东汉时，以嶲唐、不韦为基础，进一步加强对哀牢地区的治理。汉王朝的强盛，经济文化的发展，更吸引着这一地区的哀牢诸部。这里是古老的蜀身毒道必经的交通孔道，通过蜀商人的贸易往来，保持与内地的经济联系。《后汉书·西南夷传》载建武二十三年（47）哀牢王贤栗攻鹿茤部落，鹿茤王迎战，打破哀牢军，杀其六王。"贤栗惧，谓其耆老曰：'我曹入边塞，自古有之，今攻鹿茤，辄被天诛，中国其有圣帝乎？天佑助之，何其明也。'"《后汉书·西南夷传》说："建武二十七年贤栗等遂率种人，户二千七百七十，口万七千六百五十九，诣越嶲太守郑鸿降，求内属。光武封贤栗等为君长，自是岁来朝贡。"

拂去笼罩在这一历史事实上的神秘色彩，透过"天佑助之"的说法，我们可以看到哀牢的内附就是对汉王朝较高的经济文化的向往，是长期以来经济联系与文化交流而产生的政治吸引力。为加强对哀牢地区的统治，东汉王朝于永平十年（67）设置"益州西部都尉，治嶲唐。镇哀牢人，叶榆蛮夷"㉗，委派官员担任"益州西部属国都尉"管理洱海区域的昆明蛮与澜沧江以西的哀牢人，下属有不韦、嶲唐、叶榆、邪龙、云南、比苏六个县。

担任"益州西部属国都尉"的郑纯，为政清廉，缓和民族矛盾，减轻阶级压迫和民族压迫。他与哀牢人约定："邑豪岁输布贯头衣二领，盐一斛，以为常赋。"这仅是象征性的赋税，而且只限于"邑豪"，但当时部族得到的封赏要比这些赋税多。他"化行夷貊",使得哀牢地区"夷俗安之",当地部族的君长"皆献土珍,颂德美"㉘。由于郑纯当任都尉期间实行的轻徭薄赋、安宁边境等政策,哀牢地区的"君长感慕",纷纷前来"内属"。《后汉书·西南夷传》说:"永平十二年(69),哀牢王柳貌遣子率种人内属。其称邑王者七十七人,户五万一千八百九十,口五十五万三千七百一十一。"这么多的邑王与人户分布在澜沧江以西的广阔地区,包有众多的族类,正如《华阳国志·南中志》所说:"其地东西三千里,南北四千六百里。有穿胸儋耳种,闽越、濮、鸠獠,其渠帅皆曰王。"这样宽广的地域,如此众多的人户,还有不同的族类,显然已不能再由"益州西部都尉"来管辖了。东汉王朝以其地置哀牢、博南二县,割益州西部都尉所领六县,新设立了永昌郡。据《续汉书·郡国志》说,当时永昌郡八县共有20多万户,189万多人,在东汉105个郡国中居第二位。

永昌郡是汉朝在西南边境最遥远的地区设置的一个政区。它的设置在东汉是一件引起轰动的大事,王朝为此在宫廷盛宴欢庆"绥哀牢、开永昌、春王三朝,会同汉京"㉙,"俾建永昌,同编亿兆"㉚。自此永昌诸部,与全国亿万人民同为一体,巩固和发展了汉帝国的西南边疆,所以隆重庆贺。

永昌是祖国西南的重要门户,是中外交通的孔道。古来的蜀身毒道就是从永昌出缅北到印度再到中亚和欧洲、非洲,永昌郡的设置促进了中外经济文化交流。唐武后时,张柬之《奏罢姚州疏》说:汉光武季年,哀牢请内属,汉置永昌郡以统之,其国西通大秦,南通交趾,奇珍异宝进贡,岁时不缺㉛。

两汉时期在云南设置的郡县与内地郡县不同。因设置时间在汉武帝时期,与原来的郡县相区别,称为"新郡"或"初郡"。新郡(初郡)基本上位于边疆,所以又称为"边郡"。边郡的主要特点是边郡大都以族类连结的范围为行政区划;朝廷在任命官员到边郡担任太守、县令、邑长的同时又委任当地族群的首领作为王、侯、长统领本部落的民众;边郡没有编户齐民,无法征收租税,故不立征调、进出缴纳贡赋,由土长解纳方物土产为贡;内地郡县的太守只管行政,不能理军务,军事由都尉

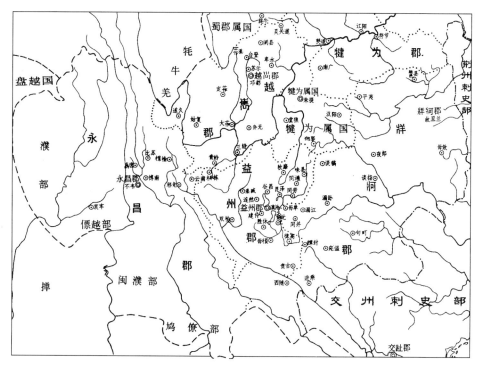

图上 2-7　东汉益州刺史南部图（以谭其骧《中国历史地图集》为底图）

（郡尉）辅佐太守（郡守）掌管，边郡的太守主管军事，统领兵丁，兵丁由内地遣戍。

边郡与内郡虽有不同的特点，但本质是一样的，同是统一多民族国家中央集权的郡县制的有机组成部分。云南边郡的建立、发展、巩固和逐步完善，使云南作为统一多民族国家的一部分不断巩固，使云南与内地的经济文化诸方面的交流在行政体制上得到保证，使云南与内地的经济、政治、文化的联系成为制度定下来，为中国西南边疆的形成奠定了基础，促进了云南社会经济与文化技术的发展。

三国时期，蜀汉将益州郡、永昌郡调整为七郡，设庲降都督管理。庲降都督管理的云南七郡被称为"南中"。"蜀之南中诸郡，庲降都督治也。南中在昔盖夷越之地，滇、濮、句町、夜郎、叶榆、桐师、嶲唐，侯王国以十数"[32]。南中就是两汉时期的西南夷之地。

自汉武帝于元封二年（前 109）在今云南设置益州郡后，就不断募徙内地汉人到益州郡屯垦戍边。两汉时期，统治者在云南用兵，见于记录有 14 次之多。由于征战，不少汉族兵士流散在云南。随着汉人到云南落籍人口的不断增长，从东汉开始，云南的户籍已有"汉""夷"的区别。迁到云南的汉人中出现了拥有部曲的"大姓"，见于记录的有焦、雍、雷（娄）、爨、孟、董、毛、李、王、朱、周、魏、庞、赵、杨、骆、陈、霍、吕、姚等[33]。

大姓是汉族移民，他们在南中不仅拥有屯田，而且拥有屯田户。屯田户平时耕田种地，战时扛枪打仗，且耕且守，是对大姓依附性极强的"部曲"。大姓依靠占有部曲，在云南逐步建立起经济、政治、军事上的势力，成为拥有武装的地方当权派而独霸一方。

代表中央王朝在南中实行统治的是太守。大姓领兵，为太守属吏，是支持太守统治的主要势力。太守与大姓既相互依存，又相互利用，时常为各自的利益相互冲突。当王朝势力强大时，大姓依靠太守；当王朝势力式微时，大姓就领兵自豪。

南中的土著居民是夷人，其首领是夷帅，夷帅以本地民族利益的代表者自居。太守通过夷帅统治当地夷人；夷帅听命于太守，利用太守的权势巩固其在夷人中的酋长地位。故夷帅也是支持太守统治的主要势力。太守与夷帅的关系同样是相互依存、相互利用、又相互矛盾。

两汉时期，南中有代表中央王朝的太守势力，有代表汉族移民的大姓势力，有代表当地夷人的夷帅势力。三种势力之间的关系错综复杂，太守要统治南中必须依靠夷帅和大姓，夷帅与大姓也要依靠太守控制夷人或汉人。大姓来自内地，掌握华夏文化，具有先进的生产技术，熟悉王朝的政治制度；大姓长期生活在南中，与夷人、夷帅朝夕相处，熟悉当地的风土民情，有不少的大姓更与夷帅相互通婚联姻，结成所谓"遑耶"关系[34]。太守要依靠大姓控制夷帅和夷人；夷帅也要依靠大姓联络或对抗太守。大姓在南中的地位就显得特别重要，势力也逐渐发展强大起来。大姓在太守与夷帅之间，纵横捭阖，背靠太守，联络夷帅，在南中称霸横行。

中平元年（184）爆发黄巾农民大起义，众徒数万，天下响应。在益州，巴郡的天师道首领张修聚众响应起义。在镇压黄巾起义的过程中，各地豪强乘势而起，扩大势力，各据一方。凉州黄巾军的一支由马相、赵祇率领入蜀，攻下蜀郡、犍为郡。地方豪强武装镇压了起义军，刘焉称益州牧。兴平元年（194）刘焉死，刘璋继承其位，割据一方。南中大姓也趁势而起，聚众称雄。刘璋派到南中的太守已无昔日王朝命官的权势与威风，只能迁就地方的大姓。

建安十九年（214）刘备入蜀，随即着手经营南中。先派邓方为朱提（今云南昭通地区）太守兼任庲降都督，企图控制南中，但遇到大姓的抵制。章武二年（222），李恢继任庲降都督，亦无建树。

南中大姓，益州以雍闿为首，牂牁郡以朱褒为首，越嶲郡以高定元为首。他们相互依靠，推雍闿领头，联合起来，采用"远交近攻"的策略，联吴抗蜀，在南中造成割据之势。雍闿主要依靠汉族移民，同时联络夷帅，他在当地颇具恩信，能够统率郡民，在南中据地称雄。蜀汉派到南中的官员无法在南中立足，派来的太守正昂被雍闿杀害，继任的太守张裔被缚送于吴，太守董和没趣地离职返回蜀地，后来的龚禄、王士益两位益州太守在赴任的半道就被大姓所害。与雍闿有矛盾的大姓李恢被迫离开南中到蜀。整个南中变成以雍闿为首的大姓的天下。

南中拥护蜀汉的大姓除李恢外还有永昌郡的吕凯。吕凯曾写信给雍闿，劝他听命于蜀，"上以报国家，下不负先人"，可以"书功竹帛，遗名千载"⑤。但雍闿为在南中称王称霸，联吴抗蜀，严重威胁蜀的后方。

值得注意的是，雍闿回答都护李严的信和吕凯答雍闿书，都是这一时期云南留存的重要散文，不仅有重要的史料价值，也有较高的文学价值。雍闿回答李严的信说："盖闻天无二日、土无二主。今天下鼎立，正朔有三。是以远人惶惑，不知所归也。"用精炼、典雅的几句话，理直气壮地表达了他的联吴拒蜀、拥众自雄的合理合法。强横自负、桀骜不驯的气势跃然纸上。

雍闿以远交近攻政策，投靠吴国，孙权任命他做永昌太守。他几次给永昌写信，永昌大姓吕凯与其志趣不同，据《三国志·蜀书·吕凯传》载答复雍闿的信说："天降丧乱，奸雄乘衅，天下切齿，万国悲悼，臣妾大小，莫不思竭筋力，肝脑涂地，以除国难。伏惟将军世受汉恩，以为当躬聚党众，率先启行，上以报国家，下不负先人，书功竹帛，遗名千载。何期臣仆吴越，背本就末乎？昔舜勤民事，陨于苍梧，书籍嘉之，流声无穷。崩于江浦，何足可悲！文武受命，成王乃平。先帝龙兴，海内望风，宰臣聪睿，自天降康。而将军不睹盛衰之纪，成败之符，譬如野火在原，蹈履河冰，火灭冰泮，将何所依附？曩者将军先君雍侯，造怨而封，窦融知兴，归志世祖，皆流名后叶，世歌其美。今诸葛丞相英才挺出，深睹未萌，受遗托孤，翊赞季兴，与众无忌，录功忘瑕。将军若能翻然改图，易迹更步，古人不难追，鄙土何足宰哉！盖闻楚国不恭，齐桓是责；夫差僭号，晋人不长。况臣于非主，谁肯归之邪？窃惟古义，臣无越境之交，是以前后有来无往。重承告示，发愤忘食，故略陈所怀，惟将军察焉。"㊳这封书信，义正词严，说理深刻，文笔流畅，用典得当，是一篇精彩的散文。这是南中文学传到现在比较长的一篇，在汉魏辞章中当属上乘之作。

建兴元年（223），刘备赍志而殁，刘禅继位，南中诸郡叛乱。辅政的诸葛亮认为只有平定南中，才可解除后顾之忧。建兴三年（225）春，诸葛亮率众南征。诸葛亮由成都出发，循岷江而下，经武阳至僰道（今四川宜宾），分三路以进，诸葛亮向越巂，马忠向牂牁，李恢向益州。五月渡过泸水（金沙江）至青蛉（大姚）、弄栋（姚安），追击孟获，攻战至滇池。马忠已破牂牁、李恢出击至盘江，与诸葛亮会师。益州、越巂、牂牁、永昌四郡皆平。

蜀汉在南中四郡的基础上进行调整，设立南中七郡，并统属于庲降都督管辖。庲降都督的设立，是南中社会经济向前发展、政治联系进一步加强的产物，南中逐渐发展为一个单独的行政区划。南中七郡的设置，使云南的郡县制度进一步合理，一方面进一步适应了各地区社会经济发展的水平，另一方面又适应了各地区部族分布的情况。这是各地区部族社会发展在政治上的反映，同时又反过来促进了各地区部族社会的发展，加强了南中与蜀地的联系，使蜀汉在南中的统治得到加强和巩固，促进了南中与蜀汉经济文化的交流，促进了南中社会经济的发展，从而为蜀汉提供了人力物力。《旧唐书·张柬之传》载《奏罢姚州疏》说："诸葛亮五月渡泸，收其金银盐布，以益军储，使张伯岐选其劲卒曳兵以增武备，故《华阳国志·蜀志》称自亮南征之后，国以富饶，甲兵充足。"

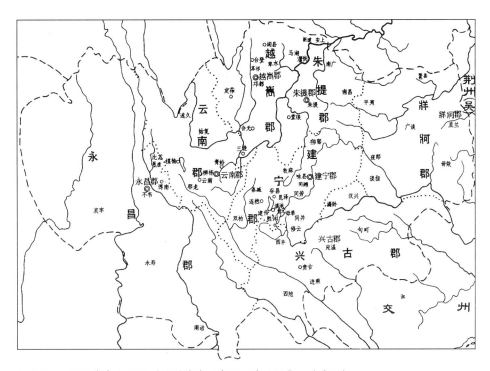

图上2-8 三国南中七郡图（以谭其骧《中国历史地图集》为底图）

从历史发展的过程看，庲降都督与南中七郡的建置，对于中国西南地区经济与文化的发展，中国西南边境的形成和巩固，以及加强中国历史发展的整体性，都有重大的意义。

诸葛亮对南中，采取以和抚为主，征战为辅的策略。南征时，谋臣马谡建议诸葛亮："用兵之道，攻心为上，攻城为下；心战为上，兵战为下。"希望诸葛亮"服其心而已"。诸葛亮在南中采用了这种战略方针，使得南中终蜀之世不再有战事。攻心、心战，就是运用文化的力量，在思想上使南中诸部心悦诚服。这一策略得到历代政治家、军事家、思想家的赞赏。《三国演义》中，诸葛亮对南中大姓的代表人物孟获采取"七擒七纵"的策略，使得孟获从心底佩服诸葛亮，臣服蜀汉政权，使得南中出现了和平安定的环境，为蜀汉北伐中原奠定了良好的基础。

庲降都督的设置不仅加强了蜀汉对南中的统治，更重要的是华夏文化在南中得到进一步的传播。诸葛亮南征，从五月渡泸，到秋天至滇池，与马忠、李恢会师。南征大军自滇池经味县（今麒麟区）至汉阳（贵州威宁），经石门（盐津）、僰道（宜宾）循江而上返回成都。可是，在云南以至今缅甸都有诸葛亮到过的传说与遗迹。

云南民间至今一直对诸葛亮非常崇拜。为表达对诸葛亮的缅怀和思念，有不少和诸葛亮有关的遗迹和趣闻。如各地建武侯祠，放孔明灯，还有不少以诸葛亮的名字命名村寨、地名和以诸葛亮的帽子作为傣族住宅的设计，以诸葛亮的扇子设计哈尼族的短裙等。诸葛亮七擒孟获的故事也家喻户晓，甚至对古代铜鼓的产生也传为诸葛亮南征时所创。

最为独特的现象是，诸葛武侯在云南不仅于武侯祠里供奉，而且在教书育人的书院里也塑了他的像，把他供奉起来，意在激励学子，可见武侯在云南人心中的地位，可与孔子相匹。明杨士云《新建楚雄府龙冈书院记》载："武侯，三代以下一人而已。昔人议请列侍圣门，夫亦何歉？故隆中以寓居，既祠之，且为书院以养士矣。兹惟过化之地，名并隆中，可弗表厥风烈，以示后之人邪？乃斥淫祠五显庙者，因增饰之，中为堂三楹，肖侯之像，扁曰'人龙'。左右为斋舍，各六楹。前为中门三楹。又为大门，为绰楔。扁曰'龙冈书院'。庖湢廪饩，几席膏火之具，咸备焉，拨四庠弟子，讲习于中，时躬督课，学者争自奋砺。"龙冈书院还把诸葛武侯作为学子们的榜样加以推崇："周子曰：'士希贤，贤希圣。'盖必志侯之志，学侯之学，直以伊、傅、颜子为归，然后可。"诸葛武侯的学养仿佛也成了龙冈书院的精神："静以修身，俭以养德，学以广才，志以成学，研精理性，惜岁以时。"

千百年来，不管历史怎样沿革变迁，诸葛亮在云南各族人民心中以正大光明的崇高形象广为流传。在普洱市有孔明山，洗战马的小河称洗马河，思茅城北郊斑鸠峰下诸葛亮扎营处建有"诸葛故垒"。清乾隆三十二年（1767）后，重建毁于兵燹的"诸葛故垒"，改称"诸葛营"，营地中建武侯祠，塑有诸葛亮及琴童、武将的雕像。诸葛亮还被尊为茶祖，每年农历六月十九日，在思茅的同乡会馆举办"茶祖会"，各茶庄茶号和各地商旅都要聚在一起，举行隆重的祭茶祖仪式，恭读祭文，演出文艺节目，以祭祀孔明兴茶的功绩。清道光《普洱府志》卷十二载："旧传武侯遍历六茶山，留铜锣于攸乐，置铙于莽芝，埋铁砖于蛮砖，遗梆于倚邦，埋马镫于革登，置撒袋于慢撒。因以名其山，又莽芝有茶王树，较五山茶树独大，相传为武侯遗种，今夷民犹祀之。"

云南西双版纳州景洪市攸乐茶山的基诺族传说，他们是诸葛亮南征时遗留下来的。诸葛亮给他们茶籽，让他们安居下来，种茶为生。基诺族自称"丢落"，世代尊奉孔明。清朝道光年间编撰的《普洱府志·古迹》还提到，大茶山中有孔明山，巍峨壮观，是诸葛亮寄箭处（民间传说射箭处是普洱府城东南无影树山），上有祭风台旧址。

传说美化了诸葛亮对"南蛮"的仁爱、宽厚、友善。如果说在中原诸葛亮是忠君、智慧的化身，那么在云南诸葛亮还是民族友好、华夷一体、国家统一的象征。我们也许没有必要过多地考究传说中的诸葛亮与云南诸民族的关系是否符合历史事实，因为诸葛亮在云南省的传说，寄托着各族人民对华夷友好、民族团结、国家统一、社会进步的希望和追求，这比历史的真实更为重要。民族凝聚、华夷一体、天下一统正是孔明文化的深刻内涵，也正是诸葛亮与孟获故事给我们的重大启示。

第四节　从朱提文化到爨文化

宁州的建立　朱提文化　中原移民　爨氏称强　爨文化

景耀六年（263）春，司马昭派大军分三路伐蜀，这一年冬天，魏灭蜀。此时，南中为大姓霍弋控制。后主降魏，霍弋也"率六郡守将（即大姓）上表委质于晋文王"[37]，仍受命为南中都督。

晋灭蜀后，大姓统治南中的局面并未改变。晋利用大姓部曲调赴交趾征战的机会，以及大姓部曲在交趾的惨重损失，逐步加强对南中地区的统治。泰始六年（270）八月，晋廷分益州之南中数郡设置宁州，统辖建宁、云南、永昌、兴古四郡。

晋朝统治者的目的，是要在蜀汉庲降都督的基础上，使南中不再成为隶属于益州的附庸而单独成为一个与益州平行直属于中央王朝的行政区划以加强统治。但是，南中地区的社会经济较其他地方落后，蜀汉以来，南中大姓部曲与夷帅势力有所发展，把内地统治机构全盘搬到边地是不能适应的，南中成为单独政区的时机尚未完全成熟。所以不久又改变行政区划和组织。太康三年（282），武帝又废宁州而入益州，立南夷校尉以护之。晋朝无论是设置宁州，抑或是废宁州而设南夷校尉统领南中，其目的都是想要加强中央王朝对南中诸郡的统治，削弱大姓和夷帅的势力，通过控制大姓与夷帅来控制南中的郡县与诸部族。这与蜀汉培养、扶植、依靠大姓和夷帅的做法根本不同。

永宁二年（302）秋，建宁大姓毛诜、李睿与朱提大姓李猛，共约逐太守杜俊、雍约以叛，"众数万"群起驱逐太守。此时李特在蜀的势力已壮大，永宁二年（302）李特攻陷益州，四月李雄据益州，与南中大姓遥相呼应，互通声气。南中大姓的反抗，最后还是被南夷校尉李毅镇压。南中大姓的反抗，使晋朝认识到在南中削弱大姓势力、加强郡县的必要，于太安二年（303）复置宁州，统牂柯、越嶲、朱提、云南、永昌、兴古、建宁七郡。

宁州的设置与郡县的恢复，加强了晋在南中的统治，对于大姓和夷帅是不利的。郡县制的恢复和发展就意味着大姓、夷帅势力的削弱和消退，所以郡县制的加强也激起了大姓和夷帅的联合反抗，反对郡县是他们的主要目标之一。他们"破设郡县、攻围州城"[38]，"破坏郡县役吏民"[39]。李毅组织力量镇压，但当时"中原乱而李雄寇蜀，救援不至"，李毅"疾病薨于穷城"[40]。宁州州治原在建宁味县，李毅分建宁为晋宁、建宁两郡，新设晋宁郡治滇池。迁州治于滇池县，李毅病笃不能战，困守孤城，终死于此。

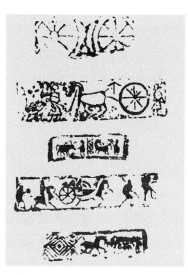

图上 2-9　昭通梁堆画像砖

咸和八年（333）正月，李雄攻陷宁州，刺史尹奉及建宁太守霍彪一起投降。李雄封李寿为"建宁王"，以南中十二郡为建宁国。晋朝在南中的统治完全崩溃。李雄得南中，却没有足够的力量统治南中，只是利用大姓勉强维持。王朝既已四分五裂，动荡不安，遥远的南中之地也就不能不受到影响而独保安宁。而南中大姓与夷部豪帅自东汉末年以来不断发展自己的势力，据地称雄，不断地销蚀、破坏郡县制度，又相互争夺、火并，这就使得云南的郡县制度在晋设宁州有一短暂的稳定后走向下坡路。

永和三年（347），桓温伐蜀，李势出降，益、梁、宁三州复为晋有，但晋已不能直接统治南中。从东晋永和三年（347）至北周亡（581）凡234年，这一时期巴蜀成为争夺的疆场，成都易主，不下十次。得蜀者，外有强敌，自顾不暇，当然无余力经略南中，只有大姓统治。大姓恃远擅命，争长称雄。李雄时期，霍、爨二氏最强，到咸康五年（339）夏，"建宁太守孟彦率州人缚宁州刺史霍彪降于晋"[41]。爨氏并吞其他大姓，统滇东区域，称霸南中。但是，爨氏始终为益州的一部分，没有建国独立；凡得势于蜀的王朝，也与爨氏联络，通过爨氏统治南中。南中与内地的联系分不开，割不断。

大同末年，徐文盛为宁州刺史。《梁书·徐文盛传》说："大同末以为持节督宁州刺史，先是州在僻远，所管群蛮，不识教义，贪欲财贿，劫篡相寻，前后刺史莫能制。文盛推心抚慰，示以威德，夷僚感之，风俗遂改。"徐文盛任宁州刺史加强了南中与内地的联系，改善了民族关系，促进了经济文化发展，代表了南北朝时期中原与内地关系的主流。

朱提郡的居民以僰人为主。僰人为两汉时西南夷中的一个族类，聚居于以僰道（今四川宜宾）为中心的广阔地区。两汉在此设置犍为郡，所谓僰人又称"犍为蛮夷"。汉武帝平定西南夷，僰国的酋长被册封为侯，从此被称为"僰侯国"。汉晋时期，随着宁州的建立，中央王朝对云南统治的深入，中原移民进入云南，营邑立城，垦殖生产，推动了云南社会经济的发展。自蜀汉在今昭通市设置朱提郡以来，这里的经济文化发展走在南中诸郡的前面。故《华阳国志·南中志》说朱提郡，"其民好学，滨犍为，号多士

图上 2-10　传世阳嘉四年朱提铜洗及铭文

人，为宁州冠冕"。到晋代，朱提地区的发展超越滇池区域，成为南中的经济文化中心。

朱提是中原移民较为集中的地区。在这里有朱、鲁、雷、兴、仇、递、高、李等大姓，这些大姓都是拥有部曲的豪强。汉平帝时（公元1—5），文齐担任犍为属国都尉，他带领民众兴修水利，灌溉农田，得到民众的拥护和爱戴。朱提郡经济文化的发展与他为民兴利分不开。昭阳、鲁甸等地出土的青铜器和铁器生产工具反映农业生产的发展。出土的铁口锄上有"蜀郡"、"成都"、"千万"等字样，可见是由蜀郡传入的，反映朱提与巴蜀间的紧密联系和经济文化交流。

朱提地处滇东北高原，群山连绵，山出银铜。东汉时期，朱提已经成为全国青铜制造业的重要基地之一。墓葬出土的铜器有洗、盘、釜、甑、鍪、钟、灯、案、箸、镜、钱币、耳环、印章、提梁壶、车马饰等。洗是一种盛水器。以朱提洗和堂琅洗为名，享誉天下，俗称"朱提堂琅洗"。朱提、堂琅洗的纹饰多采用双鱼纹、单鱼纹、鱼鹭纹、羊纹。铭文是"朱提堂琅"造字样及制造年代，有的铭文是"大富贵"、"宜侯王"的吉利语。除了出土的朱提堂琅洗外，传世品也相当多。容庚《汉金文录》著录朱提、堂琅铜器有二十余器。朱提堂琅还有"摇钱树"出土。一棵树木的模型，上面缀满五铢钱和其他饰物。1960年昭通桂家院子东汉墓出土过一件比较完整的摇钱树，树的主干由五节组成，每节约18厘米长，插有若干树枝，上缀五铢钱、鱼、龙、神怪饰片。出土的铜人、人形铜座、铜鸡尊造型美观，风格独特。传世的朱提堂琅洗的纪年始于东汉章帝建初元年（76），止于灵帝建灵四年（171）。公元1世纪中叶到2世纪中叶的百余年间是朱提青铜文化发展的鼎盛时期。

白铜是朱提堂琅冶金的一大发现。白铜为铜镍合金。早在公元2世纪左右，朱提就发现了镍，并冶炼出铜镍合金。白铜经波斯传入欧洲，称"中国石"。欧洲人直到公元1751年才提炼成功，比云南晚了15个世纪。铜镍合金的发现是云南古代对世界文化与科学技术的重大贡献。

朱提出银。王莽改革货币时，发行"银货二品"。"银货二品"就是朱提银。"重八两为一流，一千五百八十。它银，一流直千"②。当时朱提的银不仅质量高而且产量也高，名满天下，以致"朱提"成为高质量白银的代名词。在昭通地区还出土了契刀、错刀、货泉、直白五铢、常平五铢、五行大布、布泉等钱币。说明当时的商品经济、市场流通已略具规模。

儒学在朱提地区的发展，超过了宁州其他郡县，孟孝琚碑就是很好的证明。出土于光绪二十七年（1901）七月的孟孝琚碑为云南现存最早的碑刻。碑高4尺，广3尺，15行，每行21字，隶属。上截缺，每行7字。侧有龙凤纹，下刻玄武。年号无征，年代不可确知。建碑的年代约在东汉中叶和帝永元八年（96）。汉晋时期，朱提大姓多见于记录，孟姓为大姓之一。孟孝琚的曾祖严道可能在文齐时迁入朱提，汉制戍守边郡，以部、典、屯相统率。部有校尉、曲有军侯、屯有屯长。长期任职，久而成为豪门，占有士卒。孟氏盖因此起家。此辈大姓享有特权，得由儒科进阶，或由长吏入仕。当时在边郡设立学校，专门培养豪门子弟。孟孝琚12岁习韩诗章句，兼通《孝经》二卷，博览典籍。儒学是升官发财的门径，成为豪门子弟必读的经典，促使儒学在朱提的大姓子弟中广为传播。

晋代云南战乱频仍，但是宁州的社会经济与文化还是有所发展。南中大姓的屯田，促使庄园的规模扩大、数量增加。朱提郡利用龙池灌溉农田，扩大耕地面积，提高粮食产量。建宁郡从高山到川中平地，农田相连，黍、稷、麻、稻、粱遍野，特别喜好栽桑养蚕。晋宁郡有"金银畜产之富"⑬，滇池地区有日行五百里的天子马。宁州生产的丝织品有绵绢、采帛、文绣、细布等。永昌郡、云南郡生产的桐华布行销蜀地。

昭通后海子出土发现的东晋霍承嗣墓壁画，尽管技法尚欠完美，但在透视上采用散点与焦点相结合的方法，突破中国以散点透视传统技艺，在中国绘画

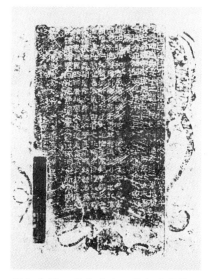

图上 2-11　孟孝琚碑　现存昭通第三中学，原凤池书院

史上当值得肯定。在笔法上简洁明快，重点突出，尊卑有序，具有鲜明的地方特点。宁州的画像砖有车骑、畜牧、歌舞、动物等形象，构图简单，对称有序，粗犷简练，追求神似。朱提文化在晋朝为宁州冠冕，不仅在云南文化史上，理应在中国和世界文化史上占有重要的一席之地。

元封二年（前109）汉王朝在云南设置郡县，移民戍守，营邑立城，垦殖生存。两汉时期留兵屯田来巩固政权统治，把许多汉族人口不断地迁徙到南中来。见于记录有关云南事迹，大都为兵事。被征调来当兵打仗的多为农民，要按时归田，不误农事，所以常备正规军只负责维持内地治安。要劳师远征，有时遣发边郡士卒，但多用募兵办法，募来的有所谓"应募"、"奔命"、"豪吏"、"罪人"、"亡命"、"谪民"等，所聚集的多是封建统治之下沦为贫困饥寒的难民。每次出兵，少则数十人，多至数十万人，驱策到边远的云南，就不免有许多离散而流落下来。文齐任益州太守，"率厉兵马"，"造开稻田"，就是招集流散的汉人和当地的夷人，组织起来开发生产。这样的办法，对于云南社会经济发展起到积极作用。

除以上所说的原因以外，可能还有其他情形，如游宦、经商等到云南后流落下来，惟不见于记录。又有些迁到云南来的汉人，见于记载而不详其原因，如爨氏在东汉末已成大姓，当在东汉时期迁来，但迁来的原因不见记录。

由于上述的屯守、兵争、避难、流窜、掳掠等原因，有不少中原人户迁徙到云南安家立业，人口逐渐增加，到后来的人口比例中，汉族成分要占相当大的比重。《隋书·梁睿传》载大象二年（508），梁睿略定巴蜀，上书继续向宁州进攻，有两句话说："南宁州，其地沃壤，多是汉人。"认为汉人多是夺取南宁州的有利条件。从汉武帝元封二年征服云南大部分地区，到梁睿入蜀时已有690年，先后前来的汉人及其滋生人口，数目应在不少。但是迁来的汉人，到这时期大多与当地蛮夷融合，很少有孤立的汉人存在。

随着中原移民的增加而编籍汉户，与夷户区别开来。有关云南汉夷分别，很明白的记载始于东汉时期，到了王莽时期落籍户已多，于是汉族人户与夷族人户有了显著区别。但是，先后迁徙到云南来的汉人，大都是劳苦民众，他们到南中定居下来，世代相传，逐渐与当地土著居民融合。汉族移民中出现了拥有武装的豪门大姓。东汉末期滇东区域大姓首领是雍闿，《三国志·蜀书·张裔传》说"益州郡耆帅雍闿，恩威著于南土"，他统率着夷人和汉人抗蜀，为远交近攻的策略，与吴国联络，所有夷人也受他的支配。大姓与夷帅通过联姻结成政治同盟。在夷汉部曲之间，通婚逐渐普遍，汉夷界线渐渐消泯。

移民不仅带来生产技术、作战本领，同时将华夏文化传入云南。从许多南中大姓的记录可以看出他们都是读儒书且长于文学。如三国初年的李恢，据《三国志·蜀书·李恢传》说：当初做益州郡督邮，也许是因察举出身，他后与其他大姓相处，被送到蜀郡，投在刘备幕下。那时蜀设庲降都督向南中进行政治攻势，原任都督邓方死，刘备问李恢谁可继任？李恢答复说："人之才能，各有长短，故孔子曰，其使人也器之。且夫明主在上，则臣下尽情，是以先零之役，赵充国曰：莫若老臣。臣窃不自揆，惟陛下察之。"他为自荐援引古书，以典故既含蓄又明白地表达自己的意愿，不失为学养深厚的才学之士。

流传至今的散文，还有朱提大姓李猛的两封信。当毛诜、李叡驱逐建宁太守杜俊，李猛响应。《南中志》载李猛给毛诜、李叡的信说："昔鲁侯失道，季氏出之。天之爱民，君师所治。知足下追踪古人，见贤思齐。足下箕帚，枉惭吾郡。"于是李猛也驱逐朱提太守雍约，与毛诜、李叡合兵，众至数万，但被南夷校尉李毅击败。李猛见势不佳，投降李毅，《南中志》载他给李毅的信说："生长遐荒，不达礼教，徒与李雄和光合势。虽不能营师五丈、略地渭滨，犹冀北断褒斜、东据永安。退考灵符，晋德长久，诚非狂夫所能干。辄表革面，归罪有司。"把他起兵反抗的原由清楚地写出来，文句精炼，用典贴切。李毅认为他终是心腹之患，引诱处死。

后来李毅被夷汉联合的势力围困在晋宁而死，他的属吏毛孟到洛阳求救，当时朝廷并没有领会这件事情，毛孟恳切陈词说："君亡亲丧，幽闭穷城，万里诉哀，不垂悯救。既惭包胥无哭秦之感，又愧梁妻无崩城之验，存不若亡，乞赐臣死。"⑩朝廷看到这篇陈词，深为怜悯，于是任命王逊做宁州刺史，与毛孟一同到云南来重整旗鼓。

图上 2-12 爨龙颜碑 现存陆良县贞元堡

上文所举魏晋时期南中大姓的几篇文章，有关史事均见于记录，其他失传的一定很多。从这几篇仅存的文章不难看出华夏文化在南中传播的广泛与深入，南中亦不乏文词精彩、内容典雅、笔法精炼的好文章。

爨为建宁郡（相当于今昆明市）大姓。爨氏原居中原，东汉后期被遣派到南中屯戍，落籍建宁郡，东汉末称强，跻于大姓之列，三国初期成为南中四大姓之一。爨氏在南中崭露头角的是曾担任建伶（今昆阳）县令的爨习。诸葛亮南征，收南中俊杰孟炎、孟获及爨习为官，爨习官至领军。建兴九年（231）诸葛亮北出祁山，爨习为行参军偏将军，从战街亭，兵败请自刭。

永和三年（347）李寿子李势降晋。李势政权败亡后，蜀地为南北争夺场所。据成都者，先后易主不下十番。尽管得蜀者皆想统治南中，但多是心有余而力不足，爨氏便乘势在南中称王称霸。自李势亡国至隋文帝命梁睿攻取益州，其间 233 年，蜀中扰攘，无力深入南中，南中为爨氏所霸。但记录其事迹的资料甚少，今存《爨龙骧碑》、《爨宝子碑》、《爨龙颜碑》为研究爨氏的主要资料。龙骧是职官名号，不是名字。据此推知，爨氏已为宁州刺史，执掌南中大权。《爨龙颜碑》说："祖晋宁、建宁太守、龙骧将军、宁州刺史、考龙骧辅国将军、八郡监军，晋宁、建宁二郡太守。追谥宁州刺史、邛都县侯。"爨龙颜死于宋元嘉二十三年（446），享年 61 岁，可知他生于东晋太元九年（384）。那么，爨龙颜的祖父出生当在李雄据南中之时，小于爨琛，也许为爨琛的子侄辈，出任太守在李势亡后若干年。爨龙颜的父亲做太守，似在东晋末年。当时晋王朝已无力控制南中，所有官职、官号皆为爨氏自命，不再由晋朝廷委任。爨龙颜在晋义熙十年（414）举秀才，除郎中后为晋宁、建宁二郡太守，宋元嘉九年（432）后为镇蛮校尉、宁州刺史，历任官职大概都是承袭的。爨龙颜的子孙当是承袭官职。从碑文和碑阴题名宁州刺史的属官有长史、参军、功曹、主簿、治中、别驾；校尉属官有长史、参军、功曹、主簿、录事、书佐等职约 50 人，详其籍贯者约 30 人，以建宁郡人为多，约 20 人，其次是晋宁郡 2 人，朱提、牂牁、南广各一人，南中以外的有武昌、雁门、安上、巴郡各一人。碑文为爨道庆作。可见当时爨氏在南中称王，其他大姓为属官。当爨龙颜为宁州刺史时，见于记载有爨松子为晋宁郡太守[45]。由此推之，爨氏称霸南中，郡县长官大多由爨氏出任。

《爨宝子碑》立于大亨四年，岁在乙巳。但是，晋无大亨四年。考晋安帝元兴元年壬寅，颁改元大亨，而次年仍称元兴二年，不再用大亨年号。所谓大亨四年，实即义熙元年（405）。由此可看出，东晋不仅不能统治南中，连消息往来亦殊为稀少，以至爨氏不知道大亨年号虽颁布却未使用，可见南中与晋王朝消息隔绝多年。尽管消息隔绝，爨氏早已据地自雄，但仍然奉晋王朝的正朔，表示对晋王朝的忠诚，没有自外于晋朝，另立年号，而是自觉地把自己视为晋王朝的属官，把爨氏据有的南中视为晋王朝的一部分。

爨龙颜死后 33 年，南朝萧齐建国，已不能控制南中，"宁州诸爨强族，恃远擅命，故数有土反之虞"[46]。梁大同年间，萧纪在蜀，曾尽力争取南中，派遣徐文盛为南宁州刺史，亲到任所，有所作为。太清二年（548）徐文盛离任，南中再次成为爨氏的天下。后五年，西魏将尉迟迥入成都。又五年，宇文周篡魏，益州为北周所有，即命益州刺史兼理宁州军事，招徕

图上 2-13　爨宝子碑铭　碑现存曲靖市第一中学校园

南中，遥授爨瓒为南宁州刺史。天和五年（570），周大将郑恪率兵平越巂，于其地置西宁州。大象二年（580），梁睿取益州，"威振西川，夷僚归附。唯南宁酋帅爨震恃远不宾"[47]。梁睿上疏言："伪梁南宁州刺史徐文盛被湘东征赴荆州，土民爨瓒遂窃据一方。国家（指北周）遥授刺史，其子震相承至今。而震臣礼多亏，贡赋不入。每年贡献，不过数十匹马。其处去益，路止一千。朱提北境，即与戎州接界。如闻彼人苦其苛政，思被皇风。……辟土服远，今正其时。幸因平蜀士众，不烦重兴师旅，押僚既讫，即请略定南宁。"[48]自李氏在蜀中败亡后，历东晋、刘宋、萧齐、萧梁以至北周，仅在徐文盛时中原王朝有过短暂的实际控制，其余基本上是爨氏在南中独霸一方。

爨瓒死后，其子爨震、爨翫分统其众。隋朝开皇初年，爨氏遣使朝贡，表示归附。隋朝廷派遣韦世冲率兵屯戍南中，设置恭、协、昆三州，命爨翫为昆州刺史。不久，爨氏反叛，开皇十七年（597），隋朝廷以史万岁为行军总管，率兵征讨。大兵压境，此时爨震已死，史万岁要将爨翫押解入朝。爨翫以金宝贿赂史万岁。史万岁让爨翫留在南中，自己班师回朝。第二年，爨翫再次叛乱，隋又遣兵征讨爨氏，爨翫降隋，被押解入朝，隋文帝诛杀爨翫，"诸子没为奴"[49]。但隋王朝没有深入南中治理宁州。宁州依然是爨氏的天下。

爨氏称霸，其势力所及区域称为爨地。关于爨地的记载，樊绰《云南志》卷四"名类"说："西爨白蛮也，东爨乌蛮也。当天宝中，东北自曲靖州，西南至宣城，邑落相望，牛马被野。在石城、昆川、曲轭、晋宁、喻献、安宁至龙和城，谓之西爨；在曲靖州、弥鹿川、升麻川，南至步头，谓之东爨，风俗名爨也。"爨氏统治的地区，相当于以今曲靖市为中心的昆明市、玉溪市、红河州、文山州、昭通等地区。

东西二爨的分别，以汉晋时期设郡来说，东爨地以朱提郡（今昭通）为主，西爨地以建宁郡（今曲靖、昆明）为主。以位置言为南北方向，为何称为东西？以两个区域言，为东北与西南；以两区域中心地言，有偏东偏西的不同，所以两爨称为东爨和西爨。

两汉记录滇池区域住民，大都称为夷人，或郡夷，不著其专名，至蜀汉始有"夷叟"的记载，但不能说叟名始于蜀，当是古初的专名即如此。1936年在昭通洒渔河古墓出土一颗铜印，作驼钮，印模2.4公分见方，刻"汉叟邑长"四字阴文，同时出土有花砖，当为汉晋古墓，称"汉叟邑"，应是汉代遗物。

民族名称，多从其主。滇池及以东区域的居民自称为叟，是译音字，作搜、廋、傁等都是同音异写。现在彝族自称Nisu或Nosu，檀萃《爨雅》"夷人曰南苏"，《开化府志》作"聂素"，叟就是苏或素的同音异字。彝语说苏是人，南是黑的意思，彝族尚黑。称南苏，表示是尊贵的民族，所谓渠叟、蜀叟、氐叟、斯叟，各有取意，省称为叟。又《南中志》："孟获说夷叟"，"周昂合夷叟谋"，"味县夷叟有明月社"；《三国志》："夷叟高定"，都作"夷叟"而不说"叟夷"；夷字古音读如泥，"尼叟"与今夷语Nersu相合。

到爨氏独霸南中以后，其管辖的居民也就称为"爨人"。爨人与爨氏密切相关。爨人就是中原移民与土著夷人（以叟人为主）融合而成的新族类，是夷化了的汉人和汉化了的夷（叟）人。方国瑜说："东晋以后，在爨氏统治地区，其原住土著之主要者曰叟人，迁徙而来者曰汉人，分别户籍后合而称曰爨人。所以有爨人之名，不仅与其统治家族有关，且有其社会基础而立新名。是时爨人为当地居民之称，实为叟人与汉人融合之共同体。"⑤⓪

元人李京《云南志略》说："爨琛为兴古太守……爨人之名始此。"⑤①又说："晋成帝以爨琛为兴古太守，自后爨瓒、爨震，相继不绝。"晋穆帝永和三年（347），晋将桓温代蜀，李氏亡，宁州复为晋有，但晋已无力顾及南中，从而造成爨氏称霸南中的局面。在爨氏的统治下，不仅南中夷人五十八部实现统一，而且未夷化的大姓及汉人融入其内，从而形成有共同地域、共同经济生活、共同信仰、共同制度与共同语言的爨人共同体。

爨人名称的确立，标志自汉武帝元封二年（前109）在西南夷设置益州郡以来，中原移民与西南夷中的滇人相互依存、相互交融形成新的人们共同体。这是南北朝时期中华大地各族类通过各种方式相互融合在云南的反映。各族间有时出现对立以致冲突，实质上是相互间不可分离、不可或缺的联系的一种非和平方式。尽管因南北朝分裂，出现爨氏"恃远擅命，数有土反之虞"的情况，但爨氏仍奉中朝正朔，自命为中朝的刺史、太守，从来没有自外于华夷一体、天下一统的中原王朝。

爨文化是以今天曲靖为中心的滇东地域文化，作为爨文化代表的爨碑，无疑是典型的汉文化。其书体由隶书至楷书之间，古朴典雅，雄强遒劲，特色鲜明，为历代书家所推崇。《爨龙颜碑》、《爨宝子碑》被誉为"南碑瑰宝"。《爨龙颜碑》，碑文书法字体介于隶楷之间，书法风格独特，被称为"爨体"。碑文古雅，结体茂密，笔力遒劲，意态奇逸，结体多变，是隶书至楷书过渡的典型。书家对它多有推崇。范寿铭《爨龙颜碑跋》说："魏晋以还，此两碑为书家之鼻祖。"康有为说《爨宝子碑》"端朴若古佛之容"，"朴厚古茂，奇姿百出"。《爨龙颜碑》雄强茂美，称为神品，"下画如昆刀刻玉，但见浑美；布势如精工画人，各有意弃，当为隶楷极则"[52]。其文体骈散相间，简洁优美，时有精彩之笔。如写爨氏家族的兴盛："树安九世，千柯繁茂，万叶云兴；乡望标于四姓，邈冠显于上京。"写爨龙颜："容貌玮于时伦，贞操超于门友，温良冲挹，在家必闻。"显示了较高的汉文字应用水平。这是南中大姓推行、传扬汉文的必然结果。当然，高深的汉文化的传播仅仅只限于官吏、士人、商贾等阶层。土著的夷人和普通的民众，显然不可能有较高的汉文程度，但他们也不可能不受汉文化的影响。他们接受爨氏的统治，听命于官吏，自然不可能独立于汉文化之外。

爨文化在云南文化史上，无疑是滇文化和南诏大理文化之间的一个重要里程碑。如果说滇文化是受汉文化影响较少而有显著地方民族特色的文化，那么，爨文化无疑是在汉文化广泛传播基础上形成的民族融合的文化，是中华文化在云南发展的一个重要阶段，对于加强民族认同，加强文化交融，加强中华民族文化的整体性，有重要的推动作用。

【注释】

① 李昆声、张增祺:《云南青铜文化之探索》，载《云南青铜文化论集》，云南人民出版社1991年。

② 李昆声、张增祺：《云南青铜文化之探索》，载《云南青铜文化论集》，云南人民出版社 1991 年。

③ 杨帆等：《云南考古（1979—2009）》，云南人民出版社 2010 年。

④⑤ 蒋志龙：《滇国探秘——石寨山文化的新发现》，云南教育出版社 2002 年。

⑥ 云南省博物馆文物工作队：《云南省楚雄万家坝古墓群发掘简报》，载《文物》1978 年第 10 期。

⑦ 王大道：《楚雄万家坝古墓群的时代及分期的再探索》，载《云南省博物馆建馆三十周年纪念文集》，1981 年。

⑧ 云南省文物队珠街发掘组：《曲靖珠街八塔台古墓群发掘简况》，载《云南文物》1982 年第 11 期。

⑨ 李昆声、张增祺：《云南青铜文化之探索》，载《云南青铜文化论集》，云南人民出版社 1991 年。

⑩⑪ 参看张增祺：《滇国与滇文化》，云南美术出版社 1997 年。

⑫ 黄美椿：《略论古代滇人对蛇的崇拜》，载《云南省博物馆建馆三十五周年论文集》，1986 年。

⑬ 《后汉书·西南夷传》，中华书局 1965 年。

⑭ 汪宁生：《云南考古》第 23—24 页，云南人民出版社 1980 年。

⑮ 李晓岑：《白族的科学与文明》第 37—38 页，云南人民出版社 1997 年。

⑯ [晋] 常璩：《华阳国志·南中志》，商务印书馆 1938 年。

⑰ 孙太初：《朱提堂琅洗考》，载《云南省博物馆学术论文集》第 174 页，云南人民出版社 1989 年。

⑱ 方国瑜：《中国西南历史地理考释》上册第 21 页，中华书局 1987 年。

⑲ 《后汉书·西南夷传》，中华书局 1965 年。

⑳ 《哀牢传》，载方国瑜主编：《云南史料丛刊》，云南大学出版社 1998 年。

㉑ 《姜源履大人迹考》，载《闻一多全集》三第 50 页，湖北人民出版社 1994 年。

㉒ 方国瑜：《云南史料目录概说》第 46 页，中华书局 1984 年。

㉓ 《汉书·西南夷传》，中华书局 1962 年。

㉔ 《史记·货殖列传》，中华书局 1959 年。

㉕ 《史记·西南夷列传》，中华书局 1959 年。

㉖ 《云南史料丛刊》第一卷第 57 页，云南大学出版社 1998 年。

㉗《续汉书·郡国志》刘昭《注》引《古今注》。

㉘《后汉书·西南夷传》，中华书局 1965 年。

㉙ [汉] 班固：《东都赋》，参见中华书局聚珍版《文选》。

㉚《后汉书·西南夷传·赞》，中华书局 1965 年。

㉛《云南史料丛刊》第二卷第 189 页，云南大学出版社 1998 年。

㉜ [晋] 常璩：《华阳国志·南中志》，商务印书馆 1938 年。

㉝《华阳国志·南中志》，商务印书馆 1938 年。

㉞《华阳国志·南中志》："与夷为婚曰遑耶。"

㉟㊱《三国志·蜀书·吕凯传》，中华书局标点本。

㊲《三国志·蜀书·霍俊传》注引《汉晋春秋》，中华书局 1959 年。

㊳《华阳国志·后贤志·李毅传》，商务印书馆 1938 年。

㊴《华阳国志·南中志》，商务印书馆 1938 年。

㊵《华阳国志·后贤志·李毅传》，商务印书馆 1938 年。

㊶《华阳国志·李雄志》，商务印书馆 1938 年。

㊷《汉书·食货志》，中华书局 1962 年。

㊸《华阳国志·南中志》，商务印书馆 1938 年。

㊹《晋书·王逊传》，中华书局 1974 年。

㊺《宋书·文帝纪》，中华书局 1974 年。

㊻《南齐书·州郡志》，中华书局 1972 年。

㊼《隋书·梁睿传》，中华书局 1973 年。

㊽《隋书·梁睿传》，中华书局 1973 年。

㊾《新唐书·两爨传》，中华书局 1975 年。

㊿ 方国瑜：《〈隋书·梁睿传〉梁睿请略定南宁疏概说》，载方国瑜主编《云南史料丛刊》第一卷第 328—329 页，云南大学出版社 1998 年。

51 "爨深"，《晋书·王逊传》、《元和姓纂》作"爨琛"。

52 康有为：《广艺舟双楫》。

第三章

隋唐五代宋：碰撞交融中的南诏大理文化

　　唐朝一建立就注意对云南的治理，设立南宁州都督府，以爨氏为都督管理滇池地区，支持南诏统一洱海地区，封皮罗阁为云南王。唐朝为加强对云南的统治而在安宁筑城，爨氏群起反对并杀死筑城使。唐朝请南诏东进协助平定爨氏，边吏处置失当导致天宝年间发生西洱河战事，南诏在吐蕃支持下打败唐朝大军。唐朝势力退出，南诏统一云南诸部。贞元十年南诏弃蕃归唐，与唐朝在苍山结盟。唐朝设置云南安抚使司管辖云南，南诏成为云南安抚使管理下的自治地区，"世为唐臣"，"人知礼乐，本唐风化"①。南诏灭亡后，经历长和、天兴、义宁三个政权的更替，段思平建立大理国。当宋朝统一蜀地时，大理国即派遣官员送牒入宋朝表示祝贺，继后请求内附，宋太宗封大理国王为"云南八国郡王"，1117年宋徽宗册封大理国王段和誉为云南节度使金紫光禄大夫检校司空上柱国大理国王，大理国与宋朝建立臣属关系。大理国与宋朝在邕州等地博易战马，进一步加强经济、文化联系。大理国的文化有鲜明的地域特色，但华夏文化始终对大理文化有深远的影响。

第一节 "本唐风化"的南诏

唐初云南　　南诏崛起　　南诏德化碑　　唐朝诗人吟讽天宝之战　　贞元会盟

唐代初年，云南族类繁多，未形成统一的政治组织。滇池及其以东地区为爨的势力范围。约在贞观末年，洱海周围的昆明与哀牢部落逐渐形成十多个酋邦，称为"诏"②。所谓"诏"，有两个涵义，一指酋邦首领，即"王"之意；一指酋邦，即部落之意③。这些酋邦相互兼并，逐步形成六个大的酋邦，称为"六诏"，即蒙舍诏、蒙巂诏、邆赕诏、浪穹诏、施浪诏、越析诏。从无大君长，到形成拥有胜兵数万的"六诏"或"八诏"政权，是云南历史的巨大进步。

洱海地区众多的蛮族，是以社会经济发展的前进与落后、受汉族文化影响的大小而区别为乌蛮与白蛮的，在经济、文化上与华夏接近的称为白蛮；反之，则称为乌蛮。白蛮的生产方式、语言、姓氏、服饰、葬法，已深受华夏文化的影响，只是在某些风俗习惯上仍保持着"蛮"的特点，是介于"蛮"和"汉"之间的部族。乌蛮则是在经济文化、风俗习惯等方面保持固有特点，并受华夏影响较小的蛮族。

唐初对云南的经营，集中在南宁（滇池）地区与西洱河地区。武德元年（618）唐高祖以爨翫的儿子爨弘达为昆州刺史，令其奉父遗体回到云南，通过他来有效联络控制南宁州诸部。武德四年（621），南宁诸部全部归附唐朝，向唐廷称臣纳贡，唐在云南地区设立了南宁州总管府。在经营南宁地区的同时，唐也开始深入西洱河地区设置州县。武德四年吉弘韦奉命招抚昆明蛮诸部，昆明蛮诸部因求内附，韦仁寿又将兵五百人至西洱河，"设置八州十七县，授其豪帅为牧宰"。唐在西洱河地区的政权亦逐步巩固。

贞观末年，吐蕃兴起于青藏高原，向外扩张，南下深入西洱河地区，原先已归附唐朝的一些部落，在吐蕃的军事压力下，叛唐降蕃。此一新的形势，要求唐王朝加强对西洱河地区的控制。为巩固唐对西洱河地区的统治，抵御吐蕃的入侵，唐于麟德元年（664）五月，将李英所置的姚州移于弄栋川（今云南姚安），升为都督府，每年差募五百士兵镇守。朝廷通过姚州都督府直接管理、控制以西洱河为中心的滇西区域。随着南宁州都督府、姚州都督府的设置，更多中原的官宦、士卒、流民迁到云南，同时也将中原的文化带到云南。

开元二十六年（738），蒙舍诏统一了洱海地区。这是唐朝"分道经略，以讨吐蕃"的重大成果，既使蒙舍诏达到并灭五诏、在洱海地区建立统一政权的目的，又实现了唐朝破吐蕃、静边寇的愿望。为嘉奖皮罗阁完成统一洱海地区的功勋，唐廷于开元二十六年九月戊午（738 年 9月 23 日）册封他为"云南王"，并给其四个儿子加官晋爵：长男阁罗凤授特进兼阳瓜州刺史，次男成节为蒙舍州刺史，三子崇道为官河东州刺史，四子成进为双祝州刺史。翌年，皮罗阁迁居太和城。

与此同时，由爨氏控制的云南东部虽在名义上早已内附，实质上却各自独立，唐朝势力一直无法有效控制此一地区，影响到唐朝西南边疆的稳固。为彻底改变滇池及以东广大地区被爨氏控制的局面并于此设置州县，加强统治，稳定边疆，唐廷决定在滇池之滨修筑安宁城（今安宁）。安宁城不仅是连接戎州、郎州、嶲州、姚州、安南的交通枢纽，而且盛产食盐，供应爨地诸部。交通与盐铁之利，使安宁在政治、经济、军事等方面都具有极重要的战略地位。筑城修路，意味着唐朝在这一地区统治的加强和爨氏称霸滇池及其以东地区的终结。

对唐廷的如意打算，爨氏诸部深有所知，于是利用筑城修路给当地百姓带来的沉重负担即所谓赋重役繁、政苛人弊，鼓动民众联合起来，推举南宁州都督爨归王做首领，围打安宁城，杀死了筑城使竹灵倩，摧毁了安宁城。

唐廷诏令南诏首领皮罗阁予以配合，共同打击爨氏。南诏蒙归义得到朝廷的指令，马上率大军东进。当南诏大军抵达波州（今云南祥云）时，爨归王及爨崇道兄弟等千余人，得知皮罗阁率领的南诏大军兵临爨地，即派人前去请降拜谢，并请求皮罗阁代为奏雪前事。皮罗阁代为上书朝廷，往返二十五天，唐廷下诏宽恕爨氏，赦免其一切罪过。经南诏蒙归义和协诸爨，反抗修路筑城的诸爨被迫退去，唐朝继续修筑安宁城。通过施惠诸爨，代为昭雪，爨氏诸部深怀南诏之德，引为依靠。南诏由此获得了染指爨氏诸部的合法权力。

爨氏诸部变乱，每一次都使南诏在滇东的影响加大，唐朝的影响缩小。最后，南诏终于如愿以偿地兼并了爨氏诸部，完成了统一云南东部的任务。天宝七年（748），南诏王皮罗阁卒，其子阁罗凤为诏主袭云南王。同年，阁罗凤命令进驻爨区的将领昆川城使杨牟利，用武力胁迫爨区20余万户白蛮西迁永昌④，而乌蛮因其散居林谷"故得不徙"⑤。至此，滇池地区的东爨乌蛮与西爨白蛮并皆崩溃。

南诏兼并爨氏诸部的行动，大出唐的意外，打乱了唐的全盘计划，影响到唐的整个西南防御。特别是安宁盐井的失控，不仅使唐失去控制爨地诸蛮的本钱，而且可能为南诏如虎添翼，助其坐大。

天宝八年（749），唐玄宗命令特进何履光率十道兵马，从安南沿步头路北上，进攻南诏，以打通步头路和夺回安宁盐井。同时任命熟悉云南情况的鲜于仲通为剑南节度使，招募兵马，准备南下，以配合何履光的军事行动。天宝十年（751）初，何履光以兵定南诏境，取安宁城及井，复立马援铜柱乃还。

图上 3-1　大唐天宝战士冢

鲜于仲通大军南渡泸水（今金沙江），经曲靖至洱海附近。鲜于仲通命将军王天运率领骁雄精兵，绕道出点苍山西侧，试图腹背交袭南诏。南诏联合吐蕃军队纵兵夜袭，大败鲜于仲通。大将军王天运战死，鲜于仲通弃师而遁，几乎是只身逃回了成都，其子鲜于昊力战而殁，士卒死者6万有余。

南诏取胜后，阁罗凤派其子铎传及酋长赵全邓、杨传磨等率60人的使团，携带重帛珍宝，出使吐蕃，深表谢意。吐蕃回赐阁罗凤金冠、锦袍、金宝带、金帐等大量礼品，与南诏结为"兄弟之国"。赞普锺元年（即天宝十一年，752）正月初一，吐蕃正式册封南诏为

"赞普锺南国大诏"，意即吐蕃赞普之弟，云南国的大王。南诏不再奉唐朝正朔，将天宝十一年改为"赞普锺元年"。吐蕃赐给南诏金印，以其号为"东帝"。为此，南诏与吐蕃结盟，共同反对唐朝。

　　泸南之役的失败，使唐在云南经营数十年取得的成果丧失殆尽。为了恢复对云南的控制，天宝十二年（753），唐廷派汉中郡太守司空龚礼、内使贾奇俊率兵前往姚州，修缮城池，拟恢复姚州都督府，并任命贾瓘为姚州都督，以图重建唐朝在泸南地区的统治。此时，南诏已经归附吐蕃，自然无法容忍唐廷再置姚州。于是，趁唐朝筑城未就之际，南诏派兵绝其粮道，并派大将军洪光乘及神州都知兵马使论绮里徐等同围姚州，以摧枯拉朽之势大破唐军。唐兵全军覆没，贾瓘被俘，南诏占领姚州都督府及其管辖的全部州县。

　　天宝十三年（754），唐朝征召兵卒 10 余万，加上转输粮饷辎重的近 20 万人，由将军李宓率领，第三次征讨南诏。南诏联合吐蕃大败唐军，李宓沉江而死，20 万大军或战死，或被俘，或逃亡。战后，南诏顾念其与唐的旧有臣属关系，收集唐军阵亡将士尸体，在下关"祭而葬之，以存旧恩"⑥，称"万人冢"。樊绰《云南志》卷一称："至龙尾城一日，李宓伐蛮于龙尾城，误陷军二十万众，今为万人冢，至阳苴咩城一日。"而据张道宗《记古滇说集》称："其冢如山之高。"天宝十四年（755），安史之乱爆发，唐廷便再也无力顾及云南了。

　　天宝战争后，南诏立大碑于太和城，这就是著名的《南诏德化碑》。立碑的目的

图上 3-2　南诏德化碑

是"明不得已而叛","后嗣容归之,若唐使至,可以指碑澡祓吾罪"。南诏叛唐是被迫的、暂时的。异牟寻致韦皋书说:"异牟寻世为唐臣","曾祖有宠先帝,后嗣率蒙袭王。人知礼乐,本唐风化","异牟寻愿竭诚日新,归款天子"⑦。

天宝西洱河之战的失败,震动唐朝,不少诗人,从不同角度,以不同立场,多有反映。刘湾在《云南曲》⑧中写道:

> 百蛮乱南方,群盗如蝟起。骚然疲中原,征战从此始。白门太和城,来往一万里。去者全无生,十人九人死。岱马卧阳山,燕兵哭泸水。妻行求死夫,父行求死子。苍天满愁云,白骨积空垒。哀哀云南行,十万同已矣。

诗人对南方之"乱"因何而起,认识不明。但它对中原的危害,给人民带来的痛苦,深有感受。作者写出了"去者全无生"、"白骨积空垒"的残酷现实,尤其是对"妻行求死夫,父行求死子"的悲惨情景,描绘得十分深刻,似乎从中可以听到人民痛彻心肝的悲痛呼号,与杜甫的"牵衣顿足拦道哭,哭声直上干云霄"的名句相较,既有异曲同工之妙,又有其独到之处。杜甫的《兵车行》,据钱谦益考证,也是为征云南而作。诗从家人送士兵时离别的惨状开始,进而通过"行人"之口,揭露了连年战争给人民带来的苦难,并明确地指出,战争的根源是"武皇开边意未已",矛头直指当时的最高统治者,落笔大胆,眼光锐敏,显示了诗人不同凡响的识见。

如果说,杜甫在描写这一事件时,还借汉言唐,以古讽今,稍有婉转的话,那么,李白的诗篇,便是直陈时事,痛快淋漓了。他的《古风》⑨诗写道:

> 羽檄如流星,虎符合专城。喧呼救边急,群鸟皆夜鸣。……借问此何为,答言楚征兵,渡泸及五月,将赴云南征。怯卒非战士,炎方难远行。长号别严亲,日月惨光晶。泣尽继以血,心摧两无声……

寥寥数语,将杨国忠集团因为贪边功,四出抓兵的虐焰,传令官的骄横勾画出来,壮丁们被迫离父母、抛妻子,去遥远的地方送死,临别"长号","泣尽继以血,心摧两无声",十个字写尽了生离死别的无限沉痛。果然，这些士兵真的"千去无一回"了。李白在《书怀赠南陵常赞府》一诗中写道："云南五月中，频丧渡泸师。毒草杀汉马，张兵夺秦旗。至今西洱河，流血拥僵尸。"⑩李白是著名的浪漫主义诗人，若不是现实生活深深触动了他，怎么会使诗人一反常态挥笔写下这现实主义的名篇？

60 年后，这场战争的余痛犹存，善于以诗论政的白居易，在其动人心魄的诗篇《新丰折臂翁》里，以一位 84 岁的老翁之口，追述当年惨状，告诫当政者，再不能穷兵黩武。诗篇说：当年天宝大征兵，五月万里云南行。是时老翁年方二十四，兵部牒中有名字："深夜不敢使人知，偷将大石槌折臂。张弓簸旗俱不堪，从兹始免征云南。"为逃避兵役，竟然使一位健壮的青年，变成残废，付出的代价，心灵上的创伤，是如此的惨重！但老翁犹自为此感到欣慰：

> 此臂折来六十年，一肢虽废一身全。至今风雨阴寒夜，直到天明痛不眠。痛不眠，终不悔，且喜老身今独在。不然当时泸水头，身死魂孤骨不收。应作云南望乡鬼，万人冢上哭呦呦。⑪

这种以残为幸的苦痛心理，道出了当时人民对这场战争的态度，反映了人心的向背。白居易在《新丰折臂翁》里旧事重提，正是着眼现实。不仅序中指明"戒边功也"，而且在结尾意味深长地写道："君不闻开元宰相宋开府，不赏边功防黩武；又不闻天宝宰相杨国忠，欲求恩幸立边功；边功未立生人怨，请问新丰折臂翁！"⑫据《旧唐书·杜佑传》载：开元初，突厥默啜屡寇边城，唐将郝灵佺将其擒获斩首，"自以为功代莫与二，坐望荣宠"。当时，"宋璟为相，虑武臣邀功，为国生事，止授以郎将。由是迄开元之盛，无人复议开边"，外夷亦静。白居易以开元初宰相宋璟与天宝末宰相杨国忠的行为相对照，意在以此为训，莫再因妄想邀功而轻启边衅，这无疑是有识之见。全诗首尾回环相应，势若常山之蛇，舒展自然，浑然一体。

南诏利用安史之乱造成唐朝狼狈失据的窘境，不仅将其疆界向北推到越嶲，而且在西南极力四处扩张，建立起"东距爨，东南属交趾，西摩伽陀，西北与吐蕃接，南女王，西南骠，北抵益州，东北际黔、巫"的南诏王国⑬，在西南地区已与唐、吐蕃势力鼎足而三。这种实力的消长，直接影响到了南诏与吐蕃的关系。南诏依靠吐蕃在天宝西洱河之战

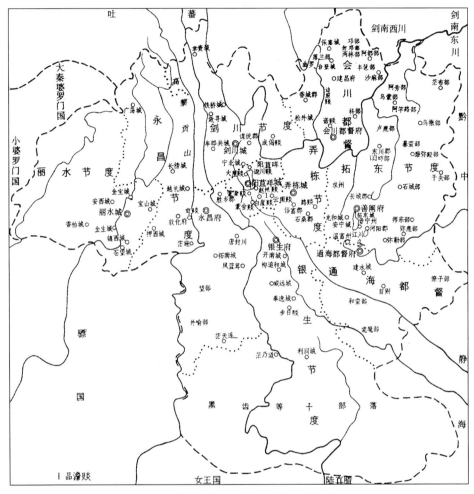

图上 3-3　唐代南诏后期图（以谭其骧《中国历史地图集》为底图）

中取得胜利，成为吐蕃的兄弟之国，也就是吐蕃的属国；南诏利用吐蕃，在西南迅速发展，成为一大强势政权。当南诏强大起来后，一方面觉得自身已是可以在云南独立称霸的王国，再不需要得到吐蕃协助；另一方面，觉得作为吐蕃的属国，难于忍受吐蕃征调之苦。基于这两方面的因素，南诏最终决定背弃吐蕃，重归唐朝。

　　南诏背弃吐蕃、归附唐朝的重要原因之一，是"吐蕃责赋重数，悉夺其险立营候，岁索兵助防，异牟寻稍苦之。故西泸令郑回者，唐官也，往嶲州破，为所虏。阁罗凤重其惇儒，号'蛮利'，俾教子弟，得箠掓，故国中无不惮。后以为清平官，说异牟寻曰：'中国有礼义，少求责，非若吐蕃惏刻无极也。今弃之复归唐，无远戍劳，利莫大此。'异牟寻善之。稍谋内附，然未敢发"⑭。

贞元九年（793），异牟寻派遣使者三人异道同趋成都，致韦皋帛书中特别强调："曾祖有宠先帝，后嗣率蒙袭王。人知礼乐，本唐风化。吐蕃诈绐百情，怀恶相戚。异牟寻愿竭诚日新，归款天子。请加戍剑南、西山、泾原等州，安西镇守，扬兵四临，委回鹘诸国，所在侵掠，使吐蕃势分力散，不能为强。此西南隅不烦天兵，可以立功云。"⑮异牟寻再三强调"世为唐臣"，"本唐风化"，"愿竭诚日新，归款天子"既是历史事实，更是历史发展的必然趋势。

贞元九年（793）初夏，异牟寻决定派遣使团到唐廷表示归附之意。为使此重大行动万无一失，异牟寻组建三个使团，于四月中旬同时出发。一个出戎州（今四川宜宾），一个出黔州（今四川彭水），一个出安南（今越南）。每个使团都带有致唐廷的帛书，书中陈述了天宝战争的不幸及南诏叛唐的原因，恳乞唐廷谅解，表示"异牟寻愿竭诚日新，归款天子"⑯。使团还带有象征忠诚归顺的礼物金镂合子一具。合子有绵、有当归、有朱砂、有金。"有绵者，以表柔服，不敢更与生梗；有当归者，永愿为内属；有朱砂者，盖献丹心向阙；有金者，言归义之意如金之坚"⑰。三个使团先后到达京都长安后，唐德宗亲自召见，使团成员及异牟寻之子寻阁劝再次表示弃蕃归唐之决心，保证永远做唐在西南的屏藩，德宗赏赐了丰厚的礼物。韦皋于当年十月，派节度巡官崔佐时携带德宗诏书，率领使团由清溪关路出使南诏。

贞元十年（794）正月初五，异牟寻率其子寻梦凑和高级官员与崔佐时率领的唐朝使团一起登上阳苴咩城附近的点苍山神祠求天、地、水三大自然之神及五岳四渎之灵，来为双方作证。异牟寻率文武大臣虔诚发誓："愿归清化，誓为汉臣"，"请全部落归附汉朝"，"永无离贰"⑱。盟誓的文本制成四份，一份请剑南节度进呈唐朝天子，一份珍藏于点苍山神祠的祭坛石室，一份沉入洱海之中，一份由异牟寻留存南诏城内府库，贻戒子孙，不令背逆，不令侵夺，永为唐臣。

点苍山会盟结束了天宝西洱河之战以来南诏与唐朝对峙隔绝40余

图上 3-4 唐代盐津县豆沙关袁滋摩崖

年的局面。南诏重新归附唐朝，巩固并扩大了唐在西南地区的统治。唐朝实现了断吐蕃右臂的战略，南诏与唐朝形成掎角之势，使吐蕃处于钳形包围之中，既不敢东犯河湟，又不能南侵云南，从根本上改变了唐王朝在西南、西北边疆的被动局面。

在点苍会盟的誓文中，南诏已明确表示愿意与唐共同讨伐吐蕃："请汉使计会，发动兵马，同心戮力，共行讨伐。"并表示："然吐蕃神川、昆明会同以来，不假天兵，牟寻尽收复铁桥为界，归汉旧疆宇。"⑲故会盟之后，解决铁桥一带的吐蕃及依附势力，一直是异牟寻关心的重点。恰在此时，吐蕃因夺取北庭（今新疆吉木萨尔）与回鹘大战，死伤甚众，复向南诏征兵万人。异牟寻已与唐使崔佐时在点苍山结盟，公开弃蕃归唐，而吐蕃尚一无所知。异牟寻计划借征兵之机袭击吐蕃，因此佯示寡弱，仅答应发兵 3000。吐蕃认为太少，南诏又答应增至 5000。异牟寻命 5000 军卒前行，自帅数万大军尾随其后，昼夜兼行，乘其无备，突袭吐蕃于神川（今云南维西塔城），摧毁了金沙江上游的铁索桥，使吐蕃南下西洱河地区的通道被截断，吐蕃兵马溺死以万计。南诏收复了铁桥以东城堡 16 座，擒其王 5 人，降 10 余万人。南诏不仅出兵神川，还乘势收复了昆明城（今四川盐源县），夺取盐池。唐争取南诏、断吐蕃右臂的战略取得了显著成效。

在取得铁桥之战的胜利之后，异牟寻于贞元十年八月派他的弟弟凑罗栋、清平官尹仇宽和一批高级官员 27 人前往唐廷，进呈南诏的地图、铎槊、浪人剑等方物土贡，以及天宝十年（751）从吐蕃得到的金印。唐德宗赐赉有加，拜尹仇宽为左散骑常侍，封为高溪郡王。同时南诏要求恢复异牟寻的高祖父、南诏历史上第一个伟人皮罗阁在 50 年前得到唐王朝封赐的名号。

贞元十年六月，应南诏的要求，唐廷派一个正式的高级官方使团出使云南，册封南诏，以确定南诏的名分，巩固点苍山之盟规定的双方关系。"朝廷方命抚谕，选郎吏可行者，皆以西南遐远惮之"[20]，工部员外郎袁滋主动承担了这一重要的使命，并受到德宗的赞赏和嘉奖，被提拔为祠部郎中兼御史中丞、册封南诏使，持节前往云南；庞颀为副使，崔佐时为判官。同时组成云南宣慰使团，以内给事具文珍为云南宣慰使，成员还有判官刘幽岩、大使吐突承璀等。七月，赐南诏异牟寻金印银窠，其文为："贞元册南诏印"。八月使团至成都，九月中，由韦皋派兵保护，从石门（今云南大关豆沙关）入云南。

贞元十年十月二十七日，在阳苴咩城举行庄严隆重盛大的册封仪式。具仪注设位，旌节当庭，东西峙立，南诏异牟寻及清平官以下，各具礼仪，面北序立。宣慰南诏使东向立，册立南诏使南向立。袁滋宣敕书、读册文。相者引南诏蒙异牟寻离位受册，次受贞元十年历日。南诏及清平官以下稽颡再拜，手舞足蹈，热烈欢庆。庆祝仪式后，异牟寻表示：曾祖父开元中册为云南王，祖父天宝中又蒙袭云南王，在相隔 50 年后，"贞元中皇帝圣明，念录微效今又赐礼命，复睹汉仪，对扬天休，实感心肺"[21]，坚定不移地发誓："子子孙孙永为唐臣。"[22]

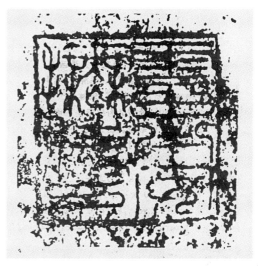

图上 3-5　唐代云南安抚使印（出土于唐长安城大明宫遗址，采自《人民画报》1961 年 10 期）

袁滋回朝，异牟寻遣清平官尹辅酋等七人入唐表谢天子，请颁正朔。贞元十一年（795）三月，南诏使臣到达长安，受到盛情款待，并照例封官授爵。为加强对南诏的控制，巩固点苍山会盟的成果，唐以南诏地域设置云南安抚司，于九月加封韦皋为统押近界诸蛮及西山八国、云南安抚使。从此以后，凡任剑南西川节度使者，都兼任云南安抚使，管辖云南安抚司，成为一个制度延至唐亡未废。

贞元十年后，云南全部落归唐朝。唐廷册封异牟寻为"南诏"，即"云南王"，并赐"南诏印"。"南诏"是其官爵名号。又以"南诏"统领疆域设置"云南安抚司"，政区长官为"云南安抚使"，由剑南西川节度使兼任，南诏由云南安抚使节制。云南安抚司是在南诏疆域内设置的一个羁縻府州，也就是臣属于唐王朝而享有充分自治权的行政区。

贞元十年后，在南诏当权派的大力倡导下，汉文化得到更加广泛深入的传播。南诏每年派数十成百的学生到成都和长安学习汉文化，几乎每一个南诏首领都认真学习汉文经典，王室成员与各级官员"不读非圣之书"[23]。南诏统治者主动学习汉文化，大力提倡和推广中原汉文化，使汉文化成为唐代云南文化的主流。汉文化在白族的形成中起了极为重要的作用。

第二节　白（僰）族的形成与南诏文化

大封民国　多源一脉　蔼有华风　异域同心

图上 3-6　南诏首府十赕（以谭其骧《中国历史地图集》为底图）

自贞元十年南诏再次归附唐朝后，社会经济有了长足的进步，洱海地区成为南诏的首府所在地。以大厘城（今大理县）为中心的十睑（赕）是南诏的政治、社会、经济、文化中心。这十睑（赕）是云南赕（今祥云、宾川）、品澹赕（今祥云县城）、白崖赕

（今弥渡红崖）、赵川赕（今大理凤仪）、蒙舍赕（今巍山）、蒙秦赕（今漾濞）、邆川赕（今邓川）、大和赕（又作矣和赕，今大理太和村）、苴咩赕（今大理县古城）、大厘赕（又作史赕，今大理喜州）。在十睑（赕）地区，以往的昆明蛮、云南蛮、哀牢蛮、西洱河蛮、僰、汉姓等共同生活于同一个区域，在长期的经济、政治、文化交往中，相互依存、相互交流、相互融合，使原来诸蛮部之间的差别逐渐消失，形成共同的经济生活、共同的政治体制、共同的语言与共同的文化，融合为一个新的人们共同体。原来的哀牢、昆明、云南、弄栋、青蛉、河蛮等蛮名也随之消失，唐代初期"乌蛮"、"白蛮"的界限也不复存在，出现了共同的专用名称。

唐僖宗乾符四年（877），南诏酋龙卒，子法（隆瞬）立，自号"大封人"[24]。"封人"又作"封民"。"封"古音读"邦"，意义也相同。"封"、"邦"与"僰"读音相同。"封人"就是"僰人"。南诏将洱海的十睑（赕）称为"大封民国"，也就是"大僰国"，与历史上的"僰子国"有密切关系。"僰"又作"白"。"大封人"这个专用名称的出现，标志着洱海诸蛮经过近一个世纪的冲突与融合，形成一个在中国历史上产生重大影响的民族白族（僰）。

白族的来源是多源的，有洱海人、昆明、哀牢、西洱河蛮（河蛮）、僰、汉姓等。这些在唐代初期见于记录的族类，自从"大封民国"出现后，他们就成为已经逝去的历史。"大封民国"不属于哀牢，不属于昆明，也不属于西洱河蛮，更不属于汉姓。即便我们说"大封民国"的"封"字就是"僰"字，"封人"就是"僰人"，这个"僰"也与唐代初期的"僰"有本质的差异。唐代初期的"僰"是单纯的一个族类，是原来居住在滇东地区的"僰"。到"大封民国"时代的"僰"，就是由僰、昆明、哀牢、西洱河蛮、汉姓等融合而成的一个族类。僰、哀牢、昆明、汉姓、西洱河蛮逐渐变成历史记忆。"僰"成了洱海区域的居民一致认可的共同称谓。"上方夷、下方夷"早已不复存在，仅有只言片语留在古典文献中成为后人追思的故事。"乌蛮"与"白蛮"的界限已经泯灭。只有"大封民国"、只有"白"（僰）是洱海区域所有居民共同尊崇的称谓，以此有别于中夏，也以此有别于南诏其他族类。他们"本唐风化"，但完全自立于汉人（唐人）之外。他们有以唐代初期"白蛮"语音为基础形成的共同的语言——白语；他们借用汉字创造自己的文字——白文；他们信奉的神灵尽管与中夏有千丝万缕的联系，但也有明显的个性和特点：在中夏庄严的佛教诸神前面，赫然出现高于一切的女阴——"阿央白"，并受到虔诚的顶礼膜拜。他们的经济结构有别于中夏，政治、军事体制不是中原王朝的翻版。尽管他们与中原王朝、与中原的经济文化有割舍不断的密切联系；尽管他们接受唐王朝的封号，承认唐王朝的宗主权威，但他们毕竟是与中夏不同的南诏。中原文献，也把他们列为与中夏不同的边裔蛮夷。

唐以前，洱海地区已有不少汉族移民。《通典》卷一八七载：初唐时，洱海地区"数十百部落，大者五六百户，小者二三百户，无大君长，有数十姓，以杨、李、赵、董为名家"，"自云其先本汉人。有城郭村邑，弓矢茅锃，言语虽小讹舛，大略与中夏同；有文字，颇解阴阳历数。自夜郎、滇池以西皆云庄跻之余种也。其土有稻、麦、粟、豆，种获亦与中夏同。而以十二月为岁首"㉕。可知，洱海地区的汉族移民在唐初已有为数不少的人户定居，而且年代亦颇为长久。在今大理凤仪地区，有从今陕西汉中、山西汾河下游陆续迁来的汉人，其中的大族有王、杨、李、赵四姓㉖。今大姚、姚安一带也有许多汉人，大都以姚为姓，所以唐武德四年（621），在此设州时便命名为"姚州"㉗。今祥云县，唐初为云南城，在此设波州，亦有汉族移民，大姓有段氏。其语言与生活方式，与中夏汉人大同小异。

唐代初期，大力经营云南，在此先后设南宁州、姚州两都督府及众多的州县；为巩固统治，每年都派遣士卒前来戍守，仅姚州都督府每年至少有500人从蜀州调到这儿镇守。有的士卒便在云南落籍不归，亦有不少内地汉人因不堪忍受官僚地主的残酷压迫与无度剥削，逃到云南谋生。仅在今祥云县一带，就有从剑南等地逃来的难民2000余户㉘。

南诏称强于洱海地区，据有云南之后，与唐朝多次发生战争，由于战争而被南诏俘虏的汉人，数量相当多。天宝西洱河战事，唐两次派大军深入西洱河地区，最后以唐朝的失败告终。史书记载唐朝大军20万全被消灭，几乎无一人生还。事实上，唐军数十万人不可能全部战死，亦有许多士卒被南诏俘虏，留下从事生产劳动等活动。

至德元年（756）南诏攻掠嶲州（今四川西昌），俘掠了许多士卒与民众，所谓"兵士尽虏"，"子女玉帛，百里塞途，牛羊积储，一月馆谷"㉙。在这次战役中，还俘虏了唐嶲州西泸令郑回。大历十四年（779）南诏与吐蕃联合进攻黎、雅、汶川、茂州，亦俘掠了不少汉人而归。大和三年（829）南诏连陷唐西川的邛、戎、嶲诸州，攻入成都，掠虏"子女工技数万"而归。这些被俘的汉人，特别是纺织工匠，对南诏的纺织业发展起了巨大的促进作用，从此南诏的纺织水平已和蜀地、中原大体相当。

自大中十二年（858）至咸通七年（866），南诏多次攻掠安南、邕州，俘获不少汉人。《资治通鉴》说："南诏两陷交趾，所杀虏且十五万人。"据唐西川节度使高骈说，南诏俘虏到云南的人约有十万㉚。南诏在与唐朝的争战中，至少有十万人在云南战败后流落不归，又有至少十万人被俘虏到云南。这两个"十万"的汉人在唐代是一个相当大的数目，他们到云南后，带来了先进的生产技术与生产工具，对云南的经济发展起了巨大的推动作用，对云南的文化繁荣也产生了深刻的影响。

由于自汉以来不断有汉族人口迁居云南，特别是唐代数十万人由各种途径来到云南，对云南的政治、经济、文化产生了不可估量的作用，使唐代云南文化具有浓重的华夏文化色彩。

唐代云南是一个族类众多的地区，各族类都有自己的语言，但汉语在云南的影响也是显而易见的。滇池及其以东的白蛮，其语言与中原华夏语属一个体系，从今存的《爨宝子碑》、《爨龙颜碑》、《大理三十七部与段氏盟誓碑》可以看出，从汉晋到唐宋，滇东地区的官方语言及文字是汉语、汉文。

洱海地区的白蛮自称其祖先是汉人。他们的语言与唐代中原的汉语几乎没有什么不同，所以《云南志》的作者、唐人樊绰认为"言语音白蛮最正"㉛。所谓"正"，当然是以唐代中原华夏的言语音为准则。蒙舍蛮是南诏的创造者，他们的言语音与唐代中原方音相比稍有差别，但仍属一个体系。其余诸部落的言语音与汉语的差异就更大一些。南诏统一洱海地区后，以白蛮语言为主，融合成为新的白族语言，也就是南诏通

图上 3-7 南诏中兴二年画卷之一，现藏于日本京都有邻馆（采自台北故宫博物院李霖灿《南诏大理国新资料的综合研究》1982 年）

行的官方语言。在南诏前期，凡事都可以用"白语"面谈，但一些重大事情仍用各地区的方言商议，再派使者往来用"白语""达其词意，以此取定，谓之行诺"㉜。这是统一云南后的南诏，面对众多民族而不得不采用的办法，但在洱海地区已通行共同的白语。南诏通行的白语，与中原华夏语大体相同，仅"名物或与汉不同"㉝。也就是说，除少量的名物称呼与中原语汇不一外，大多数词汇与用语都是相同的。

《南诏德化碑》说阁罗凤"不读非圣之书，尝学字人之术"，则阁罗凤尝读儒书。《新唐书·南诏传》载异牟寻与韦皋书，说"曾祖有宠先帝，后嗣率蒙袭王；人知礼乐，本唐风化"，也是说南诏先世一直向慕、学习、接受中国礼乐。

南诏从嶲州俘掠了西泸令郑回，让他充任宫廷教师，负责王室子弟的教学。郑回当是用汉语对南诏王室子弟讲授汉文经典。由此亦可推知南诏通行的官方用语应是与汉语基本相同的白语。今存的一些南诏诗文，其中大部分词汇都与中原汉语相同。

唐代初期，西洱河蛮已有文字。今出土的南诏有字瓦上存留的字体，有不少是汉字。今存的《王仁求碑》、《南诏德化碑》、建极年号的铁柱铭文、剑川石宝山石窟造像的题记、《南诏中兴二年画卷》的题记，都是用汉文写成。可见，汉文是南诏通用的文字。

近人张海秋先生研究白族语言中的汉语成分，认为现代白语中大部分语汇与汉语相同。这些汉语又分为两类，一类是与现代汉语读音相同；一类虽与现代汉语读音不同但与汉语的古音相同，其中有的为汉晋古音，有的为唐宋古音。有的白语虽与汉语古音不尽相合，但亦可看出其从古汉语演变过来的痕迹㉞。由此可以推断，唐代云南的通用语言应是与中原汉语无大差别的白语。

南诏还参照汉字创造了记录白族语言的文字，称为"白文"。所谓"白文"就是用汉文写白语、读白音、解白义。由于白族语言中吸收了大量的汉语词汇，所以白语中的词汇是汉语的，就写汉文，解汉义；白语中不是汉语的词汇，则写汉文，解白义。白文实际上是以汉语为基础而制作的一种文字。白文的字体结构分两类，一是借用汉字，一是自造新字。共有四种方法，一是借用汉字的音，表示白语的意思；二是按汉字的意思读白语的音；三是字形、字音、字义都依照汉语；四是参考汉字的结构体系自造新字。例如《玉谿编事》载南诏隆舜所作骠信诗中有"自我居震旦"，"元昶同一心"（原注：震旦即天子。元为朕，昶为卿）。这两句诗的意思是，"自我为天子"，"君臣同一心"。白文一直使用到现在，今尚保存有明清时期用白文写成的碑数通，以明人杨黼所作《山花碑》最为有名。今白族民间"大本曲"艺人，仍用汉字记录白语歌词。不通晓白语的人读起来，也略知其意，只是不识其底蕴；而通晓白语者就能文从字顺、明白晓畅。

南诏从建诏之初就与唐王朝建立了密切的政治、经济、文化联系，深受中原汉文化的影响。从唐高宗时起，南诏首领就不断地向唐廷遣使朝贡，热切地向唐朝学习经典、礼仪。唐朝准许其子弟进入太学研究汉文化，"使习华风"。南诏在至德二年（757）攻入嶲州俘虏西泸令郑回，因其学识才干被阁罗凤看重，更名"蛮利"，任王室子弟的教师，享有极高的权力。郑回的教学内容当然是中国传统的经典、诗文与圣贤之书。云南"蔼有华风"，成为"馨香礼乐之域"㉟，南诏有不少人深通汉文，擅长诗赋。

天宝西洱河之战后，南诏虽与中原隔绝，但经济、文化联系并没有中断。阁罗凤在太和城门立巨碑，“明不得已而叛”，并说南诏世世臣属唐朝，累受封赏，希望后嗣者，悦归皇化，“若唐使者至，可指碑澡祓吾罪也”㊱。阁罗凤把与唐朝对抗看成是“不得已”而反叛的罪过，可见在他心中依然倾心唐朝，希望回归唐朝。南诏在太和城门所立的巨碑，就是现在仍立于大理太和的全国重点文物保护单位《南诏德化碑》。碑全用汉字写成，辞令工巧，文字高雅，酣畅淋漓，一气呵成，在唐大家中亦不多见；其铭文颇类会稽石刻，书法苍劲，为唐代少有的精品，是中华文化宝库中的瑰宝。

《云南异牟寻与中国誓文》是一篇出色的散文。文中一再强调南诏“愿归清化，誓为汉臣”，“全部落归附汉朝，山河两利”，“永无离二”，“愿大汉国祚长久，福盛子孙，天下清平，永保无疆之祚”，“共克金契，永为誓信”，以坚定的语气，恳切的词句，优雅的文采，表达归化唐朝，永无二心的誓言。

《太平广记》卷四八三引《玉谿编事》载：

> 南诏以十二月十六日谓之星回节，游于避风台，命清平官赋诗。骠信诗曰：“避风鄯阐台，极目见藤越（邻国之名也）；悲哉古与今，依然烟与月。自我居震旦（谓天子为‘震旦’），翊卫类夔契；伊昔经皇运，艰难仰忠烈。不觉岁云暮，感极星回节。元昶（谓‘朕’曰‘元’，谓‘卿’曰‘昶’）同一心，子孙堪贻厥。”清平官赵淑达（谓词臣为清平官）曰：“法驾避星回，波罗毗勇猜（波罗，虎也；毗勇，野马也。骠信昔年幸此，曾射野马并虎也）。河阔冰难合，地暖梅先开。下令俚柔洽（俚柔，百姓也），献琛弄栋（州名）来。愿将不才质，千载侍游台。”

南诏君臣间的两首应对诗中，有一些南诏方言，如“震旦”（天子）、“元昶”（君臣）、“波罗”（虎）、“毗勇”（野马）、“俚柔”（百姓）等，具有鲜明的地方民族特色。但它本身是一首用汉字写的五言诗，与唐五言诗的形式和风格完全相同，感情真挚，词语清丽，寓意深远。其中还恰如其分地应用了汉语典故。如“翊卫类夔契”一语就有较深的内涵。“翊卫”就是辅佐；夔，相传为舜时的乐官，颇具才干，舜很器重他，曾称赞说："像夔这样的人只要有一个就足够了。"契，也是舜时的名臣，助禹治水有功，任为司徒，封于商。"翊卫类夔契"不仅是南诏对臣子们的赞扬，也是对臣子们的希望。清平官赵叔达的应答也颇为恰当乖巧："愿将不才质，千载侍游台。"表达了对君王忠诚不二的赤心。这样的诗篇，与唐代中原名家的诗句相比，并不逊色。

《高黎贡山谣》是南诏商贾翻越高黎贡山到寻传（今云南德宏傣族景颇族自治州和缅甸北部）经商贸易时吟咏山路艰险的歌谣。原诗载樊绰《云南志》山川江源第二：

> 冬时欲归来，高黎共上雪。秋夏欲归来，无那穹赕热。
>
> 春时欲归来，平中络赂绝。③⑦

原注"络赂"，财之名也。这首歌谣，是当年奔走于博南古道上的小商贩创作的。联系《云南志》等曾载南诏设有"禾爽"，专管商贾，并有出永昌与邻国贸易的记载，可见当年商业活动的一斑。同时，本诗真切地道出了当地山高谷低，山头积雪，谷底酷热的特点。樊绰所记翻越高黎贡山需走两天，也非常符合实际。"平中"，疑为"手中"之误，有的本子又作"囊中"。

南诏诗人段义宗《题大慈寺芍药》云："繁影夜铺万丈月，异香朝散讲筵风。"《题三学院经楼》云："玉排拂道珊瑚殿，金错危栏翡翠楼。"《思乡》云："泸北行人绝，云南信未还。庭前花不扫，门外柳谁攀。坐久销银烛，愁多减玉颜。悲心秋月夜，万里照关山。"③⑧诗人杨奇鲲的《游东洱河》云："风里浪花吹又白，雨中岚色洗还青。海鸥聚处窗前见，林狖啼时枕上听。此际自然无限趣，王程不敢暂停留。"唐廷太尉高骈盛称此诗"词甚清美"③⑨。他的另一首诗《岩嵌绿玉》，将民间传说与当地特产的大理石结合起来："天孙昔谪下天绿，雾鬓风鬟依草木。一朝骑凤上丹霄，翠翘花钿留空谷。"这些诗歌用词典雅，意境清新，韵律自然，节奏和谐，被誉为高手佳作，唐诗精品，有的还收入了《全唐诗》。

从现存的唐代云南文学作品不难看出，唐代云南的诗文与中原的诗文虽然内容不同，亦有一些民族色彩和地方气息，但本质上是一个统一的文化体系，是中华民族传统文化的一部分。

从今存《南诏中兴二年画卷》的题记，可知南诏有《张氏国史》、《巍山起因》、《铁柱记》、《西洱河记》等史书，可惜今已佚亡。樊绰《云南志》是保存至今最早的一部云南地方志书，是记录唐代云南社会历史最详备、最有价值的地方文献。樊绰为唐懿宗时湖南观察使蔡袭的幕僚，于咸通三年（862）二月随蔡袭入安南。第二年二月，南诏攻陷安南，蔡袭身死，樊绰携大印浮水渡江逃脱。樊绰在安南一年间，为对付南诏，留心研究南诏社会，收集有关资料，依据南诏文臣的撰述及唐人的调查报告，撰成《云南志》十卷，呈送朝廷，为唐朝治理西南边疆提供极有价值的参考资料。

　　樊绰《云南志》十卷中的大部分资料，为亲历目睹者的记录。樊绰在安南一年，不可能写出如此详实的志书，显然是采录已成之书。其资料来源主要为袁滋的《云南记》，而《云南记》又录自南诏史官的撰述⑩。据此推知，南诏政权设有专门的史官及编写史志的机构，组织人力、物力编写史书与志书。樊绰仅是《云南志》的纂录者，真正的作者应是南诏的史官。

　　《云南志》是一部典型的中国地方志书，是唐代云南的政治、经济、文化、社会、地理、自然等状况的记录。全书分《云南界内途程》、《山

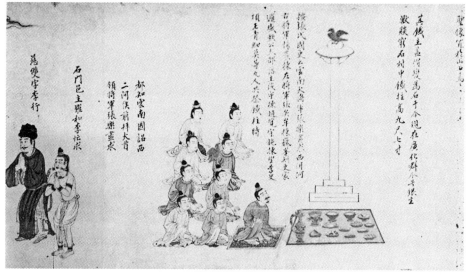

图上 3-8　南诏中兴二年画卷之二，现藏于日本京都有邻馆（采自台北故宫博物院李霖灿《南诏大理国新资料的综合研究》1982 年）

川江源》、《六诏》、《名类》、《六贝金》、《云南城镇》、《云南管内物产》、《蛮夷风俗》、《蛮夷条教》、《南蛮疆界接连诸番夷国名》等十卷，记录了唐代云南的山川河流、交通城镇、民族风俗、政治制度、社会经济、历史文化及与周边国家的关系，具有极高的史料价值。自宋以来，研究云南历史的学者，无不重视这部著作，直到今天它仍是我们研究唐代云南历史最宝贵的第一手资料。

《云南志》不仅在体例、结构、编纂方法上，完全采用中原修志的原则，而且贯穿了中国传统文化的"大一统"思想。《云南志》明确地肯定南诏"积代唐臣，遍沾皇化"，是唐王朝版图内的一个边疆地方民族政权，是中国的"西南藩屏"，与国外的"诸番夷国"根本不同，是大一统的唐王朝的有机组成部分。

《云南志》出于樊绰之手，自然是用汉文写成的。那么南诏史官编修的史书、志书又是用什么文字写成的呢？南诏使臣到中原，唐廷官员到南诏，都没有带翻译，而是直接用汉语交谈。南诏与唐廷之间的往返书信也都是用汉文写成。有趣的是，贞元年间，异牟寻"弃蕃归唐"表示归附臣属的诚心及方式，都是典型的中华传统文化的方式，所用的"当归"一物，含"应当归附"、"理当回归"之意，更表明汉文化在云南已是根深叶茂。联系到《南诏德化碑》、《南诏中兴二年画卷》等全是用汉文写成，可以推测南诏的史志之书也是用汉文撰写的。

从《南诏中兴二年画卷》所反映的南诏历史，从樊绰《云南志》记录的南诏史事，可以看到唐代云南的史学也是唐代中国史学的一部分。中国史学的优良传统深深地浸润了云南的史学，培育了樊绰《云南志》这朵边地山花为中国史学宝库增添了奇光异彩。

唐代云南的文化具有鲜明的地方色彩与民族特点，但从本质上说，唐代云南文化的确是"本唐风化"[①]，是唐朝文化的一部分，是中华传统文化的一部分，绝不是自外于中国的其他什么文化。这是长期历史发展的必然结果。

第三节　云南节度大理国与白族文化的瑰宝

短暂的三个王朝　大理国建立　云南节度使　佛教兴盛　高氏专权
梵像画卷　剑川石窟　大理古幢

南诏自异牟寻的儿子寻阁劝去世后，王室的势力逐渐被新兴的贵族
控制。寻阁劝的儿子劝龙晟继位为南诏时，年方 12 岁，当他长大到 21
岁行将执掌实际权力时，被弄栋（今姚安、大姚）节度使王嵯巅所杀。
王嵯巅将劝龙晟 15 岁的弟弟劝利立为南诏。过了 7 年，刚满 22 岁的劝
利暴病而亡。他 16 岁的弟弟劝丰祐被立为南诏。丰祐执政 34 年，活到
52 岁去世。他的儿子世隆继位为南诏，年仅 16 岁，由权臣王嵯巅摄政，
活到 32 岁莫名其妙地死去。他 17 岁的儿子隆舜继位为南诏，执政 20
年，36 岁时为竖臣杨登所杀。其子舜化贞继位为南诏，年方 10 岁，登基
不到 5 年，清平官郑买嗣残杀舜化贞及其亲族，自立为王，国号长和（又
作"大长和"）。威震一方、显赫一时的南诏政权经历 250 余年的风风雨
雨后，终于被拥有强大实力的贵族们轰然推倒。

郑买嗣建立大长和国后，并没有能消弭贵族间的争斗。用阴谋夺取
政权的郑买嗣面对危机四伏的局势，终日惶恐不安，只有祈求神灵的护
佑。他兴建普明寺，铸佛万尊送到寺庙祈福，还要僧人智照编撰《封民
三宝记》，广为传播。他自己深信道家炼丹求仙的神话，在深宫之中，每
日炼丹服饵，最后被丹药毒死，他儿子郑仁旻继位为王。公元 914 年，
郑仁旻发兵进攻蜀国黎州、雅州，被蜀王王建击败，伤亡逾万人，主将
赵嵯政被杀，赵龙眉等三人被俘。郑仁旻被迫改变策略，一方面派遣使
臣联络前蜀，求婚南汉；另一方面在国内分封族弟，安抚大臣贵族。郑
氏费尽心力，还是无法挽救最终亡国的命运。公元 926 年，郑仁旻卒，
其子郑隆亶嗣立。公元 927 年，剑川节度使杨干贞杀郑隆亶，立侍中赵
善政为帝，国号天兴（又作大天兴）。郑氏长和国仅历三世 26 年即宣告
灭亡。

赵善政建立天兴国后，一方面大肆屠杀郑氏子孙，造成恐怖，引起
恐慌，加剧纷争；另一方面，未能善待将他扶上国王宝座的杨干贞。杨

干贞联络大臣贵族，废赵善政自立。天兴国并未得到天助而兴盛起来，一场宫廷争斗的闹剧仅仅 10 个月就完结了，建国庆典鼓乐的余音还在飘逸，挽歌的哀乐随即奏响。

废黜赵善政后，杨干贞自立为王，改国号曰"义宁"（亦作"大义宁"）。杨干贞为人艰险阴毒，为政贪婪暴虐，激起朝野上下怨恨。在位二年，其弟杨诏（一作明）高举为民除害的旗帜，罢黜杨干贞，自立为王。杨诏夺得大位后没有除旧布新、励精图治，其贪虐无道、猜忌嗜杀，更甚于杨干贞。

从南诏后期贵族与国王的争斗开始，云南就扰攘不宁。30 年间四个朝代更迭，诡谋狡算，尔虞我诈，争权夺利，涂炭生灵。民众在盼望能够叱咤风云、力挽狂澜的英雄横空出世，结束动荡不安的局面，救民于水火。这时，一个叫段思平的担当起结束动乱、开创安定的历史重任。

在《白国因由》、《三灵庙碑记》等文献记录中，将段思平出生与身世加以神秘化。其实，段思平是一个普通的人。他的父亲段宝隆（亦作段保隆）曾经担任南诏的布燮（相当于宰相），是位高权重的显赫人物。但是，父亲过早去世，幼年的段思平无依无靠，生活颇为艰难。他曾经为人牧牛放马、砍柴伐木、打碓磨面，历尽磨难，遍尝艰辛，平民的艰苦生活使他知艰识苦，对民众疾苦深有体会。靠自强不息，段思平成为地方上的"幕览"（小府副将）。他勤勤恳恳，靠着一次又一次的战功，一步一步向上发展，官至通海节度使，成为一方诸侯。

身为贵族后裔，又经历过平民生活的段思平成为民众理想中的英雄。南诏后期，贵族势力不断增长，高氏集团、董氏集团等都是在南诏拥有政治、经济势力的当权派。长和、天兴、义宁几个政权的更迭，他们都是翻云覆雨的推手。他们也期望有一位贤能的君主改变国家动荡不安的局面。他们积极支持段思平取代杨干贞建立新的政权，开创新的安定、平和的局面。段思平在他们的帮助下，进攻义宁国，大败杨诏。杨诏兵败，率其亲属退走永昌（今保山）。段思平遣兵追击，至万箭树，杨诏度不能脱，遂自缢身亡，亲属皆被俘。杨诏既亡，段思平挥兵直逼都城。退位闲居都城的杨干贞闻杨诏兵败，弃城而逃，为段思平军所擒。义宁政权宣告结束，立国不过短短八年。

后晋天福二年（937），段思平即位，国号大理，建元文德，仍以阳苴咩城（今大理古城）为国都。段思平以宏大的气度、宽阔的胸怀，联合南诏建国以来逐渐形成的各种贵族势力，共同营造一个新的贵族社会。段思平依靠滇东三十七部的支持夺得政权，他执政后通过给予滇东三十七部优渥政策，既表现出对支持他建国的各族势力的厚待，又表现出对未支持他建国的各族势力的召唤，从而稳定了滇东及广大的边夷地区。僰（白）爨（彝）关系友好合作，团结互助，使多民族的大理国避免了族类间的纠纷与动乱。

段思平执掌政权后，大刀阔斧地改革法制。彻底废除南诏末期以来长和国、天兴国，特别是义宁国杨氏苛政，更易制度，损除苛令，赦国中凡有罪无子孙者，于是远近归心，咸奉约束。纲纪明确、宽松适度的法制，使国家上下无论贵族还是平民都知法守法，循规蹈矩，各安其分，各守其业，各遵其规。

段思平执政以后大力推崇、弘扬宗教。《三灵庙碑记》称段思平即位以后在喜洲建灵会寺，追封其母为"天应景星懿慈圣母"，后又重建三灵庙，尊母为神。段思平在起事过程中曾经得到秀山神示，故其即位以后对秀山神也另眼看待，"思平感通海秀山神之灵异，乃封秀山神为英列侯，高大祠宇以旌之，至今为民祈祷之所"[42]。与此同时，段思平又着力推崇佛教。《南诏野史》称："帝好佛，岁岁建寺，铸佛万尊。"大力推崇各式宗教的结果，不仅使大理政权罩上了一层神圣的外衣，而且有利于从灵魂深处消解敌对势力，更能在皈依宗教的神圣旗幡下使社会矛盾趋于缓和。值得注意的是，在大理国，寺庙就是学校，僧人就是老师。宗教对大理国的稳定、和谐、发展起了不可估量的作用。段思平不是将宗教引入洱海区域的第一人，也不是在洱海区域广泛传播宗教的第一人，但他无疑是执政后极力倡导宗教、弘扬宗教、用宗教治理国家的第一人，无疑是用宗教凝聚白族、凝聚多民族大理国的第一人。自段思平倡导弘扬佛教及其他宗教以来，大理佛教香火不绝，被称为"妙香国"。

段思平在位八年而卒，其子段思英立。不久，段思平之弟段思良篡夺帝位，废黜段思英，思英出家为僧，法名宏修大师。段思良死后传位其子段思聪。其后 70 多年间，大理国社会安定，经济发展。当段素兴在位时（1042—1044），不恤国事，大量征派劳役，在东京（今昆明）广营宫室。筑春登堤，建云津桥，每逢春月，挟妓载酒，游玩于山水之间。此种情况遭到臣民的反对，于庆历四年（1044），将其废黜，立段思平曾孙段思廉为王。从此，王位从段思良一系又转到段思平一系。当王室在相互争斗中逐渐衰落之时，地方封建领主的势力却日益强大。

嘉祐八年（1063），洱海地区的封建领主杨允贤公开发动叛乱。段思廉无力招架，调滇池地区的大领主高方后裔、岳侯高智升率众前来助战，叛乱才被平息，但高家势力却借机进入洱海地区。高智升居功邀赏，段思廉加封他为太保、德侯，赐给白崖、和甸（均在今云南弥渡）之地，在王都附近建立了自己的领地。不久，又封高智升为鄯阐侯㊳，其爵位及领地准许子孙世袭，其子高升泰被提拔为朝廷的清平官。高氏的政治地位进一步提高，经济实力也进一步加强。在高智升的压力下，段思廉被迫于熙宁八年（1075）禅位为僧，其子段连义继位。元丰三年（1080），洱海地区的世家大族杨义贞杀段连义自立。高智升命其子高升泰起兵讨伐杨义贞，同时调集滇东南爨部兵马西进应援；四个月后平息叛乱，杀杨义贞，立段连义之侄段寿辉为王。段寿辉任命高智升为布燮，以高升泰为鄯阐侯。高智升利用宰相之权，以其弟高义胜统辖禄璋（今禄丰），高福镇守易门（今易门），高达庆统率罗婺部（今武定），其侄高泰运守卫安宁城（今安宁）；在楚雄筑外城，号德江城，以封其侄高量成。高家的势力迅速扩大，大理的重要官员几乎有一半出自高家，故有"一门之盛，半于大理"之说㊴。段寿辉在位不到两年，又被迫避位为僧。段思廉之孙段正明于元丰五年（1082）继位。被高氏扶上皇位的段正明不过是一个傀儡，大权完全掌握在丞相高升泰手中。绍圣元年（1094），高升泰被群臣拥立为君，段正明又步先辈后尘，出家为僧。

高升泰废段正明自立为王，改国号为"大中国"，改元上治，谥号"富有圣德表正皇帝"。高升泰在位两年，于绍圣三年（1096）去世，其子高泰明遵父遗嘱拥立段正明之弟段正淳为国君，重建大理国，史称"后理国"。高泰明还君位于段氏并非出于自愿，只因段氏家族虽势力衰微，但对当时已有众多大小封建领主各据一方的形势，段氏的旗号对于统一和安定仍有巨大力量。段正淳重建大理国后被称为"中兴"、"开国"皇帝，实际权力依然掌握在高氏手中。高家世袭布燮，赏罚政令皆出其门，国人称为"高国主"或"中国公"，甚至有的地方仍把大理国称为"中国"，段氏仅拥虚位而已。这种情况一直延续至大理国灭亡。

大理段氏后期（即后理国），自段正淳至段兴智统治的 150 余年中，高氏不仅世为布燮专执政柄，而且在大理国境内分封高氏子孙为世袭领主，当时社会发展水平较高的八府，都以高氏子孙世守其地。有的封于姚府（即统矢府，今云南姚安），并领建昌（今西昌）、会川（今会理）二府，有的封于威楚（今楚雄）、谋统（今鹤庆）、永昌（今保山）、腾冲（今腾冲）四府；高智升次子封于鄯阐府，其子孙分领晋宁、嵩明、昆阳、易门、禄丰、罗次诸郡；又在三十七部地设置东川（今会泽）、石

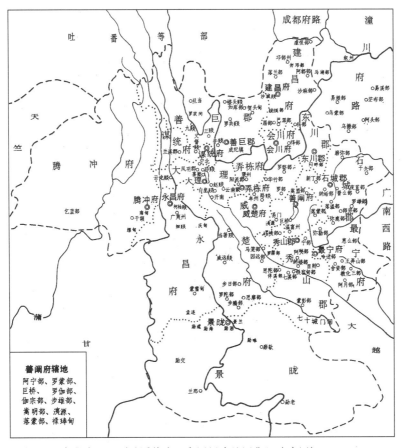

图上 3-9 宋代大理图（以谭其骧《中国历史地图集》为底图）

城（今曲靖）、河阳（今澄江）、秀山（今通海）四郡，委高姓或别姓为郡主统领，初步形成集权统治，与大理段氏前的政局有明显的差别。

大理国的疆域与南诏国大体相当，东至普安路之横山（今贵州普安），西至缅甸之江头城（今缅甸杰沙），南至临安路之鹿沧江（今越南莱州北部的黑河），北至罗罗斯之大渡河。大理前期在这一广阔区域曾设置首府（大理地区）、二都督、六节度为大府。二都督是会川（今四川会理）、通海（今通海），六节度即弄栋（今姚安）、银生（今景东，后移至巍山）、永昌（今保山）、丽水（今缅甸达罗基）、剑川（今剑川）、拓东（今昆明）。都督的名号沿袭南诏旧制，后也改为节度，故有八个节度，即八个二级政区，也称为"八国"，或"云南八国"。宋太平兴国初年曾册封大理国王（白王）为"云南八国郡王"。

大理国的政治制度与南诏后期基本相同。王称骠信，下设清平官，有坦绰、布燮、久赞、彦赞。彦赞为大理所增设，清平官下有"九爽"。为加强对各地区各部族的直接统治，大理前期又在各地设立郡或赕，委派贵族分守治理，并迁徙洱海地区的白族前往屯驻。至于受都督、节度管辖的部族，则仍旧为部或甸，任命土长为首领，实行羁縻统治。郡（或赕）与部（或甸）犬牙交错，相互制约，又相互促进，结成一体。

大理国后期的政区，首府之外，废都督、节度，设置八府、四郡、四镇，部、赕、甸则分别隶属于府、郡、镇。八府是鄯阐、威楚、统矢（今姚安）、会川（今会理）、建昌（今西昌）、腾越（今腾冲）、谋统（今鹤庆）、永昌（今保山）。四郡是东川（今会泽）、石城（今曲靖）、河阳（今澄江）、秀山（今通海）。四镇是西北的成纪镇（今永胜）、西南的蒙舍镇（今巍山）、西部的镇西镇（今盈江）、东部的最宁镇（今开远）。

大理国的社会经济较南诏时有较大的发展。大理政权重视水利建设，建国初期即在云南（今祥云）修筑段家坝蓄水，其后又修了清湖，灌溉之利达于四野；在白崖地区（今弥渡）有赤水江蓄水坝，使当地农业呈现出禾麻蔽野、连年丰收的景象；赵川甸（今大理凤仪）有神庄江贯于其中，灌溉稻田千余顷。11世纪70年代，峨嵋进士杨佐到大理国买马路过姚州（今姚安）地区时，看到当地的农业生产，无论是耕作技术，还是产量，已和当时农业生产发展较高的四川资中、荣县一带相差无几。畜牧业也较为发达，大观三年（1109），各领主一次向白王（大理国王）贡献的牛、马即遍布玷苍山。大理马闻名全国，每年都有数千匹马经自杞国（今贵州）转贩至邕州（今南宁）与中原贸易。

大理国用象皮制作的甲胄，形式精巧，质坚如铁，深受宋朝欢迎；所制披毡、马鞭、鞍辔等颇为有名，行销中原；彩漆技术相当高，许多器皿上都漆有各种精美的图案，所制漆器直至明代还视为珍宝，被誉为"宋剔"；大理纸细厚光滑、韧性极强，宋人称之为"碧纸"；云南刀铁青黑沉，坚韧锋利，被誉为"吹毛透风"，不仅为南方各族人民所珍视，而且行销全国；冶铜技术比较纯熟，工艺精巧，今存大理国的铜佛像、铜镜等，显示了冶铜规模的宏大和造型艺术的精湛。

农业、畜牧业和手工业的发展，促进了交通的发展和商业的繁荣。道路四通八达，以大理城为中心，东至戎州（今宜宾），西至身毒国（印度），东南至交趾（今越南北方），东北至成都，北至大雪山（西藏），南至海上。与中原的贸易有西川、邕州两条道路，其中以邕州横山寨（今田东）的互市榷场最为繁荣。

当时大理输往内地的有马、羊、鸡等畜禽，刀、毡、甲胄、鞍辔、马鞭、漆器等手工业品，以及麝香、牛黄等药物。从内地输入的则有汉文书籍以及缯帛、瓷器、沉香木、甘草等手工业品和药材。内地的科学文化、生产技术随着商业交换传入云南，对各族人民的经济发展起到了促进作用。大理与缅甸、越南、马来亚、印度、波斯等国家都有贸易往来。随着商业的发展，出现了大理、鄯阐、威楚、永昌等城镇。鄯阐成为大理国与宋朝内地密切联系的枢纽。同时，农村中也形成了一些定期集市。商业贸易中，与宋朝贸易时多使用金银和锦帛，在大理境内主要使用贝币和盐块。

因宋朝北有大敌，没有将统治力量直接深入到大理，大理国成为相对独立的政权。大理国的王室和清平官（丞相）、大军将（最高军事长官）都是白族。在大理国前期（前理国），首府、二都督、六节度，亦即"云南八国"的首长都是白族的贵族担任。在大理国后期（后理国）的八府、四郡、四镇的首长，则同样是由白族的高氏贵族和其他贵族担任。白语是大理国的通用语言，白文是大理国的通用文字。佛教阿吒力教派成为大理国的宗教，师僧成为大理国文化的传承者。

大理国自 937 年建立后，与宋朝一直保持着密切的联系。乾德三年（965）夏，当宋统一蜀地时，大理国立即派建昌（今西昌）的官员送牒入宋表示祝贺。李京《云南志略》："宋太祖建隆三年（为乾德年之误），王全斌克蜀，因取云南，太祖止之曰：德化所及，蛮夷自服，何在用兵？于是开边之衅息矣。"杨慎《滇载记》："王全斌既平蜀，欲因兵威取滇，以图进于上。太祖鉴唐之祸基于南诏，以玉斧画大渡河曰：此外非吾有也。由是云南三百年不通中国，段氏得以晚临樊爨以长世焉。"这就是"宋挥玉斧"的典故。云南志书多载之，然未必可信。

开宝元年（968）二月，大理国又派使臣赍牒赴宋要求通好。太平兴国年（976—983）初，白王遣使入宋乞求内附，太宗赵炅册封其为"云南八国郡王"。开宝元年（968），黎州再次接到建昌城牒，"云欲通好"，没有结果，大理但遣黎州诸蛮"时有进奉"[45]。黎州蛮代表大理国到宋朝朝贡延续不绝。

熙宁七年（1074），峨嵋进士杨佐应募出使大理招买战马，进一步加强了宋与大理的联系。熙宁九年（1076），大理派出使团，携金装碧玗山、毡罽㲲、刀剑、犀甲皮、鞍辔等货物朝贡于宋[46]。宋朝沿袭旧制，仅仅待之以礼而不行册封。宋徽宗立，大理与宋关系有了新发展。崇宁二年（1103），大理段正淳遣高泰运奉表入宋，"求经籍得六十九家、药书六十二部"以归[47]。段正淳死，子段正严立，与权臣高量成谋求归宋。广州观察使黄璘得报，转奏朝廷称："南诏大理国慕义怀徕，愿为臣妾，欲听其入贡。"徽宗诏黄璘置局宾州，"凡有奏请，皆俟进止"[48]。政和五年（1115），段和誉派使至宋贡献，请求册封，在呈报宋徽宗的《入贡奏》中说，臣累年以来，多次派使臣入宋乞修朝贡，此次已先派遣布燮李紫琮，坦绰李百祥、杨苛样等人管押良马 380 匹，内有 50 匹为特进，还有麝香、牛黄、细毡、甲胄、弓箭，专程诣阙进献。宋徽宗诏黄璘与广东转运副使徐惕相偕入京，"其所经行，令监司一人主之"。道出湖南鼎州，李紫琮等"闻学校文物之盛，请于押伴，求诣学瞻拜宣圣像"，为宋所允，"遂往，遍谒见诸生"[49]。李紫琮等人到达宋都汴京后，受到了宋朝的热情款待，还被允许参观了御书阁。第二年十二月，徽宗收到奏章，政和七年（1117）二月，册封段和誉为云南节度使、金紫光禄大夫、检校司空、上柱国、大理王，加食邑 1000 户，实封 500 户。至此，大理与宋朝正式确立臣属关系，宋朝向大理颁授命书，要求大理恪修臣职，毋替厥服，并举行隆重的册封礼仪，向大理颁赐历日。此为大理与宋朝关系史上的一件大事。政和八年（1118），宋朝会试，词科的题目是"代云南节度大理国王谢赐历日表"。双方的臣属关系一直延续到大理国灭亡。

大理始终奉宋朝正朔，使用宋朝历法，设有专管天文历法的机构与官员。元丰三年（1080）十一月，宋朝历法记有初一日这天日当蚀，因云阴未能见到。在《南诏野史》中有同样记载"日月交晦，星辰昼见"。可见双方的历法属同一个体系，也说明大理始终把自己视为中国整体的一部分，因为"正朔"是大一统的政治标志之一。

宋室南渡以后，绍兴三年（1133），大理遣使至广西，请求入贡与市马。广西宣谕使明橐奏于朝廷，朝臣朱胜非言曰："昔年大理入贡，言者深指其妄，黄璘由是获罪。"⑩高宗遂曰："遐方异域，何由得实？彼云进奉，实利于贾贩。进奉可勿许，令卖马可也。"㉛出于当时客观形势的考虑，已被北方女真搞得焦头烂额的宋高宗，一方面深恐再与大理发生冲突而两面受敌，一方面又不得不与大理市马以保证军需，于是采取了收缩官方往来而放宽民间贸易的政策，即史家所谓："因中国多故，皆不见许，惟于黎、西境外，夷民私相贸易，有司不禁也。"㉜至绍兴六年（1136），大理复遣使奉表并携象、马若干至广西，请求入贡，宋高宗诏广西经略安抚司护送行在，"优礼答之"㉝。

宋朝与辽、金、元的交战中，战马主要来源于边疆少数民族地区，较为著名的有陕马、川马、广马。北宋时的战马大多来源于西北地区，其次为川西番马。南渡以后，陕马来路断绝，主要依赖川马和广马。川马和广马大都产于大理，宋在西边黎州（四川汉源）、南边邕州派遣提督，设市马场，置买马司，招徕买马。每年可收购到战马万匹以上，数量之多，前所未有。西川有道路通往大理，但博马贸易不盛，以广西邕州市马场最为重要，市马交易十分繁荣，为一时盛事。博易战马带动了双方经济、文化的交流。绍兴六年（1136）五月，大理国到邕州卖马 1000 余匹，随马而来的有 6000 余人，象 3 头。这些人大都携带大理土产，如麝香、胡羊、长鸣鸡、披毡、云南刀及各种药物，然后购回锦缯、豹皮、文书及诸奇巧之物。乾道九年（1173），大理商人李观音得、董六斤黑、张般若师等 33 人至广西横山寨议市马，换回《文选》五臣注、《五经》广注、《春秋后语》、"三史"、《本草》、《初学记》、张孟《押韵》、《五藏论》、《大般若十六会序》等大批汉文书籍。他们在给当地官府的文书中写道："知己之人，幸逢相谒。言音未同，情虑相契。吾闻夫子云：君子和而不同，小人同而不和。今两国之人，不期而会者，岂不习夫子之言哉！"并在文后附有诗句云："言音未会意相和，远隔江山万里多。"㉞从一个侧面反映了大理国与宋朝之间的相互友好关系。

南宋时期大理与宋的民间往来相当频繁。《护法明公德运碑》的作者在碑中自称"大宋国建武军进士"，"建武军"即今广西南宁一带。碑文作者显然是南宋流落大理的失意文人，来到大理以后，受到高量成的特别器重，令为史官。《高兴蓝若碑》的作者署名为"神州杨德亨"，此杨氏或有可能来自宋朝。大理崇圣寺塔发现的一块铜片上刻有"亲手作组成都典校舍师彦贲李珠眯智"等字样，此"亲手作组"的"成都典校舍师"当然也不可能是大理土著。李元阳《云南通志》称：鄯阐地藏寺亦为宋末四川僧人永照、云晤所建。凡此种种，均见南宋时期大理与宋的民间往来从未中断。

根据《地藏寺造幢记》记载：高明生死后，鄯阐遭遇危机，其布燮袁豆光曾经"求救术于宋王蛮王"，最后得以转危为安。嘉泰二年（1202），大理遣使入宋，得赐《大藏经》1465 册以归，置于五华楼中㉟。

淳祐五年（1245），蒙古军企图进攻云南、谋取四川时，大理将领高禾率领大理国士卒，在今丽江九禾一带英勇抗击蒙古军，高禾战死。在蒙古军进攻大理时，宋军与当地军民同仇敌忾，共同抗击。高禾战死后，宋廷特意遣使致祭吊唁。至今云南丽江九禾尚保存有纪念高禾等将士的"白王塔"遗址。

大理国在与宋朝的长期交往中，深受汉文化的影响，加之王族本身自认为是汉族的后裔，所以汉族文化在当时得到广泛推行。从保存至今的碑刻，可窥见大理文化深受华夏文化的影响。

李元阳《云南通志》卷二记有《哀牢夫人墓碑》一通，撰文为段中庸，其略曰："夫人讳福，则伽宗胄裔之嫡女也。事君子也，乐其道而不淫；逮下妾也，用其能而不妒。"又曰："月出碧鸡，照哀牢之名县；鸿飞滇渚，下浔阳之长江。"范成大《桂海虞衡志》称李观音得等所携文"字画略有法"，可见大理时期的散文作品受到中原骈文的影响很大。

《三十七部会盟碑》立于明政三年（971），是大理前期的作品，撰者不详。碑文记述了大理征服今滇东南地区后与三十七部会盟石城的情形，叙事极为简练。全文仅140余字，时间、地点、过程、参与者等无不交代清楚。同时，文中又有诸如"故乃共约盟誓，务存长久；上对众圣之鉴知，下揆一德而沾血"之类骈句，反映出华夏文学风格的影响。

《护法明公德运碑》系摩崖，镌刻年代与作者均不详，当为大理后期作品。碑文以散句为其骨干，杂以骈体，各种修辞手法交替运用，佳句迭出。例如，文中记叙高量成早年经历："公自幼孤，久失庭训，不喜盘游。弱冠岁余，天地合德，日月同明，温良五德□□，六艺三□，随而有之，所谓生而知之者上也。"简练而有起伏；状其品行："以礼义为衣服，以忠信为甲胄，以智勇为心肝，远来者割地而封之，不归化者兴兵而讨之，自是天下大化。"生动而有气势；述及德化："四夷八蛮，累会于此；八方群牧，□□于此。虽夷狄之深仇，部曲之死恨，到此善归方寸，恶意冰释。袖刃怀刀，一时捐弃；甘辞艳语，以□喜戏。"感同身受，如在目前；至于书其退隐："明月侍座，清风扫门。喜听法鼓明心，不闻尘嚣聒耳。"清幽恬淡，意境萧然。全文读罢，一位年高德劭的长者形象活脱而出。

《兴宝寺德化铭》与《嵇肃灵峰明帝记》刻于同一碑上，撰于元亨二年（1186），作者杨才照。《德化铭》颂赞高

图上3-10 大理三十七部会盟碑

逾城光功绩及重建兴宝寺之事；《明帝记》记述高逾城光祭祀嵇肃山神的盛典。文章寓散于骈，气势宏伟。议论纵横捭阖，舒卷自如；叙事跌宕多姿，飞瀑溅玉。其状山川风物，尤见功力。如《德化铭》描写兴宝寺环境："穷山水之幽致，溢烟霞之佳趣。西则松风发夕，惊闻苦空之音；南则江月残朝，忽认灵台之镜。东临雾阙，近接应供之贤；北枕平坡，远嫌钓鳌之客。一一美丽，事事新奇。盛矣哉！信华州之佳境也。"环境描写与文章主题浑然一体，相得益彰。又如《明帝记》描写嵇肃灵峰："千寻卓立，惊神剑之干霄；万仞削成，讶青莲之出海。霏霏膏泽，岂道徐州之车；霭霭丹霞，似拥芒砀之盖。风泉相涣，松竹共清。灵变无端，云雷未恻。盖天府之巨镇，此方之灵佑也。"行文气势磅礴，挺拔清丽。其艺术成就丝毫不逊于中原，而其作者的才华也丝毫不在中原名士之下。

《渊公塔之碑铭》立于天开十六年（1220），作者赵佑。碑文叙述的是大理国公高量成之子皎渊出家为僧的经过及其生平。其文多阐佛理，善用譬喻，如："用真假主修无上菩提，如将金为器，器器皆瓦"，"本分作家手段量度锻佛钳锤，毁骂露珠电掣，赞善水月空花……难能而能，不能于能者也"。又如："出声闻之清水，擢凡夫之淤泥，如彼莲花，斗顿馨香，无物以喻也"，"以无言之深言，诠言绝之深理；以无为之妙行，应无作之妙心。融真俗以无迹，□静乱而不偏。坏其可坏，远离诸离……五蕴付于云梦，三界寄于电泡"。禅理圆通，文字精炼。

《高生福墓志铭》撰于段智祥时，作者不详。其文以散骈交错的笔调，极其洗炼地叙述了高生福的一生事迹。其中，描写高氏遭逢不测后的境遇尤其传神："迢递汉川之头，发如雪变；飘泊夷山之外，生若云浮。"而对高氏死后的烘托，也颇精妙："亡镜之悲，岂独于唐帝；祸国之哭，不翅于□□。愁结云昏，□□沾□。□□烟而月晓，□翻飞而目□，则衷肠郁结，未尝不恋慕焉。"

《地藏寺造幢记》也是大理后期的作品，作者段进全。文章记述鄯阐守牧高明生早死子幼，权力受到威胁，其布燮袁豆光八方奔走，扶助幼主，最终转危为安。其文以骈句为主，杂以散句，议理叙事，横枝错出，读来有如流水下滩，不可遽止。而其铺叙烘托，亦有成效，如其描写高明生死后的危急情形："悲夫！四大元无主，五蕴空去来。天地横兴不慈，大运俄将不意。哀哉！云郁郁兮穷天丧，雨霏霏兮尽山悲。楚方罢暄，东京辍照。本州为兄弟之士，将相怯上下之榷。子小绍迟，系孤亚脱。"在这种情况下，布燮袁豆光挺身而出，"求救术于宋王蛮王，果成功于务本得本"，其再造之功立时洞见，较好地达到了颂扬袁氏的撰文目的。

《大理国故高姬墓铭》撰于大理后期，作者杨俊升。碑文是为颂扬大理国公高妙音护之女高金仙贵所写，属于骈文。其文引经据典，音韵铿锵，如："姿立合浦，少溢照车之光；质孕蓝田，长发联城之莹。□降宗室，心规帝乙归妹之文；卫乜台阁，志效齐姜济鲁之术。麟麟而光庶□，谦谦以涉大川。动应承宜，同苔菜之生沼；朝暮不爽，类尸鸠之在桑。妇节妇功，门不入于□利；女工女史，闺无旷于庶宫。备危急则安土重迁；培胜刹则□而化□。黄裳元吉，色不过于所天；牝马利贞，健允谐于应地。"字字珠玑，极其华美，几与中原晋唐骈文争胜。

《故溪□谥曰襄行宜德履戒大师墓志》亦为大理后期作品，撰者不详。碑文历叙了溪智一家数代以医行世的业绩，颂扬了溪智"行事敬"、"进德煦"、"亲亲和"、"友友信"四端美好的德行。文风平实，叙事简练，时而杂以骈句，以求句式变化多姿，亦为大理时期难得的佳作。

尽管以上诸碑并不完全能够反映大理时期的散文状况，仅就它们的艺术特色而言，虽不能与中原优秀文学比肩，但亦不亚于中原出色作品。

大理时期有专门的修史机构与史官。《护法明公德运碑》的撰者为"大宋国建武军进士"，文中自称："两战场屋，画虎无成，□□南国，十有六年。蒙公清照如族辈人，□命□□□□□□□□□□□□□□□□史记，修春秋，褒贬合宜，为万世之信书，而发微言曰：知我者，其惟春秋乎？罪我者，其惟春秋乎？"很明显，《护法明公德运碑》的撰者就是大理的一位史官。修史机构与史官的职责是纂修《国史》。《兴宝寺德化铭》称："有公子高逾城光者，曾祖国明公高泰明，祖定远将军高明清，已备《国史》。"此《国史》即当指国家修史机构所修史书。因高泰明、高明清均是大理后期的重要人物，或有再造之功，或有戡乱之绩，故其事迹均被载入了《国史》之中。《高生福墓志铭》颂扬高生福时称："公之言行志节，恭友孝弟，备载史籍。"此处的"史籍"亦当指《国史》，因高生福曾被封为"忠节克明果行义帝"，也是大理后期的一位重要人物。这些《国史》元初尚可见到，欧阳玄撰《升姚安路记》即称："尝考其载记，高自升泰相国，六世至护隆，封其长子隆政为姚安、越西、会川三郡之演习。"欧氏所见到的"载记"，当即大理时期的《国史》之类。遗憾的是，它们没有一部保存至今。

除官修史书外，大理时期纂录家谱的风气也极兴盛，但属名公豪族，多有家乘。《故溪□谥曰襄行宜德履戒大师墓志》中称："大公护赏白衣以□□彩之□，家牒行状，乃杨文伯俊之述词。"《敕授鹤庆路照磨杨伯□墓志》亦称："按杨□家谱，乃故理杨候觉诺十七代孙。"《张长老墓碑》："家谱备绩，未能尽评。"《故大师白氏墓碑铭》："其谱录中甚详，不复备载。""其家世勋业，具有谱录。"《陈氏墓碑铭》："有家谱云，其先自陈霸先……自善铎和尚于满□，凡十三世，具见家谱。"凡此种种，均见大理时期纂录家谱的风气之盛。这些家谱的部分内容，我们今天尚可从明、清以后续修的一些家谱中见到端倪。

《大理图志》为大理时期所修地志之书。此书虽已亡佚，元时所修《混一方舆胜览》与《元史·地理志》中的云南部分，所载沿革即多出自此书。综观二书，所记路、府、州、县沿革分为蒙氏、段氏两个时期，而事实上是大理前期和后期，涉及南诏事迹甚少，南诏以前更不待言。由此可知，大理时期的地志编纂重于当代而疏于前朝，同时特别注意前期和后期因政局的变化而引起的政区设置的变化。联系到上面述及的《国史》修撰，注重当代历史当为大理官修史书的特点之一。

大理描工张胜温于淳熙七年（1180）描绘的《大理梵画长卷》（又称《大理国描工张胜温画梵像卷》，简称《张胜温画卷》），现存台北故宫博物院。卷为纸本，全长 1636.5 公分，宽 30.4 公分，绘于大理盛德五年（1180），画师张胜温。画卷原为"梵夹装"，共有 134 开，绘制各式人物 628 个。依据所绘内容，画卷可分三个部分，第一部分为大理国王段智兴及男女扈从，第二部分为诸佛菩萨天龙八部等众，第三部分为十六大国王。由于画卷辗转易手，多次装裱，错讹颠倒颇多。为恢复原貌，近世学者着力尤盛，研究论著极丰。就艺术成就而言，画卷所绘人物、

图上 3-11　大理国描工张胜温画梵像长卷之一，现藏台北故宫博物院（采自台北故宫博物院李霖灿《南诏大理国新资料的综合研究》 1982 年）

鸟兽、山水无不精致，布局巧妙，舒张有序，深得中原高手笔法，故成画以后一直备受推崇。时人释妙光谓之"神慕张（僧繇）、吴（道子）之遗见"，"妙出于手，灵显于心"；明人宋濂则称之"其施色涂金，皆极精致"；释宗泐评其"绘事工致，诚佳画也"；释豫章论曰"设色精致，金碧料然"，"绘事精致，金碧辉煌，耀人耳目，瞻对如生，足与顾虎头、李伯时相颉颃"。清高宗盛赞这幅画卷说："卷中诸像，相好庄严，傅色涂金，并极精采"⑤。整幅长卷，笔笔工细生动，每一幅像栩栩如生，被誉为"世界宗教图像画中的瑰宝"⑤。

《维摩诘会图》高 0.36 米，长 8.32 米，制于大理文治九年（1118），现藏美国纽约大都会博物馆。此卷经文之前为一维摩称病图像，以金银色线条加彩色绘成。构图以维摩为主，与中原文殊、维摩并重的情形颇不一致。人物主次进退安排合理，紧凑而不繁杂，线条流畅生动，人物

图上 3-12　维摩诘会图
现藏美国纽约大都会博物
馆（采自台北故宫博物院
李霖灿《南诏大理国新资
料的综合研究》1982 年）

形象鲜明，设色金碧辉煌，"充分表现出大理国当时的艺术造诣已达很高的水准"㉝。

　　郭松年《大理行记》记载："（赵）州之北，行绝约数百步，地极明秀，蒙昭成王保和九年，有高将军者即其地建遍知寺。其殿像壁绘于今罕见，意非汉匠名笔，不能造也。"由此可知，南诏时期寺庙兴建已经普遍伴随着壁画的绘制。这与中原的情形极为相同。至于大理，此一习俗当仍沿袭不废。遗憾的是，随着各式寺庙的废毁殆尽，我们已经不能亲眼目睹当时的杰作了。

　　剑川石窟位于剑川沙溪乡石宝山中，始凿于南诏而止于大理，共 16 处，造像 139 躯，碑碣 5 通，崖画 1 处。按照地理位置，这些石窟可以分为三个区域：石钟寺区 8 处，狮子关区 3 处，沙登村区 5 处。剑川石宝山石窟大部分是佛教题材，间有部分属于原始崇拜的内容。人物造型极有地方特色，无论身材还是相貌，都与当地白族形象相似。"异牟寻出巡图"、"阁逻凤议政图"以及"细奴逻全家福"等窟人物众多，主次分明，表现出极高的构图技巧。单体造像亦有精妙，如王者之端严慈祥、观音之悲天悯人、明王之愤怒威猛以及读书郎、驯象奴等造型，均各有特色。石宝山石窟造像在中国艺术史上占有独特的地位。剑川石宝山石窟有三个特点：一是有硕大的女阴雕像为当地人崇奉；二是将政治人物的政治活动雕塑于众佛之间；三是有世俗的常人形象。这是我国石窟造

图上 3-13　安宁法华寺石窟（采自李昆声主编《南诏大理国雕刻绘画艺术》，云南人民出版社云南美术出版社 1999 年）

像所仅有的特点。

法华寺石窟位于安宁城东小桃花村洛阳山中。石窟共分四区：第一区共有二大一小 3 龛，大龛应为观音、地藏，小龛为一跌坐菩萨。第二区由 18 个小龛组成，一龛一像，一般认为是"十八罗汉"。龛下有一平整崖面，上题"晚照"二字。参照中原其他石窟，此區当初或为碑记经文之类，"晚照"二字似为铲毁之后所刻。第三区亦为 3 龛，左龛已毁，中龛似为迦叶（一说达摩），右龛疑为"伏牛"。第四区共有 4 龛，两龛已毁，一龛仅余轮廓，一龛凿一卧佛，长约 4 米，枕头抚膝，侧身而卧。由于法华寺石窟造像毁坏颇甚，其开凿年代极难断定。在中国，"十八罗汉"的形成是在五代以后，之前仅有"十六罗汉"，形成时间亦不会早于中唐。而在云南，《张胜温画卷》所绘罗汉亦只"十六"，可见"十八罗汉"的称名输入更晚。那么，如果法华寺石窟第一区所凿 18 窟确为"十八罗汉"的话，它们的开凿年代当决不会早于大理时期乃至大理后期。但总体而言，法华寺石窟较之于剑川石窟艺术价值不是很高。

挖色石窟位于大理市挖色乡高兴村东北山间，1990 年始被发现。石窟共分二区：凤鸣台区共有 23 窟，一窟为普贤，一窟为猛虎，其余为坐佛；龙绕石区共有 18 窟，均为罗汉。其开凿年代当与法华寺石窟相当，这不仅可以从"十八罗汉"的类比得出，而且可以从单雕普贤得出（当系受到了宋代而下峨眉成为普贤道场的影响）。

除了以上较有规模的石窟外，云南各地还广泛分布着一些零星的摩崖造像，如剑川金华山摩崖造像、晋宁摩崖造像、禄劝密达拉摩崖造像等，题材则均为大黑天神和毗沙门天王，造型亦均大同小异。这些造像的开凿年代多数应为大理时期。由于大黑天神与毗沙天王单独造像在中原并不多见，云南的这些摩崖石刻具有一定的历史和艺术价值。

镇国灵天神造像刻于大理喜洲金圭寺村中一方形大理石柱上，造型与剑川石钟山石窟中的大黑天神并《张胜温画卷》第124开的"大圣大黑天神"完全一样，故为大黑天神当无问题。像左有一长条形榜题，刻有"归源寺镇国灵天神"八字。据分析，此石刻造像应为大理时期的作品㊿。

图上 3-14　大理国经幢之西方广目天王（采自李昆声主编《南诏大理国雕刻绘画艺术》，云南人民出版社、云南美术出版社 1999 年）

立于昆明城东的大理时期石幢全名"佛顶尊胜宝幢"，原为地藏寺所属，幢高 6.5 米，七级八面，通体石制，周雕诸佛、菩萨及天龙八部 300 余躯，大者 1 米，小者 0.3 米。自下而上，基座为八部天龙。一级为四大天王与六夜叉像；二级为阿众、宝生、阿弥陀、不空成就四方佛与四金刚等像；三级为地藏、虚空藏、观音、除盖障四菩萨与金刚得、金刚香、金刚灯、金刚华四供养等像；四级为药师、多宝、弥勒、释迦四佛与金刚幢、金刚利、金刚法、金刚宝四菩萨等像；五级为四只大鹏金翅鸟；六级为常、乐、我、净四大（殿）与五智如来等像；七级为尊胜佛母与天王等像。整幢造像内容丰富，布局严整，刀法遒劲，造型精美。佛像的神情姿态各不相同。面部表情严肃而不呆滞，衣冠服饰细致逼真，比例匀称，造型优美，刀痕遒劲，极备精巧，为滇中艺术之精品。在中国现存石幢中，地藏寺石幢的雕刻是无与伦比的。

南诏大理保留下来的铜铸佛像极为丰富。其工艺之独特，造型之别

图上 3-15　观音像（采自李昆声主编《南诏大理国雕刻绘画艺术》，云南人民出版社、云南美术出版社 1999 年）

致，很早即已引起了海内学者的高度重视。南诏大理时期的铜铸佛像以密教造像为主，而尤为阿嵯耶观音为多，已知即有 12 尊之多。其最大者通高 49.5 厘米，小者 33.9 厘米。根据《白古通记》记载：南诏时期，阿嵯耶观音曾经屡化"梵僧"襄助南诏。故至隆舜时期，阿嵯耶观音崇拜大盛，至大理而不衰。而其基本形态：颀长纤细，宽肩细腰；上身裸露，下着薄裙；腰系围巾二块，臂戴臂钏一对，额际为一珠宝顶圈，右手戴一珠串手镯；发髻高隆，用珠玉带子束住，中坐阿弥陀佛一尊；耳佩耳环，耳垂受重下垂；额际着一圆点。这些观音铜像具有鲜明的大理风格。

南诏大理时期还传下来一些其他材质的佛像，如金质阿嵯耶观音、银质阿众如来、银质金翅鸟、石雕如意轮观音、银持大日如来、水晶宝生如来、石雕阿弥陀、银质观音、金质镜佛、银质镜佛、瓷质文殊、瓷质普贤等。这些佛像多数应为南诏大理本土所作，少数则系购自域外（如瓷质文殊、普贤）。其题材、造型与铜铸佛像类似，亦以密教造像为主，简练奇异，神态祥和。

《南诏野史》记载：段素兴性好游狎，"有花遇歌则开，有草遇舞则动，兴令歌者傍花、舞者傍草，盖亦花草之妖也"。由此可知，大理宫廷蓄有乐舞艺人。《故大理陈氏墓铭》称陈□城□"手管［弦］貌辰进之姿，观才能显出群之秀"，"职以才超，功由艺立，神州锦阙，咏歌于富贵者，非一朝一夕耳"。铭文复称："温恭有礼兮，技艺难量；逝水未往兮，其身已亡；龙筝更拂兮，□不如常。"很明显，陈□城□即当为一位技艺卓著的宫廷艺人。《陈氏墓碑铭》称陈明政"少从师问道，得其……伎艺、弦歌、音律……与蒙族子弟交……前后蠲免赋役"。"蒙氏"

即大理段氏，说明陈明政是一位民间艺人。大理时期民间乐舞的情形，可以据此推知一二。

陶宗仪《南村辍耕录》卷二五《院本名目》："院本则五人：一曰副净，古谓之参军；一曰副末，古为之苍鹘；……一曰引戏，一曰末泥，一曰孤装，又谓之'五花爨弄'。或曰：宋徽宗见爨国人来朝，衣装革履巾裹，傅粉墨，举动如此，使优人效之以为戏。""爨"为爨蛮，"弄"为表演。"爨弄"是一种乐舞表演当无问题。"五花爨弄"之"五花"为"五花（华）楼"之省称。五花楼是大理时期的一座高级迎宾馆。"五花爨弄"即五花楼内所表演的一种爨蛮乐舞，传入内地以后被附会成了五种角色。李京《云南志略》："（金齿百夷）男子文身，云髭须鬒眉睫，以赤白土傅面，彩缯束发，衣赤黑衣，蹑绣履，带镜，呼痛之声曰'阿也韦'，绝类中国优人。……今之爨弄实原于此。"由此推之，"五花爨弄"应该是一种带有滑稽特色的表演，或许还伴随一些杂耍魔术表演。传入内地后，在保持滑稽杂耍特色的同时，"五花爨弄"逐渐成了非以唱功为主的一类戏剧的专称。陶宗仪《南村辍耕录》卷二五《院本名目》之"诸杂院爨"所列四类名目仅第一类附有曲牌，可以为此提供证明。作为大理迎宾乐舞的"五花爨弄"传入内地，极大地影响了中国戏曲的发展。

大理国对佛教推崇备至，《南诏野史》："（段思平）帝好佛，岁岁建寺，铸佛万尊。"开国君主如此，大理崇佛之盛可以推想。大理段氏二十二传，而有八人避位为僧，"仅此一事，足见大理国佛法之隆也"[60]。整个大理时期，段氏多次遣使入宋求佛经以归，亦是一证。不独君主，段氏之臣高氏自升泰以后世为相国，称主专柄，而奉佛特深，"善建伽蓝，众山兰若，无不周备"[61]。仅此一端，亦见大理君臣信佛之诚。至于百姓，更是盛况有加，"邦人以去天竺不远，其俗多尚浮屠法。家无贫富者皆有佛堂，人不以老壮，手不释数珠。一岁之间，斋戒过半，绝不茹荤饮酒，至斋毕乃已"[62]。苍洱之间，沿山寺宇极多，不可殚记。凡诸寺宇皆有得道居之。得道者，非师僧之比也。师僧有妻子，然往往读儒书，段氏而上有国家者设科选士，皆出此辈。正因如此，大理时期世人多以佛号命名，如陈观音婢、朱观音保、杨般若样、张药师莲、苏难陀智等。

图上 3-16 南诏大姚白塔
（采自云南信息港）

南诏大理佛教来源颇杂，既有来自印度、缅甸的，也有来自西藏、中原的，而以中原佛教的影响最大，成为南诏大理时期的主要派别。南诏大理佛教当不止一个宗派，而尤以密、禅二宗为盛。

净土信仰虽然在云南肇始很早，但其别于他宗历来不盛。南诏而下，净土信仰应该是一直存在民间抑或寺僧之中的。郭松年《大理行记》称其"人不以老壮，手不释数珠；……斋戒过半，绝不茹荤饮酒"。述律杰《重修大胜寺碑》则称"古滇居民，慕善斋洁，茹苦食淡，手捻菩提珠，口诵阿陀者，比比皆然"。这种"称名念佛"、"把斋吃素"的普遍，反映了大理迄元净土信仰的兴盛。

南诏大理密宗称阿吒力教，亦即瑜伽密宗。南诏后期，阿吒力教相当盛行。劝丰祐时，曾将其妹下嫁给阿吒力教高僧赞陀崛多。据各种传说称，赞陀崛多法力高强，奉请建鹤庆元化寺，"先是，鹤庆地水淹，僧杖刺东隅泄之。水中得樟木，刻为佛，咒之忽灵，远近名曰活佛"[33]。世隆进兵四川，有阿吒力僧崇模随行，"军中乏粮，又值岁暮，士卒思归，僧咒沙成米，咒水成酒，士卒各醉饱"[34]。类似"穿山泄水"、"咒沙成米"、"驱龙禳灾"、"呼风唤雨"的传说颇为流行，说明阿吒力教在南诏后期的影响颇大。南诏而下，由于其他各派，尤其禅宗的兴盛，阿吒力教的影响渐呈递减趋势，相关神话与传说明显减少，得道高僧所见日稀，然其地位仍然未可轻视。郭松年《大理行记》称："师僧有妻子，然往往读儒书。"李京《云南志略》亦称："有家室者名师僧，教童子，多读佛书，少知六经者。"这类有家室的僧人就是阿吒力教僧人。《张胜温画卷》所绘密教众像，近年发现的南诏大理塔藏文物以密教法器为多，以及各式密教石窟造像，无不说明阿吒力教在大理时期仍然占有相当重要的地位。南诏大理的阿吒力教具有师僧制度（可有家室）、以巫代教（多行法术）、兼收并蓄（可持他宗，如兼修禅净等）几个显著特点。

据《张胜温画卷》记载，中唐时期禅宗也已传入南诏。神会之后，画卷所绘张惟忠以降诸人，就是将荷泽禅宗传入南诏的法嗣。其中，摩诃罗嵯最为引人注目。摩诃罗嵯即隆舜，按《白古通纪浅述》记载，最后是坐化在"禅床"之上的。隆舜之后的赞陀崛多，本为阿吒力高僧，法嗣所续，说明其或者兼修或者转修禅观。由此推之，南诏晚期禅宗应该已经颇有影响，派系也不当只有一系。经过南诏始传，禅宗至大理而元突然昌盛，过于他宗，不独势力增大，法嗣亦严。而大理之时已成气候者，则有水目山系。南诏施头陀一系禅宗传至玄凝，一分凝真，一分妙澄。净妙澄禅师姓高，滇池人，"袭大理段氏国公，因读《楞严经》，至见扰离，见不能及处有省，遂叩玄凝禅师，获大解悟，即为剃染，并嗣法。后游中州，叩黄龙慧南禅师……辞归，开水目山。段氏为建梵刹，乃赠净妙之号焉"。临济宗从玄义而下，至慧南复开黄龙一派，时在宋初。以是观之，水目禅系乃施氏禅系与临济禅系之融。又有普济庆光禅师，姚安人，姓杨，"因问净妙禅师宗门中事……遂悟。初开妙光寺，次同净妙禅师开水目山。……时诸主大族，咸往畈敬，四众钦崇，后入寂东山，建塔水目，段氏赠为普济庆光禅师"。此外，皎渊本月禅师，亦高氏子，"袭大理段氏国公，因问济僧师云：'如何免得生死？'济云：'把将生死来。'师拟议，济以扇打掉一下，即有省，遂祝发，乃为法嗣。因往水目山，广导诸方，朝野尊仰"。水目山《渊公碑》亦曰："号智元，字渊，遂师于玄凝尊者，又与戒尊长老求法界之游，为斫漫之友。公以病故，辞凝尊者。凤历庚申（1200）之冬，栖托于兹山焉。"可见皎渊先是师事玄凝，居水目山，复师事普济。皎渊之嗣有阿标，"阿标头陀，洱海人，未详姓氏。因问皎渊师心经无智，亦无碍义，渊曰：'你但凭么参，去看是甚么道理。'时段氏王子依山建寺，标为工匠都养，日则奔走勤劳，（夜）则悬髻寺梁，遂获灵通，乃嗣法于皎渊禅师"。

净妙、普济、皎渊、阿标号称"水目四祖"。此后，有普瑞禅师，榆城北乡人，"后见皎渊禅师印可，南诏（应为大理）为建再兴寺，请居师"⑥。普瑞而后，有黄龙无相禅师，"嗣妙观（普）瑞禅师，行实未详"⑥。无相而后，嗣法不详。与密宗可以娶妻生子不同，南诏大理时期的禅宗因为直嗣中原，较为严格，一般要离家别居，称为"得道"。郭松年《大理行记》："得道者，非师僧之比也。……戒行精严，日中一食，所诵经律一如中国；所居洒扫清洁，云烟静境，花木禅房，水循堂厨，至其处者，使人名利之心俱尽。"李京《云南志略》："戒律精者名得道，俗甚重之。"由于禅宗修习要求的思辨才智很高，加之必须以寺为家，故大理时期的禅宗高僧多为皇室或贵胄（如皎渊禅师即是一例）。

据由云龙《姚安县志》载，普济禅师曾经"兼究律部"，而普瑞禅师"常梦与清凉、贤首、华严诸祖共语……师虽印心于南宗，而恒阐华严为业"，说明大理时期律宗、华严诸旨或已传入。

嘉泰二年（1202），大理遣使入宋，"取《大藏经》置五华楼，凡一千四百六十五部"⑥。1956年，文物工作者在凤仪北汤天法藏寺殿中发现一批数量达二三千册之多的大理迄明的写本与刻本佛经，内容相当丰富。近年维修大理各塔，各式写本刻本佛经也迭有发现。凡此种种，均见大理而下云南大乘佛教信仰之盛。

佛教在南诏时传入云南，至大理国时盛行。大理佛教主要是瑜伽密宗（又称密宗）。此宗仪轨复杂，所有设坛、供养、诵咒、灌顶等，均有严格规定，需经阿阇梨（阿叱力）秘密传授。阿阇梨蓄发，不绝荤酒，不居山寺，类僧道而非僧道，有妻妾，生子女，装神弄鬼，颇有一些能迷惑人的异术。大理国统治者好佛、崇佛，对佛教在云南的传播有深远的影响。儒家文化在大理亦广为传播，但儒家的教条与佛教的道义几乎融而为一。儒生无不崇奉佛法，佛家的僧侣也都诵读儒书，形成所谓"释儒"（亦称"儒释"）。师僧的社会地位很高，不仅传教布道，而且参与政治，常被任用为官。大理国的政权和宗教虽不能说完全合一，但两者的界限已相差无几。

大理国在推崇佛教的同时，亦予道教以较高的地位。段素英时，开科取士，"定制以僧、道读儒书者应举"⑥，反映了大理统治者对道教的重视。《南诏野史》：大观三年（1109），"七月中元节，各方贡金银、罗绮、珍宝、犀象万计，牛马遍点苍"。中元节是道教最重要的节祭之一。大理上下如此看重此一节祭，说明道教在大理社会生活中的确占有相当重要的地位。

考古工作者曾在大理崇圣寺塔发现一张大理时期的绢符咒，上为各种古怪汉字与点线符号，下为梵文。这是一张典型的道教符箓，尽管其中杂糅了密教的成分。道教认为，礼斗朝真可以消灾解厄、增福延年。因此，在道教驱邪禳灾的符箓中常常可以见到"五斗"的图形。崇圣寺塔发现的这张绢符咒，用数目不等的点线所组成的符号正好也是五组：点（即星）的数目分别为五、六、七、八、九，代表东、南、北、西、中"五斗"。上面类似"力去田鼠"的字样，则是劫鬼、驱鬼的符。值得注意的是，在这张符箓上，除了绘有"五斗"图形与符之外，还同时绘有曼荼罗图形与梵文。这不仅向我们证实了大理时期道教较为兴盛的事实，更重要的是向我们证实了大理时期道教与密教关系很深。

大理国时期，"白文"已广泛使用，出现了许多用白文撰写的《白史》、《国史》等历史著作以及诗歌、曲本、传说等文艺作品，其中以转韵的白文诗较为著名，其结构是每章十联，每联两段，每段四句，前三句七字，后一句五字，每段最后一字押韵。

大理国时期，华夏文化对云南的浸润持续不断，影响深远。元代郭松年《大理行记》说："（大理与宋王朝）相与使传往来。故其宫室、楼观、言语、书数，以至冠婚丧祭之礼、干戈战阵之法，虽不能尽善尽美，其规模、服色、动作、云为，略本于汉。自今观之，犹有故国之遗风焉。"可见，即便在大理国白族居统治地位时，汉文化始终对白族的社会经济文化等有长期和深远的影响，也为元代在云南建立行省奠定了社会经济基础。

【注释】

① 《新唐书》卷二二二上《南诏》上。

② 按：洱海诸诏兴起的时间，两《唐书》以为在蜀汉时。细考文献及诸诏世系，其立诏最早不过贞观二十三年（649）。

③ 按：所谓"诏"，据有的学者考订，是当时洱海地区少数民族的语言，意为王。如《新唐书·南诏传》即称："夷语王为诏。"《南诏德化碑》称南诏王皮逻阁时用"先诏"字2次，用"先王"1次；称南诏王阁逻凤时用"诏"字8次，用"王"字7次。由此可证，"诏"为王者之义当有根据，亦可解释为"首领"或"酋长"。由于当时各诏的经济发展和阶级分化，出现了统治者，他们集政治和军事权力于一身，并凌驾于人民之上，于是各诏首领把用于个人称呼的"诏"作为整个部落的称呼，故有蒙舍诏（南诏）等"六诏"或"八诏"之称。然而，亦有学者认为，以"诏"称王当是受到了氐羌的影响，可以在早期的氐羌文化中找到例证，如范义田先生首先揭示出来的"符诏"、"桓诏"等。参见范义田《云南古代民族之史的分析》（商务印书馆1944年），邵献书《南诏和大理国》第5页（吉林教育出版社1990年），徐家瑞《大理古代文化史稿》第180—181页（三联书店1979年）等。

④ 按：尤中《唐宋时期的"白蛮"（白族）》（转见赵吕甫《云南志校释》第129页，中国社会科学出版社1985年）以为"二十余万户"应为"二千余户"之误，原指爨氏家族中主要统治者及其部分亲兵随从，其他绝大多数白蛮人口并未迁动。又，王叔武《关于白族族源问题》（载《历史研究》1957年第4期）以为此之永昌应指洱海周围。

⑤ 樊绰：《云南志》卷四。

⑥《南诏德化碑》，见方国瑜主编：《云南史料丛刊》卷2第380页。

⑦《新唐书》卷一四七《南诏传》第6273页，中华书局1975年。

⑧《全唐诗》卷一九六第6册第2012页，中华书局1960年（下同）。

⑨《全唐诗》卷一六一第5册第1675—1676页。

⑩《全唐诗》卷一七一第5册第1765页。

⑪《全唐诗》卷四二六第13册第4697页

⑫《全唐诗》卷四二六第13册第4693页。

⑬《新唐书》卷二二二上《南诏传》，中华书局1975年。

⑭《新唐书》卷二二二《南蛮》上。

⑮《新唐书》卷二二二《南蛮》上。

⑯《新唐书》卷二二二《南诏》上。

⑰ 木芹：《云南志补注》第 144 页，云南人民出版社 1995 年。

⑱ 赵吕甫：《云南志校释》第 330 页，中国社会科学出版社 1985 年。

⑲ 赵吕甫：《云南志校释》第 331 页，中国社会科学出版社 1985 年。

⑳ 《旧唐书》卷一八五《袁滋传》。

㉑ 木芹：《云南志补注》卷 10 第 137 页，云南人民出版社 1995 年。

㉒ 《新唐书·南诏传》。

㉓ 《南诏德化碑》，载方国瑜《云南史料丛刊》第二卷第 377 页，云南大学出版社
　　1998 年。

㉔ 《新唐书》卷二二二《南蛮》。

㉕ 方国瑜主编：《云南史料丛刊》第一卷第 452 页，云南大学出版社 1998 年。

㉖ 樊绰：《云南志》卷五，见木芹《云南志补注》第 75 页，云南人民出版社 1995 年。

㉗ 《元和郡县志》卷三二，见《云南史料丛刊》第一卷第 596 页，云南大学出版社
　　1998 年。

㉘ 张柬之：《奏罢姚州疏》，见《云南史料丛刊》第二卷第 110 页，云南大学出版社
　　1998 年。

㉙ 《南诏德化碑》，见《云南史料丛刊》第二卷第 380 页，云南大学出版社 1998 年。

㉚ 高骈：《回云南牒》，见《云南史料丛刊》第二卷第 167 页，云南大学出版社 1998 年。

㉛㉜㉝ 樊绰：《云南志》卷八，见木芹《云南志补注》第 119 页。

㉞ 方国瑜：《云南民族史讲义》第五章，云南大学油印本。

㉟ 牛丛：《报南诏坦绰书》，见《云南史料丛刊》第二卷。

㊱ 《新唐书·南诏传》。

㊲ 《云南史料丛刊》第二卷第 17 页，云南大学出版社 1998 年。

㊳ 见何光远《鉴戒录》卷六《布燮朝》，亦见方国瑜主编：《云南史料丛刊》第二卷
　　第 174—175 页。

㊴ 《高太尉骈请留蛮宰相事》，见方国瑜主编：《云南史料丛刊》第二卷第 210 页。

㊵ 方国瑜：《云南史料目录概说》第一册第 159 页，中华书局 1984 年。

㊶ 《南诏德化碑》，见《云南史料丛刊》第二卷。

㊷ 诸葛元声撰、刘亚朝校点：《滇史》第 210 页，德宏民族出版社 1994 年。

㊸ 鄯阐在今云南昆明。

㊹ 《滇考》，见《云南史料丛刊》（油印本）第 31 辑第 12 页。

㊺《续资治通鉴长编》卷一〇引《续锦里耆旧传》。

㊻《续资治通鉴长编》卷二四五，另见《宋史·大理国传》、李攸《宋朝事实》卷一二、王应麟《玉海》卷一五四、马端临《文献通考·四裔考》卷六等。

㊼（胡蔚本）《南诏野史》。

㊽㊾㊿《宋史·大理国传》，中华书局1977年。

(51) 周晖：《清波杂志》卷六。

(52) 冯苏：《滇考》卷上。

(53)《宋史·大理国传》。

(54) 见《云南史料丛刊》第1辑第32页。

(55)（胡蔚本）《南诏野史》。

(56) 方国瑜：《云南史料目录概说》第三册第969页。

(57) 李霖灿：《南诏大理国的绘画艺术》，载《南诏文化论》。

(58) 李霖灿：《南诏大理国新资料的综合研究》第3页。

(59) 参见张楠：《南诏大理国的石窟寺艺术》，载《南诏文化论》。

(60)《新纂云南通志》卷一〇二。

(61)《护法明公德运碑》。

(62) 张道宗：《纪古滇说集》。

(63)(64)（胡蔚本）《南诏野史》。

(65) 以上引文皆见于圆鼎《滇释记》卷一、卷六。

(66) 万历《云南通志》卷一三。

(67)（倪蜕本）《南诏野史》。

(68) 倪蜕：《滇云历年传》卷五。

第四章

元明清：民族融合与"中边同风"

　　公元 1253 年蒙古大军南渡金沙江灭大理国。1274 年元王朝建立云南行省，下设路、府、州、县，修筑道路、设立驿站，建立学校、大兴儒学，华夏文化在云南广泛传播。1381 年朱元璋派大军平定云南，明朝在元代的基础上，立孔庙、设学校、开科举；用中原汉文经典佛教，尤其是禅宗取代在大理长期流行的密宗；以卫所体系大规模向云南移民屯田。云南居民"夷多汉少"的状况到明代发生根本改变，汉族人户超过了所有土著民族的总和，土著民族则从多数变为少数。经过明代 200 多年的熏陶，云南彬彬文献，与中州埒；汉族移民，附着于土地，世代相袭，从移民变为世代定居的"土著"，移民从外来的客户变为本土的"主人"；原来土著的"夷人"与土著化的汉族移民相互依存、相互交流、相互帮助、相互融合，形成"云南人"。明代出现的《白古通记》既表现南诏大理国遗民的故国之思，更体现对华夏的由衷认同。明代云南文化最大的特点是"华夷同风"、"中边一体"。南明王朝在云南立足时间不长，却产生了别具一格的"遗民文化"。清代云南的改土归流促进了儒学的发展，云南文化呈现超迈前代的繁盛，涌现一大批成就卓著的史学家、作家、诗人、书画家，将"华夷同风"的云南文化推向新的高峰。

第一节 云南行省的建立与儒学的传布

元世祖平云南 云南行省的建立 云南文化中心东移 儒学广被滇
云 《滇池赋》 孔雀胆故事 诗歌繁盛

公元 1253 年，蒙古宪宗蒙哥命其弟忽必烈率十万大军，兀良合台
总督军事，从六盘山出发，结集于甘肃临洮，经四川松潘，兵分三路进
攻大理。兀良合台率领西路军，经今理塘、稻城一带；东路军由抄合率
领，经今西昌、会理；忽必烈率领中路军，过大渡河，经今木里、宁
蒗，行山谷 2000 余里，到达金沙江。蒙古军"乘革囊及筏以渡"，到达
丽江，遣使到大理招降，使者被大理国相高祥杀害；农历十二月，攻破
大理杀死高祥。1254 年春，忽必烈还师北返，留下兀良合台镇守云南。
兀良合台攻破鸭赤城（今昆明），俘获大理国王段兴智。经两年多的战
争，兀良合台平定大理五城、八府、四郡，以及乌、白等蛮三十七部，
至宪宗七年（1257）平定云南全境，遣使到朝廷报捷，请求照汉代治理
云南的策略建立郡县。朝廷赞同并采纳兀良合台的建议，加封他为大元
帅，赐予银印，还镇大理。

元世祖平定云南是云南历史发展的重大转折。元世祖征服大理国，
以此为基地南下安南，再北上广西；东进贵州，再北上湖南，对南宋
形成钳形包围，最终灭亡宋朝。元世祖在云南设置五国（后发展为七
国），建立五总管府，统领 19 万户府，结束了大理国 300 多年的地方
独立政权。

《元史·地理志》"云南行省"说："其东至普安之横山，西至缅地
之江头城，凡三千九百里而远；南至临安之鹿沧江，北至罗罗斯之大渡
河，凡四千里而近。"在这纵横四千里的疆域内，设郡县管理，加强统
治。其东包有罗甸普定路及亦奚不薛（水西）宣慰司，其南包有宁远州
黑河以南地，其西包有蒙光路、云远路以抵天竺，此为段氏势力所及，
到元代设置较为稳定的政权。其西南则有所扩展，以蒲甘地设邦牙宣慰
司，并与登笼（得楞）国联系以至海上。又收八百设宣慰司，并服老告
（老挝）设总管府，这也是大理段氏势力所及，至元代建立较为稳定的政

权。所以元代的疆域不仅在大理段氏的基础上有所扩大，而且更为巩固。

云南省的民众和官员为歌颂、铭记元世祖平定云南的丰功伟业，上书朝廷，请求"刻石点苍山以纪功德"①。大德八年（1304）成宗皇帝命翰林院的学士程钜夫（文海）撰文在点苍山下勒碑纪念。碑文说："世祖皇帝之德大矣，辟如天地之无不持载，无不覆帱，而生生之意，恒寓于雪霜风雨寒暑变化之中，物之蒙之者熏然而温，洒然而濯，翕然而同，靡然而顺，有不自知其然而然者，故其功烈之崇，

图上 4-1　元代元世祖平云南碑（采自云南信息港）

基业之广，贯三灵而轶千古。以大理之昏迷，旅拒虐我使人。若奋其武怒，俾无遗育可也，而招徕绥辑，终释其主弗诛。呜呼！微天地之德，孰能与于此乎！今陛下建中和之政，凡以绳祖武，厚生民，无所不用其极。中外钦承，无远弗届，是以藩方大臣于钱谷甲兵之外，惓惓光昭令德为请，其知为政之本也已。汉世宗从事西南彝，天下为之骚动，蜀民咨怨，谕之谆谆；凿池苴习，再驾而后取之，其视今也孰愈？穆王周行寓县，必皆有车辙马迹焉。初非疆理天下也，而世犹颂之至今，其视跋履山川，洒濯其民而纳于礼义之域孰愈？彼碧鸡金马与夫点苍，皆其山之望者也，汉使祭之，唐季盟之，夫各有畏焉耳。今也镌未始磨之崖，纪无能名之绩，桓桓亭亭，与世无极。岂惟足以震百蛮，荣千古，其余光所被，山川鬼神与皆赖之。"②碑文称赞元世祖忽必烈统一云南的功勋，超迈周秦，逾越汉唐。忽必烈的确是开创历史、拓展边疆、建功云南的一代英雄。

图上 4-2　元代赛典赤墓（采自云南信息港）

至元十年（1273）六月，以平章政事赛典赤行省云南，统哈剌章、鸭赤、赤秃哥儿、金齿、茶罕章五城。至元十一年（1274）正式建立云南行省，并改定路、府、州名号。

赛典赤全名是赛典赤·赡思丁，一名乌马儿，回回人。赛典赤意为贵族，为西域安息国人。成吉思汗远征至伊朗诸国，十七八岁的赛典赤以贵族身份，率部曲投成吉思汗麾下，充当宿卫，跟随征伐。

张洪的《南夷书》说：赛典赤为云南行省平章，"赛公初下车，接见无虚日。虽以一壶浆，必笑而纳之，更厚其酬答。由是远近翕然俱来。赛公度其可与语，乃告其民曰：'吾欲分尔耕，贷尔牛种、耒耜、簑笠之具，度亩收若干？'夷曰：'可得稻二石。'公曰：'输官几何？'夷曰：'半之。'公曰：'太重，后将不堪。其牛种耒耜之具不复再给，牛死买牛，具敝修具。一家衣食所须，半岂能给？'夷曰：'然，则三分之一。'赛公曰：'尔虽克供，惧尔子孙弗继也；后之代我者，必欲盈其数，则上下相恶矣。吾与约，尔毋我违，亩输米二斗，其勿逾。'夷大悦。或请曰：'租甚轻，惟道理远，弗克致。奈何？'赛公又询其地之所宜，宜马则入马，宜牛则入牛，并与米直相当；不产牛马入以银。今之粮折牛，马折银是也"③。赛典赤到云南后，首先减轻民众租税，实行什一之税，大大减轻了农民负担。

云南行省建立后，将省会设在大理的鄯阐府，改鄯阐府为中庆路，下设昆明县；将云南的政治中心，从洱海边的大理移到滇池边的昆明。昆明县的设置和以昆明县为云南政治中心，标志着南诏、大理国独立政权的终结，也标志着云南文化发展进入一个新阶段。

赛典赤至云南后，大力提倡建孔庙、兴儒学。他带头捐出自己的薪俸资助孔庙建立。在建立文庙的同时，增置学田，以为教育经费。孔庙建筑的费用，分文不取于民，而费用充裕。孔庙建成，儒学勃兴，于是华夏文化在云南广为传播，文化风气灿然可观。自中庆路建成孔庙后，下令云南诸路都要建学以祀先圣。儒学遍及云南各地。

中庆路有讲经学堂。"置田以资饩廪，虽爨、僰亦遣子入学。诸生将百五十人，朔望率师徒讲授，声钟鼓以节登降，属二月丁亥，肃宾僚释

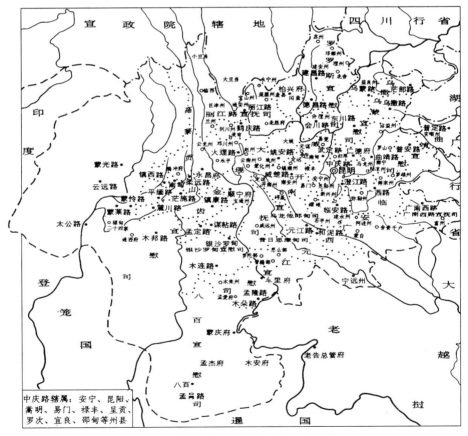

图上4-3　元代云南行省图（以谭其骧《中国历史地图集》为底图）

菜于先圣先师，冠服礼乐，井井有章"。讲经堂请硕学大儒讲授儒家经典，爨、僰子弟亦可入学听讲受教。讲授儒家经典，强调理解圣人的旨归，反对背离儒家经典的繁琐传注。

大理路也在至元二十二年（1285）创立庙学、设置教官。大理路设置学校为云南诸路行中书省参知政事郝天挺所倡议，亦得到大理路军民总管段信苴忠的大力支持。他表示"文物，胜事也，力有不给，于我取"④，在人力、财力上给予鼎助。在大理孔庙立碑明示："孔子之道，垂宪万世，有国家者所当崇奉……诸路、府、州、县、邑庙学、书院，照依世祖皇帝圣旨，禁约诸官员、使臣军马，毋得于内安下，或聚集理问词讼，亵渎宴饮，工役造作，收贮官物等。其赡学地土产业及贡士庄田，外人毋得侵夺。所处钱粮，以供春秋二丁朔望祭祀及师生廪膳。贫寒老病之士为众所尊敬者，月支米粮，优恤赡养。庙宇损坏，随即修完，作养后进，严加训诲，讲习道艺，务在成才。若德行、文学高出时辈者，有司保举，肃政廉访司体覆相同，以备选用。本路总管府提举儒学，肃政廉访司宣明教化，勉励学校，凡庙学公产，诸人毋得沮坏。"⑤

除中庆路、大理路两个文化教育的中心区域建置文庙外，元代在云南各路先后建置文庙。邓麟撰《王止庵墓志铭》说，王止庵（升）"充云南诸路儒学提举、充秋闱弥封官，董治大理、永昌、丽江、鹤庆、姚安、威楚诸路学庠。所至庙宇圣像一新，复学田一千四百九十四双，皆摩崖纪之"。王止庵担任曲靖宣慰司教授，"庠序大振，追复学田，生徒百数人，成才者夥"⑥。可见其教学效果甚好，培养人才甚众。王止庵担任云南诸路儒学提举时，在滇西的大理、永昌（今保山市）、丽江、鹤庆、姚安、威楚（今楚雄州）诸路都建置文庙，塑造孔子像，落实学田，使学校教学的校舍、师资、经费得到保障。在滇西诸路设置孔庙推广儒学的同时，滇东诸路也建置文庙推广儒学。明清志书记录元代建立文庙的尚有曲靖、临安、澄江诸府州。

行省建立后，云南遵照元廷政令，在各地立儒学、建学宫、置学署、兴学校、定学额。学校的建立，儒学的推广，逐渐从根本上改变了云南文化发展的方向，将大理国时期儒学与佛教结合的"释儒"文化分离为中原传统儒学与佛教两个体系；将原来教师与僧侣合二为一的"师僧”也分离开来，成为传授儒学的教师与传播佛教的僧侣两个并行的体系，使儒学归儒学、佛教归佛教。既有利于儒学的独立发展，也使宗教不再参与世俗的文化传承。这是云南教育的重大转变，使儒学在云南得到广泛普及与深入发展。

随着各地儒学的兴办，汉文化的广泛传布，在云南涌现一批精通诗文艺术的知识分子和优秀作品。著名文人王升（止庵）就是一个能诗善赋之人，他通经术，能文章，由教官历任至云南诸路儒学提举、曲靖宣慰使副使，授朝列大夫。王升之后，云南文人之著名者还有王惠、杜昌海、张景云等。

元代，云南出现了一批较为著名的地方学者，如王惠、王升父子、杨兴贤、杜昌海、张景云等。其中尤以王升称著。

王升，字彦高，号止庵。历任儒学教授、云南诸路儒学提举，兴学倡道，颇有功于滇之文教，升任曲靖宣慰使司宣慰副使。其文集今已佚，所传仅有文章数篇，如《中庆路大灵庙记》⑦、《碧鸡山碑记》⑧。而其中最为优美的是《滇池赋》，它不仅写“一碧万顷”的滇池的壮阔，而且点出昆明八景的神韵，寄寓了“大一统”的思想。如：

> 探华亭之幽趣，登太华之层峰。览滇南之胜概，指八景之陈踪。碧鸡峭拔而炭業，金马逶迤而玲珑；玉案峨峨而耸翠，商山隐隐而攒穹。五华钟造化之秀，三市当阛阓之冲。双塔挺擎天之势，一桥横贯日之虹。千艘蚁聚于云津，万舶蜂屯于城垠，致川陆之百物，富昆明之众民。迨我元之统治兮，极覆载而咸宾。矧云南之辽远兮，久沾被于皇恩。惟朝贡之是勤兮，犀象接迹而骎骎。如此池之趋海兮，亘昼夜之靡停。因而歌曰：万派朝宗兮，海宇穹窿；圣神膺运兮，车书大同。

其中“双塔挺擎天之势，一桥横贯日之虹。千艘蚁聚于云津，万舶蜂屯于城垠”等句，将昆明核心区的代表性建筑（东西寺塔、盘龙江上的大德桥）及云津渡口的繁荣、滇池水域与城相接的特点准确、鲜明地表现出来。脍炙人口，数百年不衰。此赋以“万派朝宗”结尾，这出自大理国官员布燮（宰相）的后代，尤为难得。

内地人士写云南的散文甚多。碑刻类如程文海《元世祖平云南碑》

(1304)、赵子元《赛平章德政碑》(约1279)、郭松年《创建中庆路大成庙记》(1280)、孙大亨《建大德桥碑记》(1297)等。历史散文类,如李京《云南志略》等。其中以郭松年《大理行记》最为出色。此文记中庆(昆明)至大理沿途所见,以大理为重点,对山川走势、风物特产、文物古迹、城镇风貌、民俗文化多有独到之笔。如:"其俗多尚浮屠法,家无贫富皆有佛堂。人不以老壮,手不释数珠;一岁之间斋戒几半,绝不茹荤饮酒,至斋毕乃已。沿山寺宇极多,不可殚记……师僧有妻子,然往往读儒书,段氏而上有国家者设科选士,皆出此辈。"浓厚的宗教氛围,独特的设科选士渠道,联系大理国十四位国王中有十位禅位为僧,姚安《宝兴寺德化铭并序》的作者冠以"皇都崇圣寺粉团侍郎赏米黄绣披释儒才照僧录阇黎"的头衔,知郭松年元初到大理所见,为大理国遗风。

元代云南人作诗之风已较为兴盛,上层人士已有较高的汉文化修养。这从孔雀胆的故事可见一斑。

元末,云南战事频繁,元统治云南的实力削弱,历任大理总管的段氏与梁王抗衡,又互相利用,不能相下。而内地,红巾军起义的烽火四起。至正二十三年(1363),红巾军的一部在明二(万胜)的率领下由四川进入云南,士民冒雨争降,很快攻占昆明,云南当权者梁王把匝拉瓦密仓皇西逃至楚雄。梁王向大理总管段功求援,段功出兵与梁王共同对付义军,经关江滩、古山寺、回蹬关、七星关诸役,义军败走,梁王复得昆明,绝处逢生,"深德段功,奏授平章",并以公主阿䢅嫁给段功为妻。公主美丽多情,段功遂恋居昆明。一日,梁王父女与段功宴酣,阿䢅即席作《金指环》诗:"将星挺生扶宝阙,宝阙金枝接玉叶。灵辉彻南北东西,皓皓中天光映月。玉文金印大如斗,犹唐贵主结配偶。父王永寿同碧鸡,豪杰长作擎天手。"段功久不回大理,原配夫人高氏填了一首《玉娇枝》词寄给段功。段功得此信回大理。这时,他志得意满,于途中作诗云:"去时野火通山赤,凯歌回奏梁王怪。自冬抵此又阳春,时物变迁今又昔。归来草色绿无数,桃花正浓柳苞絮。杜鹃啼处日如年,声声只促人归去。"在大理不久,段功又想到昆明会新婚不久的妻子。他的部下杨智(字渊海)、张希乔等俱献诗劝阻。杨智的诗情切意深:"功深切莫逞英雄,使尽英雄智力穷。窃恐梁王生逆计,龙泉血染惨西风。"段功不听，再至梁王府。梁王左右有人进谗言："段平章复来，有吞金马、咽碧鸡之心矣，曷图之？"梁王惧段功权重望高，危及自己，就密召公主阿盖，对她说："亲莫如父母，宝莫如社稷。"劝诱她毒杀段功。阿盖泪流满面，不愿受命。深夜，夫妻相聚，阿盖将此事告诉段功，说："我父忌奴，愿与阿奴西归。"段功不信，说：我为你家立下功劳，梁王平日待我甚厚。我脚趾踢破，父亲曾亲自替我包裹。你怎么说这种话？阿盖再劝，段功不听。梁王知阿盖不能成事，遂另设圈套。第二天，邀段功至东寺做佛事，至通济桥，马受惊奔逃，梁王即命蕃将格杀段功。阿盖公主听说段功死于非命，失声痛哭，说：昨晚上烛前才讲给你的云南施宗秀因烟花殒身，你还不信，今日果然。"阿奴虽死，奴不负信黄泉也"。欲自尽未果，梁王多方防卫。命侍女以王礼盛殓段功，送归大理。阿盖蘸着血泪，写下了一首动人的挽诗，愁愤而死。诗曰："吾家住在雁门深，一片闲云到滇海。心悬明月照青天，青天不语今三载。欲随明月至苍山（一作'黄嵩历乱苍山秋'），误我一生踏里彩。吐噜吐噜段阿奴，施宗施秀同奴歹。云片波粼不见人，押不芦花颜色改。肉屏独坐细思量，西山铁立风潇洒。"原注：踏里彩，锦被也；押不芦花，起死灵草；肉屏，骆驼；铁立，松林。民族语与汉语交错并用，为本诗特色之一。

段功部将杨智，素有才干，梁王欲收为己用，杨智不屈，题诗粉墙，饮药而死。其诗曰："半纸功名百战身，不堪今日总红尘。生死自古皆由命，祸福于今岂怨人。蝴蝶梦残滇海月，杜鹃啼破点苍春。哀怜永诀云南土，絮酒还教洒泪频。"

段功遇害，其子段宝嗣父职。梁王为剪草除根，遣人刺杀未遂，派兵七攻大理亦不克，"乃讲和，奏升宝为云南左丞"。不久，红巾军复攻昆明，梁王派其叔铁木的罕向大理借兵，段宝不允，作书答云，如欲借兵"待金马山换作点苍山，昆明池改作西洱河时来矣"，书后附以诗道："烽火狼烟信不符，骊山举戏是支吾。平章枉丧红罗帐，员外虚题粉壁图。凤别岐山祥兆隐，麟游郊薮瑞光无。自从界限鸿沟后，成败兴衰不属吾。"梁王见之，恨宝入骨。适逢明太祖开基南京，段宝派其叔段真入京奉表归款。

段功有女，名僧奴，志恒不忘复仇。及长，将出嫁建昌阿黎氏。别前，取出亲手刺绣的文旗给段宝，嘱咐说："我自束发，闻母称父冤恨……今归夫家，收合东兵，飞檄西洱，汝急应兵善鄐。"又作诗两章曰："珊瑚勾我出香闺，满目潸然泪湿衣。冰鉴银台前长大，金枝玉叶不芳菲。鸟飞兔走频来往，桂馥梅馨不暂移。惆怅同胞不忍别，应知含恨点苍低。"第二首更加动人："何彼秾兮花正红，归车独别洱河东。鸿台燕苑难经目，风刺霜刀易塞胸。云旧山高连水远，月新春叠与秋重。泪珠恰似通宵雨，千里关河几处逢。"姐弟相别，共立复仇之志，但事情并未如愿。据邓川摩崖石刻《段信苴宝立常住碑记》，他自称"大元国奉顺大夫都元帅段信苴宝"，碑中还祝"圣寿万岁，太子千秋"。碑立于明洪武二年，段功已遇害四年，但云南仍为梁王所据，可见复仇之愿并未实现。

孔雀胆的故事流传甚广，胡蔚《南诏野史》、李元阳万历《云南通志》等皆载，互有异同。今人郭沫若曾据此编成历史剧，大理州白剧团亦有以此题材编写的白剧《阿蓋公主》上演。

元代云南建立行省直属王朝管辖后，内地的官员、文人来到云南，目睹这里的佳山丽水、社会民情、风俗文化，留下了130余首诗歌，是云南文学史上重要的篇章。

郭孟昭《咏昆明池》诗云："昆明千顷浩冥濛，浴日滔天气量洪。倒映群峰来镜里，雄吞万派入胸中。朝宗远会江淮迴，泽物常裨造化工。圣代恩波同一视，却嗟汉武谩劳工。"诗篇先写滇池的壮美，气势雄浑，胸襟开阔；继而写滇池滋润万物，朝宗大海，似有灵性；再由景物联想到历史，歌颂元王朝统一中国，各地一视同仁，恩泽惠及边疆；嗟叹当年汉武帝征调大批劳工开凿昆明池，训练水军，以备征讨南中。高雅昌的《题大理点苍山》："水绕青山山绕城，由来人杰地应灵。水光万顷开天镜，山色四时环翠屏。世祖龙飞曾驻跸，邦臣虎伏悉来庭。一霄诗价高如许，眼底苍山百倍青。"山环水绕，翠屏天镜，将大理的山川点染得十分传神；国家统一，地方安定，令人欣喜，眼底苍山百倍青。山水的描写与时代的颂歌有机地融为一体，使诗带有特定的时代气氛。段福的《翠华台扈从诗》："叨从万乘陟兰峰，一片青螺起梵钟。日映仗霞祥彩遍，花明辇路景光重。天戈肃肃参岩竹，仙乐泠泠响涧松。停看玉毫明海国，朱旗挥霍拥苍龙。"当忽必烈挥军南下，进逼大理时，曾在苍山峰翠华台驻跸。段福为大理国末主段兴智的叔父，是较早投效忽必烈的一位大理文人。也许心情还有些诚惶诚恐，故写景完全是为了烘托龙驾的威仪圣明。

元代描写云南的景物最出色的诗人是李京，他是河间（今属河北省）人，字景山，自号鸠巢。他于大德五年（1301）来云南，任"乌蒙道宣慰副使佩虎符兼管军万户"，因"措办军储"，三年间足迹几遍云南，"于山川地理、土产风俗，颇得其详"，著有《云南志略》四卷，为研究元代云南的重要史料。同时，写下了数十首有关云南的诗篇，如《过七星关》、《行次乌蒙》、《过金沙江》、《越嶲元日》、《雪山歌》、《元日大理》、《点苍临眺》、《天镜阁》、《滇池重九》、《元日题马龙站壁》、《初到滇池》等，云南各方志多加选载，"为世所传诵"。试看他的《雪山歌》：

> 丽江雪山天下绝，积玉堆琼几千叠。
> 足盘厚地背摩天，衡华真成两坵垤。
> 平生爱作子长游，览胜探奇不少休。
> 安得乘风凌绝顶，倒骑箕尾看神州。

写雪山厚实高大的身躯，以"摩天"状其雄伟；绘雪山积玉堆琼的风采，以"几千叠"状其瑰丽。在雄奇壮丽的玉龙山面前，号称"天下险"的中国著名的华山，以"秀冠五岳"而著名的衡山，亦黯然失色，成了小土堆小山包了。作者先从正面写其伟，再以华衡衬其高，以突出其"天下绝"之势，收到了很好的艺术效果。诗篇的后半部分，着重写诗人自己爱好志向，平生像子长（司马迁）那样酷爱浏览名山大川，览胜探奇，还渴望乘风骑箕（星宿名）纵览神州。从这也可看到诗人的豪荡胸襟。又如《点苍临眺》：

> 水绕青山山绕城，万家烟树一川明。
> 鸟从云母屏中过，鱼在鲛人镜里行。
> 翡翠罘罳笼海气，旃檀楼阁殷秋声。
> 虎头妙墨龙眠手，百帧生绡画不成。

此诗盛赞大理风光，洱海如镜，鸟飞、鱼游都历历在目；苍山青翠,薄雾笼罩,风姿迷人;山间座座佛寺,香烟缭绕。此情此景,即使顾恺之(虎头)、李公麟(龙眠)再世,用几百匹绸缎,亦难以描摹。再如《初到滇池》:

> 嫩寒初褪雨初晴,人逐东风马蹄轻。
>
> 天际孤城烟外暗,云间双塔日边明。
>
> 未谙习俗人争笑,乍听侏偶我亦惊。
>
> 珍重碧鸡山上月,相随万里更多情。

此诗在写景之外,更多地融入了自己真切的感受。风俗习惯不同,语言声音各异,但民风是淳朴的,给作者的印象是很好的。因而才会对月寄怀,"相随万里更多情"。颔联"天际孤城烟外暗,云间双塔日边明",独标神韵,妙若天成,不愧为写景高手。那轻快的马蹄,也透露出作者的喜悦之情。

云南独特的民俗风物,是元代诗人描绘的另一个重要题材。王沂的《末弜诏》:"泸南地多瘴,末弜风气美。酋豪富畜牧,散野若蜂蚁。……亦有善刀舞,众锋粲鲸齿。坐令帐下儿,往往发上指。"对纳西族的经济生活、勇武的性格,作了生动形象的描写。文璋甫的《火把节》更是绘声绘色:"云披红日恰衔山,列炬参差兢往还。万朵莲花开海市,一天星斗下人间。只疑灯火烧元夜,谁料乡傩到百蛮。此日吾皇调玉烛,更于何处觅神奸。"火把节,为彝、白、纳西、哈尼、傈僳、拉祜、普米等民族共同的传统节日,民间常以"持火照田以祈年",或驱灾解秽,或用松香粉撒火把,以示祝福,并伴有歌舞戏剧等多种多样的节日活动。此诗则抓住"持炬照田"这一盛举,写出其诗情画意,显示了民俗美。王庭的《啤酒》,则写出民族风俗的另一侧面:"封拆黄泥日月遥,绕瓶活火谩围烧。枯筒未试香先透,熟水频添味转饶。冷暖既随人异态,缩盈还与海同潮。其中春色知多少,便是渊明也折腰。"酒与云南各民族结下不解之缘,各地均有独特的酿酒技术和饮酒风俗。王庭所描写的是其中较为典型的一种,那围绕啤酒的一系列动作,准确生动,情趣盎然。温泉的利用与开发,云南亦较早。温泉沐浴给人们带来莫大的享受,使人产生无穷的联想。赵琏《安宁温泉》诗云:"泉出安宁最,潜阳溢至和。盎温深在沼,清泚溙盈科。下土丹砂伏,傍崖碧玉磨。气喧移火井，色滢转银河。洗濯空烟瘴，经行入雅歌。远人沾惠旧，此去足恩波。"⑨此诗对安宁温泉当时在人们心目中的地位（"最"），泉水的温暖清盈，明净见底，水底碧石与水光斗奇，浴之能治炎瘴等，作了艺术概括，是现存最早描写安宁温泉的诗篇。温泉沐浴，各地风俗不同，毛铉的《温泉晚浴》，是写今保山市的沐浴温泉风俗的诗篇，列为"金齿八景"诗之三。原诗云："乾坤之二气，胡为有藏伏。我观此地泉，阳在阴之腹。其源若探汤，有牲烹可熟。其流汇二池，男女各异浴。争浴讥裸裎，欢笑声相逐。浴罢纵杯盘，列座歌夷曲。晚行偶见之，含羞掩吾目。明晨当再过，聊以濯吾足。"从此诗看，这温泉温度甚高，因"有牲烹可熟"；浴时欢声笑语，愉快异常；浴后欢宴，歌唱抒怀；其后相见，含羞掩目，可见民风之淳朴。风物与民俗的交融，使本诗具有浓厚的地方民族色彩。

元代云南的绘画艺术也大有可观。各寺宇均有殿像壁绘，极为精美。明代著名学者杨慎在《观金润甫画壁歌》一诗中对元代云南壁画的艺术价值极为推许："寿亭侯庙苍山傍，金生画壁真擅场。只今一百五十载，火旗云马神扬扬。"（《南中集》卷三）

元代云南产生了李京的《云南志略》、郝天挺的《云南实录》、张道宗的《记古滇说》及张立道的《安南录》、《云南风土记》、《六诏通说》等十分有价值的史学著作。

第二节　儒学兴盛与"中边同风"

朱元璋统一云南　军事屯田　故国之思与华夏认同　滇池歌咏　永昌"三张"　苍洱新诗　木氏文脉　萧崇业与兰茂　滇游佳作

朱元璋推翻元朝而立国十余年，云南恃远自雄，朝廷屡派使诏谕，屡屡抗命，拒不归附。洪武十四年（1381）朱元璋认为"云南自昔为西南夷，至汉置吏，臣属中国。今元之遗孽巴匝剌瓦尔密等自恃险远，桀骜梗化，遣使招谕，辄为所害，负罪隐匿，在所必讨"⑩，征讨云南的决定得到群臣支持。九月，朱元璋命颍川侯傅友德为征南将军、永昌侯蓝玉为左副将军、西平侯沐英为右副将军统帅将士 14 万余人，大举征讨云南。

洪武十四年十二月傅友德等三将军率大军由辰、沅趋贵州攻克普安、普定，进兵曲靖，击败梁王将领达理麻于白石江。明军乘胜而进，包围中庆城（今昆明市），梁王巴匝剌瓦尔密及其亲信驴儿达德等自杀，元右丞观音保等出降。蓝玉、沐英遵照朱元璋指令，一鼓作气，挥师西进，攻克大理。明军分兵"取鹤庆，略丽江，破石门关，下金齿，由是车里、平缅等处相继来降，诸夷悉平"⑪。

平定云南后，朱元璋敕谕傅友德、蓝玉、沐英说："朕观自古云南诸夷，叛服不常，盖以其地险而远。其民富而狠也。驯服之道，必宽猛适宜。"⑫朱元璋在给傅友德等三将军的诏书中，简要回顾了自汉朝以来中原王朝统一云南的成败得失后指出，统一云南的方针，"非为制其不叛，重在使其无叛"⑬。可以说，这就是朱元璋为明王朝统一云南制定的基本原则。明王朝在云南采取的许多巩固措施无不围绕这个原则。

洪武十六年（1383）三月，朱元璋传谕征云南的傅友德等三将军："卿等久劳于外，今蛮夷已平，可以班师。"⑭不久，传谕西平侯沐英："云南虽平，而蛮夷之心尚怀疑贰，大军一回，恐彼相煽为患，尔其留镇之，抚绥平定，当招尔还。"⑮朱元璋将义子、爱将沐英留镇云南是实施"使其无叛"原则的重要军事保证。沐英不仅是朱元璋在云南的军事首领，而且是在云南的主要政治代理人。洪武二十二年（1389）沐英从云南到京城朝拜，朱元璋对他说："自汝在镇，吾无西南之忧。"给他以极为丰厚的赏赐⑯。可见沐英镇守云南，对明王朝统一中国西南边疆有特殊的重要意义。洪武二十五年（1392）沐英去世，朱元璋痛哭流涕，"辍朝遣祭"⑰，追封他为黔宁昭靖王，命其子沐春袭封西平侯，往镇云南。沐春卒，无子，命沐晟继袭西平侯，镇守云南，云南都司属卫听其节制。永乐六年（1408）因沐晟征讨安南有功，朝廷"特进荣禄大夫、右柱国、黔国公，食禄三千石，子孙世世承袭。命黔国公沐晟仍镇守云南，节制都司属卫官军"⑱。自此以后，沐氏家族子孙世世承袭黔国公，直至明朝灭亡。

建立和完善云南各级行政机构、军事指挥系统和刑狱体制，是明王朝巩固云南统治的根本举措。洪武十五年（1382）正月，朱元璋指示傅

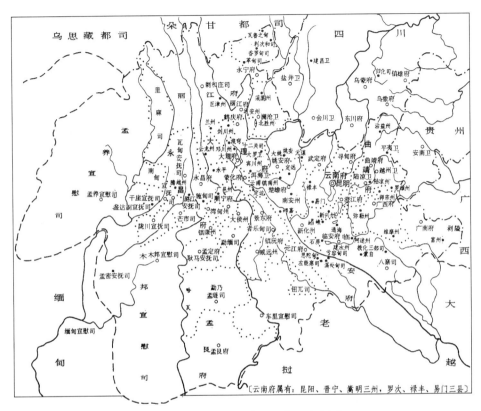

图上4-4 明代云南政区图（以谭其骧《中国历史地图集》为底图）

友德等三将军："今云南既克，必置都司于云南以统率诸军；既有土民，又必置布政司及府州县治之。"⑲二月即置云南布政使司，将元代的中庆府（今昆明）改为云南府，作为云南布政使司的首府。闰二月，更置云南承宣布政使司所属府州县，设府52个、州63个、县53个。同年正月，设置云南左、右、前、后及普定、黄平、建昌、东川、乌撒、普安、水西、乌蒙、芒部、尾洒十四卫指挥使司；二月，设置云南都指挥使司，在云南建立了完整的军事指挥体系和镇守体制。与此同时设立按察使司掌管刑律。洪武二十一年（1388）五月，刑部编定云南官吏、军、民犯罪条例⑳。云南三司，分掌军事、民政、刑狱；三司并立，凡有大事三司共同会商；又有巡按御史以资监察。这一周密制度，对于预防地方独立政权的产生，维护中央集权，巩固国家统一，有十分重要的积极作用。

朱元璋为巩固在云南的统治采取了一系列措施，如将爱将沐英留镇云南；建立和完善云南各级行政机构、军事指挥系统和刑狱体制；建立健全土司制度，加强对土司的监管与约束等。其中最重要、最有效的一个措施就是留兵屯戍，向云南大量移民。

朱元璋平定云南后，立即诏谕傅友德等，以云南既平，即留江西、浙江、湖广、河南四都司兵戍守，控制要害。沐英提出，云南土地甚广而荒芜居多，宜置屯，令军士开耕，以备储存。他的建议得到朱元璋的赞赏和支持："屯田之政，可以纾民力，足兵食，边防之计，莫善于此。"[20]明朝在云南设置卫所军事屯田筹谋周密，有一整套的制度。其主要特点是有固定的戍所和防卫区域；军皆有家世；军户世代为军，既入军籍，不许更改，更不许逃亡；军户屯田自给。明代在云南设置卫所与历代屯田不同之处在于，军事屯田的兵士必须有家室同行，成为军户。这就避免了屯垦戍边的士卒与土著"夷人"的普遍通婚。尽管"汉夷通婚"无法完全避免，但是卫所"军户"的存在，从根本上避免了"以夷变夏"的趋向，保证边疆地区"以夏变夷"的发展方向，促进民族融合，加强国家统一。

元代蒙古人、回回人、维吾尔人、契丹人、汉人大量进入云南。由于元朝征缅，从内地调集大量军队到云南屯戍，汉人在云南的数量不断增加，汉文化也在云南广泛传播，但是云南依然是"夷多汉少"。这种情况到明代才发生根本转变。卫所制度的推行使大量的汉人迁移到云南。云南卫所的数字，从明代初年以来，时有改变。大抵，洪武年间设16处，正统以后增为25处，嘉靖以后为36处，万历年间为40处。明代云南都司所领共133个千户所，每个千户所领官兵1120人。如果每个千户所都是足额，则驻云南的卫军当有148960人。因为军士都要有家室，同住卫所，所以应该是148960户。虽然军正额有限定，而舍丁、军余则各自另立门户，不断增加。因此，通过军事屯田进入云南的汉族移民的数量当比正式的卫所军户多得多。明代初年，云南户口只有59576户，经二百多年的发展，到万历初年已增至461048户。其中军户总计335426户[22]，占71%强。开展军事屯田的同时，还实行民间屯田。明代还将罪犯贬谪充军到云南，这是明代内地汉人移民云南的一个特点。有明一代，移民至滇的记录不绝于史。虽然有的数字不见得准确，但民间移民至滇屯垦的将近 10 万户。到明代后期，各种类型的汉族移民总数已达 300 万左右。由于云南许多地区是没有户籍统计的"蛮夷"人户，所以还不能确定外来的汉族移民与当地民族的比例，但有一点则是可以肯定的，汉族移民的数量已完全超过了土著的"蛮夷"人户。云南"夷多汉少"的状况到明代有了根本改变，汉族人户不仅超过任何一个土著民族，而且超过了所有土著民族的总和，成为云南居民的多数民族，云南土著民族则从多数变为少数。谢肇淛《滇略》卷四说："高皇帝既定滇中，尽迁江左良家闾右以实之，及有罪窜戍者，咸尽室以行。故其人土著者少，寄籍者多。衣冠礼法，言语习尚，大率类建业。二百年来，熏陶所染，彬彬文献，与中州埒矣。"㉓李元阳万历《云南通志》卷二《地理志》也说，"土著者少，宦戍多大江东南人，熏陶所染，彬彬文献，与中州埒矣"。

明朝在元代的基础上大力推广儒学，到处立孔庙、设学校、开科举。明王朝还用中原汉文经典的佛教，尤其是禅宗，取代在大理长期流行的密宗。儒学的广泛推行，使云南文化与中原趋于一致，为统一提供了思想文化上的保障。明代的昆明、楚雄、大理、保山、建水、曲靖等地的社会文化与风俗习惯，与中原没有多大差别。

在明代的文献中，大都把汉族移民称为"寄籍"人户，称当地原住人户为"土著"。但是到明代后期，特别是在清代的志书中，汉族移民也被称为"土著"。明代二百多年间，汉族移民附着于土地，世代相袭，从移民变为世代定居的"土著"，移民从外来的客户变为本土的"主人"。原来土著的"夷人"与土著化的汉族移民相互依存、相互交流、相互帮助、相互融合，形成"云南人"㉔。

"云南人"这个称谓具体在何时出现已难考订，当不会晚于明代后期。此称谓的出现，标志着"云南人"的形成，在云南民族历史上有极为重要的意义。在历史上，云南居民最早被称为"西南夷"，后来被称为"爨蛮"，唐代以后又称为"南蛮"。所以记录唐代云南的志书被命名为《蛮书》。总之，云南一直是"蛮夷"为主的区域。到明代后期，汉人从少数变为多数，从外来的"寄籍"客户变为世居土著的当地人。"云南人"的名称，与"西南夷"、"南蛮"等的重要区别是，云南的居民不再是"蛮夷"，而是中国一个区域的居民。"云南人"与"西南夷"、"南蛮"的根本差异就在于，"蛮夷"是以族类作为划分标准，"云南人"不是以"族类"来划分，而是以地区来命名。这就和河北人、河南人、山东人、山西人、东北人、江南人等一样，都是中国一个地区的居民，他们都是中国人。必须强调指出，"云南人"不仅仅是云南汉族移民的称谓，而且是云南范围内所有居民的称谓，包括汉族和其他少数民族。"云南人"在中国不再是"化外"的蛮夷，而是与中州相埒的华夏居民。"云南人"不仅是中原居民对云南居民的认同，也是云南居民对华夏的认同。这种双向认同，对于推进国家统一、维护祖国整体有极大的历史意义。

明初，朱元璋招抚云南，可是大理段氏拒不投降，一而再、再而三地杀害劝降使臣，誓死与明军作对。在多次招抚无效后，朱元璋迫不得已派大军平定云南，大军所到之处，战事激烈。大理的药师佛寺，"其壮丽尤倍蓰于诸寺，田庄繁广，殿宇崇阿，卉木葱蒨，为何如耶！ ……洪武壬戌，天兵南伐而火于军前，僧流俱失其所，田庄俱绝其缘，佛图法器，寂然荡尽"㉕。赵州的遍知寺，历史悠久，"明洪武壬戌，天兵平云南，癸亥取大理，寺址蓬墟"㉖。大理地区的寺院大多因受到军队的摧残变为废墟，军政设施受到毁灭性的打击就可想而知。

朱元璋派遣的蓝玉、傅友德、沐英三将军不仅用军事手段摧毁大理的各种抵抗，而且将大理"在官之典册，在野之简编，全付之一炬"㉗，要从文化上彻底铲除大理国、大理总管段氏的独立自雄的集体记忆。

朱元璋统一云南以后，迅速在云南兴建学校，大力推广普及儒家文化；同时兴建寺庙，用中原的禅宗取代大理的阿吒力教；通过大规模的卫所屯田，移民戍边，改变云南居民成分，汉人成为云南的多数居民。大理国时期的统治族类白族，失去了原来的地位而成为少数族类。元代大理总管府的贵族、云南地方官员与士绅，大多顺应历史潮流，输诚纳款，归附明王朝，获得土地、财物、官爵、俸禄。僧人无极在明军占领大理后，很快归顺明朝，于洪武十六年（1383）间道赴南京朝觐，向皇上呈送为明朝大军平定云南所作的《征南赋》，称赞明朝统一云南，"衣冠文物兮再见于千载，礼乐设化兮方新于一朝"㉘。无极代表了当时云南僧俗、地方民众对明朝统一云南的热烈赞颂。

明王朝统一云南后也有不少大理总管府时期的贵族，在抵抗失败，恢复大理总管府时期的权势、利益无望，又不愿归附明王朝、心安理得地做顺民，便"退在山野，日以耕钓为乐"㉙，或者"退处田里，渔猎释书"㉚。大理喜洲人杨海（1365—1425）"禀性温雅，幼读书习礼，长以好善闻于乡邑"。当明军占领大理后，他"晦迹田里，远势利，以诗书自乐。教子以义方，口非善不言，足非善不履"㉛。这些遗民通过诗词表达他们归隐山林、不恋富贵、怡情养性的高雅情趣。如苏辑的《云山深趣图》云："富贵浑如一羽轻，万山深处乐平生。白云叆叇长埋屋，流水清冷可濯缨。尘世从教人事改，幽林惟听鸟声清。何当与子同归隐，服术餐芝养性情。"㉜杨禹锡在同题诗中也说："一入青山与世疏，乱云深处构茅庐。闲心独种千竿竹，乐道长看一卷书。瑟瑟秋风来屋外，娟娟萝月透窗虚。君今自是耽幽趣，孤寂容谁共卜居。"㉝

大理总管府段氏权贵的遗民，身居山林，手把书卷，耳听鸟声，悠游于白云清泉之间；自得其乐的同时，孤寂的心境，怀旧的情结，拨撩着他们对失去的故国的眷恋，挑动着他们对远逝旧事的怀念。国亡了，故国往事依旧斩不断、理还乱地萦绕在他们的心头；国亡了，故国的史书也被新的统治者付之一炬，新的王朝正按照自己的意志改写故国的历史。深受儒家文化浸润、熏陶的遗民们，把对故国的忠诚与眷恋变为书写故国历史的行动，把赓续故国历史作为自己生存的价值。"国可亡而史不可灭"，正是华夏文化、儒家学说的重要思想。编写历史就是为故国保存记忆，就是对故国的又一种效忠方式。

明代洪武十七年（1384）至永乐十七年（1419）间，大理喜洲的杨姓遗民编撰了《白古通玄峰年运志》一书，记述大理故国的历史。此书又作《白古通记》、《白古记》、《僰古通》、《僰古通记》，还被称为"旧志"、"郡志"、"白史"。

《白古通记》依据南诏和大理国的"国史"编录㉞。今存日本的《南诏图传》（又称《南诏中兴二年画卷》，包括图画与文字两部分），是南诏中兴二年（899）张顺、王奉宗为南诏中兴皇帝阐述佛教传入洱海区域及南诏兴起的历史，依据《巍山起因》、《铁柱记》、《西洱河记》、《张氏国史》等书绘制的历史画卷。《南诏图传》是《白古通记》依据的资料之一。元代张道宗编撰的《记古滇说》也是《白古通记》的资料来源。《白古通记》还采用佛教的史传，如《阿育王传》、《付法藏因缘传》、《大唐西域记》、《五灯会元》和《传法正宗记》等书[35]。

大理太和人张云汉收藏的《白古通记》为云南副使姜龙（字梦宾）所得。姜龙看到的《白古通记》，"其事怪，其词鄙"。这本书是从白文翻译过来的，文字不够雅驯，便请嘉靖三年（1524）因"议礼"谪戍永昌的杨慎"芟薙芜，括以文章家法，以成一方之志，词旨简奥，足补史氏之缺"[36]。嘉靖四年（1525），杨慎修订《白古通记》，以《滇载记》为名，姜龙将《滇载记》带回家乡，与好友陆粲（浚明）共赏。陆粲于嘉靖二十二年（1543）校刻。

《白古通记》历叙战国时期楚国将军庄蹻入滇，号庄氏；汉武帝时，庄氏衰，立白人仁果为滇王，传十五代为龙佑那；蜀汉诸葛亮南征至白崖，立为酋长，赐姓张氏，历十七世；当唐贞观年间，张乐进求逊位于蒙舍酋长细奴罗。再叙蒙氏十四世及郑、赵、杨三氏事迹；段氏二十二世事迹，直至段氏灭亡。尚有山川记载、神话故事、佛教在洱海区域的源流以及南诏大理历代国王对佛教的尊崇与信仰，还记述了云南历代统治者对儒家的崇奉与推广。《白古通记》并非一本信而有征的历史著作，其中不少故事是明代初年杜撰出来的。《白古通记》的价值不仅在于所记述的历史事迹大多可取，而且在于其杜撰臆造的神话故事有深厚的社会背景，展现了明初大理段氏遗民的故国情怀，是明初大理段氏遗民的"心史"[37]。

《白古通记》编撰神话与佛教故事，将汉族与云南少数族类说成是来源于同一个祖先，都是西天摩揭陀国阿育王第三子之后，也就是九隆的后裔。云南诸族类与中原汉族是兄弟，兄弟之间没有"华夷之辨"的必要，只有平等相处、共同发展、相互交融的需求。

《白古通记》编撰的南诏细奴罗取代张乐进求的故事，采用了儒家最为推崇的政治理想，即贤者得位，以"禅让"的方式"传贤"的模式。这是天下为公的理想政治、最佳的政治制度。《白古通记》用儒家的理想，证明南诏、大理国历代国王的合理性与正当性。《白古通记》不仅叙述了白子国的始末，记述自张氏、蒙氏、段氏至明初的大理历史，演绎了白子国的谱系，讲述佛教禅宗和瑜伽密教的传承谱系，记述从汉代到明朝云南历代当权者对儒家思想的推崇和儒家礼仪的实践，把历代权贵描绘为尊崇儒家、遵循礼乐的楷模。《白古通记》就是通过这样一种方式建立起自己的"道统"，用历史故事证明其文化堪与华夏文化媲美⑧，也说明南诏大理文化与华夏文化是同源异流。在强调南诏大理文化的独特性与独立性的同时，《白古通记》更为重视对华夏文化的认同，也就是对明王朝的国家认同。这一点才是《白古通记》的精神底蕴。

朱元璋平定云南后，即在云南大兴学校，广播儒学。洪武十五年（1382）夏四月，在云南府（滇池地区）、大理府（洱海区域）等地设置儒学。随着明王朝在云南的统治逐渐稳固，儒学也由滇池、洱海地区向云南各地推广。永乐元年（1403），楚雄上书朝廷："所属人民类皆蛮夷，不知礼仪，惟僰人一种，赋性温良，有读书识字者，府州已尝设学教养，其县学未设，今楚雄县所辖六里，而僰人过半，近委官劝集民间俊秀子弟入学读书。"朝廷即刻批准在县一级设置儒学㉝。可知洪武年间儒学仅在府州设置，到永乐年间儒学已在县一级设置。永乐十年（1412）云南布政司左参议言："武定、寻甸、广西三府居民繁庶，请设学校。"永乐皇帝对礼部的大臣说："学校，风化所系，人性之善，蛮夷与中国无异，特在上之人作兴之耳。"㊵武定、寻甸、广西（今弥勒、师宗、邱北）三府是土著族类较多的地区，洪武年间尚未设立学校，到永乐年间"居民繁庶"，开始设置学校，其目的在于以儒学教化当地民众。永乐十五年（1417）二月，云南鹤庆军民府顺州（今永胜）知州王义言："州虽系蛮夷，然归附以来，沾被圣化三十余年，声教所暨，语言渐通，子弟亦有俊秀，请建学校，庶几人才可成。"㊶正统元年（1436）二月，云南金齿军民指挥司奏："本处亦有俊秀子弟，乞开设学校以教育之。"得到朝廷允许。金齿地在今德宏州等地，为傣族、景颇族、佤族等的聚居地，至此也开设学校，传播儒学。土司地区，随着改土归流的推进，也开设学校，传播儒学。隆庆二年（1566），"诏立云南武定军民府儒学，时凤氏之乱甫平，黔国公沐朝弼等请即其旧址为学，以变夷风"㊷。武定土司凤氏叛乱刚刚平定，就在土司府旧址建设学校。"有明二百七十余年间，学制详明为历代之最，其学科之扩充，学规之严密，皆较优于历代"⑬，到景泰年间，云南已经建立府、州、县儒学、卫学达 21 所⑭。景泰以后云南又在府、州、县置儒学 40 所、书院 56 所、社学 165 所。云南主要地区都已建立学校，设置儒学，儒学之风吹遍云南大地。

在云南广建学校的同时，明朝廷还选取云南学生到国子监读书学习。在国子监读书的云南学生，得到衣食优待，每年冬夏都赐给衣服、衾褥、巾绦、靴袜等。宣德六年（1431）八月，礼部上奏："工部造交趾、云南生夏衣完。请赐之。"皇上严厉斥责道："秋已及半，夏衣何用？有司不得人类如此。今后，必须及时给赐。违者罪之。"⑮可见，国子监学生的衣服、食宿，皇帝都着意过问，严加督促。国子监的学生学成归来，对儒学在云南的传播起到积极的推动作用，产生深远的影响。

土司土官的衙门每年都要选拔生员贡举进入国子监。有的土司衙门在"选贡"时，"不论其贤否，一概挨次贡部入监"，造成"生员惟图侥幸，愈不读书，有负朝廷养贤盛意"，要求"请今后选贡生员，亦当于食粮年深内考选其资质端重、颇知大义，或书或算，略通一艺者起送充贡"，否则"如人物鄙猥，懵无所知，即黜罢之"，希望"庶使生徒激劝，贡举得人"⑯。选拔土司子弟入国子监偶尔有不够严格的时候，即遭到斥责。朝廷要求各地严加考核，认真选拔，使优秀的土司弟子入国子监深造。

明代在云南大力推进科举考试，促进云南向学之风勃兴。云南府、大理府、曲靖府、临安府、永昌府等地，明代初年已经推行科举考试。大理府"郡中之民，少工商而多士类，悦习经史，隆重师友。开科之年，举子恒胜他郡，其登黄甲、跻华要者，今相属焉"⑰。到明代中后期，科举考试逐步在全省推行开来。澄江府"郡多僰人而汉人杂处其间，初不知学，今以岁久，渐被文教，有以科第跻膴仕而封及亲者。于是闾里间翕然向学，相率延师训子，而家有诵读之声，皆乐于仕，非复昔之比矣"⑱。"金齿（今德宏州等地）久无学，士风萎靡。正统间始建学，选卫子弟之秀者而立师以教之，于是士风渐振，以读书自励而举于乡试者，科不乏人"⑲。据天启《滇志》，洪武二十二年（1389）朝廷开始选贡并送应天府乡试，永乐九年（1411）诏云南布政司取士。乡试一级各省举人皆有定额，云南省的名额逐渐递增。成化十年（1474），云南总兵官、黔国公沐琮等上奏朝廷："云南、贵州虽在边鄙，久沾圣化，人才渐盛，往往与中州之士连中甲科。故事乡试只取四十名，云南二十四名，贵州十六名。人才淹滞，教官亦难迁转，乞量增额数。"这年四月朝廷"增云南乡试举人五名"⑩。见于记录，几乎隔三五年，云南就增加乡试名额，足见云南儒学在不断推广、提高，儒学人才也随之不断成长、涌现。

明代是云南文化大发展的时期。明代中原小说戏曲渐趋活跃，而云南诗歌却勃然兴起，颇

郭

文都曰舟屋昆明布衣，买舟为屋，於青草湖中，曾沐璘相与论诗，纵谈古今，订为布衣交，著有舟屋集。四首

太华寺七律

晚晴独倚旛檀阁，炳景苍苍一望开。湖势欲浮双塔去，山形如拥五华来。仙游应有飞空鸟，僧去宁无渡水杯。不为平生仙骨在，安能得上妙高台。

登太华兰若五言古

抗策登危冈，前颔路犹纡。隔溪闻清磬，舆与飞云远。谷转泉声长，苔深石径輭。行行如珠林，尘累不烦遣。

图上4-5　明郭文诗（载徐敏辑《古今名人游览太华山诗集》，清嘉庆刻本）

具特色，且取得了较高的成就，为全国诗坛增添了新鲜血液。大批本土文人编刻诗文集，作者队伍从外来者为主逐步转变成以本地作者为主；以汉文化为核心构成多地域、多民族、多阶层的文化群体，各类创作异彩纷呈。以诗文为主体的文学作品获得了较高的评价，有的不独在省内国内有价值，而且有一定的国际意义。

云南诗人，呈明显的地区性。昆明地区的诗人，以郭文、沐昂、杨一清为代表。

郭文，字仲炳，号舟屋，布衣，约生活于永乐至景泰年间，与云南当政者沐昂、沐璘有过交往。相传，他买舟青草湖，啸咏自得。沐璘曾便服携酒童，相与讨论诗文。著有《舟屋集》，其中写滇池风光最为传神。如《滇池夜月歌送何郎》："长天无云四山青，白月在水摇虚明。冷涵万象镜光里，乾坤一色秋冥冥。玉壶载酒摇空碧，人在清凉水晶城。座中何郎湖海客，醉眼却嫌滇水窄。飘飘书剑不可留，坐令乐事成离

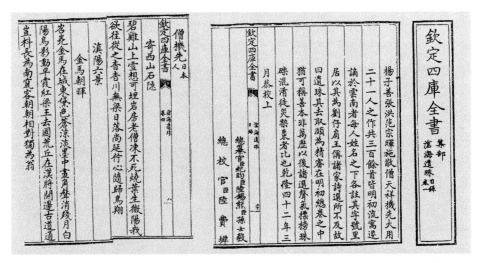

图上 4-6　文渊阁四库全书所收明沐昂编《沧海遗珠》书影（文渊阁四库全书，集部，312 册，台湾商务印书馆）

忧。安得身如水与月，千里万里随君舟。"前人评云"先生诗如皎月澄潭，清莹照目。读之，犹恐其尽"[51]又如《太华寺》一诗有句："湖势欲浮双塔去，山形如拥五华来"，后人认为"贴切，气势亦雄壮。凡咏太华寺诗，当以其为冠"[52]。

　　沐昂（1378—1445），字景颙，沐英第三子。其父兄卒后，任云南总兵官，代晟长子沐斌镇滇。早年在京师受过良好的教育，在滇 40 余年对滇情了解甚深，喜与文士结交，在他周围团结了一大批诗人文士，成为明代初年云南文化界领袖群英的人物。著有《素轩集》十二卷，收诗 900 余首，文 21 篇。他接触的人多，与朝廷要员、谪戍安置者、云南各地官员文士，以至各地寺僧、隐逸多有交往。因办理公务，滇东、滇西、滇南的许多州县都留下他的足迹。他常以诗记事抒情，留下了一些优秀的诗篇。他对云南山路体会颇深："驿路穿入云，萦纡几百盘。山高松月小，谷转晓风寒。"（《舍资驿道中》）他笔下的蕨菜勃勃可爱："撑破苍苔露一拳，东风二月雨余天。平原挺挺擎朝露，幽谷拳拳握暖烟。"（《蕨拳》）又如明初云南著名诗人平宣、居广、陈谦、郭文，沐昂均有诗赠答，有的多达数十首，为了解当时的文坛提供了线索。沐昂的另一贡献是编选了《沧海遗珠》，收录朱经、方行等 21 人的诗，皆为官或谪戍云

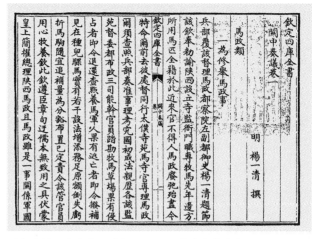

图上 4-7　明杨一清像及其作品（文渊阁四库全书，史部 186 册，台湾商务印书馆）

南人士的作品。其中有日本诗僧天祥、机先、大用等人诗 30 首，为后人所乐道。机先的《滇阳六景》诗——《金马朝晖》、《碧鸡秋色》、《玉案晴岚》、《滇池夜月》、《龙池跃金》、《螺峰拥翠》各有妙句。如《玉案晴岚》："山如玉案自为名，卓立天然刻画成。白昼浮岚浓且淡，高秋叠翠雨还晴。阴连太华千寻秀，影浸滇池万顷清。策杖何当凌绝顶，滇南一览掌中平。"将玉案山与太华、滇池、滇城连在一起，描绘出此地特有的景色。出自日本诗僧之手，可谓"旁观者清"。《沧海遗珠》可称省际国际文化交流的奇葩。

昆明地区明代诗名政声最著的，是安宁杨一清（1454—1530），字应宁，号邃庵，别号石淙，谥文襄。他祖籍云南，长于湖南，晚年致仕定居于江南镇江，故又号"三南居士"。成化八年（1742）19 岁考中进士，历官中书舍人，出西提学使，都御史巡抚陕西，总制陕西、延绥、宁夏、甘肃等地军务、边务，户部、兵部、吏部尚书，累官至左柱国、华盖殿大学士。前后为官 56 年，经成化、弘治、正德、嘉靖四朝，杨慎称其为"四朝元老，三边总戎，出将入相，文德武功"。其著述一是散文，以《关中奏议》为代表，共 8 种。今人唐景绅、谢玉杰汇编为《杨一清集》，约 80 万字，2001 年由中华书局出版。这些著作在关切国计民生、整治边防、革除弊政等方面有许多切实的建议，表现了杨一清的政治眼光和治理才能。二是诗歌，其代表是《石淙诗稿》十九卷，为其门生李梦阳、康海编，有李东阳、李梦阳、康海等人的评点。书末附有当时名流王守仁、李东阳等关于杨一清的诗文 35 首（篇）。他的诗篇有的饱含对故乡云南的一片深情："却忆碧鸡山下路，一樽还为故人倾。"（《赠毛用成给事》）"只缘休戚关吾土，被发冠缨此意同。"（《赠何君子元赴云南巡抚任》）有的体现他忠君忧民的思想："志存国计宁辞谤，力纠官邪岂近名。"（《哭徐都宪用和二首》）"四海疮痍今满眼，凭谁一化慰凋残。"（《赠眭拱贞》）有的诗表现他关心民瘼、安定边疆感情，代西北边乱迭起，虽经整顿，仍"荆棘根存旋复兴，膏肓病在难为瘳"。他希望"烦将一寸丹，为民起沉疴"（《送谷君嗣兴之丹阳》）。有的诗抒写友谊，他和李东阳交往数十年："骨肉情多欲话难，近违还作远游看。寄书人到频频问，对客诗成字字安。顾我通家犹惜别，念渠归梦几承欢。纯仁见说真能子，莫太关怀恐废餐。"（《用李澄伯舟中韵奉东乃翁西涯先生》）曲折委婉，道出人间真情。杨一清、李东阳都主张诗应学唐，宗法杜甫，有忧国忧民的怀抱，雄浑苍凉的风格。杨一清生活阅历广，政坛上也几起几伏，对世味体会深，诗歌内容极为丰富，感情亦深挚，在明代诗坛上对前七子影响颇深，足与李东阳并驾齐驱。诚如朱庭珍所说：杨一清"与茶陵（李东阳）同时，提倡风雅，明诗中起衰复盛之巨手也"[53]。赵藩在其论滇诗绝句六十首中有一首云："将相功名一代中，诗歌卓有杜陵风。后先七子休腾踔，合与茶陵角两雄。"较准确地概括了杨一清的诗歌特点及其在文学史上的地位。前七子的代表人物李梦阳在《徐子将适湖湘余实恋难别走笔长句述一代文人之盛兼祝寓望焉尔》一诗中亦说："我师崛起杨与李，力挽一发回千钧。天球银瓮世稀绝，鳌掣鲸翻难具陈。"[54]将杨一清、李东阳并列为挽颓波、开新风的诗坛宗师。

保山地区，东汉设永昌郡，为中国西南通往印度的重镇，汉文化传播日久，文人诗作亦富。其中以"三张"及马继龙为代表。"三张"即张志淳及其子张合、张含。张志淳，字进之，号南园，成化甲辰（1484）进士，历任户部右侍郎、太常寺少卿、提督四夷馆（翻译机构），著有《南园漫录》、《春园诗》等。张合，字懋观，号贲所，嘉靖壬辰（1533）进士，历官湖广副使等，有《宙载》及诗作传世。张含，字愈光，号禺山，正德丁卯（1507）举人，毕生致力于诗歌创作，自信"以啸歌毕吾志"，又云"凡吐辞寄赠在穷困节义之交，颇有万言不竭之才；于通达周旋之友，辄有片言即穷之拙"。今传《张愈光诗文选》《戊己吟》（1548、1549 之作），收录诗 875 首，文 39 篇。其诗在明、清选集《盛明百家诗》、《列朝诗集》、《明诗综》卷三十七、《明诗纪事》卷八、《明滇南诗略》卷二，皆有选录，当时文坛知名人士李梦阳、李元阳、华云、胡廷禄、郭维藩、唐胄、任翰、张纲、崔铣、张合等先后为张含诗文集撰写序跋。杨升庵为张含评点、编选诗集多种，撰写序言 12 篇，在《张愈光诗文选序》中称："慎与张子，自少为诗文，观规矩而染丹青者，五十余年矣。张子诗日益工，文日益奇，余瞠乎其后。"张含诗深刻地反映了成化至嘉靖年间，永昌地区因朝廷连年派员强索宝石，官吏层层盘剥，导致人民破产，百姓逃亡，国外势力趁机窥伺疆土的现实："成化年，嘉靖年……独怜绝域边民苦，满眼逃亡屋倒悬。屋倒悬，不足惜，只为饥寒多盗贼。山川城郭尽荒凉，纷纷象马窥封疆。窥封疆，撼边域，经年日月无颜色。"（《宝石谣》）杨升庵评："此诗真诗史，与韩文公之《汴州乱》、晁无咎之《开梅山》、杨廷秀之《海鳅船》、王恽之《义侠王著行》同传可也。"张含目睹："宝井晶光欻涕泪，漆齿疮痍空怨嗟。"（《衰年》）"彩石光珠光焰多，涕流骨枯将奈何！"（《童谣》）"血泪点珠，疮痍弗疗。贩妇鬻男，痛呼苍昊！"（《宝井煌煌》）独特的边地宝石题材，对百姓、对国家安危担忧的历史责任感，含着血泪的揭示与呼号，使他的诗在深刻性与独创性上有过人之处。张含对朋友感情深厚，他与谪戍永昌的四川新都人杨升庵为莫逆之交，"平生知契，白首酬唱"，"不啻千首"，后删存 180 多首。张含对朋友感情专注真挚，雪、雨、花、山、月都激发他的诗情，逢春遇秋会勾起他对杨升庵的怀念。如看到薄雾笼罩的月，他不禁抒发："君家辘轳牵我心，一回一转一悲吟。辘轳不及车轮转，一转离肠千万断。""心挂连然玉树巅，心游安宁碧玉泉，愁人欲眠不得眠。"（《秋霄怨怀升庵》）在昆明、大理他们几度相会是短暂的，但留下的印象是难忘的："松凉月坐华亭寺，花暖春游碧玉泉。一别昆明池上路，滔滔流水经八年。"（《寄升庵二首》）他对滇中风物的描绘，也别具魅力。他写昆明西山："滇国地形唯此最，青霄楼阁迥招提。山围雉堞笼金马，海撼龙宫浴碧鸡。"（《太华寺》）"碧鸡耀仪海色动，金马骋光天气凉。"（《滇阳旅舍》）将传说和眼前景物结合起来，富于地方风韵。他写途中所见："山腰碧树爨妇店，江头翠竹渔人家。"（《山行即事》）自然贴切，状如图画。他写《兰津渡》："山形宛抱哀牢国，千崖万壑生松风。""桥通赤霄俯碧马，江含紫烟浮白龙。"以苍劲之笔将澜沧江上这古老渡口的险峻形势描绘得活灵活现。

张含青年时代游于梁宋，曾拜李梦阳为师，并与何景明、崔铣等明"前七子"的人物友善，在文艺思想上受前七子影响，但在创作实践上却有差别。张含宗法杜甫"不矜于形而矜于神"⑤，学习杜诗的现实主义精神，结合当地的现实，以其独到的笔触，以宝石为着力点，用诗表达了滇缅边境百姓痛苦的心声；学习杜诗感情浓厚博大的特点，以诗缘情，表达他对人民、对朋友特别是对杨慎的真切同情与淳厚友谊；学习杜甫"转益多师是汝师"，广取博采，各体兼用的虚心好学的精神，古风、歌行、律体、民谣等各种诗歌形式都加以运用，不断增强自己的表现力，注重我手写我心，逐渐摆脱古人的束缚，不断变革，"每变每进"，如"百战健儿，屡鼓不竭"，以至老年"诗益工，文愈奇"（均为杨升庵语）。正是在实践中突破了自己早期及他的老师理论与创作上的不足，形成苍劲沉郁、旷达雄健的风采，光耀南滇。近代学者赵藩说："余以为先生于空同之门非第嗣法，转觉出蓝，固当与安宁杨文襄为有明一代滇中二大家，质之海内无愧色者也。"⑤

明代大理知识分子通过科举考试，堂而皇之进入中央王朝的政界、文化界，有政绩文名。其中杨士云、李元阳的文名较高。

杨士云（1477—1554），字从龙，号弘山，又号九龙真逸。大理喜洲人。明正德丁丑（1517）进士，曾任翰林院庶吉士，兵科、户科给事中，后以病辞归。坐卧一小楼，左右图史，探讨学问。名其室为"乾乾斋"。他重孝义，尚清廉，崇理学，敦古道。有《杨弘山先生存稿》十二卷存世。其咏史诗630多首，是以韵文的形式写的读书笔记，"择事有可记，人有可则，可戒者，隐括成韵，以寓劝惩"，如《李宓》："西洱全军覆没时，捷闻犹自报京师。归来召见甘泉殿，高适分明为赋诗。"于史实的描绘中寓自己的感情和识见。杨士云对苍洱风光及农村生活，也有真切的描绘，如《云雪》："一峰晴雪一溪云，云雪相依一线分。待得雪消云散后，青山绿树映朝曛。"杨士云的文章，以《苍洱图说》为代表，以简练的笔墨，概括苍洱神韵，点出名产胜景，是现存大理最早的导游词。

　　李元阳（1497—1579），字仁甫，号中谿。嘉靖丙戌（1526）进士，曾任福建御史、荆州知府，有政绩。他于46岁时，"以外艰去任，遂里居不出"。此后三十多年钟情山水，热心乡邦寺观名胜的修葺保存，致力于地方文献的收集编纂。万历年间纂修《云南通志》，除记载山川人物之外，注意"兵食法度之所急"，有其独到之处，为世所推重。他的游记散文《游清碧溪三潭记》、《游花甸记》观察细微，以精细的笔触描绘大自然的风姿，深得其妙，艺术水平甚高；他的《崇圣寺记略》、《崇圣寺可宝者记》等有浓厚的历史文化色彩，现实感、历史感强，有多方面的价值。他的诗作题材广泛，尤擅景物诗，如

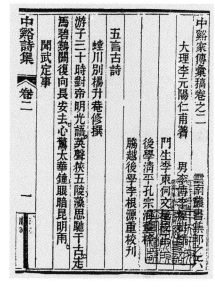

图上 4-8　明李元阳作品（据《中谿家传汇稿》，卷二，云南丛书集部之六）

白天看洱海："琉璃泻万古，灏气开鸿濛"，"中流棹讴发，心与境俱融"（《泛洱水》）。晚上游洱海："不见跳波险，但闻摇橹声。渔灯在一舍，斗柄正三更。"（《夜渡洱河》）阴雨时洱海又是"轻风细雨一江浪，凫没鸥兴几叶舟"（《浩然阁梁间和赵南涪何云亭》）。多为亲历其境有自己的体验而作。李元阳重视山水诗的生命力，说："古今游观题咏，不在园苑则在宫观，不在宫观而在岩洞，皆以形状之变化无穷，故章句之变亦无穷。然寄墨于园苑者以年计，寄宫观者以世计，寄岩洞者与山河同其永矣。"（《清华洞诗刻序》）基于这一认识，他平生所作诗文，多与山水风物有关，成为一位自觉的山水诗人。

　　滇西北的丽江，明代为纳西族土司木氏当政。由于受中原文化滋润，社会安定，木氏逐渐由尚武而习文，通过各种渠道购置了大量汉文

典籍，建造了"万卷楼"，延请名师教其子弟，逐渐培养了一批用汉文写作并造诣较高的诗人。今存诗文者有木泰、木公、木高、木旺、木青、木增、木靖等，以木公和木增成就较高，木泰、木靖的诗亦有特色。

木氏土司，以汉文写诗，始于木泰（1445—1502），其《两关使节》诗中"凤诏每来红日近，鹤书不到白云闲"，抒发了与中央王朝感情上的亲近，思想上的和谐。木氏土司中毕生写诗并在生前就刊印诗集的是木公（1494—1553），他字恕卿，号雪山，又号万松、六雪主人。著有《雪山始音》、《隐园春兴》、《庚子稿》、《万松吟》、《玉湖游录》、《仙楼琼华》等诗集。1549 年杨升庵从上述六种诗集中精选出 114 首，题为《雪山诗选》，并为之作序。集中保留了杨升庵、李元阳、张含等人的评点，从中可见木公诗作的造诣及评点者的审美情趣，成为研究明代文学的宝贵资料。木公诗忠君爱国、积极进取，民族感情强烈；他正视现实、关心民瘼，交友较广、待人诚挚。"忧国不忘驽马志，亦心千古壮山河"（《述怀》）；"腰系黄金重，诚心报国家"（《自述》）；"心愁野宅荒无主，眼见民夫色有饥"（《游谋统》）；"疮痍何时瘳，俯首不能言"（《问民》）；遇旧友"月色江声晚坐余，连床故友话诗书"（《遇旧》）；朋友来信，分外珍惜"珍重此书来万里，数教凫使好收留"（《粟鹤溪……回书慰我记之》）。其中引人注意的是他对当地山川和民族风俗的描写。如《题雪

图上 4-9　明木公像及张含序木公诗书影（像载《木氏宦谱》，张含序载《玉湖游录》明嘉靖刻本）

山》："北郡无双岳，南滇第一峰。四时光皎洁，万古势岿岽。绝顶星河
转，危巅日月通。寒威千里望，玉立雪山崇。"此诗将纳西族心中的"圣
山"玉龙山危峰插天、寒光逼人、令人崇敬的情景生动地表现出来。他
的《饮春会》："官家春会与民同，土酿鹅竿节节通。一匝芦笙歌未断，
踏歌起舞明月中。"将纳西族独特的饮酒方式及月下吹笙踏歌、全民共
乐的风俗点染出来。他又在《春居玉山院》中写道："玉岳峻嶒映雪堂，
年年有约赏春光。飞红舞翠秋千院，击鼓鸣钲蹴鞠场。""飞红舞翠"四
字将衣着鲜艳、欢声笑语、凌空翻飞的青年妇女的姿态写得轻盈鲜活；
"击鼓鸣钲"四字，则将健壮灵活的男青年蹴鞠的场面写得极为热烈欢
畅，场内奋力拼搏，场外击鼓鸣钲呐喊助威，场内场外融为一体。而这
些活动又在晶莹闪亮的玉龙山下广场上进行，更显出其独有的民族和生
活气息。

　　木增（1587—1646），字长卿，号华岳，又号生白。先后封知府及四
川、广西左、右布政使，太仆寺正卿，敕建"忠义坊"，"以风励诸省土
司"，为历代木氏土司中受荣衔最多的人。他自幼聪颖，学习踏实，其老
师王孝廉、梁之翰等亦要求甚严。当政之后，于备边之暇披览群籍，广
泛吸取。书中"或言之有补于身心者，或言之有裨于事务者"择而录之，
日积月累，选择整理编成《云薖淡墨》初稿，崇祯己卯（1639）徐霞客到
丽江，木增请他校正并序，刊行于世，收入《四库全书》子部存目，有
提要。同时，木增还刊印过《芝山云薖集》、《山中逸趣》、《竹林野韵》、
《啸月函空翠居录》等作品，有诗、有赋、有词，以诗为主。此外尚有
《隐居十记》等散文。木增身处明末，"辽警"频来，他多次输饷："主忧
臣与辱，师众饷尤多。薄贡惭毛滴，天恩旷海波。"（《输饷喜感新命》）
"一片葵心常拱向，多时曝背欲输忠。"（《象岭晓日》）这种忠贞的爱国
精神，还渗透到诗人一系列的景物诗中，如《玉山瀑布》："天上银河落
玉峰，穿云喷雪吼蛟龙。千条练曳千山界，万丈虹拖万壑封。策杖仰观
舒素抱，披襟坐对洗尘惊。不辞百折终朝海，泛斗乘槎我欲从。"既将
瀑布雄奇多姿的神态写活，又表达了小溪汇入大海的心愿，也透露了作
者远大怀抱及坚毅卓绝的精神。作者 38 岁时，上疏致仕，隐居芝山，目
接溪山绣错，耳闻林鸟成韵，或听幽泉湛湛洗尘耳，或观云篩千嶂雪，

或睹露滴万花丛，或嚼梅以除俗气，或煮雪以消烦襟，加之"地僻迎宾少，山深识鸟多"，心气逐渐和平，融入大自然中："雨浥千山翠，涛寒万壑松。籤灯翻贝叶，隐隐落疏钟。""诗夺梅花骨，歌传白雪心。静中觉真意，猿梦夜相亲。"（《竹水居清兴》）诗境诗语均有独到之处，清幽而不枯寂，澄净而富于情趣。对此章台鼎评云："神清、骨清、声清、韵清"，"如许语何可多得！"（《山中逸趣》眉批）木增尚有词及散文传世，他也是纳西族第一位词作者。

木公、木增之外，木青（1569—1597）的诗作成就也较高，曾刊印《玉水清音》。其《题竹》云："森森万个入云高，风过依稀响翠涛。欲借清阴来入砚，任人和露写离骚。"将竹的挺拔与屈原的崇高精神融合在一起，表示效法和仰慕之情。朱彝尊将其《移石草亭》一诗选入《明诗综》，钱谦益在《列朝诗集小传》丙集中亦列其若干佳句后，认为"皆中土诗句也"。应当一提的是木靖（1627—1671）的《雪山》诗："边关一窦隔嶙峋，固守提封去路难。玉垒千年存古雪，金沙万里走波澜。舆图虽尽天犹广，月令无凭夏亦寒。磅礴远呈精白意，忽从日下见长安。"与其先祖木泰、木公、木增一样，此诗中贯串着纳西族内在的民族感情和对中原王朝的向心力，富于气势和力量，有积极进取的精神。

滇南地区有诗文集传世者，明代有开远王廷表（1490—1554）的《桃川剩集》，宁州（华宁）王元翰（1562—1633）的《凝翠集》，建水萧崇业的《使琉球录》，玉溪陈表（1490—1573）的《草池录》、雷跃龙《葵谷草》等。萧崇业，字允修，号乾养。隆庆辛未（1571）进士。历任兵科、户科给事中。万历四年丙子（1576）朝廷"命户科给事中萧崇业、行人谢杰赍敕及皮弁、冠服、玉珪"，前往琉球"封尚永为中山王"（《明史·琉球传》）。途中遇风暴，萧镇定自若，指挥得宜，顺利到达。册封后，拒收中山王馈赠钱财，有《却金行》长诗表明心迹。又撰《航海赋》，既借"主"（萧崇业）"客"（镜机子）的问答，以阐其志，又以出使为线索，将受命、备船、出航、封赠、观览当地风物、返航等依次加以铺陈描写。全文四千余字，气魄宏大，文辞华美，题材新颖，造境用词，自有其独到之处，成为明代赋中的重要作品，收录于康熙陈元龙编《历代赋汇》。萧崇业成为云南出洋文学第一人。彝族土司禄洪，明末曾奉命率

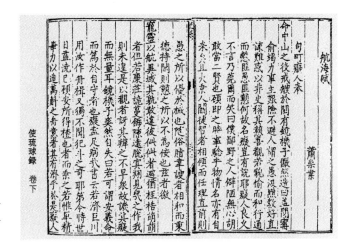

图上 4-10 明萧崇业
《航海赋》书影（萧崇业
《使琉球录》）

兵到北京密云墙子岭口驻防，沿途见闻有诗记，辑成《北征集》，董其昌、陈继儒分别作序，评价较高。

滇东嵩明的兰茂（1397—1476）有歌咏农家生活、抒发怀抱的《止庵咏稿》，有哲理诗《玄壶集》，有论诗绝句九首。还有帮助青年学诗，掌握音韵平仄的《声律发蒙》、《韵略易通》。后者流传入山东等地多次刻印，清代"由两淮采进"，收入《四库全书》经部小学类存目，有提要。兰茂有《性天风月通玄记》，为云南较早的剧本，还著有《续西游记》，惜已佚。兰茂同乡贾惟孝，约与杨慎同时，后人曾将他与兰茂并称："兰叟和光卧白云，贾生东晦挹清芬。"近人李文林将兰茂、贾惟孝诗文合编成《杨林两隐君集》行世。

明代，因为官、边防、经商、谪戍、旅游、探亲而来云南的中原人士甚多，他们留下了许多描写云南的优秀作品，其中以杨慎、徐霞客、邓子龙、宋氏等较为突出。

云南地处国家西南边陲，路途遥远，山高水险，被中原视为辽远蛮荒、荆棘丛生、烟瘴遍野、野兽出没、人烟稀少的荒服之地。自古以来，云南就成为朝廷流放罪人的主要地区之一。"宁充口外三千里，莫充云南碧鸡关"[57]，生动地反映了当时人们对云南的畏惧心理。朱元璋平定云南之后，即把云南作为流放、谪戍的地区。"初移中土大姓以实云南。时各府设卫所，然屯伍空虚，上欲实之，故巨族富民一有过犯，即按法遣戍云南"⑤。云南地方志书中的流寓传，大多为谪戍到云南的"过犯"。流放到云南来的人大多具有较高的文化修养，他们也为儒学在云南传播做出了重要贡献。沐昂编选的《沧海遗珠》收录了明初谪戍流寓云南的21位诗人的作品。这些诗人在云南留下了清楚雅畅、和平婉丽、凄凉哀怨的诗文，同时也在云南传播儒学和华夏文化。

嘉靖五年（1526），翰林院编修杨慎以"议大礼"谪戍永昌（今保山）。杨慎（1488—1559），字用修，号升庵，四川新都人。正德六年（1511）状元。曾参与编修《武宗实录》。《明史》本传称明代"记诵之博，著作之富，推慎第一"，"其著述甚富，诗文擅声宇内"⑤。杨慎于嘉靖三十八年（1559）在云南去世。30多年间，他在云南永昌、安宁、高峣、大理等地寓居、漫游，交游各地文人才子，推动云南文学的发展，培养了许多学子，成为明代云南的一代宗师。师从杨慎学习的有张含、唐锜、胡廷禄、王廷表、李元阳、杨士云、吴懋等人，被称为"杨门七子"。故诸

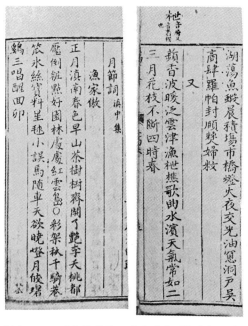

图上 4-11 明杨慎描绘昆明的诗篇（杨慎撰，张士佩编《升庵集》八十一卷本）

葛元声说："开滇以来，弘正前文物尚未盛，盖民故夷蛮，军皆戎伍，风教卒未洽也。逮嘉靖初，黔国沐文楼敦尚儒雅，而用修以一代名儒淹迹兹土，滇人士闻风兴起，如李中谿元阳、高阳川尉、张南禺含，英华并起，几埒中州。"⑥谪戍云南的文人还有程本立（原道）、陈谦（以逊）、童菩（德善）、刘有年（大行）、郑旭（景初）、毛铉（鼎臣）、徐有贞（元玉）等人，他们对于儒学在云南的传播都有或大或小的贡献。

坎坷曲折的人生道路和长期流放的政治重压，云南各界人士的关怀

温暖，壮丽的滇云湖山，淳厚的民俗风情，陶冶了杨慎的思想性格，给他的诗文创作打下了深刻的烙印。也许因为来自内地，他对边地云南的风物特别敏感。他看到滇池岸边"蘋香波暖泛云津，渔柑樵歌曲水滨。天气常如二三月，花枝不断四时春"（《滇海曲》），对气候温润、花枝不断的"春城"昆明传神的描写，400年来一直脍炙人口。他对凌寒盛开的山茶花，似乎情有所钟："绿叶红英斗雪开，黄蜂粉蝶不曾来。海边珠树无颜色，羞把琼枝照玉台。"（《山茶花》）在对山茶的礼赞中寄托着诗人浓烈的感情。他的昆明西山太华寺联："一水抱城西，烟霭有无，挂杖僧归苍茫外；群峰朝阁下，雨晴浓淡，倚栏人在画图中。"似一幅清淡秀逸的山水长卷，有景有人，逸兴诗情，俱在其中。他写大理著名蝴蝶泉："漆园仙梦到绡宫，栩栩轻烟袅袅风。九曲金针穿不得，瑶华光碎月明中。"以庄生梦蝶开始，将万只彩蝶欢聚、翩翩起舞、蔚为奇观的场面描绘得如诗如梦，似幻还真。在永昌，他写博南古道上悬于澜沧江的铁索桥"织铁悬梯飞步惊，独立缥缈青霄平"（《兰津桥》），以过桥的心理感受写出险奇。杨慎的散文《游点苍山记》、《重修曹溪寺记》等文笔精美，久为人道。前者以嘉靖九年二三月，他与李元阳由龙尾关向北，然后环海西归的游踪为线索，简练准确地记述了苍洱诸名胜。其总印象为："一望点苍，不觉爽然飞越，山则苍龙垒翠，海则半月拖蓝。城廓奠山海之间，楼阁出云烟之上。香风满道，芳气袭人。余时如醉如醒，如梦如觉，然后知向者未尝见山水，而见自今始。"足见其对大理的喜爱程度。杨慎不仅以自己杰出的诗文为明代文坛增添了异彩，他还热情帮助云南各族作者编选、评点诗文集，如为保山张含编选《张愈光诗文选》，为丽江木公编选《雪山诗选》，且序且评，给予了很高评价，将云南作者的作品介绍给内地，为杨慎的一大功绩。同时，杨慎所到之处，永昌、大理、滇南、滇东等地许多文化人士或向他求教，或与他唱和，或请他评改，在他周围形成了一种文化氛围，一种习诗作文的风气，团结培养了一批文化人。这是杨慎的又一功绩。其中与张含、杨士云、李元阳、王廷表、胡廷禄、唐锜、吴懋交往甚密，这七人被称为"杨门七子"，是在云南文化界有广泛影响的群体，是明代云南文化的杰出代表。

徐霞客（1586—1641），名弘祖，字振之，江阴人。著名的旅行家。

从 22 岁到 55 岁，30 多年时间他东渡普陀，北历燕冀，南涉闽粤，西北攀太华，西南走滇边，足迹遍于大江南北 16 个省。而他考察时间最长、记录最多的是云南。徐霞客是崇祯十一年（1638）五月九日离开贵州西部边界，从亦字孔进入云南平夷卫（今富源县），经曲靖、嵩明达昆明；滇南到过通海、临安（今建水）、阿迷（今开远）、广西（今泸西）；滇西则经富民、武定、元谋、大姚上宾川鸡足山，畅游鸡足一月之后，经鹤庆至丽江，从丽江南折经剑川、洱源、大理看苍山洱海之后，再从下关西行至保山、腾越（今腾冲）历览火山热海；由腾冲回折经顺宁（今凤庆）、蒙化（今巍山）再上鸡足山，应丽江土知府木增之请，撰修《鸡足山志》，经 3 个多月而后成稿。约于崇祯十三年（1640）三月，由"丽江木守为饬舆从送归，转侧笋舆者百五十日"，"黄冈侯大令为具舟楫，六日而达江口，遂得生还"。次年正月卒，年 56。徐霞客在云南历 3 个年头，22 个月。此间，他对云南进行了细致的考察，逐日为记，后人辑成《滇游日记》13 卷，文 10 篇，约 20 多万字，占整个《徐霞客游记》的五分之二。它既是一本引人入胜的散文，又是一部详切的风物志，还是一本内容丰富的地理著作。从科学角度看，他以科学求实的考察精神，论证金沙江是长江的正源，否定了《禹贡》的"岷山导江"说；他对西南地区石灰岩地貌的广泛深入的考察，从地面的种种特征，到地下溶洞结构的千姿百态，作了精确记录；从动植物品种、河流湖泊、矿产、农业、手工业、民居、民俗到民族关系、饮食特产、民生疾苦均有涉及，具有多学科的研究价值。"读其记而后知西南区域之广，山川多奇，远过中夏也"（潘耒《徐霞客游记序》）。从文学的角度看，他以高度的热情，细微的观察，锐敏的感觉，生动活泼的文字，真实地描绘了云南山川风物，为后人留下了一幅幅珍贵的历史画卷。如在大理三塔寺后净土庵看到嵌于壁间的大理石二方，"北一方为远山水阔之势，其波流漾折，极变化之妙，有半舟庋尾烟汀间；南一方为高峰叠嶂之观，其氤氲浅深，各臻神化"。而张顺宁寄存大空山楼间诸石"俱绝妙著色山水，危峰断壑，飞瀑随云。雪崖映水，层迭远近，笔笔灵异，云皆能活，水如有声"。徐霞客到三月街旁原以加工大理石为业之石户村，"止余环堵数十围，而人户俱流徙已尽，以（朝廷）取石之役，不堪其累也"（《滇游日记》八）。己卯（1639）正月初七日，徐霞客在腾冲"热海"考察："遥望峡中蒸腾之气，东西数处，郁然勃发，如浓烟卷雾"，其中"一池大四五亩，中窪如釜，水贮于中……从下沸腾作滚湧之状，而势更厉，沸泡大如弹丸，百枚齐跃而有声，其中高且尺余，亦异观也"。又有石坡上一穴，"如仰口而张其上，其中下缩如喉，水与气从中喷出，如有炉橐鼓风煽于下，水一沸跃，一停伏，作呼吸状；跃出之势，风水交迫，喷若发机，声如吼虎，其高数尺，坠涧下流，犹热若探汤"。又有一处"平沙一围，中有也数百，沸水丛跃"，"其水虽小而热，四旁之沙亦热"（《徐霞客游记·滇游日记》卷十）。对腾冲热海既有远观，又有近看；大滚锅、蛤蟆嘴、玉珠泉各呈其态。在永昌，徐霞客结识一姓潘的商人，"家多缅货"，当时有朝廷派官员来"索碧玉宝石，窘甚"，"不敢以一物示人，盖恐为承差所持也"。潘生"苦之，故屡屡避客"（同上）。寥寥数语，点出当时的社会问题。景物描写的独特性与揭露社会问题的深刻性，使得《徐霞客游记·滇游日记》具有多方面的价值，在游记文学中，成为里程碑式的作品。

邓子龙（1531—1598），字武桥，号虎冠道人，江西丰城人。万历十一年（1583），率兵从江西驰援云南，平定永昌木邦罕虔、岳凤勾结境外势力发动的叛乱，三战三捷，功升副总兵。战后在施甸姚关筑城，于清平洞建恤忠祠，祭祀为国捐躯将士。他虽为武将，却雅好文学，于万历丙戌（1586）编成《横戈集》，收录诗作206首，约三分之一是入滇后写的。其诗洋溢着慷慨赴敌，为民族为国家解除危难的激情，以口头语写现实事，抒胸中情，具有鲜明的个性特征。今存《横戈集》稿本间有错漏；另有道光年间刊印的《横戈存稿》选录其诗118首，某些字句有改动。

在流寓的妇女诗中，以宋氏的《邮亭自述》最为感人。全诗为七言，108句，756字，以自身的遭遇为纲，抒发悲痛之情，感人至深，可与东汉蔡琰《悲愤诗》比美。

随着儒学的广泛传播，日渐深入，云南涌现了一大批优秀学者。李元阳是他们中的杰出代表之一。儒家的重要经典《中庸》说："喜怒哀乐之未发，谓之中，发而皆中节，谓之和。中也者，天之大本也。和也者，天之达道也。致中和，天地位焉，万物育焉。""致中和"是中华传统文化的精髓。"致中和"就是要处理好个人的和谐、人与自然的和谐、人与人的和谐。人与人的和谐就是不同的族类逐步做到"华夷同风"、"融于一体"。李元阳对《中庸》的理解十分深刻。他认为：寂然不动谓之中，感而遂通谓之和。"中即和，和即中；未感名中，既感名和。中如镜体本明，和如镜光应像，非一非异。寂然者澄湛自得，无意必固我之扰，故曰不动。感通者物来顺应，无思维拟议之由，故曰遂通。中者，君子之德；和者，时措之宜。中字无喜无怒，故为天地之大本；和字能好能恶，故为礼乐刑赏之达道"[61]。他对《中庸》的领会与体悟十分精到。他主张运用中庸的思想处理中原与边地、华夏与四夷、国家与民众的关系，强调"天下一统"的整体观、"无间华夷"的民族观、"爱民抚夷"的治世观、"和而不同"的社会观。他说："天生蒸民，秉彝恒性，何尝有远迩之间哉。其顺逆之机，惟上所操耳。彼以中原徼外分别媺恶者，失圣人之理道矣"[62]，"今之云南，即汉唐之云南也。云南之郡县，即天下之郡县也"，"地不分中边，不分远迩，惟贤是用"。这样就可以保证云南的稳定而无"南顾之忧矣"[63]。李元阳是儒家思想在云南的杰出代表，主张天下一体、无间华夷，在儒家思想深入云南的万历年间，"云南衣冠文物济济乎与中土相埒"[64]。

第三节　从土司到士绅：华夏文化在云南的新发展

南明永历王朝　遗民文化　改土归流　滇云诗文说略　总集选编
长联犹在壁　杰出的文学理论　土司向士绅的转变

由于统治阶级的昏庸腐朽、廷臣的贪贿、边疆重臣的无能，明朝陷入内忧外患之中，在二者交相冲击下走向灭亡。明末云南社会弊政丛生，由于官吏"纪法荡弛，因循养乱"，弊政公行，小民无控诉之门，走投无路，以致群盗蜂起，抢劫城市。社会经济的凋敝导致"室室空虚，人人喜乱"[65]的局面。

崇祯四年（1631）阿迷州（今开远市）土酋普名声踞地发动叛乱，

第二年普名声死，其妻万氏仍领其众，继续为乱滇南。万氏招赘王弄山宣抚使沙源之子沙定洲为婿，沙普合流，势力顿时壮大。顺治二年（1645）九月，元谋土司吾必奎遭参将李大赞勒索，起兵反抗，攻陷武定、禄丰，进逼昆明。黔国公沐天波檄调沙定洲参与平定吾必奎叛乱，而沙定洲却暗中勾结都司阮韵嘉等人蓄谋兵变。十二月初一，沙定洲借入城辞行之机，率兵袭击镇守府。沐天波逃往楚雄，沙定洲占据省城，劫持巡抚吴兆元、大学士王赐褒等人，企图取代沐天波镇守云南，号召统领云南各郡。

明崇祯十七年（1644）张献忠率领大军攻克成都，建立大西政权。清顺治三年（1646）十一月，张献忠在川北抗击清军中箭阵亡，大西军由孙可望、李定国、白文选、艾能奇四将军率领继续在西南抗击清军。顺治四年（1647）大西军乘沙定洲与沐天波混战之机进军云南，在曲靖打败沙定洲，沙定洲退守阿迷。四月，孙可望率大西军进驻昆明。清顺治五年（1648）四月，李定国攻占临安（今建水县）俘获沙定洲及其妻子万氏，至省城剥皮斩首。

清顺治三年（1646）清军入关。十一月十八日，明两广总督丁魁楚、广西巡抚瞿式耜等拥戴明神宗之孙、桂恭王朱常瀛少子桂王朱由榔于肇庆称帝，以次年为永历元年。

永历六年（1652），南明永历朝廷接受孙可望联合抗清建议，永历八年永历帝封孙可望为秦王。永历九年二月，孙可望迎永历帝入贵州，定都安龙。以大西军余部为主体的南明军对清军展开了全面反击。李定国率军8万东出湖南，取得靖州大捷，收复湖南大部；随后南下广西，取得桂林大捷，击毙清定南王孔有德，收复广西全省；然后又北上湖南取得衡州大捷，击毙清敬谨亲王尼堪，天下震动。同时，刘文秀出击四川，取得叙州大捷、停溪大捷，克复川南、川东。孙可望率军在湖南取得辰州大捷。一时间，永历政权名义控制的区域恢复到了云南、贵州、广西三省全部，湖南、四川两省大部，广东、江西、福建、湖北四省一部，出现了南明时期第二次抗清斗争的高潮。

永历十年（1656），孙可望密谋篡位，引发了南明内部一场内讧。李定国拥永历帝至云南，次年大败孙可望，孙可望势穷降清。孙可望降清后，西南军事情报尽供清廷，云贵虚实尽为清军所知。永历十二年（1658）四月，清军主力从湖南、四川、广西三路进攻贵州。年底吴三桂攻入云南，次年正月攻占昆明，桂王狼狈西奔，进入缅甸。永历十五年（1661），吴三桂率清军入缅，索求桂王。康熙元年（1662）缅甸国王将桂王交给清军，次年四月桂王与其子等被吴三桂处死于昆明。李定国在勐腊得知桂王死讯，亦忧愤而死。

永历王朝在云南立足仅有六年，但是这六年对云南文化的影响却不算小。陈寅恪说："明末永历之世，滇黔实当日之畿辅，而神州正朔之所在也。故值艰危扰攘之际，以边徼一隅之地，犹略能萃集禹域文化之精英者，盖由于此。"⑥永历王朝在云南期间，各地不愿降服清军的文化精英涌入云南；云南士人大多拥戴永历王朝反清复明。当时，在一般世人眼中，清军南下并非是华夏的改朝换代，而是异族入侵，异文化将摧毁华夏文化。文化的覆灭意味着天下的倾覆。这时，永历王朝已经不再是帝王一家的象征，而是整个华夏文化的标志。拥戴永历王朝，就是捍卫华夏数千年的文明。因此不少云南人士投身到永历政权之中，或者投笔从戎参与抗清战斗，或者作为朝廷臣子、官府幕僚，出谋划策，力图恢复华夏文明的天下。永历王朝覆亡，他们或以死名节，或浪迹江湖，或隐居山林，或削发为僧。他们一腔对清王朝民族歧视的愤懑，饱含对华夏文化被践踏的心酸，满怀对华夏文化的深情眷恋，以诗文表达回荡胸中的正气，抒发对华夏文化的执着热爱。云南文化呈现出在悲怆哀婉中刚毅不屈、伤感凄凉中高亢激越的风骨，别具一格。

秦光玉编《明季滇南遗民录》上下两卷，共著录152人，上卷记录滇人93人，下卷记录流寓54人，补遗5人。他们用生命谱写了云南文化特殊的一章，这是浩然正气的一章，也是慷慨悲壮的一章。

现存作品较多的有文祖尧、赵炳龙、高应雷、何蔚文、熊才、陈佐才及方外诗人苍雪、担当（此二人在宗教一章中叙述）等。

文祖尧（1598—1661），字心传，号介石，晚号日月外史，呈贡人。天启辛酉（1621）选贡，任四川名山县训导，崇祯癸未（1643）任江苏太仓学正，两年后清军占领江南。明亡后他"焚冠"隐居昙阳县，为人看风水维生。此间他欲回乡未果，1661年卒。著有《明阳山房诗》六卷，

《离忧集》三卷，乾隆中被禁毁。今仅存《明阳山房遗诗》一卷，附有当地文化人士赠序 6 篇，诗 17 首。又附交游挽诗 11 首，收入《云南丛书》集部。明亡清立，以气节自勉，寄寓古寺，"懒挂东都随俗变，化为清气与云浮"（《焚冠》），"避地移来到上方，洒然脱却是非场"（《寓昙阳庵》）。他对朋友的酬答诗常以气节相勉："平生自耻逐膻香，姜桂为心老更强。"（《次韵答郭斯士赠别》）

赵炳龙，字文成，号云升，晚年自署楸园老人，剑川人。崇祯壬午（1642）举人。明末曾在金沧副使杨畏之幕府，南明隆武升杨为右金都御史、巡抚云南。杨畏之荐赵炳龙为户部侍郎。赵炳龙目睹朝政日非，难以挽救，"决意投劾归剑湖"隐居。著有《居易轩集》，"昆明高澹生为之序，凡诗四卷，古今体都六百余首；文四卷，论说记叙传志赞铭奏议书牍之属都百余篇"，咸、同年间毁于战火。后由裔孙赵联元收集残存诗文编成《居易轩遗稿》，录诗 50 余题，文 6 篇。又《滇词丛录》收其《宝岩居词》10 余首。

作为晚明王朝的一员，赵炳龙的诗歌或隐或显地表现了时代风云，抒发了对晚明前途的担忧，表明自己忠君爱国之志。当杨畏之、吴毓贞等先后遇害时，赵炳龙作《国无同心》三章：

　　国无同心兮，放我江潭。居不可卜兮，行歌而自怜。

　　国无同心兮，率我中野。虎兕之既群兮，衣褐皮以为雅。

　　国无同心兮，靳我嘤鸣。依先民以为则兮，慰羹墙之我亲。

中国古代曾有表现大敌当前、同仇敌忾、誓死战斗的名篇，如《诗经·无衣》，表现战士同心同德、克服困难、慷慨从军的精神，充溢着爱国、乐观的民族正气。赵炳龙诗反其意而用之，强敌未灭，国无同心，内乱重重，忠臣遇害，壮志难展，只有退居林下，暂慰亲人了。他在《惜菊五章》中也反复抒写"杰士之凋谢兮，我心则凄"，"霜风萧萧，石烟条条，猿鹤寂寥，魂归曷招"，"遇非其主，我亦无所处"，"故园三径，悠悠我心，归去来兮，偕老其阴"。对死者的追念惋惜，对永历懦弱无能的失望，归隐故乡的决心，融合为一体，沉痛苍凉，动人心弦。吴三桂统治云南，赵炳龙避而远之，"逃名空谷"，"奋飞应避弋人弹"，住到了城外三十余里的石宝山。隐居山中，仍不忘故主，他在词《满江红·庚子立秋前三日》中写道："望美人，南国魂断千里。入夜烛燃清泪挥，隔帘花影琼花碎。问铜驼何处？伊家在蛮烟里。"词中以"美人"喻君主，以"铜驼"代指朝廷（铜驼为汉晋时期宫门外的装饰物），题中的"庚子"为顺治十七年（1660），当时永历帝在吴三桂大军的追击下正逃往缅甸避难，"铜驼"在"蛮烟里"正指此。"望美人，南国魂断千里"，说明赵炳龙虽隐居剑湖，但心念国事，情系故君，关心南明政权的前途和命运。诗人另一首词《南乡子·雨窗》也与时局息息相关："细雨入窗寒，觉道春衣件件单。悄向碧栏干外望，花残！一片伤心景怕看。 何事可追欢？诗又无成酒又干。欲向甜乡寻好梦，缘悭！纵有相思梦也难。"1662年3月永历帝被吴三桂绞死于昆明金蝉寺。此词中的"花残！一片伤心景怕看""缘悭！纵有相思梦也难"正隐约写此败亡的悲惨局面。数年后，赵炳龙在回顾自己前半生时所作的《忆昔篇寄段存蓼先生》中，述及当年听到永历遇害的消息时说："消息凄肝脾，风雨金蝉哀，咒水铁椎悲。"难以抑制的悲怆之情令人肝肠寸断。

赵炳龙晚年双眼失明，坚持用八天时间听两儿诵读完高澹生诗抄四卷，深深触动了他，认为他们二人"为诗有沆瀣之通，淄渑之合"，"知志节所存"，可作"心史"存留于世，为《高澹生诗抄》写下了一篇言词恳切的序言。高澹生、赵炳龙的文坛友谊，也为明代的云南诗坛增添了一段佳话。

高应雷，字澹生，昆明人，永历丁酉（1657）乡贡，授中书舍人。永历亡后隐居湖南溆浦，寓大潭舒氏，授徒自给，十余年后不知所终。有诗四卷，剑川赵炳龙作序，后散佚。溆浦舒氏后人抄存诗百余首，文十余篇，民国年间收入《云南丛书》，题为《高澹生诗文抄》二卷。书末有舒立澹后记，叙高应雷诗文传抄情况。首列李坤序及楸园老人（赵炳龙）序。赵序称：崇祯庚辰（1640）游昆明时，曾与高澹生"朝夕谈艺与处凡三年"，其后，高游大理至"向湖村舍留楸园"赵炳龙住所住了七个月，二人相知甚深。赵炳龙认为高应雷诗"如击燕市之筑，如鼓雍门之琴，又如湘累泽畔之行吟，皋羽西台之痛哭"。

高应雷寓居湖南期间，生活清苦，但励志自持。他在诗中屡有描写："随身三尺琴，一仆供樵苏。和蔬数碗粥，不叹食无鱼。""斗室挂双铗，风雷龙自声。时坐菊篱间，放鹤怡其情。""著书一家言，笔墨浓春阴。秃鬓若瘤衲，缊袍风雪深。"（《赋得楚江有游客四首》）"野花对诗瘦，素月愁中圆。"（《岑居寄楸园先生》）"同者适有时，丈夫无媚心"，"困穷励贞操，先民垂德音"（《自励寄楸园先生》）。"千里星霜闲笔砚，数年愁病达鸿鳞。看残稗史灯花泪，避尽鸠媒杵粒贫。屈平幽愤湘江岸，君山缥渺飞云断"（《弹愤歌》）。澹生对某故友在吴三桂当权时"折腰事乡里"，深为不满，认为应当"裸而缚之尊大人之墓表，重裭其悖教，然后令儿女子之善唾骂者坐而诃之，鸣鼓而攻之"，这是最轻的处罚（《与强子任同年书》）。劝其速去官隐于山林，"塞通显之路，读忠孝之书"（同上），足见其思想品性。

高应雷身居异乡，时时萌生归家之念，常常勾起故园之思。"凛凛十年气，愁看湘水流。去路浑不记，归思正悠悠"（《寄别向元素》）。思乡心切，故乡景物，幼时往事，时常在眼前浮现，并化为美丽的诗行。"回忆少年时螺峰访梅，宝珠咏雪，风景犹依依昨日也"（《寄同社书》）。"滇中风高土暖，每花朝节则百花齐发，稍后者惟杜鹃牡丹。城西郭外为黔国西花园，名卉缤纷，穷宇内之奇丽。北门出郭二十里至马村，其金汁河、银汁沟二水委折而赴，阡连隧引，左右皆桃林，或间以樱桃海棠，锦灿霞铺，苍汉俱红。东南郭二十里间皆士大夫所构园亭圃业，素馨挽架，茉莉挼篱，匝地香葩，莺蝶亦醉。届期则国中罢市，红翠出游，舞妓歌童，丝管迭韵，碧鸡金马之胜，固不逊曲江锦城也。余十载天涯，动怀曩迹，但恐故园戎马，风景未必长妍，情随事迁，感慨系之矣，空亭把酒勉赋一歌"。诗人在铺叙花朝盛况后写道："楚州芳草连坡绿，不见碧山千树桃。羁魂昨夜归南国，梦饮花前花万色。杜宇乍啼风晓寒，醒后一身归不得。"家乡美，人事亲，独羁旅，难回归，其痛苦可知。

何蔚文，字穉玄，号浪仙，浪穹人，永历丁酉举人。好读书，志欲有所为。世事沧桑，与兄星文隐居于宁湖，家贫，四壁萧然，咏歌自适，间为词曲书画，抒发其幽思愤怨之情。常与汪蛟、许鸿、担当诗简往来于点苍叶榆间，著有《浪渣稿》、《缅瓦十四片传奇》等。其中《浪渣稿》为其八世孙所辑录，分初集、二集，收诗126首。在《浪渣一集自叙》中，谈及自己诗歌创作时曾说："余亦耽苦吟，每为诗瘦，但求惊人句不可得"，"余得句自喜时则操拍乱唱数回，或起作熊伸鸟引，大叫妙妙妙"。在《独笑草小引》中谈及他与担当等人交往时曾说："忆昔江南汪辰初宫詹、闽中许子羽舍人同寓洱河，与予唱和。其后诗僧担当往来更久，担亦滇人，尝与余言：'昆海我池，姑分洱河与尔洗笔。'一时声气可谓不孤。"这虽为一时戏言，但也多少反映了担当对何蔚文的看重。

何蔚文的诗作中，以描写地方风物的诗最为出色。如《大理》："西洱风涛胜大江，百蛮洗甲久争降。人传双鹤拓斯地，天以五云开此邦。雄压龙关通玉帛，香闻佛土拥幡幢。点苍红遍茶花坞，樵径山歌唱僰腔。"语语切近当地的历史文化及风俗民情，非稔熟者难以道出。又如《点苍山》："插汉争奇欲刺天，苍苍如此几何年。段杨郑赵俱已矣，雪月风花犹自传。一日一峰游不尽，两关两处望悠然。老龙许授长生诀，引上高河踞河巅。"评论历史，描绘风光，自出新意。又如《秋千》："风衣叶叶去来轻，颠倒花枝彩架平。王母上元疑并到，空中先下董双成。""推来纤手谢殷勤，还靠帮扶姊妹群。不愿巫山学行雨，今朝飞去只为云。"再如《昆明竹枝词》："金马比郎妾碧鸡，不须芳草怨萋萋。愿郎驱驰万里去，妾自守更报晓鸡。"对他所在的浪穹县，他也有诗："浪穹名号问何时，洱水寻源几个知。庙貌至今传白姐，塔尖犹说镇红儿。凤闻鸟吊荒山冷，马出龙骧古洞奇。六诏当年真可叹，烟消罢谷动遐思。"这些诗常追溯幽远的历史，运用当地的典故、传说，描绘当地独特的风俗民情，抒发自己的感受，因而使其诗歌有浓厚的地方文化色彩，难以移植他处。

何蔚文与汪蛟、许鸿、担当等有诗文交往，其中与担当交往尤多。他赠担当的诗作或赞美担当的情怀、诗意、画境，或抒发自己的感情，颇有特点。如《担当过访赋赠》："夕阳僧影淡，一笑菊花秋。老尚多奇癖，狂犹忆壮游。有心追正始，大胆议名流。高吐滇云气，同盟让执牛。"中国魏晋之际的"正始文学"，其代表人物中有时常"非汤武而薄周孔"的嵇康，此诗中的"追正始"，"议名流"，正取此意，可见担当在朋友中说话是较少顾忌的，不是相知深，何能如此放言。在《谢担当画》一诗中写道："我闻庄子写风手，调调刁刁纸上吼。担画师墨更奇，散作黑风君见否。担笔冷然似有声，摧折倒拖一枝柳。老渔又从何处来，吹醒船头昨夜酒。活活烟岚点点飞，带露瀑布峭壁陡。我看此画心忽凉，不须逃暑雪山走。吁嗟，北风之图空传汉，我师此笔真不朽。”对担当作画的特点、技巧作了逼真的描绘，后四句以自己观画的感受与反映从侧面烘托其绘画的高妙传神。

何蔚文也存有一部分感时诗，但为数较少，或许由于时势所迫，多已毁弃。如：“米因高价多难买，诗为伤时竟懒题。稚子牵衣聊自解，破笠风雨一声鸡。”又如：“秋水蒹葭人自远，故宫禾黍恨难忘”，“稽首空王称弟子，壮心销尽一炉香”（《宁湖感赋三首》）。隐约可见内心的忧愤。

陈佐才，字翼叔，号睡隐子，又号天耳中人，巍山石盟村人。约生于 1622 年，当时的明王朝已是“元气羸然，疽毒并发”，面临李自成农民起义、清兵入关等重重危机。陈佐才生长在这动乱之秋，面对干戈四起的形势，“遂学剑从戎”，希望对国家民族有所贡献。初投沐天波标下为把总，永历入滇，他被派遣到四川办理公务，及归，永历已奔缅，吴三桂占据昆明。陈佐才见大势已去，国事无可挽回，便负剑归隐巍山石盟村，筑室种竹，植梅读书，贫居奉母，将他的居室取名为“宁瘦居”，并开始学诗。此时他约 33 岁。此后矢志不二，益肆力诗学，先后写成《宁瘦居草》二卷、续集二卷、《是何庵集》二卷、《天叫集》二卷，共留下了 800 余首诗歌。民国初年辑刻《云南丛书》时曾刊《陈翼叔诗集》六卷，多有删削。1945 年陈氏后人陈虞佐将原刊数集重加校订，并加上陈翼叔妻安氏为其刊行的《石棺诗》及题辞等，编成《明遗老陈翼叔先生诗全集》印行，西南联大教授罗庸为之序。这是迄今为止较为完备的陈佐才诗集。罗先生称：“翼叔生当四夷交侵之日，发为变风变雅之音，歌哭生民，哀怀宗国”，“读是集者，循晚明亡国之迹，味翼叔激楚之音，其亦有所兴起也”。担当认为其诗“壮心皆为逸响”，“不事穿凿，自成一家”。师荔扉云：“翼叔诗多血性语，不事推敲，而自有远韵深情。”这些评价，从不同角度，道出了陈翼叔诗歌的特点。就集中所存诗标明年龄者，有《三十四岁诗》、《六十四岁诗》，前后约 30 年；诗集中又有《明末时作》及《石棺诗》。由此推想，其创作时间可能更长。

陈佐才在明末曾驰骋疆场，欲挽狂澜于既倒。明亡隐居山村，不惧清廷"留发不留头"的淫威，蓄发明志，被时人称作义士。他的诗歌首先是这种强烈的爱国热忱及正气凛然的思想性格的写照："须发依然一老臣，羽书读罢泪沾巾。乾坤此日成何物，东倒西扶似病人。"（《明末时作》）对时局的忧虑，使诗人奋身疆场。隐居乡里，仍梦魂萦绕："十年剑在梦中挥，心尚雄兮力已微。力已微兮心尚在，十年剑在梦中挥。"（《梦思》）回环往复的诗句，恰切地道出了久蓄心底的热望。诗人常以诗酒自娱，然而激情难耐："寻章摘句学腐儒，触机掩卷又狂呼。眼前多少不平事，昔赠镆铘还在无？"（《赋得十年磨一剑》）心潮起伏，难以按捺之状宛如目前。然而，逝水难回，壮志难酬，光阴蹉跎，"苦雨凄风日不休，明朝又过一年秋。黄花犹是旧颜色，多少英雄已白头"（《立冬前一日感怀》）。慨叹是何等的深沉！陈佐才以风节自励，常以凌风挺立的劲竹、冒雪盛开的梅花自况，以薄情桃李比喻那些投靠新贵的官员，并给以无情的鞭笞。如《枯竹》：

> 撑风老干坚如铁，几度凌风不改节。
>
> 那似薄情桃与李，须臾便与春相别。

又如《题竹》：

> 雨洗风磨不染尘，霜欺雪压倍精神。
>
> 如今节操全无用，那有敲门看竹人。

陈佐才常称道能保持民族气节的朋友，他钦慕"常存浩气傲青天"的徐宏泰，赞扬"肝肠寄在梅花上"的嵩谷和尚，朋友之间通信，"君容变也不须问，只问肝肠可似前"（《寄陈平伯》）。对那些没有骨气，一年改换几容颜，"东西南北随风逐"的小人，画其丑态，剖其灵魂；对那些"受命忘家生不顾，以身许国死宁辞"的勇士，给予了热情歌颂。如为掩护永历奔缅，窦望、王玺等率兵在怒江边磨盘山（高黎贡山南段）设防，后因叛徒出卖，被清军包围，他们奋勇血战，杀敌数千而亡，"胜兵汗滴滴，败卒血淋漓。天地魂皆落，将军战死时"。悲壮感人，日月为之变色。元江土司那嵩，傣族，曾统兵与清军苦战，后因战守日久，又无救应，城破，"公着朝服北拜毕，举火自焚"，家人亦同赴难。陈佐才赞道："万姓水中絮，一家火里丹"，"六诏如斯者，从古至今难"。表示深为叹服。

　　诗人久经磨难，目睹时艰，对在战乱中饱受痛苦的人民寄予了深厚的同情。长期战争，多少青壮年男子被迫上战场，或当兵或服役，往往有去无回，使得"闺中少妇知多少，半是人妻半鬼妻"（《征妇吟》）。那一道道的征兵令成了催命符，"票上一点墨，民间千点血"，一旦亲人离别，"举杯酒不满，眼泪来相添"（《别郎曲》）。频繁的战事，摧残了生产，增加了赋税，使百姓生活更加痛苦，尤其是农民更难以承受重负："熟田岁岁收成少，荒地年年赔累多。野草不能逃赋税，闲花何处避干戈。"（《农歌》）"践伤麦禾半成熟，征徭输足无余粟。长天老日荞充饭，夜静更深菜煮粥。农夫农妇相对哭，可怜人倒不如畜，马食白米犬食肉！"（《农夫哭》）官家不顾百姓死活横征暴敛，"赋税只寻有枝叶，征徭不问无桑麻"（《代梅竹纳税》）。有时"遍地皆戎马，满天尽甲兵。活埋小儿女，生葬老兄弟。遁迹穷山里，犹闻战鼓声"（《乱时》）。历尽劫难，回思心犹悸。甚至"云避干戈难定迹，鹤逃赋税不留踪"（《鹤楼远眺》）。于景物描绘中寓世情。

　　陈佐才隐居时，还常与一些志趣相投的朋友来往。他们互相酬唱，倾吐心曲，写下了许多动人的诗章。担当是明末清初的忠义诗僧，他与陈佐才结成深挚的忘年交。担当生前，陈佐才写过十余首诗赠他，有时会面"闲话到三更"，有次误闻担当西游，写诗相悼："少年豪气迈群雄，晚岁生涯诗画中。竭尽几多心上血，可怜飘掷付东风。"堪称知友，悲凉沉痛，情溢诗表。担当死后葬大理感通寺，陈佐才赴大理遇清明节，还往凭吊。有时读担当遗画，也勾起他的思念："山色自从诗里看，水声时向画中闻。怪来兴致无人识，遥忆同谁更哭君。"（《独醉楼阅唐大来先生诗画有感》）陈佐才与知空和尚相处亦很好，避乱深山，还携所赠山水写意画，为之题诗，多达12首，其四云："从来画意由心得，安有伤心画不成。草木皆含征战气，江山尽带离乱声。男儿流落悲云变，妻女萧条哭月明。空屋尚闻双燕语，似言家破国亡情。"由画而产生共鸣，足见相知甚深。

　　陈佐才曾戏称他"以诗为子"，"或问其故，精血在此"。又云他作诗"言欲之所欲言"（《宁瘦居》自序）。朱中囷称他能"言人之未言"（跋《是何庵集》后）。其知友知空和尚评云："临风弄调，不堆古语，不写时套，无庸腐之气者，翼叔居士诗是也。"（《宁瘦居》跋）这些评价道出了陈佐才诗自胸中出，有强烈的个性，在立意、构思、用语上都有自己独到之处。

陈佐才晚年于山中选巨石凿棺其上，自作挽诗刻于石棺，诗云："明末孤臣，死不改节。埋在石中，日炼精魄。风泣雨号，常为吊客。"他死后，远近诗友及名士、亲属，纷纷作诗相悼，遍镌于巨石。他的夫人安氏辑录袁美、学蕴、时亮工、彭印古、张锦蕴等58人的诗作刊行，称之为《石棺集》。其中袁美诗云："孤臣石内埋，骸骨坚于铁。风雨欲何号，皇天为吊客。"后人于棺右建石亭，亭柱上亦有联："其生明臣死明鬼，不葬清土不戴天。"石棺已成为巍山重要历史文物，陈佐才的诗作亦日益为人所知。

"人当得意之时，不觉宗教之可贵也。惟当艰难困苦、颠沛流离之际，则每思超现境而适乐土，乐土不易得，宗教家乃以心灵上之安慰，此即乐土也。故凡百事业，丧乱则萧条，而宗教则皈依者愈众。宗教者，人生忧患之伴侣也"⑥。南明小朝廷覆亡后，无数官员、士人不愿与新兴的清王朝合作，削发为僧，隐居丛林，因此明季清初，云南佛教骤然兴盛，高僧大德辈出。陈垣先生列举的郎目本智、水月儒全、彻庸周理、苍雪读彻、见月读体、密行寂忍、知空学蕴等高僧大德，都是名重一时的"宗匠"。他们的学养"足与秦晋匹"⑥。"洱海水目山，有非相大师，年八十。修建梵宇数百，剃度弟子万人，迤西僧徒，皆其眷属，亦说戒参禅，滇南法席之盛，无过于此"⑥。这是当时云南佛教兴盛的一个实例。值得强调的是，这时云南的宗教不再是南诏、大理国时期的阿吒力教派，而是中原的禅宗。禅宗是华夏文化的有机组成部分，其在云南的兴盛，也就是这一时期华夏文化在云南发展的一个特点，一派新气象。

官宦、士人削发为僧，遁隐山林，参禅寺院，涌现不少出色的丛林诗人和学者。其中以苍雪和担当最为有名，时人称"苍雪诗清深苍老，沉着痛快，当为诗中第一，不独僧中第一也"⑦。

"石头城下水淙淙，水绕江关合抱龙。六代萧条黄叶寺，五更风雨白门钟。凤凰已去台边树，燕子仍飞矶上峰。抔土当年谁敢盗，一朝伐尽孝陵松"（苍雪《金陵怀古》）。改朝换代的感慨，时移世变的无奈，身在丛林，心怀世事，在诗歌中尽情发挥，读来令人回肠荡气，一唱三叹。

"老僧自有梅花骨，不肯将身伴牡丹"（担当《山居》）。退隐深山丛林，参禅养性，是看不惯"直人何少曲人多"（担当《三驼图》）的世态，不愿趋炎附势，不肯卖身投靠，不屑争宠求荣，不齿违背良心，宁愿在风雪中独立不羁，在深山里孤芳自赏。体现当时不愿与新朝合作，保持名节、维护操守的一代士人的风骨。

以上诗篇在一定程度上表现了有明一代儒家思想在云南广泛传播、深入人心的结果。斗转星移，朝代更替，忠心永在，气节不改，无数文人名士，在刀光剑影、血雨腥风中谱写了云南文化史上独特的传唱千古的不朽篇章。

清顺治十六年（1659）吴三桂率领清军攻占昆明，云南纳入清王朝的统一版图中。第二年即举行乡试，取倪垣等54人。康熙二年（1663），第二次乡试，取举人柳志沈等25人，只有2人考取进士。由于战乱等原因，科举教育和考试情况大不如明代后期。

康熙二十年（1681）十一月，清军攻占昆明，吴三桂之孙吴世璠自杀，吴三桂之乱平息。因战乱受到严重影响的文化教育开始复苏，康熙三十五年（1696）清廷批准增加云南文武乡试解额15名，两年后再增加3名，共取45名，以后又不断增加。云南大多数府州县的儒学都得到恢复重建或新建，康熙四十年（1701）清廷派翰林院侍讲王之枢提督云南学政，着意加强云南的教育。

云南政治、经济和文化教育的发展，受制于土司制度。历代王朝在云南不能建立与内地一致的统治形式，而只能依据当地的社会经济结构，就原有的社会基础，任命当地土长酋首，授权统治，即所谓羁縻制度。中央王朝不必在这些地区直接设立行政机构，只要控制了土长酋首，就可以实行有效的治理。

元代初年建立云南行省，设置路、府、州、县，知府、知州、知县，大多为土长担任。授以安抚、宣抚、宣慰诸职官，使世守其职，令其服从王朝号令，听从约束与驱遣。明代初期，仍按照元代体制，凡归降的土长，大都仍授原职，许其世袭。土司制度是王朝统治者为适应当地社会经济结构，从民族历史与现实的特点出发而采取的统治方式，对

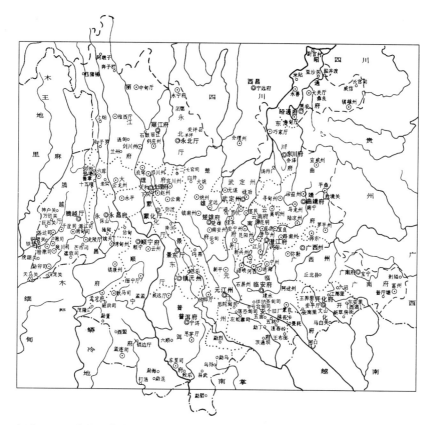

图上 4-12 清代云南政区图（以谭其骧《中国历史地图集》为底图）

于促进当地社会经济发展，密切与内地的政治、经济、文化诸方面的联系与交流，对于统一的多民族国家的发展和巩固，对于维护国家统一，起过积极作用。

明朝统一云南时，遇到大理段氏的阻拦与反抗，朱元璋派大军进入云南，摧毁大理段氏统治势力。这是用武力对大理段氏实施改土归流。到明朝后期，随着云南大多数地区社会经济的发展，地主经济和小农经济成为主要的生产方式。土司制度保持土司特权并可世袭，土司运用特权对民众实行超经济剥削，糜烂人民，土司经济已逐渐成为影响社会发展的生产方式。土司据地自雄，"开门为臣，闭门天子"，独霸一方，具有较大的离心倾向，不利于国家统一。土司制度的局限性日益显现，于是改土归流便成为历史发展的必然趋势。

　　所谓"改土归流"，就是明清两代在少数民族地区废除土司制度、实行统一的郡县流官体制的政治措施。废除土司、改设朝廷任命的流官后，政府收印信，设置府、州、厅、县，委派有任期的官员执政，实行国家统一的郡县制度，丈量土地，编查户口，征收赋税，建立保甲，组织乡勇，将土司独据的领地变为国家直接统治的区域。

　　从顺治十八年（1661）清军入云南，命吴三桂总管云南、贵州，到康熙二十年（1681）讨平三藩之乱，云南连年战乱，土司制度受到不同程度的影响，管理很不健全。康熙二十二年（1683）以后，云南开始重新办理土司授职。凡是吴三桂乱授的职衔、品秩，或在战争中清军为"鼓舞招徕"而加授的职衔，全部追缴，一律按照制度法令重新确认。

　　清代云南土司制度沿明代旧制而更加完备，官吏有文武之分，文官辖于吏部，武官隶属兵部。清代任命土官，也沿明代旧制，而授职手续和证明信符较为简便。凡土司授职和承袭有王朝中央发给号纸，上写土司职衔、世系及袭职年月。文职承袭由吏部验封司管理，武职承袭由兵部武选清吏司管理。清代对土司的承袭做了严格、具体而又细微的规定，这是汲取了"土司之乱起于承袭"的教训。有了严格具体的规定并非万事大吉，但可以避免土司间的承袭问题引起同室操戈、相互残杀。土司制度是清王朝在民族地区建立统治行之有效的体制。土司与流官之间，除了世袭、非世袭，有无俸禄、有无私家兵丁的区别外，本质上已无大的差异。

　　清王朝还对土司采取许多措施加以限制，主要有流土并治，土司受流官节制；将土司领地分封诸子，以"分离其势，离散其心"；缩小土司管辖范围，不准土司擅自购买土地；不准土司随意离开本土外出，严防土司私下串通。

　　随着社会经济发展，土司制度已不适应民族地区的地主经济与小农经济，暴露出诸多弊端。土司自定法令，实行的是土司的意志，中央王朝难于控制；土司制度维系早已落后的生产方式，成为社会经济发展的桎梏；土司对属民有生杀予夺大权，任意役使，无限苛剥，"一年四小派，三年一大派"，民不堪负荷；为争夺土地、人力、畜产、资源，土司之间相互厮杀，经年不解；世代为仇，使社会动荡不宁，民众流离失所，经济惨遭破坏。总之，土司制度妨碍国家统一，阻滞地方经济文化的发展，残酷压榨剥削各族民众，不利社会安定，成为社会进步的障碍。

不少有识之士、开明官员意识到土司制度的弊端。如蓝鼎元在《论滇黔苗蛮事宜疏》中就尖锐指出："土民受土司荼毒更极可怜，无官民之礼，而有万世奴仆之势，子女财帛总非本人所自有。愚闻黔省土司一年四小派，三年一大派，小派计钱，大派计两，土民岁输土徭较汉民丁粮加多十倍。土司一日为子娶妇，则土民三载不敢婚姻。土民一人犯罪，土司缚而杀之，其被杀者之族尚当敛银以奉土司六十两、四十两不等，最下亦二十四两，名曰玷刀银。种种腋削，无可告诉。闻昔年有阖村离散，呈请地方大吏改土籍归流官管辖，遂有更生之庆，曾未几时，而土司辇赂关说，又复改还土属，丁壮举家屠戮，妻子没卖为奴，其他土部不得不吞声饮泣，忍受摧残。然其望见天日，愿如汉民，沾被皇恩，则千万人如一心，四五省如一辙也。"由此，蓝鼎元认为"苗、猺、獞、黎均属朝廷赤子，当与汉民一例轸恤教化"[71]。而身临滇、黔的鄂尔泰对于土司的跋扈、土民的遭遇也有所论述，其认为云贵地方土司"毒派夷人，恣肆顽梗"，"残虐群苗，随复逞群苗之凶以荼毒百姓，横征奇敛，贡之朝廷者百不一二，而烧杀劫掠扰我生民者十常八九"，"汉民被其摧残，夷人受其荼毒，此边疆之大害，必当解决者"。如沾益州土司安于蕃、镇沅土府刀瀚等"窝庇贼盗，残害夷民，为地方大害"[72]。雍正二年五月谕令土司地方督、抚、提、镇时也云："朕闻各处土司，鲜知法纪，每于所属土民，多端科派，较之有司征收正供不啻倍蓰，甚至取其马牛，夺其子女，生杀任情，土民受其鱼肉，敢怒而不敢言，孰非朕之赤子，方今天下共享乐利，而土民独使向隅，朕心深为不忍……嗣后督、抚、提、镇，宜严饬所属土官爱恤土民，毋得肆为残暴，毋得滥行科派，傥申饬之后不改前非，一经发觉，土司参革，从重究拟……以副朕子惠元元，遐迩一体至意"[73]。在基于土司治下的土民深受土司腋削，为实现"一体至意"的理想，雍正帝接受了鄂尔泰"故欲靖地方，须先安苗倮，欲安苗倮，须先治土司"[74]的政策，同意鄂尔泰在西南改土归流，以安抚民众，稳定社会，绥靖地方。

雍正三年（1725）鄂尔泰出任云南巡抚，管理云贵总督事。雍正四年三月二十日，任职云贵总督不到两月的鄂尔泰就上疏言事，提出了调整滇、川疆界，归并事权，尽快实行改土归流的建言。他认为："云贵大患，无如苗蛮。欲安民必先制夷，欲制夷必改土归流。而苗疆多与邻省犬牙相错，又必归并事权，始可一劳永逸。即如东川、乌蒙、镇雄，皆四川土府。东川与滇一岭之隔，至滇省城四百余里，而距四川成都千有八百里，乌蒙至滇省城亦仅六百余里"⑮，他提议将东川府改隶于云南省，这样就能"指令将备，先怀以德，再畏以威，然后徐议改流，不二三年间，或可一举大定"⑯。雍正帝览奏后，欣然同意将东川改隶云南，并于雍正四年三月壬子谕鄂尔泰"可与岳钟琪和衷酌办，将乌蒙土官土目，先行戒谕，令其毋虏土民，毋扰邻境，痛改前非，恪遵法度，倘敢怙恶不悛，罔知敛戢，应作何惩治，尔当悉心筹画万全，勿少轻易"⑰。兵部也于雍正四年四月戊寅议覆了鄂尔泰的奏疏，"四川东川府与云南寻甸接壤，应改隶云南就近管辖"⑱，由此，完成了其改流滇、川、黔交界地区土司的第一步。

雍正四年（1726）鄂尔泰提出改土归流建议的同时，即向贵州长寨发兵，设立长寨厅（今贵州长顺县），吹响雍正云贵改土归流的进军号。雍正四年至八年（1726—1730）先后用兵东川、乌蒙、芒部、米贴等地，以武力强行改土归流。建立昭通、镇雄、东川三府及州厅县的流官政权。雍正五年至七年在滇西和滇东，用"剿抚兼施"的手段，将沾益、镇源、者乐甸、威远州、永平等土府州县改设流官。澜沧江下游以东的思茅六版纳也改设新建普洱府、设置流官，移元江协副将领兵镇驻，于橄榄坝、悠乐山等地设戍兵守望。

鄂尔泰用了六年时间，通过武力征服与政治招抚相结合的方法，至雍正九年（1731），基本完成了三省的改土归流任务。先后招降贵州苗瑶各族2000多寨，缴纳广西土司的敕印和军器2000多件。据统计，在五年时间，由土司改成流官的地区共309处之多。其中，成绩最为显著的就是对明末清初严重威胁中央王朝统治的滇、川、黔交界区的彝族土司势力，通过分化瓦解，进行了改土归流，安置营汛，驻军屯垦，对其进行了直接控制。至此之后，在清朝统治云南几近200年中，再没有因民族问题而出现大规模的战乱。

在西双版纳、德宏、怒江、红河南部等地区，由于当地的社会经济结构较为稳定，土司治理也较为有序，民众生活较为宽松，土司制度依旧能发挥较好的作用，是"宜土不宜流"的地区，所以不实施改土归流。

改土归流后，云南文化发展进入新的阶段。将乌蒙改为昭通，将茫部改为镇雄，米贴改为永善。将当地民族语言的地名更易为汉语命名的地名，标志着华夏文化在这些地区的传播进入新的阶段。

改土归流后，云南学校教育取得长足进步。康熙六年（1667）朝廷将原来属于临安府所属的教化、王弄、安南三个长官司地区新设开化府，革除土官，设立流官，并建立儒学。这是清代最早在云南少数民族地区建置的儒学。康熙三十九年（1700）在丽江改土归流后，设置丽江府学宫。四十二年（1703）在东川改流后设置东川府学。雍正六年（1728）昭通改流后，设置昭通学府。乾隆二十四年（1759）建中甸厅学宫，接着在缅宁厅（今临沧）、龙陵厅、维西厅等兴建学校。清代云南的学校由明代的60余所发展到100余所。清代学校的建设呈现由腹地向边地，由坝区向山区，由汉族聚居区向少数民族地区发展的趋势。

据《新纂云南通志·学制考》，清代云南学额总计5413人，其中廪生1295人，增生2069人，附生2049人。又据同书《历年贡举》，清代云南共取文武举人9906人，进士808人，还有144人被赐为进士或举人。这些数字表明清代云南的教育无论在置学的范围，还是学校的数量、入学生员的数量以及科举考试取得举人、进士的数量上都比明代有了突飞猛进的发展。到光绪二十九年（1903）云南举行最后一科文乡试时，中试者有周钟岳等66人，石屏人袁嘉谷在北京参加经济特科考试，获得第一名，终明清两代，历500多年沧桑，云南人终于有了状元，成为令云南人引以为荣的"大魁天下"的盛事，特建状元楼以为纪念。清代云南教育的成就实在是云南古代教育史上的辉煌篇章[⑲]。

随着教育的发展，文化也呈现繁盛气象。以前是土司统治的滇东北地区，改土归流后，儒学在这里广泛传播，彝族说汉话，写汉语，用汉姓成为一时风尚。安、陇、禄、陆、龙成为彝族的主要姓氏，张、李、赵、王等也成为彝族采用的姓氏。彝族土司体制下等级制度森严，改土归流后，大量民户从彝族土司土目的控制下挣脱出来成为拥有土地的自耕农。有的彝族平民通过政府的义学，掌握汉文化与儒家学说，成为士人，有的则通过科举考试升官发财。建立在父系血缘基础上的家支制度也因改土归流而日趋衰落。有的彝族贵族从大领主演变为出租土地雇佣劳工的地主或富农。采用汉姓的彝族彻底抛弃传统的父子连名制，家支制度趋于式微。与家支制度衰落同步兴起的是汉族的宗族制度。或者说两者互为因果，在抛弃传统家支制度的同时接受华夏宗法制度，编家谱、建祠堂、拜祖先，成为潮流。衣食住行、婚丧嫁娶、岁时节日也与中夏趋同⑧。

　　丽江地区在改土归流以后华夏文化也迅猛发展。明代丽江木氏土司注意学习华夏文化，购置汉文典籍，建造"万卷楼"收藏华夏经典著作，延请名师教育弟子，造就了颇具影响的文人学士。但是丽江的文化教育仅限于土司贵族，广大民众与教育无缘。杨馥在《迁建丽江府学记》中说："丽旧无学，土酋木氏，虞民用智而难治，因如秦人之愚黔首，一切聪颖子弟，俱仰之，奴隶中，不许事诗书。"康熙三十九年（1700）曲阜孔子六十六世裔孔兴询到丽江任通判，排除阻挠，出俸禄，在府治之东建学。当时，"酋氏方炽，建学为最拂意之事"。尽管学校建立起来，但是影响有限。雍正三年（1725）改土归流后，杨馥出任丽江知府，才迁建学宫于府治北，宏敞壮丽，为一郡伟观。与此同时还建立雪山书院。到乾隆年间，丽江的书院、义学有22馆之多。雍正七年（1729）丽江出了第一个举人杨廷献。乾隆四十一年（1776）丽江出了第一个进士杨师慎。华夏文化在丽江地区的发展，与明代仅有土司贵族写诗作文不同的是，清代丽江涌现一大批平民文人、平民学者、平民作家。

　　中夏"父母之命，媒妁之言"的婚姻制度传入丽江地区，与当地自由恋爱、自主婚姻的传统发生激烈冲突。在强大的礼教压力下，许多不愿屈服的男女恋人只有以死相争，以身殉情，出现了"滚岩"殉情的悲苦风情与伤心习俗。"滚岩之俗，多出丽江府属夷民。原因：未婚男女，野合有素，情浓胶漆，伉俪无缘，分袂难已，即私盟合葬。各新冠服，登悬岩之颠，尽日唱酬，饱餐酒肉，则雍容就死。携手结襟，同滚岩下，至粉身碎骨，肝脑涂地，固所愿也"。这些青年男女以死捍卫自己的美好纯真的爱情，既然他们不能将倾心相恋的爱情变为美好的婚姻，只有企盼在另一个世界或来世将今生的爱情变为美好的婚姻。他们执着地相信，在天国，"头上没人管，哥妹多自在。辟出好地方，同度好时光"㉛。

经过元明两朝教育与文化的发展，清代云南文化繁盛还不在于其广度上，更在于其深度上。嘉庆十二年（1807），大理赵州师范撰著的《滇系》刊印。这是作者阅书400余种，花费多年心血撰写的一部史书。"是书纲举目张，简而得要，持论确而取义精"（费淳《序》）。"撰论古今之是非，综核形势之利病，兼采文物，博考故实，此史氏一家之美"（姚鼐《序》）。"考古证今，由近溯远，其陈列利弊，搜罗隐显，非生长其地，熟其山川井邑，而又通达世务周知治术者，能若是乎"（洪亮吉《序》）㉜。这部书见重于艺林，为云南史地重要著作，多为学者称引。全书分疆域、职官、事略、赋产、山川、人物、典故、艺文、土司、属夷、旅途、杂载十二系，堪称当时的云南百科全书。这是总结前代，开启来世的传世经典，不仅在历史学、地理学上享有重要地位，而且在经济学、社会学、文学上具有重要地位，是清代文化发展与繁盛的标志成果之一。接着是阮元的道光《云南通志》、王崧的《云南志抄》等接踵问世，云南文化呈现超迈前代的恢宏气象。

清代，云南著作刻书之风较盛。据民国《新纂云南通志·艺文考》，以经、史、子、集四部分类，著录云南文献1360多种，集部746种，其中明及明代以前199种，清代537种。《滇文丛录》一百卷，收录770多人的文章，其中明及明代以前的178人，清代592人。《滇诗丛录》一百卷收录明及明以前221人的诗作，而清代作者达1000余人。作者之多，作品之丰，可以想见。

清代云南诗作璀璨，诗人辈出，可谓云南古代诗歌的繁盛时期。整个清代云南籍个人诗集近千种。著名诗人数十位。乾隆年间永昌府袁文典、袁文揆兄弟的《滇南诗略》和《滇南文略》成为云南两千年来第一部文学的总集，被誉为"吾滇总集之始"。

《滇南诗略》四十七卷，于嘉庆己未至癸亥（1799—1803）印行。《诗略》以时代为序，卷一为古诗，由汉至元；卷二至十四，为明诗；卷十五至四十七，为清诗及方外、流寓等诗。诗前有简要的作者小传；诗末间有评点，个别偏僻典故有注释。所选诗歌，作者上自台阁名贤，下至山林隐逸，以及流寓闺秀无所不包，不同风格，兼收并采。

《滇南诗略》是云南二千年来的第一部较大的诗歌选集，它对于保存云南的诗歌资料，对补方志艺文之不足，都有着不可磨灭的贡献。有人称赞说，袁氏兄弟"举数百年之零珠碎璧，合而成宝，使古今人一片苦心不致埋没，凡吾辈稍知笔墨者，皆宜金铸而丝绣之"（程崳）。有人认为，二袁是"三迤文献功臣"（方树梅）。

继《滇南诗略》之后，咸丰四年（1854）昆明黄琮编《滇诗嗣音集》二十卷，收道光以前的滇诗。光绪八年（1880），石屏许印芳编《滇诗重光集》，仿《嗣音集》例，"前之遗者补，略有增次"，并搜集道光至光绪数十家诗作，共刻十八卷。许印芳编此书时，正值长达近20年的全省战乱之后，文物凋丧，遗著多毁于兵火，他惟恐文献散失，毅然捐资独力刊刻。长沙王先谦在该书序中，称赞许印芳的这种行动"意识宏远"，认为所辑虽"方域之书"，然"一隅足以及天下"。痛惜的是，书未刊完，许印芳即去世，后人代为分目录、定卷数，成为完书。集外未刻诗稿，尚有170余家，后来分别情况，由赵藩、袁嘉谷等编入《云南丛书》和《滇诗丛录》。《重光集》后有陈荣昌辑印的《滇诗拾遗》六卷，也存有不少较好的诗作。

《滇南诗略》后，云南的诗歌总集值得珍视的是《滇诗丛录》一百卷。这是一部由云南丛书馆以数十人之精力，历十数年的寒暑，将数千年诗人的心血汇成一书，内容丰富。全书取材，避免与前四集雷同，诗作多的，仅选其精华；诗作少的，不论一句、二句，注意收存，或以人存诗，或以

图上4-13 《滇南诗略》之《明滇诗略》及《滇南文略》书影 道光年间云南刻本

诗存人，二者兼顾。《滇诗丛录》由袁嘉谷担任主编，赵藩、陈荣昌、秦光玉、李厚安等，先后都曾提供过资料，方树梅搜访尤多。诗前有作者小传，诗后仿朱竹垞《明诗综》，加以袁嘉谷的《卧雪堂诗话》，其余各先生偶有所识，亦间附入。不过，这并非原先议定，而是后来编辑过程中袁嘉谷定的。若开始即有此设想，参加此书编辑者，各自有评，择要纳入，似为更好。

清代云南诗人较为著名的有王思训、孙髯、钱沣、李于阳、袁文揆、赵藩等。清代还涌现大批少数民族诗人。女诗人有40多人，创云南历史的新纪录。

清代前期主要诗文集：河阳赵士麟撰《读书堂彩衣全集》四十六卷；高奣映著《妙香国草》、《迪孙》、《鸡足山志》等十数种；河阳李发甲撰《李中丞遗集》三卷；蒙化张端亮有《抚松吟》；昆明王思训撰《见山楼诗集》；石屏许贺来撰《赐砚堂诗稿》五卷；安宁段昕撰《皆山堂诗草》九卷，附诗余一卷；元江马汝为撰《马悔斋先生遗集》二卷；昆明孙鹏撰《南村诗集》八卷；石屏张汉撰《留砚堂集》七十三卷，文集十二卷；建水傅为仔撰《藏密诗抄》五卷；昆明倪蜕撰《蜕翁草堂全集》八卷；昆明钱沣撰《钱南园先生遗集》八卷；宁州刘大绅撰《寄庵诗文抄》三十三卷；赵州师范撰《师荔扉先生诗集》二十八卷、《二余堂文稿》六卷；赵州谷际岐撰《西阿先生诗草》三卷；保山袁文揆撰《时畲堂诗稿》十一卷、《苏亭先生文稿》一卷；河阳段琦撰《可石小草》二卷；景东陈月川撰《程月川先生遗集》十五卷；石屏陈履和撰《海楼文集》一卷；浪穹王崧撰《乐山集》二卷；太和沙琛撰《点苍山人诗抄》八卷。总体近二百种。

清代中叶云南的主要诗文集：宜良严烺撰《红茗山房诗存》十卷；昆阳李文耕撰《喜闻过斋全集》十三卷；太和杨载彤撰《嶰谷诗抄》六卷；昆明谢琼撰《彩虹山房诗抄》三卷，诗余二卷；昆明王毓麟撰《蓝尾轩诗稿》四卷；昆明尹尚廉撰《玉案山房诗草》二卷；保山范仕义撰《廉泉诗抄》四卷；昆明钱履和撰《劢生诗稿》二卷；永北王寿昌撰《王眉仙遗著》二卷；宜良严廷中撰《红蕉吟馆诗存》十二卷；师宗何桂珍撰《何文贞公遗书》六卷；丽江马之龙撰《雪楼诗抄》六卷附赋抄一卷，牛焘撰《寄秋轩吟草》四卷，桑映斗撰《铁砚堂诗稿》四卷；昆明李于阳撰《即园诗抄》十五卷；呈贡戴淳撰《晚翠轩诗抄》四十五卷；浪穹赵辉璧撰《古香书屋诗文抄》十四卷；石屏朱黼撰《朱丹木诗集》三卷；蒙自陆应谷撰《抱贞书屋诗抄》九卷，诗余一卷；晋宁方玉润撰《鸿濛室诗抄》二十卷；呈贡孙清元撰《抱素堂遗诗》六卷；晋宁何彤云撰《赓缦堂集矢音集》八卷；姚州甘雨撰《补过斋遗集》二卷；文山刘中鹤撰《蔚兰堂诗文抄》五卷。共 200 余种。

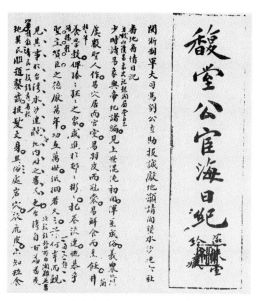

图上 4-14　清曹士桂著《馥堂公宦海日纪》书影（据云南省文物普查办公室编，曹士桂著《宦海日记》影印部分）

清末云南重要的诗文集：石屏许印芳撰《五塘诗草》六卷，附《五堂杂俎》三卷；丽江李玉湛撰《一笑先生诗文抄》三卷；石屏朱庭珍撰《穆清堂诗抄》八卷；昆明陈荣昌撰《虚斋文集》八卷，《虚斋诗稿》十五卷；昆明张星柳撰《天船诗集》三卷；剑川赵藩撰《向湖村舍诗》初集、二集三十八卷；晋宁宋廷梁撰《赋梅屋诗初集》六卷。总体百余种。

清代已刊诗文集约 350 余种，尚有大批未刊手稿、文集散存于各地图书馆、博物馆及私人藏书中，有的已经散佚。清代云南文学，仍以诗文创作为主，小说、戏曲少见。就其总体而言，有如下特征：

其一，对社会问题感受锐敏深刻。明末清初清军攻占云南，其后吴三桂反清被平定，前后历数十年；清代中叶杜文秀呼应太平天国起义，清军镇压，长达 18 年。长期战乱，对社会经济文化造成极大的破坏，人民饱受战乱之苦。宁州（华宁）陆天麟《还村三绝》其一："尸横道路乱如麻，不料余生尚到家。入室青青三尺草，晚来相聚有鸣蛙。"凄凉之感，似从骨里透出。战乱之外，清室贵族还霸田："疲氓无计可谋生，山下春田半惰耕。一纸墨圈千里大，蝦蟆连夜叫官声。"（《感圈田》）晋宁朱昂，阖族300余人死于战乱，"戎马三十秋，苍生半枯槁"（《仲冬……山居》）。"梦里乡心生鼓角，四山野烧逼围城。乱里歌咏心有血，颠沛惊魂死难安"（《元日安笼》）。清代嘉庆、道光年间瘟疫、饥荒连年，昆明李于阳（1784—1826）有《卖儿叹》、《邻妇叹》、《兵夫叹》、《苦饥行》、《米贵行》等一系列诗作，真切描绘了一幅幅百姓悲惨生活的图景。"长歌激烈写殷忧"，刘大绅将其与杜甫、白居易相比（《即园诗抄序》）。丽江桑映斗（1772—1821）有《社仓谣》、《大麦黄》、《采黄独》等描写饥民悲愤之作。到咸丰、同治年间赖钟俊、王宝书、袁谨、简宗杰等十余人有诗描写战乱中百姓的遭遇。其中邓川侯允钦有《无家叹》、《树剥皮》、《人剥衣》、《家无物》、《世无依》等组诗，涕泪呼号，痛彻肺腑。战乱、饥荒之外，百姓之苦的重要原因在于剥削制度的存在和吏治的腐败。清代后期的孙清彦（1819—1884）在《忧盗》组诗中写道："盗贼在途，征人踵绝。白刃如霜，红巾如血。遍地荆榛，欲行不得。""盗贼在公，行人之凶。以盗捕盗，烈火乘风。窝于胥役，横夺市中。""盗贼在官，万姓沉冤。御民则虐，御盗则宽。上有横行，下必甚焉。"这"盗"一言多义，内涵与外延有伸缩性，既具体，又泛指，犀利的目光，已接近社会的病根，对现实的解剖有一定的深度。

　　清代后期法国占领越南、英国占领缅甸，并进而窥伺云南，实行经济文化侵略。云南是帝国主义输入鸦片较早、为祸最烈的地区之一。有识之士，历陈其害，纷纷抵制。丽江马之龙（1782—1849）于1809年在大理参加科举考试时，"慨然草《去官邪锄鸩毒论》千余言，于提学试经之日，附试卷上之，讽以入告。提学骇诧，以狂妄违功令，褫其衿"（赵藩《马子云先生传》）。不仅被剥夺了参加考试资格，还几乎招致杀身之祸。石屏陈履和任山西太谷县令时，于嘉庆二十二年（1817）与当地民众立《誓禁鸦片烟碑》。这些行动早于林则徐虎门销烟二三十年。其后有赵潜镜等的《罂花劫》等诗，形象地道出鸦片为祸之烈。

　　其二，视野扩大、题材丰富。清代云南士子到国内外应试、留学、为官、执教、经商、访友、戍边，内地各省多有涉足，包括台湾、西藏、新疆均有体验，越南、缅甸、日本等国亦有记述。如昆明钱履和，嘉庆己卯（1819）举人，在四川任新都、安岳等知县，因公到巴塘、里塘等藏区，有《里塘杂诗》、《酥茶》等诗数十首；丽江牛焘于1843年沿澜沧江而上，到阿墩口（今德钦），有《走雪行》、《初至阿墩关》十余首诗。二人描绘藏区生活特色鲜明。蒙自曹士桂于道光二十五年（1845）升鹿港同知，后署淡水厅事，撰有《宦海日记》，其中对今台湾云林、南投一带"水沙连六社"情形记载尤详，对日月潭的描绘别有风味。黄楙材于光绪四年到西藏巴塘、里塘及缅甸等地考察，著有《西辖日记》。陶思曾于光绪三十四年（1908）赴印缅考察，有《藏辖随记》，对缅甸仰光、八莫等地华侨状况多有记录。钱良骏等在日本留学，对中日甲午海战前后国际形势在心理上的重压有独到的描写。

在省内，对各民族、各州县的社会状况和民族文化认识逐步深入。建水张履程嘉庆年间作《彩云百咏》及续咏，表彰滇人忠孝节义；众多的《竹枝词》描写各地的风俗民情，多富生活气息，韵味悠长；倪蜕的《滇小记》、檀萃的《滇海虞衡志》、杨琼的《滇中琐记》、张泓的《滇南新语》、吴大勋的《滇南闻见录》、桂馥的《游滇续笔》等笔记散文，记人物、写历史、描风俗、叙特产，短小活泼，富于情趣，笔触深入到生活的各个角落。

其三，风格各异的各民族作品，各展其美。彝族高奣映，学术研究与文学创作并重，其著作数十种；禄劝彝族鲁大宗有《听涛轩诗集》；昆明彝族那文凤在昆明西山刻石。白族的师范、赵藩为一代大家，是学者，也是诗人；李崇阶、师道南、李于阳、赵辉璧的诗，成就也较高。回族的沙琛、马之龙，人品诗品为世所重。纳西族的桑映斗、牛焘、木正源、妙明等，各有佳作。汉族作者灿若群星，前列的诗文集，多是他们的作品。有的作者个性突出，风格鲜明。康熙年间昆明王思训作《滇南述古诗十五首》、乾嘉年间保山袁文典《滇南乐府十二章》等，"诗家史笔"，"独标一帜"。以婉丽蕴藉诗风为主的严廷中，其《春草》、《春柳》等诗，"大江南北诸名士酬和者二百余人"，乾、嘉年间名噪江南，其词作尤为世人推崇，赵国华《明湖四客词抄》，列严廷中为首。在此前后，云南籍女诗人李含章，诗论及创作别有建树，《随园诗话》称为"一代闺秀之冠"（《滇南诗略续刻》卷八）。道光年间在四川为官的王汝舟，其诗才气雄猛，气魄宏大，"在滇诗中当屈一指"（见《滇诗丛录》卷四八）。大理沙琛、丽江马之龙，奇特豪迈；李于阳、桑映斗等深沉挚着，诗风各异。诗人个性特征的形成，是诗歌成熟的标志，也是色彩纷呈的百花园的成因。在清代云南文学界，还有一些文学团体，如"五华五子"（戴炯孙、池生春、杨国翰、戴淳、李于阳）既是五华书院山长刘大绅门下的学友，又是文友，互相切磋，各有成就；清代后期昆明的"莲湖诗社"，以朱庭珍、赵藩为代表，辑有《莲湖吟社稿》，该社每月择日一会，各出所作，相互就正，成就甚众。各地的诗社也不少。文友雅聚，彼此交流，促进了艺术水平的提高。

云南散文，始于汉。至元置行省，开科取士，明、清以降，人才辈出，出现了大批精彩的散文作品，几乎与中原各省相伯仲。滇文已有较大的发展，这为编选散文总集提供了比较充足的条件。

清嘉庆庚申（1800），袁文典、袁文揆兄弟在《滇南诗略》纂辑刻印将竣时，又组织《滇南文略》的纂辑。他们感到近二千年来"滇文之抑塞而灭没者十八九矣，一旦起而独任之，窃虑搜罗之倍难于诗也"。而"滇诗之辑，三迤贤士大夫共襄其成"，滇文之纂，亦需靠众人之力。于是他们以袁文揆、张登瀛为纂辑，负责别类分门，编选稿件；袁文典评阅；王心薹、张春帆、汪耦唐、王序宣、余敛斋、文望山、万香海等负责校订，另参订者还有百余人。经过三年的辛勤劳动，编成《滇南文略》四十七卷，收文起于三国，止于清乾隆，包括153人的作品约数百篇，成为云南第一部较大的散文总集，保存了许多宝贵的文化遗产。

此书所收散文，是与韵文相对而言，包括奏疏、檄书、论议、考辨、说解、序记、碑铭、传志、题跋、骚赋、骈体等，或"以文存人，亦有以事存文者，皆以往之人为断"。每篇末尾，常附有参与校订者的简明评论、个人意见，均署姓名；若系袁文典、袁文揆及张登瀛与其他人共同商量的，不复署款。编者声明"是集出非一时，成非一手"，确实，乾嘉之际云南较有造诣的文士如师范、刘大绅、余萃文、郭晋等，都参与了这项工作。这确是集体智慧的结晶。

《滇南文略》成书后130多年，呈贡秦光玉主持编成《滇文丛录》

一百零一卷，于1938年起陆续印行。此书继袁文典、袁文揆《滇南文略》而辑，所收者多嘉庆以后之文，然嘉庆以前滇人文字若《文略》未收者，亦广为搜罗，分类补入。所收文章，仿《经史百家杂抄》，分为三门九类。第一门为著述，包括论著、词赋、序跋等。第二门为告语，包括告令、陈议、书牍等。第三门为记载，包括传志、杂记等。较之《滇南文略》，眉目更为清楚。

《滇文丛录》收770余人的2200余篇作品，规模远胜于《文略》。材料的收集更为广泛，纂辑者自云"玉受命以来，夙夜祗惧，不敢暇逸，窃念先辈遗文，自袁氏《滇南文略》成书后，百数十年，续纂无人，深以散佚缺残为虑，旁搜博辑，责不容宽，爰就（编《云南丛书》时）已收稿件先整理之，次由各书志甄采之，又由各属士绅多方访求之，更向省直文化机关广为搜罗之"（秦光玉《自序》），然后再加以仔细挑选，区别门类，列出细目，考订时代，附以作者小传，积十数年精力，才编成此书。

此书编成后，时人曾给予很高的评价。李根源先生说：《滇文丛录》"炳炳麟麟，举凡晋以后数千年间，滇贤著作片言只字，无不备焉"，足以"传先辈而惠后学"。

由于《滇南文略》及《滇文丛录》所收文章内容广泛，形式多样，篇目众多，今天的读者仍然可以从中找到许多的有关思想史、哲学史、经济史、文化史、文艺史以及边防、水利、民俗等有价值的史料。因此，它不仅对云南地方文史研究者、爱好者来说，是两部有用的资料书；就是对一般的有志于建设云南经济、文化的人来说，也有一定的参考价值；对写作爱好者来说，可学习多种文体的写作方法。

在各种艺术形式中，云南对联则有一些在全国有影响的作品。其中突出的是雍乾之际的昆明孙髯翁所撰《昆明大观楼长联》、道光年间罗平窦垿所撰《岳阳楼长联》、清末剑川赵藩撰《成都武侯祠联》。

《昆明大观楼长联》：

> 五百里滇池，奔来眼底。披襟岸帻，喜茫茫空阔无边。看东骧神骏，西翥灵仪，北走蜿蜒，南翔缟素。高人韵士，何妨选胜登临，趁蟹屿螺洲，梳裹就风鬟雾鬓，更蘋天苇地，点缀些翠羽丹

霞。莫孤负四围香稻，万顷晴沙，九夏芙蓉，三春杨柳；

数千年往事，注到心头。把酒凌虚，叹滚滚英雄谁在？想汉习楼船，唐标铁柱，宋挥玉斧，元跨革囊。伟烈丰功，费尽移山心力，尽珠帘画栋，卷不及暮雨朝云，便断碣残碑，都付与苍烟落照。只赢得几杵疏钟，半江渔火，两行秋雁，一枕清霜。

上联写滇池四周风光，巧妙地将历史神话传说与壮丽多姿的当地景物结合起来，并以动写静，显得神奇富丽，生机勃勃，有声有色。下联回溯历史，从古及今，由有关云南的史实，联想到整个封建社会，洞察生活的底蕴，从一个侧面对显赫一时的封建帝王活动进行了批判和否定，预示了它的没落，批判的锋芒，力透纸背。一纵一横，囊括了广阔的时间与空间，显得大气磅礴，气势恢宏。这副对联是在乾隆年间文字狱迭起的险恶环境中写成的。作者孙髯翁，昆明寒士，生活年代约与曹雪芹同时，作品的思想锋芒与深度亦与《红楼梦》异曲同工。对此，政治嗅觉灵敏的云贵总督阮元曾说此联"骎骎乎说到我朝"，为"扶正消逆"，大加窜改。

此联在结构上也匠心独运。上联"东骧神骏"与下联"汉习楼船"等四句，各有历史典故为据，且贴切生动，流畅自然。上联喜，下联悲；上联色调暖，下联色调冷；上联绚丽多姿，下联凄清昏暗，两种不同的感情色彩互相对比，强化了表达效果。同时，体制上也大胆创新，我国对联的创作历史悠久，但在此之前体制较为短小，为表达深广的社会内容，作者吸收了古典诗词及骈文的优点，大胆突破陈规，每支达 90 字，全联共 180 字。这种勇于另辟蹊径的独创性，使得孙髯翁的这副长联在对联发展史上闪耀着夺

图上 4-15　孙髯翁大观楼长联

目的光彩，占据着重要地位。长联问世以来誉满中外，仿联层出不绝。

窦垿的《岳阳楼长联》：

> 一楼何奇：杜少陵五言绝唱，范希文两字关情，滕子京百废俱兴，吕纯阳三过必醉；诗耶、儒耶、吏耶、仙耶，前不见古人，使我怆然涕下；诸君试看：洞庭湖南极潇湘，扬子江北通巫峡，巴陵山西来爽气，岳州城东道岩疆，潴者、流者、峙者、镇者，此中有真意，问谁领会得来？

据《滇诗丛录》所载，作者窦垿，道光己丑（1829）进士，号兰泉，云南罗平人。他于1821、1825、1837、1840、1850、1863、1864年先后七次登岳阳楼，有《六登岳阳楼》及《七登岳阳楼》诗纪事。后一首云：

> 出处常怀范相忧，卅年七泛少陵舟。
>
> 地收吴楚难为水，天设湖山供此楼。
>
> 万顷外凝波不尽，千秋中有我来游。
>
> 故人珍重书楹帖，好与张公妙墨留。

诗的末联写明，七上岳阳楼时，撰写岳阳楼长联，以便与张得天书的范仲淹的《岳阳楼记》留存天地。还有附记："垿撰岳阳楼对，道州何子贞书，木刻，悬张得天书范记两旁。"足证此联为窦垿所撰。不少人将书者何绍基当成撰者，谬。

上联纵贯历史，将杜甫题诗、范仲淹的忧乐观、滕子京的政绩、吕洞宾的传说熔为一炉，写出岳阳楼历史侧影，一串文化珍珠。杜甫和范仲淹的忧国忧民的怀抱，滕子京"百废俱兴"的业绩，扣动了作者的心弦；身处乱世，欲救国救民，振兴国家而未能，怎能不使人不像唐代陈子昂那样"独怆然而涕下"呢！下联横扫洞庭风光，依次写南北西东四面景物，意境开阔，气象雄浑。精神亦为之一振。上联忧郁，下联旷达。此联问世后，与杜甫《登岳阳楼》诗、范仲淹的《岳阳楼记》并列为岳阳楼的名作而传遍天下。

四川《成都武侯祠联》：

> 能攻心则反侧自消，从古知兵非好战；
>
> 不审势即宽严皆误，后来治蜀要深思。

武侯祠名联众多，云南剑川白族赵藩于1901年撰书的这副充满哲理的对联更是脍炙人口。上联肯定诸葛亮治国用兵善于"攻心"，他深知用兵并非为好战，只是为了维护安定和平及争取国家的统一。他平定南中时，就以"攻心为上"，大获成功。下联指出他在处理人事政策上有误，宽严不当，原因在于未能深刻审时度势。这是诸葛亮治蜀经验的总结，又是针对清末四川弊政有感而发。结句"后来治蜀要深思"，如洪钟巨响，发人深省。历来对诸葛亮的评价多有称颂神化之语，而赵藩却能客观地评价他用兵、为政上的功过得失，自有其深刻独到之处，识见亦高人一等。

文艺创作发展到一定阶段，需要从理论上加以总结，明得失、知进止，以利于提高。云南士子学习中原诗文，结合自己的创作实际，品诗论文，多有体会，需要交流互勉，文艺理论著作应运而生。

云南文学理论著作，现存资料仅从明代开始。明洪武、永乐、成化年间的兰茂有论诗绝句9首及《韵略易通》、《声律发蒙》等著作，除本省外，山东、江苏等地亦有翻刻本流传。稍后的张志淳有《论诗》一文，明末担当有诗论、画论、联论及题画诗。清初赵士麟有《文论》、《诗论》等。其后谈诗论文的著作不断出现。清代较著名的文论著作约有十余种。

从内容上看，各书都有自己的侧重点，大体可分为两类：一类侧重记载当时国内或云南的诗人行实和佳句佳篇，加以简略的评论赏析，如檀萃的《滇南草堂诗话》、严廷中的《药栏诗话》等。另一类是借某些文章、作品来阐述自己的主张，如王寿昌《小清华园谈诗》、许印芳《诗法萃编》、李云程《古文笔法百篇》、朱庭珍的《筱园诗话》等。此外有方玉润的《诗经原始》、吴树声的《诗小学》等，是对中国古代典籍《诗经》进行研究的独特成果。

云南清代的文论中，成就较高的是许印芳的《诗法萃编》和朱庭珍的《筱园诗话》。许印芳（1832—1901），字麟篆，又字莭山，号五塘，石屏人。同治庚午（1870）参加云南乡试，主考官王先谦对他的考卷非常赏识，选为第二名，并题一首五律相赠。有句云："一笑得山谷，自惭非老坡。"惜参加京城会试未被录取。其后在五华书院、经正书院执教，对培养云南文化人才，贡献颇大。在教学中，他对学生为人立身谆谆告戒，多以经世有用之学启迪学生。教读书，则戒陋戒隘，凡经史百家、西洋各国的政治艺术，都鼓励学生学习研究；教作文，则戒腐，戒陈陈相因，重独抒己见，发前人所未发，以作古人应声虫为戒；对文化遗产，提倡博考深思，重新估定其历史价值。这些都充分反映了他严谨的治学态度和勇于创新的精神。

许印芳一生精力多尽瘁于诗。他广泛收集滇诗，刻成《滇诗重光集》十六卷，著有《五塘诗草》，描写滇南民俗，反映战乱中人民的痛苦，抒发自己的感慨，时有佳作。同时致力于诗歌教学和诗歌理论的探索。曾经编印了《诗法萃编》、《诗谱详说》、《律髓辑要》三书，在许多篇后都加了按语和跋，从多方面阐述了他的诗歌理论，表现了他对诗歌创作的真知灼见。

图上 4-16 《筱园诗话》评杨一清和张含诗书影（据云南丛书集部《筱园诗话》四卷本）

《诗法萃编》初刻于光绪十九年（1893），全书十五卷，分装十二册。这是一部历代的诗论选集。在大量的诗论中"彩撷精英，溯源诗序"，为初学者了解和掌握作诗的基本方法和应有的修养，提供了有益的参考资料。许印芳希望他的学生，对此书"习之察之，熟之复之，渐进顿悟，化裁变通"，领会其中的精神，"且贵得乎法外之意，乃善用法而不为法所困"（《诗法萃编序》）。值得注意的是，许印芳讲"诗法"，并非仅仅注意写诗的技巧，还注重为人品行。如在曹植《与杨祖德书》后跋云："子建此书，抗志立功，不徒以文人自命，且夫有德而后有言，忠节如陶杜，虽处穷约，文章必传。若无忠节，纵能立功，且能立言，人亦唾骂耳。学者不可勉哉。"诗人要有才、学、识三长。"学诗以多读书、多穷理为根本"（《沧浪诗话跋》），博观而约取，积厚而薄发，"乃学道要言"。

许印芳论诗，以儒家思想为基础，吸取妙悟、兴会等诗论，强调风、雅传统，又主张风格多样，尤其强调诗的独创性。

　　许印芳认为写诗贵在创新。"学者于一切陈腐之言，浮浅之思，芟除净尽，而后可入门径"。创作时，"凡我见闻所及，有与古今人雷同者，人有佳语，即当搁笔，或另构思，切忌拾人牙慧；人无佳语，我当运以精心，出以果力，吐糟粕而吸菁华，略形貌而取神骨"，"兴酣落笔，如黄白合冶，大气鼓铸；成篇之后，细检瑕疵"，最后，使得诗篇成熟，"精义内含，淡语亦浓；宝光外溢，朴语亦华"，高情远识，不落俗套（《与李生论诗书跋》）。

　　创新，就要善于以精到的语言，准确地描写当时当地的情状。而"天地人物，各有情状。以天时而言，一时有一时之情状；以地方而言，一方有一方之情状；以人事而言，一事有一事的情状；以物类而言，一类有一类的情状"。诗人，则要以锐敏的眼光，按切实境，扫除陈言，独抒妙义，否则"纵然摹象逼真，只是土木形骸，那有一毫生气"（《文与可画竹论》跋）！

　　创新，就要反对摹古。学古人应学其神，而不应袭其貌。"形貌是而神骨非，不免优孟衣冠"，有的诗人，摹古逼肖，"外视之，全体是瑜；内考之，全体是瑕"。这种"诗"，要改也无法改，只好将它抛掉。许印芳认为，要学习古人作诗之法，但又不能墨守成规，"守常法，则为笨伯"，唯有不断发展变化，才能出新；唯有变化，才能别开生面，写出传诵千古的佳篇。认为李德裕"日月常新"之说，终古不磨。"若无新变，不能代雄"，可谓要言不烦（《齐书·文学传论》跋）。

　　许印芳论诗，并不盲从权威，而对前人的失误常常予以辨正。例如，在《律髓辑要》关于韩愈的《送郑尚书赴南海》一诗的按语中指出：纪晓岚（清代四库全书的总编辑）说李白、韩愈二人集中"律体绝无佳篇"，是片面的。同时，纪晓岚以诗中有"寻常语便斥之为俗，此吹毛求疵之论也"。义正辞严，一针见血。又如在吴兢《乐府古题要解》一文跋中指出，该书卷末将联句、离合、盘中、回文等诗体都归入乐府诗，使乐府诗显得杂而滥，不当。吴氏所解诸题，亦不尽得其详。尤其是吴氏每讲解一题，必先引述创始者，但吴氏所列多是后人模拟之作，常非创始之诗，形成"数典忘祖"状况。这些都显示了许印芳的学识水平和独创见解。

许印芳对学术问题能实事求是地进行分析。在皎然《诗式》跋中指出该书论列六朝以来诗中"用事不用之优劣，指示拘守声病之流弊，又著偷语、偷意、偷势三例，以偷语为钝贼，垂戒来学，可称痛切"。但是，论及文章宗旨时，"以乃祖康乐公为诗中日月未免阿其所好，揄扬太过"。既有肯定，又有批评，且言之有据，令人信服。又说：严沧浪论诗，"谓'郊岛辈如虫吟草间'，肆口诋毁，尤为荒诞"（《与王驾评诗书》跋）。

朱庭珍（1841—1903），字筱园，石屏人。戊子（1888）乡举，壮游穷边，曾佐军幕。事平，在昆明于1886年与文友十余人结"莲湖诗社"，被推为社长。当局又聘他参修光绪《续云南通志》，及经正书院阅卷员。朱庭珍"视诗如性命"，垂50年。著有《穆清堂诗抄》八卷，是晚清云南诗作的杰出代表。另有《筱园诗话》四卷，为学诗者珍视。

《筱园诗话》初稿于同治三年（1864），增益于同治七年（1868），重订于光绪三年（1877），14年间三易其稿，足见其用心之专、用力之勤。本书卷一为总论，其后三卷为评论古今诗人，从中引发出值得借鉴效法或规避之理。理论与实例互相交织，显得有肉有骨，血气贯通，自成体系。朱庭珍论诗，主张吸取众家之长，而不囿于门户之见。他说："善为诗者，上下古今，取长弃短，吸神髓而遗皮毛，融贯众妙，出以变化，别铸真我，以求积诗之大成，无执成见为爱憎，岂不伟哉！何必步明人后尘，是丹非素，祧宋尊唐，徒聚讼耶？"（卷一）

朱庭珍认为："诗人以培根柢为第一义。根柢之学首重积理养气。积理云者，非如宋人以理语入诗也，谓读书涉世，每遇事物，无不求洞析所以然之理，以增长识力耳。""积理之外，养气为最要"，并分析了养气、炼气之道（卷一）。又曾阐述诗人"积理于经，养气于史，炼识储才于诸子百家，阅历体验于人情世故，格物壮观于花鸟山水，勿论读书涉世，接物纵游，皆于诗有益"（卷二）。强调诗人在读诗之外，还要广泛博览，更要观察自然、体验社会生活，"读书涉世"缺一不可。

朱庭珍论诗，重在"真我"。他说：有的诗人"欲包罗古今，取众长以成大家，然中无真我，未能独造，终非大家之诣。可知诗家工夫，始贵有我，以成一家精神气味"（卷四）。为写好诗，朱庭珍在章法、句法、结构等方面，列举大量实例，对其优劣得失作了分析，多有说服力。

朱庭珍研究诗学视野宽、接触面广，涉及大江南北、古往今来的诗家数百人。对云南，只结合明前后七子，提及杨一清及张含。认为"吾滇诗人，有明当以杨文襄、张含为两巨擘，雄视一代矣。文襄诗，选明诗者未见全集，所录不多，皆非其出色得意之笔。愈光诗，选家更未知见，仅采录一二应酬之作，尤非其佳章也"。遗憾之情，溢于言表。对明代流寓云南的杨升庵，肯定他壮年戍滇，开滇中风雅；著述最富，多具卓识，即以诗言，其佳章好句，亦多可取。同时又指出他的诗宗法六朝初唐，骨少于肉，议论考据，时有附会（卷三、卷四）。

总之，《筱园诗话》是一部理论性、系统性、实用性较强的诗学著作，既重内容，也讲技巧，多切实用，在清代的中国文论中，应有一席之地。

清代云南的散文也呈现超越前代的繁盛景象。刘彬（铁园）的散文以史论见长。其《乐毅论》、《韩信论》、《周亚夫论》、《田延年论》、《谢元论》等通过对历史的反思，提出不同前人的独到见解，重新评价古人，给现实社会提供鉴戒，立意高远，议论畅达，语言典雅，气势浩荡，卓有唐宋八大家韵味，堪称云南元明清三代最优秀的史论散文大家。张汉的散文以记人记事、文情并茂、形象鲜明见重于文坛。有"滇中文宗"的美誉。倪蜕不仅是以《滇云历年传》闻名的史学家，也是清代杰出的散文大家。他以传记散文声名远扬。他书写的传记大有司马迁《史记》的笔法文风，以素朴的语言、充沛的情感、鲜明的个性刻画人物形象，其文学价值甚高。刘大绅的散文大多写仁人孝子、伦理道德，偶尔也有登高遇物之作，但就是写风景看花草也不忘"天下之道"。他的学生杨国翰说刘大绅"其天甚高，故不滞物；其学甚大，故不囿于古；肫然者，性情之所流露也；蔼然者，风雨之鼓荡也；飘然者，天外之意生面独开也；骏然者，澜翻之笔一泻千里也。固不屑与世之月露风云，雕虫篆刻者争炫耀于一时之耳目"[83]。钱沣不仅诗、画、楹联在滇中首屈一指，其散文亦非常杰出。钱沣的散文以论、传和铭为著。他的《光武论》、《王祥论》观点独特，见解深刻，持论允当，笔力峻峭，既有桐城派的底蕴，又突破桐城派"义法"的束缚而别具风骨。

改土归流后，土司失去了以往的世袭特权，他们逐渐由大土地的领主变成地主。土司子弟在以前也到学校学习儒家经典，有的还到国子监深造，但大多成为世袭土司或土司贵族。改土归流后，不少土司通过儒学，参加科举考试，获得功名，或称为绅士。高奣映就是由土司变为绅士的代表。

图上 4-17 高奣映铜像

高奣映（1647—1707），字雪君，亦字元廓，小字遐龄，别号问米居士，又号结璘山叟。云南楚雄人，世袭姚安军民府总管府土同知。

高奣映生在云南历史上显赫数百年的高氏家族。今存高氏的谱牒，追溯其祖先，认定东汉末年的高定元为一世祖。但是，明代的族谱则从中原的观念，认定高氏祖先是跟随诸葛亮征讨南中地区，立下汗马功劳，留守大理地区的将领。且不论是否可靠，但证于史籍，至迟在东汉末年，已经有高氏，其后成为屡见于史册的"南中大姓"之一。到宋代大理国时期，高氏才崭露头角，成为位高权重、出将入相的豪门大族。高方（辅）辅佐段思平夺得政权，被封为岳侯。100 多年后，第二十九世高智升承袭岳侯，官至大布燮、统兵，是大理国一人之下、万人之上的重臣。

高智升的儿子高昇泰，继袭鄯阐侯，官至国相掌握了实权。大理国贵族拥戴高昇泰为君主。昇泰亦不推辞，改国号为"大中国"，改元上治。

高昇泰在位二年，临终时，要求其子泰明奉段正明之弟段正淳为国君。文果《洱海丛谈》说：高奣映就是高昇泰之嫡派。

以高氏"大中国"为分界，在"大中国"之前，称为"前理国"；"大中国"之后，称为"后理国"。"前理国"和"后理国"虽同为"大理国"，但其间体制已多有变革。

高氏还位于段氏之后，段正淳于宋哲宗丙子绍圣三年复得国，即位，号后理国。以高泰明为相国，执政柄，政令皆出其门，国人称之为

"高国主"，形成高氏专政，段氏拥虚位的局面。

元代高氏在云南各地势力逐渐衰微，不少高氏就从贵族变为了平民。只是在鹤庆、姚州的高氏还保持世袭的土职，但是他们不再拥有昔日的辉煌与荣耀。

明王朝果断地以武力粉碎了段氏延续"大理总管"割据洱海地区的梦想。紧接着以"卫所军屯"的方式从中土大量移民到云南。随着屯田的发展、扩大、深入、稳固，明代初年的汉族移民很快就土著化，成为云南居民的多数，而原来统治云南的白族，却成了少数民族。昆明、曲靖、楚雄、大姚、姚安、永昌、腾冲的白族贵胄，在改土归流的浪潮中，在中原文化迅速传播的疾风中，很快就淹没到华夏的浩荡汪洋之中。

当高奣映出生的时候，大明王朝已处于风雨飘摇之中。高奣映的父亲高耀，字青岳，世为姚安土府同知。"尝从沐黔国讨元谋吾必奎之乱"㉞。南土司沙定洲叛乱，黔国公沐天波出逃至楚雄，高耀"弃家从黔国公守楚雄"㉟。大西军入滇，平定沙定洲之乱。在大西军四将军的维持下，永历皇帝在云贵高原苦苦支撑着大明王朝的残破旗号。沐天波将高耀推荐给永历皇帝，被永历帝授予太仆寺丞，仍兼四品服俸。嗣升任光禄寺少卿，又转为太仆正卿，诰封通义大夫。清顺治十五年（1658）清朝三路大军挺进云南，无力招架的永历小朝廷败退滇西、缅甸。高耀携妻子儿女随永历帝亡命至腾冲。在即将进入缅甸之际，在众子弟的劝说下，高耀一家，离开了运数已尽的永历小朝廷，他当国破君亡，义不仕清，将印绶和儿子高奣映托付给亲属，一个人到鸡足山大觉寺，请于水目无住禅师剃染。"泛览三教书，暇即念佛，修葺寺刹，志不可胜纪"㊱。康熙二十九年（庚午）积劳成疾，终于坛华山。

高奣映8岁时曾随父亲觐见永历皇帝，备受永历帝赞赏。这曾是当时光宗耀祖的佳话。可是，永历皇帝逃往缅甸后，被吴三桂追擒回昆明逼死于五华山西侧。以前受永历帝恩宠的佳话，变成了不堪提及的耻辱。

父亲祝发为僧，当时高奣映年仅12岁。他虽年幼，却"能识天心，权时势，献土归诚，遂奉朝命"㊲。得到当朝的准许，承袭姚安土知府，由母亲木氏夫人代掌印信。吴三桂坐镇云南，"请准土司世袭，悉给印札"，恢复各地土司世职，承认土司各种特权，笼络各地土司。康熙十二年（1673）高奣映奉准从母亲手中接过姚安土知府印信，正式承袭姚安府土同知世职。就在这一年的十一月十二日，吴三桂宣布反清复明，发动叛乱。此时，高奣映应召出任四川按察使，分巡川东。清廷平定三藩之乱后，高奣映"托疾挂冠"，返回家乡。隐居山林，远避世俗，日事丹铅。

吴三桂的叛乱被平定，大清王朝的统治日趋稳固，社会安定，经济发展。作为明王朝"遗民"的高奣映，逐步摆脱对覆灭的明王朝的眷恋与哀婉，开始正视新兴的清王朝的合理性。

高奣映引用屈原的话说"众人皆醉我独醒"。屈原的清醒就是对国家命运的担忧，对人民安危的焦虑，对社会发展的追求。这也就是高奣映的"清醒"所在。

《鸡足山志》是高奣映精心撰著的一部重要著作。高奣映通过撰著《鸡足山志》来叙述地方历史，他通过历史的书写，表达自己对南诏大理国的"故国之情"。高奣映的《鸡足山志》用宗教的神话与传说，以本土的叙事方式，诉说南诏、大理辉煌的历史，也通过自己祖先高泰明的传记、亲生父亲悟祯的传记，记录自己家族的历史，保存家族的记忆，吟唱高氏家族由繁华走向式微的挽歌。

高奣映修《鸡足山志》，不仅仅是为了记录鸡足山的形势、名胜、建置、人物、风俗、物产、艺文、诗词之类，更重要的是，"思鸡足山以思天下"。他所说的天下就是新兴的大清王朝。通过撰著《鸡足山志》再现自己的治国平天下的抱负，"讽之寓之"，他希望世人通过读《鸡足山志》明白他的纯化民风的志向，治理天下的方略。高奣映认为必须坚持"天下一统"的纲纪，这是国家的"轴心"，不能有任何动摇。高奣映虽远在边远的云南，但是他念念不忘的是"政治如何一并于王化"，就是国家统一，天下一体。为保证大一统的整体，他希望朝廷要在云南大讲理学，这是刻不容缓的当务之急。他以大西军四将军入滇抗拒清军统一天下，使云南后天下而定十数年；当天下已定，吴三桂又以云南为据点发动叛乱两个例子说明云南是一个"思乱易萌"的地方。为天下的统一和国家的稳定，必须及早将理学在云南普及，使之深入人心，使边远的云南人如葵藿向阳一样，心向统一。

　　高奣映的父亲，在鼎革之际，追随永历皇帝，与永历小王朝同生共死，义不仕清，愤然祝发为僧，遁入空门，在深山古刹保持着贵胄的气节与品性。

　　高奣映自己在吴三桂举起"反清复明"旗帜时，误入歧途。清军迅速平定三藩之乱，在云南建立稳固的统治。高奣映没有像父亲一样削发为僧，而是结馆于深山茂林，开始了读书、教书、著书的学问生涯。

　　高奣映自幼承父训，嗜书成癖，无论昼夜酷暑，皆读书。倦则静坐默诵。诵已又读，博涉经史百家。凡宋元以来，先儒论说，与夫诗古文词，及近代制艺，皆窥其底蕴而各有心得。晚年，尤究心内典，深有得于"明心见性"之旨。著书79种，皆刊版行世。他是云南历史上少有的著述丰硕的学者，堪与清初著名学者顾炎武、王夫之、黄宗羲并肩媲美。

　　读书、教书、著书，成了高奣映人生的全部意义。他通过教书和著书来实现自己的人生追求。《左传》襄公二十四年："大上有立德，其次有立功，其次有立言。虽久不废，此之谓不朽。"高奣映通过读书、教书、著书，成为高氏宗族历史上第一个，也是最后一个"立言"的大师。在高氏的族谱上多的是达官贵人，缺的是文人雅士。历史中断了高奣映的仕途，在高氏族谱中少了一个可有可无的官员；历史成就了高奣映的学问，在高氏族谱中有了一位不可多得的学者！

　　在高氏千年的历史上，高方、高智升、高泰明等叱咤风云，以"立功"闻名于世，到高奣映的时代，"立功"的历史机遇已经一去不复返，从他8岁朝见末代天子，到"秉宪川东"，他曾经想在风云际会之时，秉承祖先的血脉，成就一番"立功"的事业，但是时代给他当头棒喝。他沉醉于祖先的丰功伟业，他迷惘于社会的动荡不安，他苦读于寒窗孤灯，他优游于山林清泉，他清醒于天下一统。在醉醒之间，他终于以"立言"成为高氏家族中名留青史的唯一学者。

　　雍正三年（1725）十一月"总督高其倬奏参姚安土同知高厚德，仍请革袭"。高奣映的孙子高厚德一家被安置于江南省城。至此，高氏世袭土官贵族最终退出政治历史舞台。高奣映隐居山林，讲学著述，成为高氏世袭土官即将终结的先兆；同时他又是云南世袭土官即将演变为靠科举功名晋升的士绅阶层兴起的象征。土官贵族世袭的时代终究无法在云南延续，凭借学问经过科举考试求得功名的风气不可阻挡地席卷云南大地。高𡾱映既是高氏最后的土官贵族，又是最早成为士绅的名师，在新旧时代交替时，为历史留下了令人一唱三叹的华彩乐章。

高氏家族在云南古代历史上，以"立功"登上政治舞台，以"立言"的高𡾱映写下了最后也是最灿烂的文化篇章，成为清代云南土司向士绅转变的代表人物。

清代云南改土归流的地区，土司随着历史的进程一去不复返，土司后裔，不再留恋昔日锦衣玉食的奢华生活，开始用租佃的方式经营土地，他们的子弟不再依靠世袭体制为官，开始认真读书，参加科举考试，追求功名，升官发财，走上了士绅的道路。

【注释】

① 《元史》卷一七二《程钜夫传》，中华书局 1976 年。

② 方国瑜主编：《云南史料丛刊》第三卷第 260 页，云南大学出版社 1998 年。

③ 《云南史料丛刊》第四卷第 571 页，云南大学出版社 1998 年。

④ 赵傅弼撰：《创建大理路儒学碑记》，载《云南史料丛刊》第三卷第 279 页，云南大学出版社 1998 年。

⑤ 赵傅弼撰：《创建大理路儒学碑记》，载《云南史料丛刊》第三卷第 280 页，云南大学出版社 1998 年。

⑥ 《元宣慰副使止庵王公墓志铭》，载《云南史料丛刊》第三卷第 331 页，云南大学出版社 1998 年。

⑦ 景泰《云南图经》卷一。

⑧ 景泰《云南图经》摘引。

⑨ 景泰《云南图经》卷一。

⑩ 《明实录·太祖实录》卷一三八。

⑪ 《明实录·太祖实录》卷一四三。

⑫ 《明实录·太祖实录》卷一四二。

⑬ 《明实录·太祖实录》卷一四二。

⑭《明实录·太祖实录》卷一四三。

⑮《明实录·太祖实录》卷一五四。

⑯《明实录·太祖实录》卷一九七。

⑰《明实录·太祖实录》卷二一八。

⑱《明实录·太宗实录》卷八一。

⑲《明实录·太祖实录》卷一四二。

⑳《明实录·太宗实录》卷一九〇。

㉑《明实录·太祖实录》卷一七九。

㉒李元阳：万历《云南通志》，《明史·地理志》载万历六年（1578）的数字少 62 户。

㉓方国瑜主编：《云南史料丛刊》第六卷第 699 页，云南大学出版社 2000 年。

㉔《林超民文集》第四卷第 348 页《从西南夷到云南人》，云南人民出版社 2010 年。

㉕《崇恩寺常住碑记》，载《大理丛书·金石篇》第 10 册第 29 页。

㉖陈元：《重修遍知寺碑记》，载《大理丛书·金石篇》第 10 册第 117 页。

㉗师范：《滇系》。

㉘无极：《征南赋》，见《朝天集》第 4—5 页。

㉙曾棨：《故元云南大理路赵州同知杨公墓志铭》，载《大理丛书·金石篇》第 10 册
　第 31 页。

㉚杨森：《故居士张公墓志铭》，载《大理丛书·金石篇》第 10 册第 34 页。

㉛辛惟和：《故善士杨公墓志铭》，载《大理丛书·金石篇》第 10 册第 46 页。

㉜黄元治等：《大理府志》卷二九《艺文》第 47 页。

㉝黄元治等：《大理府志》卷二九《艺文》第 47 页。

㉞林超民主编：《方国瑜文集》第一辑第 366 页，云南教育出版社 1994 年。

㉟侯冲：《白族心史》第 90 页，民族出版社 1994 年。

㊱姜龙：《滇载记》序，载《云南史料丛刊》第四卷第 756 页，云南大学出版社 1998
　年。

㊲侯冲：《白族心史》第 106 页，民族出版社 1994 年。

㊳侯冲：《白族心史》第 116 页，民族出版社 1994 年。

㊴《明实录·太宗实录》卷二二。

㊵《明实录·太宗实录》卷一二六。

㊶《明实录·太宗实录》卷一八五。

㊷《明实录·穆宗实录》卷二七。

㊸《新纂云南通志·学制考一》卷一三二第466页，云南人民出版社2007年。

㊹根据《景泰云南图经志书》所记载学校数目统计。

㊺《明实录·宣宗实录》卷八二。

㊻《明实录·英宗实录》卷一九二。

㊼陈文撰修，李春龙、刘景毛校注：《景泰云南图经志书·大理府》卷五“风俗”，云南民族出版社2002年。

㊽陈文撰修，李春龙、刘景毛校注：《景泰云南图经志书》第106页，云南民族出版社2002年。

㊾陈文撰修，李春龙、刘景毛校注：《景泰云南图经志书》第325页，云南民族出版社2002年。

㊿《明实录·宪宗实录》卷一二七。

(51)(52)《明滇南诗略》卷一。

(53)《筱园诗话》卷二，云南丛书本。

(54)《空同集》卷二一，文渊阁四库全书本。

(55)杨慎：《张子小言序》，载永昌府文征。

(56)《重刊明张禺山先生诗文集序》，同上。

(57)王文才：《杨慎学谱·升庵纪年录》第63页，上海古籍出版社1988年。

(58)诸葛元声撰，刘亚朝校点：《滇史》第285页，德宏民族出版社1994年。

(59)诸葛元声撰，刘亚朝校点：《滇史》第337页，德宏民族出版社1994年。

(60)诸葛元声撰，刘亚朝校点：《滇史》第339页，德宏民族出版社1994年。

(61)《李中先生全集》卷十《与堂内翰荆川》。

(62)李元阳：万历《云南通志》卷一《地理》。

(63)李元阳：万历《云南通志》卷一六《羁縻志》第十一。

(64)李元阳：万历《云南通志》卷一《地理》。

(65)嘉庆《临安府志》卷一九《艺文》王元翰之《陈滇患孔殷桑虑切疏》。

(66)陈寅恪：《明季滇黔佛教考》序，载《明季滇黔佛教考》上第235页，河北教育出版社2002年。

(67)陈垣：《明季滇黔佛教考》上第452页，河北教育出版社2002年。

(68)陈垣：《明季滇黔佛教考》上第257页，河北教育出版社2002年。

⑥ 释同揆：《洱海丛谈》，载方国瑜主编《云南史料丛刊》第十一卷第 371 页，云南大学出版社 2001 年。

⑦ 吴伟业：《梅村诗话》。参见孙秋克《明代云南文学研究》第 181 页，云南人民出版社 2010 年。

⑦ 蓝鼎元：《鹿洲初集》卷一《疏·论滇黔苗蛮事宜疏》，文渊阁《四库全书》本。

⑦ 《世宗宪皇帝朱批谕旨》卷一二五《朱批鄂尔泰奏折》，雍正四年六月二十日。

⑦ 《世宗宪皇帝实录》卷二○第 17—18 页。

⑦ 《世宗宪皇帝朱批谕旨》卷一二五《朱批鄂尔泰奏折》，雍正四年二月二十四日，文渊阁《四库全书》本。

⑦ 《清史稿》卷五一二《土司列传一·湖广传》第 14203 页，中华书局 1977 年。

⑦ 《世宗宪皇帝朱批谕旨》卷一二五《朱批鄂尔泰奏折》，雍正四年三月二十日。

⑦ 《世宗宪皇帝实录》卷四二第 14 页。

⑦ 《世宗宪皇帝实录》卷四三第 14 页。

⑦ 参看林超民主编《滇云文化》第 448—450 页，内蒙古教育出版社 2006 年。

⑧ 参看林超民主编《滇云文化》第 295 页，内蒙古教育出版社 2006 年。

⑧ 参见林超民主编《滇云文化》第 297 页，内蒙古教育出版社 2006 年。

⑧ 《云南丛书》本《滇系》。

⑧⑧⑧⑧ 刘大绅：《寄庵文钞》后序，云南丛书本。

⑧ 甘孟贤：《高雪君先生家传》，见民国《姚安县志》。

第五章

晚清：反皇权　建民国

20 世纪初，清王朝被迫推行新政。新政中的教育改革进行得最有成效的是废科举，办学校、培养新型人才。为向西方学习新技术，政府派出一批又一批留学生，学习西方科学技术以富国强兵。留学生到日本、欧美不仅学到了先进技术，更学到民主、自由、博爱、立宪、共和等资产阶级思想，成为反对皇权，建立共和的生力军。新文化在云南传播、资产阶级启蒙思想在云南萌动以致勃兴。在新政中创立的云南讲武堂，成为云南辛亥革命的基地，讲武堂学员成为云南辛亥革命的先锋。辛亥革命中，腾越起义、重九起义、大理光复，结束了清王朝在云南的统治。辛亥革命建立起来的新政府，雷厉风行地进行改革，云南面貌为之一新，开始了现代化的进程。

第一节　留学生与民主思想

留学新潮　取经西方　民主勃兴

20 世纪初，自开办学堂以来，虽然中西课程同时讲授，但是西学的师资和教材备感缺乏，很难在各厅、州、县遍及。选派留学生出洋成为造就西学人才的重要途径。废除科举后，读书人则把留学当作升官求职的新路子。朝廷提倡于上，有识之士鼓吹于下，云南地方大吏也积极致力于劝导各属子弟外出游学的工作中。在省府大力鼓吹，积极倡导下，光绪二十九年（1903）出现了云南学生的第一次留日高潮。光绪二十七年（1901）云南官府派出首批留日学生10名。第二年，又派遣10名。第三年，仅见于官方资料的留日学生就有89人，其中速成师范生41人，陆军生28人，实业生20人。普洱府自筹资金申送4名出洋学生到省，开了地方各属就地筹款申送出洋学生的先例，省抚大员认为"此举甚善"，于是在全省各地推广实施，其结果，使这一年的留日学生人数大大增加。对有志向上，要求出洋留学的学生，一经考试合格，均予资遣。这一时期，留学生所习专业众多，大体以师范、军事为主，包括了农、工、商、矿、警察、音乐等。学生留学经费有官费，也有自费，自费改给官费的标准也不甚高，只要中等学校毕业，考取高等专门学校即可，不限专业①。

从光绪三十二年（1906）开始，云南省的留学生派遣已趋制度化，各项政策的制定较前期成熟，对学生赴日留学及管理在日本就读的留学生均较为规范，同时留学生教育的一些问题也逐渐暴露。此期云南留日学生在专业选择上有一个特点，即从中央到地方均大力倡导云南留日学生学习矿冶技术，并对此反复强调。

云南官绅对派遣学生赴日留学表现出积极的态度，同时对留学生寄予厚望。陈荣昌认为，近代以前，日本文明实来自中国。甲午海战前30年，中日两国同时派遣学生出洋留学，但甲午一役，检验出"日本维新之力而中国维新之不力"，而"中国振弱之机在于兴学"②。在乡人眼中，日本维新有成，是蕴藏着各种足以济世的政治、经济、教育、军事等改革妙计、良方的"宝山"、"仙山"。云南派学生留学日本就是向日本"寻宝"、"采药"，医治中国之顽疾。为达此目的，滇省大吏不顾云南之边瘠，筹措巨资派学生留日，并为他们能在日本好好学习竭力创造条件。滇吏对留日学生学成后归国效力寄予了厚望。

学有所成的留日学生回国后，各尽其能，发挥特长，成为各个行业的骨干力量。军事专业的学生还未毕业就被电调回国筹办云南陆军讲武学校（简称讲武堂）。讲武堂成立后，他们又担任教官、训导，为全省培养了大批军事干部。此外，他们还在云南陆军第十九镇的各级领导岗位上担任职务。如唐继尧、李根源、顾品珍、庾恩旸。师范专业的学生多在省会或全省各地从事文化教育工作。剑川留学生周钟岳1907年回国后，任云南两级师范学堂教务长。由于他精于书法和诗文，擅长公牍，云南军都督府成立后，担任秘书长一职。石屏留学生张儒澜任教于昆明农业、师范两校，讲授历史、地理。思茅留学生刘钟华回滇时，适逢省会师范中学理化教授乏人，于是他专任其职20余年，并曾兼掌省立一中。大理留学生李燮羲历任云南省会两级师范学堂及中学教员。太和（今大理）留学生周霞致力教育，汲汲皇皇，不遗余力。大理留学生李藻历任楚雄师范传习所所长、云南省立国文中学第二教员。陆良留学生牛星辉回国后历任澄江、永昌、泸西等地教务。法政专业的学生在本专业领域多有建树。新兴（玉溪）留学生谢光宗归国后任云南高等审判厅长。昆明留学生王承浚1913年（民国二年）后历任云南高等检察厅首席检察官、昆明地方审判厅厅长、云南大理分院监督推事。矿冶专业的学生也能发挥所长，才尽其用。呈贡留学生华封祝回国初期就提出有关矿业实业计划及改良方法，得到清政府的采纳，并用这一新法开采了个旧马拉格一带的矿产，使云南的锡业闻名欧美。民国后，他历任云南省实业司副司长、中央农商部佥事、云南省垦殖督办及水利局长等职。

晚清云南选派留学生出国到日本和欧美留学，学习西方政治、经济、军事、技术，推动了云南文化的转型。留学生学成归来，带来新知识、新技术、新观念，云南文化从传统逐渐向现代发展，从地方知识向世界知识靠拢，为云南的社会变革培养了具有民族精神和世界眼光的人才。

留学生到日本、欧美置身于资本主义世界，思想发生激烈转变。

1905年7月30日，孙中山召集各省留学生、旅日华侨代表70余人，在东京赤坂区霞关内田良平宅召开筹备会议。经过热烈讨论，会议确定将建立的政党定名为"中国同盟会"，以"驱除鞑虏，恢复中华，创立民国，平均地权"为宗旨。这一天，参加会议的云南代表有李根源、杨振鸿、吕志伊、赵伸、张华澜等5人，他们既成为同盟会的首批会

图上 5-1　同盟会云南支部长吕志伊像（采自何耀华主编《云南通史》，中国社会科学出版社 2011 年）

员，又是参加同盟会的首批云南人。

8 月 20 日，中国同盟会假东京赤坂区灵南坂召开成立大会，正式宣告同盟会建立。云南思茅人吕志伊当选为评议部评议和云南省的主盟人。在总部的统一领导下，同盟会在国内外分设 9 个支部，其中国内按地区划分为东、西、南、北、中 5 个支部，云南与福建、广东、广西 3 省及港澳地区一道，受辖于设在香港的南部支部。

1906 年初，同盟会云南支部正式成立，吕志伊被推为支部长。在云南支部成立前后，大批云南留日学生加入同盟会，显示了边疆青年高涨的革命热情。据统计，他们是杨振鸿、吕志伊、李根源、张儒澜、罗佩金、殷承瓛、唐继尧、黄毓英、黄毓成、张开儒、庾恩旸、刀安仁、刘祖武、顾品珍、林春华、李燮羲、张含英、李曰琪、张邦翰、谢汝翼等 68 人。其中，同盟会老会员又积极发展新会员。如首批加入同盟会的杨振鸿，他在云南留日学生中发展盟员，使第一批在东京入同盟会的有 50 余人，又由旅居日本的云南同乡会发展几十人，积极宣传革命。

1905 年 8 月中国同盟会成立后，为了扩大革命影响，在孙中山的号召和同盟会总会的组织下，同盟会各地区分会纷纷创办机关报，作为同盟会总机关报《民报》的外围宣传刊物。1906 年底，同盟会云南支部的机关报《云南》杂志问世。

留日学生办《云南》杂志的宗旨在于宣传新思想。《云南》以"改良思想"、"开通风气，鼓舞国民精神"为宗旨，积极鼓吹国家思想、团结思想、公益思想、进取思想、冒险思想、尚武思想、实业思想、地方自治思想、男女平等思想等。杂志揭露英、法帝国主义侵略云南的事实，号召云南人民群起抵抗，捍卫国家主权和民族权益；揭露了清政府苛虐百姓，媚外残民的种种罪行，号召全滇人民团结一致，推翻清政府的统治；宣扬资产阶级民主主义思想，表明欲在清廷废墟上建立资产阶级共和国的理想；从爱国爱乡土的热情出发，介绍家乡的历史文化、物产资源，激发人民的爱国主义热情。留日同人欲借此杂志"激来太平洋上之潮，洗净陈陈脑髓，树起昆仑山顶之旆，招归渺渺国魂"，达到有朝一日"民德日新，百业蔚起，内足以巩国基，

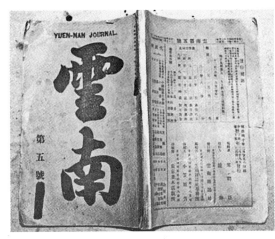

图上 5-2　《云南》杂志书影（采自何耀华主编《云南通史》，中国社会科学出版社 2011 年）

外足以御强敌，云南复为云南人之云南"之目的。

　　《云南》杂志自光绪三十二年（1906）底创刊，至辛亥革命后（1911）停刊，历时近 5 年。中经两次停刊③，但不久又复刊，共发行 23 期和周年特刊《滇粹》一册，是当时留日学生界地方刊物中坚持时间最长的一种革命刊物。其发行量最高时达到一万册，是同时期仅次于《民报》的发行数量最大的刊物。它的发行，受到云南人民的热烈欢迎，其开启民智、鼓动人心的文章，令人振奋，以致争相传阅。《云南》发刊一年，就使云南人"群知外患之迫切，岌岌莫可终日，国民责任，无或旁贷，或议收回路矿，或为保卫权利，或筹谋自治，或监视官吏"。云南人在其他各省同胞和英、法侵略者心目中的形象也发生了显著的变化。在各省同胞看来，云南已由"无起死回生之望"一变而成"人心尚未死尽，或可图存万一"，于是相率"救云南人以救中国之声，遂充满于社会"。至于英、法，则是惊恐万状，先是"出巨金贿赂当道，使之封禁"《云南》杂志，计划落空后，不得已"用该国文字译出，以致伦敦、巴黎间之报纸，竞相鼓吹曰，云南人醒矣，云南人醒矣"④。《云南》杂志积极宣传民族民主革命思想，为云南人民的觉醒，云南反帝反封建运动的高涨，以及云南的光复作出了巨大贡献，为云南辛亥革命奠定了思想基础⑤。《云南》宣传革命，唤醒云南各族人民，激发了云南人民的爱国热情，促进了云

南人民的革命觉悟，提高了云南人民的战斗意志，为云南的辛亥"重九"起义，起到了思想上的准备和发动工作。

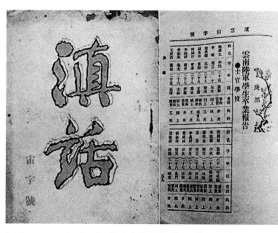

图上 5-3　《滇话》书影（采自何耀华主编《云南通史》，中国社会科学出版社 2011 年）

《云南》杂志发行后，鉴于文言难以普及，云南留日学生又于 1908 年（光绪三十四年）秋，在日本东京创办了用白话文编印的《滇话》报，"其言论纯用全国通行汉话体演出……务使人人能读，妇孺皆知"，"纯用白话编成，照成本发售"，与《云南》杂志是姐妹刊物。《滇话》以"普及教育，统一语言，提倡女学，改良社会"为宗旨，设有论说、小说、戏曲、演说、记载、社论、时评、谈丛、大事纪要等栏目，内容和主题与《云南》杂志大致相同，不同之处就是文字浅显，雅俗共赏。《滇话》共发行了 8期，1910 年（宣统二年）3 月因经费、人力不足，并入《云南》杂志。

云南留学生在日本接受并宣传的新思想主要有民族主义、国民意识、国家观念、改良思想等。

云南留日学生痛感清政府的腐败无能，自中日甲午战争失败后，"一败再败，一误再误，举国家存亡关系之立法、司法、行政诸大权一任他族之强索攫取……一则曰磋商，再则曰缓议，退却复退却，让步复让步"，使"我赤县神州几无一片干净土、立锥地，乃因循蹉跎，坐以待毙"。《云南》旗帜鲜明地提出反帝必须先反清政府的主张："吾滇今日，欲御外寇，先杀内奸，若内奸之不杀，彼将日为欺我卖我，以为外寇导也。""吾滇今之日陷于悲境，所在被外人分攘割据者，非外人能为之，乃官吏之卖我以为之"，"政府之视云南，久已置诸不足轻重之列。因而官吏盗卖云南，不之罪；外人侵略云南，不之问"，因而号召人民起而"兴师罪政府"，"鸣鼓攻官吏"。

留学生在报纸杂志和书籍中宣扬卢梭的天赋人权、自由平等学说，以激发中国人的民族主义思想，产生了较大影响。云南留日学生普遍认为应将中国人民造就为国民，国民享有参政、议政的权利，"盖参政权者，由宪法及其他国法所规定，专属于自国公民之权利，外国人不得享有"⑥。"卢梭民约论，以国家由民约而成立。故论君主为客体，人民为主体。……人人皆求参预政权，用能厚积势力，澎涨于

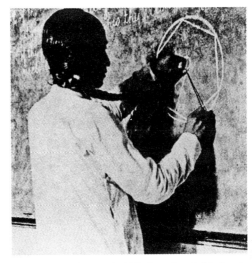

图上 5-4 清末昆明新学校的一堂几何课（云南大学图书馆高国强提供）

外，而国际之竞争遂居于优胜之地位"，抨击专制国家将政权咸集于统治者之一身，生杀予夺，惟其所欲，荼毒生灵，几无噍类。发出"不恢复天赋人权，无以维人道之平和；不扫除专制毒焰，无以语革新事业"的呼声。"自由权与平等，为近世政治思想之精神之心髓，亦即文明诸强国宪法之原则"，是"至贵至重之物"。自由，是"天赋之权利"，是"人类生存之范围，呼吸之存在。有不羁独立之性质，有不可侵犯之法理。若一旦而为他人法外之干涉，大而生死荣辱，小而起居饮食，均处于被动之端点，桎梏之苦无甚于此"，"侵其自由，即绝其生存，禁其呼吸，为人道所不容"，因之"不自由勿宁死"。为获得自由，必以死求之，"乃有求自由之决心，以求自由而致死，乃见自由之可贵"，如果一日不死，"必以最后之死求达此自由之目的，必决死斯足以得自由，而后乃可以不死"，认为这是"一般人类与生俱来之特性，良知也，良能也，天然的而非人造的，固有的而非附属的"，也就是所谓人类独立之自由权。为了达到平等的目的，必须铲除阶级，传统的信仰的阶级、武力的阶级、财产的阶级，都是"悖天逆理之最甚者"。平等的实质是权利、义务的平等，也是当时各文明国宪法最重要的精神，即"虽为君主，而其一身所有之权利，应尽之义务，与国民一人所有之权利、应尽之义务无丝毫歧异"，

所以说"君民之于国家，不可不享平等之权利，亦不可不尽平等之义务，此万古不易之通例也"⑦。

云南留日学生意识到，国家要独立，思想要自由，社会要平等，就必须发展民族资本主义。为此他们极力鼓吹实业救国，收回路矿权利，发展民族资本。要发展资本主义就必须建立资产阶级民主共和制，"专制君主国家，其国权皆集于君主之一身，人民无参政与自治权，而国民势力亦微弱。立宪君主国家，其国权有时趋重于中央，而国民之自治权轻；有时分委于地方，则国民之自治权重，而国民势力亦畸轻畸重。联合国家，则取公共自由意思，以国民自治为精神，而国民势力因以雄厚。共和国家则取平等自由意思，以国民自治为主义，而国民势力愈磅礴"，对共和制的赞赏也就是对君主专制的批判。主张实行"以国民为主体，必以国民自治为唯一之目的"的政治制度⑧，为实现"以国民为主体，以国民自治为唯一目的"的政治制度，云南留日学生提出就是要给予国民参政权，为此要建立民选议院和实行地方自治。"地方自治，政府许之而吾国民当进行，政府不许而吾民亦当预备。且非直预备而已，即政府不许，而吾民亦当进行"，"土地为吾民之土地，若主人翁不事事，而日任豪奴贱婢之欺诬，民贼奸胥之篡夺，是贬损人格，放弃主权"，所以人民定要争取自治的权利。

留学生们高呼："吾以民族主义为宗旨，合我黄农裔胄，组织民族的国家"，实行民族主义的最终目的是为了反对帝国主义侵略，把中国建设成为独立、富强的民族国家。

留学生们对自己的家乡充满热爱之情。云南温和的气候，壮美的河山，丰富的矿产，勤劳的民众，悠久的历史，辈出的人才使他们引以为豪。作为云南人，他们自觉对挽救云南危亡和发展、建设云南负有不可推卸的责任和义务。云南是中国的云南。云南强则中国强，云南弱则中国弱，云南亡则中国亡。"由地势上的关系看来，云南一亡，中国就相继而亡了。由侵略政策上的关系看，云南一亡，中国就一时瓜分了。无论由那一方面的关系看来，要使中国不亡且先使云南不亡"，号召全国人民团结一心，共同保卫云南。

在国外耳濡目染，沐浴欧风美雨，留学生们从以往被奉为天经地义的信条中挣脱出来，再把接受到的新思想变为改良国家与乡土的主张。

他们主张妇女应该学习文化知识自立自强。认为"女学实在是立国的基础"。"欲强国，非造国民不可，欲造国民，非兴女学不可"，"女学盛者其国强，女学衰者其国弱。转弱为强之机，必自兴女学始"。

反对迷信，宣传科学是留学生接受和宣传新思想的显著特点之一。留学生们揭示：神像都是"泥塑木雕的东西，无知觉，无心肝，怎么会灵"？佛教创始人释迦佛的家乡印度被英国人灭了，人民做了英国的奴隶，受英国的苛虐，可是"释迦佛竟是不闻不问"，"他的家乡他都不能救"，"又怎样能救我们云南"呢？"我们云南现在是何等的危急，滇越铁路是给法国人修了，七府矿产是被法人夺了，近日法国人简直派兵到蒙自了"。"政府"、"官长"是靠不住的，那全滇人民就应当奋而承担起挽救云南的责任，"各担责任，各尽心力，无推诿，无畏惧，无贪私利，无害公益，打起精神来，做点正经事"。并告诫滇人，"若再依赖鬼神，恐怕（云南）真要闹到印度的那个样子了"，号召人们破除迷信，依靠人类自己的力量挽救民族危亡⑨。

留学生们大多数完全违背了派遣他们出洋留学的清政府"富国强兵"、护卫大清帝国的愿望，他们接受了西方科学、平等、博爱、民主、自由的新思想，他们从迷信中解放出来，从清帝国的学子变为将民主、科学、自由带回家乡广为传播的呼唤变革的先锋。

第二节　讲武堂的共和理想

讲武堂旋转新乾坤　滇云勃兴新文化　共和思想萌动

清末缅甸、越南相继灭亡以后，云南"自此商务、界务、路政、教案纷起"⑩。随着云南边疆危机日益加深，云南在中国的地位日益显现出来，如清末云南名儒陈小圃所说"云南之在中国，昔为边鄙，今为门户。昔为无甚之区，今为关系存亡之地"⑪。

面对边疆危机，必须建立近代的强大陆军。如陈荣昌上丁总督的奏折中所说"自变法以来，一切新政百端待举……顷者滇夷铁路直抵省垣，汽笛之声，惊心动魄，为滇虑者莫不以滇之亡介在呼吸矣"，"整顿陆军以怯弱之病"⑫已成当务之急。"今日时势，练兵为第一大政，练洋操尤为练兵第一要著"⑬。在1898年，云南开始改练洋操，"将省城所有防军查照洋操取其可用者，一律认真操演"。为了培养军事人才，清政府开始设立军事学堂，陆续兴办了武备学堂、陆军小学堂、陆军速成中学、测绘学堂、军医学堂等一批军事学堂。

光绪三十四年（1908）云贵总督奏请朝廷，要求兴办云南陆军讲武堂，但由于当时条件不成熟，半年后就停办了。宣统元年（1909），云南藩台沈秉堃邀请留日的同盟会成员李根源回到云南主办讲武堂，初期任讲武堂监督，后任总办。经过积极筹备，云南陆军讲武堂于宣统元年八月十五日（1909年9月28日）正式开学。

讲武堂复办之际，正是日本士官学校第六期留学生毕业之时，李根源上任后聘请一大批留学日本陆军士官学校的毕业生任讲武堂教官。他们是李烈钧、方声涛、沈汪度、唐继尧、张开儒、顾品珍、刘祖武、李鸿祥、罗佩金等，于是大批留日学生成为讲武堂骨干。以留日学生为骨干兴办的云南陆军讲武堂，从一开始就带有鲜明的资产阶级革命特征，据茅海建统计，在开办之初的47名教职中，有同盟会员17人，革命分子11人，倾向革命的8人，政治态度不明显的11人，没有明显的保守反对分子。从学历来看，受过新式教育的占绝大多数，已知的40名教官中，有留学日本的28人，北京京师大学堂毕业的4人，越南巴维学校毕业的2人。这批人任教后，与学生朝夕相处，灌输革命思想，传阅进步书籍，秘密发展同盟会会员，组成了革命骨干力量。在辛亥云南重九起义中，新军成为主要力量，而唐继尧等教官则是起义的直接领导者。

以留日学生为骨干的云南陆军讲武堂从复办之初就不是以培养旧体制的维护者为目的，而是要培养新世界的创造者。云南陆军讲武堂在教育理念上完全不同于传统的儒家教育或者清末武备学堂，它不仅仅是进行军事技术的教育，更重要的是培养具有全新国家理念和革命精神的全面的人才。其核心是进行国家教育、国民教育，一方面是出于普遍的"救亡"意识，中国教育特别之处，寓教育于救亡之道是也；另一方面是受到日本国家主义教育之强烈震撼。清末云南名儒陈荣昌考察日本之后急呼"中国兴学当以国家主义、国民教育为宗旨，扫除旧学，一切更新，乃能有效"，并且提出今日教育必须把国耻编入课本为第一要义，他说"欲维中国之名教，非有国家主义、国民教育不可"⑭，国民教育的目的就是使人人爱国。中国要注重普及教育，更要急于高深教育，可于五六年内养成数百兆热诚爱国之民，使外人无能亡我。仅仅是考察日本尚且如此，那些留学东洋为主的年轻知识分子更加感同身受，因此国家教育、国民教育已经是这一时期新知识分子的共识。

云南陆军讲武堂非常注重国家主义和国民教育，其关键在于全新国家主义思想的灌输，爱国精神之培育。"国民不知国家学，则无爱国心；国民不知国际法，则无真爱国心"⑮。其核心是国民教育，没有国民就谈不上国家，这是国家的首要要素，其他土地、主权，均视人民以为消长；国民代表着一种国家精神，它不仅仅指代某个公民或个人。国民力量是一种积极向上的国家精神，是国家发展的动力所在。在专制统治之下，国家是君主的一姓之私，地方事宜掌握在少数官僚手中。19世纪以前，人们对于国家，遂居于主体之地位。其一切无限之大权，皆为人民舆论所统辖、势力所支配，以维持政治机关于不敝。而个人与国家之关系，安危休戚，均有直接之责任，这无疑描画出了中国国家制度的美好未来。提出国民与国家的关系："国民者，国家之内容也；国家者，国民之外障也。内容不可不强，外障不可不固。"⑯国民是国家主体的观念对国家是君主天下的纲常的反叛，是国民意识的觉醒。

寓教育于救亡之道，具体在于"启发爱国之精神，增长自治之能力。其下手处在以下所述三事，曰明耻、曰雪耻、曰讲求地方事宜"⑰。讲武堂在教育中始终积极启发学员的爱国精神，唤起学员的责任感与使命感。教官们用各种方式向学员输入国家主义思想，如在滇越铁路通车之时，讲武堂停课一天，以志国耻；为了启发学员的爱国激情，总办李根源编写了军歌，每日早晚升旗、开会、校阅全体学员齐唱，其声激越雄浑，闻者动容，歌词写道："风潮滚滚，感觉那黄狮一梦醒，同胞四万万，互相奋起作长城，神州大陆奇男子，携手去从军。但凭着团结力旋转新乾坤，哪怕他欧风美雨来势凶狠。练铁肩、担重担，壮哉中国民！"⑱

当时在云南讲武堂就读的朱德回忆道:"当时讲武堂的总办是李根源,教官有方声涛、赵康时、李烈钧、罗佩金、唐继尧、刘祖武、顾品珍等人。他们大都是同盟会员,其他一些教官或者是同盟会员,或者是受到了同盟会革命宣传的影响的。讲武堂的学生有五百多人,其中许多是不满现状的青年,不久,就在讲武堂中建立起同盟会的组织,秘密传阅同盟会宣传革命的书刊。"[19]于是民族主义思潮的影响在云南日益扩展,朱德就是在孙中山三民主义思想影响下,于1909年在云南讲武堂参加同盟会的。

宣统三年(1911),讲武堂将革命的种子撒播在巡防营和十九镇各部,这批受过革命思想熏陶的新式军官随即掌握了军事指挥权,为"辛亥重九"起义创造了有利条件。

光绪三十年(1904),被誉为"云南民主革命第一人"的昆明留学生杨振鸿就从日本寄回自己所写的《敬告滇中父老兄弟书》,通过在云南的革命派散发到全省各地,向人民疾呼救亡图存,爱国人士读后深受鼓舞。文章首先明确指出人民对国家负有责任,及承担责任与否和国家强弱的关系:"立国基础在于人民,凡属国民,均有责任。担其责任者,其国必强,放弃其责任者,其国必弱,且不但弱,必至于亡。"并列举英、法帝国主义国家侵略云南的种种事实,面对"灭国灭种之惨祸",云南地处边疆,在国家的地位十分重要,如果云南一旦成为英、法帝国主义的殖民地,中国大势,亦将从此瓦解!每一个云南人,都应该以主人翁的意识,负担起保家卫国的责任。"云南之利,云南人享之;云南之害,云南人被

图上5-5　云南陆军讲武学校

之"，"有一云南人，即有一担负云南之责任，不得独诿之君上，不得独诿之官长，并不得诿之士绅，方不负为云南人，方不负为负担责任之云南人"。云南人应以越南、缅甸亡国的教训为鉴戒[20]。

留学生还著书向国人介绍世界学术的渊源，使其了解多种学问的来源，提高认识世界大势的文化水平。"不求欧美学术之渊源，不足以通各种学问"，"不考古今学说之异同，不足以辨各种学派"，留学生归而作《泰西学案》[21]。该书内含四编，每编各一册：哲理学案、教育学案、政治学案和经济学案，分别介绍了哲学教育学开山之祖苏格拉底、柏拉图、亚里士多德，哲学大家笛卡尔、康德、边沁、弥勒、约翰、达尔文、斯宾塞尔、赫胥黎，教育大家廓美纽斯、陆克、卢梭、显露、柏罗都，"讲求殖民之政策为政治界扩张绝大之权利者"的伯伦知理，"破专制之室，开共和之幕最为政治学家所祖尚者"的卢梭、孟德斯鸠，"发明经济之原为富国富民之本，著书立说确收实效者"的亚当·斯密等人的出身、经历、主要思想及学者间的学术传承关系等。指出"哲学教育之发达实为文明之基础，政治经济之发达实为富强之本原"，因而"录泰西之学说，考兴盛之原因，为我祖国学界中人得以据是编而可以立人，可以兴国"。指出编者的意图，"读是编者苟能考核古今，研求学术，恍然于泰西各国之所以文明所以富强之故，而共有造于我祖国焉，则未始非是编之有效也"[22]。《泰西学案》等介绍西方学说的著述，对于宣传科学、民主、博爱、自由的新思想起了积极的促进作用，是当时相当重要的启蒙读物之一，对于开阔眼界、开启民智、开创新风，产生了深远的影响。

云南革命党人把演说当作宣传革命的主要形式，认为它可以直接面对广大群众传播革命思想，宣讲革命道理，与传阅书报相比，效果更为迅速。开其端者为宣威留学安南（今越南）学生徐濂（字继周）。他在法属越南之河内留学，"感于越人受异族压迫之苦痛，又以身在国外，革命书报常得寓目，既归，革命情绪益烈"[23]。最初，徐濂开演说会的主张，赞成者很少，但他毅然"设桌备灯，独演于高等学堂门外，十夕接继，表同情者渐众，愿登演台者亦渐多"，于是谋划设立一个演说会，"而演台则扩充至五六处矣"。光绪三十三年（1907）二月十六日，也就是演说会第一次开会时，明确提出该会"欲将演说之范围，普及于全省各州县"的发展方向㉔。之后，省城昆明成立演说总会，尤以徐濂、杨振鸿（昆明留日学生）、胡源（同盟会员）等人的演说受群众欢迎。徐濂"秘密宣传革命，于是革命思想遂浸润于三迤"㉕，"不旬日间，地方顽固闭塞之积习为之一变"㉖。杨振鸿于"路矿利害痛切敷陈，往往声与泪俱，于是滇人一时咸振动"㉗。胡源是一个"敢想敢说的青年，揭露清朝外交失败丧权辱国种种事实，号召要大家起来维护国权，誓死力争，热情奔放，闻者动容"㉘。后来胡源又与杨友棠、马骧（大理留日学生）、杜韩甫（峨山留日学生）等同盟会员，以三迤学生总会为掩护，进行革命活动。他们经常举行演说会，时间定在星期日，地点或在黄河巷纸行会馆，或在龙井街两湖会馆及两粤会馆。演说广告一贴出，学生就不约而同踊跃参加。

演说总会成立后，除扩张演讲台外，还"以改良戏曲为其第二目的"。此议既出，演说会"会中人固不待论，会外人亦深为赞成"，其中"会员某君深通音律，当以从事于新曲之编制。而某名优闻之，则愿以多金购新装，准备开演新曲"㉙。留日学生认为，"戏曲是一个喜怒哀乐的活动画谱，最易动人感情，唱兴盛的能使人欢喜，唱衰亡的能使人悲哀，唱凶暴的能使人不平，唱英武的能使人奋发，且词调浅显，事理易明，不论老的、少的，男的、女的，富的、贫的，贵的、贱的，都能一听便解"，因此，"开通风气，莫妙于改良戏曲"㉚。江峰更作诗一首劝改小曲："声音自古感人多，艳曲淫词害若何。指顾烽烟忧四起，盲人体唱太平歌。"㉛因之新编戏曲，演唱新剧之风旋起。杨振鸿组织排演的《苦越南传奇》警醒国人，使"座中至有泣下者"㉜。戏曲界著名花旦翟海云，邹鲁在《云南光复》一文中称其为"党员而有气概者也"，称赞他"亲至上海购衣服，排演新剧，以灌输革命思想于普通人民"㉝。留日学生对翟海云也颇为首肯。据唯心回忆，有一天他从省城昆明城隍庙前经过时，看见无数男女塞住庙门，他以为出了什么奇事，也跟着凑上前去一看究竟，原来是翟海云组织排演的新戏要上演了。仔细打听才了解到，翟海云本是世家子弟，因年幼无知，误入梨园，到长大成人，悔恨不已，起初屡次寻死，后来想到既已陷身优伶，虽死也于名誉无补，不如仍在优伶场中，做些有益社会的事。他有感于当时"时局艰难，一班热心的人都出来为国家做事"，"懂教育的便出来办教育，懂实业的便出来办实业，懂商业的便出来办商务，懂军事的便出来办军事"，而他们优伶场中人若仍只是朝歌暮舞，过他们"那种热闹日子"，享他们"那种太平幸福"，只怕一旦身死名亡，就要与草木同腐了。因此，他召集同行，改良戏曲，"请几位名公"，"选些英雄豪杰铸造时势的事迹，志士仁人建设国家的历史，编成公堂戏本"，登台演出，借以"改换改换大家的耳目，鼓动鼓动大家的精神"，用生动感人的戏剧宣传改革、救国的进步思想。

同盟会云南支部成立后，一面积极发展会员，壮大队伍的力量，一面发动群众，向群众宣传革命思想。1906 年以后，支部陆续派遣同盟会员和其他积极分子，回滇开展活动。杨振鸿是云南留日学生中最早回国奔走革命的一位。返滇后，他与热衷于革命的李伯东秘密交往，介绍其加入同盟会，并鼓励李氏"组织机关，担任滇省革命事务"，李氏痛快地答应了。李氏邀李治、谢树琼、李鸿翔等 20 人，以在轩辕宫学拳为名，组织"兴汉会"，歃血为盟，订定章程，并向日本订购《民报》、《汉帜》、《复报》等书刊，以资宣传。李氏又著主张独立的《新云南》一书，欲寄往日本印刷，但不幸被邮局检出，未得刊行。又分别发动同志、联络各校学生组织"誓死会"、"敢死会"，准备了大批革命力量。如石屏的高朗、何瑛，河西的范石生、普善，云龙的董承志、王九龄，曲靖的施为章，大理的马明远、杨大用、李莲芳，腾越的李治、周从锡，普洱的段纯一、许景升等，都是同盟会的中坚。

另一位同盟会员张华澜㉝回滇后，起初在临安师范传习所任教，1908年来到昆明省会农业学堂担任史地教员，讲授中国历史地理，常于授课时"表达他的民族思想、民权思想、民生思想"。他讲课特色鲜明，内容生动活泼，如"每讲到历代外祸，就时代的背景与皇帝的昏庸，奸臣的卖国，人民的灾难阐发尽致"，讲到地理，"尤注重详叙中国历代疆域的沿革，那些是沦于外族，分析沦陷的因果，沦陷区人民所受杀戮抢掠的惨祸，人民反抗斗争的壮烈"。批评南北朝对峙的由来，晋宋偏安的耻辱，蒙古、满洲统治中国，奴役汉人，宋明两朝政治腐朽，专制政体的弊害，官僚政治的污秽，士大夫伪善小智的欺蒙，农民起义及遗民志士谋恢复的失败，评说得深入浅出，提倡民族气节和政治改革。他常"以尚气节、爱国族相号召"，称不劳而食的人专门剥削劳动者的行为是强盗行为，捐班的官僚是奸商市侩。权衡历史人物的功过，"表彰爱国家、为人民的民族英雄，反对狭隘的忠君、做一姓一人的奴才"。

此外，留日学生杨大铸（大理人）、黄嘉梁（大理人）、王九龄（云龙人）、王湘（富民人）、林春华（保山人）等，都与三迤学生总会密切联系，王湘还对陆军小学同学做了一些宣传革命运动的秘密活动㉟。此外，云南支部同盟会员还利用演讲、戏曲、书报、义务学堂、图书馆和运动会等各种宣传形式和活动，进行反帝反贪官污吏的公开活动。

随着帝国主义者夺取七府矿产的发生，更激起了青年学生的愤怒，他们在大西门内三迤会馆里组织了一个"三迤学生联合会"，随时准备示威游行。有一次在湖南会馆里集会，到会者约有数百人，发表了慷慨激昂、痛哭流涕的演说，当场有两个青年截指、一个割臂为誓，坚决表示非收回主权，誓不罢休。1910 年，在递交请愿书无果的情况下，陆军小学堂学生在昆明江南会馆集会，学生杨樾上台讲演法帝国主义者的无理侵略要求，申述英占缅甸，法据安南，两国人民沦为奴隶的惨痛事实，说："我们同学生长云南，决不甘心外国人来侵占我们的土地和我们的矿产主权"，并提议"非争回矿产，誓不罢休"，各班同学当场表示赞同㊱。继杨樾之后，赵永昌登上演台，演说完毕，即抽出匕首将左手臂割下一块肉，以示决心㊲。六月十一日，陆军学生数百人到咨议局力争，"有一生出刃断指，血淋淋地"，被校方劝回㊳。

省立师范学校曾发生过几次罢课风潮，影响颇大。一次为争七府矿产利权。清廷已同意法国提出的要求，把云南划为其势力范围，允许法国在云南优先开采矿产。经与云贵总督李经羲交涉，法国驻滇总领事将派专员来滇勘探七府矿藏。听闻此消息，同学们愤怒无比，采用集体罢课表示反抗，几乎全体初级师范完全科学生主动响应。当学生们涌到大门前准备集结游行时，学校当局急忙将大门关锁起来，阻止学生上街游行。后来，部分同学还因此而受到处理，"交学校严加管束"。同情学生罢课的直隶人英文教员张官云、算学教官贾儒珍在之后不久，愤然辞职。第二次是"三二九"黄花岗起义之后，七十二烈士壮烈牺牲的消息不断登载于报端，青年学生们受到极大鼓舞，革命热情高涨。该校完全科第一班同学又举行过一次为期一天的罢课。第三次罢课未成行，但也显示了学生的革命斗志。英国侵占我国片马，学生暗中准备罢课，后消息泄露，学校采取旅行金殿的办法，使罢课未能成功。其他学校也举行过此类罢课运动，如蚕桑学校有东川人刘世英、詹秉忠等为骨干进行的罢课。

此外，官、绅、商界也不甘人后，努力抗争。如关于腾越路务。在滇越铁路赶修期间，1902年英帝国主义者强索滇缅铁路的铺设权，并派工程师勘测腾越、大理一带的道路，与法国帝国主义者互争利权，并企图打通其从缅甸连接长江流域的属于英国势力范围的各省交通线。1906年，英领事照会总督重申前议，激起全滇人民的愤怒，于是绅、学界欲联合商界中人共同制止其行径，称"英领将令工程师于冬月中过界测勘，曾经督宪阻止。窃恐该领执拗过甚，势不能不令我全滇绅民团结，以图阻遏。现在绅界、学界已定于明日集众赴督辕递禀"，大意以"各修各界为宗旨"，请督宪照会英领事照约办理，并邀约商人马善斋作为商界代表，由绅、学、商界各自拟具一份公禀，前往办理⑩。又如自称"三迤职商"的施焕明、王百川、萧家盛、董润章、高凌云、袁嘉猷、米干臣、宋升培、马闲之、曹琳、米琨等就此事联名上书洋务局，请该局照会英领，订期开始谈判，他们认为"此路主权之保固与否，关系全滇生命财产之存亡，与其坐以待毙于异日，不如极力争阻于今日"，强调要与英领直面谈判，再三重申"职商等为全滇生命财产起见，不能不据理争阻"，决心坚定⑩。

早在同治初年，法国侵略者就从红河潜入云南探测矿源。1900年，由于法领事方苏雅私运军火到昆明，引发群众的示威抗议，法领事开枪伤人，愤怒的群众遂焚烧教堂。法国以此为借口，向清廷索要云南、澄江、临安、开化、楚雄、元江、永北七府矿产，竟得到允许，由此，七府矿权被出卖给英法隆兴公司，双方还就此订立了合约。1910年，隆兴公司总办到昆，要求履行合同，激起全省人民的愤激。在革命党人胡源、李德沛的领导下，滇中议设"保存云南矿产会"，连日集众会议，组织学生向咨议局请愿。在学生的带动下，士绅中也引起了废约的争论。云南士绅曾数次集议，并成立"矿务研究会"，以备筹商对付方法。滇省咨议局也于1910

年6月15日召开协议会，公呈废约④。咨议局议员李增提出："隆兴公司条约成，吾滇即可谓之亡！"建议"督部堂秘密奏拨滇蜀腾越铁路股款50万两暂充云南全省矿务总公司基金，由全省人民公举代表总成其事，速行开采"，并强调"成败利钝，安危存亡，在此一举"⑫。政坛名宿周钟岳也因此事"决意辞职赴京"，并于1911年与李灿高邀请在京任职的云南同乡在滇学堂开会，会商隆兴公司一事，议决"请部力主废除"隆兴公司矿约。经过努力争取，"英法已允废约，惟要索公司开办费及勘矿费，政府允给予赔偿，不由云南负担"⑬。当时，"在昆明有两千多人汹汹涌涌地吼着到西院街巡抚衙门请求巡抚，不准签约，巡抚见人多势众，怕生出事来收拾不了，也就不敢签了"，游行队伍从巡抚衙门出来接着又来到法国领事馆门前，"成千上万的群众怒吼起来，还用石头打进领事馆去"⑭。

图上 5-6 片马英雄纪念碑

经过各界努力，终于形成"始于学界的呼号奔走，报界之警觉提撕，其次则绅、商、军、农各界，凡关心时局者靡不遗为隐忧"的有利形势，滇督李经羲也不得不表示和民众一起"抵制"。反对英法霸占七府矿权的斗争取得胜利。

1910年12月，英军2000多人占领了云南西北要隘片马地区。全滇民众的不满情绪瞬间爆发。"滇人士四方奔走，言争界事甚切切"，官绅界也各尽所能，力争夺回片马，"陈荣昌奏参兴禄、石鸿韶画界失地；王人文、赵鹤龄奏争重勘滇缅界；杨觐东上界务书……李根源赴片马侦英兵，绘山川、道路、地形、要隘图归省"，然均不被采纳⑮。英占片马的次年，云南咨议局组织"保安会"，要求英军撤兵，并会同云南商务总会通电发动抵制英货，各地商会纷纷响应，认真执行⑯。咨议局的士绅们也频频发出呼吁："（英军）今竟恃强侵占，派兵二千余，据我片马、粮屯、他夏，势将北进扼蜀藏咽喉，规长江流域"，感到"大局甚危"，拟先不买英货为文明抵制，继而呈请派兵防御，后商请云南商务总会知照直隶及各地商会协力抵制，认为此事关"通省安危，非一省一隅危难所关"，应"结团体"、"维疆域"⑰。绅士陈德谦等筹设"中国保界会"，以为警告，以资研究，云南督府批复曰："保持界土，凡属国民，人人皆负此义务，刻刻应悬此思想，无待结社集会也"，对他们的爱国热诚给予了肯定⑱。商务总会也印发传单号召各界抵制英货，商界的反馈尤为突出，如众议抵制英货纸烟一事，认为"尤宜折截禁止，除此大害"，规定"自本月廿日实行抵制，以后凡我国民，如再有私向该公司买者，实甘为奴隶，一经查出，实行公议，从重惩罚。又限一月后，凡各摊铺纸烟……一律停止买卖，不得借名存货，任意私销，若一月后仍有售卖英国纸烟者，当众取出烧毁，并另议罚则"，态度甚为明确⑲。

通过云南留日学生、同盟会的大力宣传和策动，教育团结了大批社会各阶层人士，结成了广泛反帝反清统一战线。士、农、工、商、学无一不包，官、绅也受到极大鼓舞，积极参加各种政治运动，各少数民族人民也在其中扮演了重要角色。与此同时，"滇人士愤滇吏之昏昧误事、贪庸卖国，非常激愤。有慷慨流涕到处演说者，有欲舍生取义杀身成仁者，有作书报自行出资印刷送人者"⑳，使滇人"知道云南危亡，非用死力不能挽救"㉑，"虽下至妇孺，亦多有之知云南之危及亡国之惨，而愿闻救亡之策者"㉒。当时掀起了一个全省群众反帝国主义、反清政府统治的高潮。推翻帝国专制、建立民主共和国的思想犹如寒冰下涌动的春潮，即将破冰翻腾。

第三节　民族主义与重九光复

民族主义高涨　重九光复

随着中华民族危机和清朝统治危机的急剧加深，在 20 世纪最初 10 年间，中国兴起了规模空前的旨在推翻清朝反动统治的反满思潮。

鸦片战争以后，外国资本主义的入侵使中华民族日益陷入危机之中；清朝封建统治系统更加腐败，加速进入日暮途穷的境地。鸦片战争之后 50 余年爆发的甲午战争，向世人宣告中华民族已经发展到了十分危急的关头。恰如孙中山所说："中国积弱，非一日矣！……近之辱国丧师……庸奴误国，涂〔荼〕毒苍生，一蹶不兴，如斯之极。方今强邻环列，虎视鹰瞵，久垂涎于中华五金之富、物产之饶。蚕食鲸吞，已效尤于接踵；瓜分豆剖，实堪虑于目前。有心人不禁大声疾呼，亟拯斯民于水火，切扶大厦之将倾。"⑤此情此景，像雷鸣闪电一般震惊国人，点燃起中华民族救亡图存的熊熊烈火。

云南地处祖国西南边陲，法帝国主义将大清的藩属越南沦为殖民地，英帝国主义将大清的藩属缅甸沦为殖民地。云南边疆藩篱尽失，门户洞开。马嘉里事件、云南开关、滇越铁路通车、七府矿权丧失、昆明教案、片马事件等，使云南陷入空前的危难之中。云南人上至总督、巡抚，下至平民百姓，对于国家危机、云南危机、边疆危机更有切肤之痛的伤心，由此激起更加强烈的民族主义义愤。时人对此描述说："滇自缅、越失后，英伺其西，法瞰其南。巧取豪夺，互相生心。未几而有滇缅划界蹙地千里之约；未几而有攫取滇越铁路建筑权之约；未几而有掣七府矿产之约；未几而有云南、两广不许割让他国之约。部臣不敢拒，边吏不敢争，而西南之祸烈矣。"

云南有识之士指出，清王朝的孱弱无能导致中国主权尽失。在人事、教育、警察、税务、货币、交通、矿产、邮政、军事、法律等方面，任外国施加影响。帝国主义的势力已深入到我国国家行政的各个方面，我国主权、独立权面临着严重的威胁，但清廷对此不加任何干涉，漠然处之。为了救国之不亡，保种之不灭，必须奋起抗击外敌，"欲保存权利，必先抵制外人；欲抵制外人，必先抵制政府"⑭。号召人民起而反对、推翻卖国的清政府，尽一己之力保存国土。要不甘心当洋人的奴隶，受外国列强的侵略，就必须起来与帝国主义作斗争，与帝国主义的在华统治工具清王朝作斗争。

光绪三十二年（1906），清王朝要求日本政府将孙中山驱逐出境。孙中山决定转移到越南河内。河内地邻两广、云南，法越殖民当局对革命党较为包容，在河内发展革命，地理条件较为优越。河内有同盟会建立的分部，有华侨同志数百人。同盟会河内分部有知识分子、商人、工人、士兵等，为发展革命提供了组织条件和人力条件。孙中山等以河内为基地，先后发动了黄冈起义、惠州起义、防城起义、镇南关起义。防城和镇南关起义失败后，孙中山选定河口开展下一次起义。

孙中山令胡汉民坐镇河内统筹指挥，黄明堂、关仁甫、王和顺入滇率军起义。光绪三十四年（1908）三月二十九日凌晨两点起义。四点，占据河口城，城内警察和兵卒相继反正。午后四点，河口完全被革命军占领。

四月下旬，清军桂、川、黔援军开到，向王和顺大营进攻，在泥巴黑附近相持二十余日。王和顺军子弹告竭。二十三日，王和顺到河口与黄明堂相商，约定全军开往普洱府，袭取思茅为根据地。此时，黄明堂部也因河内机关部送粮通道被禁闭，有绝粮之虞，赞成王和顺的提议。约定两军同时开往巴沙集合，会师进取思茅。但黄明堂部先到巴沙，未等王和顺部便私自向思茅开进。在下田房与柯树勋部蒋炳臣大队相遇，战败退回河口。王和顺闻讯后，知进军思茅之议已然失败，也退到河口⑮。

退到河口后，王和顺想与清军拼死一战，战败则退到越南。黄明堂则主张保存实力，移师桂边。此时，军中士气不振，黄明堂的提议得到大部分人的赞同。于是，黄明堂、王和顺和革命军各部首领，先撤入越南；部众由何护廷、马大等率领入桂，在马白与清军龙济光部相遇，后有王正雅部追击，部众退入越南山西太原。驻防法国军队要求缴械，遭到革命军拒绝，两军遂开战。"革命军多游勇出身，出没无常"，战线拉得很长，法国士兵疲于奔命。相持数月，法军请当地土豪梁正礼出面调停，革命军接受议和。革命军缴械后，由法方给予旅费后送往南洋安置。

图上 5-7　河口起义纪念碑红河魂（张黎波提供）

　　河口起义虽以失败而告终，但它为后续革命积累了经验，培养和锻炼了中坚骨干，其功不可灭。同时，对清王朝在云南的统治也是一次较大冲击，促进了民主革命思想在云南的传播。

　　河口起义的消息传到日本后，在留日学生中引起很大反响。留学比利时的中国学生得知清廷向法越殖民当局借兵镇压河口起义后，急忙发电报给东京《云南》杂志社。这个消息很快在留日学生中传开，他们极为愤慨，认为清政府是"将云南一十四万六千六百八十方英里之土地，一千二百数十万之人民双手捧送法人，以图换取革命党数人之头颅"⑤⑥的做法，无异于将云南转卖、奴隶于外国列强。

　　李根源、赵伸、吕志伊、杨振鸿等倡议在东京成立云南独立会，并在东京神田锦辉馆召开独立会大会，参会者达 4000 余人。大会罗列清朝罪状，义正词严地宣布："清政府盗卖云南、与云南断绝关系，云南人即宣告独立，与清政府断绝关系。"⑤⑦

　　五月间，杨振鸿、何畏一行到达新加坡，并拜见了孙中山，向其报告了到滇西发动起义的想法，中山先生十分赞同。数日后，孙中山和他们讨论起滇西革命的步骤，中山先生送给他们一册《革命方略》，内容包括发动起义的步骤、起义胜利后政府的组织、机关的设置、钱粮的征收、军队的编制和囚犯的释放等，比较具体详细。中山先生对杨振鸿等说：滇西起义可以遵照（《革命方略》）办理，决不致错误。

十月，慈禧和光绪去世，民心更加动摇，何畏再次写信给杨振鸿，希望他尽快来永昌领导起义。杨振鸿接信后，立刻前往永昌，沿途运动革命。消息为云贵总督锡良所获，悬赏两万金缉捕他。杨振鸿毫不畏惧，到盏达活动土司刀春国。又到蛮允发动防营管带杨发生起义，杨发生表面上同意革命，暗地里却派兵堵截杨振鸿。杨振鸿只能昼伏夜出，绕行鸟道。一路劳顿，到潞江，冻卧一夜，感染疟疾。冬月二十八日，杨振鸿终于到达蒲缥，与何畏相见于何子仁家。因之前风声太紧，民军各部首领

图上 5-8 杨振鸿像（采自何耀华主编《云南通史》，中国社会科学出版社 2011 年）

四处逃散，不易召集人手，何畏建议暂缓起义。但杨振鸿"坚持非做不可"，并提出作战计划，即先占永昌，再攻腾越，取大理、顺宁和昆明。由昆明编练 20 万革命军，10 万攻四川、3 万进贵州、3 万出广西、4 万留守云南和策应各军。取得滇、川、黔、桂之后，革命军之基础逐渐稳固，然后取武汉、南京、长安、北京以光复全国。在杨振鸿的作战计划鼓舞下，何畏同意起义，并承诺召集 200 农民攻城。

商定后，杨振鸿前往丙辛街的满林寨等消息，何畏回永昌城召集人手。何畏与民军约定，腊月初四夜间人静后，到五里亭附近的豆田内集合，等杨振鸿来汇合后，进攻永昌城。这时，永昌城又增加了一营巡防军，而何畏联络的民军中，有四分之一的人尚无完全把握。何畏感觉民军人数太少，想将这种情况告诉杨振鸿，让其决定是否起义。四日下午，何畏到满林寨找杨振鸿，但杨振鸿成功心切，已先入永昌城。黎明时分，何畏找不到杨振鸿，便解散了队伍。永昌起义因准备不足，联络

不善而宣告失败。

杨振鸿在永昌城内巡游一周，未见起义，便于黎明时分返回满林寨，清兵追至，急往蒲缥退去。行及半里，杨振鸿病情加重，至蒲缥何家寨，已入膏肓，医治无效，于十二月十一日卒。临终之前，杨振鸿让何畏转告李根源和缅甸革命同志，他走以后，革命工作仍要继续推进，他的工作可交给李根源承继。

河口起义和永昌起义"虽然都失败了，但是革命的影响却在云南日益扩展起来"[38]。

继承杨振鸿革命遗愿的张文光，在云南首先举起了响应武昌起义的革命大旗，领导同仁在腾越起义并获得胜利，云南露出了民主革命胜利的曙光。

张文光，字少三，腾冲人。祖上世代经商，家资殷实，但传到文光这代，已是家道衰落。文光自小性情豪爽，好打抱不平，平时疏财仗义，与各界人士都有结交，尤其是哥老会分子。张文光来往滇缅做玉石生意的这些年，正是杨振鸿、黄毓英、秦力山等支持河口起义失败后，在缅甸和滇西发展革命势力的时期。张文光首先与在弄璋经商的刘辅国结交。刘辅国早已接受革命思想，此时正在绅商中发展革命势力。他向众绅商传输革命思想，深得张文光赞赏。经杨振鸿、黄毓英介绍，文光加入同盟会，开始了其民主革命生涯。

宣统三年（辛亥）九月六日午后两点，张文光于腾冲南城五皇殿召集同志，盟誓举义。义军自九点至十二点，先后攻占各署局，腾城遂定。初七日，张文光在自治局开演说会，军、商、学界代表参加。他在演说中阐明了腾越起义的由来和宗旨。演说毕，各界人

图上 5-9　张文光画像（采自何耀华主编《云南通史》，中国社会科学出版社 2011 年）

士共推张文光为滇西军都督，在镇署成立滇西军都督府，此为"云南省内最先建立起的资产阶级政权"[59]。于是，以九星旗为旗帜，改黄帝纪元；向国内外发布布告；整顿军队，派兵向永昌、顺宁进发；设立军政府机关财政局、裁判局、警务局、参议处、团练处、银行税关、秘书处、参谋处等，任用林春华、曹之骧、祝宗云、张鉴安、李治等地方士绅或负时望者承担要职[60]。孙中山听说腾越起义获得成功后，特地从香港发来贺电表示嘉奖[61]。

李根源、蔡锷等得到武昌起义的消息后，就聚集在刘存厚、沈汪度、唐继尧家密谋响应。会议确定，九月初九日凌晨三点，分两路进攻昆明城。第一路由蔡锷率领。罗佩金部负责进攻总督署、交涉司署、臬司署、粮道署、粮饷局等；谢汝翼部负责进攻南门和大东门；庾恩锡部负责占领大、小西门；刘云峰部占领小东门。第二路为李根源率领的第七十三标，手下干将有李鸿祥、刘祖武、张开儒等，负责占领军械局、五华山、圆通山、藩使署、盐道署、财政局、提学

图上 5-10　李根源像（采自何耀华主编《云南通史》，中国社会科学出版社 2011 年）

司署、机器局、龙元局（即银元局）、电报局、大清银行等。另外，讲武堂监督沈汪度、教官顾品珍、张子贞等，负责率领讲武堂、陆军小学堂和体育学校学生作为内应，打开城门。

初九日八点，北校场七十三标第三营管带李鸿祥在分发子弹准备起义的时候，被队官唐元良发现，排长黄毓英立即将之击毙。顿时枪声四起，革命不可遏止地爆发了。第三营士兵首先响应，第二营管带齐世杰仓皇出逃，队官马为麟率全营士兵响应。七十三标统带丁锦拒绝反正，率标部卫兵和第一营士兵向二、三营射击，不久便被打败，丁锦狼狈逃

跑。此时，李根源也率领革命军浩浩荡荡地向昆明进发⑫，到莲花池时稍作停顿，宣布起义宗旨，并准备攻城。由于此时才九点半钟，还没到约定时间，讲武堂学生没有来开城门。黄毓英、蒋光亮等人遂搭成人梯，越墙打开城门，革命军一拥而入。李根源随即分兵攻打各处，自己则与李鸿翔、刘祖武率队进攻军械局。九点，蔡锷接到李经羲的救援命令，确定李根源已先期行动。十点半，在巫家坝集合部队，说明起义宗旨。士兵听后，莫不欢欣鼓舞，奋勇效命。蔡锷进城后，按原计划部署军队作战。罗佩金率唐继尧、刘存厚、庾恩锡、刘云峰等围攻总督署，经两个多小时血战，革命军死伤30余人，至十日下午一点半，攻占总督署，李经羲的卫队投降，全城大定。

昆明全城光复后，蔡锷和李根源在江南会馆设司令部，宣布云南独立。发出布告以安民心，派兵保护衙署公款文件，邀请政、商各界要人和地方重绅开会，招安辎重、警察、巡防队和逃散兵卒，并照会英法驻滇外交官。十一日，蔡锷突然在总督署悬大旗，称正司令部；李根源也在五华山两级师范学堂称军司令部。一时，两个司令部并行。直到午后一点，李根源主动去找蔡锷，请他取消总督署的正司令部，前往五华山两级师范学堂筹设大汉军政府。军政府成立后，便开始各项治理工作。"一切善后布置，俱能井井有条，秩序上之整严，实为南北各省之冠"⑬。

昆明重九起义成功，全滇震动。云南各地纷纷反正。随着云南军都督府光复电文的到达，不少地方的大清末世官员们，纷纷采用传统方式，表示了他们对新政权的拥护。"富民县知县竟以黄笺纸缮写成表文，劝进大位。又有作奏折体者，称大汉军政府陛下，投降表者，形形色色，无奇不有，投效及条陈，三四日间，计收三百余件"⑭。但并不是所有地方的光复，都是如此的简单和波澜不惊。滇西经历了大理反正、腾榆冲突和滇西军都督府的撤销才最终光复，滇南也经历了临安起义和蒙自兵乱。至蒙自兵乱的平定，云南基本上完成了推翻专制主义王朝，建立民主共和国的使命。清王朝在云南统治的全面崩溃，期许着民主时代已经露出曙光。云南文化随着专制主义皇权政治的结束进入了民主、自由的新时代。

辛亥革命促使云南的思想、诗文、历史编纂呈现前所未有的新景象。

第四节　辛亥革命将领的诗文

杨振鸿　蔡锷　李根源　唐继尧

1911 年 10 月 30 日（农历九月九日）云南军民推翻清王朝在云南的统治，成立了以蔡锷为都督的"大中华国云南军都督府"。辛亥革命的胜利带来了思想上的一大解放，几千年来被视为神圣的皇权都能打倒，还有什么反动的、落后的东西不可改造呢？云南人靠自己团结奋斗，能在推翻帝制、建立民国的斗争中作出贡献，也能在同窃据民国招牌实行复辟的反动军阀袁世凯的斗争中奋勇当先，力战取胜。因而 1915 年 12 月以敢为天下先的精神，发动了护国讨袁的正义之师，很快得到全国的响应，粉碎了袁世凯复辟的美梦，在中华民国史上写下了光辉的一页。在辛亥革命、护国战争中，将领们写下了不少动人的激情洋溢的诗文。

杨振鸿（1874—1908），字秋帆，号思复，昆明人。在日本振武学校学习时加入同盟会。丙午（1906）毕业回滇，任云南体操学校校长，提倡革命，振醒人心，旋调腾越巡防军管带。积极组织起义，曾三次着手，均遭失败，艰辛备尝，呕血而死。他赴腾越时，于广通题壁《述怀》诗云："欲起神州文弱病，拼将颈血溅泥沙。头颅断送等闲事，一点血痕一树花。"又有《步广通沈剑侯大令（宗傅）赠别原韵》诗："破碎河山陆沉久，招魂剩有劫余身。漫将祖国兴亡事，付与东西南北人。""奇杰消沉孽海中，百川孰障使之东。不如跃上舞台去，立马华山第一峰。"英姿豪迈，热血沸涌，触手可感。到腾越后，革命屡挫，处境艰难，犹自励奋发，他在《别腾越诸同志感赋二律》其二中写道："山光暗淡水波寒，此日前途不忍看。电掣风驰追骑近，虫吟猿啸旅魂安。箫吹世上难忘楚，椎击沙中为报韩。差幸人心犹未死，惊涛倒卷障狂澜。"又在词《满庭芳》下阕中写道："世无干净土，涉身此际，坐卧难安。虽抱满腔热血，又向谁弹？肠断鹃声啼破，伤心泪洒遍西南。莫思量，舞刀直进，沙场死亦甘。"他以鲜血和生命，实践了自己的心愿。民国成立后，大总统明令赠左将军。云南军都督府谥称忠毅，铸铜像立于昆明金碧公园。

蔡锷（1882—1916）是云南辛亥革命的主将，字松坡，湖南邵阳人。

日本士官学校毕业后，任广西新兵标统，后升协统，兼广西陆军小学总办、兵备处会办。1911 年春调云南任新军十九镇三十七协统领。同年 10月 30 日率部起义，光复云南，成立军政府，被推为都督。1913 年调北京任经界局督办。其后袁世凯复辟的阴谋逐渐显露，蔡锷于 1915 年 12 月 19 日历尽艰险，潜回昆明，与云南唐继尧等将领谋划兴师讨袁，并于 12月 23 日通电全国，25 日宣布云南独立。蔡亲率护国第一军入川，在纳溪棉花坡一带与北洋军鏖战，屡挫敌焰，为战胜顽敌起了重要作用。护国起义得到全国响应，取得胜利。蔡锷不幸患病，1916 年病逝于日本，追赠上将，举行国葬。孙中山挽联云："平生慷慨班都护，万里间关马伏波。"

　　作为一位杰出的军事家，蔡锷一生留下了论文、演说辞、函札、电报、公牍、诗词、札记等近 600 篇文稿，重点是军事。平时思深虑远、不露声色，所作诗词不多，且较含蓄蕴藉。如 1900 年写的《杂感十首》其五："陈年旧剧今重演，依样星河拱北辰。千载烟波长此逝，秋风愁杀屈灵均。"这里"陈年旧事"指 1860 年英法联军攻入北京。屈灵均，指伟大的爱国诗人屈原。借古喻今，以前贤自况，令人深思。末首云："而今国士尽书生，肩荷乾坤祖宋臣。流血救民吾辈事，千秋肝胆自轮菌（困）。"轮菌，即纠结，或作高大解。在战斗中有《军中杂诗》二首，其二云："绝壁荒山二月寒，风尖如刃月如丸。军中半夜披衣起，热血填胸睡不安。"气候严寒，两军苦战相持，丝毫不敢懈怠，运筹帷幄、寝食不宁的形象，呼之欲出。蔡锷的文章在辛亥革命前的《致湖南士绅书》、《军国民篇》系留学日本时，考察分析中外形势，提出救国图存之策，提倡尚武精神，革除驯良懦弱之习，让中国雄飞于世。辛亥、护国中电函交驰，果决善断，及至护国胜利，任四川督军。告假治病时《告别蜀中父老文》，言词恳切，"去因负蜀，留且误蜀；与其误也宁负。倘以邦人诸友之灵，若药瞑眩，吾疾遂瘳，则他日又将以报蜀者补今负蜀之过，亦安在其不可？锷行矣，幸谢邦人，勉佐后贤，共济时艰"⑮。病中真言，其情也深，其言也哀。

　　李根源（1879—1965），字印泉，又字雪生、养溪，别号高黎贡山人，晚年又号叠翁，故居在今梁河南甸。1905 年在日本振武学校学习时参与同盟会的成立，与杨振鸿等组建同盟会云南支部，创办《云南》杂志，宣传反清救国的思想。1909 年秋任云南陆军讲武堂监督兼教官，后任总办。以"坚韧刻苦"为校训，以爱国大义激励学员，讲武堂成为培养革命骨干的重要基地。1911 年 10 月 30 日云南辛亥起义中，与李鸿祥、刘祖武等夺取清军七十三标兵权，从昆明城西北攻占五华山。云南军政府成立，任军政部总长兼参议院院长。著有《曲石诗录》、《曲石文录》、《雪生年录》等多种。李根源在日本编《云南》杂志时，被推举为庶务干事（经理、总编），撰写署名或不署名的文章，1906 年被留日学生推举为代表回国，控告云贵总督丁振铎误滇祸国，洋务局总办兴禄贪污卖国，在上海《中外日报》、北京《中国日报》发表《记丁振铎事》、《记兴禄事》等文章。同时撰《永昌府属历史上之遗迹》等文，以王靖、李定国、刘綖等抗击外敌、保卫边疆的历史事迹，唤起国人笃爱乡土之情，提高必胜的信念。李根源亦好诗，其《曲石诗录》十六卷，多为古体，抒情言事多率真。如《辛亥重九云南光复与讲武同学作》："誓扫腥膻复汉仪，三年磨剑九龙池。彩云又见登高日，正是东胡毕命时。""一腔热血洒西陲，蒲缥羁魂天地悲。今日华山扬汉帜，九原真可慰吾师。""吾师"指杨振鸿，他病逝于蒲缥。又如《大盈江》："盈江环吾门，文澜绚千载。下汇大金沙，朝宗入南海。"以水抒情，志存高远。《董库谒张少三如兄都督墓》云："峣峥间气产人英，武侠能成不朽名。热海竟留千古恨，坟头杜宇唤冤声。"少（绍）三，名张文光，腾冲董库村人，辛亥腾越起义的主将，比昆明重九起义还早三天。后被诬，于腾冲热海遭害。后李根源请求国民政府为张文光昭雪，追赠中将。

唐继尧（1883—1927），字蓂赓，别号东大陆主人，会泽人，是云南辛亥革命将领之一。他在日本振武学校学习时，曾写了不少笔记，后从其中选出 188 则，以《会泽笔记》为书名出版，从中可窥见他的志向、胸襟。如第 44 则："国弱如此，虽列王侯，亦辱。将来使国威振扬，虽退为平民，亦荣。"第 18 则："古者英雄所驱驰争逐者，不过中原数区之区，吾人欲为华胄增光，应放的于亚洲之外，与欧人一较雌雄，方不愧为二十世纪之中华男儿也。"第 66 则云："吾身，国之身也；忍辱求学，为国也。今日所流血汗，为后日洗国耻、涤国仇之用也。"由此也约略可见其青年时代思想志向。唐继尧也有诗，曾以《东大陆主人言志录》结集印行。其中《戊申（1908）元日》诗："世态炎凉恨未均，苍生多少竟忧贫。雄心起舞刘琨剑，誓代天公削不平。"写于己酉（1909）年的《春夜看剑》："挑灯看剑意偏雄，质炼精金气化龙。霹雳一声飞出匣，八千子弟快从风。"从日本归国途中作《九日步古霞志恨原韵》："万种忧愁暂扫开，汉家何代无雄才。使君与我都年少，好把江山扶转来。"1911 年《三月与松坡诸君游昙华寺》："涤将心镜净无瑕，照遍人间亿万家。不是阿侬偏太苦，四方多难忍看花。"这些诗反映了唐继尧从留学日本到学成归滇时的思想感情，以及扫除人间荆棘、重整山河的理想愿望。其后唐继尧挑选其中的部分诗作写成书法作品，以《唐会泽遗墨》为书名，影印出版，章炳麟题签。如手稿"江山放眼谁为主，大地茫茫任我行。事业英雄宁有种，功名王霸总无情。千年老树饶生意，百尺寒潭有道心。举世由来平等看，誓凭肝胆照苍生"。署"东大陆主人"，钤"萆赓"印。再如他 1910 年《泛昆明湖作》："宝剑由来最解情，匣中常作不平鸣。光芒欲夺清秋月，惹起蛟龙海上听。"钤"东大陆主人"印。

唐继尧是云南辛亥革命、护国战争的功臣之一，他辛亥革命的诗文同样值得肯定。在列强瓜分中国，民族危亡之秋，欲做"东大陆主人"，也是他爱国思想的表现，无可厚非。

【注释】

① 参见周立英：《晚清留日学生与近代云南社会》，云南大学出版社 2011 年。

② 陈荣昌著，周立英点校：《〈乙巳东游日记〉点校》第 75 页，云南美术出版社 2007 年。

③ 一次是《民报》被查封，《云南》杂志受到牵连，被迫停刊。第二次是社员在杂志社试制炸药，意外爆炸，引来日警，杂志被迫停刊。

④ 李复：《纪戊申元日本报周年纪念庆祝会事》，载《云南》第 13 号第 125—126 页。

⑤ 周立英：《晚清留日学生与近代云南社会》，云南大学出版社 2011 年。

⑥ 侠少：《国民的国家》，载《云南》第 13 号第 19—20 页。

⑦ 侠少：《国民的国家》，载《云南》第 14 号（原件缺），转引自中国科学院历史研
　究所第三所编《云南杂志选辑》第 141 页，科学出版社 1958 年。

⑧ 雄飞：《国民势力与国家之关系》，《云南》第 8 号第 3 页。

⑨ 参见周立英：《晚清留日学生与近代云南社会》，云南大学出版社 2011 年 11 月。
　本节采用周立英研究成果甚多，谨此致谢。

⑩ 《新纂云南通志》卷一六四《外交考一》第 2 页。

⑪ 陈荣昌：《虚斋文集》，木刻本，第 3 页。

⑫ 陈荣昌：《虚斋文集》，木刻本，第 3 页。

⑬ 国家档案局明清档案馆编：《戊戌变法档案史料》第 367 页，中华书局 1958 年。

⑭ 陈荣昌：《乙巳东游日记》，光绪三十一年云南官书局木刻。

⑮ 中科院历史研究所第三所编：《云南杂志选辑》第 81 页，科学出版社 1958 年。下同。

⑯ 《云南杂志选辑》第 110 页。

⑰ 《云南教育官报》第一期选编。

⑱ 刘英杰主编：《中国教育大事典：1840 年以前》，浙江教育出版社 2004 年。

⑲ 朱德：《辛亥革命回忆》，收于中国人民政治协商会议全国委员会文史资料研究委
　员会编《辛亥革命回忆录》第 1 集，文史资料出版社 1981 年。

⑳ 《光复起源篇》，中国人民政治协商会议云南省委员会文史资料研究委员会编《云
　南文史资料选辑》第 5 辑，该会 1964 年版第 266 页。

㉑ 阙名留学生编：《泰西学案》铅印 4 册。第 3 册末有 "高等学堂中学教习赵镜潜讲
　述" 字样，赵氏乃 1904 年派遣的嵩明留学生，所以疑该书为回国后所作。

㉒ 阙名留学生编：《泰西学案·序》。

㉓ 《续云南通志长编人物草稿》，转引自昆明市志编纂委员会《昆明市志长编》卷八
　（内刊）第 75—76 页。

㉔ 《云南》第 6 号第 128 页。

㉕ 《云南辛亥革命长编》，中国科学院历史研究所第三所编《云南贵州辛亥革命资料》
　第 98 页，科学出版社 1959 年。

㉖ 云南杂志社启：《云南旬报出现》，《云南》第 18 号第 866 页。

㉗ "振动"，原本作 "振董"，今改。

㉘ 孙天霖：《辛亥革命前云南的学生运动点滴》，中国人民政治协商会议云南省委员
　会文史资料研究委员会编《云南文史资料选辑》第 1 辑，该会 1962 年版第 130 页。

㉙《云南》第6号第128页。

㉚《滇省改良戏曲纪事》,《滇话》第1号第51页。

㉛ 江峰:《杂诗》,《云南》第2号第103页。

㉜《云南辛亥革命长编》,《云南贵州辛亥革命资料》第97页。

㉝ 中国史学会主编:《辛亥革命》(六)第221页。

㉞ 张华澜,辛亥革命以前名儒澜,字芷江,石屏县人,举人。

㉟ 孙天霖:《辛亥革命前云南的学生运动点滴》,中国人民政治协商会议云南省委员会文史资料研究委员会编《云南文史资料选辑》第1辑,该会1962年版第131页。

㊱ 社会人士沐君舟供稿:《清末各学校争七府矿权斗争的经过》,转引自昆明市志编纂委员会《昆明市志长编》卷八(内刊)第185页。

㊲ 沐君舟供稿,转引自昆明市志编纂委员会《昆明市志长编》卷八(内刊)第185页。

㊳ 周钟岳手稿:《惺庵回顾录》,昆明市志编纂委员会《昆明市志长编》卷八(内刊)第182页。

㊴ 昆明市工商联存:《铁路公司全卷》,昆明市志编纂委员会《昆明市志长编》卷八(内刊)第147页。

㊵ 昆明市工商联存:《铁路公司全卷》,昆明市志编纂委员会《昆明市志长编》卷八(内刊)第148页。

㊶《滇中争废矿约纪略》,《云南》第20号。

㊷《议员李增请拨路款成立矿务公司意见书》,载《云南咨议局第二届议案一览》,转引自昆明市志编纂委员会《昆明市志长编》卷八(内刊)第187—188页。

㊸ 周钟岳:《惺庵回顾录》手稿,转引自昆明市志编纂委员会《昆明市志长编》卷八(内刊)第188页。

㊹ 退休老医生郭乐山口述,转引自昆明市志编纂委员会《昆明市志长编》卷八(内刊)第183页。

㊺《张文光光复腾越记》,中国科学院历史研究所编《云南贵州辛亥革命资料》第62页。

㊻ 万湘澄:《云南对外贸易概观》第102—108页,新云南丛书社1946年。

㊼ 昆明市工商联存:《云南商务总会抵制英货卷》,转引自昆明市志编纂委员会《昆明市志长编》卷八(内刊)第201页。

㊽ 昆明市工商联存:《云南商务总会抵制英货卷》,转引自昆明市志编纂委员会《昆明市志长编》卷八(内刊)第202页。

㊾ 昆明市工商联存：《云南商务总会各项公司立案全卷》，转引自昆明市志编纂委员
会《昆明市志长编》卷八（内刊）第 207 页。

㊿ 《滇人之愤激及地方自治思想之发达》，《云南》第 6 号第 89 页。

51 《滇省改良戏曲纪事》，《滇话》第 1 号第 55 页。

52 《省城演说会之成立》，《云南》第 6 号第 128 页。

53 《檀香山兴中会章程》，《孙中山全集》（一）第 19 页

54 雄飞：《国民势力与国家之关系》，《云南》第 11 号第 12—13 页。

55 《戊申云南河口革命军实录》，冯自由：《革命逸史》第 5 集第 146 页，中华书局
1981 年。

56 《云南留日本同志檄国内反对清政府借外兵文》，收于中国科学院历史研究所第三
所编《云南贵州辛亥革命资料》第 20 页，科学出版社 1959 年。

57 《云南留日本同志檄国内反对清政府借外兵文》，收于中国科学院历史研究所第三
所编《云南贵州辛亥革命资料》第 22 页，科学出版社 1959 年。

58 朱德：《辛亥革命回忆》，收于中国人民政治协商会议全国委员会文史资料研究委
员会编《辛亥革命回忆录》第 1 集第 3 页，文史资料出版社 1981 年。

59 张天放：《辛亥腾越起义的历史回顾》，收于政协云南省委文史资料委员会编《云
南文史资料选辑》第 15 辑第 60 页，1981 年。

60 参考曹之骐《腾越光复纪略》，收于中国史学会主编《中国近代史资料丛刊·辛亥
革命资料丛刊》第 6 册第 234 页，上海人民出版社 1957 年。

61 参考周开勋《腾越起义的一点回忆》，收于政协云南省委文史资料委员会编《云南
文史资料选辑》第 15 辑第 74 页，1981 年。

62 此处据孙种因《重九战记》（收于中国史学会主编《中国近代史资料丛刊·辛亥革
命资料丛刊》第 6 册，上海人民出版社 1957 年），该部的领导人为李根源；另据
李鸿祥《昆明辛亥革命回忆录》（收于中国科学院历史研究所第三所编《云南贵州
辛亥革命资料》，科学出版社 1959 年），领导人为李鸿祥。

63 参考蔡锷《滇省光复始末记》，收于中国史学会主编《中国近代史资料丛刊·辛亥
革命资料丛刊》第 6 册第 225—227 页，上海人民出版社 1957 年。

64 参考孙种因《重九战记》，收于中国史学会主编《中国近代史资料丛刊·辛亥革命
资料丛刊》第 6 册第 245 页，上海人民出版社 1957 年。

65 毛注青等编：《蔡锷集》，湖南人民出版社 1983 年。

下编

第一章

多种社会形态共存

　　云南是中国多民族大家庭的缩影，是中国民族种类最多的省份。除汉族外，人口在 5000 人以上的世居民族就有 25 个。其中白、哈尼、傣、傈僳、佤、拉祜、纳西、景颇、布朗、普米、怒、德昂、独龙、阿昌、基诺等 15 个少数民族是云南省特有的。壮、傣、彝、苗、瑶、哈尼、拉祜、傈僳、景颇、佤、阿昌、德昂、独龙、布朗、怒、布依等 16 个民族和克木人跨境而居。由于地理的、历史的、民族的等多方面原因，历史上云南各民族经济社会发展不平衡，直到 20 世纪 50 年代民主改革前，云南各少数民族中还保留有原始社会、奴隶社会、封建社会等多种社会形态同时并存的社会形态和经济文化类型；而且由于大江大河和崇山峻岭的阻隔，坝区和山区经济形态有着显著的差异，同一民族内部在不同的地区并存着多种社会经济形态，使云南各民族的社会、经济和文化，都呈现出异彩纷呈的层次重叠和结构交叉的奇观，被称为一部社会发展史中立体的活化石。

第一节　农村公社

拉祜族的"底页"与"卡"　独龙族的"其拉"　布朗族的"嘎滚"
基诺族的"卓米"　佤族的部落　傈僳族的"共耕"

在云南少数民族中，1949 年前还处在原始社会末期向阶级社会过渡的农村公社的典型有澜沧拉祜族的"底页"、贡山独龙族的"其拉"、金平拉祜族的"卡"、勐海布朗族的"嘎滚"和景洪基诺族的"卓米"。拉祜族的"底页"处于母系制与父系制之间，"卡"是农村公社的遗迹；独龙族的"其拉"是比较典型的父系家庭公社；布朗族的"嘎滚"反映了农村公社形成的过程；基诺族的"卓米"具有农村公社的基本特征。还有处在介于原始社会与封建社会之间的阿佤山佤族的部落制、怒江大峡谷傈僳族的共耕制等，它们都是以农村公社的某种次生形态向阶级社会过渡。

20 世纪 50 年代初，部分拉祜族地区还保留有母系血亲大家庭和母系、父系血亲大家庭两种并存的社会组织，拉祜语叫"底页"。由若干个"底页"组成的村寨，拉祜语称为"卡"。

大家庭"底页"，从事集体生产劳动，共同开垦和耕种公有土地，并从事采集和渔猎等辅助生产，产品共同消费，共同居住在一种面积颇大的木竹结构楼房里，屋内两边用木板简单分成若干个小格，一对配偶"小家庭"（拉祜语叫"底谷"）占一格。中间为一条较宽的过道，火塘设在过道上。人口多的"底页"往往设几个火塘。一个"底页"往往包括 6、7 个"底谷"，3 至 4 代的母系血缘亲属成员，人数约 40 至 50 人，最多的"底页"有 20 多个"底谷"，100 人以上。他们同吃、同住、同劳动，过着原始共产主义的家庭生活。

母系血亲大家庭"底页"，是一个以始祖母为中心组成的血亲大家庭，由年长有能力的妇女为家长，拉祜语叫"页协玛"。在"底页"中，"页协玛"不仅领导生产，安排生活，过问儿孙婚姻，而且还代表"底页"对外交往。大家庭的财产依母系继承。"底页"中，在婚姻关系上，男女地位平等，有男子"上门"从妻居的风俗。婚礼在女家举行，男子携带生产工具（一刀、一锄）、衣服和毡子到女家终身上门。生育后，长女或长子与母亲连名。直到现在，有些地方的拉祜族还保留着结婚后男子要到女方家生产生活1至3年的风俗。

拉祜族父系大家庭"底页"，包括男性家长3到4代的后裔、养子，以及这些人的妻子和子女，有的还包括女婿和他的子女。家庭中的家长，拉祜语叫"页协巴"。婚姻为从夫居制，长子或长女与父亲连名。这种"底页"的名称用男性家长的名字来命名。全体成员在"页协巴"的统一指挥下，共同耕作属于家庭公社的土地，饲养家畜家禽，经营家庭副业，平均分配产品，代表公社对外交往。

若干个"底页"组成拉祜族的村寨，叫"卡"，每一个"卡"还有以动物或植物的名称命名的图腾标志，如松鼠、猴子等。"卡"内由大众公选一个善于辞令、会办事、公正而有威信的老人当"卡些"，对内调解纠纷，召集全体成员会议，对外则代表全"卡"交涉有关事宜。"卡些"无特权，身份与普通成员一样。每"卡"都有公共会议，由"卡些"召集各个"底页"的家长参加，共同商讨全"卡"的大事。同一个"卡"的成员严格禁止通婚。"卡"有公共的森林、牧场和土地，凡属"卡"内的成员均可自由垦种。死者的财产留在"卡"内，由"卡"的成员继承。"卡"内有一定数量的公共积累，其来源最初是共同耕种公有土地的收获物。这些积累由"卡些"管理，专门用于宗教活动和对外开支。"卡"内的成员在生产或盖房屋时，彼此之间有相互帮助的义务，主人杀猪、鸡招待一餐即可。

"卡"有公共的宗教活动。每个"卡"的中心都有一个小广场，供奉寨神"萨帕遮"。寨神由几根刻有图腾纹饰的木桩组成。一年一度举行祭祀，全"卡"男女老少围绕寨神跳芦笙舞，祈求人畜平安和丰收①。

拉祜族和祖国其他兄弟民族一样，经历过漫长的没有阶级、没有压迫、没有剥削的母权制原始氏族公社时代。他们从采集、打猎和捕鱼等原始经济生活向初期的原始农业过渡，过着共同生产、共同消费的原始共产制家庭生活。氏族成员平等，氏族内部团结，没有压迫和奴役。随着生产力的发展，大面积刀耕火种的农业出现，拉祜族母权制逐渐向父权制过渡，男子在社会生产中取代妇女的地位，财富归各个大家庭所

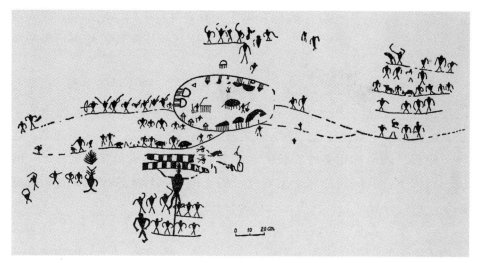

图下 1-1　沧源崖画中的村落图（摹本）（采自汪宁生《云南沧源崖画的发展与研究》，文物出版社 1985 年）

有，"底页"和"卡"的社会组织处于母系制与父系制之间的农村公社，对于研究人类这个时期的历史文化提供了不可多得的实证资料。

"其拉"是独龙族聚族而居的血缘村落。独龙族的村落分布在沿独龙江两岸约 100 公里内的江边或山腰。民主改革前，独龙族处于父系为主的家庭公社正在解体阶段，整个独龙江河谷有 15 个父系氏族，独龙语叫"尼柔"，意思是同一个祖先的后代。一个父系祖先直系后代子孙所组成的父系大家族，独龙语又叫"其拉"或"吉罗可"，是一个以父系为主的家族公社，整个独龙江河谷有 54 个家族公社，每一个自然村一般就是一个家族公社，大的 14 户，小的一二户，一般为六七户。各个家族公社依山水、地势划分地界。村子与村子之间最远的相距五六十华里，最近的也有五六华里，居住在独龙江两岸山腰的村子，有的隔江相望、鸡犬相闻，但"相约吼一声，相会走一天"，交通不便，相互封闭。家族公社往往以居住的自然环境特点来称呼其家族名称，也有以家族长的名字命名的。为了严格划分家族公社界限和保存公社成员的共同世系，家族公社成员的名字必须冠以家族的名称，加上父名；如母系子女，还要冠以母名，再加上爱称，最后加上本人排行。每个家族公社都有一个家族长，称为"卡桑"或"吉马戛"。家族长一般是自然形成而为全体成员公认的，有的则是成员推举的，但都不得父子继承。家族长的职能是对内公断事务，排除纠纷，领导生产，主持祭祀山神及剽牛祭祀，处理嫁娶，划分地界；对外交涉，组织械斗等。

家族公社之下包括两三个父系家长为主的原始共产制大家庭，独龙语称为"宗"，成为社会基本组织单位。19世纪初，这种大家庭平均14人，多则30人。这种大家庭，后来便形成村落和行政村。原始共产制的大家庭一般包括父、子、孙三代，每个大家庭都以辈高、年长的男子为家长，有的家长也是整个父系大家族的家族长。父系家长在大家庭中享有较大的权利，所有涉及内外一切事务都由他主持，而大家庭中的妇女是没有地位的，世系以男子计算，而且是幼儿享有继承权。

每个"其拉"实行土地公有，进行共同占有、共同耕种，独龙语叫"夺木奢"。除此以外，为了便于耕种、不误农时，也有部分土地由几户共同占有和使用，这种土地叫"夺木枯"。民主改革前，贡山独龙族中的孔当、丙当、学哇当三个"其拉"，共有耕地789亩，其中"夺木奢"为759亩，占耕地总面积的96.2%；而"夺木枯"为30亩，仅占3.8%。

"夺木枯"土地公有，集体劳动，按火塘和人数平均分配粮食。男子娶亲之后，家长立刻在房内增添一个火塘，新婚夫妇围塘而居。大家庭中有几个火塘就意味着有几个小家庭，这种火塘分居制，独龙语称为"卡尔信"。小家庭的子女，随父母围火塘而居直到结婚。此外，还有"火塘分居"、"主妇管仓"、"轮流煮饭"和"主妇分食"等母系社会的遗俗②。

同一家族公社之下的几个大家庭之间，在经济上通过代耕土地互助协作，生活上相互帮助接济。遇有其他家族侵袭，共同抵御。家族成员婚嫁时共同出聘礼、共同吃财礼，剽牛、杀猪、杀鸡和打获猎物平均分食。

独龙族的"其拉"是比较典型的父系家庭公社的社会组织，为我们考察和研究早期父系社会具有典型意义。

新中国建立前，西双版纳勐海布朗山、西定和巴达一带的布朗族，保留着不同程度的原始农村公社残余，以血缘为纽带的社会组织，布朗语称之为"嘎滚"（氏族）。由几个至十多个不同血缘的"嘎滚"组成农村公社。每个氏族以氏族长的名字命名，由同出于一个祖先"嘎滚"的若干小家庭组成，共同居住在"长房"之中，在长房里每一个小家建一个火塘，往往设立若干火塘，最多时达 20 多个火塘 150 人。随着生产力的不断发展、人口增加，从人口多的"嘎滚"中又不断地分化出血缘更近、规模较小的以父系为中轴的父、子、孙三代派生氏族，布朗语叫"折加"或"孔"。

勐海布朗山的布朗族社会发展经历过氏族公社和农村公社两个阶段。在氏族公社时期，土地全部属于氏族公有，到了农村公社时期，除了氏族公有制外，又出现了村社公有制和家庭私有制两种。不同血缘的家族组成农村公社。生产工具、房屋、牲畜等属个体家庭所有，土地所有制不同程度地保留家族公有、村社公有和私人占有三种类型。少数村寨的家族范围内的土地、森林、牧地均属"嘎滚"全体成员公有。"嘎滚"占有的土地叫"丕嘎滚"（或"马而戛滚"），"丕嘎滚"由"嘎滚"头人保管，成员要使用土地必须通过他的同意。按传统习惯，头人是由"嘎滚"内辈分高而年长者依次传袭。"嘎滚"成员按传统分配使用公有土地，一般是由头人先选一份，其余的各户再按辈分、年龄长幼依次挑选。有的也由家族长主持按户分配，收获分别归各户所有。无论家庭或个人，土地只有使用权，不能买卖。离村寨较远的社有土地，由村社直接管理，凡村社成员均可自由耕种。

村社内的头人也叫氏族长，布朗语称"高嘎滚"，一般由全氏族成员推选产生，他（她）一定是全氏族年高德昭的人。氏族长担任"高嘎滚"后，对内主管分配土地、调解纠纷、除危解难、主持祭祀；对外代表本氏族与其他氏族交涉。遇有大事，氏族长召集并主持召开氏族会议（"朋嘎滚"），邀请族内老人们参加，商讨解决办法。后来，村寨以上产生了由傣族土司委封的头人叫"叭"，负责定期为傣族领主收缴税贡，摊派劳役等。

"嘎滚"成员之间，团结协作，相互帮助扶持。"嘎滚"成员祭祀共同的男女始祖，女始祖叫"代袜么"，男始祖叫"代袜那"。每年傣历十月举族祭龙，同时祭祀祖先[③]。

布朗族的"嘎滚"反映了农村公社形成的过程，通过这个过程，使我们清楚地看到农村公社社会形成的诸多要素。

　　1949 年前，基诺族社会尚处于原始社会末期向阶级社会过渡阶段，由父系氏族制取代母系氏族制，村社长老称"卓米"，也叫"卓米尤卡"，意思是"村寨的老奶奶"。村社长老虽已经是男性，但沿用母系氏族公社时代的称号。在日常生活中，还保存着大量的母权遗俗，如在隆重的"上新房"仪式中，第一个手持火把登楼点燃火塘的是氏族内最年长的女性；在成语和古老的祭词中有"母亲是家长"的古训；只有母亲才有权为生病的子女杀鸡"招魂"。

　　基诺族的村寨，是由几个不同氏族的个体家庭组成的地缘村落，每个村寨都是一个自然经济的农村公社。村社各有自己的边界，其他村寨的人不得越界耕作。村社内部的土地占有制大致有以村社为单位的土地共有制，以氏族为单位的土地共有制和个体小家庭的私人占有制并存。在农业生产中，盛行换工互助，狩猎中盛行原始平均主义的分配原则。原始租佃、雇工、借贷关系已经发生，但并未出现不劳而食的剥削者。早期的基诺社会处于狩猎采集时代，生产力水平十分低下，传说要填饱肚子需要走九架山九条箐，而当时祭祀活动频繁，更加重了食物供给的困难。基诺族先民因此迁离"司杰卓米"向外发展，大部分人员迁到基诺山地区的杰卓山定居。与此同时废除了"巴什"（血缘亲属之意）内婚制，出现了"基诺洛克"的名称。"基诺"含有"舅舅的后代"的意思，"洛克"的含义是全体或整体。这显示在杰卓山时代已经进入母系氏族社会，而"基诺洛克"是当时若干个氏族合在一起而形成的部落组织。

　　大约在公元 13 世纪中叶，传说由于战争原因，基诺族先民迁离杰卓山分散到基诺山区各地建立村寨，这时发生了由母系氏族制度向父系氏族制度的过渡，随后又发生了由氏族社会向农村公社时代的过渡，农村公社成为各个村寨基本的社会形态单位，而在农村公社内部存在父系氏族组织。每个村寨由若干个氏族组成，每个氏族中最年长的男子即成为村寨的头人，由此组成农村公社的权力机构即"七老"组织。"七老"分别称为卓巴、卓生、巴努、生努、达在、柯卜罗和乃厄。其中"卓巴"及"卓生"的含义，分别是为众人挑起担子的人及为众人开辟道路的人，这是村社的主要头人。人口较少的村社只有"卓巴"及"卓生"两个头人。

　　到近代，巴朵寨原来由两个氏族组成，分别产生"卓巴"及"卓生"

两个头人，后来由于疾病流行，"卓生"氏族的男子全部死亡，只剩下
"卓巴"氏族。巴朵寨村民的婚姻原来遵守"巴什"外婚制即氏族外婚制
的古规而进行，由卓巴氏族与卓生氏族互相联姻；在失去了卓生氏族以
后，村民们只得打破"巴什"外婚制的古规，在血缘亲属中开亲，卓生
这一职务也在原来的卓巴氏族中产生。基诺族农村公社的每个村社都有
两面太阳木鼓，是首领权威的象征，挂在"卓巴"或"卓生"竹楼上，
新的"卓巴"或"卓生"产生，又把木鼓移到他们的竹楼上。通过保管
木鼓的办法，基诺族社会一直避免了首领的世袭制。

公元 14 世纪中叶，西双版纳傣族召片领召坎勐娶一位基诺族姑娘为
妃，任命司土寨及巴普寨的长老为"金伞大叭"，并在基诺族各个村寨分
别委任了叭、扎、先等大小头人。但是并没有改变当地社会的原始农村
公社性质。

基诺族的"卓米"具有农村公社的基本特征，它反映了母系氏族社
会向父系社会过渡的历史过程。

新中国建立前，云南佤族主要分布在以西盟阿佤山为中心及其边缘
地区，包括澜沧县的雪林和沧源县的一小部分，约 5 万人，占当时中国
佤族的 30%，尚处于原始社会向阶级社会过渡阶段，还保留原始社会末
期的军事民主主义的部落联盟遗迹。

佤族的一个部落往往由一个村寨或两个以上村寨组成，部落有明确
的疆界，部落成员间有着紧密的经济联系及政治上的共同性、对外的一
致性和心理上的认同等特征。佤族的部落联盟最突出的特点是它的军事
性质、临时联盟、不设固定盟主。所有的联盟关系几乎都是一种军事联
合，遇有纠纷，联合起来共同对敌，各部落间没有政治和经济联系；部
落联盟的临时性和不固定性，表现在联合军事行动上，战事结束，联盟
就告结束。在联合军事行动中，势力大的部落往往有一定的影响力，但
被联合的"盟员"之间绝对平等，他们之间没有统属关系。部落的组成
不完全以血缘为纽带，部落不是固定的，一个部落可以分裂发展为不同
的部落，有的从老部落中分裂出新部落。佤族的部落具有明显的原始军
事民主联盟的痕迹，但也有自己的独特之处。部落联而不盟与佤族的"砍
人头"和"拉牛"的风俗有关，由这种风俗导致的仇家、纠纷和武装冲

突，成为军事联盟保存下来的真正原因。

农村公社是佤族部落和部落联盟的社会基础。一夫一妻家庭是社会基本单元，家庭之上有家族，家族而上是村寨和部落。佤族的家族是指同姓的人，若干姓的人组成一个寨子，成为佤族社会的居住单位，有的村寨不到百户，大的村寨有 300 至 400 户人家，由于砍头和纠纷频繁，他们集中起来居住。每个村寨内部还包括两个以上不同名称的小寨。寨子是地缘联系，每个寨子包括几个家族和不同的个别家庭；每个村寨都有地界，同其他寨子从地域上分割开来；每一个寨子是一个经济单位，共同祭祀和平均分摊办理内外事务的费用，同寨人有共同的经济义务，还有共同的政治生活、军事行动和宗教生活。

每一个村寨各姓都有头人，在这些头人中推选出一个村寨头人，叫"窝郎"。"窝郎"最初管理村寨一切事务，后来主要管宗教方面某些事务。在阿佤山中心地区的佤族村寨中，"窝郎"享有崇高的权威，认为没有了"窝郎"，寨子会乱，无法生活。"窝郎"之外，佤族村寨还有头人、魔巴、珠米和头人会议与群众大会。"头人"，佤族称"扩"，为老人之意，还有其他称呼，但"头人"一般被认为是"管理寨子的人"，由民主选举产生；"魔巴"是村寨宗教活动的主持人；"珠米"是村寨中有实力并有影响的人；"头人会议"与"群众大会"是民主议事，一般由当事"头人"召集主持召开，涉及村寨大事或事关整个部落的大事，召开头人会议，商量解决办法；群众大会不轻易召开，一旦涉及村民利益和生存问题时召开，召开群众大会时要求每家都有人参加④。

介于原始社会与封建社会之间的佤族的部落制是以农村公社的某种次生形态向阶级社会过渡。它证明人类社会的发展过程的复杂性和多样性。

1949 年前，怒江地区傈僳族土地所有制形态大体分为个体农民私有、家族共同伙有和家族或村寨公有等三种形式。其中个体农民私有制是主要的，其次是家族共同伙有，最后是家族或村寨公有。

个体农民私有的土地占土地总面积的 70%。虽然土地私有，但由于傈僳族社会生产力水平低下和受传统习惯的影响，有许多个体村民私有的土地仍然采取"共耕"的形式进行耕作，叫"私有共耕制"。这种方式

图下 1-2　怒族妇女织麻布（采自美约瑟夫·洛克《中国西南纳西古王国》，云南美术出版社 1999 年）

在生产分配方面有三种共耕形式：一种是土地所有者出土地、耕牛、籽种和劳力，邀请家族成员共同耕作，收获物对半分；另一种是一方出土地、耕牛，另一方出籽种和劳力，收获物前者分得四成，后者六成；还有一种是一方出土地、籽种，另一方出劳力，收获对半分成。

家族共同伙有包括家族祖传土地、家族成员或亲属共同买一块地和几户家族成员共同开垦家族或村寨公有土地三种伙有。家族共同伙有是一种土地半私有的土地占有制，在耕作方式上采取原始协作形式，称为"伙有共耕制"，傈僳语叫"贝来合"或"哈米贝来合"。"伙有共耕制"分三种形式：一是土地祖传，由家族成员共同占有，共同耕作，按户平均分配收获物；二是家族成员或亲属共同买一块地，土地可以按份私有，但共同耕种，平均分配，这种土地可以按份买卖；三是几户家族成员共同开垦家族或村寨公有土地，通过"号地"（一种记号方式占有土地）伙有，共耕共享。

"伙有共耕制"和"私有共耕制"是从原始的土地氏族公有制、家庭公有制、村社公有制脱胎出来，在土地按家庭分配并私有后仍以原始共耕的方式表现出来，反映了傈僳族由原始社会向奴隶社会转态变型中的又一种土地分配占有情况[⑤]。

傈僳族的共耕制，是原始社会与封建社会之间的过渡形式，同时也证明人类在生产力低下的发展条件下需要合作与相互依赖的基本特性。

第二节 景颇族的山官制度

社会分层 政治组织 土地及其赋税 习惯法 山官类型及其消亡

景颇族是云南省跨境而居的少数民族之一，在中国称为景颇族，在缅甸称为克钦，在印度称为新福。中国的景颇族主要分布在云南省西部中国和缅甸交界地带高黎贡山尾脉的山区。今德宏傣族景颇族自治州内的芒市、陇川、盈江、瑞丽、梁河五个县市是景颇族的主要聚居地。临沧市耿马、怒江傈僳族自治州泸水等县有少量景颇族散居。

据 2000 年第五次全国人口普查统计，景颇族人口总数为 130212 人，其中，德宏傣族景颇族自治州境内的景颇族人口为 124822 人，占全国景颇族总人口的约 98%⑥。

20 世纪 50 年代前，在云南省的少数民族中，景颇族是拥有自己独有政治制度的民族之一。景颇族实行的政治制度是一种以景颇语称为"崩督"的人为首构成的政治制度。"崩"的汉语译意为"山"，"督"译意为"主人"或"官"。因景颇族居住山区，当地汉族形象地把"崩督"这种管辖山头的官，称之为"山官"。研究政治制度的中国学者由此引申，把景颇族以"崩督"为首构成的政治制度，称为"山官制度"。

山官制度是建立在社会分层基础之上的政治制度。在这一制度下，社会成员分为官种、百姓和奴隶三个等级⑦。等级的划分基于血统，每一个社会成员在社会分层结构中的位置，从降生之时就被其所属的父系血统既定。父亲出身官种，子女就是官种；父亲出身百姓，子女也就是百姓；父亲出身于奴隶，子女亦为奴隶。官种、百姓、奴隶，这三个等级之间是一种阶序性的关系。这种等级关系具有政治和宗教方面的意义。

等级的划分，在政治上界定了三个等级的世俗地位和权利。在三个等级中，官种被视为高贵血统，在社会上享有特定的权利，山官就只能由出身于这个等级的人担任。出身于百姓和奴隶等级的人，即便有再强的能力，都不可能就任山官职位。在官种等级中，承袭山官职位的人，传统上又只能是山官的幼子，即景颇语称为"乌玛"的人。幼弟在世，其他兄长们想要获得山官职位，一是离开老家去开拓新的辖区，在新开拓的辖区中担任山官；二是在其他区域的同姓氏山官无子嗣时，应邀承袭那里的山官职位。官种阶层的成员虽然有当权和非当权之分，但是他们的等级地位均相同，都高于百姓和奴隶。在同一个辖区内，与山官同一个姓氏的官种等级的成员，他们除了不当政、不享有行政统治权，而不能享受百姓向山官交纳的官腿、官工、官谷等山官特权之外，其他方面的地位与山官平等。他们不用承担向山官缴纳的官腿、官工、官谷和官礼等负担。他们与山官使用同一种特殊的方式命名，男性命名均冠以"早"、女性命名均冠以"南"或"扎"等，这是官种等级的人才能使用的命名特殊冠词。在婚姻关系上，官种群体的婚姻主要在相同等级的异姓间进行，不与百姓通婚⑧。尤其是当权的山官，通常不娶百姓的女儿为妻。在特殊情况下，官种或山官娶不到门当户对的官种之女为妻时娶百姓之女为妻，或官种之女不能与等级相当的男子建立婚姻关系时，才会发生不同等级群体之间的婚姻关系。

等级的划分，在宗教上界定了山官与其他两个等级在神权方面的地位和权力。景颇族传统信仰体系中最大的天鬼"木代"，只有山官才能够祭祀。传说山官的祖先曾经与木代之间有过婚姻关系，因此，只有山官才有祭祀木代鬼的合法权利和义务。这种宗教上的权威为山官对世俗社会的统治权力和地位进行了注释，对木代的专有祭祀权成为了山官地位和权力的象征，它使得山官的权力和地位在笃信鬼神的景颇族民众中更加牢固。

山官制度下有一套管理辖区内部事务的政治组织。在这套组织中，山官之下有寨头、苏温、管、纳破、董萨等不同角色，协助山官治理辖区。

"寨头"是山官之下管理一个村寨事务的头人，一般由"开山立寨"姓氏的人或村寨中其他主要姓氏的人担任。寨头由山官任免，不能世袭。担当这个职位的人，需要具有处理公共事务的能力、能说会道、家庭富裕并为山官所信任。寨头在村寨中有较高的地位，是山官管理辖区的主要助手，负责向百姓收取土司和山官的官租，监督百姓为山官出官工或为土司出劳役，协助山官处理调解村寨内婚姻、盗窃、土地、债务等纠纷。作为回报，寨头免出官工和劳役。

"苏温"是村寨中各姓氏的自然领袖，具有长老的身份，没有特权，由同姓人家选出后，经山官认可。他们代表村寨和各自家族的利益，负责沟通山官与百姓间的联系，协助山官、寨头管理村寨内的事务。

"管"是代表山官对非山官居住村寨进行管理的总管。这个职位不是普遍存在，通常只在包括数十个村寨的山官辖区存在。由于辖区大，山官难以顾及，才设"管"的职位。管在他负责的村寨中，拥有管理一切村寨事务的权力，他可以免交官租、免出官工，还可以在其所管辖的村寨中收取官租和派出官工。虽然在某些权力上与山官相同，但是管所管辖的寨子仍然严格地属于他所属山官的辖区。

"纳破"是负责领导村寨春耕，统一进行破土仪式的人，有的"纳破"也协助山官处理辖区事务和参加调解纠纷。

"恩道"是负责传达山官的通知、命令和其他公事通知的人。

除政务人员外，山官在治理村寨的过程中，还有神职人员"董萨"，负责主持宗教和一些世俗的仪式。在景颇族的社会生活中，存在着大量祭祀鬼灵的宗教仪式活动。如：山官在辖区进行大规模的行动前，都要请董萨占卜、诵咒，请求神灵指示；战争中请董萨通过与鬼魂对话鼓舞士气；战后"洗寨子"也离不开董萨的祭祀；在对违反习惯法者的处理过程中，常常需要董萨通过占卜追究责任，让神明判决是非；山官或百姓家有人生病或遇婚丧大事，都要请董萨占卜念鬼；家中有人亡故要请董萨把亡魂送往祖先发祥地；每年下种和秋收前祭祀官庙中的公共神灵，以及各种祈求平安、幸福和禳灾的活动，都由董萨唱主角。景颇人从生到死都离不开董萨，整个社会也离不开董萨，他们是村寨的精神领袖，景颇族"寨子里没有董萨就过不成日子"。可见，董萨在安定人心、维护辖区秩序、协调山官制政治运转方面起着很大作用。

到新中国建立前，山官制社会的土地占有具有多重性。山林和旱地这两种生产资料具有村社所有和私人占有使用的二重性⑥。这两种生产资料都由村寨集体所有，村社成员只是在耕种期间具有占有和使用的权利。除了住宅附近的小块园地为个体家庭长期占有外，刀耕火种的旱地，每个村寨成员都有权利通过"号地"的方式耕种，退耕后又归还集体。对于已丢荒的土地，村寨的其他成员都有权利占有使用。村寨公有的山林，除供有官庙的祭林和水源林外，村寨成员都可以根据自己的需要自由砍伐。但是，作为农业生计的另外一种重要的生产资料，水田则已经逐步从一般耕地中分离出来，开始变为私有，成为可以世代承袭的私产，并出现了典当的关系。在靠近汉族地区或受汉族影响较深的地区，甚至已经出现了买卖水田的情况。但水田的私有制，还没有在景颇族山官制社会的土地制度中完全确立和占据主要地位。虽然水田在一些地区可以出租、典当和买卖，但买断的情况不多，卖出村寨或卖到本民族之外的情况还很少见。

在赋税方面，由于山官是辖区最高的政治领袖，他在辖区范围内享有一系列特权，这些特权转化为百姓对山官的赋税。百姓要给山官送"宁贯"。宁贯即兽腿，百姓家每逢杀牛献鬼或捕获猎物，都必须送给山官一条后腿；百姓每户每年要为山官无偿做3至6天的"官工"；每年收获后，百姓要按照耕种田亩的面积向山官缴纳一定数量的"官谷"；辖区内的汉族百姓，每户每年要向山官缴纳一定数量的鸦片作为"官烟"；逢年过节、红白喜事或调解纠纷时，百姓要向山官奉送一定数量的酒、肉、糯米粑粑等作为"官礼"。有的地区，百姓要取得水田耕种权，也需要向山官送礼。

一些山官除有自己的辖区外，还有保头区。保头区是指外民族受山官保护的地区。这种地区多系山区汉族村寨或坝子边缘靠近景颇族山区的傣族村寨。这些村寨人们的生命、财产受山官保护，每年要按人头或按户、按寨向山官交纳一定的钱物，作为"保头税"⑩。保头税的种类，汉族与傣族等民族之间有一定区别，汉族通常交鸦片，傣族等民族一般交钱、稻谷及其他实物，数量也各不相同。有的保头寨过年时还需携带礼物到山官家拜年，有的在吃新谷时，有的在播种时，还要向山官送礼物。

山官制社会没有成文的法律，也没有产生类似法庭、监狱、警察等执法的专门机构，村寨的正常生活秩序和山官的政治制度主要依靠习惯法来维系。

景颇族的习惯法对杀人、伤人、偷盗、诬陷、拉事、奸淫、侵犯公共利益以及婚姻、债务纠纷等行为，有约定俗成的处罚规定。处罚的方式通常都是赔偿实物和钱财。杀人一般不偿命，但是杀人必须赔偿。赔偿多少，通过讲事的方式来决定。

"讲事"是景颇族解决纠纷的一种机制。百姓发生纠纷时，往往备一筒酒告之于山官，山官即召集寨头和双方当事的有关人员进行讲事。讲事的方式是由原告人和被告人聚在一起，由山官或寨头主持，德高望重的老年男性参加仲裁。讲事的当事双方，要给山官和寨头一定的酬谢，酬谢之物视所讲之事的大小而定。在讲事的过程中，原告人和被告人各自诉说理由，一条理由寨头用一颗豆子或一粒包谷计数，哪边的数目多，表示哪边的理由多。裁决前，由山官、寨头和老人共同商议，但仲裁的最后结果由山官定夺。如果山官授权寨头处理，则仲裁的最后结果由寨头定夺。通常情况下，豆子或包谷数目多的一方取胜。如果双方认同仲裁结果，便由仲裁者在一根木棍或竹片上刻上刀痕剖为两半，由双方各持一半作为纠纷得以解决的凭证。同时要用水浇灭一节燃烧着的木柴上的火焰，象征纠纷像火焰熄灭一样已平息。如果纠纷不能通过讲事的方式得到解决，这种情况下常常会引发冲突。

习惯法在山官制社会有很大的约束力，它的实行常常与宗教结合在一起。景颇人相信神灵会给人们以相应的报应和明示，遇到案件无法调查判明时，就采取神判的方式进行裁决。神判是景颇族在执行习惯法过程中，采用神意裁判解决纠纷的一种方式。这种方式以万物有灵的民间信仰为基础，以神灵报应观为前提。神判方式是对用"讲事"方法不能有效处理案件时的一种补充裁判方式，在景颇族习惯法中处于补充地位。它涉及的纠纷，主要集中在与财物相关的盗窃案件方面。常用的神判方式有赌咒、鸡蛋卦、斗田螺、煮米、捞开水、闷水等。

新中国建立前，德宏景颇族地区的山官制度发展不平衡，各地的情况大致可以分为三类。一类地区，在政治上山官制度仍大体保持原有状态，民主性依然比较明显，在经济上前封建因素仍比较浓厚；另一类地区，由于受封建土司制度的影响，山官制度已经有向封建领主制度发展的倾向；还有一类地区，由于受汉族封建地主制影响，山官有向封建地主制发展的倾向⑪。后两类地区虽然已经出现了向封建制发展的倾向，但是，由于传统习惯法的约束，山官还没有发展成土司和地主，尚处在过渡状态之中。

由于山官制度剥削和压迫的加重，导致社会矛盾激化，19 世纪后期至 20 世纪初，景颇族社会内部发生了反抗山官制度的"贡龙"（景颇语称"左姆朗"）起义。这次反抗斗争在德宏西北部盈江支丹山和铜壁关地区最为激烈，持续了 30 多年之久⑫。在起义胜利的村寨，在废除山官"贡萨"制度的同时，建立起了景颇语称为"贡龙"的民主制度。在贡龙制度下，山官的一切特权被取消，原有的山官辖区已不再存在，山官降为村寨中的普通成员。各寨由各自选举的头人为领导，村寨头人没有特权，不能向群众摊派负担，在调解纠纷或处理全寨性事务时，由寨头召集村寨长老，共同商议。由于取消了山官制度，人们之间的等级关系不存在了，等级婚姻和表现等级差别的称呼及命名方法也都废除了。村寨的土地分别为各户所私有，可以自由买卖，不受任何人的干涉。贡龙起义沉重打击了山官制度。

山官制度的最终消亡是在新中国建立之后。1956 年，根据景颇族解放前的社会形态和生产力水平，党和国家在景颇族地区进行了"直接向社会主义过渡"的民主改革，山官制度被彻底废除。

山官制度是景颇族社会在从原始社会向阶级社会过渡的特定历史时期所产生的一种政治制度。这一制度的存在，丰富了中国博大精深的多民族、多层次的多元政治文化宝库。

第三节　小凉山彝族家支制度

家支释名　结构　特点　职能

"家支"一词，是汉族根据云南小凉山彝族父系继嗣群体内部的世系分化结构创造、发明的，在凉山彝语中并没有对应的词。中国学者约定俗成的"家"，凉山彝语称之为"撮西"，字面意思是"人的姓"，与汉语的"姓"相当。每一"家"都有凉山彝族特定的姓氏符号。通常，出自同一男性祖先、共有同一姓氏的父系世系群体就自成一"家"。"支"，凉山彝语称之为"撮杰"，其义相当于汉语的"支派"⑬。所表示的是共祖同姓父系世系群体内部基于直系谱系线索认定的继嗣群体，是"家"下面的分支单位。由于"家支"一词，基本能概括出自同一男性祖先的父系世系群体内部系谱性的分化结构，因而被沿用了下来。不过，在大小凉山彝族社会里，彝族人自己则习惯将出自一个男性祖先，通过世系谱系线索认定的父系继嗣群体称为"此维"。

"此维"所表示的是凡属于同一个祖先的未经正式"分族"的姓氏群及其裂变支系。在凉山彝族的亲属制度中，有七代是在称谓上彼此有所区分的关系，曾祖（a vo）、祖父（a pu）、父亲（a da）、儿子（sse）、孙子（ly）、曾孙（hlei）、玄孙（vo）。这一范围内的继嗣群体习惯上就称之为"此"，超出这个范围以外的继嗣群体则被称做"维"。

家支是凉山彝族最大的父系亲属群体，他们把继嗣关系溯源于一个共同的祖先，彼此间禁止通婚，性关系也被认为是乱伦的。它不像一般汉族社会的"九族"那样仅仅是那些承认其共同父系亲属的一组代际关系明确的继嗣群体，而是一个有着高度裂变的谱系系统。一个家支的任何一个成员与这个家支的其他成员之间的关系都可以确切地以谱系的形式表述出来。出自一个共同的男性祖先的宗姓继嗣群体叫做"一姓"，同一宗姓群体内自始迁祖开始，通过直系谱系线脉认定的单线继嗣群体称为"一支"，同一支内部同高祖不同曾祖或同曾祖不同祖父的继嗣群体叫做"一房"⑭，有时他们也把这一小型的继嗣群体称做"一个曾祖之后"或"一个祖父之后"。家支组织结构中一户、一房、一支、一姓等概念，主体就是区别家支内部世系关系结构的。对于同一个家支的一组活着的父系世系群体来说，他们之间的世系距离因其在家支谱系结构中的相对位置不同而各异。最小的裂变分支房与同一家支的其他分支都可以通过上溯谱系线或继嗣关系树找到一个聚合点，各个分支的父系继嗣群体与这一聚合点的距离就是他们之间的父系距离。上溯聚合点越靠前，父系距离越近，父系亲属关系越亲密；而上溯聚合点越靠后，父系距离就越远，父系亲属关系也就越淡薄。

家支的小单元是家庭，中间形态有房族、宗支、宗姓。宗姓群体是家支的一级结构。凉山彝族的家支包括兹莫、诺合和曲伙三个不同的系统，由于历史上森严的等级制度下实行等级内婚的原因，不同系统的家支结构有所不同。兹莫和诺合系统的家支基本上属于单姓家支，其外显特点是一个家支即为一个宗姓群体，同出一祖的所有谱系裂变单位都是一个姓氏的继嗣群体。曲伙系统的家支则多半属于多个宗姓群体的集合，其外在的显著特点是一个家支往往包含了数个甚至数十个宗姓群体，这些同一家支下的不同宗姓群体之间通常以始祖名连接始祖子数作为共同的名号，禁止互为婚姻，他们之间属于同家支不同姓氏的宗亲关系。兹莫、诺合家支与曲伙家支的结构上的这种外在差别，是历史上的血统等级观念与森严的等级内婚制的产物。

宗支是凉山彝族家支的二级结构。它是宗姓家支群体内部一种纵向的组织，是以垂直父系世系为基础，以父子连名谱系贯穿连结起来的小于宗姓、大于房族的继嗣群体。宗支的形成是房族自然增殖的结果，无需通过专门的仪式，原则上宗姓共祖的几个后代自成一支，以始迁祖名为名。宗支存在的条件之一就是始祖要有几个儿子。始祖诸子后代，每代都有长次嫡庶分出，其子孙后代出五世后，又以最近的直系分迁祖名为名，自别为一支。时间愈长，代数愈多，分支也就愈多。久而久之，就形成了一个支—亚支—次亚支互为交错的世系绵延不绝的有直系血缘关系的继嗣群体。宗支如果不断地增殖和扩大或与"宗姓"分离，并迁徙到别的地方，宗支本身就很有可能发展成一个相对独立的宗姓亚家支。

房族是宗支的裂变分支，是构成家支的三级结构。在凉山彝族的社会中，不论家支大小，都有房族存在，并且通常以房族为单位，聚族而居。就家支的谱系结构而言，房族是家支系统内部一种纵向的垂直父系血缘组织，是以垂直父系血缘为纽带联结起来的大于家庭小于支的最紧密的继嗣群体。房族是一组母子家庭自然增殖的结果，原则上房族共祖的几个后代分别列为几房。房的范围可大可小，代数可长可短，它所指涉的范围主要取决于在推溯继嗣关系时被选定作起始点的那个特定的人。因此，如果从父亲开始，那么房族将仅包括一组母子家庭的成员。但是，假如把祖父作为起点，它所指涉的范围就包括父亲的兄弟及他们的诸子家庭。进一步，如果沿着谱系线再上溯至曾祖父甚至高祖父，那么它所包含近来的父系亲属的数量也就越多。

家支是以父系血缘纽带联结起来的外婚继嗣群体，这个继嗣群体是由通过谱系线脉可以追溯到一个共同祖先的父系血亲组成的。家支组织就是这一由共同祖先传承而来的继嗣群体，以父系系谱线索为依据，以地缘为基础在一些重要场合或重要事件中聚合在一起，采取共同行动的社会群体组织。概括而言，家支具有如下特点⑮：（1）共同始祖。每一个家支都有一个明确的共同始祖。（2）共同名称。每一个家支都有一个共同的名称，人们据此来辨认不同的家支。这个名称通常由男性始祖名及始祖子数构成。如，黑彝补余家支称"勒惹惹尼"（勒惹二子）、罗洪家支称"阿姆惹古"（阿姆九子）、倮姆家支称"阿海热所"（阿海三子）、瓦渣家支称"俄足惹所"（俄足三子）等。前者是始祖名，后者是始祖子数，始祖诸子繁衍的后代百代后仍以始祖名及其子数为共同名号（如果没有分家的话）。（3）父子联名系谱。每一个家支都有从男性始祖开始的父子联名家谱。凉山彝语称为"此"或"此颇"，意即人的世代谱系。（4）家支外婚。同一家支的不同支派之间，不管谱系距离有多远，禁止相互通婚。（5）聚族而居。某种程度上，血缘和地缘的重合是家支的一个基本特征，也是家支的一个外在的显性特征。每个家支都有相对固定的地域，并在特定的地域内以支为单位聚族而居。（6）家支结构。以父系世系和世系谱系分化为依据，联结成较为紧密的家支结构。家支的最小单元是家庭，中间形态有房、支和宗姓。（7）权力结构。每一个家支都有基于家支内部结构形成一定的权力体系。家有家长、房有房头、支有支头、家支有家支头人。这些家支内不同层面的权威精英就构成了家支的权力体系。（8）家支功能。家支以家支群体为整体向每一位成员提供便利和保护。（9）家支议事制度。家支议事制度也是家支的一个显著点，家支有头人会议、房族会议、宗支会议、亚宗姓家支会议、家支会议等构成的议事体制，用以商议和处理家支内部事务，制定族规、戒律、禁例，规定族员的权利义务，规范族员的行为准则。家支不同结构层面上的议事会，分限于头人内部的商议会和旨在加强家支内部团结、和谐、促进家支凝聚力的家支代表大会两种。此外，在面临一些重大的突发事件时，家支往往也通过召开家支大会来协商应对措施。（10）家规家法。

具有一定谱系深度和规模的家支都有通过家支大会制定戒律约束家支成员行为的家规家法。(11)财产继承权。家支成员有相互继承财产的权利。家支成员绝嗣时，其家庭遗产按由亲及疏、由近及远、由直系及旁系的原则在家支内继承。(12)家支认同。认同在家支中的作用至关重要，这是家支组织得以存续的关键。

家支职能一般是通过其内部结构和组织活动来实现的。家支有家长、房头、支头、家支头人等构成的权力结构，有头人议事会（彝语称"基尔基天"）、常规性的议事会（彝语称"孜沙玛沙蒙格"）、专题性议事会议（如山林草场利用和管理会议，彝语称"斯西玛西蒙格"）、应急性的家支动员会（"乌尼蒙格"）和妇女大会（"尼莫冉莫蒙格"）等不同层面、不同主题的议事制度。家支借助这些不同形式的议事会制定大量的族规、戒律和禁例，规范家支成员的行为。此外，家支还通过保护族人的生命财产安全，救济贫穷族人等方式笼络人心。这样就把家庭、房族、宗支和宗姓等所有单位上的个体成员整合在了一起。家支的职能总体上可以区分为两方面：一是对内功能，即一个家支对其内部的作用，主要通过对族内成员的控制、保护和帮助来实现；二是对外功能，即家支作为一个整体在与外部的联系中所具有的影响力或作用，主要通过聚合其内部的各个分支来控制他族或与他族联合，达到维护家支的利益和荣誉的目的。家支的对外职能，在过去主要体现在维护奴隶占有制和等级利益、血族复仇、抵御外来侵犯、发动掠夺战争等。民主改革后，家支的对外职能已不十分突显。

在过去，家支的作用非同小可。家支的内部职能主要体现在以下几方面：(1)农牧生产中的互助，包括相互交换和分享劳动力、役畜、生产工具，相互调节种子，以及联合起来从事耕种、中耕、收获和放牧等工作。(2)在诞生、成年、祝寿、乔迁、婚嫁、丧葬、祭祀等礼俗活动和仪式生活中互惠互助，相互馈赠与慰问。(3)以家支群体为整体向每个成员提供保护和便利。包括照顾和赡养穷困、无子女、生活无靠的孤寡老人；抚养失去父母或近亲照顾的孤儿，并帮助他们成家立室；救助那些诚实、本分、努力劳作却因能力、健康、疾病等原因造成贫困的族人；向遭遇突发变故导致生存面临困难的族人提供资金和物质帮助，助其渡过难关。（4）资助成绩优异的贫穷弟子接受高等教育。（5）以家支群体为整体，保护每个家支成员的生命财产安全。（6）约束和规范家支成员的行为。（7）惩戒那些触犯家规、违反习惯法以及误入歧途，给家支的声誉和利益带来损害的成员。

第四节　西双版纳傣族封建领主份地制

起源　土地制　社会与法制　道德规范

据西双版纳傣族古籍《泐史》记载，公元 1180 年（宋淳熙七年，傣历 542 年），傣族首领叭真（帕雅真）入主勐泐（即茫乃），建立了景陇王国（亦称景陇金殿国），成为第一代"召片领"（意为广大土地的主人）。叭真即位后，在傣族原有农村公社制的基础上，确立了傣族社会封建领主制。传至第八代召片领刀爱，元朝军队击降勐泐王后，至明清两朝，在西双版纳都实行土司制度。召片领先后被朝廷封为总管、土知府、宣慰使等职，让傣族首领为土司，"依旧俗"治理原来管辖的地方，西双版纳傣族社会的封建领主制因之完全保留下来，直至 1956 年在这一地区实行和平协商土地改革才最后终结。从第一世召片领叭真传至最末一代召片领召孟罕勒（刀世勋），计 44 世（其中经中央王朝册封的计 36 世），其家族统治西双版纳近 800 年之久，为中国历史上一个家族持续统治一个地区之罕有现象。

"召片领"是西双版纳全部土地，包括山林、江河的主人，也是西双版纳最大的封建领主。凡是"召片领"领地的人，都是"头脚落地就是'召'的奴隶，亿万根头发都是'召'的财产"。这种大土地所有制，构成了西双版纳傣族封建领主制的全部社会基础⑩。

西双版纳傣族封建领主制的政权组织是由最初的村社组织和部落联盟演变而来的。

景陇王国的最高权力机构为景陇王宫（土司制时亦即宣慰使司署），设有四大卡真、八大卡真等大小官员 32 名。另设有最高议事机构议事庭（"勒司廊"），议事庭又分为内外议事庭，负责管理司署内外事务。内议事庭由内务大臣及其他重要家臣组成，主要管理司署内部事务。

"召片领"下辖各勐（傣语的"勐"，意思为坝子，引申为地方），是为第二级行政机构。勐分为两种类型，一种是以坝区傣族为主的各勐，其最高首领称为"召勐"，意为"地方之主"，多为召片领的宗室亲信；另一种是召片领仿效中原王朝，在其他少数民族为主的各山区任命当地少数民族头人为最高首领，称为金伞大叭。到民国中后期，西双版纳召片领辖下有22个召勐和11个大叭。

第三级行政组织是各勐之下的陇、播、哈马等，其议事会由陇（或播或哈马）头人及其所辖各火西头人组成。

第四级行政组织为各陇、播、哈马之下的各火西，各火西各设一叭火西。火西议事会由各火西头人及其所辖村寨头人组成。

第五级行政组织为各火西之下的各村寨（曼），每寨设叭、鲊、先三级村寨头人，大寨三级头人都有，中寨设鲊、先，小寨只设先一级头人。村寨议事会由乜曼（寨母）、陶格（长者）、波板（传达）等组成。

在西双版纳封建领主集权统治中，有一种特殊的管理体系——波郎制度。傣语的"波"意为父，"郎"的意思是将牛马用一长绳拴在木桩上。实质就是封建领主与各级基层政权之间的联系人。波郎原为各勐选出，以后演变为由召片领分派自己的家臣充任。土司宣慰司议事庭的四大卡贞、八大卡贞及其他一部分官员担任各勐的波郎，各勐所辖的陇（播、哈马、火西）也分别由勐级议事庭的官员担任波郎。波郎管辖的地方，有事须通过波郎处理，不能超越波郎直接向议事庭要求解决问题。议事庭发布命令，也必须通过波郎下达。这一特殊的管理体系，对封建领主的集权统治起着重要的维护作用。

在西双版纳封建领主制中，傣族社会内部分贵族和农奴两大阶层。而领主之间、农民之间、官员之间，还有一整套森严的等级制度。

贵族分为四个等级。一为"孟"，本意为头上的天庭骨，意思是至高无上的人。凡是召片领的后代，都称为"孟"。召片领必须是"孟"级的人才能担任。二是"武翁"，召片领的家臣（大小波郎）、"孟"级以外的召勐、召贯、叭谙等多属"武翁"级。三是"鲁郎道叭"（召片领家臣"武翁"级的远亲子孙）、"召庄"、"鲁昆"（"召庄"、"鲁昆"为"武翁"

级召勐分支较远的后裔），属于自由农民。四是"道昆"，是大小领主在村寨中的代理人，包括"召火西"、"叭"、"鲊"、"先"等各级头人。

农奴分为"傣勐"（本地人）和"滚很召"（领主家奴）。在景洪坝，"滚很召"又分为领图（跟随"召"较早的家奴）和洪海（意为水上漂来的人，多为外地逃荒来的人或战争俘虏，地位最低，为领主服各种卑贱的劳役）两等。在勐海，"滚很召"由于身份地位、土地占有多寡、负担劳役种类以及先来后到的不同，又分为五种人：一是领图，是最早分出建寨的。领图又分"领图乃"（内领图，多为召片领或召勐的侍卫和家奴）和"领图诺"（外领图，多为其他官员的家奴）。二是冒宰（也分内外冒宰，主要担负领主家内劳役）。三是滚乃，一般是分出建寨最晚，没有土地的农奴。四是郎目乃，系召片领为加强对各勐的控制，将家奴安插到各勐建寨，作为自己的"陇达"（耳目）。召片领又直接加封山区少数民族的头人为"金伞大叭"，其所属村寨的人也统称"郎目乃"。"郎目乃"需向召片领提供各种劳役和年贡，又称为"滚孟"（召片领的人）。五是洪海。山区少数民族地位更低，统称为"卡"。

傣族封建领主制的官制官衔分为"召"、"叭"、"鲊"、"先"四级。各级中又分"龙"（大）、"刚"（中）、"囡"（小）三等。车里宣慰司内部官员按所领俸禄多少划分为"纳怀郎"（百田级）、"纳扫龙"（大二十田级）、"纳扫囡"（小二十田级）、"纳西"（十田级）、"纳哈"（五田级）等五级。召片领和各勐的召勐都有佛教称谓，召片领称为"松溜帕兵召"（至尊佛主），各勐的召勐由高到低又依次分为七等，各有其佛教称谓。

傣族封建领主制中这些名目繁多却层次分明的人身等级、官阶等级、俸禄等级、宗教等级，垒起了傣族封建领主制严密的政治架构。

在召片领是辖区内全部土地所有者的前提下，召片领又实行领地分封制和份地制。

分封制是召片领将辖区内的土地分封给他的家臣、官员等亲贵，得到封地的人即成为该地的领主，拥有该地的土地和人民。土地分封在叭真建立景陇王国之初就已经实行。据《泐史》记载，叭真将长子封于兰那（今泰国西北部），次子封于勐交（今缅甸东部），三子封于勐老（今老挝北部），四子承父位。叭真以后，历代召片领都给子女分封领地，甚至把土地以及生活在该地的人民都作为女儿的嫁妆。随着傣族封建领主制的逐渐完善，其分封制方式基本形成以下三种形式：一种是召片领分派兄弟子侄等宗亲、亲信到各勐任召勐，实行世袭制，领有该勐的土地和人民。第二种是召片领分封被征服的哈尼、布朗等民族的头人为金伞大叭，仍以各民族原有土地封赐给各民族首领，其职位和土地所有权也是世袭的。第三种是召片领把一部分耕地作为俸禄分封给为其效力的家臣和官员，官职的高低与封地的多少相对应。农民耕种家臣和官员的这些地，向他们缴纳地租。这种俸禄性质的封地不能世袭，一旦失去官职，也就失去封地。

份地制是领主除去自己直接占有少量土地（庄园）外，将大部分的耕地作为"份地"，通过各村寨头人直接分配到各农户，让农民在为领主提供各种负担的前提下经营。凡村寨中有负担能力的成年人，都有权要求或被迫接受一份土地。对领主提供负担则又是每一个人的天职和作为"人"的条件，所以，凡是15岁以下的少年，都视为没有取得"人"的条件，他们死后"也没有鬼魂"，不能用棺装殓，不能在村社公墓安葬。

傣语称"份地"为"纳倘"，意为负担田，即一要缴纳地租，二要参与各种公益性劳动。"份地"根据各村寨的情况定期或不定期调整分配，一般以户为分配单位。村寨成员迁离本寨或者丧失劳动力，必须把"份地"交回村社。其基本特征是户户有土地，人人有负担。在西双版纳，每个村寨内的农民占有的土地大体平衡，反映了封建领主经济是建立在长期保留的封建政权内部的农村公社基础上的，是封建领主利用农村公社分配土地的成规来分配封建地租①。

在傣族封建领主制下，西双版纳的山林、河流等未开发的土地资源和已经开发的耕地，分为三种占有类型：

第一类是各级封建领主直接占有和经营的土地，约占全部耕地的14%。这类耕地又分为两种占有形式，一种是大领主世袭的私庄田，傣语称为"纳召片领"（宣慰田）和"纳召勐"（召勐田）；另一种是召片领和召勐封赐给家臣的俸禄田，傣语称为"纳波郎"（波郎田）、"纳道昆"（村寨头人田）、"纳陇达"（领主耳目田）。

第二类是家族田和私田，约占全部耕地的27%。傣语称家族田为

"纳哈滚"，这是农村公社阶段氏族和家长家庭公社遗传下来的土地，表现为"共有私耕"的农村公社土地关系。这类土地尚未完全转化为负担田，只在同一家族内互相传递调整，形成大家族共有、小家庭占用的占有形式。"纳哈滚"不并入寨内调整，迁离时交还家族，不能私自转让或出卖，即"进寨户无地，出寨户无份"。家族田的继承权主要限于父系家族，故有"做人姑爷不分田，做人媳妇不分谷"的说法。傣语称私田为"纳辛"（自己的田）、"纳多"（我的田）。这类土地数量很少。一种是属于领主经济范畴，是村社农民在"纳倘"或领主直属土地的田边地角开垦出来的土地，前者必须在5年后并入"纳倘"，而后者不是公开合法存在的。也有村社头人凭借权力长期占有的"纳辛"，也被认为是非法的。另外二种是占有比较固定、已经接近归私人所有的"纳哈滚"，以及享有某些特权、被分有"召庄田"后有较大处理自由的，但为数极少。

第三类是领主以提供地租和劳役为条件分配给各村寨农民集体承袭占有的土地，约占全部耕地的58%。这种土地，又分为"纳曼"（寨田）、"纳倘"（负担田）、"纳当来"（公田）三种。"纳曼"（寨田）是农村公社"集体所有、私人占有"的土地，是由"纳哈滚"转化而来，在农村公社成员中进行分配的土地，不能转让或买卖。外来户取得村社成员资格，就有权要求分得一份土地。村社头人虽然能多分得一份土地，但不能永远占有，卸职时必须交还村社。其集体所有性质，表现为它仅属于与村社同一生活而不脱离村社的人；其私人占有的性质，则表现为以单个家庭独立地在分配给他的那份土地上劳动。农民在村寨界限内开垦的土地，满3年交地租，5年后并入"寨田"。凡"寨田"均由村寨头人管理分配，以份地方式按户分给农民，一年或数年重新分配一次。"纳倘"（负担田）是村社共同向领主提供负担换来的"份地"。实际上，进入封建领主社会后，由于领主在占有或掠夺村社的土地后，没有变动村社界线，所以领主世袭庄园跟农村公社是同体的，因此原先自由使用的所有"纳曼"，都变成了提供负担的"纳倘"。此外，还有少量（约占全部土地的1%）的宗教田，傣语称为"纳瓦"（寺田）、"纳社"（竜山田）、"纳丢拉"（祭祖田）。

这几种土地占有形式的共存，体现了家族公社、农村公社、封建领主经济和封建领主经济向地主经济过渡的历史发展过程。

在西双版纳傣族封建领主制下，农民承担了繁重的贡赋和劳役负担。这些负担，又主要表现为以劳役地租为支配形态，其他地租如实物地租等作为补充形态而存在。村社成员不分等级，都得层层向一个宝塔式的封建领主阶级承担各种各样的负担，所负担对象，从村寨头人一直到召勐、召片领为止。如召片领（包括各勐的召勐）从诞生、满月、升和尚、结婚、建宫室到"登位"等活动，都要耗费大量金钱和无穷无尽的劳役，举行不同规模的庆典，都分派到各勐、各火西直至各村寨，按户摊派。

份地制下的劳役地租最能说明问题。"傣勐"（本地人）和"滚很召"（领主家奴）两个等级的农奴提供的劳役地租不同，"傣勐"耕种份地的主要劳役是用自己的耕牛、农具，无偿代耕"领主直属土地"。此外，还承担修路、造桥、挖沟等公共劳役，以及服兵役、交皇帝的贡银等税赋。"滚很召"耕种份地的代价主要是为大小领主提供各项家务的和专业性的劳役。全勐每个寨子均有固定的各种专业劳役，从养马、养牛、养象、榨糖、熬糖、煮盐、织布、搓绳、打柴、舂米、煮饭、摆饭、买菜、炒菜、挑水、烧茶、点灯、听差、打扇、端洗脸洗脚水、领娃娃、侍候召片领妻、母、大佛爷，盖仓、盖厕所等，其项目多至100多种。如景洪领图寨曼沙和曼令两寨的专业劳役是轮流派厨夫为召片领做菜，其份地称为"纳炸"（炒菜田）；曼列和曼养两寨的劳役是为领主饲养大象，其份地称为"纳掌"（饲象田）；其他各寨都有专职，如打金伞、敲铓（曼勉、曼勐）、吹号（曼养里）、抬孔雀尾（曼广）等。

除朝廷负担（年贡、差发、赋税、兵役等）和土司负担（地租、官租、劳役、杂派等）外，还有宗教负担（赕佛祭竜、修建佛寺等费用的摊派）。

西双版纳的傣族在长期共同劳动和生活中，形成一些建立在世代承袭的习惯信仰之上的调整人们相互关系的行为准则，并以这些原始习惯和社会道德的力量发挥约束作用，规范人们的社会行为，调节社会秩序。进入阶级社会以后，傣族封建领主为规范社会行为，在原始村社约定俗成的行为道德规范的基础上，制定了一整套法律法规，形成了种类繁多、涉及方方面面的法律体系。现存傣文史籍中，就有《芒莱法典》、《西双版纳宣慰法规》、《疑难案二十五例》、《等级法》、《民刑法规》、《地方公约》、《罚款与赎罪的规定》、《土司对百姓的训条》、《祖训》、《民事纠纷调解法规》、《勐与勐之间的军事协议》、《司法文簿》、《地方习俗法规》、《教训妇女做媳妇的礼节》等⑱。此外，各个地方、各个行业都有法规，勐有勐规，寨有寨规，寺有寺规。这些法规，有对杀人、伤人、斗殴、盗窃等刑事案件的规定，有男女婚姻、家庭财产继承、债务关系等民事案件的处理条例，有处理霸占村社土地和私人房屋园地、破坏农田水利、破坏公共财物、杀害他人牲畜以及扰乱社会秩序等，涉及面十分广泛，非常繁杂。没有专门的法庭，是靠行政机构来执法。

　　但是，这些法规是农村公社不成文的规章制度的延续，成文法中既广泛吸收了原始村社的习惯法和道德观念，又在民间普遍运用习惯和道德规范人们的言行。另外，崇信原始宗教和南传上座部佛教的傣族社会，一方面法律法规吸收宗教中的禁律成分，利用宗教的威慑力量，对民众思想言行实施规范；另一方面，南传上座部佛教的戒规戒律，也对傣族社会的法律法规产生了不可低估的影响。

　　长期在村社原始习惯法中陶冶的傣族人民，有着重视法制的传统。傣族民间谚语就有"有路不走路荒芜，有法不依会灭族"、"规章制度不能松弛，法律礼教是树木的根本"等。而"青布白布都在于人染，法理宽严全在于头人掌握"，则表现出领主制下执法的随意性。而且，在傣族群众的法制观念中，按照古规办事，依照传统习惯看问题和解决问题的

图下 1-3　车里宣慰使司署议事厅（原图片存西双版纳州档案馆）

思想很浓，如有"不合理的事不办，不合适的话不说"、"办事要有个领头人，群众要听头人的话"，原始习惯道德在傣族社会中仍然起着很重要的作用。

由于村社原始习惯、道德、习俗、禁忌等对封建法制的直接影响，许多原始民主主义和人文主义维护公平、正义，以及保护农奴合法人身权利和个体私有财产的原则对其法制建设、社会稳定和谐都产生重要的影响。如规定"家奴在农村的亲属死了，不能仗着土司头人之势，去抢占财产，只能按死者遗嘱办"；"土司人的家奴，到农村与百姓结婚，家奴死了，其农村财产应归其妻儿继承，更不能将其妻儿拿来作家奴"；"百姓与头人的妻子通奸，罚330'罢滇'（100'罢滇'折合半开3元）；头人与百姓的妻子通奸，罚550'罢滇'"等。这些法规，体现出"王子犯法与庶民同罪"的原则，而且对处理百姓与头人之间、头人与土司之间、傣族与山区其他少数民族之间的关系，化解各种矛盾冲突，保持社会稳定，都具有积极的作用。西双版纳地区自景陇金殿国建立以来几百年的时间内，居于统治地位的傣族和被统治的山区其他民族之间，竟然没有发生过一次记录在册的战乱，这不能不说与傣族领主施行的这些民族政策有关。

除涉及方方面面的法制调节和约束作用外，傣族原始村社长期以来形成的优良传统习俗和社会道德，是西双版纳傣族社会长期稳定和谐的基石。

傣族人民长期生活在一个农村公社群体里，任何人离开这个群体都难以生存。因此，形成了人们重视群体意识、重视维护社会秩序和社会公德的优良传统。这些意识和传统，形成一种行为规范，浸润在整个农村公社的生产生活领域。如农忙时节，村社个体家庭之间、家族之间、邻里之间，都会相互换工协作；农闲时全村寨互助修房、盖房，将"一家需要盖竹楼，全寨都来帮忙"列为家家户户自觉遵守的社会公德。又如村社成员结婚，全村家家户户都要去祝贺；人死了全村都要去帮助料理丧事并送葬。这样一些长期形成的习惯、禁忌和行为规范，成为凝聚一个民族共同的心理素质，使得傣族村社能保持长期社会稳定和谐。

西双版纳傣族封建领主份地制对西双版纳傣族及其他民族的经济社

会和文化发展都产生了重大影响，存留下深厚的民族文化沉淀，有着重要的文化价值。长达 800 年之久相对稳定的社会环境形成的傣族统一的民族主义精神，长期形成的群体意识、重视维护社会秩序和社会公德的优良传统，与云南各民族及周边国家人民和谐相处，不断加强经济、文化交流，共谋发展的民族特质，至今仍有其特殊现实借鉴价值。

第五节　土官与土司

渊源与发展　衰落与历史作用

　　土官与土司是在中国多民族统一国家形成过程中，中央王朝针对云南多民族地区实行的政策措施和统治形式，溯源于秦汉两朝在少数民族地区施行的羁縻政策。随着中央集权的强化和对边境民族统治的深入，元、明、清中央王朝在羁縻政策基础上，建立起了土官土司制度。即中央王朝对内任命各民族或部落的酋长担任各级地方军政官员，让其世袭统治本民族，本地区；同时又规定各民族首领必须定期向中央王朝述职、朝贡，并听从中央王朝的征调，按期缴纳一定的赋税，承担一部分政治、经济、军事等方面的义务。土官、土司制度创始于元，而完成于明。土司制度与当地各民族的社会发展基础是相适应的，在云南民族地区普遍推行，对云南各民族社会有着巨大的影响。

　　云南土官土司制度创立于元朝。元王朝设置土官土司的统治方式，在尚未统一中原，进入云南之初就开始了。忽必烈征服大理政权后，招降西南各民族，对于率部归附者，授以各种官职，依然世领其地，使"官吏军民各从其俗，无失常业"，保证了云南民族地区的安定和统一。以后，元王朝在总结了历代封建王朝特别是唐宋羁縻政策的基础上，为了加强对少数民族首领的控制，创立了"蒙、夷参治"之法，分别设立土官和流官，并初步创立了相应的官职和制度。

　　元王朝统一全国后，在云南普遍建立土官土司的统治，并形成土官土司制度。这一制度与羁縻制度相比，从内容到形式都有发展。主要体现在对土官土司地区的控制加强，对于土官土司的任命、承袭、贡赋、义务、征调等都有具体规定，基本创立起土司制度。

元代土司制度的主要内容有：第一，设立土官与土司职务。元代，在边远少数民族地区，设立土司职官有宣慰司、宣抚司、安抚司、招讨司、长官司；在靠近内地较发达的少数民族地区，则设置土官职官，有总管府、土府、土州、土县。在云南少数民族聚居地区设置的中、下级地方政权，实行"参用土人"为官的原则。如《元史》卷一六六载，至元十八年，信苴日入觐，被封授为大理威楚金齿等处宣慰使、都元帅[19]。而在少数民族聚居地区的基层地方政权，则完全是用"土人"为官。据《元史·地理志》记载，云南行省在云南所设土司有：宣慰司 4 个，宣慰司都元帅府 1 个，宣抚司 1 个；土官有：军民总管府 25 个，蛮夷路 19 个，蛮夷州 39 个[20]。与此同时，对职官的品秩也进行了相应的规定。

第二，规定了土司的任命和承袭制度。元代土司制度建立后，朝廷任命土官土司，需要赐予诰敕、印章、虎符、驿传玺书与金（银）字圆符等信物。土官、土司实行世袭制度，并规定了承袭制度。《元史》卷二六载，"云南土官病故，子侄兄弟袭之，无则妻承夫职"。

第三，确立了对土官土司的升迁和奖惩制度。元代对"有勋劳"的土官土司，进行"升赏"，据《元史》卷一〇三载："诸土官有能爱抚军民，境内宁谧者，三年一次，保勘升官。其有勋劳，及应升赏承袭。"[21]升赏的进秩主要有两种做法，第一是按照土官土司的品级升转，另一种是加以流官官衔，通过宠以名号，赢得土官、土司的支持和顺从。元朝对于有罪的土官土司，惩处较轻，并不轻易加兵，一般以诏谕为主。

第四，土官土司对朝廷的义务以朝贡和纳赋为主。元代土官土司对朝廷有朝贡与纳赋的义务，对其数量并无明确的规定，朝贡与纳赋的政治意义大于经济意义。朝贡，象征土官土司对中央的臣服；纳赋，象征着土官土司地区归属中央版图。朝贡时间，规定为一年、二年、三年三种，朝贡的贡品是各地所产，各有不同，但数量并不多。朝廷本着"宜厚其赐，以怀远人"的政策，对进贡的土官土司都给予优厚赏赐。元代还在部分少数民族地区订立租赋，建立户籍，征收的赋税主要有金银、粮食、土产、牲畜等，主要是在经济较发达的少数民族地区征收，对于高寒山区或人口稀少的少数民族地区，并不征收赋税。

　　明朝是土官土司制度完善的时期。随着统一的多民族国家的发展，云南各民族与中原各民族之间的政治经济文化交往加强，社会经济得到较大发展，中央王朝对边疆少数民族地区的影响也更加深入。这些变化，使明朝时期承袭元制，恢弘发展，建立起比较完善的土司制度，正如《明史》记载："迨有明踵元故事，大为恢拓，分别司郡州县，额以赋役，听我驱调，而法始备矣。"㉒

　　明洪武年间，明朝军队平定云南之后，对地方上层采取"令土酋入朝"的规定，曾把段氏和蒙古贵族迁到北方省份安置，导致各地少数民族酋领不断进行反抗。明王朝为了迅速稳定云南地区，把"令土酋入朝"改为就地"顺而抚之"政策。把云南各少数民族相继归附的都封以官爵，宠以名号，"洪武初，西南夷来归者，即用原官授之"。此后，在云南地区普遍建立了土官土司制度，据统计，明初云南有宣慰司7个，宣抚司3个，安抚司1个，长官司15个，府26个，州4个，共57个。据龚荫统计，明朝云南武职土司179名，文职土司264名㉒。明朝土司制度，在元朝基础上进一步发展，从形式上把少数民族地区的地方政权组织直接纳入了国家政权组织系统，并建立了一套比较完备的制度。

　　明代的土司制度使历代实施的羁縻政策更加制度化、完善化和更符合各民族社会发展状况。

　　首先，与前代相比，明代的土官土司品秩更加完备，建立了与经济发展相适应的土官土司体系。它是按各地区社会经济发展水平及当地民族首领势力大小分别安排的。在西南诸省的民族地区，凡接近内域、汉族人口众多且其经济结构已进入封建地主制者，则与内地一律，设置府、州、县等行政区划，以流官进行统治；凡社会经济较为落后，汉族人口较少的地区，也设府、州、县，但除了设置流官外，还同时任命当地民族首领为土官，即土知府、土知州、土知县等世袭，归布政使司管辖而统隶吏部验封司；至于边远地区，因为基本上是少数民族聚居区，且其社会经济结构又多处于前地主经济阶段，故不设流官，以土司，即宣慰使、宣抚使、安抚使、长官使等统领，归都指挥使司管辖，而统隶于兵部武选司。与流官相仿，订立土官、土司的品级。如宣慰使司的宣慰使从三品，同知正四品，副使从四品，佥事正五品，经历从七品，都事正八品，以至递降至长官司长官正六品，副长官从六品，吏目未入流等；土知府为从四品，同知正五品，通判正六品，推官正七品，经历正八品，知事正九品，以至递降至土知县正七品，县丞正八品，主簿正九品，巡检从九品，典史、驿丞未入流等。

第二，土官与土司的承袭制度更加严格规范。明代土司制度，土司首先要承认自己是朝廷委派在地方的官吏，服从驱调，履行各种规定的义务，其在地方的统治才合法。土司的职位承袭必须取得朝廷的认可，形式上也和流官的任免一样。《明会典》卷一二一《兵部四·土夷袭替》载："洪武二十七年（1394），令土官无子许弟袭。三十年，令土官无子、弟，而其妻或婿为夷民信服者，许令一人袭。"在土司承袭时，应袭者必须具亲供册，备载先世事迹、职任、所领辖之境界、人口及贡赋之数，且有邻近土职具结证明文书，经布政司或都司核对，始转给吏部"验封司委官体勘，别无争袭之人，明白取具宗支图本，并官吏人等结状，呈部具奏，照例承袭，移付选部附选，司勋贴黄，考功附写行止，类行到任。见到者，关给劄付，颁给诰敕"。明初，甚至还规定"袭替必奉朝命，虽在万里外，皆赴阙受职"。承袭之所以如此繁琐，除明确承袭身份，以免发生争斗而影响安定外，更重要的是加强土司们对中央王朝的依附性。

第三，明确固定土司辖区，严格奖惩制度。凡明代所封授的土官或土司，皆"大姓相擅，世积威约"，是拥有一定土民、据有一定辖区的当地民族头人。为防止其相互兼并而形成地方割据势力，明朝往往对其争执之辖区问题进行干预，如不听从处理，则给予重罚。同时，与元代对有罪的土官土司较为宽容的态度不同，明代严格了奖惩制度，确立土司陟黜制度。明代土司凡对中央王朝有功劳，或纳贡、赋役如期完成者，朝廷皆给予进秩封爵等奖励。而那些不遵法度，不听理断，贡赋失期的土司，朝廷则给予贬斥及失官夺爵的处罚，甚至遭到中央王朝的征讨。这些对土司的赏罚措施，对于争取土司对中央王朝的依附和维护土司地区的安定起到了积极作用。

第四，建立稳定的朝贡关系，明确土官土司的义务。土司受职后，必须以定期朝贡的方式向朝廷进献方物，与中央王朝建立稳定的政治经济关系。与元代相对松散的朝贡制度不同，明代规定"湖广、广西、四川、云南、贵州腹里土官，遇三年朝觐，差人进贡一次，俱本布政司给文起送，限本年十二月终到京；庆贺，限圣节以前；谢恩无常期，贡物不等"㉔。又规定所贡物品，主要有犀角、孔雀尾、象牙、宝石、各种香料等。中央王朝对朝贡土司往往给予相应价值的甚至高于朝贡物品价值而土司喜好的内地物品回赐。除了朝贡之外，因为土司为朝廷之子民，虽然土司辖区内的各民族无须像内地那样按人头承担朝廷的赋役，但土司对朝廷必须承担一定的义务。一般土司每年均须承担一定的差发税粮，而每当国家有事，土官、土司均须接受调遣，提供护卫边疆的武力等。例如明代西南征缅，征讨麓川，南方平越，东南御倭，以及东北援辽等重大战事，均有土司兵参战。土司兵被调，大多须自备军粮器械，如云南"景东每调兵二千，必自效千余，饷士之费，未尝仰给公家"。尤其到明代后期，卫所弛坏，官军不堪使用，边疆地区的土司军队成为安靖地方、抗御外患的重要力量，为巩固边防，维护边疆的统一安定发挥了重要作用。

同时，明王朝为了加强对少数民族地区的教化，加强对土官土司的文化影响力，针对少数民族上层，在"文教"治理方面也采取了一些措施。如，土官土司可以通过特恩、岁贡、选贡三种方式派遣子弟进入国子监读书，这些进京读书的土司子弟，可以直接受到京城先进文化的熏陶，吸取先进文化知识。同时，在土司地区设立儒学，为了使土司继承者能够符合明王朝的官吏规范，能更好地为王朝效力，对土司应袭子弟做出了不入学不准承袭的强制性规定。土司子弟为了承袭，也为了提高统治能力，提升威望，就努力学习和使用汉文化。如云南丽江府土知府木增就知诗书、守礼仪，为一时名士称赏。土司地区在兴办学校的基础上，部分地区也开科取士，并奖励少数民族的子女入学。这些措施，都促进了云南少数民族地区文化的发展，也达到增强文化向心力，通过文化教化来加深对土司地区影响的目的。

清王朝初期，在清军进入西南少数民族地区后，对于明末已经有条件改流的土司，顺势进行了改土归流，如顺治十六年，云南元江府土知府那嵩反抗清兵，被吴三桂镇压，元江土司被改土归流。清代仍沿袭

图下 1-4　明代车里宣慰司印（原件存西双版纳州档案馆）

明朝制度，在云南广泛设立土官土司。据龚荫在《中国土司制度》一书中搜集整理，明清云南土官土司总数是 587 家，从正二品到从九品、未入流，广泛分布于云南府、大理府、临安府、楚雄府、澄江府、广南府、顺宁府、曲靖府、丽江府、普洱府、永昌府、东川府、开化府等地，遍及云南各府州。

土司制度是建立在奴隶制和领主制社会经济基础之上的。自明后期以来，经济社会发展，地主经济先后在一些较先进的少数民族地区发展起来，土司制度失去了建立的基础，改土归流的条件开始成熟。随着土司势力的衰弱，雍正四年，清王朝开始全国性的大规模改土归流。针对云南的情况，鄂尔泰提出，对靠内地和边疆的土司分别对待，以澜沧江为界，"江外宜土不宜流，江内宜流不宜土"。至雍正九年，基本完成了云南江内的改土归流，仅保留下江外的木邦、车里、孟连、孟定等地的土司。

元、明、清封建王朝在云南实行的土官土司制度，是从云南特殊的民族、地理条件出发而建立的特殊统治方式。土官土司制度历时 700 余年，对于云南各民族的发展起到了较大的影响。这 700 余年间，云南各民族的历史，无不与土官土司制度有着千丝万缕的联系，云南的经济社会文化，随着土司制度的出现、发展、衰落而起着微妙的变化。从其历史作用和文化价值而言，有积极方面也有消极方面。

土官土司制度对于云南历史和文化发展所起的积极作用有几个方面：第一，维护了国家的统一。通过土官土司制度实现了边疆民族地区"文武相维，比于中土"的目标，为维护统一，安定边疆起到了积极作用。元、明、清三朝建立和推行土官土司制度的意图，主要不是为了经济上的剥削，而是为在边疆多民族地区维护安定和统一。土官土司的设立，把少数民族酋领置于封建王朝的政治体制之下，土司土官也是中央王朝官员系统中的一部分，这是祖国统一的一种具体表现。实行土官土司制度后，云南再也没有出现历史上如"南诏""大理国"这样的割据政权，这与土官土司制度的设立有直接关系。同时，边疆的土司也为维护统一作出了积极的贡献。被纳入中央王朝职官体系的土官和土司，在面对外来分裂时，始终站在国家统一的立场上，如明朝万历年间，缅甸国王莽瑞体率兵侵入德宏地区，陇川傣族土司多士宁就不惜牺牲全家性命保卫疆土，拒不降缅。

第二，促进了云南各民族的发展，为各民族的整体发展融合、文化交流提供了条件。土官土司制度的设立，一定时期在云南创造了"夷汉相安"的政治局面，为各民族的发展提供了条件。加之中央王朝伴随土官土司制度所实行的大规模移民屯垦，带来了先进的生产技术和生产工具，促进了各民族的经济社会和文化的发展，靠近内地的民族地区进入了地主经济，和内地的发展差距逐步缩小。改土归流后，在云南江内彻底实现了与内地统一的政治经济文化制度，这和土官土司制度下各民族间的交流、发展密切相关。

第三，加强了边疆与内地的联系，促进了中华民族的整体发展。作为一个大一统的多民族国家，各民族整体发展离不开相互交流。土官土司制度建立起云南边疆与中央的朝贡、纳赋关系，使云南少数民族上层与中央王朝的联系得以加强，在土官土司与中央王朝建立朝贡关系的同时，也给边疆少数民族上层提供了接触汉文化、中原文化的机会。同时，土司和中央王朝为了相互往来的方便，彼此都开辟交通，设驿站，修道路，也为内地和边疆的经济文化往来创造了客观条件。

第四，促进了云南各民族文化的发展。从元朝土官土司制度创立之始到明、清时的土官土司制度确立的全过程中，中央王朝始终重视对土官土司的"教化"。元朝在南方民族中提倡儒学、设立学校。赛典赤在云南"创建孔子庙，明伦堂，购经史，授学田，由是文风稍兴"。明朝注意土司地区的文化教育，土司子弟可以优待进入国子监就学，规定土司继承人必须入学接受儒家教育，奖励少数民族子女入学等，这些措施都提高了各民族地区的文化，也加强了少数民族地区对汉文化的认同，加强

图下 1-5 世袭南甸宣抚使司令牌
原件存南甸土司署

了中华民族的向心力、凝聚力。

土官土司制度是在一定历史时期针对云南特殊历史条件采取的特殊统治方式，也对云南社会历史与文化发展起到一定的消极影响。主要表现为，土官土司"分而治之"的政策，造成云南不同地区、不同民族间的隔阂和封闭，使各民族间的经济文化交流受到一定限制，相对封闭使一些地区长期保留各自的社会制度和文化形态，如奴隶制、封建领主制等，扩大了云南各民族社会文化发展的不平衡状况。同时，中央王朝在土司之间采取"以夷制夷"、"以夷攻夷"的政策，往往利用甲地土司去对付乙地土司，或者将大土司化分为小土司，削弱其势力，从而达到加强统治的目的，这也造成了民族间的矛盾和隔阂。特别是当地主经济在云南发展起来，土司为了维护其统治势力，维持原有的生产方式和生产关系，对地主经济的发展进行限制和抵制，这就在一定程度上阻碍了土司地区社会的进一步发展。

【注释】

① 陈启新、杨鹤书：《略论拉祜族的母权制及其向父权制的过渡》，载《中山大学学报》（哲社版）1979 年第 1 期。

②《独龙族简史》第 79—84 页，云南人民出版社 1986 年。

③ 颜思久：《布朗族氏族公社和农村公社研究》第 29—43 页，中国社会科学出版社 1986 年。

④ "民族问题五种丛书"云南省编辑委员会编《佤族社会历史调查》（一）第 41—46 页，云南人民出版社 1983 年。

⑤《傈僳族简史》第 97—100 页，云南人民出版社 1983 年。

⑥ 中共云南省委宣传部、云南省民族事务委员会、云南省人民政府第五次人口普查
领导小组办公室编：《七彩乐土——云南民族大观》，云南人民出版社 2002 年。

⑦《景颇族简史》第 72 页，云南人民出版社 1983 年。

⑧《景颇族简史》第 73 页，云南人民出版社 1983 年。

⑨《景颇族简史》第 64 页，云南人民出版社 1983 年。

⑩ 龚佩华：《景颇族山官制度研究》第 57 页，中山大学出版社 1988 年。

⑪ 龚佩华：《景颇族山官制度研究》第 61 页，中山大学出版社 1988 年。

⑫《景颇族简史》第 75 页，云南人民出版社 1983 年。

⑬ 清光绪《永北直隶厅志》。

⑭《云南小凉山彝族社会历史调查》，云南人民出版社 1984 年。

⑮ 何耀华：《论凉山彝族的家支制度》，《中国社会科学》1981 年第 2 期。

⑯ 马曜、缪鸾和：《西双版纳份地制与西周井田制比较研究（修订本）》第 31—32
页，云南人民出版社 2001 年。

⑰ 高立士：《西双版纳宣慰司的土地制度》，载《云南傣族土司文化研究论文集》第
134—136 页，云南民族出版社 2008 年。

⑱ 西双版纳傣族自治州地方志编纂委员会：《西双版纳傣族自治州志》（下册）第 615
页，新华出版社 2002 年。

⑲《元史》卷一六六《信苴日》，第 3884 页，中华书局标点本。

⑳《元史》卷六一《地理志四》，第 1457—1469 页。

㉑《元史》卷一〇三《刑法二》，第 2635 页，中华书局标点本。

㉒《明史》卷三一〇《土司》，第 7981 页，中华书局标点本。

㉓ 龚荫：《中国土司制度》第 58 页、第 61 页，云南民族出版社 1992 年。

㉔《明会典》卷一八〇《礼部》六六"土官"条，第 1615 页，台湾新文丰出版公司
影印本。

第二章

各种宗教文化和谐共存

　　立体多样的气候、地貌，经济社会发展水平参差不齐，多种社会形态并存，自然和人文两方面的因素正是云南多姿多彩、古朴神秘的民族民间宗教生长的沃土。云南的民族民间宗教几乎囊括了自然崇拜、动植物崇拜、图腾崇拜、鬼魂崇拜、祖先崇拜、生殖崇拜、灵物崇拜、精灵崇拜等；与此相联系有狩猎祭祀、农耕祭祀、畜牧祭祀、生育祭祀，以及建房、婚丧、出行、战争、贸易等生产生活的祭祀和习俗；各少数民族民间宗教都有相应的祭司、巫术、经典（口诵经或文字经）、法器和法衣等①。东汉年间，道教开始传入；公元 8 世纪的南诏时期，佛教三大派别（汉传佛教、南传上座部佛教、藏传佛教）先后传入；宋末元初，伊斯兰教随着忽必烈征伐大理的探马赤军进入；原始宗教遗存与民族民间宗教文化、道教文化、佛教文化、伊斯兰教文化等多种宗教文化在滇云大地上分布和流传，经过长期的传承、演变，形成了丰富多彩而又富有地方民族特色的宗教文化，成为云南地域文化独具特色的有机组成部分。

　　宗教对文化的影响是多方面的。一是培育了大批知识人才，他们既行教，又行医，还传播文化；二是在各民族文化传承中，宗教起了较大作用，宗教组织翻译、解释或阐述经典，记录当地的历史、民情，留下了一批珍贵的典籍，如写经、刻经——彝族毕摩经、傣族贝叶经、纳西族东巴经、木刻版《古兰经》等，成为宝贵的文化遗产；三是各地教徒兴建了大批寺观、石窟，内塑众多神佛，绘制既有宗教意味又有地方色彩的壁画、长卷及各种书画作品，成为后世重要的人文景观和文化艺术珍品；四是各地的丛林寺僧、居士创作了大批诗文；五是传习各类强身健体的武术、健身操、药膳、饮品，对健康理念和饮食文化产生了重要影响；六是宗教中引人"为善"、"奉献"，各类"戒规"如讲究卫生等，对人们道德文化及生活习惯的形成，对维护人与人之间的和谐关系，起到了重要作用。

第一节　汉传佛教文化

阿吒力教　南诏大理国写经　张胜温画卷　大理三塔　剑川石窟昆明地藏寺经幢　佛教胜地鸡足山　筇竹寺五百罗汉　佛会　云南佛教中兴与虚云

关于汉传佛教传入云南的路径和时间，学界争议较多。传统观点认为：汉传佛教初传云南的路径有天竺道、吐蕃道和蜀道；初传时间从汉晋南北朝时期到唐初。近年来，侯冲先生认为从南诏时期开始，云南盛行的汉传佛教不是从印度直接传入的所谓"滇密"，而是从内地传入云南的汉地佛教；主要通道是蜀道；时间至晚在唐武则天时期。不管学者如何论道，不争的事实是：从南诏大理时期开始，云南汉传佛教的佛法昌盛，净、禅、华、密等各宗齐聚一方；佛光流转，元代蔚为大观，明代及清代前期盛极一时，清末渐衰；云南汉传佛教高僧辈出，藏经传布，十方丛林，名山有佛，民族岁俗，皆有佛光。因此，汉传佛教入滇以后，在这片红土地上孕育出菩提别枝，展示出别样的汉传佛教文化风情。

阿吒力教是汉传佛教在云南本土化的特有文化。阿吒力是梵文Acarya 的音译，意为"导师"或"轨范师"，又有阿左梨、阿左利等20 多种译法。白族称之为"阿吒力轰"，直译为汉语就是阿吒力教的意思。阿吒力教大致在南诏初期传入，其传入路径主要有二说：一种以方国瑜先生为代表，认为阿吒力教之传，始于赞陀崛多，即梵僧直接传入的印度密宗；一种以当代侯冲先生为代表，认为阿吒力教是从内地传入云南的汉地佛教密宗。阿吒力教传入云南以后，主要在白族、汉族等民族中传播。阿吒力教的主要修行方式有诵咒、结印、祈祷，有所谓"三密"即语密（口诵真言）、身密（手结契印）、意密（心作观想）之说。阿吒力教与其他密宗教派相比，有以下几个明显特征：第一，阿嵯耶观音信仰。"阿嵯耶观音"这个称号鲜见于佛教典籍，为阿吒力教所独有。阿嵯耶观音像形态多颀长纤细、宽肩细腰，身着印度菩萨式衣服。阿嵯耶观音像与中原地区的观音像不同的显著特征是细腰、男性，白族信众因之俗称其为细腰观音。现已发现有自唐代传下来的阿嵯耶观音铜鎏金像十余尊，大多流于海

图下 2-1　阿嵯耶观音

外，美国各大博物馆、艺术馆就收藏 6 尊之多，云南省博物馆藏 3 尊，伦敦等地分别有收藏。据考证，观音铜鎏金像均出自云南唐宋南诏大理时期，铸造金属含量相近。这是云南民族风格（或大理白族风格）和云南佛教特色的观音像，是佛教造像传入白族地区后本土化、民族化的产物。第二，主神为大黑天神。大黑天神源于梵语 Mahakala 的音译摩诃迦罗，即"战斗神"，是阿吒力教的护法神。大黑天神为单首六臂，额间开天眼，高发髻，髻根额顶束两层髑髅；两眉上翘，竖目圆睁，美髯丰颐，二金刚牙上出，面目狰狞。大黑天神"护拥所有地居众生，举事皆胜"，是一方的保护之神，它"性爱三宝，护持五众"，并能"治使人疾病之鬼"而受到广泛崇拜。洱海地区居民亦奉大黑天神为本主，洱海周

围 132 座本主庙中，供奉大黑天神者竟高达 130 座之多。大黑天神身兼两职，既作为佛教密宗的护法神，又作为一个村寨或一个地区的福主、保护神、主宰神。根据云南诸多方志中的记载，自南诏大理国时期绵延至清代，大黑天神作为阿吒力教的主要神祇，一直具有崇高地位，受人顶礼膜拜。第三，僧人可以有家室，父子相传。史载，"（阿吒力）有妻子"。南诏王劝丰就将其妹越英下嫁给了阿吒力僧人赞陀崛多。他们的子孙甚至还能世代为僧，今大理凤仪北汤天白族董氏，自大理国主段思平时计起，至解放前夕，共传 42 代，历代皆是阿吒力[②]。第四，有巫术色彩。阿吒力教融合了白族的本主信仰等原始宗教的成分，念咒语，施法术，衍生出极具云南特色的佛教密宗。明朝初年，董贤进京，为成祖在宫中驱邪有功，被明成祖封为"国师"。清朝康熙年间，政府曾经下了一道禁令："阿吒力教非释非道，其术足以动众，其说足以惑人。此固盛世之乱民，王法所必禁者也。"[③]此令认为阿吒力教不是佛教，也不是道教，应该禁绝。这也从一个侧面说明阿吒力教独具特色。

自南诏王劝丰以后，阿吒力教逐步盛行。南诏王世隆时，唐王朝屡遣使者到南诏，都被世隆拒绝。后西川节度使高骈了解到"其尚浮屠法"，就派了一个叫景仙的僧人充当使者，世隆不仅率臣礼拜，并主动疏通了与唐朝之间的关系。大理国时期，尚崇佛，蔚为风尚。元初西台御史郭松年《大理行记》记载了大理当时佛教的盛况："其俗多尚浮屠法，家无贫富，皆有佛堂。人不以老壮，手不释数珠，一岁之间，斋戒几半，绝不茹荤饮酒，至斋毕乃已。沿山寺宇极多，不可殚记。"因此，大理有"妙香佛国"之称。阿吒力教从元朝以后逐步衰落，原因首先是统治阶级禁止阿吒力的传播，明清政府都曾下过禁密教令。其次，佛教禅宗的传入和流行，阿吒力教逐渐转入民间和农村。

大理凤仪北汤天村的法藏寺内保存了两大柜古本经卷，计约 3000 多册，多数属于阿吒力教派经典，分别用汉、白、梵文等文字写成。其中有南诏晚期和大理国时期的写本经卷 20 多卷册。法藏寺是南诏以来著名的佛教密宗寺院。据法藏寺旁的董氏宗祠内《董氏本音略叙碑》记载，北汤天村的董氏，自南诏以来，相传 40 余代，是著名的佛教密宗阿吒力大姓。北汤天董氏历代均有大德高僧被封为国师，深受王室尊重，是大理地区最有影响力的阿吒力世家。这批古代佛教经典，是目前发现的云南最早的写本与刻本佛经。其中《护国司南抄》是现存大理写经中最早的一种，此书仅存残卷，为良贲《仁王护国般若经疏》的注释书。集录者玄鉴是当时大理崇圣寺的住持。现存《护国司南抄》是玄鉴全书的略抄，即由抄者选择抄录了原全书中的部分内容。作为云南现存有最早纪年的佛经写本，《护国司南抄》保存了大量较为珍贵的资料，在音韵学、佛典校勘、佛经版本学及唐代年号的考订等方面有较高的学术价值，是研究南诏佛教、正确认识南诏佛教的第一手材料。

大理国张胜温画卷即《大理国描工张胜温画梵像卷》，是研究南诏、大理二国历史、宗教、文化、艺术、风俗等的国宝级文物。现藏于台湾台北故宫博物院，是世界佛教图像画中的珍品。清乾隆皇帝看过此卷，大为赞赏，他亲笔写了一篇跋文，还命画师丁观鹏临摹，改画此卷为二卷，一为《法界源流图》，另一幅为《帝王礼佛图》。释妙光在画卷的跋文指出：此卷是大理国圣德五年张胜温专门为利贞皇帝（段智兴）"描诸圣容"，绘制而成，目的是"以利苍生"，祈盼"家用国兴，身安富有"。

张胜温画卷为纸本设色、贴金，总长 1636.5 厘米，高 30.4 厘米，原为一连续长卷，大理国亡后流散于民间，后由僧德泰藏于天界寺中，明正统年间曾遭水侵蚀，约于清代辗转至宫廷收藏后依其画面重新装裱成册，呈 134 开（文字部分有 6 开，绘画部分有 128 开）。全画施金铺粉，由三部分组成：其一，画大理国国王利贞皇帝率文武群臣官员虔诚礼佛的景象，所绘人物华衣盛服、场面壮观蔚然；其二，画大理国佛教供奉的诸佛、菩萨、天龙八部和法会场景；其三，画天竺十六国王众参加礼佛的盛况。全画共绘佛、菩萨、天王、罗汉、尊者、龙王、力士、飞天、供养人、妖魔、群臣、官贵、僧人、十六国王众、南诏诸王及皇后等 628 余貌。佛教造像部分，除了阿吒力教派所崇拜的观音诸像、佛母、毗卢遮那佛、阿閦如来、大理国高僧、金刚护法、舍利宝塔、曼陀罗图像、经幢等外，还有中土显教禅宗、华严宗法统及中土禅宗六祖的造像、荷泽宗二祖、十六罗汉等显宗造像。同时崇拜供奉密教、显教之神，道教之神，本主神祇乃至山川自然之神是阿吒力教派一贯的传统，而显密皆修则是阿吒力教派重要的修习方法。此画卷将大理国时期从王者至民间笃诚信奉佛教的盛况，以及崇佛祀佛的场景栩栩如生地展现出来。从绘画的笔法和文字书法来看，都颇有晋唐风韵，李根源先生评价张胜温画卷说："画是中国画，字是中国字"，非常准确地指出了张胜温画卷与内地的文化经脉联系。

大理崇圣寺三塔建于南诏末期及大理国初期，相当于唐宋时期，是现存云南最早的几座砖石结构建筑，在中国也为数不多。主塔千寻塔，在四方形的塔身上叠十六层密檐，高 69.13 米，全塔的轮廓是柔和优美的曲线。南北两塔，亭亭玉立，高均为 42.19 米，塔身有佛像、莲花、花瓶等浮雕，十层，层层各异。一至八层为空心直壁，内撑十字架，八层以上为实心，基底亦为八角形。每级的八方都有形状各异的塔形，外边轮廓线像锥形，属典型的唐宋时代风格。它们是古代白族人民富于匠心的创造，因为它作为一组塔，已经突破了印度式的"堵波"的形式，也与早期佛塔因袭汉代重楼样式不同，而是从民族生活中产生的新的建筑类型，它表现了古代匠师对于砖料性能的深刻理解。佛塔本是佛教徒崇拜的对象，也是人们对自然现象无法正确解答时的精神所系，笼罩在镇妖、降龙的神秘色彩中。同时它又出现在山水胜景中间，作为美丽的点缀，风景区的重要因素，久已成为人们所熟悉和欣赏的大理三塔，是大理悠久的佛教文化的象征。

剑川石窟位于云南省剑川县境内，是中国石窟中分布最靠南的石窟群。石窟分石钟寺、狮子关、沙登箐三片区，共 17 窟，233 躯造像。雕刻各类用具器物、窟门、造像题记、碑碣、游人题记等。石窟内有南诏国天启十一年（850）和大理国盛德四年（1179）造像题记，可知它开凿的历史已超过 1000 年。剑川石窟规模虽小，但雕刻精美，内涵丰富。石窟造像的主题，包括佛教密宗阿吒力教派的佛、菩萨、天王、力士、护法等。其中，南诏大理国"王者"、阿央白、阿嵯耶观音、梵僧、明王等造像，地方民族特色突出。剑川石窟融入白族特有的"本主文化"，如石钟寺之第 1 窟"南诏第六代国王异牟寻议政图"、第 2 窟"南诏第五代国王阁罗凤出巡图"和第 9 窟"南诏第一代国王细奴逻、后妃及男女从者造像"等与南诏历史息息相关；剑川石窟艺术还反映了我国通过云南与国外交往的内容，如第 16 窟石刻"波斯国人"等。当地白族因石窟而形成一些民俗活动，比如拜女根求子、崇拜男性观音、朝山进香、歌舞娱神、拜明王与祈雨等。

"地藏寺经幢"位于昆明市拓东路南侧的昆明市博物馆（原古幢公园）内，是大理国（937—1253）布燮（官名）袁豆光为超度鄯阐侯高观音之子高明生所造。又名"大理国经幢"或"梵文经幢"，俗称"古幢"。幢为方锥状塔形，七级八面，通高 8.3 米。共雕刻神像 300 尊，大者 1 米，小者 5—7 厘米。第一层刻有段进全所撰的汉文《佛顶尊胜宝幢记》及梵文《佛说般若波罗蜜多心经》、大日如来发愿文、发四弘誓愿文；第二层刻有四天王及梵文《陀罗尼经》；第三层以上雕刻释迦牟尼佛、菩萨、四大天王、楼宇、飞禽等。幢顶为葫芦形宝顶莲花瓣承托宝珠。经幢造像属佛教小乘教密宗题材，人物造型比例确当，菩萨面貌则慈祥可亲，四大天王不仅体态威武，神情也各不相同，面部表情严肃而不呆滞，自然而无俗气，极具唐宋石窟和泥塑造像风格。雕佛与侍像布局严谨、层次分明，造像线条流畅柔和，刻工精细娴熟，"刀痕遒劲、备极精巧"。在表现手法上，有的采用浅雕，有的采用高浮雕、半立雕等，形式变化多样，各有千秋。宫殿楼阁皆仿木结构，梁檐斗拱，帐幔及装饰图案等毕具。每层界面上或雕文字，或雕小佛，或雕莲药、圆珠等物，一眼望去，整座石幢遍体雕刻，琳琅满目，美不胜收。在全国 600 多座石幢中，于一幢之上造像之多，工艺之精美，此幢实为首。

云南汉传佛教的十方丛林之首，非鸡足山莫属。鸡足山位于云南省大理白族自治州宾川县西北隅，最高的天柱峰金顶寺海拔 3248 米。鸡足山佛寺始于唐，建于宋元，盛于明清。玄奘《大唐西域记》载："迦叶承旨主持正法，结集既已，至第二十年，厌世无常，将入寂灭，乃往鸡足山。"迦叶是释迦牟尼十大弟子之一，最后入灭于鸡足山。又相传，迦叶至鸡足山后，进入禅定，奉持如来嘱咐之金兰衣，以待弥勒出世而授之。据考证，迦叶入定的鸡足山是在印度境内，中国云南之鸡足山是僧人附会，但因风光绮丽和作为禅宗初祖迦叶守衣入定道场载入中国释史。至明代，山上僧尼云集，佛事最为鼎盛。"琳宫绀宇不知数，浮图宝刹凌苍苍"。据统计，有"大者七十二所塔院"，"院宇壮丽"。另外还有

图下 2-2　鸡足山金顶

许多"静室精舍"。我国著名旅游家徐霞客游鸡足山，留下了"芙蓉万仞俏中天，天连北极雪千年"的诗句。至清代，这里还有寺 36 所，庵 72 所，盛时常住僧尼 5000 人以上。

　　鸡足山是中国五大佛教名山之一，东南亚著名佛教圣地，传承的主要是禅门临济和曹洞两宗。由于鸡足山被认为是迦叶守衣入定以待弥勒之所，所以"或缁流或羽士，百里千里外，杖锡飞凫，来朝兹山"④。千百年来，鸡足山承袭着汉唐遗风、明清花雨，交织着儒、道文化精髓，星罗棋布着 36 寺 72 庵的梵刹丛林，以禅宗为主，以静坐默念为修行方法，提倡心性本静，佛性本有，觉悟不外求，即心是佛，成佛在于一念，在于刹那顿悟，在于把繁琐的佛教简易化，承袭了中国博大精深的儒学思想，承袭了源远流长的佛教因由⑤。

　　云南汉传佛教雕塑艺术的代表当属筇竹寺五百罗汉。筇竹寺坐落在昆明西北郊玉案山上，距城区 12 公里。1983 年，被国务院确定为汉传佛教全国重点寺院。"筇竹"一词始见于汉代。张骞出使西域，在大夏（今阿富汗）的市场上见到蜀布和筇竹杖。这筇竹杖被视为古代云贵高原出口的名产品。而杖与僧人又有不可分割的联系。因而，以"筇竹"作寺名，既可能是该地翠竹茂密景色的写照，又暗寓其寺为云南佛寺之代表。现在的筇竹寺之所以出名，并吸引大量中外游客，却是由于寺内保存着被认为是五彩泥塑艺术珍品的五百罗汉彩塑，被誉为"东方雕塑宝库中的

图下 2-3　筇竹寺五百罗汉

明珠"。这五百罗汉是四川民间雕塑家黎广修（字德生）和他的五六个助手，经历了7个寒暑（1833—1890）的辛勤劳动才完成的。这些作品分别陈列在大殿两壁（68尊）、天台莱阁（216尊）、梵音阁（216尊）中，分上中下三层，上下两层多为坐像，中间一层多为立像，排列讲究对称，如左为降龙，右为伏虎；左为腾云，右为驾雾等。据说，因塑像工程太庞大，靠黎广修一人无法完成，上下两层多为他指导助手们创作的；中间一层，举目即见，至关重要，是他亲手制作，精品亦多。这些罗汉千姿百态，妙趣横生。体态风度富于变化，表情姿势各有不同。纹饰据年龄及人物性格特点及他所处的环境又各有区别。从而使五百罗汉各呈妙态，无一雷同。这五百罗汉的塑像采用了浪漫主义与现实主义相结合的手法，突破了传统的五百罗汉刻板模式，在空间布局、人物造型等方面都有大胆创新，是一独具特色的五百罗汉雕塑群。它的塑师黎广修在四川宝光寺塑完五百罗汉像后，来到昆明主持这一工程。据说每逢"街子"天，他都带着徒弟赶到昆明，仔细观察市场上各种人的性格、神态、表情、衣着及装饰，收集创作素材。所以他所塑的罗汉，绝大部分接近人的身体比例，面部和手脚的外形结构和肌肉筋节基本符合人体的解剖结构，看起来真切动人，形象逼真。

较著名的佛会有正月初一至十五日的鸡足山香会，观音菩萨圣诞、出家、成道法会，盂兰盆会，晋宁盘龙寺八月十八日盘龙会，二月八日姚安龙华会等。

晚清以来，云南的佛教在"咸同战火"（咸丰、同治年间的回民起义）、"庙产兴学"（改寺庙为学堂）的冲击和"僧智不开"（僧人文化素质低下，迷信化习气重）的影响下逐步走向衰落，令有识之士深感忧虑，企盼有高僧大德出现以推动云南佛教文化的复兴。1904 年，虚云大师（1840—1959）应昆明筇竹寺住持梦佛上人之请来滇讲经后，来到迦叶守衣入定的道场宾川鸡足山，深为当地寺院颓败、香火不继、僧智不开的衰落状况而忧虑，遂发愿重振道风，中兴迦叶道场。虚云，法名古岩、演彻，俗姓萧，字德清，湖南湘乡人，近现代高僧。他先驻锡鸡足山钵盂峰迎祥寺，后到缅、泰、马来西亚等国讲经说法、化募资金，改、扩建钵盂庵为十

图下 2-4　虚云像　清末佚名摄

方丛林。1906 年，虚云大师赴京为慈禧太后祝寿并请颁龙藏。7 月 20 日奉上谕，新扩建寺院赐名"护国祝圣禅寺"，颁赐龙藏并銮驾全副，封赐虚云"佛慈弘法大师"，奉旨回鸡足山传戒。虚云大师回到鸡足山，奉旨改迎禅寺为祝圣寺，多次主持传戒法会，开办佛学讲习班，接纳四方僧众、培养僧才，正式开启了清末民初云南佛教中兴的大幕。

虚云大师十分重视戒律，他通过举行传戒法会、水陆法会，举办佛学讲习班，接待各方香客、来宾等方式阐释戒律对振兴佛教、净化人心、稳定社会的重要性。他认为："七众成佛，戒为精进之基；六度摄心，戒居定慧之首。"[⑥]其后，虚云应云南督军兼省长唐继尧之邀至昆明主持水陆大法会，超度护国、靖国诸役阵亡将士，重兴西山华亭寺并担任方丈 10 年。虚云 1904 年来滇至 1930 年离去，在滇共 26 年，致力传播佛教文化，成为推动近代云南佛教中兴的著名高僧。

第二节　云南丛林诗僧

朱元璋赐诗的法天　"诗人中第一"的读徹　诗书画三绝的担当

由于佛教的昌盛，讲经传法之人亦众，自南诏大理以来，"释儒"、"师僧"不仅本身具有较高的文化素质，而且在社会上也处于有影响的地位。他们潜研佛法，也读儒书，擅长于诗文写作和书法艺术。以后经历元、明、清三朝，著名释子代有传人，且多饱学之士。清代释圆鼎纂辑《滇释记》，收隋唐至明清云南僧人 250 人，其中有传译释教典籍并注疏者，有著述等身阐发经律论者，特别是有的僧人，以释家的顿悟与诗家的妙悟完美结合，创作了众多富于禅意的诗，以此盛名于诗坛。代表性的诗僧有：

法天（1332—1406），字无极，太和（今云南大理）人，大理名家杨氏子。年 16 礼荡山海印禅师出家。法天继承宗祠遍阅诸方，参叩明眼，大悟宗旨，上接临济宗为禅门宗匠，时大理地方官延师为荡山住持。蓝（玉）傅（友德）沐（英）定滇后，法天于洪武十六年（1383）从大理出发，十七年（1384）元月抵京师朝觐，献山茶花一枝、龙马一匹、《征南赋》一篇、诗二首，召对后下诏择寺馆之。辞朝时太祖御制诗送行，复命朝臣高僧各次原韵以送之，并命修葺法天所住之感通寺，敕授大理府纲僧司都纲之职。洪武二十九年（1396），复遣徒释文熹进《法华经注解》七卷。明永乐四年（1406）圆寂，享年 74 岁，僧腊 58。编著有《朝天集》收录法天敬献的诗赋、朱元璋赐的御制诗及群臣送别诗等，末附《无极禅师行实》。如《朝觐诗》其一云："锡杖飞来自点苍，心含葵赤向春阳。叶榆置县初由汉，南诏封王却是唐。世祖北来还宥段，天兵南下便除梁。累朝未有今朝有，万国来朝仰圣皇。"卷端有康熙三十二年（1693）新安黄元治序。

释读徹（1587—1656），初字见晓，后改为苍雪，呈贡古城人。俗姓赵，父赵碧谭为都讲僧。读徹自幼性聪颖，童年即随父在昆明妙湛寺削发出家为僧。稍长曾往宾川鸡足山寂光寺，做水月禅师侍者，专管文书事宜。崇祯时外出游方，飘然湖海，在江苏吴县受一雨禅师衣钵，前往中峰山讲演释教诸经，重兴晋代高僧支遁以来"支公道场"。读徹自从青年时就多接触文献，国学功底甚为深厚，故善诗，而且名甚大。由于读徹以诗见称，曾与陈眉公、钱谦益、吴梅村、朱竹垞等作方外交，朱、吴两人还称他是"慈恩皎然复生"。吴氏认为"其诗苍深情老，沉着痛快，当不止僧中第一，当为诗人中第一"。也就是说，把他推崇为第一流的诗僧。读徹写诗，主要是通过对山光水色等自然景观的描绘来表达自己超然物外之情，把佛家的顿悟与诗家的妙悟有机地结合在一起，像他所写的《雪后登清凉台》云："台上清凉望六朝，松巅高洁出僧寮。东风有意催花醒，春雪无声到地消。烟起万马悬树梢，江流一带锁山腰。楼台多少南中寺，不尽寒中送暮朝。"就是最富禅意的代表作。由于读徹作诗多学唐人，最富禅意，而且达到佛家最上乘的境界，因此王士禛在《渔洋诗话》中称说："近日释子诗，以滇南读徹为第一"；在《池北偶谈》中又说："贯穿教典，尤以诗名。"袁文典所纂辑的《滇南诗略》，在批语中称："苍雪上人出世而不忘世，其胸中无数丘壑，乃出绝笔无粘滞描摹气息，高出尘寰，飘飘欲仙，非食人间烟火所能梦见。因由笔妙亦由性情深厚，即三唐间诗僧，罕有其匹。"民国《新纂云南通志·艺文考》说读徹的诗，在明朝亡后，"常有沧桑之感"，如《次韵吴骏公见寄》："国破家何在，山深尤未归。不堪加皂帽，宁可着缁衣。夜气含秋爽，空香湿露微。遥岭玄度梦，时傍月鸟飞。"又如《送唐大来还滇》："小艇难禁五两风，鸡山有路几时通。殷勤为我传乡信，结个毛团在雪中。"再如《送僧还鸡足》："滇南古路路千盘，有客长歌行路难。筇杖半挑云里去，远去一点雪中寒。瘴烟黑处深须避，烽火红时仔细看。三月还家春色老，杜鹃啼杀杏花残。"这些诗均表现出世又不忘世，逃名又求名，离乡又思乡的内心矛盾，流露"逃名恨有身"（《誉夏雪缁》）的莫可名状感情。清末剑川赵藩写诗称其："贯休齐已不须称，证到诗禅最上乘。笑谢虞山契娄水，道人胸次有缁渑。"读徹圆寂后，其诗由其徒孙释行敏采辑抄录，行敏卒，由释行坚收藏。清康熙十七年（1678），云间陆汾得行坚藏本，复加搜集编订，募资镌刻，是为《苍雪和尚南来堂诗集》康熙刻本，民国初年收入《云南丛书》初编。此书四卷，为编年体例，卷端首载读徹法像。此后民国年间上海印行的《南来堂诗集》

有新的补充。

释普荷又名通荷（1593—1673），号担当，昆明晋宁人。俗姓唐，原名泰，字大来。担当是晚明与读彻齐名的诗僧，他的《橛庵草》，与读彻的《南来堂诗集》系享誉于明代诗坛的僧人别集，他还以"诗、书、画"三绝见称。担当自幼"生而颖悟，读书善属文"，"年十三补弟子员，天启中以明经入对大廷"，应试落第，乃遍游五岳，"足迹遍大江南北"，"尝赘于李本宁太史、董玄宰宗伯两先生之门"，习诗文书画，与陈继儒也有交往。后过会稽，到显圣寺参谒云门法师，萌发了染剃相随的念头。回云南不久，母亲病逝，又闻中原板荡，便前往大理，在洱海卫（今祥云）水目寺中从无住禅师受戒，并结茅鸡足山出家为僧。

担当不论是出家前在中原游学，还是在回滇后遁入空门，他的交往是比较广泛的。在中原师从李、董两先生学诗、书、画时，因其潜研钻习，心摹手追，深得其法，便大受两师称许，董其昌还把自己的手迹赠送给他，为此他写下了《董玄宰先生以手迹见赠赋谢》一诗。在结识了当时海内名士陈继儒后，陈出于对他的器重，将其视为至交，这从他写的《赠陈眉公先生山居八首》便可看出。特别是他与著名的地理学家徐霞客相处的时间虽然很短，仅只21天，但两人却建立了淳朴真挚的友谊，这不仅是徐霞客在"余囊已罄，道路不通"的情况下，及时得到出家前担当"因友及友"的相助，使之"穷而获济，出于望外"，更重要的还在于徐氏对于其人品、才华的敬重。徐霞客从担当应自己托请，三易其稿写成《瘗静闻骨记》，看到唐君文笔富赡，论人允当，学风严谨，更是赞叹不已。对其书画，也称"得董玄宰三昧"。担当虽然与徐霞客接触不多，但一见面就把他视为至交，为此写下了"知君足下无知己，除却青山只有吾"的诗句。在徐霞客即将离开云南时，担当又满怀深情地写下了"少别犹难别，那堪又转蓬。滇池虽向北，我梦只随东"的送别诗。今存担当赠徐霞客的诗约30余首，其中可窥两人深厚友谊。

担当与当时云南剑川著名诗人赵炳龙、蒙化（巍山）陈佐才均有交往，特别是与陈时有唱和，并为陈氏诗集《宁瘦居集》、《是何庵集》、《天叫集》进行了删改、编订及校勘。为此陈佐才还写过《访担当和尚》一诗。担当在《赏陈翼叔池莲赋赠》诗云："社事萧条久不兴，匡庐有路恐难登。临池见尔莲花色，可抵东林半个僧。"担当与当时云南的一些官员也有交往，云南巡抚钱士晋称他为"云中一鹤"；当时出任大理知府的冯甦，与他是要好的"方外交"，担当曾写诗相赠，如在结识冯不久，就写过《寄永昌司李冯再来公天台人》一诗云："大雅无声不必愁，从来坛坫在中州。攀高拟附青云上，冒险难过黑水头。莫谓滇僧非智者，古今越宦有闾丘。茫然忽动天台想，梦里寻君话旧游。"以后又写过《寄天台冯再来》、《途中遇冯再来》等诗。由其交谊之广及见重于名贤，可见担当系一代有影响的高僧。

　　担当是一位儒而释、释而儒的诗人，从某种意义上讲，他体现并继承了南诏、大理时期"释儒"、"师僧"们的特点和传统，即读儒书，擅长书法，又潜研佛典，精通禅理，在佛学上证到释家之上乘。清康熙十二年（1673）他圆寂后，葬于苍山之佛顶峰，他的好友冯甦写了《担当禅师塔铭》云："始焉儒，终焉释。一而二，二而一。洱海秋涛，点苍雪壁，迦叶之区，担当之室"，就是以"释儒"来对他概括和论定的。

　　担当的诗集在披薙前后有所不同。出家前所作诗，卷端题名《翛园集》，收明万历三十四年至明崇祯十年（1606—1637）诗作，厘为七卷，署"滇中唐大来撰"。书名意取《庄子·大宗师》"翛然而往，翛然而来而已矣"。表示自由自在地在知识海洋中遨游，通过潜研治学，学有所成，进入仕途，以便经世致用，从而匡济天下。故这一时期所写的诗豪情满怀，壮志时露，如在《霹雳引》中希望出现"圣人首出凤凰鸣"的太平盛世，以便实现"男儿跌宕胸开怀，手拿疾电登高台"的从政凤愿，从而达到"齐驱猛士报明主"的目的。同时也憧憬着一旦金榜题名、衣锦还乡时的美好情景，于是在《侠客行》中写下了"出门行万里，手握一空拳。归来六萌车，兄嫂迎马前"的激情诗句。在诗的创作上，是力追三唐，服古功深，质朴浑厚，真气充溢。出家后所作诗，则题名《橛庵草》，收崇祯十五年以后所作诗，未注明止年，亦厘为七卷，署"鸡足山僧普荷担当撰"，从书名上看，反映出由于国事日非，时局剧变，无能为力，不得已出家为僧，结茅鸡山。这一时期的诗，多写残山剩水，写得荒寒真率，如在《题画》中写道："大半秋冬识我心，清霜几点是寒林。荆关代降无踪影，幸有倪存空谷音。"另外还写他对晋人陶渊明弃官归隐生活的欣赏，在《杂兴》中写道："平生爱菊花，种植苦地少。何必饵所需，何必佩亦好。为慕陶彭泽，拂衣归去早。愿将九日名，永怀以终老。"并通过携酒踏雪的实际体验在《踏雪寻梅》中写道："雪重山深路不平，若非有酒定难行。鸣禽催得诗翁醉，寻见梅花瓮已轻。"这些诗写得新词古藻，雅洁清丽，最富禅意。因此云南名宿赵藩在论滇诗时称他："儒衣僧帽无非寄，剩水残山哪是春。一种荒寒真率意，诗如其画画如人。"

正如龚锡瑞所说：担当其所为诗，"其拳拳忠爱之意，时时流露"，虽然出家，但"仍未尝一日忘天下事"，往往"青山明月，藉表丹心。暮鼓晨钟，时增歌泣"。为此方树梅曾指出："担当在明亡之后所写的诗无一非写故国故主之悲"，可谓一语中的。如在《漫兴十首》中写道："阵云如墨压招提，睡醒山窗夜已西。亦有雄心消不得，难闻近晓一声鸡。"又如在《读骚》中写道："山僧戒酒性偏豪，不愤还需备浊醪。好置一樽于座右，助余佯醉读《离骚》。"

担当的诗，底蕴和内涵十分深厚。李本宁认为其诗"清而不薄，婉而不荡，法古而不袭迹，卑今而不吊诡"。董其昌称担当的诗："温淳典雅，不必帝京而有四杰之藻，不必赋前后出塞而有少陵之法。"陈继儒也称其诗是："灵心遒响，丽藻英词，调激而不叫号，思苦而不呻吟。"其诗不仅见重于海内名贤，而且用担当自己的话说是"声振词林气吐虹"。

至于担当的书法，虽得法于董其昌，借鉴怀素，但由于融入了独特的身世遭遇和个性品格，晚年的草书，豪迈奔放，势惊雷电，自成一家。其画学倪瓒，而有独特的创造，简笔淡墨，寄意遥深，注重神韵。在明末清初云南书画家中艺术成就最高者莫过于普荷，有与明末清初画坛"四大高僧"比肩之说（注：与八大山人、石涛、弘仁、石谿齐名）。除《担当诗集》十四卷外，还有《罔措斋联语》。

此外明末清初的释禅著有《风响集》，大错著有《梅柳诗合刻》；清代中晚期的昆明诗僧昌云、丽江妙明等，在诗歌创作上有较高的水平。

第三节　本教及藏传佛教文化

本教文化　藏传佛教源流及教派　寺院及建筑艺术　僧侣组织　佛事活动　云南藏传佛教文化的特色　佛教文化对民族文化的影响

本教亦称"本波教"或"黑教"，是藏族地区的一种民间信仰，约产生于原始社会，具有原始宗教的特点。当佛教尚未传入前，藏族地区普遍流行本教。云南藏族称本教为"本木"，并把本教分为"本纳"（意为黑本，即原始本教）和"本格"（意为白本，即指后期受佛教影响发生演变的本教）。从内容和属性上看，本教兼有原始宗教和人为宗教的特点。其原始宗教的特点是指本教信仰万物有灵，崇拜自然诸神；然而它又具有人为宗教的特点，有教祖先饶米沃且、有寺庙、有丰富的经典和比较完整的教规、教义、教理，因而具有人为宗教的特点，特别是后期吸收了佛教的某些教义、教理后，已不再是单纯的自然宗教了。

据地方志和实地考察材料看，在地处青藏高原余脉的滇西北地区，早在吐蕃时代即有本教在这里流传。中甸、德钦等地藏族远古流行石棺葬俗，保持传统的"锅庄"舞，可能与本教的葬仪和火崇拜有关。公元7世纪，本教盛行于滇西北地区；8世纪以后，因吐蕃奉行兴佛抑本措施，本教势力渐衰；在赤松德赞实行严厉的灭本措施后，一些本教徒逃到藏、滇、川交界地区生存并发展本教。到明朝中叶，本教在德钦、中甸、维西等地的藏族、普米族、纳西族中还有相当的影响。其时虽然已经有藏传佛教宁玛派、噶举派和萨迦派流行，但本教寺庙和本教徒在各村皆有，民众还是很信奉本教的。清代，藏传佛教格鲁派受到清王朝支持而兴盛，朝廷强迫藏传佛教各教派改宗格鲁派，归并各教派寺院为黄教寺院，本教因之衰落。本教残余退移到更加边远的四川木里、盐源、宁蒗的永宁等地，亦有少数本教徒在中甸地区隐居下来，在暗地里继续传承着本教文化。在云南的藏、纳西和普米族地区长期传播过程中，本教形成了具有云南地方特点和民族特点的本教文化。

云南本教尊奉"本喇"（本教祖师先饶米沃且）、"喇玛"（僧侣）、"吹"（本教经典）为"三宝"。本教徒很注重自身修持，习惯到僻静的岩穴内独坐修炼，并经常到本教经堂转经。本教转经的方向是反时针，正好与佛教按顺时针方向转经相反。本教把世界分为天、地、地下三个部分，分别有神：天上的神叫"诺喇"，地上的神叫"先"，地下的神叫"鲁"。本教认为天神地位最重要，祭天的仪式在本教中是最重要的祭仪。每逢发生雨、雪、雹灾、虫灾或旱灾时，本教徒就常举行各种祭天仪式，驱灾祈丰收，其中以"封雹"法术最为当地藏民知晓。本教还崇拜火神，特别是火塘神。他们认为，火塘里的火焰旺盛会给家庭带来兴旺，反之则会有灾难降临，因而不能将脏物失落在火塘里或溢出锅外污染火塘。若触犯火神，就要请本教徒举行消灾仪式。本教的火塘神崇拜对云南藏、纳西、普米等居住在高寒地区的民族独具特色的火塘文化有着重要的影响。

本教认为，每个人的身上都附有阳神或战神两位保护神，若保护神走失，魔鬼就会乘虚而入，灾害疾病就会降临，甚至会丧失生命。藏族成年人外出或作战，胸前都要挂一个银制的小盒，内藏祭祀阳神和战神的经文，若途中生病或受伤，就取出经文焚烧，用净水冲其灰烬饮下，认为伤病就可痊愈。人们在患病时也多认为是阳神和战神离体，必须请本教巫师祭神招魂。

本教祭神驱鬼仪式很繁杂，常用的经典达十多种；所有的祭祀仪式都要宰杀牲畜，取其血、肉、内脏等分别祭供；其他祭物多用有毒的植物，意为以毒克毒。祭祀一般要搭祭坛、插五色幡旗、挂祭牲，场面血腥。巫师着黑僧帽、蓝法衣、击鼓吹螺、诵经祭祀，常伴以舞刀张弓、跳驱邪舞蹈。

云南藏族地区本教在历史上对当地藏族有着深刻的影响，其社会功能主要是为人祈福禳灾、祈求人财两旺、卜卦治病、施受送鬼用品、主持祭祀、葬仪等。本教徒不参与当地的政治经济事务，没有大的寺庙，无严密组织，仅散居民间，靠家庭、父子传承，是云南藏区本教文化不同于其他藏区本教文化的特点。

本教对世代与藏族杂居的纳西族、普米族及其宗教、习俗亦有着深远的影响。这种影响主要体现在：一是纳西族东巴教和普米族民间宗教汗归教的神灵多数与本教神祇相同；二是以族称作为巫师名，如藏族巫师、普米族巫师等；三是对纳西族和普米族宗教和社会生活的影响主要表现在本教重视祭天、祭火塘、灶神和丧葬，东巴教、汗归教也如此。

本教对云南藏族、纳西族、普米族的宗教、民俗和社会文化生活有着广泛的影响，对云南藏传佛教各教派也有着很大的影响，成为滇西北地区地域文化中一种特殊的文化现象。

藏传佛教属大乘佛教，形成于青藏高原的藏族地区，俗称"喇嘛教"。"喇嘛"系藏语"上师"或"上人"的汉语意译。西藏宗教文化与云南文化的联系，到公元7世纪已很密切。从公元680年，吐蕃南下，直达洱源、漾濞一带，占领滇西北长达110多年，其宗教信仰也随军带入。尤其是公元751年吐蕃与南诏结为"兄弟之国"，控制南诏43年（751—794），藏传佛教密宗（史称"旧密法"）广泛传入滇西北高原地区及洱海地区，为该地区藏、纳西、普米、白等族先民信奉，是为藏传佛教"前弘期"滇云佛教情况。公元11世纪中叶以后，西藏佛教各教派次第形成。大约在宋宁宗（1195—1208）时期，噶举派（白教）和宁玛派（红教）分别从西藏东南部和今四川西南部传入中甸、德钦、维西藏区和丽江、永宁地区，在藏、普米和纳西族先民中广泛流传。并与在当地流传的本教进行过长期的斗争、融合，在斗争中也吸收了本教的一些神祇和教理、祭仪、经典，噶举派中分化出来的"仓巴"就是佛教与本教斗争分化演变的一种教派。

元明两朝是藏传佛教在藏区和纳西族地区发展传播的鼎盛时期。元朝初年，由于受到元朝统治者的支持和推动，藏传佛教对洱海及滇池地区密教的影响扩大。昆明白塔、官渡金刚塔是其遗迹。到明朝末年，蒙古和硕特部首领固始汗统一了西藏，他们的势力逐步进入滇西北藏区，他们支持格鲁派清除异教，强迫其他教派寺院改宗格鲁派。清康熙四年（1665）和硕特部武力进入中甸，以达赖喇嘛由拉萨三大寺选派的喇嘛进驻中甸统管僧民，中甸、德钦等藏区以格鲁派为主的"政教合一"制度逐渐形成。早期，教派纷争不断，噶举、宁玛以及本教被兼并、寺庙被毁，只有边远地区的小寺庙幸存，格鲁派在滇西北藏区取得绝对优势。而噶举派中被明成祖所封的大宝法王、二宝法王在丽江木氏土司、西康德格土司的支持下，在丽江、维西等地的藏、纳西地区延续，成为丽江纳西族地区和维西藏区的主要教派。

萨迦派于1253年随忽必烈大军传入永宁地区并取代噶举派，在八思巴的宗教影响和元朝廷的扶持下，在滇蒗、永宁的普米、摩梭地区兴盛起来，对这两个民族的精神文化生活产生了深刻的影响。

格鲁派约在公元15世纪末传入中甸、德钦、滇蒗、永宁等地的藏、普米和摩梭地区。至清康熙年间，格鲁派在上述地区已具相当规模，其寺院、僧人数量、势力均居各教派之首。格鲁派自传入之时起，就和当地的土司政权相互支持、相互依存，逐步建立起自己的寺院经济，进而发展成为藏族社会中独立的寺院集团势力。当地的封建统治者土司头人看到格鲁派具有比其他教派更强的宗教号召力和帮助他们统治民众的功能，所以，格鲁派的传播和发展得到他们的大力支持；持戒比较严格的格鲁派也很受民众的信任和欢迎。因此，格鲁派的社会影响和宗教声势遂大大超过其他教派。

宁玛派在大部分寺院被迫改宗格鲁派后，主要在中甸、德钦、维西

图下2-5　中甸噶丹松赞林寺　始建于清康熙年间

的边远藏区流传。宁玛派僧人分为"正统僧人"和"仓巴"两类。"正统宁玛派僧人"出家入寺修读藏文经典，严守戒律，不娶妻，以寺院为家；"仓巴"为孤独的修行者，无固定寺庙，独自在山野岩穴中修行，多为父子传承，亦有师徒传承的；他们的主要任务是为人诵经念咒、祭神驱鬼、祈福禳灾，其仪式多杀牲血祭，颇似本教仪轨。

格鲁派寺院有：中甸噶丹松赞林寺，钦定僧侣名额 1226 名，分住八大康村，为康巴地区十三林之一，亦是云南藏传佛教最大的寺院；德钦东竹林寺，建于清雍正年间，由 7 个宁玛派小寺合并而成，僧侣定额 700 名，其中比丘尼（云南藏语称"觉姆"）200 名；德钦寺，建于清康熙年间，由 13 个宁玛派小寺院合并而成，僧人定额 300 名；红坡寺，建于清雍正年间，僧侣定员 300 名；永宁扎美戈寺，最初由明代噶玛巴活佛所建，清雍正年间扩建并改宗格鲁派，僧侣定额 700 名，是摩梭人和普米族地区最大的黄教寺院。

噶举派寺院有：维西寿国寺、来远寺、达来寺、兰经寺；德钦的禹功寺、云仙寺；贡山的普化寺；丽江的福国寺、指云寺、文峰寺、普济寺、玉峰寺；中甸的承恩寺、贡尖寺、刚松寺等。是寺院最多的教派。

萨迦派寺院有：宁蒗永宁者波寺、滇蒗萨迦寺和挖开萨迦寺。

云南藏传佛教寺院建筑艺术，既保持了传统的藏族建筑风格，又广泛吸收了汉族、白族和纳西族传统的建筑艺术，形成了多样化和地方民族化的建筑特色。藏区的寺院以藏式建筑为主调，吸收其他民族的建筑艺术而成，典型的如中甸噶丹松赞林寺，汉名"归化寺"。该寺位于中甸县（今香格里拉县）城北 5 公里的一座小山上，占地 500 余亩，造型为顺山势而筑的一组藏式碉房建筑群，为云南藏传佛教规模最大的寺院。该寺是清康熙帝和五世达赖喇嘛敕建的格鲁派康区"十三林"之一，其建筑造型艺术精湛，寺内收藏文物极为丰富。大经堂坐北向南，为五层藏式碉房建筑，石脚、夯土墙、木柱、梁结构；藏式佛龛、装饰；藏式壁画；楼顶建有金瓦殿、法轮、鹿等镀金饰物；殿宇安有兽吻飞檐，具有典型的汉藏结合的造型特点。大经堂以下，八大康村经堂和活佛精舍，500 多所僧人净室星罗棋布、如众星捧月般分布于大经堂周围，寺院周围筑有夯土围墙并设有瞭望台、哨楼、碉堡，意在防御盗匪，整座寺院犹如一座庄园城堡。

噶举派寺院福国寺，位于丽江县白沙岩后芝山上，明万历二十九年（1601）初建，原名"解脱林"，后明熹宗赐名为"福国寺"，清康熙十八年（1679）改为噶举派寺院，同治三年毁于兵火，光绪八年（1882）重建。寺内的法云阁，又名五凤楼，木结构建筑极其精致，为汉式斗拱艺术与纳西族建筑艺术相结合的杰作，在海内外享有盛名。

扎美戈寺为格鲁派寺院，位于宁蒗县永宁镇，建于元至元十三年（1276），占地 100 余亩，是一组富丽宏伟的土木结构建筑，具有藏汉结合的造型特点。是普米、摩梭地区最大的藏传佛教寺院。

云南藏传佛教格鲁派寺院的僧侣组织与西藏佛教寺院基本相同，但也有它自己的特色。在僧侣组织中，最高等级是活佛，其次是格西，再次是担任寺院高级僧职如格贵、翁则的僧人，最低等级是一般的僧人。拉萨三大寺在格鲁派僧人中具有崇高的地位，到西藏学过经的僧人的地位比未去西藏学经的僧人的地位要高。能进藏学经，必须有较好的经济条件，所以，地位最低的往往是那些家境贫寒的僧人。噶举派僧侣等级分为活佛、克母、常最、格龙、奔扎等，活佛等级最高，奔扎等级最低。宁玛派僧侣等级分为活佛、拉玛、翁则、格龙、奔扎等，活佛最高，奔扎最低。萨迦派的僧侣组织比较特殊，寺主不是用活佛转世的办法传承，而是采用当地土司家族成员世袭的方法传承。寺院没有活佛，法会需要活佛时临时去四川康巴地区萨迦派寺院延请。萨迦派僧侣组织分为堪布、格贵、翁则、格龙、哈尔巴。萨迦派寺院都设有一个特殊的"拉察"职务，意为"活佛"的替身，他的职责是由其个人负责全寺僧人及各种法会需要的费用和物资并负责寺院资金、土地的经营管理。"拉察"任期一年，需支付相当多的钱粮物资，卸职后相当于名誉寺主，由寺院供养终生。因穷人担当不起，故拉察一职主要由贵族轮流担任。处于僧侣最高等级的活佛，有藏族、摩梭人和普米族活佛转世系统，并在等级上有大、中、小之分。云南的活佛世系，各教派共约 20 余个。其中比较著名的有中甸噶丹松赞林寺的松谋活佛、更觉活佛，东竹林寺的噶达活佛，丽江的圣露活佛等。噶举派的大宝法王、二宝法王在丽江也拥有很大的影响。比丘尼：在藏区的格鲁派、宁玛派和噶举派都有一定数量的比丘尼，藏语称为"觉姆"，分为住寺和居家两类。住寺的剃发着僧装，住在单独的寺院中念经修持，受师傅管理；住家的剃发、学经修行，不结婚，在家庭中地位较高。

各教派每年都有定期的宗教节日、法会，寺院通过定期的佛事活动来联系广大僧俗信众，传播佛教文化并接受信徒的布施，增加寺院的经济收入。信众则通过参加法会表达信仰、给寺院布施、朝佛、企求佛保佑平安吉祥幸福，同时也进行经贸活动。格鲁派的法会主要有：每年正月初六到二十日的默朗钦波（祈愿大法会）即"传昭大法会"；正月十五日的"迎佛节"；二月初三七世达赖圆寂纪念日；二月二十一日五世达赖圆寂纪念日；三月纪念佛祖法会；四月初六并十五日纪念佛祖诞生，"出家"和"涅槃"合在一起的纪念法会"萨嘎达瓦会"；五月二十七日至六月初三日的"结夏法会"；夏安居、僧受岁日法会；八月二十八、二十九日的增值节（东竹林寺传统跳神大法会）等。其中最具地方文化特色的法会当数阶冬节，又称"跳神节"、"跳鬼节"，每年冬月二十六至二十九日在寺院举行的诵经法会、跳神面具舞会，是具有大众性的僧俗大众共同参与的地方民族文化盛会。宁玛派寺院则有正月初一大祈祷法会、"小杵""大杵"舞蹈法会、降伏魔鬼等法会和一系列企求佛保佑平安吉祥的佛事活动。噶举派寺院亦有莲花祖师会等许多节日和法会活动，其中最有特点的是七月二十八日的玉皇会，念除秽经。此会原为道教节日，后与佛教相融合而为释道融合的节日，会期中祭东南西北中五方鬼，世俗民众参加并向寺院捐赠粮油、香料等物资和金钱，是佛教文化、道教文化相融合又具有纳西文化特色的佛事活动。

藏传佛教传入云南，在云南的藏族、纳西族、普米族地区长期传承发展过程中，逐渐形成了具有云南地域民族文化特色的藏传佛教文化，这种文化的特点主要体现在以下几方面：

明显的地域性。藏传佛教主要分布在滇西北三江并流靠近西藏和四川西南部的高山河谷地区，北至德钦、南到丽江、东达宁蒗、西至贡山共六个县。这里山高谷深，金沙江、澜沧江和怒江从这里并行流过，是著名的三江并流景区，历史上就是沟通西藏、康巴地区和川西南地区的通道，亦是通往西藏的茶马古道的重要路段，还是汉、藏、纳西、白、彝、普米等民族经济、文化、宗教交流频繁的地区。藏传佛教文化在这里形成了三种类型：一是以中甸（即今香格里拉县城）为中心的藏族地区藏传佛教，其教派有格鲁派、宁玛派、噶举派。此外还有古老的本教遗存支系"黑本"、"白本"以及演变了的藏传佛教地方支系"仓巴教"和"顿巴教"。二是丽江纳西族地区的藏传佛教。其教派主要是噶举派，为塔布噶举系统中的噶玛噶举派，其下又分为"红帽系"和"黑帽系"。三是以宁蒗的永宁为中心的摩梭人和普米族信奉的藏传佛教。其教派有格鲁派、萨迦派和噶举派，其中又以格鲁派和萨迦派为主。萨迦派在云南仅存在于永宁摩梭人和普米族之中。在永宁的摩梭人和普米族中尚有古老本教的遗存在流传，当地称之为"黑教"。藏传佛教文化已成滇西北地区地域文化的主要特征，寺院、神山、圣迹已成为重要的人文景观，佛教建筑、雕塑、绘画已成为这里顶级的文化艺术。

突出的民族性。在云南，信仰藏传佛教的不仅是藏族，还有大部分纳西族、摩梭人和普米族，以及部分白族和怒族。藏传佛教各教派在不同的民族地区传承的时间不同、彼此的声势和规模不同，但都不同程度地融合、吸收了藏族、纳西族、摩梭人、普米族的传统宗教、文化和社会心理，成为藏传佛教文化的重要内容。同时，在佛教的长期传承过程中，藏传佛教各教派的寺院僧侣制度和各自的教义、教规、戒律、典籍、节日、仪轨和法会、佛事活动，都对信仰各民族的心理、习俗、习惯以及文化生活、精神生活产生了重要影响，成为民族文化的重要内容。

云南藏传佛教对藏族文化的影响与其他藏区一样，此不赘述。噶玛噶举派在丽江有着悠久的传承史，对丽江纳西族的精神文化有着深刻的影响；格鲁派和萨迦派对永宁摩梭人和普米族的影响极为深刻。著名的丽江五大寺，永宁扎美戈寺和者波萨迦寺的寺院制度、建筑风格、节日、佛事活动都分别体现了纳西族和摩梭人民族文化特色。在滇川交界的泸沽湖畔的摩梭人和普米族，普遍虔诚信仰藏传佛教，始终保持着家家竖经幡设佛龛，村有经堂、山有嘛呢堆和烧香台的习俗。信仰佛教的人们手不释佛珠、转经筒，口不离六字真言，身不离护身符，修持佛法成为人们文化生活和精神生活的重要支柱。

融合、影响原始宗教。在长期的传播过程中，藏传佛教与云南藏族、纳西族、普米族及摩梭人原来所信奉的原始宗教的自然崇拜神通过斗争，实现了融合和相互影响。藏传佛教吸收了纳西族东巴教、摩梭人达巴教和普米族汗归教的主要神祇以充实它的神殿，以便更深入地渗透到这些民族的传统信仰之中，吸引他们皈依佛教，减少甚至消除佛教传播的阻力。此外，藏传佛教还吸收了一些地方自然神祇，使其藏传佛教化，其中以山神、湖神为多。如被誉为藏区八大神山之一的德钦太子雪山主峰卡瓦格博雪山之神，中甸白马岗山神、三坝白水台神，丽江玉龙雪山，永宁格姆女山、泸沽湖母亲神等。这些原始宗教中的地方山神、湖神、泉神因被藏传佛教吸收、佛教化而丰富了藏传佛教的内容，使藏传佛教成为了民族信仰的宗教，使各民族信仰有了更多的看得见、摸得着、永恒存在的崇拜对象。藏传佛教中的原始宗教成分和受藏传佛教影响的民族民间神祇及其崇拜活动，既是藏传佛教文化的一大特色，也是滇西北地区地域文化的明显特征。

保持密宗特色。云南藏传佛教在修行方法、教义、教理以及神灵体系等方面始终保持有印度密教的不少特色。这些特色又经过与当地各民族原来信奉原始宗教的斗争、融合、转化而成为适应云南藏族、纳西族、摩梭人、普米族的社会环境和传统文化环境的云南藏传佛教密宗特色。例如，在崇奉的神祇方面，云南的藏传佛教特别崇拜毁灭之神、苦行之神——印度教、婆罗门教之主神"湿婆"，各教派都有关于他的神话传说，各寺院均有他神态各异的塑像、壁画、唐卡。在教义方面，云南藏传佛教坚持大、小乘兼容而以大乘为主，大乘中显密兼备而尤重密法。在修习仪轨方面，重密轻显，提倡苦修静坐，各教派的寺院均设有密宗的静坐堂，对设坛、供养、诵咒、灌顶等皆严守规仪。此外，也广泛崇拜"欢喜佛"、上乐金刚、金刚亥母等密宗本尊神。从上述的密教修持现象中，可以明显地看到云南藏传佛教保持的密宗特色。

由于滇西北地区除丽江之外受汉文化的影响有限，长期缺乏学校教育。藏传佛教寺院就是学校、民族历史文化场所，活佛、喇嘛就是老师，佛教的教义和戒律就是人们判别是非的标准和行为准则，因此，在这些民族当中，藏传佛教对人们精神文化的影响是巨大的，是别的宗教和理论难以取代的。由于藏传佛教的佛事活动中长年累月频繁地使用藏文经典和藏语而扩大了藏文藏语在滇西北地区的影响，纳西族、普米族、摩梭人地区寺院珍藏的亦多为藏文佛经，佛事活动中则汉文、藏文兼用，藏语和本民族语言交替使用，这样就促进了不同民族间语言文字的沟通、交流和普及，为不同民族间的经济文化交流创造了条件。为扩大自己在宗教上、政治上的影响，丽江木氏土司木增还邀请噶玛巴红帽系第六世活佛却吉旺秋来丽江为他主持编纂校刊丽江版藏文大藏经《甘珠尔》。此经刊印后，木氏土司将其送到拉萨及他所辖区域的主要寺院珍藏，这是在藏区刻印的第一部大藏经，为佛学界的一大盛事。藏族的医药技术也都为活佛、喇嘛的必修或选修课程，藏区的医生几乎都是活佛、喇嘛，他们所掌握的藏医药文化，亦是藏传佛教文化的重要内容。此外，藏传佛教的教规、教义、戒律、禁忌、世界观、人生观、价值观亦对藏、纳西、普米诸民族产生了深远的影响，成为他们精神文化生活的重要支柱和日常生活习俗、礼仪、道德行为的重要规范。藏传佛教寺院的建筑装饰、壁画、唐卡以及各种佛事用具用品（如手珠、法器、珠宝、灯具、水具、经幡等），均对几个民族的建筑、民间艺术、室内装饰、服饰以及生活方式、娱乐方式、社交方式产生着重要的影响。在他们的民族文化中到处都有着深刻的藏传佛教印记。藏传佛教文化，为滇西北多民族杂居地区长期的社会和谐发挥着重要的作用。

第四节　南传上座部佛教文化

佛法南渐　南传佛教戒律　寺塔交辉　贝叶经　赕佛与节日　对傣族文化的影响

南传上座部佛教指的是由印度向南传入斯里兰卡，后逐渐传到缅甸、泰国、老挝、柬埔寨等国并进入我国云南傣族地区的上座部佛教。由于从恒河流域向南方流传，经斯里兰卡又传入东南亚，这些地区均在印度之南，故而得名南传佛教。而且，与汉地佛教主要使用汉文、藏传佛教主要使用藏文抄录和注释佛经相对应，南传佛教使用巴利语抄录和注释佛经，故南传佛教又被称为巴利语系佛教。南传佛教传承的是正统的上座部（Theravāda）佛教，因此又被称为南传上座部佛教。

关于南传上座部佛教传入云南的时间，学术界众说纷纭，莫衷一是。然而，通过考察南传上座部佛教在斯里兰卡形成的历史以及东南亚上座部佛教文化圈的形成历史，可以发现，公元前 3 世纪，阿育王举行了佛教的第三次结集，整理编纂了巴利三藏经，并先后派出九个使团到毗邻国家和地区弘扬佛法，其中由阿育王之子摩晒陀（Mahinda）所率的第九个使团到锡兰（今斯里兰卡）弘法，创立以"大寺"（Mahāvihāra）为中心的上座部佛教僧团，是为南传佛教之滥觞。公元 1 世纪，斯里兰卡上座部佛教举行了第四次结集，把历来口传心授的巴利语佛典第一次用僧伽罗文字母音译刻写在贝叶上，形成了卷帙浩繁的三藏经典。公元 5 世纪，由印度而至斯里兰卡的佛学大师觉音（Buddhaghosa）把大量僧伽罗语佛教典籍译成巴利语，依照"大寺派"思想对巴利语原著进行注释和校订，并撰成《清净道论》，从而确立了上座部佛教完整的思想体系，流传至今的南传佛教此时才真正形成。公元 13 至 14 世纪，斯里兰卡大寺派的上座部佛教相继成为缅甸、泰国、柬埔寨和老挝等国的国教，东南亚南传上座部佛教文化圈得以形成。而这个文化圈的形成正是考察上座部佛教传入云南这一问题时不能回避的重要历史文化背景[⑦]。另据考证，明初以前的汉文史料并未见云南傣族地区此前已经信奉佛教的记载。据此推断，南传上座部佛教传入云南的时间不会早于 14 世纪，江应樑、孙乐斋等学者所倡之南传佛教于公元 14 世纪末到 15 世纪初传入云南傣族地区的观点更为接近历史事实[⑧]。

南传上座部佛教传入云南傣族地区之后，与明清时期傣族的土司制度相适应，在土司的积极扶持下取得了长足发展。同时，它不断与傣族文化相融合，逐渐本土化和民族化，形成了独具地域特色的云南上座部佛教。云南上座部佛教主要流传于今云南省西南边疆的少数民族地区（即今天的西双版纳、德宏、普洱、临沧和保山地区），为傣族、布朗族、德昂族、阿昌族和部分佤族、彝族所信奉。就其教派而言，分为润、多列、摆庄、左抵四派，各教派教义教制基本相同，主要是戒律上有宽严之别，诵经上有高低快慢之分。云南上座部佛教的播布区域基本上处于云南西部、西南部边境民族地区，历史上与东南亚的宗教文化交流比较频繁。

南传上座部佛教更多保留了原始佛教传统，其教义主要是四谛、八正道、缘起说等。"四谛"是佛教基本教义之一，即苦谛（一切皆苦）、集谛（苦的原因）、灭谛（苦的断灭）、道谛（灭苦之道）；而四谛所依据的根本原理则是"缘起说"，"缘起说"是佛教思想的核心，"缘起"即"诸法因缘起"，可概括为"诸行无常、诸法无我"，这是佛教对宇宙万有的总的解释，也可以说是一切法的总则。"八正道"即灭苦之道，可分为"戒、定、慧"三学。简言之，南传上座部佛教教义是以四谛、八正道、十二因缘为根本理论，阐释诸行无常、诸法无我的道理，主张修善积德、断灭烦恼、证得涅槃，从而实现个人解脱。

云南上座部佛教是中国佛教三大部派之一，与汉传佛教、藏传佛教一道构成了完整的中国佛教体系，是中国佛教不可或缺的重要组成部分，也是东南亚南传佛教文化圈的重要组成部分，在佛教发展史上占有重要地位。

南传佛教注重个人的修行解脱，其戒律是围绕着"诸恶莫作，众善奉行，自净其意"这一通戒的原则来确立的[⑨]，以五戒、十善（十诫）为基本道德信条，以得到阿罗汉果为最高道德理想。"诸恶莫作，众善奉行，自净其意"集中体现了南传佛教的善恶观和伦理道德思想，并且从行为准则和思想观念两方面来倡导信众遵循这一道德准则，进而达到最高的宗教道德理想境界。这些伦理观念随着南传佛教的传播已经深深植根于民间，人们认为只有信佛并且遵守戒律的人才能得到善报，反之则受到恶报。

云南上座部佛教的戒律有沙弥戒（十戒）、居士戒（五戒和八戒）和比丘戒（具足戒）三种四级。

沙弥戒有十戒，分别为离杀生（不杀生），离不与取（不偷盗），离非梵行（不淫邪），离妄语（不妄语），离饮酒（不饮酒），不非时食（过午不食），离歌舞伎乐（不视听歌舞），离鬘香涂饰（不涂饰香鬘），离宽广高床（不卧宽广大床），离接受金银（不蓄金银）。

云南傣族地区所谓的优婆塞、优婆夷所遵循的戒律即为居士戒，居士戒有五戒和八戒之分。五戒是离杀生（不杀生），离不与取（不偷盗），离非梵行（不淫邪），离妄语（不妄语），离饮酒（不饮酒）。八戒是五戒之外增加三戒：不非时食（过午不食）、离鬘香涂饰（不涂饰香鬘）、离宽广高床（不卧宽广大床）。

比丘戒为 227 条。汉地佛教比丘戒有 250 条，就其戒相而言，与汉地佛教四分律比丘戒基本相同，只是在次序上有先后之别⑩。

为了维护戒律森严，保持南传佛教僧侣的纯洁，云南上座部佛教还恪守相应的持戒集会，称为"洗戒"。在南传佛教流传区域，每个中心佛寺都设有一个布萨堂，即戒堂或戒亭。按规定，每月朔、望两日，各中心佛寺长老及所辖各佛寺住持都必须到布萨堂诵经、忏悔，谓之"洗戒"，傣族佛教称布萨日为"小洗"；此外，每隔三年或数年，各勐都要举行一次整顿教规的僧团集会，即"别住羯摩戒会"，又称"大洗"，为彻底洗刷不守清规的罪业之意。别住羯摩戒会和布萨日相结合，形成严密的僧伽制度，保障南传佛教清规戒律的践行和僧伽队伍的纯洁精进⑪。

南传佛教戒律体现了对不同修行层次的僧众的道德要求，不仅是止恶的约束，还是行善的督约。傣族信众在持守戒律的同时，践行的是劝人为善的佛教伦理道德思想，追求的是有"戒"、有"德"、有"福"的精神境界。因此，持戒修行、行善积德、赕佛得福便成为云南傣族社会伦理道德观念的基本内涵。傣族社会著名的四部伦理道德书——《爷爷教育子孙》、《土司对百姓的训条》、《父亲教育儿子处世的道理》、《教育妇女做媳妇的礼节》都深深地打上了佛教伦理的烙印，可见南传佛教的伦理道德观念已经深入民心并对傣族伦理道德体系的完善产生了重要影响。

佛教建筑是南传佛教文化的一种主要形式，它不仅是佛教活动的主要场所，也是佛教文化的物质载体。明清两代是南传上座部佛教的极盛期，寺塔数以万计。"八百大奠军民宣慰使司"⑫，"民皆僰夷……好佛恶杀，一村一寺，每寺一塔，殆以万计"⑬；"车里（今云南西双版纳傣族地区）诸国……此地寺塔极多，一村一寺，每寺一塔。村以万计，塔亦万计，号慈悲国"⑭。寺塔交相辉映，成为了南传佛教建筑艺术的象征性符号。

云南傣族地区的佛寺佛塔集中体现了上座部佛教建筑的精华，它以鲜明的民族风格、浓郁的地方特色和强烈的宗教情感，构筑了一座壮丽辉煌的上座部佛教艺术殿堂。

佛寺一般由大殿、僧舍和鼓房三部分组成。中心佛寺以上等级的佛寺有"布萨堂"（戒堂）和藏经阁。佛寺坐西向东，随山势、地形自然布局，不似汉地佛寺般严谨的中轴对称模式，给人以随缘随分的亲切之感。大殿是供奉佛像和讲经说法之所，其建筑风格深受泰国、缅甸影响，多为重檐多面坡式，屋顶富于变化且绚丽雄奇，整个大殿显得轻盈、飞腾，独具南传佛教建筑艺术特色。

图下 2-6　德宏芒市佛塔

与佛寺相辉映，云南傣族地区的佛塔随处可见，一般分为单塔、双塔和群塔三类。云南傣族地区建塔必先选址，塔址又必须与佛陀的活动相关。一是按佛经或传说所示佛陀到过之地建塔，譬如今西双版纳州景洪市的庄莫塔、庄董塔；二是在留有佛迹之地建塔，如著名的曼飞龙佛塔（当地石板上留有佛足印）；三是在佛陀修行、说法时喜爱之地建塔，或村寨或山林。塔在寺中不定位，或左或右，或前或后，还有很多建于山林的寺外之塔。塔的构造多为砖砌实体，由塔基、塔身和塔刹三部分组成。其中塔身最富变化，塔身由莲座、刹杆、相轮、伞盖、钵、宝珠和宝瓶构成，塔刹均为铜制，镀金或贴金，阳光下熠熠生辉，美轮美奂。

云南傣族地区的佛寺佛塔已经成为南传佛教文化圈中重要的人文景观，也是民族文化、地方文化的瑰宝。云南上座部佛教寺塔分布较广，类型较多，择要简述如下：

曼阁佛寺，位于西双版纳景洪市郊，澜沧江北岸的曼阁寨。据说始建于傣历 840 年（1477），建寺资金由当时当地信众、长老和召片领、宣慰司官员共同捐献。该寺由佛殿、鼓房、僧房、戒堂、门亭组成，占地 1307 平方米，为中心大寺，闻名于东南亚诸国。

菩提寺，位于德宏州潞西市芒市镇，因寺前一棵古榕而得名，当地傣族称之为"奘相"，意为"宝石寺"，为摆庄派名刹。始建于清康熙十四年（1675），1792 年毁于战乱，1809 年重建，1816 年扩建。寺内存有清雍正皇帝所赐匾额一块，上书"佛光普照"四个大字，为芒市保存较完整的一座古寺。

大寨佛寺，位于普洱市景谷县城北约一公里土司衙门右侧的小山丘上，为景谷地区上座部佛教的总佛寺（俗称官缅寺），建于清顺治年间，《威远厅志》载："大缅寺在威远城北门外，寺内有缅僧百余人，皆剃发，用黄布裹身，名缅和尚。寺中有塔二座，各高三丈余，昔土官刀汉臣所建。"寺内双塔为明清时期所建，经年历岁，树塔共成一体，形成了远近闻名的"树包塔"（左塔）、"塔包树"（右塔）奇观。

佛光寺，位于德宏州潞西市芒市镇，傣语称之为"奘罕"，意为珍藏第一部经书的佛寺，为左抵派最大的佛寺，初建于清同治十二年（1873），原为芒市二十世土司为自己修建的宫殿，后因故改为佛寺，定为土司正印夫人的官寺。该寺由正殿、南偏殿、牌坊式院门、亭阁及一组白塔组成，正殿及偏殿皆供奉释迦佛坐像。兼具汉地佛教和傣地佛教建筑风格。

景真八角亭，为云南上座部佛教"布萨堂"的代表性建筑，位于西双版纳勐海县景真寨，据傣文史书《博岗》载，始建于傣历 1063 年（1701），

图下 2-7　清西双版纳勐海景真八角亭

图下 2-8　西双版纳景洪曼飞龙佛塔　传说始建于南宋

先后 7 次重修。原是景真佛寺中的戒堂。该亭为砖木结构，通高 12.42 米（刹部除外），基座作折角亚字形，高 2 米，宽 8.6 米；由上至下组成八角十层连续的硬山式屋檐，顶饰与塔刹相似的串字状伞状物，造型独特精巧。亭的平面形式以及屋顶木结构，受缅甸南传上座部佛教建筑风格的影响。

曼飞龙佛塔，为云南上座部佛教建筑中最为著名的一组塔群。坐落于西双版纳景洪市大勐笼乡曼飞龙后山之巅，据说始建于傣历 565 年（1203），为砖构金刚塔座式建筑，由九座笋状舍利塔组成，平面呈八瓣莲花形。中央主塔高 16.29 米，基座为圆形须弥座，座上塔身为三重覆钵相叠而成，上部为九环相轮；基座向八个方向砌成八座双面坡佛龛，龛内奉佛一尊；于八座佛龛中轴线外延处分建八座小塔，拱卫着中心主塔，九塔一群，势如雨后春笋，直问苍穹。在正南向龛下的原生岩石上，有一裸足印迹，相传为释迦牟尼足迹，因而兴建此塔。

南传佛教贝叶经的历史可追溯到公元 1 世纪，时斯里兰卡上座部佛教举行了第四次结集，把历来口传心授的巴利语佛典第一次用僧伽罗文字母音译刻写在贝叶上，形成了卷帙浩繁的三藏经典。随着南传佛教传入云南傣族地区，贝叶经这种独特的佛经记载方式也传入进来。

贝叶是一种名为贝多罗树的叶子，是一种棕榈类的热带植物，高十数丈，叶生于顶端并以扇形展开，将贝叶经过加工制作用来刻写佛经，每一片宽二三寸、长约一尺，用绳子串联成册并题上金字封面，就是贝叶经。

贝叶经主要是用来记载佛教经典的，包括经、律、论三藏和藏外典籍。除此之外，傣文贝叶经还有傣族的天文历法、社会历史、法律法规、民情民俗、医理医药、生产生活、伦理道德、文学艺术诸方面的内容。就佛教典籍而言，贝叶经传入我国傣族地区之后，许多傣族高僧大德根据佛教教义，结合傣族原有文化，撰写出相当数量的著述⑮。因此，贝叶经不仅凝聚着南传佛教思想的精华，同时也蕴含着傣族传统的历史文化，是我国文化遗产中极为珍贵的财富。几百年来傣族人民笃信南传佛教，以献经（傣语称"赕坦"）为福德，这种贝叶经在西双版纳一带随处可见，经典文献保存极为丰富，傣文贝叶经据传有84000卷之多。

贝叶本身轻盈坚韧、自然清雅，十分准确地传达出傣族人民的一种文化气质，从某种意义上来说，傣族的贝叶经已经成为傣族民族文化的一种象征，其中包含了丰富的佛教思想和文化内容，它与一个民族的历史文化和精神世界相联系，这就不难理解贝叶文化成为傣族文化的代名词了。

"赕"是南传上座部佛教的专用术语，意为奉献、布施、供奉。南传上座部佛教教义认为人生所经历的生老病死都不外乎是苦，主张自我解脱和自我救赎，故在日常的宗教生活中提倡赕佛，通过赕佛的宗教行为积累个人的善行以修来世之福，彻底断灭诸苦和烦恼⑯。贝叶经《赕喃》说，如果不做赕，人要生病，要受"十种痛苦"⑰。因此，"多赕多得福，少赕少得福，不赕不得福"的思想在云南傣族地区广为流传。

云南傣族地区的南传佛教节日主要是围绕着各种赕佛活动来进行的，随着佛教仪式和傣族民间传统习俗相融合，傣族传统社会的民间习俗逐渐佛教化；而南传佛教节日的民俗性特点亦十分明显。主要的南传佛教节日有安居节、泼水节、赕白象节、赕塔节、做摆等。

云南上座部佛教在长期的传播发展过程中，与傣族传统文化相互影响、相互作用，逐渐浸渗到傣族民族心理和民族文化的内核，对傣族的语言文字、民族教育、民族文学等方面都产生了深远的影响，这一方面丰富了傣族的文化形态和内容，另一方面也推动了南传佛教的传播和发展。

傣族有本民族的语言，属汉藏语系壮侗语族壮傣语支。南传佛教传入之后，傣语中进入了大量梵语和巴利语借词，丰富了傣语词汇，并使傣语结构发生了一些变化。傣族地区历史上使用过四种文字，以西双版纳为中心的傣泐文，以德宏为中心的傣纳文，还有瑞丽、耿马地区的傣绷文和金平地区的傣端文。其中，傣泐文和傣纳文创制最早、流传最广，而且这两种文字的产生和巴利语系南传佛教的传入有密切的关系。傣泐文大致在13世纪末就已形成，从兰那文演变而来。从它创制的那天起，就是抄写转译巴利文佛经的"经典文字"。而德宏傣纳文则是从缅文演变而来的，产生时间较傣泐文稍晚。傣文的产生对佛经的传抄和佛教的传播贡献非凡，同时对傣族历史文化的传承和发扬意义重大。

南传佛教传入以前，傣族的教育主要是家庭教育和民间教育；南传佛教传入以后，要求傣族男子一生中要出家过一段时间的僧侣生活，学习知识和文化，实践佛教戒律，成为受教化的人，否则就会被人看不起，认为他们是不懂伦理道德的野人，被称为"岩令"。因此，傣族地区逐渐形成了"佛寺即学校，僧侣即教师，和尚是学生，经书是课本"的寺院教育模式。明清时期直至民国初年，寺院教育成为傣族接受教育、学习傣族传统文化的主要途径。傣族地区几乎村村寨寨都有佛寺，凡年满6、7岁的男童，都必须入寺为僧接受教育，最初学习字母、拼音及造句，进而诵读佛经，学习蕴藏在佛经中的佛学思想、教义、戒律以及天文历法等知识。男子出家为僧时间无硬性规定，年满20岁离寺还俗者称为"岩迈"（相当于秀才）；年满20岁仍然在寺为僧，继续研读并受比丘戒者，尊称为"督"（俗称佛爷）；比丘还俗后，尊称为"康朗"（相当于老师），可以主持村里的世俗活动和宗教活动。还俗的僧侣被视为知识分子，在民间享有较高的社会地位，受到傣族民众的普遍尊重。

佛寺教育在傣族地区起到了举足轻重的作用。它的影响力辐射到家庭教育，乃至整个社会教育的范畴。一方面，在长期的传承发展中，南传上座部佛教的义理、戒律和伦理道德渗透到了傣族的整个社会生活中，规范着社会个体的物质生活和精神生活，成为他们日常生活中最基本的行为准则。另一方面，佛寺培养出了不少博学之士，为土司和地方政府输送了不少的人才。这些知识分子成为傣族社会的中坚力量，对推动傣族社会进步，弘扬傣族优秀的历史文化起到了不可忽视的作用。

随着南传上座部佛教的传播发展以及傣文的形成，云南傣族的文学艺术也发生了深刻的变化。一方面，傣文的产生使傣族丰富的口头民间文学得以用文字记录、整理并保存下来，为后人留下了一座丰富多彩的文学宝库。另一方面，佛经文学也随着佛教的传播大量传入傣族地区，与傣族传统的民族民间文学相融合，形成了包括众多佛教神话传说在内的丰富多彩的傣族文学体系。例如，闻名世界的佛经故事《罗摩衍那》传入傣族地区之后，经过傣族人民及其歌手、民间艺人的不断改造、充实，最后形成了在傣族地区广为流传的著名叙事长诗《兰嘎西贺》。此外，许多在云南傣族地区流传甚广的民间故事都来源于佛教的本生经。例如家喻户晓的民间故事《召树屯》和阿銮故事，即源于《佛本生经》。通过傣族化的佛教故事来传播和普及南传上座部佛教的教义和佛学思想，其影响力和渗透力远甚于佛寺里的讲经说法，从而使佛教教化深入人心。

此外，南传上座部佛教对傣族民族心理、伦理道德和生活习俗方面的影响还外化为其信众群体的行为特点，主要表现为：一是形成虔诚礼佛、温和待人的行为方式；二是践行"诸恶莫作，众善奉行"的佛教伦理观念；三是崇尚团结互助、尊老爱幼、和睦相处的传统美德；四是遵循南传佛教人与自然和合共处的生态伦理观。南传佛教文化对傣族的社会进步、文化发展起到了积极的推动作用。

第五节　道教文化

道教传播在云南　刘渊然等高道在云南　巍山昆明等地的道教宫观
虚玄缥缈洞经乐　道教尊神民族化

云南道教历史悠久，多宗派并存，而且道教从传入之时就与云南众多民族的宗教、文化相融合，深刻而广泛地渗透到云南各民族的生活习俗之中，从而成为云南民族传统文化的重要组成部分。云南信仰道教的除汉族之外，还有彝族、瑶族、白族、壮族、纳西族、布依族、阿昌族、普米族、傈僳族等。道教在云南的传播，形成了独具地域性和民族性的道教文化特色。

云南自古是少数民族部落聚集的地区，与道教重要流派五斗米道的发源地四川毗邻。张陵在四川鹤鸣山把神仙道化成宗教，创立五斗米道，置二十四治教化治民。二十四治中有稠粳治、蒙秦治设在金沙江南和滇东北及滇西的部分地区。因"民俗略与巴蜀同"[18]和特殊的地缘关系，道教在东汉末年便传入云南。最早传入的教派是五斗米道。

魏晋时期，最具传奇色彩而又传播较广的是有关孟优的记载："孟优，世居巍宝山，与土帅孟获兄弟也。素怀道念，常往来于澜沧、泸江水间，得异人授长生久视方药诸书。"诸葛亮南征云南时，士兵误饮哑泉，"优进仙草，立验"[19]，诸葛亮感激不尽，欲赠功名金帛，孟优坚辞不受，依然是"高士幽栖独闭关"，继续修行在深山。这一历史传说反映了三国两晋时期，有道教隐士栖居于滇西巍宝山修道，并行医济世。

南诏和大理国时期，云南的政治、经济、文化空前繁荣，云南与中原交往十分频繁，佛教信仰在洱海地区逐渐成为宗教信仰主流，但道教崇信依然流行。唐中叶时，"蒙氏强盛，蜀人有以黄白之术售于蒙诏者，蒙人俾即其地设蒙化观，以为修炼之所"[20]。蒙化观即今玄珠观，是南诏王的宗祠，内祀细奴逻的母亲茉莉羌，是南诏最早建盖的祖先崇拜和道教并存的殿宇[21]。道教炼丹术也在唐中叶传入南诏。这些外地云游道士进入云南，在一定程度上促进了云南道教的发展。唐德宗贞元十年（794），南诏与唐王朝举行苍山会盟，会盟誓文中有"上请天、地、水三官"的仪式，从中可知会盟采用的是天师道的三官手书方式，表明南诏统治者深谙道教学说。

随着元朝的统一，纷呈的道教派别逐渐融合，天下道教形成正一和全真两大教派的局面。元代是云南道教史上的重要时期，在云南设立行中书省，政治中心从洱海地区转移到了滇池地区；同时，大批的汉族移居云南，将他们所奉的道教神祇携到了云南各地，道教的派别先后传入云南。元末明初，武当道派创始人张三丰一度至滇，吸收江南谪滇富户沈万三翁婿及其外孙女余飞霞等为弟子[22]。永乐时，全真派长春真人刘渊然谪居昆明龙泉观，他在云南开宗创派，滇人慕名"咸往求济"，他受召回京"领天下道教事"，于宣德年间奏请立云南、大理、金齿三道纪司，云南道教随之声望大振㉓。故而民国学者认为"滇之有道教，约在元室统一以后。明清之际，固尝盛极一时，各地道观，如琳宫贝阙，彼此相望，金碧辉映"㉔。

明清两代是云南道教发展的鼎盛时期。道教为地方上层人士所接受，镇守云南的沐氏家族推崇道教，当时的著名文人李元阳、高峣映等也受道教影响，均有诗文问世，道教各派纷纷传入云南。明清时，云南道教主要有武当道派，全真道天仙派、龙门派、长春派、随山派和西竺心宗，民间有正一派。在云南腹地 20 府和 1 个直隶州，多建有道教宫观，云南、大理、永昌和楚雄 4 府，设有管理道教事务的道纪司㉕。在云南各地兴造宫观，明代有 103 所，清代有 142 所，加上前代所建及年代无考的 200 余所，至清末云南共有道观 465 所㉖。云南道教的发展在明清时进入兴盛时期，并在中国道教史上占有重要地位。

刘渊然（1351—1432），净明道第六代嗣师，是对云南道教历史影响极为深远的著名高道。《明史·方伎传》载：刘渊然"有道术，为人清静自守，故为累朝所礼"。明洪武二十六年（1393），太祖赐号"高道"。永乐初年，成祖赐"真人"号，因触怒权贵而被谪至昆明黑龙潭龙泉道院。他精通道经典籍，道行高妙，在云南有着很大的影响，"凡滇民有大灾患者，咸往求济"㉗，名噪一时。

正如明景泰三年（1452）太子少保兼翰林学士萧镃所言："滇南自永乐中刘公渊然以道法显。"㉘他到云南后，传道收徒，兴建宫观，对云南道教影响很大。在云南收有百余名徒弟，其中以邵以正、蒋日和、芮道材最为著名。蒋日和住持、扩建昆明真庆观，芮道材曾在大理巍宝山创建栖霞观，二人分别对昆明、大理等地的道教发展作出重要贡献。

邵以正随刘渊然回北京，得到明英宗的重用，"凡朝廷有大修建、大禳祈，必命真人（邵以正）主之"㉙，成为继刘渊然之后的全国道教领袖。他主持北京白云观，率弟子喻道纯等广搜道经，重加订正，最终刊成《正统道藏》五三〇五卷，这是唯一完整流传至今的官方组织编刊的道经丛书，其刊成在道教发展史上有着巨大的意义。因由云南道士主持编修，也显示了云南道教在当时全国道教中占有重要地位。

明洪熙元年（1425），刘渊然钦承仁宗诏书回京，得赐号"冲虚至道玄妙无为光范演教长春真人"，诰加"庄静普济"四字，主"领天下道教事"，赐二品印诰，与龙虎山张真人同等，成为显赫一时的全国道教领袖人物。刘渊然奏请仁宗皇帝始更名昆明真武祠为"真庆观"、"旧所龙泉道院为龙泉观"㉚。明宣宗对刘渊然更是"宠眷弥厚"，晋其"大真人"号，他"奏请立云南、大理、金齿三道纪司以植其教"㉛，使云南道教更加声望大振。

刘渊然对云南道教的最大影响是开宗立派，创立长春派，被长春派道士尊称为"刘祖师"。长春派是明清时期在云南，特别是昆明影响较大的派别，其特点是：注重符箓，尚劾治鬼邪，精于医术。有 20 字道谱"日道大宏，玄宗显妙，真崇元和，永传正教，绍述仙踪"。长春派自创立以后，与龙门派并行，弟子遍及全省，并北传黔桂，西沿迤西大道传至保山、凤庆、腾冲、缅甸，南传玉溪、通海、河口及越南。至今保存在昆明黑龙潭的《重新龙泉观长春正派第十二世都纪赵法师讳和沛》、《长春派第十四代弟子谢传秘》、《长春派第十五代弟子曾正林》㉜等有关清朝、民国时期长春派道士碑刻，向世人印证着长春派的历史。

旧谚说："天下名山佛道半。"在云南的奇山异水间，道教奇特多样的宫观楼阁与仙人道士的传说相关联，给这些奇特险峻的自然景观和宫观建筑浸染上了神秘幽玄的道教文化色彩。

据《新纂云南通志》所载：元代云南道观兴建最高数额不及 6 所，明代的道观兴建增长很快，约有 103 所，清末共有道观 465 所。主要有昆明黑龙潭、太和宫金殿、真庆观、三清阁、龙门石窟、虚凝庵、铁峰庵、昭通大龙洞、个旧宝华山寺、建水云龙山、蒙自缘狮洞、大理中和寺、巍山巍宝山、祥云普棚老君殿、保山太皇阁、腾冲云峰山、临沧子孙庙、景谷大石寺等，这些宫观多与绮丽的自然景观相映成趣，或以林掩其幽，或以山壮其势，或以水秀其姿，形成了自然山水与建筑结构相融洽的独特风格，是遁世逸士怡情养性、修持学仙之所。

明朝以来，云南道观兴建盛极一时，而且多是道教建筑群。昆明三清阁原为元代梁王避暑行宫，明洪熙、宣德年间（1425—1435），在世袭镇守云南的沐氏支持下，山上大兴道观，形成一组气势非凡的建筑群。

图下 2-9　昆明真庆观　始建于明，方苏雅摄于清末，殷晓俊提供

明末，徐霞客游太华山，称山上寺观"如蜂房燕窝，累累欲堕"。寺分南北二庵，北庵有灵官殿、纯阳殿、玄帝殿、玉皇阁、抱一宫，"皆东向临海，嵌悬崖间"，极为险峭；南庵有雷神庙、三佛殿、关帝殿、张仙祠、真武宫等，"崖更崇列，中止漾坪一缕若腰带，下悉陨阪崩崖，直插海底。坪间梵宇仙宫，次第连缀"，"更南则庵尽而崖不尽，穹壁覆云，重崖拓而更合"㉝。

云南的道教建筑群，以巍宝山影响最大。其山位于巍山县东南，南诏时期山上已有道观兴建。现存建筑多建于明末清初，有准提阁、甘露亭、报恩殿、文昌宫、主君阁、玉皇阁、斗姥阁、三皇殿、观音殿、财神殿、太子阁、朝阳洞、元极宫、培鹤楼、含真楼、道源宫、云鹤宫、长春洞、望鹤轩等大小宫观 20 余所，分布于前山和后山，前山绵亘叠嶂，宫观多藏于密林之中；后山险峻陡峭，庙宇多依山势显露于岩壁之间。巍宝山以建筑规模宏大而著称，是西南地区影响仅次于青城山的道教名山。

昆明黑龙潭龙泉观是由下观黑龙宫和上观龙泉观组成的古建筑群。清朝云贵总督阮元根据《汉书·地理志》载"益州有黑水祠"，认定此道观就是古代的黑水神祠，有"滇中第一古祠"之称。明永乐年间，高道刘渊然被谪至昆明后，便是在此传道收徒，时称"龙泉道院"，刘渊然奉诏回京，统领全国道教事，他奏请仁宗皇帝始更名为"龙泉观"，被尊为"云南道教祖庭"。

龙泉观一直是昆明北郊的风景名胜，也是道士修炼之所，至今还是云南省道教协会驻地。上观龙泉观依山面水，是一组完整的道教古建筑群。整座建筑依山势地形逐次升高，错落有致。沿中轴线由观门、雷神

图下 2-10　昆明太和宫金殿　清末方苏雅摄，殷晓俊提供

殿、祖师殿（又称"北极殿"）、玉皇殿、三清殿共五进组成，两侧配以厢、庑、祠、阁，形成大小 13 个院落。观门是一座面阔三间的五脊牌楼，基座为青砖砌成，高约 1 米，立柱深入基座，未用夹杆石。门前筑石砌地坪，山崖边缘有弧形石砌围栏。观门匾额书"紫极玄都"四字。

下观黑龙宫是一进两院式建筑。外院置有一长方形香炉，其正反两面都刻有八卦图，两个侧面是北斗七星图，在里院天井的水池中有一条形态逼真的戏水黑龙雕塑。传说它就是云南掌管着兴云播雨的都龙王。正殿龙神庙正坛上供奉的身穿解袍的龙王和雷神电母、雨师风伯等一些掌管兴云降雨的神灵塑像。殿内两棵中柱上盘绕着黑龙、黄龙各一条。现存的黑龙宫大门两侧巨大的圆窗木格，保留了早期庙宇建筑特征，显示出古朴的厚重。

中国古代以农业立国，祷雨济旱是国之大事。昆明黑龙宫一直盛传着明代西平侯沐公、高道刘渊然、清代云贵总督范承勋、林则徐来此为民"祈雨有验"的历史佳话。

道教音乐是道教进行斋醮仪式时，为神仙祝诞、祈求上天赐福、降妖驱魔以及超度亡灵等法事活动中使用的音乐，因其深邃淡泊的旋律、独特的音韵而富有吸引力，成为道教科仪和欢庆节日必不可少的内容。

道教音乐以教门流派大致可分为正一经韵与全真经韵两类，云南道教音乐也大致如此。由于道教广泛传播于民间，各地方的道教音乐与当地音乐有长期的交融，在一定程度上具有民间传统音乐与地方性音乐的特色。云南的道教音乐以正一经韵为多，广泛分布于汉族及白族、瑶族、纳西族、壮族、阿昌族等民族地区，具体为大理、剑川、鹤庆、宾川、邓川、洱源、巍山、河口、文山、金平、丽江、华坪、陇川、梁河、耿马等处。昆明长春观、曲靖紫云洞、巍山朝阳洞以及新平县部分火居道士则使用全真经韵。此外，在昆明、巍山等地曾经流传过道教清微派的经韵音乐。但在云南传播最广、影响最大的还是"洞经音乐"，演奏团体称"洞经会"。

在云南地方志中，有很多关于云南各地洞经会的记载，如道光《定远县志》卷二《风俗》载"正月内建太平清醮，祈年保境，禁屠素食，以五日为期。街市洁诚，设坛起醮。次日迎龙舟讽文昌洞经"。民国《昭通县志稿·宗教志》载："（洞经会）以谈演诵经为主，辅以音乐，凡祈晴祷雨、圣诞庆祝、超度事悉为之；其经夹杂佛、道，间以儒经附会，入坛者皆男子而无女流也。"这些记载勾勒出了洞经会的特点。因其经夹杂佛、道并间以儒经附会，故多被视为是一种杂糅儒释道三教的民间宗教组织。

云南各地洞经会崇奉的神灵大多属于道教，谈演道教的《文昌大洞仙经》、《太上老君说常清静经》、《玉皇心印妙经》、《太上洞玄灵宝升仙护命妙经》等经典，以及《元始天王诰》、《灵宝天尊诰》、《太上老君诰》、《玉皇大帝诰》、《文昌帝君诰》等"圣诰"，他们谈经演教如仪奏乐，即是洞经音乐特有的文化内涵。洞经会在云南各地的名称各不相同，如昆明称"崇仁学"、"宏文学"、"元会经坛"等，曲靖称"广化堂"、"忠心堂"等，通海称"五经会"、"鹤云会"等，大理则称"三元会"、"感应会"、"里仁会"、"洪仁会"、"尊圣会"、"清乐会"、"宏善坛"、"南雅乐社"等。这些组织在云南的少数民族中有着很大的影响，如大理白族地区的农村普遍设有洞经会，仅大理一县就有三四十个这类坛会。丽江纳西族地区也多有洞经会或"皇经会"，除定期前往文昌宫、玉皇阁等场所开坛奏乐讲经外，他们还往往在纳西族群众遇到喜事或丧事时前往举行活动，如清末丽江纳西族若有人应试中举，须由新科举子作主，请洞经乐队在文昌宫内演奏，以答谢文昌帝君的佑护。丽江的洞经音乐更是在乐器、乐曲等方面吸收了纳西族文化的很多东西，使得其整套洞经音乐融汇了纳西人特有的感情气质和传统审美，也融进了民间音乐的风格特色㉞。

云南历史上有洞经会活动的地区，洞经音乐与云南道教斋醮活动有着直接的联系，洞经音乐对云南道教音乐产生了很大的影响。今天的昆明、剑川、腾冲、巍宝山等地的洞经团体多称古乐队，多由民间吹鼓手组成，时常为道士的各种道教科仪吹奏道曲，二者配合默契，可谓是水乳交融。

云南道教具有多民族信仰的特色，而且道教在云南也真正体现了"道教是中华民族的传统宗教"的内涵，即道教不仅为汉民族信奉，也为许多少数民族所崇信。张陵所创的五斗米道，特重占星祭天、祀神驱鬼，俗称"鬼道"，与彝族、白族、纳西族的原始宗教有相似处，融入他们的信仰是很自然的。道教从传入之时就与云南一些少数民族的原始宗教相融合，深刻而广泛地渗透到云南民族的生活习俗之中，云南信仰道教的民族除汉族而外，还有彝族、瑶族、白族、壮族、纳西族、布依族、阿昌族等，道教与这些民族传统文化相融合，形成了独特的民族文化和丰富多彩的民族习俗节庆。

彝族、瑶族、白族、壮族、阿昌族等民族的传统宗教深受道教影响，他们的神职人员及其所信奉的经典、神灵等多与道教有关。大理白族正一道的道士常为群众举办斋醮活动，其诵经做道场时须供三清、玉皇、三元、二十八宿、灵官、吕祖、八仙的牌位。彝族撒尼支撒梅人的西波教即是受道教影响较深的一种宗教，撒梅人生活在昆明地区，其所信奉的西波教已有一套较为完整的神灵系统和经文。西波教奉太上老君为最高主神，其下有通天教主，尊承太上老君之命而主持天庭的日常事务。西波教的巫师称"西波"。"西波"可以传授弟子，弟子入学时皆须向太上老君的牌位磕头，承认自己是太上老君的凡间弟子。"西波"举行宗教活动时须于桌上供上太上老君的牌位㉟。

瑶族宗教信仰的最主要特征就是本民族信仰与道教的融合，形成了一套独特的道教体系，几乎融入瑶族社会生活的方方面面。瑶族的主要神职人员有"道公"和"师公"两种，信奉的神灵体系中既有本民族

图下 2-11 文昌会
清末方苏雅摄，殷
晓俊提供

神祇，又崇祀道教神灵：三元、三清、赵帅、邓帅、马帅、关帅、张天师、功曹、西皇母、雷公、神龙、观音、鲁班、玉皇大帝、紫微等。在瑶族社会较为集中表现其统一信仰的宗教仪式"度戒"中，道公和师公的社会功能体现得尤为完整和具体。"度戒"是瑶族比较重视的男子成丁礼仪式，又称"过法"，也是瑶族的宗教入教仪式。

道教法会科仪浸润到一些少数民族的日常生活、传统节日之中，成为民俗的重要内容。如瑶族的"度戒"、"挂灯"是其重要的人生礼仪。剑川白族的"太子会"、"朝斗会"和巍宝山正月初九龙华会、南诏祭祖活动，各地还有正月初九的玉皇大帝圣诞、二月十五的太上老君诞辰、文昌帝君圣诞等，每到这些日子，道教信众都要在宫观中举行隆重的斋醮仪式和盛大香会，表示节日的欢庆与纪念，意在赞扬神仙功德，表达信众的虔诚信奉。随着道教文化的传播，一些道教节日由于符合人们心理要求，不仅是道教的节日，也成了民间流行的节日。

这些节日是民族生活和民族精神的典礼和仪式，是民族文化的重要载体。流传至今的节日风俗，都具有特定的文化内涵，反映了民族独特的兴趣爱好、思维习惯和哲学思想等，凝聚着各民族审视世界的独特视角。

第六节　云南伊斯兰文化

元明清三代云南伊斯兰文化　教派　清真寺与节日　礼仪习俗　云南伊斯兰文化名人

伊斯兰教于公元 7 世纪初由穆罕默德于阿拉伯半岛创立并传播。"伊斯兰"为阿拉伯语音译，原意为"顺从"、"和平"，指顺从和信仰宇宙独一、至上的主宰安拉及其意志，以求得和平安宁。伊斯兰教信徒统称为"穆斯林"，为阿拉伯语音译，意为"顺从者"。伊斯兰教也即是"顺从者"的宗教。在云南，伊斯兰教主要为回族信仰，对回族的历史文化、心理素质和精神生活具有深刻的影响。

云南的伊斯兰教，相传有唐时传入说，但依据不充分。伊斯兰教传入云南始于南宋末元初。公元 1253 年，元宪宗蒙哥命其弟忽必烈为统帅，以大将兀良合台总督军事，率领十万蒙古和西域回回联军平定大理，随征的探马赤军的大批西域穆斯林将士成为元初入滇的首批伊斯兰教信徒。平定云南后，他们奉命分戍在大理、鄯阐（昆明）、乌蒙（昭通）等地，沿着西南丝绸古道各段要塞驻防屯守，形成了云南最初的穆斯林聚居区，伊斯兰教亦随之向三迤（即迤东、迤西、迤南）传播，开始出现清真寺、教坊。据《元史·兀良合台传》记载，他带到云南地区的西域回回军士的祖籍，大多来自阿拔斯王朝首都巴格达和中亚地区的布哈拉、花剌子模、撒马尔罕等地，这些地方正是阿拉伯帝国阿拔斯王朝经济文化最繁荣的地区，他们成为元初最早进入云南的回族穆斯林的先民。1267 年，元世祖忽必烈封皇子忽哥赤为云南王，管辖云南；分赐给忽哥赤的"回回降民"也随他到云南，分住今昆明、昆阳、大理、丽江、鹤庆、保山、腾冲等地。1274 年，忽必烈委任出生于中亚布哈拉、曾经在成吉思汗时代就归附蒙古，身为伊斯兰教创始人穆罕默德第三十一代后裔的著名回回政治家赛典赤·赡思丁（Sayyid Ajall Omer Shams al-Din，约 1211—1279）出任首任云南行省平章政事，在其随员和眷属中带来了一批穆斯林。赛典赤以穆圣后裔之尊和行省平章政事的显赫社会地位，倡导伊斯兰教，为元代伊斯兰文化在云南的传播和发展发挥了重要作用。赛氏家族的五子二十三孙大都落籍云南，繁衍为云南回族中的赛、沙、纳、撒、闪、忽、速、马、哈、合、穆等十余个大姓望族。圣裔主滇政是云南回族在元代兴盛和伊斯兰教教门兴旺的重要原因。元代回回军士在服役的驻地、屯田的地点、守卫的站赤（驿站）和急递铺就地"入社"，成为"编民"，形成回回穆斯林聚居区，并建盖了不少清真寺，聚成"教坊"（以清真寺为中心的穆斯林聚居区）。可以说元代伊斯兰教教坊的建立与站赤和急递铺的设立之间有着直接对应的意义。元代回回穆斯林在屯垦点、驿站和急递铺建立教坊，沿三迤通衢要津分布的格局，奠定了明清以后云南回族村落、教坊分布和发展变迁的基础。明清以来 500 多年间，云南回族穆斯林"大分散，小集中"的居住特点和教坊整体分布格局几乎都未超出元代奠定的这种架构。

公元 1381 年，明太祖朱元璋派遣傅友德、蓝玉、沐英统率 30 万明军征讨盘踞云南的元朝残余势力。云南平定后，朱元璋命回回将领、西平侯沐英镇守云南，任命他为"总兵官"，封"黔国公"，总揽云南军政大权并赐子孙世袭。沐姓成为云南回回穆斯林中的望族。沐英镇守云南后，为巩固边防，很快奏请朱元璋批准，在三迤要道、重镇及富庶地方建立起军事卫所制度（共建立 30 卫、3 御 18 所，总共 133 个千户所），并大规模推广屯田。从内地的江南和西北各省迁入大量汉、回移民进行民屯、商屯，前后延续数十年。据《云南伊斯兰教史》记载，明代从江南和西北迁入云南的回回穆斯林人口达十余万之众。他们一部分融入到元代建立的教坊之中，一部分则在驻防地或屯垦地定居下来建立新的教坊，形成了云南的回回民族。

伊斯兰教具有崇尚文化、重视教育、尊重学术、尊重知识的优良传统。在其圣训中，就有："学习，从摇篮到坟墓。""求知是每个男女穆斯林的天职。""学者的墨水，甚于殉教者的鲜血。""学问，即使远在中国，亦当求之。"这些著名的圣训都出自伊斯兰教先知穆罕默德之口，是全世界穆斯林妇孺皆知、耳熟能详的圣训名段，对伊斯兰文化教育有着巨大的训导作用。由于具有崇尚文化、重视教育的优良传统，伊斯兰教育事业也在较强的政治、军事、经济和宗教背景下开始在云南逐渐发展起来。元朝的赛典赤父子积极提倡文化教育、建孔庙开儒学的举措，对回回穆斯林聚居地及教坊的文化教育导向影响极大。在当时穆斯林比较集中的省会昆明及大理、建水、昭通、楚雄等地的清真寺里，已经开设有伊斯兰经堂教育，教授古兰圣训、阿拉伯语、儒家四书五经、波斯语。因为云南回族的先民大多来自波斯和中亚地区，他们进入云南后，波斯语亦随之传承下来，并大量保留在穆斯林的日常宗教生活中，如称钱为"得朗"；称穆斯林为"朵斯梯"，简称"老朵"；称伊斯兰教师为"阿訇"；称伊斯兰学问造诣深、品德高尚的穆斯林学者为"巴巴"等。因此，学习和使用波斯语是云南伊斯兰文化的特色之一。在主滇政的赛典赤父子带头倡导下，当时已有许多穆斯林子弟进入孔庙学习儒学，有的曾通过科举进入仕途。据《元史·选举志》记载，元仁宗延祐元年（1314）全国举行会试，曾规定云南行省的名额为5人，其中蒙古2人，色目2人，汉人1人。当时云南的色目人就是穆斯林。元代云南穆斯林崇尚伊斯兰文化和儒家汉学文化的良好风尚，应该是后来云南伊斯兰教教育率先主张中阿并授、经（伊斯兰学说）汉（儒家学说）两通的先导。进入明代以后，随着对儒家学说和汉语文的学习、掌握和使用，汉语、汉文已逐渐取代阿拉伯语和波斯语而逐渐成为了穆斯林的通用语言、文字。云南伊斯兰文化教育已开始走上与儒家文化教育相结合的轨道，追求科举功名和伊斯兰学问已蔚然成风。回族穆斯林中通过科举入仕者日众，出现了一大批文人学者，他们大多有汉文诗、文传世，成为明代穆斯林学习使用汉文化的代表人物和先驱。

在宗教教育方面，明朝自洪武至万历年间，云南穆斯林人口增长较快，大量的以清真寺为中心的教坊建立，清真寺内开设的伊斯兰宗教学校逐渐增多，伊斯兰文化教育发达。自赛典赤倡导教育到明朝官方的重视和穆斯林大众的支持，云南伊斯兰文化教育已成为与陕西、山东并驾齐驱的中国伊斯兰教文化教育发达的三大地区之一。明朝嘉靖年间，陕西渭南回族著名伊斯兰学者胡登洲到麦加朝觐归来后，深感国内伊斯兰教"经文匮乏，学人寥落，既传译之不明，复阐扬之无自"，便采用把中国传统的私塾和书院教育相结合的模式，创办了中国伊斯兰经堂教育。云南回族穆斯林积极响应派人负笈往学，先后有滇南马寿清，滇西黄巴巴、蔡巴巴三人就读，学成归滇，因学问造诣精深而负盛名，为本来就已经很发达的云南伊斯兰文化教育注入了新的因素，为"中阿并授"、"经汉两通"的经堂教育的形成奠定了基础。

明末清初，中国伊斯兰文化进入了一个自觉本土化的阶段。其标志就是在陕西胡登洲开办经堂教育的带动下，由金陵王岱舆、刘智，云南马注、马复初等回族伊斯兰学者发起的一场持续300余年的"以儒诠经"的翻译、著述活动。

经堂教育是回族伊斯兰教的一种带有普及性的大众化宗教文化教育，早期称为"义学"或"馆学"，始于元代，兴于明朝，盛于清朝，与全国的回族经堂教育同步发展，其管理体制、经济来源、办学模式、课程教材、考试制度等方面均有自己的特点。云南各地清真寺经堂教育在管理模式上采用管事制度的模式进行管理，习惯上称为"五掌教"（即每寺有掌教、领拜员、传道员、宣礼员、寺阿訇）或"三掌教"（掌教、宣礼员、寺阿訇）。除教长必须由全体坊民集体商议选聘有品学者担任外，其余教职都实行聘任。经堂教育的经济来源，一是清真寺的房产、寺产或学田收入；二是教坊穆斯林人家供给；三是哈里发自己的家庭负担。掌教和管事根据清真寺的经济力量决定招收学生的数量。掌教负责制定学制和教学实施方案并组织实施。办学模式分为初级、中级和高级三个层次，穆斯林习惯上又叫做小学、中学和大学。小学主要学习伊斯兰教的入门知识；中学主要学习阿拉伯语语法和修辞学及伊斯兰教教义学课程；大学主要学习阿拉伯语、波斯语、伊斯兰教教义、教法和哲学。学完大学课程，通过五坊清真寺掌教联合会考者，就可以穿衣毕业、取得阿訇资格。云南回族伊斯兰教经堂教育的毕业考试有一套严格的规章制度——《考试清教穿衣节略章程》，1906年由全省回族绅首公订颁行全省。共九条，分别对经堂教育大学阶段的招生条件、学生经费、保送条件、学习课程、教材、考试水准、穿衣条件等环节作了统一规定，并在全省各地经堂教育中严格执行，它是云南伊斯兰教经堂教育制度的重要文献。

前述主要指招收男性穆斯林青年学习的经堂教育。为满足女性穆斯林学习，清末云南各地还有不少清真寺开办了清真女学。

明清以来，云南伊斯兰教经堂教育很兴盛，四川、广东、广西、贵州、湖南都常有穆斯林青年不远千里负笈来滇求学，云南成为培养回族伊斯兰学者的摇篮之一。昆明、玉溪大营、通海纳家营、华宁盘溪、峨山文明、大白邑、开远大庄、蒙自沙甸、文山平远、大理、下关、蒙化（今巍山）、洱源、永平曲硐、保山、腾冲等地的清真寺、教坊都是清代云南伊斯兰经堂教育和学术文化比较兴盛的地方，曾经培养了一大批伊斯兰学者，为云南伊斯兰学派的形成、发展和繁荣创造了条件。

云南伊斯兰学派为中国回族伊斯兰四大学派（陕西学派、金陵学派、山东学派、云南学派）之一，是入明后回族上层人士和知识界深感作为外来宗教文化的伊斯兰教需要与中国社会进行主动调整的文化调适，伊斯兰文化与儒家文化需要进行理论交流和沟通，为推动伊斯兰教中国本土化，产生了"以儒诠经"或"汉译经学"的文化运动。在元、明时落籍云南的回回穆斯林逐渐改说汉语。语言的改变导致了文化上的困惑与危机，促使一批学贯"中伊"的回族知识分子积极寻求与中国主流社会、主流文化相适应的有效途径。以王岱舆、刘智为代表的回族学者在金陵开始了推动伊斯兰文化与汉文化良性互动的汉译伊斯兰教学说的文化运动。云南永昌府（今保山）的马注、大理府的马德新（复初）两位回族学者也积极投身其中。马注用毕生的心血撰写了《清真指南》一书，共十卷，是中国伊斯兰教名著，常被经堂教育选作教材；马德新则结合他游学阿拉伯多年所学，用中文、阿拉伯文和波斯文著述、翻译和校订了39部伊斯兰著作，成为明清时期中国伊斯兰文化史上的一位百科全书式的学者。马注、马德新的著作已成为中国回族伊斯兰学者"以儒诠经"的经典之作，他们二人又是云南伊斯兰学派的先驱和奠基者。他们的学术成就标志着云南伊斯兰学派的形成，对后来云南伊斯兰学派的传承和伊斯兰文化的发展起着重要作用。云南伊斯兰学派具有自己鲜明的特点：一是与陕西学派渊源深，得陕学真传；二是在经堂教育中始终坚持中阿并授、回儒兼通的办学方针；三是始终保持着与阿拉伯伊斯兰学术界的学术交往；四是经堂教育和汉译学术传统一脉相承，学风浓郁，从未间断；五是始终坚持"既述且作、述作并重"的传统，把经堂教育与学术研究紧密结合在一起；六是包容性强，鲜有教派之争；七是师承和世系特点突出，主要经师、学者均为赛典赤·赡思丁圣裔之后，师承绵延数百年，家学不绝，学谱世系脉络清晰。从马注奠基、马德新集大成至清末民初百余年中五代学者相传，所出经学人才众多，对云南伊斯兰经堂教育和伊斯兰文化发展发挥着关键的传承作用。

图下 2-12　清末《古兰经》刻版　代俊峰提供

清代云南伊斯兰文化的发展变迁是一个曲折的过程。在康乾盛世，清王朝对伊斯兰教的政策是允许存在、适当利用。云南政坛上，曾经出了五位穆斯林提督，伊斯兰文化的发展仍然拥有平和的空间。清朝后期，对伊斯兰教的政策由笼络利用改变为利用民族矛盾推行助汉抑回的政策，不断制造残杀回族和挑起"回汉互斗"事件，民族压迫和歧视加深，咸丰、同治年间爆发了历时 18 年的云南回民反清大起义。清王朝对回民起义采取了极其残酷的镇压，清真寺普遍被毁坏，经堂教育和文化学术活动几近停顿。在清末的光绪、宣统两朝的政策调整和补救措施之下，云南伊斯兰教的经济文化方才得到初步的恢复发展。

在清末云南伊斯兰文化恢复中的重要事项，就是刊刻阿拉伯文《宝命真经》（即《古兰经》）和刊印经学著述。同治元年（1862），滇西回民起义领袖杜文秀领导的大理帅府于明经馆内刊刻了中国伊斯兰教历史上的首部木刻阿拉伯文《古兰经》，由马德新经师定名为《宝命真经》。该经书写准确、字形优美，系用纯手工精雕而成，是中国伊斯兰教文化史上的一项创举，学术界称其为"同治版《宝命真经》"。1900 年，由云南著名经师马联元发起，在玉溪大营穆斯林"兴顺和"等商号的资助下，在昆明南城清真寺刊刻了云南第二部木刻版阿拉伯文《宝命真经》。该刻本由著名经师、阿拉伯文书法家田家培阿訇书写，笔法流畅、字体清丽、笔力刚劲，以典型的云南穆斯林阿拉伯文书法艺术特色蜚声海内外，是云南伊斯兰文化的精品力作，具有重要的历史文化价值。木刻版阿拉伯文《古兰经》共刻成雕版 1946 片，计 3571 页，是清末云南伊斯兰文化史上彪炳史册的一件大事，雕版亦成为云南伊斯兰文化的珍贵文物。

云南伊斯兰教分为格底目（俗称老教）、哲赫林耶（俗称新教）两个教派，统属伊斯兰教逊尼派，都遵奉伊斯兰教四大教法学派中的哈乃斐教法学派，但在宗教活动方面各有特点。各教派间相处和谐、无冲突。

格底目教派是传入云南最早、穆斯林人数最多的教派，约占全省穆斯林总人口的 90% 以上。云南格底目教派的宗教主张是重视"信安拉"、"信使者"、"信经典"、"信天使"、"信末日"、"信前世"六大信仰，严格履行"念"、"礼"、"斋"、"课"、"朝"五大功修；实行单一的教坊制，各教坊间互不隶属、互不干涉教务但要互相支持和帮助；宗教行为讲究认真；封斋上是遵月派，见月封斋、见月开斋；受汉文化，尤其是儒家文化的影响较深；重视经堂教育，提倡中阿并授；宗教仪式中有不少受汉文化影响的习俗，如亡者入葬后的三日、五日、头七、满月、百日、周年都要请阿訇念经，搭救亡人等。

哲赫林耶教派（甘肃阶州马明心创立的伊斯兰教门宦）先由马明心的学生、义子马学成传入云南。1871 年马明心被清王朝杀害，其子马顺清被发配云南墨江，幸遇义兄马学成搭救并助其成家立室落籍云南。哲赫林耶门宦实行教权高度集中的教主制。云南是远离教主的哲赫林耶教派行教地区，故由教主委派宗教代理人（热衣斯）代管教务。哲赫林耶教派的宗教活动特点有：礼拜时教徒戴六牙帽；纪念已故教主的宗教活动有"高声赞主赞圣"的规矩；见面互道"色俩目"并作揖等。该派主要分布在云南的昆明、弥勒、个旧、通海、华宁、峨山、墨江等地。

云南伊斯兰教各教派之间没有什么严重的理论分歧，无论哪派都属逊尼派，都承认四大哈里发为正统（即艾布、伯克尔、奥斯曼、阿里），而且大都遵守大伊玛目阿布·哈乃斐的教法。在基本的教法学理论上，各教派是大体一致的。它们之间的区别不是根本信仰上的差别，而只是在宗教修持或具体的宗教仪式上存在的一般性差别和分歧，这些差别和分歧不涉及伊斯兰教的基本信仰。各教派都能在"各行其是"、"相互尊重"的原则下互不干涉、互相尊重、互相帮助、求同存异，和谐共处，共同发展。

　　元代，在赛典赤·赡思丁及其家族的支持和护佑下，云南伊斯兰教建立了不少清真寺及以清真寺为核心的教坊制度，基本奠定了各地伊斯兰教分布的格局。明代，在沐英家族的推动下，云南回族形成，人口有了很大增长，清真寺的数量亦随之增加。到了清朝中叶，凡回族穆斯林聚居的地方都建立了清真寺。

　　云南伊斯兰教清真寺的社会功能较多，除供穆斯林礼拜之外，既是穆斯林交流聚会、庆祝节日、办理婚事、殡仪、调解纠纷、学习宗教和民族文化、为本坊穆斯林提供宗教服务和生活服务的公共场所，同时也是穆斯林联络感情、互通信息和进行经济文化交流的场所。清真寺在以大分散、小聚居为居住特点的回族穆斯林的精神生活和物质生活中都具有重要作用。

　　云南伊斯兰教清真寺的建筑风格主要有：完整对称的布局；中国传统的木结构建筑形制；园林式庭院；中阿合璧的装饰艺术，彩绘、雕刻多以花草、几何图案和阿拉伯文字为内容，一般不用动物形象。

　　著名清真寺有昆明南城清真寺、顺城清真寺、永宁清真寺、寻甸丹桂清真寺、建水县城关清真古寺、蒙自沙甸清真寺、开远大庄清真寺、通海纳家营清真寺、玉溪大营清真寺、鲁甸拖姑清真寺、昭通八仙清真寺、永平曲硐清真寺、巍山大围埂清真寺、大理西门清真寺、保山清真寺等。

　　云南伊斯兰教有许多宗教节日和纪念日，其中开斋节、古尔邦节和圣纪节是伊斯兰教的三大节日。开斋节是伊斯兰教的重大节日，时间在伊斯兰教历十月一日。云南穆斯林很重视这一节日，称之为大开斋节、大尔德（节日）。节日期间，穆斯林除去清真寺参加会礼拜完成宗教功修外，还要互致节日问候，一般家庭还备有各种佳肴宴请宾朋，互相赠送。古尔邦节在教历十二月十日，又称宰牲节、忠孝节，云南穆斯林俗称小开斋节，届时都会到清真寺举行庆祝活动。圣纪节在教历三月十二日，即穆罕默德诞生纪念日。相传伊斯兰教历第十一年（632）三月十二日又是穆罕默德逝世日（圣忌）。云南穆斯林习惯将"圣纪"和"圣忌"

合并纪念，通称为办"圣会"。届时，穆斯林要去清真寺集体诵经，赞颂穆罕默德、讲解穆圣的历史及其伟大功绩、宣扬他的高尚品格等，一般的纪念活动有跪经、赞圣、掌教阿訇作圣纪演讲等。除三大节日以外的纪念日主要有法蒂玛节（教历六月十五日），即穆罕默德女儿法蒂玛逝世纪念日，俗称姑太节。云南部分地区的穆斯林妇女在这一天要举行集会纪念活动，请阿訇念经祈祷，并讲述法蒂玛姑太一生的事迹，要求穆斯林妇女以她为楷模，学习她崇高的品德和为伊斯兰教吃苦献身的精神。此外尚有阿舒拉节（教历一月十日）、登宵节（教历七月二十七日）、白拉台夜（教历八月十五日）、盖德尔夜（教历九月二十七日夜晚）等节日。

云南穆斯林的房屋建筑与汉族基本相同，其特别之处是云南穆斯林礼拜朝向为西，所以房屋坐向必须是坐北朝南，正堂屋的中堂为主客用膳、阿訇念经、家庭诵经和会客之地，东西两边两室多为主人卧室。正堂屋的北墙和东西两壁，一般悬挂赞颂真主的阿拉伯文条幅或古兰、圣训条幅，北墙下方置长条香案，供摆设《古兰经》和香炉之用。卧室床铺必须按南北向摆放。卧室内一般有"大净"、"小净"的用水堂。

穆斯林相见互道"色俩目"。伊斯兰教是注重礼仪的宗教，规定穆斯林相见要互道平安，即道"色俩目"：一方说"求主赐你们平安！"另一方也回答"求主也赐你们平安！"伊斯兰教认为穆斯林互道"色俩目"有利于团结友爱、化解成见、促进宗教兴盛、民富国强，是一种圣行。

云南穆斯林道"色俩目"一般有客先主后、幼向长道、尊者为先等习惯。此外，在不方便之时、不洁净之处不宜道"色俩目"。

云南穆斯林通用汉语汉姓，婴儿出生除取汉姓名之外，还得请阿訇取一个教名或称"经名"以表明其穆斯林身份并在宗教场合使用。教外人皈依伊斯兰教，须举行规定的入教仪式并取教名。

"经字画"指的是云南本地回族穆斯林用阿拉伯文书写形式创作的以伊斯兰教经典警句为内容的传统书法作品。因其文字多为经典语言，形式多运用阿拉伯文变形图形画意，故称经字画。经字画是阿拉伯文法结合伊斯兰艺术在云南穆斯林宗教文化生活中的具体运用与发展。它集阿文书法、伊斯兰艺术和中国书法艺术的布局、款式于一身，既体现出阿文书法固有的风姿，结合伊斯兰文化的内涵，又体现了汉字书法的意境，以中国书法传统的中堂、条幅、对联、条屏、扇面、直幅、横幅及悬挂、装框等形式出现，深受穆斯林的喜爱。无论城乡的穆斯林人家，都喜欢在家中悬挂几幅经字画。在清真寺等伊斯兰教公共场所，亦广泛使用经字画作为装饰。经字画已成为伊斯兰文化艺术的一种重要形式，内容则体现穆斯林的虔诚信仰和道德规范。

云南回族穆斯林的服饰主要表现在头部。男的爱戴无檐的白色或黑色小圆帽；女的戴盖头，耳朵头发脖子都遮在盖头下，盖头从头垂到肩上。颜色选择上一般是少女戴绿色，中年妇女戴黑色，老年妇女戴白色。

饮食禁忌。伊斯兰教要求穆斯林食用佳美食物，同时禁止食用污秽之物。禁止 5 种饮食：猪肉、自死动物之肉、动物的血液、诵非安拉之名屠宰之动物的肉与酒。由于长期遵守伊斯兰教的禁食规定，云南穆斯林已经养成了一套饮食习俗和生活习惯，由此发展而来的清真餐饮业已成为云南地方餐饮文化的一个重要组成部分。

云南穆斯林对伊斯兰教婚姻制度的遵守和实践是很认真的。他们的婚姻以双方都是穆斯林为首要条件，但不排除穆斯林男子娶改信伊斯兰教的其他民族女子为妻。婚姻的缔结必须按伊斯兰教的规定进行。提倡一夫一妻制，离婚较罕见。

伊斯兰教是一个比较注重清洁卫生的宗教，它规定了许多清洁的措施要求穆斯林遵守，从思想上养成重视清洁卫生的良好习惯。主要的有：净仪，包括大净和小净；割礼；鼓励有病求医用药、反对用迷信巫术治病以免延误治疗；疫情隔离；为防止传染病，提倡速葬亡人；禁止在河水中大小便等。

云南穆斯林把人去世称为"归真"，即"回归真主"之意。归真后要为亡人举行伊斯兰特有的殡礼。主张速葬，葬期不得超过三天；薄葬，一律用白布裹身入葬，更不许有任何殉葬品。不主张重孝，妇女不送殡，禁止对死者嚎哭。当病人处于弥留之际，亲人要向他（她）提念清真言或请阿訇念"讨白"（忏悔词），祈祷赎罪。病人归真后，即按规定停放并为其洗尸体、穿尸衣、送清真寺，转费底耶（罚赎）；请阿訇主持殡礼，念祈祷词，说"色兰"、作"都阿"即完成殡礼，然后送往坟地安葬。死者家属从即日起进行悼念活动，主要在亡人无常后头七、二七、

三七、四舍（40 天）、百日、周年、三年等日，请阿訇念经并视家庭情
况进行纪念活动，包括炸油香（一种油炸饼）、宰牲、喝盖碗茶以示纪
念。参加葬礼被认为是穆斯林义不容辞的事，它不仅是出于礼节，而且
是通过送葬别人而渐悟自己、检点自己在尘世的所作所为。伊斯兰教反
对火葬，认为火葬是安拉使用的，只归安拉执掌，一般人不能用。

　　历经元、明、清三朝共 685 年，云南伊斯兰教出现了众多的历史文
化名人。主要的有：云南行省首任平章政事赛典赤·赡思丁；我国明代
著名穆斯林航海家、外交家郑和；著名伊斯兰学者马注；中国伊斯兰教
著名学者、经师马德新、马联元、田家培等。他们都对云南伊斯兰文化
的发展作出过重要贡献。马注、马德新、马联元、田家培的著述对后世
伊斯兰学者及经堂教育影响较大。

【注释】

① 杨学政、袁跃萍：《云南原始宗教》第 4 页，宗教文化出版社 2004 年。

② 田悦阳：《大理白族历史上的阿吒力教》，载《中国宗教》2003 年第 2 期。

③ 田悦阳：《大理白族历史上的阿吒力教》，载《中国宗教》2003 年第 2 期。

④ 侯冲：《云南鸡足山的崛起及其主要禅系》，在"中国宾川鸡足山佛教文化论坛"
　　发言论文，2003 年 4 月。

⑤ 王艳钧：《浅论儒释道伦理学说与鸡足山文化的融汇贯通》，载《佛教文化》2009
　　年第 6 期。

⑥ 昆明市宗教局编：《昆明佛教史》第 261 页，云南人民出版社 2001 年。

⑦ 参见姚珏：《天国的边缘——云南上座部佛教的历史和经典》，云南大学硕士学位
　　论文，2002 年。

⑧ 参见江应樑：《傣族史》第 344 页，四川人民出版社 1983 年；孙乐斋：《傣族佛教
　　（初稿）》，1960 年调查手稿。

⑨ 见《法句》第一百八十三偈，这一偈亦称为"七佛通戒偈"，除诸佛之外，一切众
　　生如能遵循这一道德准则，有助于正心、修心、净心，进而达到最高的宗教道德
　　理想境界。

⑩ 刘岩：《南传佛教与傣族文化》，云南民族出版社 1993 年；孙乐斋：《傣族佛教（初稿）》，1960 年调查手稿。

⑪ 王海涛：《云南佛教史》第 412—414 页，云南美术出版社 2001 年。

⑫ 八百大奠军民宣慰使司，为元、明两代所建的西南土司之一。"八百媳妇"境即今泰国北部清迈等地，元泰定四年（1327），元朝在八百媳妇境置蒙庆宣慰司，正式归入元代版图，元至顺二年（1331），改蒙庆宣慰司为八百等处宣慰司。从此，终元之世至明嘉靖三十五年（1556），八百媳妇皆属中国领域；明嘉靖三十五年，缅甸东吁王朝攻占清迈，八百宣慰司才从中国封建王朝版图上划出去（参见江应樑《傣族史》第 204—211 页，四川人民出版社 1983 年）。

⑬ [明]刘文征：（天启）《滇志》卷一三。

⑭ [清]雍正《临安府志》卷二四。

⑮ 刀述仁：《〈中国贝叶经全集〉序言》，载秦家华、周娅主编《贝叶文化论集》，云南大学出版社 2004 年。

⑯ 王懿之：《西双版纳小乘佛教历史考》，载王懿之、杨世光编《贝叶文化论》，云南人民出版社 1990 年。

⑰ 参见民族问题五种丛书，云南民族编委会编《傣族社会历史调查》（西双版纳之三）第 105 页，云南民族出版社 1983 年。

⑱ 《汉书·地理志》。

⑲ 刘埰等修：乾隆《续修蒙化直隶厅志》卷五，清光绪七年（1881）重刻乾隆五十五年（1790）刻本，四册。

⑳ [明]张志淳：《玄珠观记》，见（清）蒋旭纂修康熙《蒙化府志》卷六，清光绪七年（1881）重刊康熙三十七年（1698）刻本。

㉑ 薛琳编：《巍山彝族回族自治县民族宗教志》第 860 页，云南人民出版社 1993 年。

㉒ [民国]龙云、周钟岳等纂修：《新纂云南通志·释道传》卷二五九，1948 年铅印本。

㉓ [明]陈循：《龙泉观长春真人祠记》，陈垣编《道家金石略》第 1261 页。

㉔ 云南通志馆编：《新纂云南通志稿宗教考草稿》，民国二十年（1931）至民国三十二年（1943）抄本。

㉕ （天启）《滇志》卷一七《寺观志》，卷五《建设志》，卷一六《祠祀志》，卷三《地理志》。

㉖ 段玉明：《西南寺庙文化》第 72 页，云南教育出版社 1992 年。

㉗ [明] 陈循：《龙泉观长春真人祠堂记》，见《道家金石略》第 1261 页。

㉘ [明] 萧镃：《重建长春观记》，景泰《云南图经志书》卷十。

㉙ [明] 谢宇：《龙泉观通妙真人祠堂记》，见《道家金石略》第 1266 页。

㉚ [明] 周叙：《重建真庆观记》，见《道家金石略》第 1253 页。

㉛ 同上，第 1261 页。

㉜ 均收入萧霁虹主持国家基金西部项目《云南道教碑刻辑录》。

㉝ [明] 徐霞客：《游太华山记》，朱惠荣校注《徐霞客游记校注》下册第 735 页，云南人民出版社 1985 年。

㉞ 郭武：《道教对云南民间音乐和舞蹈的影响》，载《世界宗教与文化》1996 年第 1 期。

㉟ 邓立木：《撒梅人的西波教》，载《云南民族学院学报》1985 年第 3 期。

第三章

云南少数民族哲学思想

哲学是民族精神的结晶。每个民族都有自己的精神家园，都有自己所以成其为一个民族的精神根据。这种精神家园、精神根据也就是民族的灵魂——哲学思想。

民族的实质在于文化，但文化不是各种文化样式（文学、艺术、宗教、道德等）的散漫堆积，在民族文化的各种样式中贯穿着一些普遍、深层、核心的观念，正是这些核心观念（或曰民族精神），把各种文化样式联系、整合、建构起来，形成一个文化整体（文化模式）。这些核心观念就是文化的哲学，或文化的民族精神。

要理解一个民族及其文化，就要理解它的哲学、哲学思想。通过对少数民族哲学思想的探究，有助于认识云南各兄弟民族，有助于认识绚烂多姿的云南民族文化。

第一节　哲学的多样起源

穷根究底观念　原始崇拜与哲学起源　辩证思维的建构　社会历史观的原始探索

哲学从何处起源？哲学的史前史在哪里？一种观点认为哲学起源于宗教。我们认为，不是哲学起源于宗教，而是哲学、宗教、道德、艺术、科学认识共同起源于原始意识，或者说从混沌的"原始意识"中分化而出。原始意识的主要存在形态是原始史诗和原始崇拜。

在许多民族中，原始意识已是童年的回忆，须经离析、还原、推论等办法才能知其一二。但是云南少数民族中，原始意识（原始史诗和原始崇拜）却还鲜活地、完整地存在着（至少在 20 世纪中叶前）。从中我们可以看到各民族哲学思想多样的起点，进而看到各民族文化在起点上的多样性。

哲学认识始于穷根究底观念。这不是对个别事物的认识，而是对天地、万物的穷根究底的追究，或者说是从个别事物追究到天地、万物的根蒂。这就是哲学认识的起点。

云南 25 个少数民族都有自己的原始史诗，而且有的民族，例如彝族就有几部，于是云南就有几十部。它们有一个共同点，就是确认天地、万物不是从来就有的，而是有其起源、开始的。这就是人类关于天地万物的第一个总体观念——"发生"的观念。如彝族史诗《梅葛》第一段就说："远古的时候没有天，远古的时候没有地。"而在史诗《查姆》的第

图下 3-1　彝族创世史诗《查姆》彝文抄本

一段中，彝族先民更是历数各种事物，逐一指明它们原来都是没有的。拉祜族史诗《牡帕密帕》第一段说："在很久很久以前，没有地也没有天，没有风和雨，日月星辰都不见。"纳西族史诗《崇搬图》第一段也是说："很古很古的时候，天地混沌未分，东神、色神在布置万物，人类还没有诞生。"

那么，它们是怎样发生的呢？这就是哲学认识得以萌芽的第一个问题。云南少数民族数十部原始史诗，都以回答这个问题作为自己的主题，或者说，都是为回答此问题而作的。在这些史诗中，先民们总结自己关于天地、山川、人类、兽类、花草、树木……的全部认识来回答这个伟大的问题。大体来说，这种回答有两类，一类属"创生说"，另一类则属"物化说"。创生说的史诗确可称为"创世纪"，它们认为天地万物皆由"天神"、"天王"、"天人"所创生，如彝族的《查姆》、《梅葛》，拉祜族的《牡帕密帕》，阿昌族的《遮帕麻和遮米麻》，哈尼族的《奥色密色》。在这种原始而混沌的认识中，既有唯心主义乃至宗教神学的萌芽，同时也有唯物主义的萌芽。因为，在这些史诗中，神人对天地万物的创生乃是依据物质材料的劳动，此中既包含着对于人的能动性、自觉性的夸大，也包含着对生产劳动的赞颂与夸大。如《查姆》说：神造日月是"去到太空中，种活一棵梭罗树"，这树上开出两朵花，"白天开花是太阳，夜晚开花是月亮"。这就把神创生日月的活动视为依据物质材料的农业劳动。《梅葛》中说，格兹神造天地的过程中，天裂开了，地通洞了，格兹天神和他的儿女们，"用松毛做针，蜘蛛网做线，云彩做补钉，把天补起来。用老虎草做针，酸绞藤做线，地公叶子做补钉，把地补起来"。这样，又把创造天地的活动视为依据物质材料进行的手工劳动。

在原始史诗中又有物化说，即认为天地万物本源于某种具体物质，是由具体物演化来的。如彝族史诗《阿细的先基》说，天地是由云彩变成的："云彩有两层，云彩有两张。轻云飞上去，就变成了天……重云落下来，就变成了地。"《查姆》中又说"远古的时候，天地连成一片。下面没有地，上面没有天，分不出黑夜，分不出白天。只有雾露一团团，只有雾露滚滚翻。雾露里有地，雾露里有天……"。而德昂族史诗《达古达楞格莱标》更为奇特，认为万物产生之前，只有一棵无边的茶树，而"茶叶是茶树的生命，茶叶是万物的阿祖"。此说当然包含着唯物主义世界观的萌芽，但也不纯然如此。例如一些史诗在说存在原初的物质以后，接着就说，这种原初之物演化出了一个神，这个神创造了天地万物。

恩格斯曾指出，古希腊的朴素唯物主义是辩证的，因为他们是从总体上来看事物。云南少数民族的原始史诗正是从总体上来探索、追究天地万物，因此辩证的思维方式得以建构、显现。

首先，"发生"的观念的实质就是认为，现今的事物并不是从来就有的，而是在某一特定的时间才产生的，这就体现着辩证思维方式的萌芽。

其次，许多史诗中天地万物的发生，是一个包含若干阶段与环节的过程。对此纳西族史诗《崇搬图》（汉译本题为《创世纪》）是一个典型。它说：

> 很古很古的时候，天地混沌未分，东神、色神在布置万物，人类还没有诞生。
>
> 石头在爆炸，树木在走动，混沌未分的天地，摇晃又震荡。
>
> 天地还未分开，先有了天和地的影子；日月星辰还未出现，先有了日月星辰的影子；山谷水渠还未形成，先有了山谷水渠的影子。
>
> 三生九，九生万物，万物有"真"和"假"，万物有"实"和"虚"。
>
> 真和实相配合，产生了光亮亮的太阳；假和虚相配合，出现了冷清清的月亮。
>
> 太阳光变化，产生绿松石；绿松石又变化，产生一团团的白气；白气又变化，产生美妙的声音；美妙的声音又变化，产生依格窝格善神。
>
> 月亮光变化，产生黑宝石；黑宝石又变化，产生一股股的黑气；黑气又变化，产生噪耳的声音；噪耳的声音又变化，产生依古丁那恶神。

以后由依格窝格变化出白蛋，白蛋变出白鸡……依古丁那变出黑蛋，黑蛋变出黑鸡……这就是认为，天地万物的产生非"一蹴而就"，而是一个过程，并且是由性质不同的阶段组成的过程。彝族史诗《勒俄特依》则认为，天地的变化包含着 10 个阶段：

> 混沌演化出水是一，浑水满盈盈是二，水色变金黄是三，星光闪闪

是四，亮中偶发声是五，发声后是六，停顿后又变是七，变化来势猛是八，下方全毁是九，万物全尽是十。此为天地变化史。

这就是最原始的宇宙发展阶段论，其中包含着辩证发展观的萌芽，而发展的观念和普遍联系的观念，则是整个辩证思维方式的逻辑起点。

再次，在叙述天地万物发生、演化过程时，许多史诗都提出万物相分相配的思想。显然这可视为辩证法对立统一思想的原始形态。在《崇搬图》中就有真假虚实、白气黑气、美声恶声、善神恶神……的两两对应。而在彝族史诗《阿细的先基》中则说：

> 男神阿热，女神阿咪，他们来造人，要想造人嘛，山就要分雌雄，树就要分雌雄，石头就要分雌雄，草就要分雌雄。不分出雌雄来嘛，就不能造人。

这是说相分、对应。而在彝族史诗《梅葛》中则明确提出对立物的这种"相分"又须"相配"，并以专章《相配》叙述之。它说：

> 天有天的规，白云嫁黑云，月亮嫁太阳；天嫁给地，男女相配，人间才成对。
>
> 没有不相配的树木花草，没有不相配的鸟兽鱼虫，没有不相配的人；样样东西都相配，地上的东西才不绝。

显然，这种相分又相配的观念，是从人类和动物雌雄现象中抽象出来的，且有原型的明显印迹，但已显露出中国古代阴阳辩证思维的萌芽。

社会历史从何开始？从有人开始，因此社会历史观的思考与探索就从人的起源开始。在云南少数民族数十部的原始史诗中，对人类起源的探索都是其重要内容。如本卷民族民间文学章所言，对人类起源各民族有多种类型的说法，然总其思路则可归为两类：神创型和物化型。这与先民对天地万物起源的思路是一致的，其哲学思维的意蕴也是大体相同的。如诸种物化说，皆以为物化是一个分若干阶段的过程。如《勒俄特依》说：

> 天上降下桐树来，霉烂三年后，起了三股雾，升到天空去，降到地面上。九天化到晚，九夜化到亮，为成人类化，为成祖先化。作了九种黑白，结冰成骨头，下雪成肌肉，吹风做眼珠，变成雪族的种类。雪族子孙十二种，有血的六种，无血的六种。

人类就是有血的六种动物之一。虽然桐树、雾、冰、雪等互不相干，且与人的生成无直接关系，但是坚持设定一个过程来说明人类的诞生，却也表明先民已执着于"过程"思维。

物化说的合理之处在于强调人与自然的同一和联系，由此也就提出问题：人与自然物（特别是动物）有什么区别？此即人性、人的本质问题，社会历史观的基本问题。各族史诗纷纷作答，如佤族史诗《司岗里》作答说：人的本质特征在于"语言"。它说：神逐一赐给鹰、熊、牛、马、猴、鹇……几十种动物各自的特征（如给鹰予翅，给牛予角），轮到人时，神说："没有什么可给的，我给你们话。"人问道："我要那个干什么呢？"神说："你要他以后种田吃饭，你是作房柱的人。"以语言作为人的主要特征，而以助人种田吃饭、建柱盖房为语言的主要功能，这种认识何其深刻、智慧！语言表达思维，名（名称）表达概念。万物中只有人能思维，故而只有人才能形成概念，给予事物名称，所以给事物"取名"是人高于、有别于物的特点。彝族史诗《查姆》早有这样的认识，它连续用150多行诗句来歌颂"取名"这一人类的重要特征。它指出：

> 你说天地大，我说天地不算大，天地名字自己不会取，天地的名字要人来取。要是没有书，名字谁来记？你说日月星宿大，我说日月星宿大，日月星宿不算大，日月星宿的名字自己不会取，日月星宿的名字人来取，取了名字记书上。

接着，史诗连续不断地列举了天地间所有重要的事物，如粮食、树木、大山、江河、鸟兽……肯定它们都"大"（伟大、重要），但是它们都不算大，因为它们都不会自己取名字，它们的名字都要人来取。

有了人就有社会，社会是怎样存在的呢？云南少数民族的先民认为初民的社会处于变动、发展中。《查姆》说，人类产生后经历了三个时代，换了三代人。《阿细的先基》则说经历了四个时代，换了四代人。何以如此呢？虽说是神决定的，神要换人，而神何以如此呢？两部史诗都说，是因为开初的几代人"心不好"（不道德）。如此，在神定说的背后就包含着先民们对人类社会变更根源的朴素认识：道德决定论。

原始史诗与原始崇拜紧密相连。透过原始崇拜探讨哲学的萌芽不失为一个重要的路径。

原始崇拜大体可分为自然崇拜、灵魂崇拜和图腾崇拜，在其混沌的观念中已蕴涵着人类对事物最普遍本质的一些思考，即哲学的萌芽。

自然崇拜可分为三种：一是对某种自然物或自然现象的直接崇拜和迷信；二是对支配某一类自然现象的神灵的崇拜；三是对支配生产活动的神灵的崇拜。在第一种自然崇拜中，人们只是看到那些同自己的生产、生活密切相关的自然物的重要性，但又不理解其内在的性质与规律，于是盲目地迷信和崇拜自然物本身。如彝族对火的崇拜。彝族农历六月过火把节，除了因六月是彝族历法的岁首之外，还因为远古以来彝族就有对火的崇拜。在火把节这天，彝族群众燃起火把，用它遍照家人、牲畜、禾苗以及住房内外，以为这样就可以驱除疾病、虫害和邪恶，得到健康、丰收和兴旺。在一些地方，最后还要将火把插在地上以酒饭祭祀之。在这些活动中，人们崇拜的是火本身，而不是在火之上、支配火的某种神灵；人们虽对火的作用有所夸大，但夸大的还是现实的火的作用。除火之外，各民族还保存着对水、山、树等的崇拜。在这些崇拜中，既包含着由无知而来的神秘意识，因此会通向宗教和神秘主义；同时，又包含着对这些自然物的重要性的认识，因此又可能走向唯物主义。古代朴素唯物主义以水、火、气或"五行"（金、木、水、火、土）为万物本源，起初也并无多少深究，也只是一种直观的认识，实质近乎信仰和崇拜意识，其源头应在原始崇拜之中。

各族先民出于对梦和生、老、病、死等生理现象的不理解，"于是就产生了一种观念：他们的思维和感觉不是他们身体的活动，而是一种独特的、寓于这个身体之中而在人死亡时就离开身体的灵魂的活动"（恩格斯语）。他们用灵魂来解释这些生理现象，并且出于对病痛和死亡的恐惧，以及对制服它们的愿望，人们产生了灵魂崇拜，力图通过对灵魂的各种崇拜活动来消除疾病、逃避死亡。据此可知，原始的灵魂观念和灵魂崇拜，不仅是先民们虚幻的神灵观念，而且是他们对于意识（感觉、情感、思维）和生理活动（生、老、病、死）的一种幼稚、朴素的认识。故而恩格斯指出，在这种远古时代的灵魂观念中，已萌发了近代哲学的重大的基本问题：思维与存在的关系问题。对灵魂的原始崇拜，至今在一些少数民族中仍有残留。如在 20 世纪 50 年代前，傈僳族就有"杀魂"之说，认为有一种人是"扣扒"（杀魂者），这种人的灵魂是一只鹰，它能把梦境中离开身体的灵魂勾走，而致该人梦中死亡。由此人们既痛恨而又恐惧"扣扒"，若认定了谁是"扣扒"就要把他杀死或逐出村寨。怎样识别"扣扒"呢？办法之一是根据梦境，如甲在梦中见到了乙，后来甲生病死亡，那么这就证明乙是"扣扒"。显然，在此已经用十分朴素、幼稚而又异常尖锐的方式，提出了灵魂与肉体、梦境与现实的关系问题。除此之外，各民族几乎都有"叫魂"的习俗。如佤族认为人身体的每个部分、每个器官都有一个灵魂，它们的疾病根源都在于灵魂，在于灵魂离开了它的位置，因此生病了就要请"魔巴"（巫师）来叫魂。傣族在其《招魂词》中说："头魂要回到头里住，牙魂要回到牙里居，耳魂眼魂要回到头上住，皮魂要回到人身上，脚魂不要往远处走，手魂不要贪摘水果和野菜。三十二魂，九十二魂，快快回家乡！今天是吉祥的日子。"

第二节　彝族古代哲学思想

毕摩教的哲学思想　民族精神的理论构建　学者　著作

彝族文化是一个有机整体，不可按行政区划简单分割、隔离，因而我们把古代（主要是宋明以来）黔西、川南彝族的思想、文化与今云南彝族合为一体来介绍。

毕摩教在彝族传统的精神世界中占有特殊重要的地位；毕摩教的核心观念甚至成为彝族传统文化的核心观念。毕摩教的基本观念就是祖先崇拜观念、宗族等级观念以及伦理至上观念。这些观念构成了古代彝族精神世界的支柱，亦是古代彝族传统文化的核心。

祖先崇拜在毕摩教中占据核心的地位。第一，在毕摩教崇拜的众多神灵中，祖先神占据着最高、最重要的地位。虽然在许多史诗、文献中已说到天帝恩体谷自，说他是天上众神之王，但是在宗教活动中却没有他的地位，毕摩不祭祀他，百姓不祈祷他。第二，毕摩教的主要宗教活动，都是围绕祖先神的祭祀而展开的，各种宗教仪式中，对祖先的祭祀最隆重，次数最多。第三，毕摩教的经典、文献，凡是关于信仰、崇拜的，几乎都与祖先崇拜相关。追忆祖先、尊崇祖先的论著、文献数量最多。

彝族祖先崇拜实质是宗族（家支、家族）至上观念。在现实中，彝族视宗族关系为最密切、最重要的社会关系，于是在宗教中就视祖先崇拜为最重要的、核心的信仰；在现实中，认为宗族群体的地位和价值高于个人，在宗教中就认为祖先神支配和决定一切个人。

祖先崇拜在毕摩教的核心地位，建立在两个基本观念之上。首先是鬼神观念。正是强烈的鬼神观念使祖先崇拜获得了超自然的神秘力量的支持；而反过来，尊崇祖先、依赖宗族的情感和意识，又使鬼神观念得到分外的加强。其次是灵魂观念。祖先已故，但是他们还能够庇护子孙、决定社会的吉凶祸福，就因为他们的灵魂不死，祖先神就是作为神的祖灵。由于鬼神观念和灵魂观念对祖先崇拜的理论基础地位，在毕摩教的各种论著和文献中对之做了许多深入、独特的研究和探讨。如在毕摩经典《裴妥梅妮》和《指路经》中，对灵魂观念的核心理论就做了系统的论述。

《裴妥梅妮》包括《苏颇》和《苏嫫》上下两卷，是一部篇幅宏大的彝族毕摩宗教经典。《苏颇》、《苏嫫》各四十三篇，都围绕一个主题：指引亡魂到祖先灵魂所在的故地，与祖灵一起又过人世的生活。故而每一篇从标题到内容都讲灵魂（"梅"），如第一篇《梅莫卡》（灵魂的起源）、第五至十六篇都题为"梅移"（祭魂）、第四十三篇"梅亥苦苏"（告别亡灵）。由此，它对毕摩教的核心思想——灵魂观念和祖先崇拜做了集中而全面的阐述。广义的《指路经》包括用于丧礼的全部经书，因而包括诸多内容。专用于丧礼中"指路"这一环节的经书，只是其中的一部分，可称为狭义的指路经，或直称"指路经"，如《罗平指路经》、《宣威指路》、《峨山指路经》、《禄劝指路经》、《武定指路经》、《双柏指路经》就属狭义的指路经。"指路"是彝族丧礼中的一个仪式，其内容在于指引和护送死者的灵魂回到祖先原始居地，与祖先团聚。在《裴妥梅妮》和《指路经》等经书中，毕摩教以鬼神观念和灵魂观为基础，以祖先崇拜为核心形成其思想体系。这个思想体系对彝族思想与精神家园，甚至整个

图下 3-2　毕摩占卜用具和经书

文化都有极其重要的影响。

毕摩教有其核心世界观理论。其世界观的特点在于兼容并包地接纳了原始意识中各种世界观的萌芽。因此在毕摩教的各种经典和文献中，关于宇宙发生、形成的记述充满着原始的、相互矛盾的观点，神创论和物质演化论、唯物论与唯心论并列、杂陈。由于这样一种折中与兼容，毕摩教的世界观显现出二元论的倾向。在众多的经书中，毕摩教认为天地万物和人是神用某些具体的物质形态造成的，如认为最初的存在是灵魂和光，说："远古混沌时，茫茫漆黑天，昏昏地不明，天地难辨清。不知过几时，远处夷恍恍，近处僰闪闪，夷与僰始生，夷僰成天地，天地育父母，父母育后裔，天地始有人。"[①]夷、僰为彝语音译，夷意为灵魂，僰意为光。它向我们展示了这样的宇宙生成图式：混沌→灵魂与光→天地→人。即世界的最初形态为混沌，但这种混沌是非物质的灵魂与物质的光的未分状态。魂和光的分离与相互结合产生天地和人。这就把灵魂和光作为最高的存在，即一切具体存在的最终原因。

由二元论的世界观出发，毕摩教把人的生存时空区分为生前和死后、人世（阳间）和祖界（阴间、冥土）。认为人死后并不是归于无，虽然现实的人的肉体会死亡，但灵魂却可以通过毕摩为其指路，到达祖界与先逝的祖先一起过着另一种"物质生活"，这种生活与人间类似但却非常幸福美满。《裴妥梅妮》说："灵魂如活人……阴魂会吃喝，阴魂会着衣。"[②]《罗平指路经》说："今日送你去，吃穿用的物，好的都给你……

祭丧开始了，把饭献给你，阳世不献粮，阴世饿断肠，献了粮之外，还有肉和酒，魂归带着去。"③这就是说，在死后的世界中灵魂照样要吃肉喝酒，过阳世相同的物质生活。《指路经》又说："人间你做官，阴间仍做官。人间做毕摩，阴间仍然做。人间是好人，阴间心仍善。"④这就把人生看成是包含生前与死后两个时空或两个世界，人生价值也就横跨生前与死后两个时空。据此，毕摩教经典就告诉人们，当生则生，由此努力实现人世生活的价值；当死则死，不惧不怕，安然去死，死后在祖界或阴间、冥土还能与祖先一起过着永世长存的幸福生活。由此形成彝族特殊的价值观：不惧死，而惧不能魂归祖界。进而形成一种特殊的民族凝聚、文化自觉的精神力量。

在统称为毕摩经的著作中，有许多实则是理论著作；在统称为毕摩的人物中，有许多实则是理论家。这些著作和人物，据彝族特有的思想方式探索宇宙人生的各种问题，其"究天人之际，通古今之变"的气魄不亚于中原。

大约在魏晋以后，彝族逐渐从蛮夷中分化而出，出现了以彝文来著作的早期理论家，出现了汉文文献所称的"夷经"。今有记载者如举奢哲、阿买妮、布独布举、布塔厄筹、举娄布佗、实乍苦木。

举奢哲，被认为是彝族（至少是滇东、黔西彝族）第一位著作家、理论家，彝族的"先师"。他创作有《论历史和诗的写作》、《论诗歌和故事的写作》、《经书的写法》、《祭天大经书》、《祭龙大经书》、《天地的产生》、《黑娄阿菊的爱情与战争》等论著、经书和诗篇。他所提出的原则和规范，被后世尊为圭臬，对彝族文学创作、理论思维、文化发展都有极其重要的影响，故被尊为彝族的"先师"。他认为书有三类：史、诗、经。写史，"记录要真实，鉴别要审慎"；写诗，"情和景中人，只要真相像，就可作文章。可以有假想，夸饰也不妨"；写经文（专指葬礼上对逝者的祭文）时，"这个死者呀，在他生前呀，做过哪些事？哪些是好事？哪些是坏事？无论是善事，无论是恶事，一一要明叙"。他认为，这三者，都要用诗体来写，即有严格的字数，或五言，或七言、九言，但以五言为主，必须合于韵律，要有对仗⑤。自他确定后，千余年来彝族所有的毕摩和文人，写书、思考无不如此。

　　阿买妮与举奢哲同时代，亦为一个大毕摩、著名诗人和思想家，是彝族历史上最杰出的女性之一，彝族历来把她尊为传播知识、文化的女神——"恒也阿买妮"（"恒也"意指天）。著有《彝语诗律论》、《人间怎样传知识》、《奴主起源》、《独脚野人》等。由于彝族的书都以诗的方式写成，因此在《彝语诗律论》中，阿买妮实际上对一切文字表达（包括诗、史、经）的普遍原则做了开创性的论述。她提出一系列的概念：主、骨、立、格、景、精、惊等，从内容方面为彝族诗文的创作确立了基本原则和主旨⑥。她又指出，要实现这样的目标和主旨，就必须有知识，"写诗写书者，若要根底深，学识是主骨"，"学识是根本，根扎得越深，写作越有成。知识是书根，书体即知识"⑦。虽然其他人的论著中引述了许多当时的诗文为例证，但是，阿买妮在《彝语诗律论》中引述得特别多，共有34段（篇）之多。从她引述的诗文中，我们可以窥见1000多年前彝族先民的思想与精神面貌。

　　布独布举、布塔厄筹、举娄布佗和实乍苦木四人，是举奢哲和阿买妮的后继者和发扬者。他们都尊举奢哲和阿买妮为先师、鼻祖，主张遵循两位先师的原则和规范，同时，对这些原则和规范又做了新的阐发，有自己新的贡献。

　　封建社会中，特别是元明"改土归流"以后，彝族毕摩中的一部分人逐渐以总结认识、深化研究为主。由于他们，元明以后彝族文化中富有哲学思想的理论著作大量涌现。在此介绍几部代表性的著作。

　　《宇宙人文论》是以对话的形式写成的哲学和天文、历法的著作，大约成书于明代或宋明之间水西地区，作者笃仁和鲁则是彝族历史上有名的毕摩、思想家。

　　《宇宙人文论》认为，"万事万物的总根子都是清浊二气。天地由它形成，哎哺、且舍由它产生，天地人和各种事物都出现了。知识也由之产生了"⑧。从这种本源论出发，进而提出其宇宙生成论的世界图式。这图式有两条相互区别又相互联系的线索。一条线索是由清浊二气生天地、五行，再由五行生成万物。另一条线索是由清浊二气而生哎哺，再产生四方八角（四正四维），又由四方八角产生四时八节，再产生金、木、水、火、土五行，最后由五行生成万物。《宇宙人文论》的这一世界图式，是物质及其存在形式时间、空间相结合的宇宙生成图式，具有鲜明的朴素唯物主义和辩证法思想的特征，是彝族哲学思想发展的重要理论。《宇宙人文论》关于天人关系的论述与我国传统哲学相通而又独具特色。它认为，天人之间第一方面的关系就在于人是天的产物，是天的摹写。其次，人总是依赖自然的，天地、五行等是人的福禄威荣的根源，福禄威荣即人的生活资料与人的地位、价值。

《训书》又译为《宇宙源流》、《说文》。其创作时间大体和《宇宙人文论》相近，是水西地区封建领主制时期的重要著作。

《训书》的首篇《天生经》认为，"天气"（清气）和"地气"（浊气）分别凝聚成了天地、万物。接着在《天生经》中对宇宙的结构和运行规律做了初步的探索：天像一个盖子，圆圆地覆盖着大地。"天上分出太阳、月亮、星辰运行的轨道。日月两个大星球，周而复始地运行着，它们司昼夜，分岁月，辨寒暑"。"各种星辰永远缔结于天上，常常运转着，天空里无数的星辰，都周而复始地运转着，一度也不错乱"。在《地生经》中探讨大地上的方位问题，认为："地底像一个仰着的盂钵，五帝各居（东、南、西、北、中）一处，司主于大地的各方。"这就是说，世界在空间结构上分为五方（五个部分），中央为先民所居地，即观察的原点，以此为中心把大地分为四个部分。《训书·人生论》说："清浊二气凝聚，形成人的身体，先出现希慕遮等祖孙二人。他们有身体和灵魂，有血有气，居于希慕古夏。"接着认为，人类"生以天为根，长以地为法"，人体"皆取法于天地之体"。因天地的结构和运行由五行决定，故人体的生长、发育也由五行决定，即"五行主管着人的生命"。《训书·人生论》的这种"天人合一"论强调了人与自然的统一，并且这种统一既是外形的统一，又是共同规律（五行相生相克）基础上的统一。这种观点是深刻而合理的，它与中国古代传统思想有明显的共性和同一性。在《训书·治国论》中阐述了治国安邦的系统理论。首先是"君民一体"论："后世的君臣，谁要掌好权令呢，（要坚守）君民一体的原则。……君主譬如人身的元首，民奴则是手足四肢，身首四肢不可分离；若是分离呢，人体就变成残废啦。"接着明确地指出，君长要掌牢权力首先要治国，而治国的根本原则是"修德"。"君权不巩固，修德就巩固了；君民不相悦，修德就相悦了。只有修德才能使上天感应，远民归依"。总的来说，全书贯穿着一种有机的整体论。

《彝族礼法经》是流传于滇南红河两岸彝族山寨的彝文经书，大都为手抄体。当地毕摩传说，它是清光绪年间成的书。《海腮毫启》是彝族社会德智教育的经典，现今之抄本是博给布摩于光绪三十四年抄的。《彝汉天地》是一部讲述伦理思想的彝族哲理诗，朱崇先先生说："此彝文典籍原系云南省武定那氏土司署内藏书，四十年代由马学良、万斯年两位先生征集入藏北京图书馆。书名《彝汉天地》，但依其内容而言，通篇论述人之成长过程与为人处世之道，实为伦理道德之著述。假若以书名与内容相联系的话，书中所论述的是伦理道德之天地，为人处世之天地。"⑨

这三部著作中总结的伦理思想，其一，道德是人之为人的根据，是人兽相分的标准；其二，伦理道德乃"养育之道，教化之理"；其三，理想的统治是德治；其四，也即最为重要者在于道德：重亲族、孝父母、崇拜祖先。古代彝族视亲族关系为人之根本关系，视亲族道德为人之根本规范。《彝汉天地》说："该知晓族史，应亲敬舅家。要崇拜祖先，要孝顺父母，要尊重老师；并非尊重老师，而是尊重文化。孝顺父母者，报答养育恩。崇拜祖先者，求佑子裔昌。亲敬舅家者，源于孝母亲。"⑩在亲族关系中彝族特别重视姻亲，即甥舅关系。《彝汉天地》认为："舅甥相依存，此乃人之情。宗族相依存，此乃人之情。"⑪"九居天之下，祖暴裔不昌。六居天之下，舅贤甥不劣。三居天之下，父慧子不愚。"⑫有所谓"亲敬舅家者，源于孝母亲"。

《西南彝志》与《彝族源流》，既是古代彝文文献的总汇，亦是古代彝族思想集大成之作。

《西南彝志》是彝族古代文献的宏大汇编。《彝族源流》，音译为《能素恒说》。"能素"是彝族的自称，"恒说"是追寻源流的意思。《彝族源流》与《西南彝志》所汇集的文献从远古到明末清初，而编纂工作则始于明末清初。不论从内容或文体、结构来看，《彝族源流》和《西南彝志》都是极为相似的，它们对彝族古代思想的总结主要在以下方面。

其一，彝族古代宇宙论的总结。彝族从原始时代就开启"寻根"、"溯源"的思维路向，对任何重要事项的探索都要"寻根"到天地万物的起源、宇宙的诞生，由此积累了关于宇宙观的丰富成果。《西南彝志》对这些成果做了汇聚与总结，故其彝文原名为《哎哺啥额》。在彝文中"哎"、"哺"意即"影"和"形"，"啥"、"额"意即"清气"和"浊气"，故《哎哺啥额》意译即为《影形和清气浊气》。编纂者以此为书名，就是要表明，"哎哺啥额"乃宇宙万物之本源，是全书的根本范畴。如第一卷共集16篇论文，竟有10篇都是专论宇宙观（天地万物起源）的，即《天象生金锁》、《锁着的天地》、《天象有多种》、《蜘蛛牵经线团》、《哎哺如锦帛》、《天地形态》、《哎哺根源》、《日月二象》、《锁着的天象》、《哎哺与宇宙根》。其余6篇虽论具体事物，但都追溯到宇宙、万物的本源，都从"哎哺啥额"讲起，如《论山脉》开头就说"上古混沌不分，阴阳未形成，先有啥额。啥额是一对，它俩相结合"，形成天和地，然后再产生大海和山脉^⑬。其他各卷也都还有专论宇宙万物本源的论文，如第三卷的《天地形成时的景况》、《叙哎哺根源》、《哎哺九十代根源》；第五卷的《天地事物的形成》；第七卷的《哎哺是万物根源》。可见，虽汉文译名为《西南彝志》，似为一部史志，而从彝文原名《哎哺啥额》及内容看，更像古代宇宙论的总集。这部总集把古代彝族两种对立的宇宙论神创论和气论皆收容在一起，但是最终肯定啥（清气）和额（浊气）比哎（影）和哺（形）更为根本，是万物真正的、最终的本源。

其二，彝族古代思维方式的总结。一是"寻根"、"溯源"的思维路向。从原始时代创世史诗开启的"寻根"、"溯源"的思维路向，到文明时代已发展成为贯穿在各种经籍、诗歌以至民间传说之中的普遍思维方式。《西南彝志》原名"哎哺啥额"，就点明了其主题是追寻万物的根源，它所汇编的数百文献，或寻求天地万物之本源，或追溯人类的始祖以及宗族的历代祖先，甚至对各种器物、技艺、习俗无不追溯其源头、本根，由此全书充分展现了"寻根"、"溯源"思维路向，说明这种方法已成为彝族古代最根本、最普遍的思维方法。而《彝族源流》彝语名为"能素恒说"，"恒说"的意思就是"追寻源流"，同样说明全书的主旨、认识目标和思想方法乃在于寻根、溯源。

二是相分相配的方法与模式。在原始时代创世史诗《梅葛》中开始提出的相分相配思想，到《西南彝志》和《彝族源流》已发展成熟，成为所有著作、文献叙述的普遍模式，成为所有毕摩认识事物基本方法论原则。在两书中，首先是论述天地万物本源的文章，认为万物在本源上就不是单一的，而是分为两个对立的方面，即啥（清气）和额（浊气）、哎（影）和哺（形）、青气和红气。进而认为由本源而形成的具体事物都分为两个方面，如天与地、白天与黑夜、青雾和红雾、男人和女人等。在肯定相分的同时又认为，相分的两个方面又是相配的，并且由相配而产生新的事物。文中列出许多相配而生的事物，以说明自然界的事物（晨与夜、日光与月光、树木与野兽等）是在相分相配中繁衍和产生的，社会的事物（议论和文学、天文和地文知识）也是在相分相配中产生和发展的，因此，"成对的（不同的）事物相配、相结合而产生新事物"是贯穿于《西南彝志》、《彝族源流》各篇章的普遍思想、基本框架。

其三，彝族五行、八卦说的集成。彝族有五行、八卦思想，在《宇宙人文论》等文献中多有论述，而《西南彝志》则汇聚和综述这些论述，其基本点如下：

一是认为五行（金、木、水、火、土）为万物的本源，是构成宇宙的基本要素。在《论宇宙八方变生五行》中说："这宇宙八方，统属于五行。土地的产生，生命的来源，都出自五行。"[10]这就把五行看成万物的本源。

二是在彝文文献的汉译本中，称哎、哺、鲁、朵、舍、且、哈、哼为"八卦"，并和《周易》的八经卦的卦名相对应。即哎（乾）、哺（坤）、鲁（震）、朵（巽）、舍（坎）、且（离）、哈（艮）、哼（兑）。似乎彝族亦有八卦说。在《西南彝志》各篇中说的是，宇宙最初分为四方，后来变成了八面，这八面分别由上述"八卦"来"主管"。

哎	哺	鲁	朵	舍	且	哈	哼
南	北	东北	西南	西	东	西北	东南

前面说以五行来"主管"五方，现又以八卦来"主管"八方。这说明人们从认识四方，进而认识五方、八方，总之把八卦视为关于空间、方位的范畴。再者，又认为八卦即是由金、木、水、火、土演化成的八种物质，火（哎）、水（哺）、山（鲁）、土（朵）、金（舍）、木（且）、

禾（哈）、石（哼），八卦有先后、长幼之分，此即"宇宙的头尾，以谁
为头尾？以谁为大小？"⑮于是以哎、哺为父母，其余为子、女。这样，
八卦说又有了宇宙构成论和演化顺序的含义了。

其四，祖先崇拜与宗族观念的全面论证与确立。祖先崇拜、氏族观
念不仅是毕摩教信仰的核心，而且是彝族思想、文化的核心，因此其地
位的全面确立须得到理性的论证。《西南彝志》和《彝族源流》就表现着、
实现着这种论证。

《西南彝志》和《彝族源流》大多数篇章都是从万物的起源说到彝
族各支系的源流，而在源流的叙述中，表现着强烈的祖先崇拜和宗族观
念。在《谱牒志》里，叙述了传说中人类始祖希慕遮到彝族始祖笃慕的
31 世的世系，特别详细地叙述了笃慕以后"六祖"所传下来的各个家支
的世系和发展历史，前后追溯了百余代的父子连名世系。这种叙述方式
体现出对宗族血缘关系的极端重视。而祖先崇拜和宗族观念集中体现在
对"六祖"的歌颂、崇拜。彝族各个支系都认为，本支系所以能够生存、
繁荣、发展，是靠六祖的恩惠和保佑。如《恒氏源流》中说："六祖根源
好，根深枝叶茂，枝叶遍八方，六祖世代传。"⑯《德施氏源流》中说：
"默之德施氏，有木本水源……六祖的根本，像江流不断，乃得天独厚，
福禄如渊海。"⑰既然祖先是本氏族的根基，因此就要求严格按祖训来
做，要求按时祭祀祖先。如"祖宗有明训，又笔之于书，教后世子孙，
古之为范者，亦今之范也"⑱。又因为氏族的生存、兴盛是祖先给的，因
此同一祖先的宗族就要团结，即"树木有根本，同根乃相亲"⑲。

《西南彝志》和《彝族源流》以连续的观点叙述万物的发展。几乎
所有的文献都从本源开始叙述，经过连续不断的过程而发展到人类。而
人类发展的历史则是血缘关系的历史，血缘关系的特点就是世代连续。
一个民族或者宗族、氏族，只要它存在着，它就是连续的，若中断了，
它也就不存在了。这样，彝族史、彝族某个支系（宗族）的历史，在此
两书中就是以"父子连名制"世系为主干的源流史。如《武氏源流》，
开始就说世系："武祖慕雅苦，一世慕雅苦，二世苦雅亨，三世亨雅诺，
四世诺雅陀，五世洛陀施，六世施武额，七世武额克。"然后分别说他
们的分支，如施氏（洛陀施）有九房，分布在不同地方，又各有其繁衍

的世系。"西部卓洛举，一世额洛举，二世洛举叩巧，三世叩巧买，四世买额塔，五世额旺徐，六世徐娄纪，七世娄纪尼，八世尼雅旨，九世旨雅武，十世武补果"。再接着说武补果一支，"补果四房人，迷阿娄为首……"这样，武氏宗族的历史就是一部世代连续的源流史㉒。

按照始祖决定、连续繁衍的观念，彝族是一个纵向连结的整体，它由笃慕和六祖所决定；每个分支（宗族）也是一个纵向连结的整体，它由其宗祖（六祖之一）所决定；没有祖先就没有整个民族和宗族，每一代人、每一个人都只是宗族的一个环节。这就是祖先崇拜和宗族集体主义的观念，就是《西南彝志》和《彝族源流》根据其宇宙论和方法论所要说明的基本观点。其实，这只是叙述的逻辑，而认识的逻辑却是反过来的，即彝族古人根据他们的祖先崇拜和宗族观念去认识宇宙、万物，从而认为宇宙、万物也和他们宗族一样由始祖决定，世代连续繁衍，形成一个整体。

第三节　白族古代哲学思想

多元兼容的信仰　儒道佛相融会的哲理　明清思想家的哲理

白族与彝族相互渗透，关系密切，因此从爨氏、南诏到明清，许多著作、文献和人物，"亦此亦彼"难作划分。为节约篇幅，我们暂且把彝、白难辨的一些汉文书写的文献，放在白族思想史来介绍。

古代白族哲学思想的特点在于多元兼容的信仰、儒道佛融会的哲理。

古代白族社会中，上层多信奉佛教，且佛、道、儒相兼，多种佛教宗派交错、更替。下层民众中，则始终以"本主"崇拜为皈依，而本主崇拜则是多样混合的信仰。

"本主"大体可解释为"本乡本土的主宰者、保护神"。白族民众相信他执掌着本村的生死祸福。本主崇拜有大量丰富的传说，它们详细说明各地本主的来历及其受人崇拜的缘故。由此可根据这些传说而知本主崇拜的基本思想。首先，本主是一种多样混合的崇拜。其中有源自原始崇拜的自然物崇拜，如剑川县沙溪乡南妹村以一块红砂石为本主；自然神崇拜，如太阳神、河神等。在对众多人物的崇拜中，包含着各种信仰成分。这些人物中，有的是为本地诛恶除害的英雄，如杀蟒救民的段赤城；有的是本地历史上的显赫人物，如南诏、大理国的国君、将相；有的是对本地历史有影响的人物，如进攻南诏兵败身亡的唐朝大将李宓；甚至还有一些佛教或道教的神灵和人物。其次，本主崇拜重视现世、重视现实生活。许多现实人物成为本主，不是因为超越现实的神性，而是现实性（为人们谋取现实的生活利益，或具有世俗的优秀品德）。在一些关于本主的故事传说中，本主过着世俗的生活，有七情六欲。有关本主崇拜的祭祀活动，往往成为民间欢乐的节日。重视现实生活、对各种文化开放宽容的态度，本主崇拜这种特点，影响着整体白族文化。

　　白族佛教信仰的特点在于与儒家融合，并于此不断变迁。元明以前，白族信仰的是特殊的密宗教派——阿吒力。阿吒力教的传入和发展，使南诏、大理国军事、政治上的统一得到一种意识形态的支持。阿吒力教虽然有相当的局限性，但是比之乌蛮、白蛮时期的原始崇拜和巫教来说，是较高层次的宗教。它有一系列大乘佛教中观瑜伽行派的佛教经典，对佛学有理论的阐释；它有一整套佛教文化，如佛教建筑艺术、雕塑、绘画、音乐等。既对南诏、大理政权数百年的统一、稳定发挥了意识形态的作用，又对这数百年中白族文化的发展起到核心和推动的作用。

　　元明以后，由于地方割据政权的消亡，阿吒力教失去政治依托，同时云南与内地的联系进一步增强，内地禅宗大举入传并最后取代阿吒力教在白族（至少在上层）中的意识形态统治地位，白族上层及知识分子大都皈依禅宗。这种教派的转变，导致白族上层人生理想与终极关怀的转变。景泰年间杨黼在其《山花碑》（原文及详细介绍见本卷下编第五章）中，做了精练的概述。杨黼先辈信仰阿吒力教，阿吒力教是入世的、肯定婚姻家庭和现世生活的。故杨黼诗中言其先辈说：

　　　　盛国家覆世功名，食朝廷尊贵爵禄，慈悲治理众人民，才等周文武。恭诚敬当母天地，孝养干子孙释儒；念礼不绝钟磬声，消灾难长福。

而在言及自己和同辈则说：

方丈丘烧三戒香，觉苑中点五更烛；云窗下抐大乘经，看公案语录。煴煊茶水玅呼嗜，直指心宗玅付嘱；菩提达摩做知音，迦叶做师主。

这就转变为禅宗的信仰，并且对人生及终极关怀也就一变而为：

分数哽侔土变金，时运乖牪金成土，聚散似浮云空花，实阿荃不无。有之识景上头多，但于知心上头少，杨髇我辝空赞空，寄天涯地角。

纯然看空一切的出世观念。可见，从阿吒力教到禅宗，白族人生哲理有一大的转变。

白族古代佛教的又一特点在于融合儒、道。南诏时统治者对儒、佛就兼容并包，至大理国释儒交融就更为深化，以致出现了"释儒"、"儒释"和"师僧"这些特定的称谓（详见本卷下编第二章）。这种释儒融会的传统影响了整个古代的白族思想史，元明以后白族学者和高僧的思想深处无不具有这样的特点。

白族的信仰是多元融会的，而其哲理的理论阐释也如此。确切地说，即是儒佛为主，儒道佛相融会。明代白族思想家李元阳说："志于明道者，不主儒，不主释，但主理。"又说："道学性命本是一家。故阳之自力，惟以灵知到手即可了事，初不计为孔、为释、为老也。"白族学者不羁于一家又融合诸家以求真知的理念，李元阳之语是极好的写照。

三教融会可追溯到南诏、大理之时，这从流传至今的几通著名的碑文可知。

先看《南诏德化碑》。其碑文起始一段就从世界观高度说：

恭闻清浊初分，运阴阳而生万物，川岳即列，树元首而定八方。故知悬象著明，莫大于日月；崇高辨位，莫大于君臣。道治则中外宁，政乖必风雅变。

以清浊二气、阴阳辟合为万物的本源和动因，为社会秩序与法则的根据，这无疑是中华传统儒、道两家的思想，特别是魏晋南北朝时期玄学及道教（葛洪等人）的思想，其融会儒、道的思想指向十分明显。及至贯穿全文的灵魂和指导思想，则是儒家忠孝仁义范畴。碑文以国主阁罗凤的名义说，"至忠不可以无主，至孝不可以无家"。忠是处理对外关系的原则，而忠就要有"主"；南诏的"主"就是中原朝廷，故阁罗凤称，在鲜于仲通大军逼境时仍"具牲牢，设坛，叩首流血曰：'我自古及今，为汉不侵不叛之臣……'"碑文又说，处理内外事务须以仁德礼义为原则："德以立功，功以建业"；而抗击唐军乃因"汉不务德"，在全歼唐军之后，对敌军之遗骸仍要以礼义待之，所谓"生虽祸之始，死乃恕之终，岂顾前非而亡大礼"。

再看大理国时期的兴宝寺《德化铭》。此碑文融会儒道佛而重在道家，即以魏晋玄学为其基本思想而化合诸家。如曰：

> 盖闻率性之谓道，妙物之谓神。混成天地之先，独化陶均之上，体至虚之宅，无毒无门；运不隔之方，何固何执？未尝不出入五物，谁恻至变之端；同流六虚，旁行大衍之数。知太始者，由之捄务。作成物者，宗之致能。形象分而变化斯章，动静常而刚柔乃断。玄凝易简之理，昭然久大之功。引而申之，触类而长之，天下之能事毕矣。异哉，仰观俯察，弗昧幽明之宗；原始反终，遂知生死之说。自有适有，难保匹于幻梦之常；从迷识迷，无穷况于风浪之起，至寂岂虚玄览，大觉忍目随眠。

明清时期白族涌现了李元阳、高奣映等思想家。他们的哲理是白族哲学思想的代表。

李元阳，既是文学家，又是明代云南思想家的杰出代表，其思想特别体现着白族儒佛融合的理路。宋明以来，不论理学家或心学家皆"出入佛老"，但却讳言融会佛学，而李元阳则明确认为儒、佛两家都是圣学，两者是统一的，应平等对待。他在诗中说"老释方外儒，孔孟区中禅"。又说"宋韩魏公、范文正公、富郑公、司马温公立朝有此力量，皆从佛学中来"[21]，"无怪宋儒早年非佛，晚年逃禅，盖实时禅非

图下 3-3　白族哲学家李元阳（中谿）全集书影

圣事，而非禅无以作圣耳"㉒。

正是从这种明确、清楚的儒佛融会的理路出发，李元阳对于宋明时期中国哲学的核心问题之一的心性修养问题，提出了独到的见解，做出了重要的理论贡献。他对心性修养的论述，见诸众多书信、序文，而其精粹、概要则在《心性图说》短短数百言中。他认为："夫性、心、意、情识，其地位悬殊，状相迥别。惟彻道之慧目乃能辨识之。……此儒先所未论者。"是自己独到的见解。由于将"本觉"、"本真"的性与心识、意识、情识相混同，遂"……认躯壳为我，而不知本觉为真我；妄认六尘为心，而不知本觉之为真心。近世从事讲学者，又皆以识神为觉而实非本觉也，以见解为悟而实非真悟也。此无他，性、心、意、情未及犁然"㉓。在这种心性修养之说中，同时就包含着李元阳认识论的思想，如对"格物致知"的思想；对理、欲关系的思想等。这些思想无不体现着儒、佛融会的特点。

秉承儒学传统，李元阳不止于个人的心性修养之学，基于其特殊的体认方法，从边疆少数民族的视角出发，对"治国、平天下"的历史观、政治学说提出了许多杰出、深刻的思想。他认为，"治道莫先于域民"，"夫黎元者，国之元气也"㉔。而"万里边氓，亦国家之赤子"㉕，应与中原黎民一样爱护和重视，应以德治教化之，而不能伤害之。由此，他指斥当时一些喜功逐利的贪官酷吏，说他们怂恿皇帝肆意出兵边疆，"兴无名之师，杀无辜之民，费帑藏之金，破边氓之产"㉖，"人心至此，天理绝灭尽矣，何暇元气之恤，国用之惜哉！"㉗如此见识，只有边疆少数民族的思想家才能提出。

关于高奣映及其家族本卷多处已有介绍，在此仅简述其哲学思想之贡献。

高氏家族起于大理国白族之权贵，高奣映一支则百余年驻楚雄统治彝区，元明以后即为彝区土司至高奣映。虽如此，他却能密切联通中原学界，置身明清之际理论前沿，成为明清云南杰出学者、思想家。他保持云南学者贯通儒佛的传统，于儒学和佛学皆深研而有成就。但他不止于心性学问与修养，进而思考无极、太极等形上之学。其突出者在于，参与"无极而太极"的讨论，批评朱熹的看法，著《太极明辨》，既阐述本体论思想，又为自己转向实学建构形上学之基础。宋明理学以"理"为万物本源故称"太极"。朱熹认为，理无形无象，故又应称太极为"无极"，即"无极而太极"。高奣映坚决反对这种说法。他认为，太极作为万物的本源虽无形无象，但却是"有"，如果认为是无、无极，那就会落入"澄空寂灭"之说，是十分有害的。这因为，社会之中不论家事、国事，不论政治、伦理，凡事皆要从实处去做，如果把它们的根本说成是空，那还怎么做呢？所以高奣映说："太极具方源之一致，人法之，即以中正仁义为其理。要之：事事、化化、理理、气气即须于此太极里面领会。此中正仁义实学。若连极也无了，又有何中正仁义之可以理会也。若向无极处求中正仁义，却似睡着了于梦中去说梦话。"明清实学之兴起，是为中国思想从古代到近代转变的内在源头之一。高奣映既从形上学进行研讨，同时又实地实事地去做。如对其治地农林事业之考察，对长江源头之考察，以及在《迪孙》中据实事而对历史经验之总结等。此皆其实学之体现。

高奣映精研佛学，但却反对鬼神迷信。对于民众，特别是他治下的地区，他要求禁绝各种邪教巫术，为此他著《禁邪巫惑从议》指出："巫之害，甚于盗贼鸩毒矣！何者？民之效者，用民之心也。民心邪矣，而正说泯。"民之于邪巫"……迷之而破人家，信之而荡人意。转趋于邪，虽死不变。居仁由义之说，夫能行于民乎！"作为少数民族土司能有如此主张是十分杰出的。

第四节　纳西族古代哲学思想

东巴教的哲学思想　儒道佛合流的思想

纳西族的文化常被称为"东巴文化"，东巴教被视为古代纳西人思想与精神世界的主体。古代纳西族哲学思想也就贯穿在东巴文化中，是东巴教深层的、核心的观念。但是，纳西族文化是开放的、多元的，并不是纯然的"东巴文化"。就宗教说，纳西族还接受了藏传佛教、汉传佛教以至道教；就思想与精神来说，儒学更为纳西人大量接纳与吸收。从明

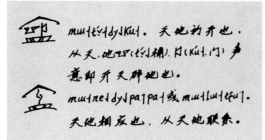

图下 3-4　纳西东巴文"开天辟地"和"天地交感"

清以后，在以木氏土司为代表的上层中，其思想的核心已超越东巴教，而以儒学为主兼容佛、道。

东巴教的世界观是宗教的世界观，它虽构建了一种虚拟的世界模式，但对纳西人的生活态度、思想与精神世界产生重要的影响。

东巴教首先据主体而虚拟出一个宗教的世界模式。在东巴教的世界中，主体是神、人、鬼，它们分居三界。这就构建成神界（天上）、人界（人与"署"合在的大地）、鬼界的世界模式。"署"非神、非人、非鬼，但与人曾经是兄弟。东巴认为这种由主体而划定的界别，区分严格，不可混乱，"如果既定的秩序发生了错位或者移动，就说明世间发生了灾难"㉘。虽然如此，三界却又以人为中介和核心相互联结而构成统一的世界，此即人与神联结、人与"署"联结、人与鬼联结，从而实现三界的联结和统一。人与神相联结与统一，从而人界与神界相联通、统一。这首先体现为纳西人祖先（也即人祖）崇忍利恩与神女衬红褒白相结合。他俩婚配而繁衍出人类，故人类（或纳西人）是神与人结合的产物、后代。再者，作为祭师的东巴，其职能就是沟通神、人，是神与人之间的中介；神与人、神界与人间，由东巴而沟通、联结。

人界即人居住的世界，在东巴教中这个世界又分为两部分：人的世界和署的世界。"署"是东巴教特殊的观念，它不是人，也不是天神，也不同于魔鬼。"传说署与人是同父异母兄弟，署住在水边或山林里，主宰山川河流、飞禽走兽、花鸟树木；人类住在村里勤于耕种、豢养牲畜、放牧挤奶。两兄弟安居其所、和谐相处、相安无事"㉙。于是这两部分在时空上是同一的，主体关系是联结的。

这些都是虚拟的宇宙模式、世界结构，但是人不能生活在虚拟的世界中。纳西人根据现实的生活经验，而构建了另一种世界结构的模式。如东巴经中说到的：天在上，地在下，天圆地方的世界模式；以神山为原点的四方、八方宇宙结构；以神蛙（或神龟）为模型的宇宙五方（五行）结构；以神牛为模型的宇宙有机结构等。这些根据经验观察而衍生出来的宇宙模式，无疑包含着一些科学的世界观知识的萌芽，但是重要的不在于知识，而在于它们对纳西民族独特的精神世界和生活方式的影响。

东巴教信仰的神灵（神灵和鬼怪）种类繁多、数量庞大。白庚胜先生在《东巴神话研究》中指出，东巴教的神灵有旧神、新神和最新神三大系统。三大系统之下又分为许多子系统，子系统下又有子系统，直到繁多的一个一个的神灵。如旧神系统下分为自然神、创造神、生产神、生活神、祖先神等五个子系统。其中自然神就有许许多多的神灵，如不同山的山神，各条河流的水神。最新神则分为三个系统：神、署、鬼。此"神"包括至尊神与战神。所谓"至尊神"并不是万物唯一的至高至尊的神，而是许多个别（特殊）的神，它们包括萨依威德、英古阿格、恒丁窝盘、诺妥森、盘孜萨美、丁巴什罗以及董神、色神、桑神、高神、吾神、俄神、恒神等。这众多的"至尊神"各为一特殊（特殊的能力、特殊的威力范围），并无上位的更至上、更总括、更一般的神。故"至尊神"只能是一个集合概念，它集合着若干特殊的个体。"署"虽是一类神，所谓"署是东巴神话中主宰自然空间的神灵"[30]。但是，没有一般的、总括一切的署神，署神只是庞杂众多的、个别（特殊）的神灵的总合。"署"（署神）同样是一个集合概念。署神非常众多，"据目前所知，自然空间中的东、西、南、北、中，分别由白署、黑署、绿署、黄署、花斑署所主宰。天上有九十九个署，地上有七十七个署，山上有五十五个署，峡谷有三十三个署，村寨有十一个署。另外，有神海之署左纳厘翅、岩间之署斯日涅麻……以及云之署、风之署、虹之署、河之署、泉之署、述之署、坡之署、草滩之署、石之署、树之署、宅基之署"[31]。但是，没有一般的、总括一切的"署"。至于"鬼"，更是没有一个至高的、统领一切鬼的至上鬼了。"鬼"由无数个别、特殊的鬼集合而成。"仅《纳西东巴经专有名词汉译规范》所收录的有名字可考的鬼怪便多达四百二十多个。其中，有的是山、水、树、石、天、地、火、土等鬼怪，有的是吊死鬼、情死鬼、秽鬼、口舌是非鬼、绝后鬼、短命鬼、冤枉鬼、娃娃鬼、反常鬼、替死鬼、饿鬼、疾病鬼等"[32]。所以，东巴教的鬼与神一样，是一种特殊、个别的具象存在。它们形成一个系统庞大、种类繁多，具象的、个体的神灵体系。

各种世界性的宗教都发展其抽象、普遍的观念。最突出的大概是伊斯兰教的真主观念。真主是唯一的，真主创造一切，无所不能，无所不在，但又超越时空、超越人的感知。因此，不能以任何具象来描述真主，不能用任何人或物来比对真主，真主是至高、至大、唯一的普遍性。东巴教与此有别，它发展了原始崇拜思维方式的具象性和个别性，不讲唯一的至尊神，而创造出互不相同、千奇百怪、各式各样、特殊的神灵；它不关心从语言、逻辑上论证"道"、"天命"之类的抽象概念，它一方面创造出一些具象的神灵，以它们来体现和表达抽象的观念，同时又由各个神灵独特的形象和经历（故事），造就出内涵极为丰富的神话。由具象思维的特点，东巴教之经籍极少抽象、逻辑的论述，而是以具象的神话来表达和体现东巴教义和纳西族精神。

纳西族特殊、具象的思维方式，还突出地体现在东巴经的文字（东巴文）上。东巴文是一种象形的图画文字，但是不能由此而认为它是最低级、原始的文字，正如不能因汉字有象形的特点，就认为它比拼音文字要低级一样。东巴文经过上千年的发展，从原始的图画文字出发，已向前发展了许多，只不过它发展的方向和方式有别于其他的原始文字（文字画、图画字），没有走入三大"古典文字"钉头字（楔形字）、圣书字、甲骨文（汉字）的方向和道路。它按照重具象、重特殊的思维方式向前发展，形成了复杂、独特的文字表达方式。由此它体现着纳西文化、纳西思维重特殊、重具象的特点。

以东巴教为基调的纳西族传统思想，以祖先崇拜、民族至上的观念为其价值观的核心。外来的儒家思想，与此十分合拍，精神相通，于是相互结合，构成为纳西族价值观的坚硬的内核。千百年来纳西族都把家、族、国置于价值观的核心地位。

东巴教隆重的丧葬礼仪，包含着至深的祖先崇拜观念。东巴教的仪式分三种：祈福式、禳鬼式、丧葬式。但丧葬式特别隆重、至关重要，并兼具祈福与禳鬼。其费用最多，用时特长。而纳西族对此毫不吝惜人力、财力，即使是借贷求人，甚至倾家荡产也在所不惜。纳西族包容各种外来宗教，但是对之持可信可不信的自由态度，并不十分认真，而对于祖先崇拜则不许有丝毫的怠慢与轻视。由此可见，祖先崇拜是东巴教的核心内容，并由此而对整个民族文化起着重要的、支配的作用。

纳西族崇拜的祖先神，首先是民族的共祖崇忍利恩与衬红褒白。由此，在纳西族的价值观中，民族的观念高于家族的观念。

东巴教并不是纳西文化的全部。纳西文化是开放、多元的文化，东巴教是这种文化的基调和底色。其实，东巴教本身就是纳西族原始崇拜、藏族本教、藏传佛教多元合流的成果。

明初，木氏与藏传佛教噶玛噶举派建立良好关系，开始引入藏传佛教。先拜噶玛噶举红帽系活佛为木氏的"帝师"，后请噶玛噶举黑帽系活佛到丽江说法、传教。明末，格鲁派（黄教）取得西藏政教统治权之后，噶玛噶举派受压避入云南（丽江和中甸），木氏热情接待该派活佛，支持他们在丽江传教。与此同时，木氏也与拉萨掌权的格鲁派建立友好关系，嘉靖年间就迎请格鲁派活佛到丽江，万历年间则出巨资迎请三世达赖到理塘讲经传法，并重建理塘大寺。于是藏传佛教各派（主要是噶玛噶举派）在木氏统治的纳西族地区传播开来。入清以来木氏家族有多人出家为喇嘛、活佛，著名者如东宝活佛。由此，藏传佛教成为纳西族多元信仰之一。

汉传佛教之传入纳西族，亦始自明代。明代，木氏土司开始倡导汉传佛教。木氏在丽江出巨资和大量人力建汉传佛教的福国寺、法云阁、琉璃殿、大定阁等寺庙；又捐巨资，在云南佛教名山——鸡足山建该山最大的佛寺——悉檀寺，并求得明熹宗钦赐佛经入藏该寺。木氏中，如木增就不是一般的信仰佛教，他对禅理深有体悟。如其《寄彻庸禅师二首》其一云："月注曹溪溪外天，松风演义妙音玄。主人饱腹无他羡，半榻云庵了了眠。"此后汉传佛教在丽江地区不断发展，据《纳西文化史论》所述："在清代，汉传佛教在丽江地区得到进一步的发展，又增建了六十多个大小寺庙，分布在城乡各地。到20世纪50年代前，丽江县属的比较大的村寨几乎都有一个或几个寺庙，有的大寺有不少田产。寺庙中的和尚也多是纳西人。"㉝可见汉传佛教在纳西族中已是一种普遍的信仰。

道教也是明代才传入纳西族的。木氏土司对道教兼收并蓄，热心信奉。木公土司即信奉道教，与道士交往甚密，其诗云："艺客遥将访我楼，岭云湖鹤共悠悠。醉余说尽延生诀，袖拂苍髯不肯留。"[34]木增土司更是佛、老并修，自号"滇西华马水月道人"、"丽水解脱道人"，自云"独爱玄同契老庄"，追求老庄清静无为境界，修炼丹药以求长生。但是，道教在丽江地区的较大发展还在清代"改土归流"之后，其特点不在于众多道教宫观的建造，而在于纳西族民间出现了"洞经会"和"皇经会"这样的群众性道教组织。洞经会组织会众"谈演"洞经。洞经即道教经典，主要是《玉清无极忠真文昌大洞仙经》[35]。发展至清末，洞经会已遍及丽江各地，可见其盛况。皇经会同样演奏音乐、诵读"皇经"《洞玄灵宝高上玉皇本行集经》。由此可见，道教在丽江民众中影响深广，其文化、思想渗透于纳西族传统之中。

儒学不同于上述各种宗教，但是对纳西人的信仰、价值观念、政治思想的影响，却并不逊于上述宗教。儒学入丽江应始于元代。至明，木氏土司热衷内地文化，在其家族和社会上层中积极推动儒学的教育、学习。由之，儒学得到传播、吸纳，产生了如木公、木增那样对儒家思想很有理解和领悟的精英人物。如木公袭任土司后作诗《述怀》云："胸中恒运平蛮策，阃外常开捍虏戈。忧国不忘驽马志，赤心千古壮山河。"又诗云："国丰惟我愿，民乐此心康。"[36]一派儒家忠君爱民思想。其后，木增亦儒释道兼修，他虽有强烈的道家出世思想，但社会政治思想却属儒家，如向朝廷献银助饷后写诗云："每爱潜夫论，其如东事何！主忧臣与辱，师众饷尤多。愚贡点涓滴，天恩旷海波。狼烟看扫尽，木石葆天和。"[37]表露了明显的儒家思想。由此，《明史·土司传》就说："云南诸土官，知诗书好礼守义，以丽江木氏为首。"但木氏之兴儒学只限于土司家族或社会上层，并不扩及一般平民百姓。至清"改土归流"，木氏土司对文化、教育的垄断被打破，儒家思想在纳西族的主要聚居区才广泛传播。

值得注意的是，木氏不仅接纳诸教，而且能在传统东巴文化的基础上，熔诸教于一炉。木氏的这一特点体现在文学、艺术、建筑等各个方面，而其思想成就在木高所撰丽江万德宫碑文中可见。这应是纳西族思想史上十分重要的论文，特转引于下：

佛即天矣，天即君矣。

仁君寿，天下安矣；天下安，世官永矣；世官永，边土宁矣；边土宁，人民乐矣；人民乐，五谷丰矣；五谷丰，仁义兴矣；仁义兴，礼乐作矣；礼乐作，人神和矣；人神和，天地位焉，万物教育焉，盛矣哉！且夫天地之视德，亦从于民，子子孙孙世官斯土，誓守斯土，恒于忠孝，笃于仁爱，忠君报本，育民乐道。夫如是，佛天保佑，鬼神默助，加官增禄，延寿康身，随心所愿，无有不应者，而四夷欣服，万民乐仰，绵绵相继，与天地同久矣。是岁也，建此万德宫，立金相有三：中位大孝释迦牟尼文佛，左位炽盛光王佛，右位药师光王佛。敬释迦体孝德也，敬紫微体忠心也，敬药师体仁义也。所谓"人能弘道，非道弘人"。是故我皈依，愿子孙长久之计。若人禁心、索性、宝身崇满腔春意，充塞乎天地，君子道长，小人道消矣。歌曰：

北岳之崇，尊五岳中。雪莹古今，玉光凌空。来龙万里，血脉充隆。嵬峨崒嵂，西来盛风。文笔之阳，万德之宫。无思无为，寂然遂通。水环仁义，山环忠孝。木氏之丰，天地随同，如月之初，如日之东，集善云仍，如斯阜螽。木本水源，万代无穷。

大明嘉靖三十五年龙集丙辰六月九日吉时丽江军民府中宪大夫世袭土，官知府木高紫金尊者诚心薰沐谨识。

画士　古宗古昌　铸匠　云南舒风翼[38]

对这篇重要的思想史文献，其新颖见解、理论深度、体系结构等方面暂不分析，仅就其融会诸教思想来说，有如下几点值得注意。首先，"佛即天矣，天即君矣"一句就概括了全文要义。佛教信佛，东巴教崇天，儒家忠君，三者一致，因为"佛即天矣，天即君矣"。文中赞扬和肯定对释迦牟尼的信仰，也赞扬和肯定东巴教对天和鬼神的信仰，即所谓"佛天保佑，鬼神默助"。但是，它把这种神佛信仰与儒家敬德保民、忠孝仁义的思想浑然一体地结合起来，形成不可分割的有机联系，即仁君寿、天下安、世官永、边土宁、人民乐、五谷丰、仁义兴、礼乐作、人神和、天地位、万物育的不可分割联系。文中"以儒解佛"，说："敬释迦体孝德也，敬紫微体忠心也，敬药师体仁义也。"这似乎有些牵强，但却表现了融合儒、佛的强烈倾向。此文融合"佛、天、鬼神"诸教，而以儒家思想为基础，儒家思想贯穿全文，故而全文引述最多的是儒家经典，如《论语》（"人能弘道，非道弘人"）、《尚书》（"天听自我民听"）等。再者，如前所述，老庄思想向来为木氏所喜好，故而本文的赞辞说"无思无为，寂然遂通"也就不足为奇了。总之，这篇短文是一个极好例证，它表明在融会儒、佛、道、东巴诸教思想上，明代纳西族已达到了很高的思想水平。

第五节　傣族古代哲学思想

　　傣族的南传佛教思想　寨神勐神的信仰

　　傣族是云南百越族类后裔的代表，或者说壮傣语族文化的代表。一般以为傣族全民信仰南传上座部佛教，因此认为其文化核心即南传佛教思想。其实不仅如此，傣族文化的深层思想是二元的，即南传佛教思想与寨神勐神崇拜的观念。

　　南传佛教思想传入傣族后，结合本土固有特点，有两个思想突显出来。

　　其一，业报、轮回思想。这本是佛教的基本思想，但在上座部中，由肯定人的一生"有分心"贯彻生死，即肯定生死之间有一个贯通二者的主体，由此也就使业报、轮回因有了承受的主体而突出起来。这一特点在傣族中更加发扬，形成傣族文化的一个核心观念。在傣族的佛教文献以及数以百计的叙事长诗和民间故事中，一个核心的思想就是业报、轮回。即认为，人的行动（身业）、语言（语业、口业）、思想（意业）皆分善恶，而不论善恶都会得到它必然的报应。这种报应不发生在作业者现世，也必定要发生在其死后或来生。由于这种佛教观念的深入人心，一是形成傣族民众善良、顺从的品格，不作恶，不结仇，认定"善有善报，恶有恶报，不是不报，时候不到"。二是形成热心于"赕"佛的民风。"赕"即布施、贡献。认为今生今世"赕"了，来生就会得好报，否则就会得恶报，或下地狱，或变畜牲。甚至认为自己做了"赕"，子女受保佑，父母死后在阴间有吃穿，村寨可以得安宁。因此用尽全部积蓄，甚至倾家荡产都在所不惜。

其二，"二法不可违"的思想。上座部主张"二法不可违"，即佛法不可违、王法不可违。这就肯定了佛教和五权结合的合理性。由此南传上座部在泰、缅等国，以及我国西双版纳地区传播后，就形成封建政权与佛教的密切关系。在古代民众眼里，封建政权有了佛法的光辉，而佛法则有政治的强制性。

一般认为佛教是13、14世纪才大量传入我国傣族中的。那么此前傣族有何信仰呢？有对寨神勐神的信仰，并且这种信仰在佛教传入后，还普遍存在于傣族民间。

寨神，傣语称为"丢拉曼"、"披曼"、"蛇曼"等，本来是氏族神，即最早建寨的家族的祖灵，具有凝聚家族的思想意义，但后来则成为社区（村寨）不同家族共同的社神。凡承担一定义务并享有相应权利的村寨成员，都可以且必须信奉和祭祀寨神。由此，寨神信仰是凝聚村寨的精神力量。勐神，傣语称为"丢拉勐"、"披勐"、"蛇勐"等。"勐"原指一个部落居住的地方，后来则指封建领主召勐的领地。故勐神原本是部落神，部落和著名酋长、首领或杰出的人死后就被尊为勐神。对勐神的祭祀称为"灵披勐"。此祭祀由本勐中最古老的村寨的"傣勐"（建寨人）来主祭，不许外人参与，也不许领主（召勐）参与，甚至把他们关起来。由此可见，勐神体现着团结、凝聚本地区（部落）民众而抵御外部势力的观念。

佛教是普世的，对傣族来说又是外来的，因此本民族特殊的、原始的传统和文化，不是由佛教而是由寨神、勐神的信仰来传承。甚至与佛教相抵触的观念仍存留在寨神、勐神的信仰中。这样，决定着傣族历史、文化特征的深层观念，决定着傣族之所以是傣族的民族精神，就不仅是佛教，而且还有以寨神、勐神为代表的思想传统。

第六节 近代哲学思想——对中华民族精神的自觉

中华各民族同源共祖 各族宗教相容并存的观念 强烈的爱国主义

中华民族是"多元一体"的民族实体。它萌发于远古，而形成于汉唐，但至近代以前处于自在、自发的状态。至近代，在帝国主义侵略的威胁下，在西方文化的冲击中，中华民族实现了从自在到自觉的转化与提升。而哲学思想就是这种转化与提升的表现。

云南少数民族自古以来就有相互团结、凝聚的兄弟意识，与内地则有强大的认同和内聚的意识。但是，中华民族的整体意识、中国人的意识，同样是近代以来才自觉、觉醒的。这种自觉与觉醒，是近代以来云南少数民族思想史最为突出和重要的内容。

云南各民族一方面有民族差异的观念，即有本民族在起源、历史、文化特征等方面与其他民族相区别的特殊观念；另一方面，又有各民族同根共祖的观念，以及由此而生的同胞兄弟观念。云南各民族的创世史诗几乎无一例外地都包含有这一观念。对各民族来说，这是一个起源久远、根深蒂固的观念。如彝族创世史诗《查姆》说："阿不独姆兄妹成亲后，生下三十六个小娃娃。""从此各人为一族，三十六族分天下；三十六族常来往，和睦相处是一家。"㊴纳西族创世史诗《崇搬图》（《创世纪》）中说：洪水过后，只剩下从忍利恩，天神的女儿衬红褒白和他成婚，他们生下三个儿子，"一个瓮酿出三种酒，一母生出三种人，三弟兄说三种话，三个民族同祖先"㊵。拉祜族史诗《牡帕密帕》则说：人类始祖为一对男女扎笛和娜笛，他们生于葫芦中。从葫芦中出来后相婚配生下九对子女，子女再有子女，共有900人，在一次打猎后，"九百人站成九行，九行分成九种民族"㊶。有意思的是，在白族、瑶族、水族的一些史诗和传说中，常说自己民族的祖先名为伏羲或盘古，这与汉族传说中的伏羲、盘古读音相近，或许所指同一人。这些传说起源久远，千百年来在各民族中传扬，深入人心。它们与古代所谓汉族与古荆蛮、古越人、古匈奴同为炎黄子孙的传说一样，表现着民族精神深层中存在的中华各民族同根共祖的意识。

由于有这种同源共祖的民族亲和意识，云南历史上各民族反抗暴政的斗争，都是多民族联合的共同斗争。而到近代前期，云南人民的反封建斗争起义，都以各民族联合斗争为指导思想和基本方针。如杜文秀领导的滇西回民起义就提出："不分回汉，一体保护"，并规定"族分三教（汉、回、其他民族），各有根本，各行其是，既同营干事，均宜一视同仁"。参加起义军的有回、汉、白、彝、傣、纳西、傈僳、景颇等民族[42]。与此同时，以李文学为首的滇南彝族起义，先提出"夷皆一体，何分彼此"。进而认为汉族贫民与少数民族也是一体的，起义领袖李文学就说："盖汉与夷为敌者，豪强也，贫无与焉。"[43]这确实表明在云南各族深层的思想观念中，存在着同源共祖民族亲和的意识。由于有这种意识，云南各民族相互之间，进而与周边和内地各民族之间，没有根本的敌意和排斥。由此，云南各民族之融入中华民族"多元一体"结构，成为中华民族之一员，不存在民族意识的障碍。

如前所述，宗教往往构成一个民族文化的核心，因此宗教与民族关系密切，宗教关系常常左右或支配民族关系。中华各民族在历史上能够团结、凝聚，形成"多元一体"关系，与宗教关系上持"宽和共容、相互尊重"的态度和思想有关。这种态度和思想存在于云南各族之中，并成为各民族团结、凝聚的思想条件，成为中华民族一体意识的重要因素。在云南各族中，不仅存在着儒、道、佛"三教合流"，而且存在着各民族传统宗教之间，以及它们与儒、道、佛之间的相容并存和相互渗透。

儒、道、佛以及伊斯兰教、基督教等世界性的大宗教很早就传入云南，并且都有各自特定的、稳固的信众。但是，它们在云南从未因信仰而发生大规模的冲突和战争；相反它们在云南长期相容并存、相互渗透。一方面是不同民族信仰同一种宗教，另一方面则是同一民族信仰不同的宗教，两方面并行不悖。如佛教是云南傣、藏、拉祜、布朗、普米等民族全民信仰的宗教，同时在汉族、白族等民族中有广泛的信众；道教很早就在云南的汉族、白族、彝族中传播，形成了深厚的儒、道、佛"三教合流"的传统；伊斯兰教主要是回族信仰，但在云南也有少数的傣、白、藏、壮等民族的人信仰；基督教是近代才大规模传入云南的，但发展很快，至今在汉、苗、傈僳、彝等民族中有信众30余万[44]。这几大宗教在云南又分为不同的宗派。如佛教，藏族信的是藏传佛教，傣族信的是南传上座部佛教，而汉族和白族主要信汉传大乘佛教。再进一步说，藏传佛教又分为不同教派，它们在云南各有信众；傣族信仰的南传佛教又分为不同的教派，各有信众。佛教、道教、伊斯兰教、基督教这几大宗教及其宗派，在云南没有发生过严重的冲突或战争，它们繁多的宗派之间也没有势不两立的冲突。

在爨氏、南诏、大理国至明清千余年的历史中，白族在云南文化发展过程中占有极重要地位，而白族最为突出地表现着儒、佛、道的相容和渗透。南诏、大理时期，白族佛教（阿吒力教）就不排斥儒学，其僧侣、信徒积极学习儒家经典，尊崇儒家忠、孝、仁、义的观念，使得释、儒相结合。大理国时期所谓"释儒"者，即典型地体现着儒、释的深入结合。这种释、儒相结合的传统一直保持到元、明以后。明清时期，白族思想家李元阳等继承这一传统，对儒释结合有许多论述。如认为"老释方外儒，孔孟区中禅"⑮，三教是相容相通的，而所通容的共性就在于道、理，故说："志于明道者，不主儒，不主释，但主理。"⑯其后高奣映，既有儒学著作《太极明辨》、《迪孙》，又有《金刚慧解》、《心印经解》等佛学论著。他们都明确地主张儒、释、道三教合流，并由此而对云南学术思想和民族关系发生影响。

儒、释、道以及伊斯兰教等都是从外部传入云南的，它们与云南各民族本来就有的传统信仰经过长时间的斗争与磨合，最终多能达到相互融通与渗透，形成"你中有我，我中有你"的关系。一方面外来宗教增添了本土的民族特色，另一方面本土的信仰又借外来宗教而得以保持和发展，双方不仅相容并存而且相互渗透与融通。例如："藏传佛教在这片地区（指滇西北——引者）的藏族、纳西族、摩梭人和普米族长期的传播过程中，既影响也融合了纳西族的东巴教、摩梭人的达巴教、普米族的汗归教，使他们的原始宗教逐渐藏传佛教化，并促其进入人为宗教的门槛。如传说中的东巴教祖师'丁巴什罗'、汗归教祖师'益史丁巴'等，其造型、服饰、名称都与藏传佛教和本教有关，这些原始宗教祖师实际受藏传佛教、本教的深刻影响而演变成的。另一方面，这里的藏传佛教也吸收了当地藏族、纳西族、摩梭人和普米族的地方自然神祇，使之藏传佛教化，以充实藏传佛教的万神殿。……这些原始宗教中的地方山神、湖神、泉水神被藏传佛教所吸收，并被藏传佛教化，因而丰富和充实了这里藏传佛教的内存、形态，使之具有浓郁的地方民族特色。"⑰佛教密宗早在南诏、大理国时期就传入彝族和白族中，它与彝族的传统信仰，如土主崇拜相结合；与白族的传统信仰，如本主崇拜相结合，使双方都形成了新的、有民族特色的内容。而南传佛教与傣族传统的寨神、勐神崇拜相并存，进而相互影响，使傣族的习俗、文艺、道德、政治制度等各个方面都显示出两种传统相互交错而形成的丰富形态。道教由于多神信仰及世俗性的特点，它与各民族传统信仰的相互亲和与渗透更为突出。如白族本主崇拜的神祇有的来自道教，彝族毕摩教的阴阳、八卦观念与道教有关，瑶族的"度戒"吸收了道教的观念和仪式，壮族的师公和道公就用道教的术语和仪式。彝族支系撒梅人信奉的西波教，更是以道教的太上老君为最高主神，其与道教的关系更为明显。

云南各民族在宗教关系上这种"宽和共容、相互尊重"的思想态度，对于云南各民族的相互认同与凝聚，进而对中华民族"多元一体"关系的自觉，发挥了重要的推动作用。

近代以来，在反抗帝国主义侵略的斗争中，各民族同存亡、共命运的意识进一步增强，中华民族整体意识进一步自觉。这首先表现在滇西各民族的抗英斗争中。光绪元年（1875），英国军官柏郎和驻华公使馆官员马嘉理二人再次率英武装人员进入我腾越地区。当地干崖、盏达等傣族土司发出号召："各土司联合，不分汉夷，七司（指腾越7个傣族土司、土目——引者注）联为一气，使外匪无从得入，以固梓乡。"⑱联合景颇族山官，聚集傣、汉、景颇、傈僳等各族人民武装抵抗。马嘉理率领先头部队，首先开枪打死我边民，各族群众奋起反击，击毙马嘉理，全歼其部队，进而以武力将柏郎所率部队逐出国境。这就是有名的"马嘉理事件"。光绪十六年（1890）英帝国主义以勘界为名，派遣500余人从缅甸芒莫强行入境，侵入我傣族干崖土司所属铁壁关和盏达土司所属昔董地区。干崖土司刀安仁组建傣、汉、景颇、傈僳等族组成的军队，开赴铁壁关，景颇族山官则组建武装入驻虎踞关，共同抵御英军。这是近代云南首次爆发的爱国主义斗争。首先，它增强了边疆各民族人民的认同感，不论傣、景颇、傈僳、阿昌或汉族，都一致体认到自己是受侵略、欺压的中国人，有共同的命运，有共同的民族感情。其次，云南各族人民认识到祖国与王朝并不等同，爱国、救国并不就是忠于清朝皇帝，而是振兴中华、建立人民民主的国家；各民族是中华民族整体的一部分，同是中国的主人，从而明确爱国主义的内涵，实现向近代爱国主义的转变。此后在滇西各民族中就产生了一批信仰三民主义、追随孙中山的革命志士，如傣族青年土司刀安仁、白族青年张耀曾、腾越汉族李根源等，他们早在 1905 或 1906 年即远涉重洋到日本参加同盟会，成为同盟会最早的会员。他们都立志推翻清王朝、建立中华民国、振兴中华。正是以他们为骨干，1911 年紧随武汉起义，滇西于 10 月 27 日，昆明于 10 月 30 日成功起义，为推翻清王朝、建立民国作出杰出贡献。随后，1915 年云南发动护国运动，首先举起反对袁世凯复辟帝制的义旗，推动中国民族民主革命继续前进。

【注释】

① 朱琚元、张兴译：《赊榷濮》第 1 页，云南民族出版社 1987 年。

②《裴妥梅妮》第 138—139 页。

③《指路经》（第一集）第 60—61 页。

④ 云南省社会科学院楚雄彝族文化研究所彝文古籍研究室翻译编印：《指路书集·指路经》第 23 页。

⑤ 见举奢哲：《论历史和诗的写作》、《论诗歌和故事的写作》、《经书的写法》。三文载于康健、王冶新等编：《彝族古代文论》，贵州人民出版社 1997 年。

⑥ 见阿买妮：《彝语诗律论》，载康健、王冶新等编：《彝族古代文论》，贵州人民出版社 1997 年。

⑦ 见阿买妮：《彝语诗律论》。

⑧ 笃仁、鲁则著，罗国义、陈英汉译：《宇宙人文论》第 59 页，民族出版社 1984 年。以下引文凡出自本书，只注书名及页码。

⑨ 朱崇先：《彝族典籍文化》第 73 页，中央民族大学出版社 1994 年。

⑩《彝族典籍文化》第76—77页。

⑪《彝族典籍文化》第80页。

⑫《彝族典籍文化》第78页。

⑬ 王运权等编译修订：《西南彝志》第一、二卷（修订本）第173—177页，贵州民族出版社2004年。

⑭《西南彝志》第424页。

⑮《西南彝志》第424页。

⑯《西南彝志》第105页。

⑰《西南彝志》第230页。

⑱《西南彝志》第192页。

⑲《西南彝志》第218页。

⑳ 见《西南彝志》第五卷《天地事物的形成》。

㉑《与林尚书退斋二书》，见施立卓总编校：《李元阳集》（散文卷）第350页，云南大学出版社2008年。

㉒《答泉州王验封遵岩》，见施立卓总编校：《李元阳集》（散文卷）第383页，云南大学出版社2008年。

㉓《与罗修撰念庵》，见施立卓总编校：《李元阳集》（散文卷）第372页，云南大学出版社2008年。

㉔《寿国堂记》，见施立卓总编校：《李元阳集》（散文卷）第372页，云南大学出版社2008年。

㉕《与陈抚翁》，见施立卓总编校：《李元阳集》（散文卷）第372页，云南大学出版社2008年。

㉖ 同上。

㉗《寿国堂记》，见施立卓总编校：《李元阳集》（散文卷）第372页，云南大学出版社2008年。

㉘ 习煜华、赵世红主编：《中国少数民族原始宗教经籍汇编·东巴经卷》第11页，中央民族大学出版社2009年。

㉙ 习煜华、赵世红主编：《中国少数民族原始宗教经籍汇编·东巴经卷》第58页，中央民族大学出版社2009年。

㉚ 白庚胜：《东巴神话研究》第89页，社会科学文献出版社2002年。

㉛ 白庚胜：《东巴神话研究》第89—90页，社会科学文献出版社2002年。

㉜ 白庚胜：《东巴神话研究》第97页，社会科学文献出版社2002年。

㉝ 杨福泉：《纳西族文化史论》第219—220页，云南大学出版社2006年。

㉞ 杨福泉：《纳西族文化史论》第227页，云南大学出版社2006年。

㉟ 张兴荣《云南洞经文化——儒释道三教的复合性文化》一书中说，主要洞经为《玉清无极总真文昌大洞仙经》，清代在丽江流传的是雍正十三年刊印的《太上玉清无极总真文昌大洞真经定本》。

㊱ 转引自和钟华、杨世光主编：《纳西族文学史》第502页，四川民族出版社1992年。

㊲ 转引自和钟华、杨世光主编：《纳西族文学史》第511页，四川民族出版社1992年。

㊳ 转引自杨林军：《丽江历代碑刻辑录与研究》第20—21页，云南民族出版社2011年。

㊴《查姆》第74、75页，云南人民出版社1981年。

㊵《创世纪》（纳西族民间史诗）第93页，云南人民出版社1978年。

㊶《牡帕密帕》第43页，云南人民出版社1979年。

㊷ 参见马曜主编：《云南简史》第246—247页，云南人民出版社1983年。

㊸ [清]夏正寅：《哀牢夷雄列传·李文学传》。

㊹ 参见杨学政主编：《云南宗教史》，云南人民出版社1999年；颜思久主编：《云南宗教概况》，云南大学出版社1991年。

㊺《感寓二首》，见《云南丛书》集部之六《李中谿全集》卷二。

㊻《重刻楞严会解序》，见《云南丛书》集部之六《李中谿全集》卷五。

㊼ 杨学政：《藏族、纳西族、普米族的藏传佛教》第2—3页，云南人民出版社1994年。

㊽《盈江县志》第616页，云南民族出版社1997年。

第四章

民族民间文学

　　汉、唐时期，云南白族、彝族等少数民族已经有了作家文学；宋、元、明、清以后，云南的地方文学和少数民族民间文学得到较大程度的发展，少数民族逐渐有了自己的作家。但是，比较起来，在古代和近代，少数民族文学中还是以民间文学为主流。民间文学不仅蕴藏特别丰富，内容和形式多样，有的甚至很独特，而且民族风格和地域特色异彩纷呈，就像是怒放在云岭红土地上的山花。学术界看重其特色，在民间文学之前加上"民族"二字，主要指少数民族民间文学，强调其民族性，彰显其优势[①]。

第一节　神话

云南神话的特点　创世神话　英雄神话

　　随着生产力的提高，文明的昌盛，产生神话的土壤不复存在，神话也就消亡了。但是云南却例外，云南远古先民创造的神话不曾消亡，在少数民族中依然生机勃勃地存活着，云南是一个历史上不曾崩溃的神话王国。云南民间故事中，以神话最具特色。

首先，源于云南独特的环境和历史的特殊性。落后的经济形态和发展缓慢的社会，使得原始的遗俗遗制（包括原始宗教文化）得以在云南边疆及腹地的山区广泛传承，人们仍然沿袭着人类童年时代对超自然力量的信仰。云南广大区域的社会形态与神话产生的社会形态性质相似或者相距不甚远，所以存在着神话得以产生和流传的社会条件，在神话中保留了人类对自然、社会发展的许多原始观念。于是，许多神话活在这些民族当中，并且在不同程度上依然发挥着它的社会功能。

第二，独特的文化环境。云南各民族的社会政治制度、婚姻家庭形式，不同程度地保留着以母权制、父权制为特点的原始公社残余及原始社会向阶级社会过渡的农村公社和家长制家庭。云南民族的习俗信仰是从人类原始思维的原始信仰中不同传承变异而来的。云南民族的神话由于长期活在各族人民的口头上，与历史上各族人民的社会生活、信仰习俗有着密切联系，神话描述的神祇英雄业绩还在民间发挥着心理影响，原始思想和深化的思维得以长期残留，神话故事就以原始面貌长期在民间流传，经久不衰。

第三，史诗的作用。云南各个民族都有自己的史诗。这些史诗是在神话的基础上形成的，许多神话已经被系统化，成为原始史诗的主干部分。这些史诗借助原始宗教得以保存，它们往往保存在祭司和巫师的头脑中，或者经书中，具有某种神圣性和固定的传承性，流传至今。于是，古代神话被固定、保存下来。

由于云南的独特环境和生活方式以及文化特点，云南神话具有以下特征。

其一，存量巨大。云南省 26 个民族，其支系以百计，他们都拥有自己的神话。这些神话有的是原生形态的，有的是次生形态的或副次生形态的，数量巨大，普遍流行。有的民族竟然创作了数部神话史诗（创世史诗）。云南拥有创世史诗群，不但在国内独放异彩，就是在世界文化史上也是罕见的。

其二，反映生活的面广。云南神话，有反映自然现象的，有反映人与自然作斗争的，有反映社会集团斗争的，触及生活的各个领域。

其三，体裁、形式多样。神话的体裁有散文和韵文两种。散文形式一般比较短小，多数是讲一种或几种事物的起源故事。韵文中有短歌和史诗，也有散韵夹杂的。例如白族以"打歌"唱神话故事。西畴县壮族讲述《布洛陀》时夹有韵白。普米族歌颂神巨人简锦祖的《杀马鹿歌》时讲时唱，以对唱的形式出现。神话的篇幅有短有长。汉文典籍中的神话多是零星的、片断的，而云南少数民族的神话却有长篇的，而且数量较多，它经历了从单一到系列的过程。短小的神话即使汇入了长篇，它本身并不消失，仍然独立地各自发展，逐渐趋于完整和完善，一直在民众的口头上讲述。神话的型式（母题）齐全。世界上各种型式的神话云南都有。例如创世神话，单以其中的天地开辟神话来说，就有五种以上的型式。其他如人类起源神话、文化起源神话，也都有多种型式。

其四，保存、流传方式不一。一是以活的形态流传。即不单是以人们口头流传为特征，还与尚存的原始心理、信仰、习俗、道德规则等紧密联系。神话在人们的生活里强有力地支配着道德和社会行为。由于口头流传，在流传过程中已发生某些变异，并形成对同一事物的解释有多种说法，以及同一内容的神话有多种异文。二是保存于祭司、巫师和民间歌手的记忆之中，并由他们传播。西汉时期就已经流传的金马碧鸡神话，其雏形在东晋时已被常璩的《华阳国志》用汉文记录，更多的是用民族文字记录。例如纳西族用世界上罕存的象形文字东巴文记录的纳西族神话有数百卷近千万字，《崇搬图》（《创世纪》）就是其中的一部。彝族用古老的彝文记录的神话有：《梅葛》（《创造宇宙万物歌》）、《阿细的先基》（《阿细人的歌》）、《古侯阿补》（《公史篇》）、《勒俄特依》）（《母史篇》）、《查姆》（《万物起源歌》）。云南的原始性史诗和英雄史诗都融进了大量的神话。例如纳西族的《董术争战》（《黑白之战》）、拉祜族的《牡帕密帕》（《造天造地》）。三是传播汉文典籍上的神话。这类神话以大致相似或者直至现在仍然相同的面貌在云南少数民族口头上流传。例如贡山县独龙族的《女娲娘娘补天》。类似的有流传在中甸县藏族中的《女娲娘娘》。也有在原故事上生发出新故事的神话，例如白族中的一则开天辟地神话就从盘古生发出其弟盘生的神话。

其五，云南的民族共处一个大的范围，他们的神话在主题、情节、形象上有相似的现象。在内容上有许多共同点，在表达上保持着原始叙事风格。但是，他们的神话又不是绝对相同的，各自具有鲜明的民族特征。

其六，各民族的神话内容与本民族的社会生产方式相一致。长期滞留于氏族社会末期或阶级社会初期的民族，其神话的自然属性较强；而一些早已进入阶级社会的民族，随着社会生产的发展，他们的神话中的社会属性已居于主导地位。全省各地的神话反映出各个民族的精神特质和地方色彩。例如滇东北苗族都是把太阳当作女性来讲述的。

其七，一些后进民族中尚保留着神话的法典证明以及道德、宗教、知识、审美等"百科全书"式的功能。佛教的一些思想和事象掺杂进了云南神话之中。例如白族中的观音神话，以及《赞陀崛多开辟鹤庆》等神话；纳西族的《丁巴什罗》；在傣族和布朗族中有佛祖巡游各地的神话，最精彩的是《谷魂婆婆》，写进经书中。

云南的民族神话是人类童年时代的生存、发展、繁荣的记录，具有法规、道德、知识、审美等多方面的功能，蕴含着民族心理，洋溢着民族精神，体现了民族性格。

云南民族神话有创世神话和英雄神话两大类。创世神话的内容十分丰富。

一是天地形成。这类神话是先民用现象类比、联想的原始思维方式编制的，其型式有自生型、胎生型、蛋（卵）生型、神造型、人造型、动植物化生型。有的组合起来成为复合型。彝族有《格兹天神》；白族打歌唱《开天辟地》；哈尼族讲《祖先鱼上山》；壮族有《布洛陀》；傣族有《英帕雅捧》、《混散》、《变扎嘎帕》（《古老的荷花》）；苗族有《造天造地》；傈僳族有《木布帕造天造地》；拉祜族有《厄雅莎雅造天地》；佤族有《司岗里》、《葫芦的传说》；纳西族有《崇搬图》（《创世纪》）；藏族有《女娲娘娘》；景颇族有《宁贯娃改天整地》；布朗族有《帕雅因与十二瓦席》；怒族有《高山和平地的由来》；阿昌族有《遮帕麻与遮米麻》；德昂族有《祖先创世纪》；基诺族有《阿嫫腰白造天地》；独龙族有《天地是怎样分开的》。

与天地开辟神话关联的，有天梯神话、顶天柱与负地鱼（或象或其他动物）神话，有补天神话。

二是天象来历。日月星辰的诞生神话有自生型、他生型、神生型、神造型、人变型。彝族有《三女找太阳》，独龙族有《星星姑娘》，普米族有《月亮妹妹》、《太阳月亮和星星》。怒族的《依尼拴太阳》是关于太阳运行的形象表现。日月食，傣族叫"呙卜京棱，呙卜京达宛（棘蛙吃月、棘蛙吃日）"，其神话短小生动。布朗族把日、月和天狗说成是三兄弟。哈尼族讲天狗吃月，但月亮偷得了起死回生药，所以月食后月亮很快复明。

风雨雷电起源的神话，有独立成篇的，也有综合型的。这类神话较少。怒族有《刮风打雷的由来》，佤族有《石岩和风》。

三是人类起源。关于人的来历，一种是自然生人，包括天降地出型、巨石生人型、植物生人型、蛋（卵）生人型、水生人型；一种是诸神造人，包括泥土造人型、飞禽造人型、植物造人型，还有石洞出人型、葫芦出人型；一种是动物造人，其中猴祖型价值最高。

西双版纳傣族神话《布桑该雅桑该》讲男女二神用泥土造人和动物。德宏傣族神话则有《人是从葫芦出来的》。佤族关于人的来源有三说：人从石洞出；人从葫芦出；人是泥捏的（见《人类的祖先》）。布朗族关于人类起源的神话有四说：人是从天上漏下来的；人是泥捏的；人是木雕的；人是从葫芦生的。布朗族的《艾布林嘎与依娣林嘎》是颇富光彩的人祖神话。哈尼族的《母女俩的故事》讲，在葫芦里躲过洪水劫难的母女，因为春风入怀而孕，生出人和飞禽走兽；《三个神蛋》讲头人、贝玛、工匠来历的故事；《神和人的家谱》中神的谱系在哈尼族父子连名制中有反映。永宁纳西族摩梭人支系流行许多女神神话。《黑底干木女神》诗意浓郁，她与其他男神过着男不娶女不嫁的自由偶居生活，是"阿夏"婚姻的曲折反映，与母权制的遗风相适应。

云南的创世神话中有一种洪水后人类再传的神话，是把单一的洪水神话与兄妹结婚联系起来，实为一种独特的现象。壮族神话《从宗爷爷造人烟》甚至叙述了两次洪水、两次造人。这种人类再传的神话，除了兄妹结婚型外，还有人神婚型、人兽婚型、母子婚型、父女婚型。这些神话讲到各个民族为同一个祖先所生，反映了各个民族自古以来就是兄弟的关系。

　　布朗族克木人支系的图腾神话《德哥鸟》是一则很精彩的洪水神话与兄妹婚结合的神话。这类神话还有哈尼族的《兄妹传人》、《杀鱼取种》、《燕子救人》；拉祜族的《洪水后幸存的两兄妹》、《蜂桶葫芦传人种》；昭通苗族的《洪水满天下》；佤族的《葫芦出来的人烟》。怒族讲：腊普和亚妞俩兄妹传人种。基诺族讲：玛黑和玛妞俩兄妹传人种。

　　哈尼族的《天地人的传说》是创世神话中的系列型神话，含有天地形成、人类起源以及洪水后兄妹结婚等重要的创世内容。景颇族的《目脑斋瓦》以祖先神宁贯娃为主线，叙述天鬼家族创造世界的故事。

　　四是民族起源。民族起源神话有两种模式，一为同源共祖，一为多源同流。所谓的"源"即始祖，有的为动物，有的为天神。

　　云南少数民族的族源神话很早就有汉文记录。晋常璩的《华阳国志》载竹王神话和九隆神话，类似竹王神话的传说至今仍然在彝族中流传。九隆神话在近邻老挝和泰国也有流传并被记载于文献中。南诏蒙氏将改编的九隆神话作为南诏开国神话。元张道宗的《记古滇说》、元佚名的《白古通记》、明倪辂的《南诏野史》均以九隆故事为南诏开国神话。

　　现今流传在口头上的鹤庆白族神话《石家什》讲述原始人坐石怀孕、繁衍人类，包含着性力崇拜的原始心理。普米族《久木鲁的故事》中的久木鲁（男石祖）和"移木"（女石祖）是石祖崇拜遗风。

　　有的人类起源神话，除了讲述本民族的起源外，还讲述本民族内部各个氏族的起源。氏族起源神话在傈僳族和怒族中比较多。傈僳族神话《行米夏朋》（树生人）讲繁衍子孙。《木洞里出来的人》讲木氏族的来历。其他神话讲了虎氏族、猴氏族、蜂氏族、鱼（余）氏族的根源。纳西族神话《四个部族的由来》讲述禾、梅、束、叶部族的来历，有谚曰："禾、梅不离居，束、叶不分离。"

　　族源神话往往与图腾信仰密切联系。其始祖若是动植物者，这些动植物往往与这个氏族、部落或民族有"血缘"关系，成为他们的图腾。布朗族的克木支系至今还流传成套的图腾故事，有二三十个，相当典型。这些图腾故事有血缘型、感恩型、敬畏型。

　　五是文化发端。火神话中，谁是主宰者？一是动物，一是神。拉祜族说，老鼠最先得到天神厄沙用心迸出的火星，后传给人类。傣族说，螳螂指引他们，才在石头里找到火星。独龙族说，是彭木哥搓磨干藤才得到火星。布朗族有三种说法。一说水火相斗，不分胜负；水躲进山谷，人从地层挖出石块在水的帮助下冶炼得铁片，铁片撞石头，迸出火花。一说原始人从苍蝇搓脚得到启示，用石片摩擦枯树得火。一说布朗族勇士得松鼠帮助，欺骗火魔，取得火种。

云南是世界稻作发展史上最早的起源地和变异中心之一。云南的谷物神话相当丰富，有飞来型、自然生成型、尸体化生型、动物运来型、天神赐予型、英雄盗来型。布朗族神话短歌《沙卡厄》与傣族的《谷魂婆婆》属同类神话。傣族和布朗族的经书中有一册《鲁弄》（鼠王），讲谷种是大鼠从海那边运来的。壮族的《谷种和狗尾巴》讲到稻作与狗的关系。这些稻谷神话都是原始农耕生活的诗意表达。

历法关乎人们的生产和生活。哈尼族的《砍遮天大树》讲：古时，人们在黑蒙蒙的大树下艰难地耕种度日。后来，人们在神和小动物的帮助下砍倒大树，从一树 12 枝、一枝 30 片叶，总共 360 片，分出年、月、日。

其他文化现象的起源神话，可举纳西族神话《人为什么有智慧》。纳西族的《崇人抛鼎寻不死药》赞颂了医药的发明。《白蝙蝠取经记》讲卜箓的来历。

狩猎神话，傈僳族有《猎神米斯》；佤族的《家养的禽兽都是女人牵来的》，反映了从狩猎到驯化禽兽的过程。

云南的英雄神话包括三个方面的内容。

一是歌颂文化英雄。讲述各种文化事物，诸如火的使用、谷物的种植、礼制法度等，都是由文化英雄发明和创造的。这类神话有哈尼族的《阿扎》，这个故事有着希腊神话普罗米修斯式的悲壮美。

稻谷神话中为民盗取谷种不惜牺牲自己的文化英雄不在少数。景颇族的《那泼节的传说》、普米族的《为民盗五谷牛》都是这类神话。

二是歌颂灭患救世的英雄。这类神话体现在射日故事、斗妖除魔故事中。它主要表达人们希望战胜自然力的愿望，歌颂英雄的牺牲精神和坚强意志。彝族的《三女找太阳》就像太阳一样光辉永在。哈尼族的射日神话特色鲜明，有《射太阳的英雄》、《玛勒携子找太阳》、《公鸡请太阳》。

三是歌颂征战兴邦的英雄。布朗族神话《艾洛卜我》是人王与天神抗争的一曲凯歌。傣族的《舍弄法》歌颂射虎英雄兴邦立业。

有许多神话就是这个民族历史的影子，如白族的白王神话、本主神话。而流传在永宁地区的关于干木女神的神话，就曲折地反映了纳西族摩梭人的"阿夏"婚姻。

第二节　史诗

云南史诗群　创世史诗　英雄史诗　迁徙史诗

一般说，每个民族都有神话，但是并非所有民族都有史诗。云南民族众多，支系庞杂，云南的世居民族大都有史诗，而且有的民族不止一部，形成史诗群。

为什么云南会保存着如此之多的史诗呢？这与云南民族的社会形态、原始宗教和文学形态有关系。辛亥革命前，有些民族尚处于奴隶社会或原始氏族社会末期，口头文学占主导地位，与史诗保持着联系，许多神话传说保存在祭司和巫师的头脑中，或宗教的经书中，具有神圣性和固定的传承性。云南史诗有三类：创世史诗、迁徙史诗和英雄史诗。

创世史诗以神为中心，以诗歌为载体，凭藉原始人直觉的神秘互渗的原始思维逻辑，用神圣历史式的系统神话叙事模式，描述各族先民心目中的整个创世过程。

在云南，彝族的创世史诗最多。流传于姚安、大姚彝族地区的《梅葛》（《创造宇宙万物歌》）是用"梅葛调"唱的口头创世史诗，5700余行。流传在哀牢山区彝族中的《查姆》（《万物起源》），双柏县的彝族用"阿色调"唱，是彝族经典，8000余行，上部着重记述了"洪水滔天"以前的三个时代：一是称为独眼睛的"拉爹"时代，一是眼睛朝上生的"拉拖"时代，一是横眼睛的"拉文时代"。《查姆》中开天辟地的是群神，多达40余位，不同于盘古一人开天辟地。群神中的女神最为感人。《查姆》的下部突出神话和现实交织在一起。《阿细的先基》（《阿细人的歌》）

图下 4-1　彝族创世史诗《万物的起源》首章（梁红译注，云南民族出版社 1998 年）

是弥勒县西山彝族支系阿细人用"先基调"唱的史诗，约 5400 行。《阿细的先基》也从眼睛的形态分几代人：第一代叫"蚂蚁瞎子代"，第二代叫"蚂蚁直眼睛代"，第三代是"蟋蟀横眼睛代"，第四代是"筷子横眼睛代"。《阿细的先基》中的第二、三代相当于《查姆》的直眼睛时代，第四代相当于《查姆》的横眼睛时代。眼睛的直和横，象征着人类文化进展的先后，从中可以看出人类由蒙昧时代向野蛮时代再向文明时代过渡的影子，包含了彝族先民关于人类社会由低级阶段向高级阶段发展的朴素观念。《门咪间扎节》是楚雄彝文化经典，220 余行，开头讲天地创造，《猴子变人》一章讲人类起源。大小凉山彝族中流传的《勒俄特依》共十一章，唱叙开天辟地、人类繁衍。云南流传的《阿鲁举热》是《勒俄特依》的第七章《支格阿龙谱系》、第八章《射日射月》，具有云南元谋一带彝族的生活特点。

纳西族史诗《崇搬图》（《创世纪》），2000 余行，在丽江一带广为流传，《东巴经》里也有记载。这部诗的最大特点是带哲理性。它以真、假、虚、实等概念来解释天地的形成，以气、声的演变构成人类之初。它把阴与阳生万物的观念升华为具体的二位创世神（东神和色神）。纳西族的另外两部史诗，《黑白之战》（《董术争战》）记叙两个部落的斗争，《哈斯争战》描写善良战胜丑恶。这两部长诗是创世史诗向英雄史诗发展的过渡性作品。白族史诗《创世纪》（《开天辟地》）是以一问一答的"打歌"形式唱述的，400 余行，流传于洱源西山，分为洪荒时代、天地的起源、人类的起源三部分。另一部流传于鹤庆西山，名《达博劳谷与达博劳苔》（又名《人类万物的来历》），也是用"打歌"唱的史诗。此诗的特点是：描写了十对兄妹长途跋涉，在与恶劣的自然环境搏斗中，向飞禽走兽学习了创世立业的本领。《放羊歌》通过叔王给白王放羊的故事，反映了白族人民处于氏族部落后期的社会情况和生活状况。

流传在红河地区的哈尼族史诗《奥色密色》（《开天辟地》）从天地形成、人类诞生到人类的各种生活、生产安排，叙述得非常系统、完整。

拉祜族的《牡帕密帕》（《造天造地》），1000 余行，歌颂天神厄莎。此诗讲民族的区分是凭不同的味觉嗜好。这在民族史诗中是独有的。

佤族史诗《司岗里》，意思是人从石洞或葫芦出来，即把阿佤山视为人类的发祥地，反映出他们是这里的最早居民。布朗族有创世史诗《艾布林嘎与依娣林嘎》。独龙族的《创世纪》700 多行。德昂族史诗《达古达楞格莱标》，1200 余行，集中描写人类和大地万物的始祖茶叶。《遮帕麻与遮米麻》是阿昌族用"和袍"调唱的创世史诗，1400 余行。景颇族的创世史诗《目脑斋瓦》（歌吟历史），9000 行，主要讲以能万拉（男）和能斑占木（女）为首的阴阳神如何创造天地、人间万物的故事。傣族的创世史诗，在西双版纳有《英帕雅捧》，在德宏有《混散》、《杠帕龙》。

"苗族古歌"，滇中有 9000 行、滇东北有 2000 行、滇南有 200 行。古歌《尊敬的五长老略长老》、《多那益慕之战》、《格蚩爷老》、《格也爷老》等的内容与汉文古籍所载炎黄两族与蚩尤族之间的原始部落战争有暗合之处。这些古歌当是已佚的英雄史诗的片断。

世界上最长的藏族英雄史诗《格萨尔》也在云南迪庆藏族自治州及相邻地区流传。云南已经搜集到不同内容的藏文手抄本和木刻本 11 部，出版了直接关系云南的藏文整理本和汉文译本 3 部。《加岭传奇》叙述的是格萨尔的岭国与内地友好交往的故事，这在《格萨尔》众多的以战争为描写内容的分部本中是别具一格的。这部史诗处处焕发出云南的地方色彩。诗中描写了丽江、戎国（德钦云岭）的山川景色，藏族与纳西族之间的亲密关系。《姜岭大战》叙述云南姜国撒旦王抢夺岭国阿隆滚珠盐海（西藏芒康盐井）的战争，反映了人民反对侵略、与邻国和睦相处的愿望。《取察瓦龙竹城》之部，在其他省区尚未发现。此部的发现，又为《格萨尔》这一宏伟史诗增加了新的篇章，增添了新的内容。

云南的英雄史诗《格萨（尔）》各部，不但在与藏族相邻的民族中流传，还对这些民族的史诗创作产生影响。宁蒗地区普米族中流传《冲·格萨》，与西藏和云南等地藏族中流传的《岭·格萨》同类，是普米族在《格萨尔》的影响下，按照自己民族的生活、习俗、信仰和心理特征编写的。《冲·格萨与米拉热钦》中杀布朗、做道场的情节，出现青蛙的情节，都是独特的。

采录于红河地区的哈尼族史诗《哈尼阿培聪坡坡》，直译为《哈尼祖先迁徙史》，是以"哈八"（酒歌）的形式系统吟唱哈尼族先民漫长曲折的迁徙历史。全诗七章，5000 余行。以载史为务，叙述集中在历史的主脉上，唱叙了哈尼族的发展和迁徙过程。布朗族史诗《勐茅来的人》，唱叙布朗族先民的一部分迁徙到双江一带定居的故事。流传在勐海的《来自"洪讷南三嘿"》，唱叙布朗族祖先原本居住在"洪讷南三嘿"（澜沧江上游三条河交汇之处），因为遭受外族掠夺，被迫南迁。傈僳族的《得图木刮》，意思是打仗开辟田土的调子，译为《古战歌》，记述了 400 多年前滇西北一带的民族战争和傈僳族被迫迁徙的史实。新平县和元江县傣族的"悲哈"歌《逃难离境》，金沙江沿岸傣族用"窝巴调"唱的《我们来到汉族地方》，都是迁徙史诗，规模不大。

第三节　传说

英雄传说　历史传说　风物传说

云南的民族民间传说可分为人物传说、史事传说、地方风物传说三类。

白族的本主是地方保护神，有 286 个庙宇，每位本主都有动人的传说，富于现实性。大黑天神是为救万民、敢于违抗天帝旨意、吞下瘟药的殉道者。段赤诚是为民除害而葬身蟒腹的英雄，蛇骨塔成为千年的见证。杜朝选也是杀蟒英雄，为被搭救的姑娘殉情而化蝶，"蝴蝶泉"的传说伴着他们的英魂。阿南夫人、慈善夫人（柏洁圣妃）都是忠于爱情、不畏强暴的巾帼英雄。此外，还有《太阳神本主》。白王的传说讲了《果子女与段白王》、《辘角庄》、《白王嫁女》、《白王的死》。

西双版纳傣族《帕雅阿拉武追金鹿》的传说，反映了先民开辟草莱的艰辛，表达了傣族对自己英雄祖先的崇敬。

西双版纳布朗族的《帕雅龙卡》、《三岗别岗》（三首领、八头人）、《四眼四耳王》、《召景隗》、《相飞》，都是传说古代英雄的业绩。澜沧县布朗族的《艾棱传》讲述祖先的传奇。《底弄之死》是清代《云龙野史》中记载的古时澜沧江畔的布朗族祖先的壮烈悲剧。

明代彝族抗暴英雄普应春在民间传说中被尊崇。济世救民、敢于与恶势力斗争的英雄的传说有：蒙古族的《阿扎拉》、《梁三哥哥》、《华中强》；傈僳族的《密罗沙》、《木必帕死不了》；怒族的刮摩斯《斩筏除妖》、《打铁除妖》；藏族的《英雄拉龙·博吉都杰》；布依族的《阿端》；水族的《大力士何大脚板》。

蒙古族中的传说，从《革囊过江》到《日夺三关夜占八寨》、《阿公主的故事》、《神仙桥》等，几乎全面反映了元帝国由兴至败的全过程，形象生动。

布朗族的史事传说有：《四大部落》，布朗族祖先中计被追杀（《南先》），《猛廷瑞冤案》控诉了明王朝枉杀无辜的罪恶。《两把神刀》描述明代邓子龙所部的布朗族战士智破缅寇象阵的精彩场面。《依梅》是一曲万历年间民妇依梅仗剑入阵、驱逐外敌的颂歌。

明代建文皇帝朱允炆逃亡云南的传说相当普遍。

《杨娥传》传说女杰在被逼婚时血刃逆贼吴三桂。

因为战争或者寻求生存空间，少数民族的迁徙史有明文，传说亦多。例如《勐先傣族向南迁徙的传说》、布朗族的《砍芭蕉树的传说》、《河口布依族的迁徙》、《怒族的迁居》。《三千换八百》讲述了云南回族的来源。拉祜族从西北迁移到云南的历史在《根古》中生动讲述出来。《马鹿引路》讲述独龙族从察瓦龙迁徙到现今独龙江畔的经过。

民族之间或民族内部的争战、械斗过去是常有之事。19 世纪 60 年代，勐遮召勐图谋吞并景真，儿媳（景真召勐之女）用葫芦传信，避免了一场战祸，然而却遭到活埋。勐遮召勐之子为了爱妻，勇敢赴难。傣族中流传的《勐遮漂来的葫芦》就是关于这一历史事件的艺术反映。

壮族有歌颂反宋的民族英雄侬智高的传说。《娅拜》是对反抗官军的女英雄的颂歌。明末清初，大西军在中国西南纵横，铁流千里，晋王李定国被勐腊傣族尊为召法王（天王），大西军领袖的传说历久不息。到清代，特别是近代，阶级矛盾和民族矛盾已经白热化，产生了大量的农民起义故事和反对帝国主义侵略的故事。拉祜族农民在清代雍正、嘉庆、光绪年间多次起义，留下了许多故事。嘉庆六年（1801）爆发了傈僳族农民领袖恒乍绷领导的起义，他的事迹在纳西族、白族、傈僳族等滇西各族群众中广为流传。《恒乍绷起义》就是其中一种。咸丰、同治年间（1856—1872）以杜文秀、李文学为代表的云南各族农民起义的传说，至今广为流布。《白旗军的传说》、《李文学的传说》、《田四乱的传说》，都是系列传说。关于白旗军统帅杜文秀的传说，如《是个干大事的人》、《怒杀蓝老三》、《一副对联》，为民众津津乐道；关于李文学的传说，如《花鱼洞》、《"德勒米"可王》、《红云》等，颂扬他们的智慧与神勇，描写他们与群众的鱼水关系，塑造了一系列叱咤风云的英雄形象。咸丰年间发生在云南昭通地区的李永和、蓝大顺起义的英雄故事，如《拜旗》、《女杰谢华瑶》等，都为当地百姓所乐道。

在近代反对帝国主义的斗争中，地处边陲的云南各族人民涌现出无数英勇战士。汉族讲《杨大王烧关》，白族讲《火烧洋教堂》、《杨玉科打法国鬼子》，苗族流传《抗法英雄项崇周》，傈僳族讲《诸来四战洋军官》。拉祜族的《战马坡》歌颂反帝英雄扎努打败侵占慕乃铅矿的英国兵。布朗族的《曼玛石像》揭露了外国奸细的罪恶。1890—1892 年佤族人民在抗英斗争中产生许多传说，有《刺客》、《偷渡滚弄江》、《愚蠢的英国兵》、《炉房银厂的斗争》。

云南全省各地都有关于诸葛亮的传说。元代云南首任平章政事赛典赤·赡思丁的传说《赛典赤微服私访》、《锁龙》、《赛典赤征萝盘甸》；明代郑和的传说《捉赃官》、《除海盗》等。

清官传说，《瘦马御史钱南园》即其中之一。《云贵总督林则徐》的系列故事，包括他在昆明和保山的传说，如《微服私访黄河巷茶社并题诗》等，刻划了这位民族英雄的光辉形象。《佤山银矿的传说》记述吴尚贤和佤族合作开发银矿的事迹，赞颂汉族和佤族的兄弟情谊。少数民族中传诵本民族的杰出人物，彝族有《南诏始祖细奴逻》、《法嘎王》、《八寨王龙登》等。拉祜族有《拉祜族王扎那》、《祝布露》。对地方和祖国文化作出贡献的人物，汉族常讲《徐霞客游滇池》、《担当和尚的故事》、《神医兰茂》、《杨升庵在云南的传说》、《孙髯翁的传说》；回族中有《亮指阿訇》。

赞扬能工巧匠是云南传说的重要主题。剑川县是"木匠之乡"，通海县以建筑业驰名。剑川县白族的《鲁班传〈木经〉》、通海县蒙古族的《鲁班和旃班》，与中国北方的鲁班传说无论内容和风格都不一样。黎广修塑造筇竹寺罗汉的传说以及《黎广修报国寺塑卖花观音》、《撒尼李石匠凿龙门石室》、《跌打神医李倮倮》，都令人称奇。

云南人民对于自己生息、劳动和战斗的环境，充满深厚的感情，对身边的山河、树石展开幻想的彩翼，编织出奇异的故事，寄寓他们的故乡之恋、家国之思。

《彩云南》说云南是从天宫的云彩里落下来的。

昆明有金马山、碧鸡山。金马碧鸡的传说西汉时已流传于大姚一带的彝族中，《汉书·王褒传》最早记录了这个传说。春城昆明还有《滇池传说》、"睡美人"（西山）的传说，《龙门仙境》、大观楼天下第一联的传说（《孙髯翁》）及《金殿》、《黑龙潭的黑龙》、《筇竹寺五百罗汉》、曹溪寺里的《珍珠姑娘》（泉）、《石林的传说》。

大理白族有风花雪月四景的传说、望夫云的传说及《大理石与玉带云》、《蝴蝶泉》、《三塔金鸡金猪》、《石宝山》、《石钟山石窟人像传说》。丽江纳西族有《玉龙山十二兄弟和金沙姑娘》、《虎跳峡》、《白水台》、《泸沽湖》。傈僳族有《怒江的传说》、《石月亮》。通海县蒙古族有《金猪拉槽》。

光绪《普洱府志》记有勐腊孔明山的传说。

勐海县布朗族有西定云海的传说及巴达"金湖"、"金山"的传说。《青龙抱蛋》盛赞了墨江挖墨这块风水宝地。永德的娜淀河传说塑造了娜淀这位光彩照人的勇敢少女形象。

昆明的特色地名，多有神奇、动人的传说，如《牛恋乡》、《鸡鸣桥》、《水晶宫》、《一窝羊》、《一朵云》、《半天臼》。

西双版纳傣族的建寨、建勐传说特别丰富。有些勐名、寨名不但有重要的历史价值，还具有诗情画意，或者神奇韵味。景洪，意为黎明之城。勐腊，意思是茶乡、茶水河流经的地方，给人一派绿意和缕缕清香。勐海，意为厉害之人（勇士）在的地方，由此地名，人们的想象通向部落纷争时代。勐遮——水浸泡过的地方，包含古代英雄召低米杀魔的神话。景真——古代勇士召真汉的城。召真汉取蜂宝、征战老挝，神勇异能，涂抹着神话色彩。曼景兰——百万人的城市演变而成的村寨。传说，召法王的第三子奉父命射箭分食邑，射出的箭落在澜沧江边的石崖上，他于是率500万人马来到勐泐，入住曼景兰。易武——美女蛇所在的地方，其间有花蛇洞。这个地名散发出神秘的气息。曼孙满——花蕊园寨，令人仿佛闻到芳香。

德宏傣乡的地名同样优美有趣。勐卯，亦名"莫浩卯弄"，译为"银云瑞雾的地方"，何等诗意。等相，意思是宝石寨；姐相，意思是宝石城，都是因为王城姐兰城楼顶的宝石被敌军的炮火打飞，落在这里而得名。

由于云南人民对自己故乡的一草一木都充满爱抚之情，所以他们创作的动植物故事之多简直如繁星和沙数。

云南有八大名花，其中山茶花甲天下，大树杜鹃名扬海内外。楚雄彝族的《马樱花传说》歌颂了像杜鹃花一样美丽、像山老虎一样勇敢的姑娘咪依鲁。

普洱茶，以一片绿叶叩响世界。关于它的传说像春茶勃发在澜沧江两岸，布朗族、哈尼族、傣族的茶农讲述起来津津有味。

文山的三七、草果、八角和八宝米闻名遐迩。《桑略卓散节》讲述了壮族祖先发现和种植八角的故事。

西双版纳拥有奇花异草、古树名木、奇禽瑞兽，几乎每种都有解释性的传说。《箭毒木的传说》歌颂了一位为杀虎而喝下毒汁的英雄。《双角犀鸟》是一曲对钟情鸟的赞歌。

各地的工艺品、名小吃也有传说。《阿芒和阿衣》、《腊银和腊康》就是讲述户撒阿昌刀的故事。当人们在品尝过桥米线时自然会提到这种特色食品的发明者——建水的那位聪明的秀才娘子。《大救驾》是讲明朝永历皇帝逃难时吃到腾冲饵块美味的故事。昆明月饼火腿四两坨、玫瑰黑芥的故事脍炙人口。

泼水节、火把节的传说（详见本编第七章民族节日）。本民族独有节日的传说，白族有《三月街的传说》，哈尼族有《耶苦扎的由来》、《嘎汤帕的来历》，彝族"插花节"的传说，景颇族"目瑙纵"的传说，傈僳族"刀杆节"的传说，纳西族"三朵节"的传说，怒族鲜花节的传说，都是人们耳熟能详的。壮族的《六月节》、《娅拜节》，佤族的《新米节的传说》、《新火节的传说》，苗族的《踩花山》，瑶族的《戒度的来历》，也都是很动人的。

西双版纳傣族的竹楼、筒裙有说是诸葛亮的帽子、衣袖。傣族文身的传说有《宛纳帕文身杀妖魔》、《艾比节文身闯龙宫》等多种。《傣族姑娘镶金牙》是为了纪念一位口含金耳坠逃离虎口的姑娘。《布朗族妇女别三尾螺头饰》讲述古代容颜一日三变的美女朗三飘的凄美故事。《祭竹鼠风俗的来历》讲竹鼠为人类寻找回谷种。《布朗族青年送花传情的由来》讲孤儿出身的青年给仙女献花，从此布朗族以花为媒。彝族撒尼姑娘裹如彩虹似的布带，撒梅姑娘戴鸡冠帽，阿昌族新婚要陪郎撑伞，普米族葬仪"给羊子"，墨江布朗族有人逝世要杀狗"领路"，每件都有解释性的故事。

各族饮食习惯殊异。回族吃清真食品，于是有《油香的来历》。同是傣族，有些地区禁食狗肉，而有的则嗜好，新平的《花腰傣为什么喜好狗肉》对此给了说明。傣族在节日用米做糕，称为"粑粑"，做法各地不同。元江是麻脆粑粑，西双版纳是"耗糯索"，德宏是泼水节粑粑，临沧是象耳朵粑粑，各自都有传说。布朗族的《千刀菜的由来》讲布朗族喜食螃蟹剁生。

怒族《竹篾溜索》的传说令人心惊胆悸，佩服其勇敢。

各族婚姻习俗异彩纷呈。壮族有《壮家姑娘染黑牙》，

四、宁贯杜打造天地
N-GON DU LAMU GA DUP AI LAM

Amoi　　N-gon　　du　　wa　　go
ɑ³¹moi³³　N³¹-kon³³　tu³³　wa³³　ko³¹
远古　宁　贯　杜　瓦　（句尾）
远古宁贯杜瓦啊

Ga-ang　　abum　　shara　　ko
kɑ³¹-ɑŋ³³　ɑ³¹bum³¹　ʃɑ³¹ʒɑ³³　ko⁵⁵
戛昂　　阿崩　　地方　（句尾）
在戛昂阿崩地方[②]

Mu　dup　　share　　ni　hpe　　jahkum
mu³³　tup³³　ʃɑ³¹ʒe³³　ni³³phe⁵⁵　tʃɑ³¹khum³³
天　打　英雄　（助词）　招齐
招齐了打造天的英雄

Ga　dup　　share　　ni　hpe　　mazum
kɑ³³tup³³　ʃɑ³¹　ʒe³³　ni³¹phe⁵⁵　mɑ³¹tsum³³
地　造　勇士　（助词）　招集
招集了打造地的勇士

图下 4-2　景颇族传统祭词《宁贯杜打造天地》片断（石锐译注《景颇族传统祭词译注》，云南民族出版社 2003 年）

黑牙》，拉祜族有《松鼠干巴定情》，傣族有《结婚拴线的来历》，纳西族摩梭人有《阿夏婚的来历》，纳西族有《婚后买松明韭菜的来历》。

丧葬礼仪，哈尼族有《莫搓搓的传说》，纳西族有《火葬烧披毡的来历》、《露鲁人供祖先的由来》，苗族有《芦笙与葬礼》。

尊老的习俗，壮族讲《老人厅的来历》，布依族讲《祭老人房的由来》。

云南各族人民热爱生活，酷好歌舞，因而音乐舞蹈的传说不绝如缕。《诺兰托鸟与章哈》和《章哈的始祖》反映了傣族对歌手起源的看法。《章哈（歌手）的来历》有三种讲法。《葫芦丝的传说》像这种乐器袅袅余音不绝于耳。傣族的孔雀舞、象脚鼓舞，苗族的芦笙舞，壮族、彝族

的铜鼓舞，景颇族的目脑纵歌舞都有起源传说。《"吐任"是怎样吹起来的》、《"打"（唢呐）的故事》等，是景颇族、布朗族等民族的乐器传说。

民间信仰习俗，西双版纳傣族、布朗族有《挂"达了"》的传说，白族有挂镜子驱邪的传说，水族有《"吞口"的由来》，布依族有《灶君的来历》。《吉留的传说》讲木匠把心放进木娃娃吉留的胸中，除掉食人的魔鬼，于是佤族有了在路口放置吉留的习俗。过去，昆明的庙宇中有一个烂手杆的恶神，是直接影射明代"刮地皮"的贪官钱能的。关于他的传说就叫《烂手神》。

《坐月的传说》是讲壮族的产翁制。这种女人分娩、男人坐月子的习俗在傣族中也有，也有传说。

第四节　民间故事

幻想故事（童话）　生活故事　寓言

云南民间故事的丰富性，体现在艺术形式的多样性上。其种类，大约可分为幻想故事、生活故事、寓言和笑话。还体现在内容的广泛性上，古往今来，山川风物、人物史事、民情风俗无所不包。具有丰富、美丽、神奇的特点。

一是动物故事。布朗族故事《空肚子的"多多威"》，通过连环式的情节结构，说明多种动物的形态和习性，十分有趣。阿佤山上老虎和小兔的故事最多。山大王老虎的妄自尊大，小兔的勇敢、机智，活灵活现，突出骄横者必败的真理。《懒风猴》通过群猴战胜天旱的故事表达团结战胜困难的主题。《尖嘴老鼠和啄木鸟》斥责贪懒者。

傣族的《簑衣与塔扇》讲偷食牛的老虎与偷牛贼邂逅，彼此惊怕，闹出一次又一次的误会。此故事与汉族的《老虎怕"漏"》相似，但有趣的情节更多。小动物团结对敌、智胜强敌的故事，布朗族有《鹭鸶告状》、《天鹅报仇》。知错必改的故事，阿昌族有《大象走路为什么轻轻的》。

二是神异故事。包括找幸福的故事、龙女故事、仙女故事、灰姑

娘故事、蛇郎故事、青蛙少年故事、报恩兽与负义人故事、兄弟分家的
故事、俩伙伴的故事、孤儿的故事。在阶级社会里，劳动人民尽管在血
泪中生活，却没有对生活失去信心。他们以自己的坎坷遭遇和正义理想
为基点，开拓了从人间到龙宫、从地府到天庭的广阔无垠的题材领域，
编演出无穷无尽、壮丽奇幻的故事。云南民间故事的这种浓烈的浪漫抒
情色彩，不但融化在幻想故事里，也涂抹在生活故事上，寄寓着劳动人
民对美和光明的追求。像那位壮族老妈妈呕心沥血，竟然不惜拔尽自己
的头发来编织她梦中所见的美景，终于织出了灿若彩霞的壮锦。这个故
事不也像壮锦一样绚丽耀目吗？回族沙氏兄弟不惧被魔法变成石人的危
险，以百折不挠的勇气和毅力，终于寻来了能给人们带来幸福的金雀。
这个故事不也像金雀所在的仙苑那样迷人吗？

　　彝族的《淌来儿》以帮助别人找幸福，自己也就找到了幸福为主题。
佤族讲《好心的牛哥哥》帮助主人得到仙女的爱情，又从豹子龙的肚中
找回宝贝，斗败官家。其他如白族的《王老渔与龙三妹》、《美人石》，
纳西族的《宝妹》，傈僳族的《大姐和三姐》，怒族的《星星姑娘》，独
龙族的《姑娘和青蛙》，德昂族的《金凤凰》，西双版纳傣族的《艾温奇
遇》，都是诗化了的故事。布朗族的《月亮与布朗人》同样具有哲理和
诗意。

　　还有一种用浪漫手法创作的英雄故事，继承了神话塑造巨人的技
巧。例如哀牢山区彝族中传颂的阿达尼罗（山哥）的故事，云南蒙古族
中的阿扎拉的故事，都是系列故事。

　　三是家庭故事。这类故事表现了人民的伦理道德观念，集中体现爱
情、婚姻、家庭、朋友关系。劳动是民间文学的不朽主题。景颇族的《金
草帽和糯米粑粑》揭示了"劳动胜过金银"的真理。勤劳乃立家之本。
傣族的《椰子枕头》告诉人们：勤劳致富，懒惰受穷。孝、悌为家庭和
睦的根本。拉祜族的《有心计的老人》，用眼前大雀养育小雀的辛劳提示
儿子，不孝子翻然悔悟。《争吃鱼头的两哥弟》显示了兄爱弟的精神感召
力。彝族的《媳妇坟》讲割肝救活婆母的儿媳在妯娌矛盾中死去，受到
邻里关爱。

　　家庭生活的哲理在一些民间故事中体现出来。傣族的《象牙做篱笆

的故事》说，霸占家产的哥哥受穷后，从发家致富的弟弟那里才弄明白父亲的遗言：象牙篾笆是指护家的狗；世界上最甜的是种田。布朗族的《母老鼠与艾满纠》讲懒汉在老鼠的开导下变勤劳，得到美满姻缘，姑娘要的金果、大绿宝石、珍珠叶就是谷穗、西瓜、豌豆角。瑶族的《一棵草有一颗露珠救》是指示天无绝人之路，鼓舞受难者生活的信心。

爱情故事，歌颂纯真的爱情，抨击封建婚姻制度。苗族的《召采与卯蚩彩娥翠》讲杀虎救妻的故事。纳西族的《达勒阿萨命》讲一位被官家逼婚的纳西女，忠于远方的爱人，愤然跃进江中，红石岩上永远留下她的身影。《放猪栽桃》与《孔雀东南飞》和傣族的《娥并与桑洛》一样，表达了追求婚姻自由的坚强意志。

巧女故事，白族有《农妇和秀才》，农妇巧答秀才的难题，与汉族的《花围腰》相似。

四是讽刺故事。德昂族的《三次奇怪》包含着深刻的哲理和鲜明的政治态度。哈尼族的《山阳林的故事》简洁、质朴、风趣、幽默，歌颂人民不畏权势，敢于蔑视皇权。白族的《抬支锅石》是讲类似“两个和尚抬水吃，三个和尚没水吃”的道理；《豆腐打死县令》讽刺官吏色厉内荏；《锯酒盅》是斥责吝啬。白族的《动不得土》，布朗族的《讲忌讳》，彝族的《梦理先生》，都是讽刺迷信思想。汉族中流传的《新县官巧治懒》、《假斯文》是讽刺懒惰、虚伪。

五是断案故事。西双版纳傣族民间流传着用傣文写的断案故事集。《朱腊波提断案集》表现的是朱腊波提的严明和公正。此书共 27 节，每节为一个疑案。另一位甘特乃也是公正严明的审判者，因为他和朱腊波提一样明察秋毫，《门腊甘特乃多布》这部断案故事集共八卷 52 节，每一节是一个疑案。

德宏傣族民间流传《召玛贺》、《细维季》的故事集，大多是关于断案的故事。有些故事原本是佛经《本生经》、《百喻经》中的故事，在傣族地区流传后适应当地的风土民情而傣族化了。有些故事则是傣族百姓创造的。召玛贺的故事中最有名的判案故事是《抢娃娃》（判别真假母亲）、《九曲宝石》、《谁是偷牛人》、《公牛下小牛》、《荷花池搬家》、《金沙搓拴象绳》、《哪端是根》、《哪端是桥头》。细维季的故事中最有名的断案故事是《珠宝不见了》、《珠子到哪里去了》、《菜味能闻得走吗》。

　　六是机智人物故事。他们是人民智慧的化身。彝族有罗牧阿智、松谷克忍、张沙则、么刀爸、阿香（女）；白族有艾玉、六八、赵成；哈尼族有阿朱尼、门帕；傣族有召玛贺、细维季、召维陀、甘特乃、艾苏、艾西、艾批格；傈僳族有光加桑；汉族有谎张三；景颇族有仉片、南八；藏族有阿克顿巴；纳西族有阿一旦、三干文利；佤族有达太、艾江片；布朗族有艾掌来、艾亮、甩坎；基诺族有阿推；苗族有阿方，以及昭通的柯四、滇东北的直冉、滇南的尤首。

　　傣族的机智人物故事主人公有两类人。一类原本是国王、大臣，其故事在民间流传过程中，有些人的身份改变了，平民化了，仅只是智者。例如，在一些故事中，来源于佛经《本生经》、《百喻经》里的人物召玛贺、召波拉不再是国王、大臣，而是平民身份的机智人物。他们的故事偏重睿智。另一类原本就是平民，或者就是农民，表现出"卑贱者最聪明"，例如艾苏、艾西、艾批格。他们的故事在机智中包含更多的谐趣。

　　机智人物故事的内容，最突出的是反抗官府土司的压迫和剥削，也有抨击和讽刺贪婪、吝啬、偷盗、欺诈、狡黠、懒惰等恶劣品质的，再有是表现各民族人民聪明智慧和幽默风趣的。机智人物故事往往用矛盾、误会、巧合、拟人、隐喻、谐音、同音借代等令人发笑，表达主题。著名的故事有：彝族的《口袋里的辣子更辣》、《案子断颠倒了》；白族的《沙子着火》；傈僳族的《太阳和月亮打架》；纳西族的《阿一旦的诗》、《木家败》；景颇族的《山官发火》、《哄山官下马》；傣族的《数星星》、《用草灰搓绳》、《荷塘搬家》、《赛经》；苗族的《变味的泉水》、《公鸡蛋》；佤族的《打死阎王》、《换马蛋》；布朗族的《智惩茶商》、《打苍蝇》、《帕大吃屎》。

　　七是称颂劳动人民美德的故事。民间故事热情歌颂劳动人民善良、勤劳、智慧、忠诚、勇敢、助人为乐、匡扶正义、尊老爱幼等品质，同时无情鞭挞贪婪、狡猾、怯懦、懒惰、嫉妒、不守信用等剥削阶级的思想言行。例如傣族故事《穷人聪明富人蠢》、《从来没有听说过的话》。

　　八是医药故事。西双版纳被誉为南药之乡，《西双版纳药物故事集》

围绕着寻找、发现、应用药物来展开故事，与当时人们的生产斗争、阶级斗争紧密联系，展示了一幅幅社会生活、伦理道德画面。《龚麻腊别学医的故事》、《两勐战争与止血药》、《三家苦——三丫苦》、《寡妇发现的排石药》、《不要忘了满山的橄榄果》，都是人们常讲的故事。民族医师用云南特有的药物治怪病的神奇故事是很多的。嵩明县至今流传兰茂行医著书的故事。这些故事往往包含着救民抗官的内容。清代景东县姓曲的彝族草医发明"云南白药"的神奇故事不胫而走。

云南各民族的寓言，从内容分类，有动物寓言和人事寓言；从体裁分类，有散文寓言和童话诗（歌）。

傣族有寓言童话集，名《蒙腊甘特乃》，直译是《甘特乃之缘由》。此书有两种。一种是用散文的形式写的，名《蒙腊甘特乃多布》（正本《蒙腊甘特乃》），记叙甘特乃判决疑难案件（见前述）。另一种叫《蒙腊甘特乃多米》（副本《蒙腊甘特乃》），是用诗歌形式写的唱词，吟唱甘特乃的经历和言行，夹叙夹议，陈述许多寓言和故事。

西双版纳还有两本寓言话集《西林》和《休啥》，与印度《五卷书》和老挝《休沙瓦》有渊源关系。傣族从中取材而加以创造，也有本土创作的故事。《西林》中有一则《诺火姆鸟的故事》一针见血地揭露了土司头人的残暴和封建领主给农民带来的深重灾难。《舍呆舍暖》（老虎死了，还是睡了）与明代收入马申锡撰写的《东田文集》的《中山狼传》有异曲同工之妙，但寓意更丰富。

第五节　歌谣

丰富多彩　韵味古朴

歌谣是民间的集体口头诗歌创作，具有节奏、韵律。歌，还有比较稳定的曲式结构（云南叫"调子"），所以歌词也有与之相适应的章法和格式；而谣则是不合乐的"徒歌"，靠吟、念、诵，章法、格式亦较自由。通常所谓的民歌，包括了歌和谣。它们是以抒情为主的短小章句。不过，云南少数民族的歌谣并不都是短小的，不限于四句，往往百十来句，甚至更多。

歌谣包罗万象。按照内容，大体可分为八类。

一是创世歌。歌唱天地万物、人类起源的神话，长篇巨制是史诗，大多记录在民族文字的经书上，在集团性的祭仪上演唱；短小的篇章是创世歌谣，口头流传，往往是在各寨各家的小型祭仪上吟诵，为神话片断。这些歌谣有时用问答式。歌谣中的创世型式和创世神话、创世史诗中的型式一样，有自生型、神造型、人造型、动植物化生型等六七种。例如楚雄州彝族在丧亲亡友时跳"喀红贝"舞（当地叫"跳脚"），唱创世歌《世上哪个先出生》。不少创世歌谣被直接吸收到史诗中，而史诗的内容和片断也常常被民众依据不同的场合截取出来传诵。

二是历史传说歌。歌唱民族英雄人物的诗歌是长篇叙事诗。吟诵民族历史、人物的歌谣一般是短小的，吟诵片断故事。例如布朗族追忆历史上带领他们迁徙和建寨的祖先艾棱的故事，既有长篇叙事诗《艾棱传》，也有歌谣《艾棱的遗言》、《我们是帕雅艾棱的子孙》。

三是劳动歌。昭通市汉族农民在薅秧时边干活边唱的《打鼓草》是精彩的农事歌。洱源县西山白族在举行婚礼时唱《采花歌》，以一年四季的生产节奏为线索，用报春花、桃花、白杨花等各种花朵作象征，描绘了当地的农事活动和有关的节日、风俗。景颇族用"木占"曲调唱《种庄稼歌》和《建寨盖房歌》，用追根溯源的方法唱。

四是仪式歌。在古代，节庆祈年、贺婚吊丧、祭祖禳灾，都要举行仪式。在祀典和礼俗仪式上吟诵的有固定套式和内容的韵语称为仪式歌。仪式歌有多种。

诀术歌有咒语和招魂词。云南的一些民族长期保持原始社会的遗迹，咒语即是遗迹中的一种。云南现存的咒语有：农耕咒语，例如武定县傣族的"报干"仪式在六月初一至二十日栽秧结束后举行，伙头带领村民在神树下大声念诵咒语："……满坝子苗棵出穗。雀吃揪掉耳朵，鼠吃敲掉牙齿，咬着秧根叫它死，咬着秧尖烂全身……"每七天念一次，共念三次；驱鬼除邪咒语，例如泸水县傈僳族的《寺兹色》（把邪气卸给树的咒语）；日常生活咒语，例如瑶族的止血咒语；爱情咒语和解咒语，例如傈僳族至今传承着一套相当完整的爱情咒，念咒时辅以某种使用针叶科植物（叫恋药）涂抹意中人使之迷恋的爱情巫术。泸水县傈僳族还流传专门解咒的咒语《庄令》。

招魂词有：招人魂词，以傣族的招人魂词最为独特，例如西双版纳傣族的招人魂词；招植物魂词，例如新平县傣族的招魂词；招动物魂词，例如拉祜族苦聪支系的招羊魂、牛魂和猪魂词；招万物魂词，例如佤族招雨魂词。

祭祀歌是在重大祭祀和庆典时念唱的祈祷性的歌谣。布朗族有《砍地三祭》、《砍地祈祷歌》。傣族有《祭寨神勐神》、《祭家神》、《祭谷神》、《叫黑姑娘魂》。

傣族有礼俗歌《京比迈》（过新年）、《赕佛词》、《升和尚拴线词》、《结婚拴线词》、《婴儿满月拴线词》、《贺新房歌》、《滴水词》、《少拉帅》（挽歌）。

五是时政歌。云南民族的时政歌，到明清时期有了较多记录。明代镇守云南的宦官钱能恃宠肆虐，贪酷无比。清代倪蜕的《滇云历年传》记载：明成化十二年（1476）户部侍郎王恕被派来巡抚云南。由于钱能手眼通天，王恕反而受谴被挤走，民间有谣云："王恕再来天有眼，钱能不去树无皮。"清代桑映斗辑的《铁砚堂诗稿》有傈僳族童谣《琅总督》，揭发镇压傈僳族起义军的云贵总督觉罗琅玕的狠毒，嘲笑他的无能。纳西族的《雪山谣》（载于马之龙的《雪楼诗抄》）用对比的手法道出对贪官污吏的天怒人怨；《大麦黄谣》是百姓哀叹和悲愤"丰年更比凶年苦"。

清代昆明汉族歌谣有《钱能通藩台家》、《糖心包子（唐炯）到云南》、《官府是把剃头刀》、《地皮刮进三尺三》，以嬉笑怒骂痛斥官吏的贪鄙和凶狠。哈尼族歌谣《吃》揭露了官府和庄主残酷压榨百姓的吃人本质，此乃激发农民起义的根本原因。《镇沅起反田四乱》，全面反映了咸丰、同治年间云南各族农民联合大起义的浩大声势。《哀牢山上一蓬瓜》、《凹壁有个田四牌》、《新抚有个过得岩》，歌唱田政起义军蓬勃发展的情势，以及长期抗击官军的勇气。个旧的走厂调《开开店钱做长工》是矿工的血泪控诉。《周大麻点兵调》描述了清末以周云祥为首的矿工起义情状和官军、团练的丑恶嘴脸。

六是生活歌。乡土谣赞美祖国山川风物，表达热爱祖国、家乡的感情。如《云南八宝》、《云南遍地是财宝》。《新兴姑娘河西布》称赞玉溪妇女勤劳，历数通海、禄丰、宣威、普洱、华宁等地的著名土特产。《耍昆明》、《耍（西）山调》借少女的口吻描述昆明的风景名胜和市井生活，热情、机趣。《小河淌水》、《放马山歌》享誉中外。

农民生活歌谣直接反映了各族农民过去的苦难生活。例：汉族的《农夫怨》、《地主借给三吊通洞钱》；藏族的《没有一颗米的权利》、《忧愁》；白族的《阎王不公平》；布朗族的《我的日子像石蚌》、《不》。

昔日，滇西北、滇东北和滇中的一些山区农民，赶马搞运输，东走贵阳、南走银厂、西走密支那、北走西昌和甘孜，一路风尘一路歌，将赶马人生活中的艰辛、奔波、苦乐、爱情、追求及沿途所见所闻描绘得淋漓尽致。这种歌谣，总称赶马调。赶马人在白天赶马时唱，夜晚围坐在篝火旁也唱。或独唱，或对唱，或齐唱，有时每人扮一个角色轮流唱。音乐时而高亢、深沉，时而哀婉、苍凉。累积起来上万行，可唱十天至一两个月。

云南是有色金属王国。个旧锡矿、东川铜矿、佤山银矿，都麇集上万工人。此外还有各种矿山。过去流传许多矿工歌谣，如《出门调》、《走厂谣》、《哪管矿丁苦断肠》、《逼着套上吊命索》、《童工望月想亲娘》，浸透了他们的血泪，迸发出他们反抗的呼声。

妇女生活歌谣有《童养媳》、《一脚踢他下牙床》、《石榴花》、《卖工苦》（彝族）、《寡妇调》（白族）。

佤族的孤儿歌特别多。这与同姓不婚、转房（婚姻制度）、猎头械斗死亡人多有关。佤族、布朗族、德昂族的孤儿歌谣都是撕心裂肺地哭诉他们的苦难辛酸。

还有佤族的《古战歌》、《复仇歌》。

七是情歌。关于爱情的歌谣，在田间、山野劳动、行走时唱，多为即兴唱和的抒情短歌；在公房、火塘边对唱，多为抒情结合叙事的较长歌谣。这些歌谣洋溢着青春的生命活力，表达了男女青年热烈大胆的悲欢离合之情，以及选择爱人的标准——勤劳勇敢，体现了人民群众健康纯朴的恋爱观和审美观。传统情歌还包含反抗封建礼教的内容。云南情歌的比兴手法极为丰富、独特，普遍使用变形追随的表达方式，例如：

若是一方变水，另一方则变鱼；一方变树，另一方则变藤；一方变船，另一方则变桨。因为鱼水不分，藤缠树，船桨永相伴。这样的海誓山盟荡漾着浪漫主义的激情。

傣族情歌优美、瑰丽、温馨，富于激情、浪漫，形式多样、别致。短小的情歌，有用"玉腊呵"调唱的，有用"章哈"调唱的。《爱情是什么》、《爱情就像……》、《金花香》、《假如你变做一池水》、《依朗啊，你是飞在白云里的孔雀》、《要把大山踩成坡》、《在酒宴上》，都是傣族情海里开出的香艳心花。

彝族情歌质朴、深沉、情浓意切。例如：《变成哪样好》、《表妹》、《愿你变成一支口弦》、《生根石前盟誓约》、《挨打只为绣花针》、《可怜呀，可怜不过牧羊女》、《抹把眼泪当火烧》。这些都是从灵魂深处涌出的爱或恨，表达了恋爱、婚姻、家庭的欢乐或痛苦。

纳西族摩梭支系长期保留着母系社会的家庭形态，盛行"阿夏婚"。著名的"阿夏情歌"从各个方面反映了以女性为中心的婚姻形态。反映血缘氏族内婚恋的基诺族的"巴什情歌"十分古老，也是重要的社会科学研究资料，不单具有审美价值。

八是儿歌。游戏儿歌，例如《躲猫猫》、《抽中指》、《十姐妹》、《编花篮》。

教诲儿歌，常用对歌或猜谜的形式对儿童进行启迪教育，传授生活知识。例如《十二属相歌》、《虫虫讨亲》、《颠倒歌》。

绕口令，例如"扁担长，板凳宽。板凳没有扁担长，扁担没有板凳宽"。

云南歌谣不仅丰富多彩，而且韵味特别，这是独特的生存环境、社会发展状况、文化心理、民族性格、审美情趣、文学传统等诸种因素作用的结果。

一是遗存的原始歌谣蔚然成林。云南少数民族文化从总体说是一种在初级农业文明的基础上成长起来的文化。一些民族因为社会长期停滞于不同的低级阶段，保留着原始社会的生活和民俗遗迹，流传至今的原始歌谣就是这些遗迹中的一个方面。

云南歌谣的原始性在比较原始的歌舞乐一体的"打歌"形式中得到

表现和传承。"打歌"的内容包罗万象，既可唱史诗和叙事性长歌，也可以唱短小的歌谣；既可以唱传统古歌，也可以唱即兴编唱的新词。一般唱的多是情歌、生活歌、猜调之类。

此外，云南不少偏僻的山区还流传着不少直接歌唱原始狩猎和穴居生活的歌谣。例如：滇西高寒山区的白族村寨是著名的"打歌"地区，现今还保存着原始歌谣。洱源县西山白族唱："说来你们不相信，犁田我们用野牛，犁头用的白石头，犁的很平整。"还有白族"过山调"（打歌）中保存的《放羊调》、《用狗耕田》，武定县彝族的《追麂子》，风格古朴。

二是祭祀歌谣与原始宗教共存。往昔云南民族的先民信仰多神的巫鬼教，其政治首领兼宗教首领。后来政教分离，出现祭师和巫师。祭师职司集团性的大型祭祀，主管生死仪礼，而巫师施行巫术、卜算、跳神驱鬼。祭师和巫师频繁举行名目繁多的祭祀仪式。祭师唱诵形形色色的祭祀歌。这些祭祀歌包括经文、祈祷词、咒语，蕴涵着本民族的神话、信仰、战争、各种伦理和知识的来源。巫师主持祭祀祖先以及祈神禳邪的祭仪，诵唱祭词、招魂词、咒语。祭师和巫师诵唱的祭祀歌是祭仪的组成部分和原始文化的核心内容。浸渍过原始宗教色彩的广博宏大的祭祀歌谣系统是云南歌谣中的一个大家族，与祭仪共存的祭祀歌在云南边疆和山区一直存活至今。

三是礼俗歌与人生仪礼和岁时风俗共荣。云南各个民族民俗活动是丰富多彩的，其中的人生仪礼和岁时风俗更是人民生活的不可或缺的组成部分。岁时风俗中，祈年节庆活动是十分重大的。云南民族由于所处地区、历法的不同，节日不同。有的民族（如壮族、彝族）一年中的节日多达三四十种。这些节日有的与各个民族古老的原始宗教信仰有关，也有的与后来的人为宗教有关，例如傣族、布朗族的南传佛教礼俗——浴佛节。各民族在日常生活中，耕种收藏、建房盖屋、婚丧嫁娶、生子祝寿、迎亲送友，具有各式各样、互不相同的礼俗。伴随这些礼俗产生了许许多多礼俗歌谣。这些歌谣是礼俗的组成部分。它通过礼俗活动传承，积累成民间歌谣的又一个庞大家族。礼俗有传承性，也有变异性，随着礼俗内容和形式的不断变化而增进大量的礼俗歌谣内容，有些形式得到更新。发展到近代，许多礼俗已经自成系列、各有套路，尤其是婚、丧仪式中的礼俗歌繁多。

四是歌种多样。云南一些民族的歌谣中有独特的歌种。瑶族独特的歌种是信歌、诗曰歌、谜歌。信歌是一种押韵入乐的公开信，是可以唱诵的书信，是瑶族歌书中的一种特殊文体，是瑶族民间特有的一种文学形式。历史上，瑶族几经迁徙，分散居住于山区，通讯困难，于是产生以交流信息为主的"信歌"，以歌代言，交流情况，传授知识，表达思想，抒发感情。这种信歌用汉字写瑶音，成为唱本，可唱可看。内容包括追溯历史，历数迁徙，评品人物，讲述生活状况，乃至求爱、做媒、打官司。社会生活的方方面面都可以用信歌来表现。文山州、红河州的《寻根信歌》是一首记述迁徙历史的信歌。富宁县的《洋万光始信》是一位名叫"光始"的老妪从洋万（地名）发出的寻找儿女的公开信，由"卖儿"、"思念"、"遥视"、"行乞"四个部分组成，倾诉了她的苦情，发出悲戚的呼唤。《定歌函》是瑶族青年社交习俗的歌谣，是青年男女在节日期间定时定点对歌的信函。"诗曰歌"是瑶族特有的一种说唱体山歌。唱时必先唱"诗曰"二字。整首歌唱完后，跟着还可以说上许多"妙语"。谜歌，是盘歌的一种，内容包括民间传说、生产生活知识、自然现象、汉字构成等。

白族歌谣中也有不一般的歌种。寓意歌，乃寓言体歌种，运用比喻、借代等修辞手法，借物寓意，借物抒情。例如《谷鸡子的歌》、《泥鳅调》、《放鱼鹰》、《对牛叹》、《青猢狲》。咏物歌，形象逼真地描绘出所咏之物及当地的风光、风俗民情，《风花雪月歌》、《花歌》、《禽歌》、《十二属歌》等即是。反意歌，又称颠倒歌，《世间怪事说不清》、《黄牛钻进土罐首》、《菜刀杀跳蚤》等即是。一字歌，一首歌的每一句都出现同样的字（有时用谐音或近音字），但又仍唱出一个完整的事物和完整的故事，《春》、《爱》、《白》、《花》等即是。

五是韵式多姿。云南歌谣有多种押韵方式。少数民族的押韵方式更多，有脚韵、腰韵、勾韵、首尾连环韵，应有尽有。还有头、腹、尾和头、尾、腰或腰、尾同时押韵的。

六是讲调不拘韵。云南少数民族歌谣大多数是入乐的，不同内容的歌词须配以不同的乐曲演唱。入乐的歌称民歌。根据诗歌不同的题材内容和音乐曲调，形成许多不同调子的名称。例如傈僳族有四种独特的乐曲（调子）。传统大调"木刮布"，意为吟唱古调，用它唱《生产调》、《过年调》、《娶亲调》等。丧歌调"优叶叶"，用它唱《丧歌调》（包括《哭歌》、《送灵歌》、《挽歌》）。情歌调"拜细拜"（或称"阿秀调"），用它唱《泉边的歌》。颂歌调"木刮熟"，用它唱《祭祀歌》。又例如纳西族民歌的曲调，有谈情说爱时吟唱的"时受"；有二人对唱的"骨气"；有二人对唱、集体相和的"喂麦达"。每种曲调都有传统歌词或新编歌词。民歌讲究诗歌与音乐的紧密结合，称为"讲调"。但是，对于歌词却不拘泥押韵，就是说押韵不是那么严格，比较灵活、自由，以表意、易记、能唱为准，有助于在现成的曲调里即兴编词歌唱，于是云南歌谣层出不穷。

　　七是风格多样。云南歌谣用各个民族的语言和特有的表现手法反映本民族的社会生活，因而显现出不同的风格、韵味。朴素、纯真、刚健、清新是它们的总体特色。有的古朴，有的华美，有的粗犷，有的纤柔，有的味同橄榄。具体说，聚居于河谷平坝的傣族，继承了神话中想象和夸张的手法，将神话神奇瑰丽的内容，南亚热带的山川景物和傣族特有的风俗习惯融合于歌谣之中，于是傣族歌谣呈现出想象超拔、光艳柔美、感情细腻真切的特点，充满浪漫主义色彩，显现出稻作文化和南传佛教文化的特征。洱海之滨的白族，其歌谣清新细腻、严谨洗炼、典雅机趣。白族歌谣体现出经济文化发展水平较高和深受汉文化影响的特点。滇西北云贵高原最高一角的藏族，其歌谣雄劲奔放，意境深远，委婉含蓄，色彩斑斓，具有游牧文化的特征。同样处于滇西北与藏族为邻的纳西族，其歌谣风格却是深情优美，意境深邃，善于将特定的思想熔铸于典型的艺术形象之中。彝族、哈尼族的歌谣，风格是古朴、沉雄，表现出山区半畜牧、半农耕文化的特征。佤族、布朗族、景颇族、独龙族的歌谣粗犷、朴拙，带有鲜明的原始文化特征。

第六节　民间长诗

叙事长诗　抒情长诗

在浩如烟海的云南民间诗歌中，有的是美不胜收的长诗。基诺族的《结婚歌》1800行，以出生礼仪为主线，依照生活发展的顺序对唱。苗族的《婚礼歌》2000行，从提亲到留客，共19个部分。《踩山调》900行，歌唱踩花山（花山节），包括立花杆、唱花杆、收花杆的全过程。这些从短章礼俗歌、仪式歌凝聚、发展而来的诗歌，明显突破了歌谣的概念，而应当归入长诗之列。它有两点引人注目。一在篇幅上，一在表达方式上。云南的少数民族长诗动辄千万行，可谓鸿篇巨制，卷帙浩繁。而汉文学史上把叙事诗体发展到一个顶峰的《古诗为焦仲卿妻作》（《孔雀东南飞》）也才353句、1745字。从表达说，云南少数民族的长诗往往叙事和抒情并举。一般叙事即使带有抒情色彩，也是将其融在所描写的形象中，而云南少数民族的叙事诗则有大段大段的抒情，在铺叙中抒情的比重相当大，创造出意境美，于是产生抒情叙事诗；另一种，长篇抒情诗往往带有浓重的叙事成分，但是还是以抒情为主，创造出意象美，成为叙事抒情诗。

民间叙事诗是在一定的社会历史条件下和原有的文学传统以及文学交流的基础上兴起并逐渐发展的。

一是社会发展的需求。云南的一些民族，进入奴隶社会和封建社会之后，社会生活和斗争丰富、复杂起来，旧有的文学内容和形式已经不适应人们的社会要求，需要拓展表现空间，以大的容量和长的篇幅反映丰富的内容和复杂的感情变化。同时，为了满足增长的审美需求，也期望出现故事性强的艺术形式。歌唱原本是云南民族传情达意、日常交往叙事的手段。社会需求促使诗歌的叙事成分不断加强。于是，便在神话、史诗、传说、故事、歌谣的基础上发展，逐渐培育出叙事诗来。

二是有文学传统的基石。在已有的文学基础上发展衍化出叙事诗，用神话和史诗中的故事或片断创作，在长篇情歌中加进情节、塑造人物。

三是创作力量源于生活。职业和半职业的歌手和艺人，熟悉本民族的生活和传统，他们丰富和加工群众集体创作的叙事诗，从现实中取材创作新的叙事诗，民间叙事诗因此产生并丰富起来。云南的一些民族，在与外地、外国进行商贸、通婚、传教、移民等活动时，开展文化交流，促进了叙事诗的创作。

描写的事象是纷繁复杂的，比较集中的是两个方面。

一是政治主题方面。从一般的表现美与丑、善与恶，到赞美劳动人民勤劳勇敢，倾诉人民的苦难，认识反动统治阶级的本质，歌颂人民反压迫、反暴政、反侵略的英雄气概和战斗精神。

二是爱情主题方面。歌颂纯真的爱情，反抗不合理的婚姻制度，反抗封建礼教，争取婚姻自由。

云南许多民族都有叙事诗，但是发展不平衡。在云南26个民族中，用傣文创作的长篇叙事诗上百部，有的诗以万行计。傣族叙事诗的数量居全国单一民族叙事诗的首位，而且不少叙事诗已经达到诗体小说的程度。

傣族叙事诗有九类。反映现实社会矛盾和斗争的叙事诗，例如《尚堂》（《还俗的和尚》）。以爱情为主题和反对封建礼教的叙事诗，例如号称"傣族三大爱情悲剧的叙事诗"《娥并与桑洛》、《相友》（《线秀》）、《叶罕佐与冒弄养》都是以男女主人公双双殉情而告终，它们共同指向封建制度，但又各有侧重。《相友》是直斥封建领主社会的最高统治者；《叶罕佐与冒弄养》是以血泪控诉买卖婚姻；《娥并与桑洛》主要挞伐门第观念。《娥并与桑洛》塑造了桑洛这个体现社会矛盾发展本质的男主人公；调动多种艺术手段创造了悲剧美；整体风格委婉细腻。用神话或童话编写的叙事诗，例如《朗亥法》（《天蛋女》）、《波欢板嘎》（《千瓣莲花》）、《三牙象》、《允翁帕罕》、《窝拉翁与召混罕》。用傣族历史或传说故事编写的叙事诗，例如《召法王有三个儿子》、《召真汉》、《三尾螺》、《海罕》、《牛驮子之战》、《召孟香与召孟学》。从傣族民间故事取材编写的叙事诗，例如《秀批秀滚》（《鬼与人打老庚》）、《依朗苗》（《猫姑娘》）。从汉文小说《西游记》编写的叙事诗，如《哦海辛》（《石蛋猴》）、《混晃》。从兰纳文《班雅萨阁陀伽》（五十篇本生经）和巴利语《本生经》取材编写的阿暖叙事诗，如《维先达罗》、《乌莎巴罗》、《相勐》、《占响》、《七头七尾象》等。其中《召树屯》已被翻译成俄文，还被改编成电影，蜚声世界。从泰国、缅甸传来的印度两大史诗的故事中取材编写的叙事诗，如《兰嘎西贺》（十首楞伽王）、《召书瓦》。吸取流传于泰国、老挝、缅甸等国的民间故事改编、创作的叙事诗，例如《朗阿新》（《沉默的公主》）。

在云南民族中，叙事诗蕴藏量丰富的还有彝族、傈僳族、哈尼族、纳西族、白族、景颇族等。彝族用彝文写的叙事诗有十余部。被誉为"连城之璧"的《阿诗玛》，通过"抢婚"这一中心事件揭示了"阿着底"地方两个阶级的对立和斗争。此诗已被翻译成英、日、德、俄、法、意、罗马尼亚等国文字，还被改编为电影、舞剧等。与《阿诗玛》性质相同，直接反映劳动人民反抗压迫者的不屈斗争的作品，还有《白蚩尼和白拍蒙》，1000 多行，男女对唱，风格质朴。《赛玻嫫》（《蛇人做夫妻》）是韵文体的蛇郎型故事。哈尼族的《阿基洛奇耶与米扎扎斯扎依》（《英雄与花朵》）约 3500 行，唱述一对青年的纯真爱情和反抗官府的故事；另有《逃婚姑娘》、《妥底玛依之歌》。白族的叙事诗已经发现 20 部。《鸿雁带书》、《出门调》、《青姑娘》、《放鹞曲》、《血汗衫》、《上关花》都是名篇，每篇近千行。纳西族的《鲁般鲁饶》（《牧儿牧女迁徙下来》），前半部叙一群青年男女放牧及远游的经历，后半部叙女主人公因为怀孕未能跟牧人远游，备受歧视，最后自尽，被称为纳西族殉情悲剧的"第一悲歌"和"绝唱之作"。《殉情调》（《游悲》）以男女对唱的形式，浓郁的抒情气氛，唱述一对恋人因为遭受封建势力的阻挠不能结合，相约以死殉情。这种歌还有《逃到美好的地方》。傈僳族有叙事诗 20 多部，最著名的《生产调》、《逃婚调》、《重逢调》为傈僳族的爱情三部曲。《生产调》是用质朴的笔调描述傈僳族人民的生产和婚姻的生活故事。长诗妙在使用了双关手法：一面说找地，说开荒，说播种，说收获，实在是说男女之间爱情的成长；一面说铺路，说修桥，说砍树，实在是说婚姻斗争的艰苦；最后说吃酒、做菜、饮泉水、喝蜂蜜，实在是说爱情已经成熟，已经同居了，生孩子了，应该回家了。《逃婚调》是唱旧社会经常发生的婚姻悲剧。壮族的《幽骚》（《逃婚》）1500 行，唱叙一对青年男女至死相爱的故事。拉祜族的《蜂蜡灯》和德昂族的《芦笙悲歌》唱叙男女主人公之死促成守旧的父母悔悟，富有新意。布朗族的叙事诗有《艾棱传》、《仁爱的王子》，以及表现爱情主题的《道高朗》、《砍柴的依腊》。景颇族有十多部叙事诗。《凯诺和凯刚》唱性格不同的两兄弟各得不同结果的故事。《腊必毛垂与羌退必波》唱一对男女不畏艰难争取爱情的故事。《勒彪孤儿与羌退公主》以二人的婚姻为主线，展现了木屯龙补时代景颇人的社会生活和斗争。藏族的《禾天木与斯玛珍》唱牧民与领主女儿相爱的故事。苗族歌颂起义领袖王相、侯宝全的《造反者的歌》1900 行。滇南苗族的《金笛》（5000 行）和滇东北苗族的《牵心的歌绳》（1100 行）是散文体的幻想爱情故事《召采与卯蚩彩娥翠》的诗体。瑶族的爱情叙事诗有《红腮与婵美》（又名《龙师古唱》）、《八角王》（又名《陈仙与刘安占》）等，都有瑶书手抄本，在 500—1400 行之间。

清代流传于滇西彝族、白族、汉族中的《五兵哥》（又称《招兵调》）题材不一般，叙述一户农家五个兄弟被强征去加入侵略缅甸的战争，最终家破人亡，控诉了封建统治者穷兵黩武侵缅扩边，给云南各族人民带来巨大的灾难和深重的痛苦。

各民族的恋歌、婚歌、挽歌、弥月歌、祷词、起房歌、栽秧歌等，篇幅长的都是抒情长诗。尤其是男女婚恋中写的长篇情诗和唱的长篇情歌。

生活在南亚热带以水稻为生的傣族，热情如火，柔情似水，他们创作的情歌，以其丰富细腻的感情、独特多样的形式、优美华丽的风格，成为民歌中的奇葩。情歌（情诗），傣语叫"叁"，按其内容和形式，可分为叁顿萝（花树情诗）、叁嗡（隐语情诗）、叁丢勐（情书）、叁诺列（鹦鹉情诗）、叁帕（转行情诗）、叁烘（凤凰情诗）。民间流传的凤凰情诗有数千行。傣族民间有一种组字情书，用傣文字母组成鸟形（画得细致的像是凤凰），每一个字母代表一个意思，或者代表一行诗、一首诗，让对方揣测、品味，是傣族独有的一种文学形式。

傣族的《贺新房》是一篇劳动的颂歌，团结互助精神的赞歌，洋溢着生活的情趣。

彝族也是拥有抒情长诗较多的民族。彝族中"阿惹妞（我的么表妹）体"情歌，包含初恋、相爱、约会、分离、祝愿、思念、控诉、希望、

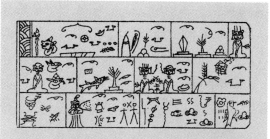

图下 4-3 纳西族东巴经典《董术争战》开篇（见和力民译《纳西东巴古籍译注（三）》，云南民族出版社1989年）

寻找等内容，反映了大小凉山彝族中过去的表兄妹婚姻，对彝族家支内严格的家长宗法制度表露了强烈的反抗和挑战。这种情歌婉转动人，得到广大彝族青年的喜爱。其他，如《妈妈的女儿》、《逃婚的姑娘》、《逃到甜蜜的地方》，全都凄楚动人。

文山州壮族未婚青年在社交时唱的《串寨调》则贯穿着一种欢快的感情。这首长诗包括会面、挑兴、赞美、定情、相好、告别、送行几个部分，感情热烈。

怒江州傈僳族男女青年在"汤泉赛歌会"上唱的《泉边之歌》，简直像湖水一般的晶莹。

昔日，景颇族的少男少女有在夜里串公房的习俗。他们在公房里互相盘歌对唱。载瓦支系的情歌《瓦宗薄胆脚》唱出了他们的心声。

布朗族情歌一般都较长，如《宰格萨嗯克》（《串姑娘的歌》），长达1000余行，用"索"调演唱，四弦琴伴奏。全歌风格清新、自然、明净、朴实而有韵致，似林中的一脉山泉。

基诺族的《巴什情歌》，300余行，唱叙一对青年男女的爱情、婚姻生活，叙事和抒情巧妙结合，以抒情为主，采用排比、对称、比喻等多种手法，使所表达的感情强烈、形象、生动。

纳西族的"相会调"，是通篇用拟人化或暗喻的手法，以鱼、水、蜂、花象征男女青年对爱情的向往与追求的抒情叙事诗。这种长诗有40

余篇，流传最广、影响最大的是《鱼水相会》和《蜂花相会》。《游悲》（意为殉情歌），用名为"骨气"的曲调吟唱，男女对唱，是表现苦难生活和爱情遭遇的悲歌。这种歌还有《逃到美好的地方》。

茶在藏民生活中须臾不可离，他们创作了《颂茶调》歌唱自己对于茶的特殊感情。藏族男女青年互访时在茶会上唱"拉耶"，是由生活的赞歌、情歌、苦歌、对"贡玛"的颂歌等组成的长诗，唱起来往往通宵达旦。

第七节 特点和价值

特殊的文化土壤 鲜明的个性特征 多方面的功能价值

云南民间文学的题材广泛，内容丰富，形式和风格各具特色，全面真实地反映了云南各个民族的历史发展状况，反映了社会生活的各个方面，形成宏富的画卷，为世界文明、中华文明作出了重要的贡献，为人类留下了一宗丰厚的文化遗产。云南民间文学之所以特别丰富多彩，是由于云南独特的自然环境和人文社会环境使然。

其一，独特复杂的自然环境。由于生产力低下，与之相适应的原始文化比较完整地保存下来。各地迥异的生态环境，必然造成文化生活形态的差别，形成丰富多彩的文化类型，民族民间文学也就美不胜收了。

其二，众多的孤立封闭的社会文化单元。云南受大河的分割，人们被分别包围在群山之中，由血缘关系和地缘关系形成一个个封闭的或半封闭的社区。人们严格遵循本民族习惯的生产生活方式。于是，一个社区是一个社会文化单元，社区文化被完整保留下来。云南众多的民族是交叉立体分布于孤立闭塞的地区的，不仅不同的民族分布在同一地区的文化差异很大，就是同一民族分布在不同地区的文化差异亦大。正像苗族谚语说的："一河千百曲，隔山不同俗。"民族生活的特点不但表现在经济生活、社会结构上，还突出地反映在各种生活习俗上。云南的民族民间文学因而百花齐放，民族特点鲜明、突出。

其三，众多的民族和多元文化共存。云南是全国民族成分最多的省份。他们的祖先分别是百越、百濮、氐羌、苗瑶族群，在远古已与中

图下 4-4　傣文佛经故事《绣缮》片断（据《中国贝叶经全集》第四卷，人民出版社 2006 年）

原、西北的原始部落和东南沿海的原始部落群有密切的关系。他们或坚守本土，或循江穿林迁徙，创造、交融着悠久的历史和文化。如此众多的民族在不同时期创造的民间文学量多质高是必然的。

其四，社会发展层次的特殊性。由于历史的原因和特殊的地理环境，在 20 世纪 50 年代以前，许多边疆民族的社会经济发展甚为缓慢。云南的社会形态同时呈现出历史发展的序列：从氏族社会发展到奴隶社会、封建社会；各种社会形态又呈现各种层次。这种发展不平衡造成的社会形态的多样性，许多民族保留的原始生活的各种遗迹，造成云南民间文学具有丰富性和多样性。从云南民间文学，人们可以看见一部活的社会发展史。

其五，云南是不同族群和文化对流叠合的走廊。汉代以后，汉文化的浸润、植入，藏传佛教的南下，南传佛教的北上，以及伊斯兰文化等的传入，使得云南处在多元文化相互碰撞、对流的交汇点上。中国古代文化在中原或其他地区已经变化或消失者，在云南却滞留下来。东南亚海洋文化的许多特质在云南边疆少数民族中亦有遗存。于是，云南文化呈现出丰富多彩的特点。

各民族不同的社会历史发展进程和独特的文化环境，使云南民间文学无论内容上还是艺术形式上都各具特色。它既与别省的民间文学有"共性"，又具有自身的"个性"。

一是生活化。云南民间文学充分反映了各民族不同特点的社会生活，涵盖面很宽。生活有多丰富，民间文学就有多丰富。民间文学不但是生活的反映，而且它本身就是生活的一个部分。

二是民族主体性。云南有 26 个民族。民间文学有如此众多的民族参与创作和传播，是别的省份没有的。艺术传统构成作品的艺术特色，使得各个民族创造的民间文学面貌独具、五光十色，与别的省份的民间文学区别开来。

三是语言调色板。云南各个民族，大多有自己的语言。如此众多的民族语言在调色板上出神入化，创造出众多绚丽夺目的富于民族特色的作品。

四是积极浪漫主义。云南民族生性活泼，富于想象。云南山川风物美丽神奇，民情风格独特怪异，容易激发人浮想联翩，描述他们的诗歌和故事往往充满浪漫的情怀，采用浪漫主义的手法，赋予它们以奇异绚丽的色彩。

五是诗歌主导。历史上，云南的大多数民族没有文字，其文化传承主要依靠世代口耳相传。而歌谣是便于记忆和流传的最好形式。云南的一些民族虽有文字，但是产生较晚，使用范围不广，他们继承歌谣的传统，把民间文学写在书面上也是短章居多。于是，诗歌在民间文学中占了主导地位。

六是神话、史诗、民间长诗发达。云南的民间文学形式多样。人民的思想有多活跃，民间文学就有多少表达人民思想感情的形式。世界文学史上有的各种民间文学形式，云南民间文学基本上都有，而且许多作品保存完整，风格多样。再者，云南民间文学还有别地没有的独特形式。例如，耿马县布朗族青年男女谈情时流行一种叫"八盼"的文学形式，它是从情歌过渡到情诗的作品。云南的民族民间文学还有一个不同于别省的现象是神话、史诗、民间长诗比较发达。云南各个民族都有神话故事流传，除了散文的神话外，还有韵文的神话。史诗多是鸿篇巨制。许多民族都有民间长诗流传，特别是叙事长诗，傣族竟然拥有数百部之多。

七是宗教色彩。在很长的历史时期，原始宗教在云南普遍流行。祭师是民族的知识分子。祭师、巫师祭祀时念咒语、唱祭典歌、讲"根古"（民族历史）。祭师、巫师或康朗以及其他名号的民族知识分子，都是民间文学的保存者、传承者、创作者。一些宗教经典和民间文学作品不分的古籍或口碑因他们而流传下来。彝族的毕摩经、纳西族的东巴经、摩梭人的达巴经、壮族的摩经是存活至今的稀世珍宝。从古代起就与宗教有千丝万缕联系的民间文学当然会给宗教传统打上时代的烙印。民间文学至今还沾染着宗教的色彩。宗教的人生观、价值观、道德观，宗教的文学形式、典型形象、母题、艺术手法、艺术风格、比喻等，都会对它产生或多或少的影响。这些影响，有直接的，也有间接的。

八是中南半岛的文化因子。中南半岛文化对云南文化关系最大的是佛教，尤其是南传佛教，带进了印度、斯里兰卡和中南半岛各国文化的影响。傣族从佛经《本生经》改编出数十部叙事诗。上万行的叙事诗《兰嘎西贺》（十首楞伽王）与印度和泰国、老挝、缅甸的罗摩故事有直接的关系。傣族和布朗族中流传的许多动物故事（寓言）与印度的《五卷书》有渊源关系。十大藏戏中的《诺桑王子》、《赤美滚登》是用《本生经》中的两个著名故事编写的。从白族的本主神话《大黑天神》可以发现印度神话的影子。可知云南民间文学中的一些形式、形象、母题、故事套故事的框架结构具有跨文化的性质。

灿烂辉煌的云南民族民间文学是云南各族人民的伟大创造。它具有多方面的功能和价值。

一是实用。民间文学和民俗活动是紧密结合在一起的，是生活的组成部分。

　　二是认识。民族民间文学反映了各个民族的社会生活、风土民情、宗教信仰、历史阶段、哲学思想，是这个民族的"百科全书"。由于民间文学是世代口传下来的，所以它又将每个历史时代特有的东西沉积下来，往往在同一作品中积淀了许多年代的东西，遗留了历史上的许多社会现象，这是书面文学作品不会有的。这种独特性，为研究云南民族历史、社会、经济、心理、哲学、文化、语言、宗教、艺术等的社会科学工作者提供了可贵的资料。

　　三是教育。云南人民在作品中表现出来的崇高思想和优良品德对于后代起着潜移默化的教育作用，鼓舞大众为幸福美好的明天奋斗。

　　四是审美。民间文学朴实无华、刚健清新、生动形象、诙谐风趣、富于生活气息，魅力四射，人民群众喜闻乐见。发展社会主义新文艺，可以从中受到启迪，吸取营养，选用题材。

　　五是娱乐。云南壮族有歌："壮族爱唱歌，一唱唱几箩。句句出心坎，不唱愁闷多。"道出了民间文学的娱乐价值。阿昌族唱道："阿昌生来犟，不哭就要唱。"唱歌是这个爱玩爱乐的民族的天性，他们把倔强的性格通过歌声传递给下代，正是"寓教于乐"。民间文学还是儿童不可或缺的玩伴[②]。

【注释】

① 本章所引云南民间文学作品载于：云南省社会科学院民族文学研究所主办《山茶》杂志，1980 至 1994 年，共 85 期；中国民间文学集成委员会编《中国民间故事集成·云南卷》（上、下）、《中国歌谣集成·云南卷》（上、下）、《中国谚语集成·云南卷》，中国 ISBN 中心出版，2002 至 2003 年。

② 云南民族民间文学作品，由于流行的地区、收集的时代、讲述翻译人员的不同，同一作品内容和形式会有差异。有文字的民族，作品记录于文本，参见近年出版的少数民族典籍原文、国际音标注音、汉语直译、意译。"四对照本"：《中国贝叶经全集》100 卷，人民出版社 2010 年；《纳西东巴古籍译注全集》100 卷，云南人民出版社 2001 年；《彝族毕摩经典译注》106 卷，云南民族出版社 2011 年。

第五章

民族语言文字

语言是民族特征之一，是沟通人们感情的桥梁。云南民族众多，相应的语种也多，有的民族还创造了不同的文字，产生了丰富的典籍，为中华民族文化宝库增添了一些闪光的珍珠。

第一节　民族语言和民族古籍众多

22 种民族语言　23 种民族文字　众多的民族典籍

据 2010 年统计云南省常住人口为 4596.6 万人，各少数民族人口为 1534.7 万人，占总人口的 33.37%。其中彝族、哈尼族、白族、傣族、壮族、苗族人口均在 100 万以上。回族、傈僳族、拉祜族、佤族、纳西族、瑶族、景颇族、藏族、布朗族、布依族、普米族、阿昌族、怒族、基诺族、德昂族、蒙古族、水族、满族、独龙族人口在 6000 至 70 万人之间。25 个少数民族，除回族、满族、水族已通用汉语外，其余 22 个少数民族都有自己的民族语言。其中，景颇族分别说景颇、载瓦二种语言；瑶族有勉语、布努两种语言；怒族有努苏语、柔若语、阿侬语。这些民族语言中，有一些语言在语音、语法、词汇等方面有若干共同的特点，这些特点又存在着有规则的对应关系，说明这些语言有共同的基础语言，属于同一语系。一个语系内又根据各族语言间的亲疏关系分为几个语族或若干语支。云南的 25 个少数民族语言分属汉藏语系和南亚语系。

在两个语系中，云南使用人口最多的是汉藏语系。其中包括壮侗语族壮傣语支（壮语、傣语）；藏缅语族藏语支（藏语）；彝语支（彝语、傈僳语、纳西语、白语、拉祜语、哈尼语、基诺语）；缅语支（阿昌语、载瓦语）；景颇语支（景颇语、独龙语）；未定语支的语言（普米语、怒语）。苗瑶语族苗语支（苗语）；瑶语支（瑶语）。云南民族语言中属于南亚语系孟高棉语族中的佤、德昂语支的有佤语、德昂语、布朗语①。

历史上，各少数民族语言使用不断在发展变化，明代前云南使用少数民族语言的人多于使用汉语者；明代以后，使用汉语者逐步变为多数。民国以前少数民族仍以使用本民族语言者占绝大多数，其中有部分使用汉语。近百年来，汉语普及较快，从语言使用的情况看，约可分为母语型、双语型、多语型、母语转用型等。

母语型。在少数民族聚居的地区（州、县、乡、镇、村），特别是乡村地区，百姓之间多以本民族语言交流，如怒江的傈僳族，迪庆藏族，德宏、版纳的傣族，沧源、西盟的佤族，澜沧的拉祜族，贡山的独龙族和怒族等。白族、彝族、纳西族等民族聚居区亦然。

双语型。这在民族小聚居、大杂居的地区较为普遍。一是少数民族之间，除使用本民族语言外，与别的民族交往时，能使用一二种其他民族的语言。如一部分拉祜族、哈尼族、佤族兼通傣语；怒江的怒族、白族大多通傈僳语；文山的瑶族兼通壮语；丽江白族多懂纳西语等等。二是各少数民族或多或少，程度不同地兼通汉语。随着学校教育的日益普及，各少数民族与内地的政治、经济、文化方面双向交流频繁，汉语逐渐成为各民族共同使用的交流、沟通工具。学汉语，写汉字，讲汉话的人逐渐增多。

多语型。为了生活或行业需要，一部分民族，或一部分人，除使用本民族语言外，还兼通邻近两个或两个以上民族的语言。如德宏德昂族，除使用本民族语言外，一部分人还兼通景颇语、傣语；一部分宁蒗的普米族，除使用普米语外，还兼通彝语、藏语、纳西语；一部分白族，除使用白语外，兼通彝语、藏语、纳西语等。进入少数民族地区工作的医生、教师、干部等大多也掌握了一二种少数民族语言。多民族语言的交互使用，彼此借鉴，使语系内部的各语支之间在语音、语法、词汇等诸多方面增添了共同的因素。相邻的民族语言也较容易学习和掌握。

母语转用型。回族、满族历史上已通用汉语，云南水族也用汉语；进入都市或其他民族聚居区的，数代以后也多转用其他民族语。如进入昆明、曲靖等城市的少数民族，两三代以后，多讲汉语；进入白族、藏族、纳西族聚居村镇的汉族或其他民族，两三代以后也多讲当地民族语。

云南还有壮族、傣族、布依族、苗族、瑶族、彝族、哈尼族、景颇族、傈僳族、拉祜族、德昂族、怒族、布朗族等13个少数民族分别与缅甸、老挝、越南跨境而居，境内外同一民族之间在语言和风俗习惯上大体相同。民族语言成为区域性国际民族文化交流的桥梁。

与多民族、多语种相适应，云南各民族使用的文字种类也较多。据调查，在云南的11个少数民族中，有22种文字。其中傣文5种：西双版纳傣泐文，德宏傣纳文、傣绷文，金平傣文（又称傣端文），新平傣文。纳西文4种：东巴文、哥巴文、玛丽玛萨文和外国传教士所拟的拼音文字。傈僳文2种：一种是维西傈僳族哇忍波创造的音节文字，另一种是外国传教士用拉丁大写字母及变形体创造的拼音文字。彝文2种：彝族原有的文字和外国传教士所拟制的拼音文字。景颇文3种：一种景颇文，二种载瓦文。藏文同西藏藏文。苗文、拉祜文、佤文、独龙文各一种，均为外国传教士所拟制。除上述22种民族文字外，历史上还有"方块壮文"、"方块白文"、"方块瑶文"、"汉字式哈尼文"等。

文字的产生，在民族文明发展史上是一件大事，它可以将各民族在长期历史发展过程中积累和创造的各种知识记录下来，留传后世，成为子孙的财富。云南各民族，也用自己的文字记录了不少珍贵的民族文献，涉及各少数民族的政治、经济、文化发展的历史。既是该民族文化的宝库，又是其他民族了解该民族的窗口。其中古文献较为丰富的有：

傣文文献：西双版纳傣泐文记录《泐史》（《西双版纳历代编年史》）、《芒莱法典》、《旦兰约雅当当》（传统傣医学稿本）等；以德宏傣纳文记录的《华夷译语》（明、清官方使用流傣双语对译词书），各种以阿銮命名的故事集；还有数量较多的佛经译本及原始宗教资料，《中国贝叶经全集》已由人民出版社出版。

彝文文献：云南彝文石刻有禄劝镌字崖石刻《罗婺盛世史》摩崖，刻于 1533 年；抄本有《明代彝医书》（1566）、清代《医病好药书》（乾隆丁巳，即 1737）以及长诗《阿诗玛》等。百卷本《彝族毕摩经译注》已陆续由云南民族出版社出版。

藏文文献：云南迪庆藏族自治州，有著名长诗《格萨尔王传》中的《加岭传奇》等；万历末至天启初年丽江木氏土司请噶举派活佛却吉旺秋到丽江主持编纂、核订、刊刻的藏文大藏经《甘珠尔》至今拉萨大昭寺仍有珍藏。其书版后被运往藏区，存放在理塘，称"丽江—理塘版"大藏经，是在藏区刊刻的第一部大藏经。

方块字白文文献：至今仍存明代的几方白文碑，如《段信苴宝碑》、《词记山花·咏苍洱境》等；在民间有白文大本曲唱本抄本及祭文。

纳西象形文文献：因其所使用者多为东巴教的祭师，又称东巴文。其中有《人类迁徙的来历》、《舞蹈的出处和来历》等，共约 1000 余种。已出版《纳西东巴古籍译注全集》100 卷，收录经书 897 种。

这些民族文献，是各个民族各学科的知识总汇，包括了历史、哲学、宗教、文学、科技、医学、民俗、语言等。在不同领域，与汉文化可以互为补充。如史学方面：傣文的《泐史》，彝文的《罗婺盛世史》摩崖、彝文的《西南彝志》等，都提供了与汉文献互证的详实资料，有的可补汉文史料之缺。文学方面：汉族古代缺乏创世史诗和长篇叙事诗，在云南有彝族的《查姆》、《梅葛》，纳西族的《崇搬图》（《创世纪》），哈尼族的《奥色密色》，拉祜族的《牡帕密帕》，景颇族的《目脑斋瓦》等创世史诗；还有傣族的《召树屯》、彝族的《阿诗玛》等长篇叙事诗，数量多达百部以上。互补使中华文化更加丰富多样，增色发光。

民族语言是民族的标志之一。一个民族的语言反映了该民族观察和表达事物的特殊视角，蕴含着该民族的心理特点、居住环境、生产水平、宗教信仰、文化交往等。各民族语言之间的差异是极其微妙的，一种语言所保存和传达出的文化气质，乃是任何其他一种语言所无法代替的。一个民族的优秀作品其最完美的形态大多保存在本民族语言中。民族文献中所保留的古今各种民族语言和思想，是中华民族文化瑰宝之一，是研究各民族文化史的取之不尽的宝藏。

新中国成立后，政府组织有关专家对少数民族语言进行了调查研究，并帮助各少数民族创造新文字，或改进完善原有的文字。到20世纪80年代，云南已有彝族、白族、哈尼族、壮族、傣族、苗族、傈僳族、拉祜族、佤族、纳西族、景颇族、藏族、独龙族等14个民族正在推行或试行20种民族文字或拼音方案。同时，先后成立了彝族、傣族、白族、藏族、哈尼族、纳西族等民族文化研究机构，整理出版了大批少数民族文献、古籍。各地州、市在少数民族聚居区应用双语（少数民族语、汉语）进行教学，设置传习本民族文化的课程。在广播、电视中设固定的民语节目，出版民族文字的报刊、书籍；在机关、道路的牌标上，民族文字及汉字并用。促进各民族文化的承传与弘扬，鼓励少数民族语言文字的推广和应用。

20世纪以来，随着汉语教育的普及，越来越多的少数民族掌握了汉语，以此为便捷桥梁，到内地或其他地区与更多的民族交往，扩大了活动范围，登上了广阔的舞台，参与了整个中华民族各方面的事务。但同时，在一些地方、在一些民族中，使用本民族语言的人有不同程度的减少，能读懂本民族古典文献的人也较少，民族文化的承传，潜伏着危机，这是一个值得重视和认真解决的问题。

第二节　彝族语言文字及典籍

语言　文字　彝族古籍

彝族是一个具有悠久历史文化的少数民族。根据2010年全国第六次人口普查，云南彝族有504.1万人。此外，还分布于四川、贵州和广西，在东南亚、南亚与中国接壤的国家内也有彝族居住。

彝语属汉藏语系藏缅语族彝语支，彝语作为彝族人民的口头交际工具，随着彝族社会的统一、分化以及语言自身的发展而演变为现今的6

个方言。即东部方言，内部可分为滇黔次方言（包括水西、乌撒、乌蒙、芒部等 4 种土语），盘县次方言，滇东北次方言（包括禄劝、武定、巧家、寻甸、安宁等 5 种土语），操东部方言的彝族自称为"纳苏"、"尼苏"。北部方言，内部分为北部次方言（包括圣乍、义诺、田坝 3 种土语），南部次方言（包括布拖、会理 2 种土语），操北部方言的彝族自称为"诺苏"。南部方言分石建、元金、峨新 3 种土语。西部方言，分东山、西山 2 种土语。东南部方言，分宜良、弥勒、华弥、文西 4 种土语。中部方言分南华、大姚 2 种土语②。

彝语是比较典型的韵母单元音化语言，大多数方言元音分松紧；声母多，韵母少；声母塞音、塞擦音、擦音分清浊两套；一般有三个或四个声调，调值平直。具体情况是：东部方言辅音 47 个，元音 12 个；北部方言辅音 43 个，元音 10 个；南部方言（以峨山为例）辅音 28 个，元音 8 个；西部方言（以巍山为例）辅音 35 个，元音 9 个；中部方言（以大姚为例）辅音 27 个，元音 6 个；东南部方言（以弥勒为例）辅音 36 个，元音 12 个③。

语汇包括"词"和"语"。在彝语中，"语"仅是语汇单位而不是语法单位，因为彝族有很多谚语、习惯用语。"词"既是语汇单位，又是语法单位。彝语中的词，根据音节数量可分为单音节词、双音节词和多音节词；按照词的语素数量可分为单纯词与合成词，其中合成词又分为联合、动宾、偏正、主谓等形式；按语义可以分为单义词、多义词等。彝语的基本语汇包括了那些表示自然现象和事物的词，如"天"、"地"、"水"、"火"、"人"等；表示生产生活资料的词，如"房子"、"粮食"、"刀"等；表示动作行为和性质状态的词，如"走"、"跑"、"好"、"坏"等；还有表示时令、方位、指代、亲属关系的词，如"春夏秋冬"、"东南西北"、"一二三四"、"兄弟姐妹"等。由于基本语汇产生的时间长，反映了彝族的民族特征，所以在各大方言中大体相同。

按照不同的语法功能，彝语的词类可分为名词、动词、形容词、代词、数词、量词、副词、连词、介词、助词、叹词。彝语的单句句型有陈述句、疑问句、祈使句、感叹句，复句句型有主从复句和联合复句。彝语的语序为"主—宾—谓"形式，例如，"我坐车"，彝语语序为"我车坐"。动词重叠表示疑问，例如表示疑问的"是不是"，彝语表示疑问时为"是是"，"敢不敢"为"敢敢"等。名词和一部分代词作定语时，在中心词前。数量词和形容词作定语时，在中心词后，例如"十只羊"彝语为"羊十只"，"红旗"彝语为"旗红"。

在彝语中蕴含着多姿多彩的修辞技巧。就语体风格而言，彝文古籍中多选用五言诗歌语体，根据需要，间有七言和九言，这种语体的特征是具有鲜明的节奏和韵律。选词过程中，采用了大量的叠词。翻译成汉语后，由于语音的差异，效果不是很明显，但仍有一定的体现，如云南省禄劝彝族苗族自治县彝族《指路经》中的"祭粮一袋袋，祭银一锭锭，祭品全归你"。

就表现风格而言，彝语风格藻丽、含蓄、庄重。彝文经书中常有铺叙堂皇、文采突出的描述："在白祭棚中，祭牲一行行，魂幡冰条立，遮布蝴蝶飞，虎皮落叶铺，铠甲岩层叠，戟如豪猪刺，祭牛一群群，祭粮一袋袋，祭银一锭锭。"用比喻的手法把祭品的丰盛、奢侈渲染得淋漓尽致，给人以肃穆、庄严的感觉。也有言尽而意不尽，令人回味无穷的表达："比方悬崖大，去找祖界吧"，暗示着祖界在北方，也暗示着寻找祖界的路途遥远，荆棘遍布。还有庄重的颂词，如"世间的彝人，笃慕的子孙"。阿普笃慕是彝族人民的共祖，相传阿普笃慕生了武、乍、糯、恒、布、默6个儿子，分别向不同的地方发展，形成了今天彝族的分布格局。现代各地彝族的叙谱书中，都能把族谱上溯到阿普笃慕身上，所以彝族经书中经常出现"世间的彝人，笃慕的子孙"颂词，以示彝人不忘祖先。

就民族风格而言，彝族经书也具有鲜明的特点。一是突出了毕摩在彝族社会生活中的重要性。毕摩是彝族原始宗教仪式的主持者和彝族文化的传播者。在古代，毕摩是彝族部落首领"须臾不可离"的参谋，同时也为彝族人民占卜、驱鬼、治病，享有崇高的声誉。因此，在禄劝彝族《指路经》中有这样的描述："人生学二次，幼时学一次，父和母来教；年轻学一次，朋和友来教。寿终学一次，毕摩来教导。"也就是说，没有毕摩的指路，亡魂不能回到祖界，足见毕摩在彝族社会的重要性。二是有大量的彝语地名。以禄劝彝族《指路经》为例，将亡魂回归的路线从娜拥箐（在禄劝县茂山乡），经过"马努以哧都"（在今昭通市），一直指到"基纳伍阔"（具体位置不详），其中经过 25 个地方，经书中出现的地名有的可考，有的已不可考。

此外，彝语中运用的修辞格也非常丰富，大量使用比喻、排比。以禄劝彝族《指路经》再列举一二。如："等啊等啊等，等着去上路，上路需指路，指路则吉祥。"用顶真的手法反复深入地表达了指路的必要性。"灶神面慈祥，灶神也为大；摆狗嘴馋馋，剩饭给它吃"，采用了拟人的手法，同时也表现了祖界的生活与世间无异。"七天云相聚，去时会下雨"，用阴冷的天气衬托生者与逝者的不舍。"大雁往那飞，祭羊往那看，补宗往那移，脚步往那走"四句在经书中反复出现，以间隔反复的修辞格始终将回归的方向指向北方。

汉文史书中称彝族文字为"爨文"、"韪书"、"罗文"、"倮文"等，因彝族毕摩是彝文的保存者和传播者，所以近世也有人称彝文为"毕摩文"。汉文史书中关于彝文的记载不多，但也能从这些记载中发现一些彝文发展变化的端倪。如晋人常璩在《华阳国志·南中志》记载："夷人大种曰昆，小种曰叟。夷中有杰黠能言，议屈种人者，谓之耆老，便为主，议论如譬喻物，谓之夷经。今南人言论，虽学者亦半引夷经。"《天启滇志·爨志》载："有夷经，皆爨字，状类蝌蚪，精者知天象，断阴晴。"据此，既然晋代就有彝文经书出现，那么，远在晋代以前，彝文就应该发展成熟了。在贵州威宁曾出土一枚彝文印章（今仅存拓片），上书六个古彝文[④]。彝语读音为"以"、"纳"、"翁"、"木"、"隆"、"撒"，在彝语中，"以"意为水，"纳"意为黑或深，"翁"意为人、人类，"木"意为君主，"隆"意为手，"撒"意为标记，彝文专家将其翻译为"夜郎王印"或"夜郎境手司印"。有专家认为古夜郎国兴盛于战国时期，那么，彝文的成熟应该是战国以前了。近年来，一些彝文专家用彝文释读出部分出土文物上的刻画符号，据此，也有专家认为，彝、汉文字同源，只是因两个民族的社会发展进程不同而逐渐分化了。

彝文是一种表意的音节文字，有象形、会意、指事、转位、引申等造字法[⑤]。其特点，一是合体字少，不似汉字采取形声结构来多产字，而是采用字体结构易位、增添笔划等方法来多产字。结构易位有上下易位、左右易位；增添笔划则指在已具独立形、音、义的独体字不同部位增添不同的笔划，形成另具形、音、义的字。二是异写字多，每字的异写少则二三个，多则四五十个。原因是不同方言、地区书写有差异。此外，彝文在流传中书写带有随意性，同一字笔划可多可少，甚至可正写反写。再者，彝文在流传中逐渐发展演化，以致原始字与多个演化字混用。从各个方言区出版的彝文字典来看，都用彝文部首进行了检字，但各地彝文的部首和数量都不一样，如凉山彝文共有 26 个部首，石林彝文有 25 个部首，禄劝彝文有 80 多个部首。彝文的结构有上下、上中下、左右、左中右、全包围、半包围等结构，基本笔画有点、横、竖、撇、半圆、全圆等，由落笔到提笔为一画，各地不一。

目前，在彝区推广和使用两套彝文方案。一套是 1980 年国务院批准推行的四川凉山彝文规范方案。该方案采取表音的方法，以彝语北部方言圣乍语为基础方言，以喜德语为标准音，一字一音，同时保持了原有的彝文类型，群众乐于接受。相比之下，云南的情况较为复杂一些，云南的彝族呈"大分散，小聚居"的分布格局，语音和文字的差异较大，统一有一定难度。经过多年的努力，云南省人民政府于 1987 年同意在全省试行第一批云南规范彝文。云南规范彝文选用了大部分方言中形同义同的字，形近义同的选择适用、美观的作为规范字，形同义异的参考历史文献和多数方言所表达的意义加以固定，音则各读各的。云南规范彝文试行后，为云南彝族地区政治、经济、文化的发展作出了应有的贡献⑥。

彝文古籍按载体不同可分为口传古籍（如《梅葛》、《阿诗玛》等，已整理出版），金石古籍（如摩崖刻画、金石铭文等）以及书面古籍。彝族的书面古籍卷帙浩繁，包括了哲学、政治、军事、天文、医药、艺文等门类。现将重要的彝文古籍列举几部：

《爨文丛刻》原为丁文江先生主编，罗文笔先生翻译整理，1936 年由商务印书馆出版。由于多种原因，1936 年版的《爨文丛刻》中标音和译文多有不妥之处。1981 年春，中央民族学院组织云、贵、川的知名彝文专家对《爨文丛刻》进行了增订。《增订爨文丛刻》分上中下三部出版，上部中，《训书》集中论述了古代彝族的宇宙观、人生观、政治、经济、伦理、道德以及婚丧礼俗等内容；《古史通鉴》记述彝族从希慕遮到笃慕的 31 代父子连名世系；《金石彝文选》由《千岁衢碑记》、《水西大渡河建石桥记》、《明成化钟铭文》三篇彝文金石铭文编译而成；《祭酒经》是彝族毕摩在向各种神灵献酒时念诵的经文；《祭龙经》记述了彝族从种谷米酿酒到虔诚地设坛祭龙的过程，彝人认为，只有龙神保佑，人才有福禄和荣威；《指路经》是彝人去世后请毕摩念祭的经文之一，内容多为亡魂从当地启程，沿祖先迁徙路线，逐站走向本民族发源地，有落叶归根之意。《增订爨文丛刻》的中、下册为《玄通大书》，是研究古代彝族玄学思想的一部经书，包括推算"命理"、占卜吉凶、选择时日等内容。

　　另一部重要的彝族历史文献是《西南彝志》，全书彝文 37 万余字。该书的编纂者是古罗甸水西热卧土目家的一位"慕史"（经师），彝人习惯称其为"热卧慕史"。据说，他搜集了彝族各支系中历代文史篇章，经过整理，编纂成这部巨著，完成此书时，年已 75 岁。成书年代从记载的内容推测，可能在清康熙三年（1664）吴三桂平水西之后，雍正七年（1729）改土归流之前。此书现作为国家珍贵的历史文献保存在北京民族文化宫。此书中的《创世志》记述了彝族先民对宇宙起源、人类起源的认识和相关的传说；《谱牒志》记述了彝族各家支之间的关系、主要人物和历史事件；《地理志》记载了古代彝区相关的地理情况，并分别记述了罗甸、乌撒、东川、乌蒙、芒布、扯勒等的统治区域以及罗甸水西境内一些土目的居住地；《天文志》记述了彝族先民关于宇宙起源及发展的认识，并对清、浊二气的 8 条轨道和日月出没的 7 条路线作了具体的解说；《人文志》记述了彝族古代哲学思想、伦理道德、宗教信仰等方面的内容；《经济志》记载了古代彝族狩猎、耕牧以及手工业生产的一些情况。

　　《劝善经》是明代彝文刻本，征集于云南武定、禄劝彝区，现藏于国家图书馆善本部。该书是迄今发现的最早的彝文刻本，全书约 22900字。该书以道家《太上感应篇》的章句为题，结合彝族哲学思想和风俗习惯，用彝文释义并解说。其内容一方面是按奴隶社会和封建社会所谓"善"的标准宣扬忠君思想和因果报应观念；一方面又不乏破除迷信、发展生产，改革陋习、移风易俗的篇章，具有一定的进步思想。该书一改彝文典籍多用五言诗歌体的传统，以流畅的文笔，宣教说理，遣词造句，为研究彝族语言、文字、文学、风俗习惯提供了重要的参考资料。

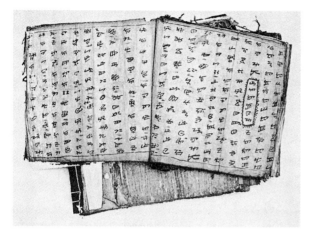

图下 5-1 禄劝彝文经书

在彝族古籍中，还有部分重要的彝文古籍收藏于中国国家图书馆，多为马学良、万斯年先生于抗日战争时期在云、贵、川彝区收集而得，包括历史类的《六祖辉煌史》（《夷僰榷濮》），军事类的《阿者乌撒兵马记》，教育类的《彝汉教典》（《尼厦谟弥》），医药类的《献药供牲经》，宗教类的《作斋经》、《作祭经》、《驱邪经》、《福禄经》等。其余大部分仍散落于各地彝区[⑦]。近年，《彝族毕摩经译注》106 卷已陆续出版。

图下 5-2 明代禄劝彝文摩崖　碑存禄劝县城北法宜则村掌鸠河畔崖壁

第三节　傣族语言文字及特点

语言　文字　傣族文献

傣语属于汉藏语系壮侗语族壮傣语支中的一种民族语言。国内傣语分 3 种方言：西双版纳傣语方言、德宏傣语方言、金平傣语方言。各方言之间通话有一定困难，需要借助汉语才能交流，但是各方言之间的人经过一段时间的适应后，可以进行交流。傣语特点有：语音方面，傣语音节可以分析为声母、韵母、声调 3 个部分。声母一般是辅音，部分辅音有清浊对立，个别方言里还有复辅音，即西双版纳傣语保存了古代的复辅音声母、部分浊辅音声母。韵母有单元音韵母、复元音韵母、带辅音韵尾的韵母。傣语的声调比较多，按调值算一般有 6 个以上。傣语声调有相当于汉语平上去入的调类，并各分阴阳。在傣语音节里，通常是声母少，韵母多。

词汇方面，傣语以基本词汇为主，一般词汇为辅[8]。构词上有单纯词和合成词之分。单纯词可以是单音节的，也可以是多音节的。单音节的在傣语里占多数，单音节的基本上是根词，也有少量的合音词，多音节的主要是一些联绵词、象声词以及译音词。合成词一般由两个以上的词素复合而成，又称为词组，从构成上看，傣语词组有实词和实词合成的词组、实词和虚词合成的词组、固定词组 3 大类。实词和实词合成的词组可以分为主谓词组、动宾词组、偏正词组、动补词组、联合词组，傣语偏正词组里修饰词的位置一般在中心词之后。实词和虚词合成的词组有介词和名词结合成的介词词组、"的"字结构的词组、加前缀或者后缀的词组，加前缀或者后缀的词组一般是动词或者形容词。固定词组在傣语里主要是四音格词，结构类型一般是并立式，细分又有动宾结构并立式、动补结构并立式、偏正结构并立式、主谓结构并立式、单词并立式。褒义词和贬义词主要由形容词充当，敬词和谦词主要出现在人称代词上。

语法方面，傣语的词类可以分成 12 类[9]：名词、动词、形容词、数词、量词、代词、副词、介词、连词、助词、语气词、叹词。句子成分可以分为：主语、谓语、宾语、定语、状语、补语，每个完整的傣语句子都包含着主语和谓语，谓语是动词的往往带有宾语。傣语主语、谓语、宾语的语序跟汉语基本一致，但是定语的位置一般在主语、宾语之后。状语有前置，也有后置。补语一般为后置。傣语的句子可以分为单句和复句。单句比较简单，复句相对复杂。傣语复句分联合复句和偏正复句。联合复句可以分为并列、顺成、解说、选择、递进 5 种复句。偏正复句可以分为转折、假设、因果、条件、目的 5 种复句。

　　傣族由于分散聚居，各聚居区的傣族历史上先后根据自己的方言特点，创制了傣泐文、傣纳文、傣绷文、傣端文、新平傣文等 5 种不同形式的傣文。这 5 种傣文全部属于拼音文字，前 4 种为非拉丁字母形式，最后一种属于拉丁字母形式。非拉丁字母形式的傣文形成跟佛教传播相关，拉丁字母形式的傣文跟基督教传播相关。几种傣文的书写款式基本一致，即按自上而下、自左至右的顺序书写。

　　傣泐文又称西双版纳傣文[⑩]，也称"to¹ tham²"或"la：i² tham²"，意为经书文字、经典文字，距今有 1300—1400 年的历史，是南传上座部佛教传入西双版纳后，当地傣族利用佛教梵文字母拼写傣语，后经长期演变形成今天这样的形式。傣泐文在国内主要通行于西双版纳傣族自治州，以及普洱市的孟连、景谷、江城、澜沧，临沧市的耿马、双江等县的部分傣族及佛寺。在国外，老挝北部、泰国北部、缅甸南部操西双版纳傣语方言区的傣族也使用傣泐文。新中国成立后，制定了西双版纳文改进方案，于 1955 年试验推广，为了便于区别，把改进前的傣泐文称为老傣泐文，把改进后的傣泐文称为新傣泐文，形成了新、老傣泐文并用的格局[⑪]。

　　老傣泐文方案共有 56 个字母，分 10 组。前 8 组 41 个字母是一个体系，后 2 组 15 个字母是另一个体系。有 9 个单元音韵母，各分长短，共 18 个；复元音韵母有 13 个；带 m n ŋ p t k 等 6 个辅音韵尾的韵母音位有 60 个，每个这类韵母都有若干个异形或异体。老傣泐文声韵母复杂，共有字符约 280 个，字母上下前后都有字符。声调符号有 2 个。新傣泐文继承并保持了老傣泐文的字母形式，按照声母＋韵母＋声调从左至右的顺序进行设计，对声母、韵母、声调形式进行改进和规范。新傣泐文方案共有辅音字母 42 个，分高低音组 2 组，每组 21 个；单元音 9 个，分长短共 18 个；复元音 13 个；声调符号 2 个。

傣纳文又称德宏傣文⑫，另有俗名称为 la：i⁵⁵tuo¹¹ŋuak³³（豆芽体傣文），距今有 600 年左右的历史，是南传上座部佛教传入德宏后，当地傣族利用佛教巴利文字母拼写傣语，后经长期演变形成今天这样的形式。傣纳文在国内主要通行于德宏傣族景颇族自治州。此外，普洱市的孟连、景谷、澜沧，临沧市的耿马、双江、镇康，保山市的隆阳、腾冲、龙陵、施甸、昌宁等区县的部分傣族民间使用傣纳文。在国

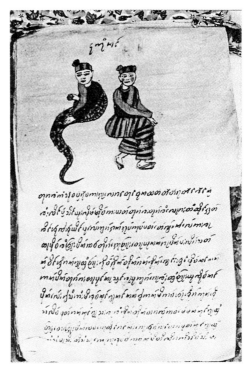

图下 5-3　德宏傣文典籍

外，泰国北部、缅甸东北部操德宏傣语方言区的傣族也使用傣纳文。新中国成立后，根据傣族群众和知识分子的要求，成立了"傣族文字改进委员会"，经多方征求意见，多次试验修改，形成了改进方案新傣纳文⑬。

傣绷文⑭又称为"利多门"（圆体傣文）或"莱侗展"（南部傣文、南方傣文），属于德宏傣语方言傣族使用的佛教巴利文字母体系的两种拼音傣文之一。傣绷文跟缅甸掸邦的掸文相同，是一种文字的不同称呼。傣绷文历史悠久，具体产生年代不详。老傣绷文跟老傣纳文十分接近，仅仅是字形不同而已。由于长期受缅甸文字影响，后经长期演变形成今天这样的形式。傣绷文在国内主要通行于德宏傣族景颇族自治州与缅甸接壤的边境一线。此外，临沧市孟定的部分傣族使用傣绷文。在国外，缅甸掸邦、克钦邦、曼德勒省等操德宏傣语方言区的傣族普遍使用傣绷文⑮。傣绷文作为记录德宏傣语方言的书写符号系统之一，在历史的发展长河中，傣族人民用它写下了内容丰富、种类繁多、数不胜数的古籍文

献。以傣绷文为工具形成的瑰丽无比的傣族文化，不仅是我国民族文化的组成部分，也是缅甸民族文化的组成部分，同时更是世界民族文化的组成部分。

傣端文又称金平傣文[16]，是云南省金平县傣族使用的传统文字。由于历史原因，金平傣族与越南封土、莱州、扶晏地区的泰族（tai^{55} khao^{35} 白泰）是同祖同宗。他们之间不仅语言、服饰、住房、信仰基本一致，就是文字也跟越南的古泰文基本一致。傣端文的不少手抄本都是从越南引进的。越南泰族历来受老挝文化影响较深，这套文字也显示出了老挝文字母系统脉络。按照傣端文的传统习惯，一个字由字母（声母）、符号（韵母）、配母（复韵母）、声调4部分组成。这样，傣端文有声母44个、韵母9个、复韵母9个、声调6个。

新平傣文[17]，也称花腰傣文，是1945年因教学和宗教活动的需要，由教会学校傣族教师刀丕训与德国牧师贝里德共同创制的。文字样式是以1928年国民政府大学院公布推行使用的"国语罗马拼音法式"中的注音符号（第一式）为基础，根据花腰傣语的特点而创造的。创制后在小学和教会中推广使用。曾编写过花腰傣文基础教材和花腰傣语诗歌集，并出版《由仆至主》（《约瑟的故事》）一书。

在漫长的历史长河中，傣族先民不仅创造悠久的历史，而且还创造了灿烂的文化，特别是用几种傣文写了卷帙浩繁的文献。傣族传统文献最常见的是贝叶经和绵纸经。为了突出傣族传统文化的特色，世人把贝叶文化特指傣族文化。贝叶经是傣族文化的"百科全书"[18]，是傣族文化的集大成者，是西双版纳地区各民族发展历程真实全面的记录，是我国珍贵的文化遗产，是我国传统文化的一个重要组成部分（刀林荫州长语）。它涉及的内容有[19]：佛教经典、天文地理、医药卫生、生产生活、阴阳历算、体育武术、哲学法律、社会历史、民情民俗、语言文字、行政公文、伦理道德、文学艺术、经济文书、工艺绘画、工程建筑、农业水利等[20]。以文学艺术方面为例，傣族文学艺术尤以诗歌、民间故事、谚语见长。傣族诗歌分民间歌谣和叙事诗。民间歌谣又分出8类：古歌谣、劳动歌、生活歌、仪式歌、情歌、祝福歌、习俗歌、儿歌，每一类又有上百种谣。傣族古歌谣是傣族文学的萌芽，是傣族先民记录和反映傣族远古社会的文学形式。反映采集生活时期的歌谣有《吃菌子歌》、《过河歌》、《下雨歌》等；反映狩猎经济时期的歌谣有《狩猎歌》、《麂子歌》、《虎咬人歌》等；反映农耕初期的歌谣有《抬母头歌》、《挖井歌》、《纺线歌》等；反映农耕中期的歌谣有《祭寨神勐神辞》、《盖房歌》、《十二月歌》等。傣族叙事诗内容丰富、形式多样、数量壮观。据《贝叶文化》介绍：傣族叙事诗有 550 部，分为创世史诗、神话史诗、英雄史诗和悲剧叙事诗 4 类。《乌莎巴罗》、《粘芭细敦》、《兰嘎西贺》、《巴塔麻嘎捧尚罗》、《粘响》被称之为"五大诗王"。其中《乌莎巴罗》、《粘芭细敦》是傣族传统文学迈进黄金时代的标志。《兰嘎西贺》以设立 22 章，撰写 33000 余行，塑造 370 个人物形象，表现错综复杂的情节，渲染气势恢弘的场面而成为王中王。傣族民间故事数量众多，内容广泛，可与傣族诗歌相媲美。傣族民间故事分为神话、历史传说、风物故事、生活故事、人物故事、动植物故事、童话寓言等 7 类。《傣族民间故事集成》是以上几类故事的集中反映，全集共 375 个故事，约 150 万字。内容涉及方方面面，是人们认识傣族社会历史，了解傣族民间文学的一份宝贵资料。谚语、格言、训辞、警句也是傣族传统文学的重要一环。早在 13—15 世纪就已经出现的《布栓兰》和《西村》两种熟语集，就以其言简意赅、形象生动、诙谐幽默、蕴涵哲理、说理透彻、寓意深刻的特性而广泛流传，成为傣族民间争相传抄、家喻户晓的珍藏佳品[21]。

2001 年 4 月，西双版纳举办的首届全国贝叶文化研讨会提出"中国贝叶经"的概念。2002 年 10 月，《中国贝叶经全集》100 卷项目正式启动并于 2010 年 6 月全部出版。当前出版面世的《中国贝叶经全集》共收集到经书 400 多部，贝叶经书 152 部、绵纸经书 211 部、赞哈唱书 40 部，搜集、整理古籍总目录 2100 条。《中国贝叶经全集》的出版将促进傣族文化及云南民族文化与国际文化交流、交融，推动和深化贝叶文化研究，弘扬民族优秀传统文化，增进各民族团结、社会进步、边疆稳定和谐。

第四节　纳西族语言文字

语言　文字　纳西族东巴典籍

纳西族语言属于汉藏语系藏缅语族彝语支，是纳西族社会交往和思想交流的主要工具。

纳西族在长期的社会历史发展过程中，逐渐形成和发展了具有纳西族特色的语言。首先，纳西语有地域性特征。纳西族分布在云南省的丽江、宁蒗、永胜、香格里拉、维西，四川省的盐源、盐边、木里，西藏自治区的芒康等县，跨两省一区。根据原中国科学院少数民族语言调查第三工作队纳西语调查组的结论，纳西语分西部、东部两个方言。东部方言在金沙江以东，主要范围包括四川省的盐源、盐边、木里和云南省的宁蒗。东部方言内部又分为永宁土语（永宁、盐源左所等地）、瓜别土语（盐源瓜别，木里博凹、项脚等地）、北渠坝土语（宁蒗北渠坝、永胜獐子旦等地）。西部方言在金沙江以西，主要范围包括丽江、香格里拉、维西等地。西部方言内部又分为大研镇土语（纳西拼音文字的标准音点）、丽江坝土语、宝山州土语。其次，纳西语有独特语音特征。不论声母塞音、塞擦音和擦音都有清浊两套，韵母以单元音为主，音调除瓜别土语外都有 4 个声调，多数由声母、韵母和声调组成纳西语的音节结构。第三，词汇结构特征。纳西语的词汇比较丰富，词汇结构分为单音词、复音单纯词和复音合成词几大类。除本民族的词汇外，还从汉、藏、白等民族中吸收了大量的借词。其中汉语借词又有音译加注、音意合译、音译等三种形式。第四，纳西语语法特征。主要包括词法、句法两个部分，一般使用的句子结构为：主语—宾语—谓语（动词），如果在主语和宾语后面加上结构助词，可以衍生出 7 种不同的句式。词类主要有附加法、复合法、四字格和少量语音构词等构成方法，一般分为实词和虚词，具体分为名词、动词、形容词、数词、量词、代词、副词、连词、助词和叹词 10 类。

纳西语东西两个方言有一定的差异性，其中主要差异是词汇差异。通过 1527 个词汇比较，据统计有 946 个同源词，占比较词总数的 62 %；

有 581 个非同源词，占比较词总数的 38%。

纳西族文字主要可以分为两大类：一是纳西先民创制的纳西东巴文字，二是以拉丁字母为基础的拼音文字。这种拼音文字共有 26 个字母，30 个声母，19 个韵母，高平、中平、低降、低升 4 个声调，为纳西族文化教育的进一步普及和提高，发挥出应有的积极推动作用。

纳西族东巴文字是纳西族先民创制的一种文字体系，约有 2000 字。之所以被称为"东巴文字"，主要是因为纳西族的宗教祭师"东巴"用这种文字记写纳西族宗教经书和相关宗教的其他方面的内容。我们所说的东巴文字，实际上包括两种不同性质的文字体系：一种是纳西语称为"森究鲁究"的文字。这是一种象形文字，其中"森"是"木"之意，"究"是"痕迹"之意，"鲁"是"石"之意，综合起来，"森究鲁究"就是"木石上的痕迹"，有史载纳西族先民"有字迹，专象形，人则图人，物则图物"[22]，就是指这种文字。另一种是纳西语称为"哥巴特厄"的文字。这是一种抽象文字，其中"哥巴"为"弟子"之意，"特厄"是"文字"之意，综合起来，"哥巴特厄"即为"弟子的文字"。一般说来，"森究鲁究"被称为"图画象形文字"、"纳西象形文字"、"东巴文"等，而"哥巴特厄"被称为"哥巴文"、"标音文字"、"音节文字"、"音字"等。此外，东巴文字还有两种文字变体，即"玛丽玛萨文"与"阮可文字"。东巴文字的具体产生时间，学术界尚无定论，"我国前辈学者方国瑜、李霖灿都曾对此进行过研究，但由于找不到直接证据。因此，没有一个确切可信的说法，应该说这个问题是至今尚待解决的问题"[23]。此外，从这种文字的结构看，它有象形、指事、会意、形声、假借、转意、黑色等特征，而"哥巴文"则有源于象形字、源于汉字、独创之字三个来源[24]。

东巴文字是纳西文明的起源与标志。东巴文字从发生到最后形成，历经了从上溯夏、商、周时期，下至唐代以后共 2000 余年的时间，这是纳西族历史上的一个重大变局，也是纳西族的重大进步。因为有了东巴文字，纳西族才迈进了文明时代。从此，那些原本只能口耳相传的纳西族历史、宗教、文学艺术、天文地理、社会生活、民俗、知识和技艺等，方可载于书策，汇成典籍，形成东巴古籍，流传久远。由此，纳西族的文明开始能够穿透时空，万古长存。国内外许多专家学者对东巴文字的创始作了很多研究，硕果累累。可以说，东巴文字的最后形成，就像一道门槛，隔开纳西族的蒙昧与文明。东巴文字在形成并发展为文字体系之前，是渺茫难知的纳西族史前史，我们无法探究纳西族的族源、迁徙过程、与其他民族先民的交往情况。自从有了东巴文字之后，纳西族进入了灿烂辉煌的文明史。我们可以从东巴文字中，追溯纳西族先民初始可能生活在何处，是如何迁徙的。例如，通过关于表示居所的东巴文字，我们可以分析出纳西族的先民从居住在草原上的毡房，到生活在相对聚居的今四川西部寨子里，再到居住在初到丽江的板屋里，最后生活在丽江、并接受汉文化之后的建筑物——竖柱木屋中㉕。其次，东巴文字是纳西族文明传承的保证。清代学者陈澧曾说："声不能传于异地，留于异时，于是乎出之为文字。文字者，所以为意声之迹也。"㉖东巴文字的最后形成，并被东巴使用，不仅促进了纳西族语言系统的不断完善和各种文化信息的积累贮存，而且保证了纳西族文明的不断传承、不断完善。纳西族的古代文明，正是借助了东巴文字，才得以绵延不断地保存并发展下来。漫长悠久的岁月，东巴文字作为纳西族古代文化的载体，照亮了纳西族走向文明的道路，并忠实地记录了纳西族文明的光辉历程。今天，我们可以通过东巴文字，与各个时期记载纳西先民的汉文史籍、流传于纳西族地区的民俗及传说等各种资料相互印证，在这个被费孝通称为"藏彝走廊"南端的空间里，寻访纳西族先民从"什罗山"（即巨那茹罗山，可能是今贡嘎岭山）到"英古地"（今丽江）的迁徙路线，并随着迁徙路线而展开的、与其他民族进行交往活动的场面，以及由此而产生的各种文化扇面，这些文化扇面不仅包含纳西族的族源，迁徙路线的地理条件、气象变化、畜牧农业的发展；而且还囊括了纳西先民所认知和维护的天文历法、道德伦理、生物医药、战争武器，以及文学艺术、民风民俗等。藏彝走廊"是汉、藏接触的边界，在不同历史时期出现过政治上拉锯的局面，而正是这个走廊在历史上是被称为羌、氐、戎等名称的民族活动的地区"㉗。可以说，藏彝走廊不仅是纳西先民的重要迁徙路线，而且是纳西族进行交往活动的重要通道。数千年来，东巴文字经历了随着纳西族先民通过藏彝走廊这一空间进行迁徙活动而发生、发展的历程，这一历程，也是通过东巴文字对纳西先民思维的规范与系统的过程。再次，东巴文字是纳西族交往活动的例证之一。"文字是语言的进一步发展，是记录和传达语言的书写符号，是文明的重要标志，是文明交往的基础媒介和思维手段"㉘。透过东巴文字，我们可以找到许多反映交往活动的画面。如："看星"一字展示了纳西先民与天象的交往场景；"汉族"、"藏族"等表达民族的东巴文字，展示了纳西先民与其他民族的交往形式；李霖灿在研究东巴文字时曾收编了 32 个"藏语音字"，这正是纳西族与藏族相互交往的典型例证。此外，东巴文字中还有汉文化的踪影。如："向日葵"一字。向日葵原产于北美洲，明代晚期传入中国，始见于（明）王象晋于天启元年（1621）写成的《群芳谱》，书中称为"西番菊"。"王"字，为"可汗"的音译。"可汗"为突厥语，3 世纪鲜卑族中已有这样的称呼，作为最高统治者的称号，始见于《魏书》"可汗犹魏言皇帝也"。

东巴文字有独特的文化意蕴。首先，东巴文字本身是纳西族精彩的文化形态之一。东巴文字字形符号象形、直观，"以形表意"是其根本特征，即以象形为基础，运用线条去描摹世间万事万物。方国瑜、李霖灿、傅懋勣、和志武、王元鹿、喻遂生、洛克、西田龙雄、李静生等国内外专家都以许慎《说文解字》"六书"理论对东巴文字作了研究。其次，东巴文字具有生动形象的人文景观。根据方国瑜编撰、和志武参订的《纳西象形文字谱》，东巴文字展现了"天象之属（时令附）"、"地理之属（方向附）"、"植物之属"、"飞禽之属"、"走兽之属"、"虫鱼之属"、"人称之属"、"人事之属"、"形体之属"、"服饰之属"、"饮食之属"、"居住之属"、"器用之属"、"行止之属"、"形状之属"等一幅幅生动形象的人文景观。再次，东巴文字具有独特的艺术画面。东巴文字是东巴祭师用特制的笔书写而成，它注入了东巴对美的认知，其审美观念、审美情趣，是人的精神物质化的一种表现形式。正如李霖灿所说："麼些象形文字的经典给人的印象，只有一个字——美！一种满纸鸟兽虫鱼洪荒太古之美。"㉙

东巴文字对现代学术方法具有独特贡献。首先，收集、整理、研究新资料。1922 年，北大国学院提出对中国少数民族语言进行调查、研究，作为现代学术研究的新资料，认为"中国如西南各省苗、蛮诸族之语言，虽略经外人探讨，然外人多不能深通中国之古音学及文字学，当然难得圆满之效果。将来国语渐渐统一，此等绝好之考古资料，恐有湮没渐灭之患，此事亦亟须定一规模，从事调查"㉚。很多学者都十分重视作为新资料的纳西东巴文字。1932年，时任北大研究所所长的刘半农就拿着法国人巴克著的《麽些研究》鼓励方国瑜研究东巴文字，认为"这种文字还有人应用，自有一番学问，能深刻了解纳西族社会生活，精通语言，可以研究得其奥妙，且可用以研究人类原始文字，是很有价值的"㉛。章太炎认为，纳西族的东巴文字是以参证中国古代遗文，有俾学术。而董作宾也认为"来比较汉文的古象形字，或者可以帮助我们对于古文字得到更真切的认识和了解"㉜。其次，"二重证据法"。"二重证据法"是王国维提出，陈寅恪归纳的学术理念。东巴文字及东巴古籍符合以异族之故书与吾国之旧籍互相补正的方法。以此，章太炎十分重视东巴文字对于殷周古文字（即甲骨文字）的比较研究价值，"嘱以结合殷周古文字多作研究"㉝。可见，东巴文字不仅从另一个角度佐证了纳西族的东巴文字作为新材料，而且成为现代学术"二重证据法"的典型案例之一。

东巴古籍是纳西族原始宗教——东巴教举行仪式时使用的经书。根据专家研究并进行分类，一是丧葬类古籍（《崇搬图》、《鲁般鲁饶》为经典性典籍，《崇搬图》又称《人类迁徙记》或《创世纪》）。这类古籍是开吊、超度普通人、为民族或为本民族后代立功立德的人、畜牧能手或能工巧匠、长寿之人、东巴及其妻子等正常死亡者或其他非正常死亡者的专用经书，演示了纳西族的劳作，人与自然、人与人、人与神相互交往的画面。二是禳解类古籍（《董术争战》为经典性典籍，该经书又称《黑白之战》或《黑白斗争的故事》）。这类古籍是用于抗御和解除妨碍人、畜生存和发展，影响农作物和其他植物正常生长的一切病害和灾难的专用经书，反映了纳西先民的一种交往形式——战争。三是求福求寿类古籍（《"署"之出处与来历》、《祭天除秽》等为经典性典籍）。这类古籍是表达人们福寿祝愿，祭祀自然、天、生命、五谷、祖先等的专用经书，演示了纳西族与自然界交往的画面。四是占卜类古籍（《巴格卜》、《羊骨卜》等为经典性典籍）。这类古籍是用于记载占卜方法，如占星、巴格卜、羊骨卜、海贝巴卜等方法的专用经书，共有16种，也演示了纳西族与自然界交往画面。五是舞蹈类古籍（一种用象形文字书写的叫"蹉模"的舞谱）。这类古籍是东巴进行各种宗教仪式时用于跳舞、迎神镇鬼的专用经书，一共记录了动物舞、工匠舞、神舞、灯舞、花舞、法杖舞、弓箭舞等40多种不同的舞种。其中，舞蹈的道具，如板铃、白海螺、五佛冠等，以物质文明的形态，形象、直观地见证了纳西族与其他民族的相互交往。

东巴古籍是历代纳西东巴祭师智慧的结晶，他们在用东巴文字传承教义的同时，兼收并纳历代文化成果，纵横思维，著书立说，写下了天文、历法、地理、历史、人文、医药、动物、植物、武器、衣饰、饮食、生活、风土人情、家庭形态、宗教信仰、民族关系、农业、畜牧业以及生产力与生产关系等社会科学和自然科学的博大内容，包罗万象，多角度地表达了纳西先民对于世界总体和人生衰荣的种种认知，朴素地总结了他们一系列观察、思考的结果，出色地记录了他们生存、斗争并不断发展、上进的轨迹，见证了纳西先民与自然、人与人、与周边民族等的双向或多向交往活动。因此，东巴古籍被誉为研究纳西族古代社会文明发展史的一部大型百科全书。

东巴古籍被世人认知，源于西方。1867年，法国传教士德斯古丁斯寄回巴黎的仅有11页的一本东巴经摹写本《高勒趣招魂》开启了西方追逐东巴古籍的序幕。西方学者、传教士、探险家把东巴古籍视作了奇货

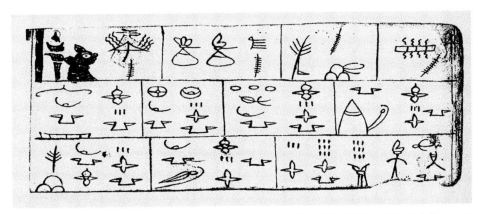

图下 5-4　东巴经《超度死者·人类迁徙的来历》上卷首段（《纳西东巴古籍译注全集》，云南人民出版社 2000 年）

可居的"人类启蒙时期原始图画文字的珍本"[34]，纷纷收购寄回各自的国家进行研究出版。据专家统计，有 1 万余卷东巴经被美国、英国、德国、法国、意大利、荷兰、瑞士、西班牙、瑞典等国的博物馆、图书馆或私人收藏家收藏，仅欧美两地的收藏数就有 9354 卷。而国内，主要收藏于丽江、昆明、北京、南京、台湾的图书馆。目前，"国内外收藏的东巴经书和文献约有 2 万册，内中不同经书约 1500 部"[35]。1999—2000 年，《纳西东巴古籍译注全集》100 卷，作为国家"九五"重点出版工程正式出版，并荣获第五届国家图书奖。2003 年，东巴古籍文献被列入联合国"世界记忆遗产名录"。

第五节　方块字白文

方块字白文　词记山花·咏苍洱境

白族是云南较早学习和使用汉字记录史事、抒发感情、抄录经典的民族之一。唐代即有汉字写作的诗歌、散文传世。明清以来绝大多数白族人士以汉文进行写作，硕果累累。同时，有的人用汉文抄写佛经，为便于用白语诵读，在一些佛经的行间、句尾用红笔加上一些批注，其字迹，有的是汉字，有的字形有变化、笔划有增减，至今无人完整识读，"有的同志认为这些朱笔字即是用白语读音写的注释"，以收入《大理丛书·大藏经篇》[36]卷一的《仁王护国般若波罗密多经》、《佛说灌顶拔除罪过生死得度经》较为典型。前者"为南诏时期或大理国早期的作品"。到元代至大庚戌（1310）昆明筇竹寺立有翰林修撰杨载撰《洪镜雄辩法师大寂塔铭》，其中称：雄辩曾"将《□□□□严经》、《维摩诘经》□□□□□以白人之言，于是其书盛传，解者益众"[37]。据碑文，雄辩曾将有的佛经译成白文，或以白文讲解佛经。至元末明初，以白文撰书的碑刻逐渐出现，如《段信苴宝摩崖碑》（1370 年立）、《故处士杨道安墓志》（1453 年立，杨安道书，白文）、《十哀词碑》（《故善士赵公墓志》，乡友杨道安写）、《白曲诗碑》（《史城芜山道人健庵尹敬夫妇预为冢记》，立于清康熙癸未即 1703 年）等。这些碑刻中以明代杨黼《词记山花·咏苍洱境》最有代表性。正统末年杨黼奉父命复修补葺大理喜洲圣源寺，工竣，请进士杨森撰《重理圣元西山碑记》，于景泰元年庚午（1450）刊石立碑。在此碑碑阴刻有《词记山花·咏苍洱境》，由此可知，杨黼约生活于正统、景泰、天顺间，此碑也可能刻于景泰至天顺年间。

《词记山花·咏苍洱境》，用明代白族习用的山花体民歌写成，双调，由两个"三七一五"的句式为一韵（或一节），共十韵（十节）520字。全诗前半段写苍洱明丽优美的自然风光，宏伟众多的佛教建筑；中间融汇儒释道要义，抒写自己对人生的体悟，兼述祖德宗功，为后世子孙立训；结末抚今思昔，凄凉之感油然而生。全诗借汉字记白音，间杂异体字和新造字，某些句子语法与汉语不同，多数句子，从汉字亦能理解大意。此碑从内容到词汇、语法、句式都有浓厚的民族特点，有较强的民族文化创造精神，是白族语言文化的优秀之作。其碑原文如下：

图下 5-5 方块字白文碑刻《词记山花·咏苍洱境》 原立于喜洲镇真庆洞村圣源寺，现存大理州博物馆

词记山花·咏苍洱境（1行）

苍洱境镂甎不饱，造化工迹在阿物；南北金锁把天关，镇青龙白虎。山侵河处河镜倾，河侵山处山岭逊（2行）；屏面西漘十八

溪，补东洱九曲。伽蓝殿阁三千堂，兰若宫室八百谷；雪染点苍冬头白，洱河秋面皱。五华（3行）侣你刷霄充，三塔侣你穿天腹；凤羽山高凤凰栖，龙关龙王宿。夏云佀玉局山腰，春柳垂锦江道途；四季（4行）色花何园园，风与何触触。跳仙人出竞游邀，胜姮娥入宫伽舞；薮压蜀锦出名香，哏崀无价宝。夺西天南（5行）国趣陶，占东土北阙称谱；秀雀酙景鸣耊耊，蝉吟声噭噭。金乌驭散天上星，玉兔打开霄面雾；黄鸳白鹤（6行）阿双双，对飞喀啄啄。钟山川俊秀贤才，涵乾坤灵胎圣种；曾登位守道结庵，度生死病老。尽日勤功把节（7行）操，连夜观参修求好；大夫在处栽松柏，君子种梅竹。方丈丘烧三戒香，竟苑中点五更烛；云窗下抃大乘（8行）经，看公案语录。煴煊茶水岁呼嗜，直指心宗岁付嘱；菩提达磨做知音，迦叶做师主。盛国家覆世功名，食（9行）朝廷尊贵爵禄；慈悲治理众人民，才等周文武。恭承敬当母天地，孝养干子孙释儒；念礼不绝钟磬声，消灾（10行）难长福。行仁义礼上不轻，凶恶弊逆上不重；三教经书接推习，漕溪水阿嘛。长寻细月白风清，不贪摘花（11行）红柳绿；用颜回道谑浮身，得尧天法度。游酙在伪佀骨石，有去在威仪模草；风化经千古万代，传万代千（12行）古。阿部遇时宜心欢，阿部逢劫催浪秃；天堂是荣华新鲜，漂散成地狱。分数哩侔土成金，时运乖舛金成（13行）土；聚散侣浮云空花，实阿茎不无。有之（知）识景上头多，但于知心上头少；杨黼我镩空赞空，寄天涯地角（14行）。[38]

对此诗音意的考释、翻译，已有一些成果，如范义田《云南古代民族之史的分析》（商务印书馆1943年），徐嘉瑞《大理古代文化史稿》（中华书局1978年），徐琳、赵衍荪《白文〈山花碑〉释读》（《民族语文》1980年第3期），赵橹《白文〈山花碑〉译释》（云南民族出版社1988年），周祜《大理历史文化论集》（中国社会科学出版社1993年）等，都作过有益的探索。

随着白族地区汉文化的普及，汉字的使用日益广泛，这种以汉字记白音的方块白文，在社会生活中日益减少，但民间仍有少部分人使用。如抄写大本曲曲本、白文祭文等。

　　1949 年中华人民共和国建立后，于 1958 年拟定了拉丁字母形式的《白族文字方案》，后于 1982、1990、1993 年多次补充修订完善，在剑川等地试行。其生命力有待实践检验。

【注释】

① 此分类据张公瑾主编：《民族古文献概览》、《中国各民族语言系属表》第 3 页，民族出版社 1997 年。

② 参见云南民族事务委员会编：《彝族文化大观》第 126—128 页，云南民族出版社 1999 年。

③ 参见云南民族事务委员会编：《彝族文化大观》第 121—125 页，云南民族出版社 1999 年。

④ 参见卢义：《彝语、彝文及译写迷雾》，载马立三主编《云南彝学研究》第 5 辑第 318 页，云南民族出版社 2007 年。

⑤ 参见云南民族事务委员会编：《彝族文化大观》第 132 页，云南民族出版社 1999 年。

⑥ 云南民族事务委员会编：《彝族文化大观》，云南民族出版社 1999 年。

⑦ 杨怀珍：《中国国家图书馆馆藏彝文古籍概述》，载马立三主编《云南彝学研究》第 3 辑第 250—256 页，云南民族出版社 2002 年。

⑧ 参见巫凌云、杨光远：《傣语语法》第 1—6 页，云南民族出版社 1993 年。

⑨ 参见巫凌云、杨光远：《傣语语法》第 1—6 页，云南民族出版社 1993 年。

⑩ 云南省少数民族语文指导工作委员会编：《云南民族文字概要》第 94—132 页，第 144—164 页，云南民族出版社 1999 年。

⑪ 1953 年 8 月 20 日，西双版纳傣族自治州第二届各族代表大会，根据群众要求决定对傣泐文进行改进并成立西双版纳傣族文字改进委员会，以祜巴勐为主任。1954 年，中科院语言研究所傅懋勣、童玮及云南省民委刀中强等通过调查研究，广泛听取意见，多次讨论修改，提出"西双版纳傣文改进方案"，经逐层上报，原中央民委批准，于 1955 年试行，从教育、出版起步，逐步推广到各个领域。考虑到继承文化遗产和对外交流的需要，老傣泐文也并存使用，以宗教界为主逐渐进入其他领域。

⑫ 云南省少数民族语文指导工作委员会编：《云南民族文字概要》第 144—164 页，第 94—132 页，云南民族出版社 1999 年。

⑬ 新中国成立后，根据傣族人民的意愿和傣族知识分子的要求，成立了"傣族文字改进委员会"，经多方征求意见、多次试验、修改，形成了改进方案。新傣纳文于 1955 年试验推广，1989 年批准施行。这套傣纳文字形美观、表音准确、自成体系，得到德宏傣族方言区干部和群众认可，其使用领域逐步扩大，报刊、广播、影视、出版、教育等广泛采用。为便于区别，把改进前的傣纳文称为老傣纳文，把改进后的傣纳文称新傣纳文。新傣纳文继承并保持了老傣纳文的字母形式，也有适当创新。其音节结构，按照声母＋韵母＋声调，从左至右的顺序进行设计、改进和规范。新傣纳文共有 19 个声母、84 个韵母、5 个声调符号。

⑭ 云南省少数民族语文指导工作委员会编：《云南民族文字概要》第 133—143 页，第 144—165 页，云南民族出版社 1999 年。

⑮ 1984 年，缅甸掸邦在邦弄地区对傣绷文进行了改进，随后传入我国老傣绷文使用地区，形成新、老傣绷文并用的格局。有声母 19 个、韵母 84 个、声调符号 6 个，它在改进思路、方法和内容等方面吸收和借鉴了我国改进傣纳文的经验和成果。

⑯ 云南省少数民族语文指导工作委员会编：《云南民族文字概要》第 133—143 页，第 144—165 页，云南民族出版社 1999 年。

⑰ 陶贵学主编：《中国云南新平花腰傣文化国际学术研讨会文集》，民族出版社 2001 年。

⑱ 陶学贵主编：《中国云南新平花腰傣文化国际学术讨论会文集》。

⑲ 张公瑾：《傣族文化研究》第 205—216 页，云南民族出版社 1988 年。

⑳ 张公瑾：《傣族文化研究》第 205—216 页，云南民族出版社 1988 年。

㉑ 张公瑾：《傣族文化研究》，云南民族出版社 1988 年。

㉒ ［清］余庆远：《维西闻见纪》。

㉓ 李静生：《纳西东巴文字概论》第 4 页，云南民族出版社 2009 年。

㉔ 参见方国瑜编撰、和志武参订：《纳西象形文字谱》，云南人民出版社 1981 年。

㉕ 参见李静生：《纳西东巴文字概论》第 8—9 页，云南民族出版社 2009 年。

㉖ ［清］陈澧：《东塾读书记》。

㉗ 费孝通：《民族与社会》第 22 页，人民出版社 1981 年。

㉘ 彭树智：《文明交往论》第 25—26 页，陕西人民出版社 2002 年。

㉙ 参见李霖灿：《麽些经典艺术论》，载《麽些研究论文集》，台湾"国立故官博物院"1984 年。

㉚ 沈兼士：《筹划北京大学研究所国学门经费建议书》，载沈兼士著，葛信益、启功整理《沈兼士学术论文集》，中华书局 1986 年。

㉛ 方国瑜编撰、和志武参订：《纳西象形文字谱·弁言》第 2—3 页，云南人民出版社 1981 年。

㉜ 董作宾：《麽些象形文字字典·序》。

㉝ 方国瑜编撰、和志武参订：《纳西象形文字谱·弁言》，云南人民出版社 1981 年。

㉞ 杨福泉：《纳西族文化史论》第 72 页，云南大学出版社 2006 年。

㉟ 杨福泉：《纳西族文化史论》第 74 页，云南大学出版社 2006 年。

㊱ 杨世钰等主编：《大理丛书·大藏经篇》，民族出版社 2008 年。

㊲《洪镜雄辩法师大寂塔铭》，录文据方国瑜主编《云南史料丛刊》第 3 卷第 309 页，云南大学出版社 1998 年。

㊳《词记山花·咏苍洱境》原文录自拓片。

第六章

地方民族乐舞戏曲

　　云南乐舞，汉唐即已蜚声艺坛；明清云南戏曲逐渐形成。它们是中华艺苑中独具特色的一束花朵。

第一节　乐舞长河中的几朵浪花

源远流长　滇人乐舞　南诏奉圣乐　东巴乐舞

　　源远流长的民族歌舞。音乐舞蹈是人类最早创造的艺术形式之一。它随着人类社会的发展萌芽和成长。云南也是如此。从原始社会起，云南先民就用音乐舞蹈来表达感情，寄托愿望。祭告天地、祝祷神灵、驱邪除魔要歌舞；狩猎、捕鱼、采摘、种植、收获、加工、入仓、放牧、饲养等劳动要歌舞；婚丧大事、起房盖屋、战斗胜利、逢年过节要歌舞；青年谈情说爱、倾吐心声，老年讲述历史、传授生产知识要歌舞。在文字未产生的年代，或那些没有文字的民族，歌舞是文化的重心所在。

　　从考古资料看，云南沧源岩画上有狩猎、祭祀、劳动为内容的单人、双人、集体舞，有徒手、头、臂饰羽毛、执物的舞人，有呈曲线列队或围成圆圈而舞者。多为至今3000年前新石器晚期的图像。在楚雄万家坝、晋宁石寨山、江川李家山古墓群出土的青铜器中，有一批舞俑、舞蹈纹饰，有双人舞、四人舞、二十多人的集体舞；乐器有铜葫芦笙、铜鼓、铜钟、编钟等。据测定，这些文物系春秋至西汉初年的作品。东汉永平十七年（74）西南先民白狼王唐菆等带着民歌到东都洛阳向汉明帝朝贡；永宁元年（120）掸国国王雍由调遣使者带领杂技团到东汉入贡，"安帝作乐于庭"，封雍由调为大都尉。掸国（今属缅甸）与中国的文化交流，当以永昌郡为中转站。这是云南对外文化交流的较早记录。至唐，贞元十六年（800）南诏王子寻阁劝带领数百人的歌舞团，进京（长安）演出大型的主题歌舞《南诏奉圣乐》，使用的乐器、演唱的歌曲达数十种，歌舞及奏乐的人有 200 多位。十八年（802）骠国王遣其弟悉利移带领歌舞团到长安演出，唐德宗亲自观看，轰动一时。至元明清，云南民族歌舞见于文献者众多。元大德五年（1301）李京奉命宣慰乌蛮，著《云南志略》。其中有白人"少年子弟号曰妙子，暮夜游行，或吹芦笙，或作歌曲，声韵之中皆寄情意"。末些蛮"正月十五登山祭天，极严洁。男女动百数，各执其手，团旋歌舞以为乐"。明洪武二十九年（1396）钱古训、李思聪奉命宣慰缅甸及百夷（傣族聚居区）归，著《百夷传》。其中记述宴会有音乐，"乐有三等：琵琶、胡琴、等笛、响盏之类，效中原音，大百夷乐也。笙阮、排箫、箜篌、琵琶之类，人各拍手歌舞，作缅国之曲，缅乐也。铜铙、铜鼓、响板、大小长皮鼓，以手拊之，与僧道乐颇等者，车里乐也。村甸间击大鼓，吹芦笙，舞干为宴"。清乾隆初年张泓在新兴、剑川、鹤庆等州、府为官，著《滇南新语》，其中《口琴》一节，介绍竹口弦的制作、演奏方法准确、切贴。乾隆中期余庆远撰《维西见闻纪》在"物器"中也记有"口琴"的制作与弹奏方法，观察细致，记述生动。乾隆后期檀萃著《滇海虞衡志》在卷五"志器"中记述铜鼓、芦笙、口琴等乐器。在卷十五"志蛮"中，描述黑罗罗"其耕山，男女合歌相答"；妙罗罗"男女皆跣足，每踏歌为乐"，"跳舞而歌，各有其节"；窝泥，"祭用牛羊，挥扇环歌，拊掌踏足，以钲鼓芦笙为乐"等。这些由群众直接创作，在群众中继承流传的民间舞蹈，既有一定的固定成分，又有随社会发展和表现感情的需要而增创的新元素，它古老而又年轻，在某些族群中有共同之处，但各地、各支系，又有它独特的东西，带有强弱不同的民族特点和地方特点。民间舞蹈多是在民族文化气氛浓烈的传统节日，或气氛宽松的自娱环境中承传。欢乐喜庆的节日气氛，思想上的无所顾忌，民族独特乐器与歌声的交响，青年男女心灵上的感应，舞者易于全身心投入，感情的专注，强化的动作，精彩的舞步，舞者的民族思想性格得到深层的表现，舞蹈的民族风格得到淋漓尽致的发挥。在长期的音乐活动中，各族除引进中外各种乐器外，还制作了云南特有的民族乐器，如巴乌、葫芦笙、吐良、小闷笛、象脚鼓、铓锣、小三弦、四弦琴、大三弦、口弦等，具有独特的表现力和魅力，也从一个侧面表现了各族人民的智慧和创造力。

清末，在反帝、反封建挽救民族危亡的斗争中，云南留日学生李燮羲创作了《云南大纪念》等一批充满爱国激情的歌曲，在军民中广为传唱。他还撰写了《音乐于教育界之功用》等论文，为云南早期的音乐活动打开了局面。

歌与舞并用，既相联系，又有区别，有时只歌不舞，有时又只舞不歌；有时以舞为主，音乐只伴奏；有时以歌为主，舞只是伴舞；有时二者并重，视情况而定。

以情感人，以美取胜的乐舞，因其呈现方式的转瞬即逝和记录工具的局限，在漫长的历史岁月中产生的大批优美的古代音乐舞蹈失传了。幸而先民在器物上镌刻、铸造了它若干侧影，或以文字记录了其中若干精彩的片断。虽吉光片羽，弥足珍贵。

"滇"是今云南境内滇池周围生活的一个部族，时间约为战国至东汉。其中心在汉代的滇池县（今之晋宁）。据司马迁《史记·西南夷列传》记载，滇王管有数万之众，元封二年（前109）归汉，以其地为益州郡，"赐滇王王印，复长其民"。滇王，原为当地土著首领，战国末，楚将庄蹻将兵至滇池，"变服，从其俗，以长之"①，楚人融入滇人之中，楚文化也融进了滇文化。滇国及滇文化的范围，大致为西起楚雄、大姚、姚安；东至曲靖、宣威；北至东川、会泽；南至新平、元江一带。

关于滇文化的文字记载很少，但1955至1972年，考古工作者先后对晋宁石寨山、江川李家山，多次发掘，从古墓群中出土了大量的青铜器、陶器，其中有铜鼓、贮贝器、铜俑、圆形扣饰、干栏式房屋模型、各种兵器、生产工具、生活用具，有的器物上铸造或镌刻有抽象的几何纹样（直线、水纹、方格、菱形、圆圈、圆点、三角、回形等），写实的平面或立体的具象图案（放牧、狩猎、舞蹈、祭祀、农作、上仓、划船、饮宴、纳贡、纺织等）。多侧面反映了战国至汉时期古滇国的经济文化生活，其中也包括了滇人乐舞。

晋宁石寨山、江川李家山出土乐器有铜鼓、铜钟、铜锣；于图案上出现的有镈于、铜铃、铜钹等打击乐器；有葫芦笙等吹奏的管乐器。同时还有一些精美的乐舞图案。

铜舞俑四人乐舞图（晋宁石寨山出土）。一人吹笙，三人舞蹈，舞姿各异：一人双腿略开，双手上扬齐肩；第二人腿略叉开，左腿微屈稍抬，右手上扬约与耳等，左手屈于胸前；第三人右手朝前迈小步微屈，双手上扬，掌心向上约与眼等，目视右掌。一、三人左手似戴手套，套口有环形装饰。三人均梳髻，头发上盘二台，以带状纺织物系额。带经背下垂至腿弯交叉，叉下有尾，呈"衣着尾"之状。三人有短披肩，腹部有环形饰物，似配短剑，后衣襟长而拖地，前腿短装，两膝下各束一带，便于伸腿舞蹈。三舞者服饰一致，举手投足，姿势各异，似芦笙舞不同片断的定格。芦笙吹奏者使用的乐器管短腹大，形制较为特殊。

八人乐舞铜饰图（晋宁石寨山出土）。分上下二列。上列四人为歌者，呈坐（或踞）姿，左三人双手上举，伸指，略与头高，口略张，似在歌唱；右一人右手微前抬至颈，左手前屈至膝，似在致辞或领唱。四人服饰均同，戴冠，双耳戴环，腹部有圆形饰物，四人间置小壶三。下列四人为乐队，坐姿，左一人吹直管笙；左一、二人间有大瓮，第三人左手抱鼓右手击鼓；第四人吹曲管笙。下列四人或昂首或低头，似都沉浸在乐曲演奏中，与上列四位歌者彼此配合默契。

双人舞盘铜饰物（晋宁石寨山出土）。舞者为二男子，体格健美，身材修长，着紧身衣，腰佩长剑，足踏一曲形蜿蜒前行的蛇形物。右边一人右腿前屈，左腿下跪；左手执盘（或钹）上扬高于头，右手微屈后下伸约与腰等，左右手握盘呈曲线上扬之态；抬头，双目向东注视于盘。左边一人屈右腿，左腿下跪，左手执盘上扬与肩等，右手下伸低于膝，右手呈波浪形上扬握盘（钹）。二人一前一后，互相呼应，统一中有变

图下 6-1　双人舞盘铜饰
原件藏云南省博物馆

化，神情专注、矫健灵巧、动作协调、韵律感强。

四人执铃乐舞铜饰物（晋宁石寨山出土）。四人并列，右手执铜铃，似在摇动，左手屈于胸前，腿向右微屈，嘴略张，似边动边歌。头戴尖顶高帽，占从脚至顶的三分之一强，高帽似分四段，上插有三叠五枝带柄小花；帽垂二带曳至地，腹部佩圆形饰物。四人服饰、动作均一致，似随铃声而舞。

铜鼓形贮贝器盖上歌舞纹饰图（晋宁石寨山出土）。纹饰人物有内外二圈，已残缺。外圈似为徒手集体舞。可见人物十一（含局部），缺损部分，当不少于三人。双手呈弧形上扬，略与肩等，梳髻于脑后，目视左前方；着直纹外衣，舞者之间有花朵、酒壶相间。内圈，为歌舞演唱的主角：上方一男一女边扣铜鼓边扬声歌唱，左右各有一人伴唱；其余三人端着钵行走；二人立于大瓮左右。可能瓮中有酒，钵中有菜肴，是供奉给歌唱者的。内圈九人各司其职，表情各异。

铜鼓形双盖贮贝器第一层器盖二十三羽人乐舞图（晋宁石寨山出土）。二十二人为舞者，头顶插长羽，脑后插短羽，裙亦呈长羽形，八人右手执长羽上扬，左手朝右前方舞动，约与脸高；十四人左手执羽，右手舞动，目视左前方，似边舞边行进。独有一人着长衣，佩长剑，左手前摆，行进在舞蹈队伍中，是领队？头人？不得而知。场面宏大，神态庄严，服饰一致，舞步整齐，舞姿优美，似训练有素。

大铜鼓胴部及腰部纹饰羽人干戚舞图（晋宁石寨山出土）。胴部有羽人划船图。腰部有羽人干戚舞图。舞者羽冠，左手执盾（干），右手挥兵器（戚），双腿微屈②。

从以上图例可知战国至汉时期滇人的乐舞较为盛行，从参与的人数看，有双人舞、四人舞，十四人、二十二人的集体舞；从伴奏乐器看，以铜鼓及芦笙为多，间有铜铃，竹木乐器因年久朽坏，未见其形；从装饰看，高髻、高冠、长带、羽饰、长剑、短剑、圆形装饰品、花朵等；有的舞蹈场面置有酒瓮、酒壶，有端食物的侍者，似有饮宴；从手执的道具看，有的徒手，有的执羽、执铃、执盘（钹），有的执干戚。文舞、武舞皆备。

南诏时期，在官方设有伎乐队，如贞元年间，欢迎唐使袁滋时，在白崖，南诏遣大军将李凤岚带细马1000匹并伎乐迎接；在太和城，南诏王出城五里迎接，"先饰大象十二头引前，以次马军队，以次伎乐队，以次子弟持斧钺"；在册封仪式后，"又伎乐中有老人吹笛、妇人唱歌"，介绍说这是南诏先王入唐朝贡时，开元皇帝所赐胡部、龟兹伎乐各二部。可知南诏宫廷有伎乐队，由主礼乐的"慈爽"（部）管理。民间，青少年"吹葫芦笙，或吹树叶，声韵之中，皆寄情言"；若遇饮宴，"酒至客前，以笙推盏劝醉"③。乐舞应用广泛，遍及城乡。德宗贞元十年（794）南诏与唐失和43年之后，重归于好。唐先派西川节度判官崔佐时持皇帝诏书出使南诏，与南诏王异牟寻于点苍山神祠盟誓；继而又派御史中丞、祠部郎中、赐金鱼袋袁滋为持节南诏使，于十月二十七日在大理阳苴咩城，举行册封异牟寻仪式，颁"贞元册南诏印"，希望南诏"坚守诚信，为西南屏藩"。南诏派清平官尹辅酋等17人随唐使至京师奉表谢恩，又于贞元十六年（800）正月，为表示对唐王朝的忠诚，南诏派杨加明为使者，去见剑南西川节度使韦皋，请求至京城献夷中歌曲且令骠国进乐人，韦皋对节目加以整理编排，成《南诏奉圣乐》进京演出。唐德宗于麟德殿观看南诏歌舞表演，很感兴趣，要太常寺从事乐舞的人学习，"自是殿庭宴则立奏，宫中则坐奏"④。南诏音乐，成为唐王朝宫廷音乐的一部分。德宗还让有关部门录于史册，遂有《新唐书·骠国传》中关于《南诏奉圣乐》及《骠国乐》3000多字的记录，其描述之详细，千年后令人犹能目睹当年风采。

《南诏奉圣乐》是主题鲜明的歌颂性乐舞，"舞六成，工六十四人，赞引二人，序曲二十八叠，舞'南诏奉圣乐'字。舞十六人，执羽翟，以四为列。舞'南'字，歌《圣主无为化》；舞'诏'字，歌《南诏朝天乐》；舞'奉'字，歌《海宇修文化》；舞'圣'字，歌《雨露覃无外》；舞'乐'字，歌《辟土零丁塞》，皆一章三叠而成"。在字舞之后又有《辟四门》"进舞三、退舞三，以象三才、三统"，"又一人舞《亿万寿》之舞，歌《天南越俗》四章，歌舞七叠六成而终。七者，火之成数，象天子南面生成之恩；六者，坤数，象西南向化"。

此次演出的队形变化，服饰花纹的点缀，道具的设置应用，乐器与乐曲配合，既有地方民族特色，又含文化深意，也体现了多民族文化的交融。如"舞人服南诏衣、绛裙襦、黑头囊、金佉苴、画皮靴，首饰抹额，冠金宝花鬘，襦上复加画半臂"，色彩鲜艳，特色浓郁。裙襦画鸟兽草木，象征万物繁茂；执羽翟舞，俯伏，象征朝拜；装饰有羽毛的华盖，象征天无不覆；正方布位，象征地无不载；分四列，象征四气（春夏秋冬），舞五字，象征五行（金木水火土）；秉羽翟，象征文德；节鼓，象征号令远布；振以铎（摇动大铃），明采诗以观民风之义；用龟兹等乐，象征远夷悦服；钲鼓，献捷之乐。

此次演出的乐曲有30支，乐器20余种，演出人员共212人，分龟兹、大鼓、胡、军乐四部。

其乐器列名者有羯鼓、揩鼓、腰鼓、鸡娄鼓、短笛、大小觱篥、拍板、长短箫、横笛、方响、大铜钹、贝、大鼓、筝、大小箜篌、五弦琵琶、笙、金铙、金铎、抸鼓、金钲、埙、篪、搊筝、轧筝等。有些乐器上有装饰，"羽葆鼓栖以凤凰，钲栖孔雀，铙、铎集以翔鹭，钲、抸顶足又饰南方鸟兽"。有的曲调也有寓意，如"黄钟得《乾》初九"，"乾道明也"⑤；"林钟得《坤》初六"，"坤体顺也"⑥；"太簇得九二，是为人统，天地正而三才通"。"南吕，酉，西方金也；羽，北方水也，金、水悦而应乎时"等。多民族、多地区乐器的应用，丰富了音乐的表现力；乐器上富有寓意的纹饰，增加了色彩美和文化含量。曲调（黄钟、林钟、太簇等）的精心安排，与《易》经的对接，体现了中国传统文化对南诏影响之深。

南诏还介绍骠国乐于贞元十七年（801）至长安演出，带队者为骠国国王之弟悉利移、城主舒难陀，乐器有22种，乐曲12支，内容丰富。如："佛印"："国人及天竺歌以事王也"；《赞娑罗花》："国人以花为衣服，能净其身也"；《白鸽》："美其飞止遂情也"；《白鹤游》："谓翔则摩空，行则徐步也"；《斗羊胜》："二羊斗海岸，强者则见，弱者入山"；《龙首独琴》："此一弦而五音备，象王一德以畜万邦也"；《禅定》："谓离俗寂静也"；《甘蔗王》："谓佛教民如蔗之甘，皆悦其味也"；《孔雀王》："谓毛采光华也"；《野鹅》："飞止必双，徒侣毕会也"；《宴乐》："时康宴会嘉也"；《涤烦》："时涤烦瞀，以此适情也。"由此可见其抒发感情的丰富多样，曲调的变化多端。据唐次的描述，其所见为：

　　观其恭肃庄虔，动必中礼。吹蠡击鼓，式舞且歌。缨络四垂，珠玑灿发，既贵而丽，灿然可观……自汉以还，有德所感，文字或至，声乐未闻。

　　聆其声者，幽若竽籁，静如景风，曲度回薄，将远而近；浮轶双阙，徘徊九域，条畅遥邃，若翔若止；精烈辗转，参差无穷，时因回飔，拥在高阁。此至和之音也。

　　其舞节，周章宛嫟，顺序卑述，若威凤举族，丹鹤群翔；环合聚散，将轩如止，促度应节，屈伸若飞；风生幡幢，气逸竿箭；俯偻搴跪，前后有声；周流万变，肃然而卒；长袖侈袂，拂面约身；于是绵驹、陈佐之徒，慙口沮色，不能进止。此至敬之容也。[⑦]

在诗人白居易的笔下，骠国乐舞是：

　　玉螺一吹椎髻耸，铜鼓一击纹身踊；珠缨旋转星宿摇，花鬘抖擞龙蛇动。[⑧]

骠国乐在长安的演出，别开生面，唐德宗立杖观看后，赐舒难陀太仆卿，遣还。南诏从中斡旋、组织的这次中国与骠国文化交流，大获成功。南诏奉圣乐、骠国乐进入唐王朝宫廷，促进了西南边疆与中原的文化交流，增进了民族间相互的理解和友谊。

各民族的音乐舞蹈，多言传身教，口耳相传，年深日久，时尚变迁，有的失传，有的变异，本来面目，难以探寻。但在滇西北的大山深处，在纳西族东巴（祭师、智者）手中，却保存了几部用象形文字记录的舞谱。这些舞谱有的东巴能读、能写、能讲、能跳，还活在现实生活中，它保存了纳西族古代文化，也为后来的东巴弟子学习和掌握各种各样的难度较大的舞蹈动作、舞蹈程序提供了方便，对东巴舞的保存和传播有重要意义。

现存的《东巴舞谱》已发现 6 本。各本所录舞蹈多少不一，丽江所藏的一本，录舞谱多达 62 种。间有同一舞而段落不同，独立成舞者。据研究，各本共录 158 种谱文，去其重复，能独立的舞名和谱文有 52 种⑨。舞蹈名称，也得名于神祇称谓的，有得名于神祇坐骑的，也有得名于道具即法器的。由于地区不同，社会的发展，东巴创造各异，还有许多东巴舞未能整理记录入舞谱。《云南民族民间舞蹈集成·丽江县卷》编辑组已采集到约 200 套。

东巴舞蹈，是宗教舞，多用于祭礼活动；部分祭祀舞蹈，逐步演变为群众参加的习俗性舞蹈。在各种宗教仪式中请什么神，跳什么舞，有明确的规定。

在祭祀仪式中东巴祭师们手执法器，边吟边诵边喊边吼边舞。祈神仪式中多诵经、祷祝，以吹海螺等节奏悠缓、感情虔诚的音乐请神迎神，求福施恩，少舞蹈。禳鬼消灾仪式中，多跳各类大神舞，如禳垛鬼大仪式中，跳孟史优麻神舞；禳垛鬼小仪式中，跳巴乌优麻神舞；镇呆鬼仪式中，跳朗久神舞，招凶死者亡灵仪式中，跳笨朗久神舞；禳风鬼大仪式中，跳康冉聂丹舞；除秽仪式中，跳莫毕精如神舞；驱饶鬼

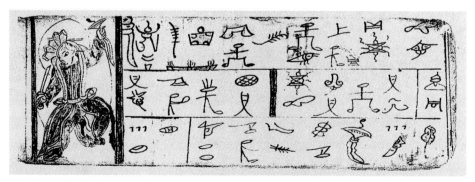

图下 6-2　东巴舞谱《舞蹈的出处和来历》首章（《纳西东巴古籍译注全集》第 100 卷，云南人民出版社 2004 年）

仪式中，跳格空督支神舞；驱抠古鬼仪式中，跳本丹神舞⑩。在此类仪式中，东巴祭师用歌声牦牛角号声喊鬼，向它们施食、还债，要它们不要降灾施祸于人。同时，东巴手持刀、叉、手鼓、盘铃等法器起舞，动作由慢而快，逐渐激烈，并用威武恐怖的歌声、吼声和响亮的法器声驱鬼、压鬼、镇鬼，声音高亢，气势威猛，对鬼产生震慑力，让作祟的鬼闻声逃窜。

在丧葬类仪式中，东巴乐舞较多。若亡灵为东巴或男性死者，常举行超度东巴什罗的仪式，以便亡灵从十八层地狱中逐步升至神界，或将亡灵从生前所住之地，沿祖先迁徙路线逐站送回原居住地。"祭什罗"舞蹈名目多，有各类神舞、东巴什罗舞、各种模拟动物的舞蹈。在东巴教里，各类天神都有自己的坐骑。如丁巴什罗乘白神马，萨利威登乘大鹏鸟，莫古阿格骑飞龙，朗究竟究骑金象，享依格空坐骑为赤虎，吐齿优麻的坐骑为斑鹿等，跳大神舞时，往往要模仿坐骑的姿态、动作。除坐骑外，人们熟悉的崇敬的动物如山羊、孔雀、白鹤、神蛙等，亦有模拟舞蹈。视超度仪式的规模大小、时间长短来安排乐舞的多少。若亡灵为女性，是东巴的妻子、母亲，或其他女性，东巴们常举行"祭拉姆"仪式，表演女神依拉姆、茨里拉姆、达拉蹉、拉姆蹉的舞蹈及"般米蹉"（灯舞）、"巴蹉"（花舞），由东巴祭师扮成女性于夜间表演。花舞，一手持盘铃或手鼓等法器，一手执伞或花枝；灯舞，以蔓菁镂空制成灯盏，置于后仰的前额上，眼视星空，表示死者灵魂已升天。灯舞、花舞动作流畅优美。

习俗性的东巴歌舞，有的祭祀性歌舞，逐渐演变为群众参加的习俗性舞蹈。如"热美蹉"（俗称"窝热热"），是一种风俗性的祭祀、驱鬼的护尸歌舞。在东巴典籍中，"热"是一种长翅膀的精灵，亦是主宰生育之神。它亦善亦恶，亦雄亦雌，据传它会在夜间舐食亡者的灵魂。为避免"热"鬼作祟伤尸，人们便在死者家中唱跳"热美蹉"以驱"热"鬼。演唱时，由一歌手领唱，众男女以声相和。男声以稳沉缓慢的节奏，刚健雄浑的声腔有规律地呼喊着"窝—热—热"的衬词；女声以清越明亮，滚动式的喉头颤音，用"哎嗨嗨"的衬腔模仿羊群的鸣叫，与男声巧妙配合，构成鲜明的多声复调音乐。舞者手牵手围成圆圈，按顺时针方向缓步环火塘而舞，领唱者用含蓄优美的诗句歌颂死者的品德，表达亲友对他的依依不舍及悲痛之情，边舞边唱，领唱一段，群众呼应一段。舞蹈动作简单古朴，有行步、单抬腿、双腿跳跃（模仿斗羊的动作腾跃四次）、前倾后仰。带有远古纳西先民以畜牧、狩猎为主的社会生活的遗风。

由此可知《东巴舞谱》是世界上少见、极具特色的用象形文字记录的古典舞谱之一，以神舞为多，动物舞次之。它用象形文字记录了各种舞蹈的基本动作规程、特征，有的东巴不仅能识读，而且能据谱起舞，让其复活。这些舞谱有的一字一义，有的只记特征或要点，读谱起舞，有所补充，因之，读谱与动作传习并重，才能更加丰富完整。东巴舞谱所录者，不是东巴舞蹈的全部，也不是纳西乐舞的总汇。要全面认识丰富的纳西族乐舞，要到生活中去寻找。

第二节　民族音乐

民间歌曲　民族乐器与器乐曲

云南民族音乐主要指口头演唱的民间歌曲和乐器演奏的器乐曲。在古代，数量大、应用广的要数各民族的民间歌曲。丰富多彩的民间歌曲是云南民族音乐的核心和基础，是各民族器乐发展的胚胎，孕育了各民族戏曲、曲艺音乐，也为其丰富发展提供了养料。

关于民歌的分类及内容，本书下编第四章第五节"歌谣"已作概述。本节仅从音乐曲调的角度，选择若干曲调加以评介。

《梅葛》等叙事曲。叙事歌，其音乐多短小精炼，有的以一二个乐句为基调，反复吟唱；也有的用三个乐句吟唱。语言的声调抑扬顿挫与曲调的起伏变化相适应，有的叙事歌就是说唱式的。叙事歌的篇幅较长，必须长时间连续演唱，可分篇演唱。如姚安马游坪一带彝族的《梅葛》内容包括"创世"、"造物"、"恋歌和婚事"、"丧葬"等四大部分。演唱的"正腔"由上、下两个乐句组成。上句在较高的音区里进行，音调优美抒情；下句逐渐走向中音区，结束于较低的音区。正腔采用一问一答的形式对唱，不管每段有多少句词，均以这上下二句的腔调来演唱。其间，由于情绪的变化，声调的起伏顿挫，也会有些变化。一般演唱上乐句时，音调较高，多用小嗓，下乐句则转为大嗓，自然成为一个乐段，暂歇，又继续演唱。用大嗓和小嗓交替的唱法，为彝族许多支系所常见。《梅葛调》约有十来种，有的人将其分为正腔、慢腔二种，正腔唱喜歌，优美婉转、旋律起伏较大，多用于唱古老传说；慢腔唱悲歌，平稳深沉，用以唱民间风习。此类的叙事歌还有彝族的《阿细的先基》、景颇族的《斋瓦》、普米族的《熊巴佳佳》、傈僳族的《木刮》等。

普米族《婚嫁歌》等习俗歌。以抒发人间亲情为主，包括祭神祝祷的歌。如《迎宾曲》、《祝酒歌》、《建房歌》，还有婚嫁前母女的依依惜别与真情嘱咐，婚礼时祝福歌；老人去世后的"哭调"、"挽歌"，历诉亲人生前的种种美德，祈祷逝者在天国安宁。有的是单曲，有的是组曲。如傣族过泼水节时唱《划龙船歌》、《放高升歌》，盖房时唱《贺新房》等，曲调温馨、婉约、祥和、美妙，具有鲜明的地域民族特色。普米族习俗歌中有成套的《婚嫁歌》，包括《情歌》（恋爱）、《认亲调》（相亲），到女方家接亲唱《迎亲调》、《出门调》，接新娘时双方对唱《盘婚调》，新娘离家唱《上马调》，半路遇新郎家迎亲队伍时唱《下马调》，新娘到夫家时唱《开门调》，欢迎宾客唱《迎客调》等，共十多调。感情热烈奔放，音调或粗犷健美，或委婉动人，深情流注。

白族调与彝族"海菜腔"。各民族的情歌，数量多，应用广，各具特色。有小声吟唱给情人的歌，温柔婉转，情意绵绵；有隔山隔水、田间地头，男女对唱的山歌，高亢嘹亮、热情奔放。有情侣之间单独对唱，也有集体的联唱。各地各民族的曲调不同，长短各异。滇西北金沙江边汉族、纳西族等通用的民歌是：先以"阿呼呼，得！"呼唤性的短句招呼对方，得到响应后，再唱"曲子"，一般由上下二句构成，前句为比，后句是正题；有的直抒胸臆，倾吐真情。中间、开头有衬词，"说是啰"、"小妹（哥）听"等。大理的白族情歌，洱源、剑川、大理、鹤庆等均有差异，以大理为例，其情歌多用"三七一五"或"七七七五"的句式，以一个乐段配一个段歌词。一、二句各配一个乐句，三、四句集中于第三乐句中，以一个较固定的结尾"阿依哟伙荷荷"结束。开头

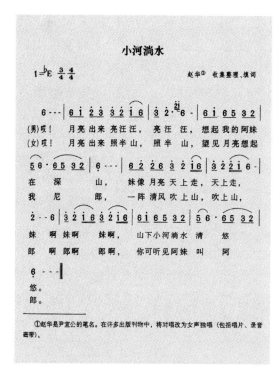

图下 6-3 云南弥渡民歌《小河淌水》(据毕朝义主编《弥渡花灯音乐舞蹈集》第 3 页,云南民族出版社 2005 年)

通常也用"几悄勒(唱得好!)""哈拉海依依嗨哟"作引。弥渡一带汉族聚居区流传的情歌《小河淌水》,清淳悠扬,婉转动听的旋律,与真情灌注、通俗雅致的歌词水乳交融,被誉为东方的小夜曲,传遍世界,饮誉八方。

规模较大的情歌演唱的活动,在滇西,以剑川"石宝山歌会"为代表,每年中秋,成千上万的各族青年男女都会赶来盛装参加,在树荫下,在花丛中,在小溪边,在山坡上,青年们或三五成群,或数十人成堆,相互对歌,彼此逗乐、试探、盘问、了解、表达爱意,这个过程很长,常常白天唱到晚上,或第二天再接着唱。三天歌会,意犹未尽,相约再会。在滇南,以建水、石屏、通海等县的"尼苏人唱曲子"的活动较为典型。尼苏,是彝族的一个支系,以石屏县北部哨冲、龙朋、龙武等乡镇为聚居区,俗称尼苏泼或花腰。其曲子演唱包括独唱、对唱、齐唱和临时插入的"挜腔",齐唱部分似帮腔,在场的人均参加。尼苏人的曲子的腔调分为四种:"山药腔"、"海菜腔"、"五山腔"、"四腔",流行于上述各县的彝族、汉族等群众中。以"海菜腔"为例,它又称"倒搬桨",以石屏异龙湖中盛产的一种柔软的水生植物而得名。原以情歌为主,也唱其他的社会生活。演唱时,以"拘腔"(拘,方言,意为客气)开始,用呼唤词"唉……"领起,其音高朗色润,舒展嘹亮,尾音拖得好长好长,响彻山谷,远传湖上。开始双方互相推让客气,说自己声音不好,曲子不熟,然后群众称赞他声音美、曲子多。接着才转入"正曲子"。曲子多为七言四句二十八字。一般的程式分为七腔：头腔，不点字；二腔，七字；三腔，五字；四腔，两字；五腔，七字；六腔，三字；七腔，四字。每腔领唱后，众人帮腔。唱完一曲又拘又唱，一来一往，你应我答。在对唱中，领唱者择机灵活加入"白话"，俗称"花点儿"。一般为韵语，信手拈来，脱口而出，出口成章，幽默风趣。曲子的唱词，从内容上分，有试曲、勾曲、热曲、扫曲、离曲、挂曲、怨曲、闲曲等，多是结合情绪的发展即兴创作，抒发青年男女在爱情生活中感情起伏波折，悲欢离合。以"海菜腔"为代表的尼苏人的曲子，曲式上已发展成套曲式的结构，既有柔情性的音调，又有叙述性的说唱音调，节奏细致而有变化；演唱时独唱与齐唱交替，挒腔与独唱结合，在音色、音量方面起到对比丰富的作用，大嗓与小嗓唱法的交替互用，自成风格。尼苏人的乐曲引起音乐界的广泛关注，20 世纪 50 年代彝族歌手白秀珍到华沙参加世界青年联欢节演唱海菜腔，获银奖；近年彝族歌手李怀秀等演唱的海菜腔先后获西部民歌赛和青歌赛金奖，随后被列为第一批国家级"非物质文化遗产"。同时建水的"山药腔"调《西乡坝子一窝雀》亦广受好评。

傈僳族《摆时》等多声部民歌。流行于怒江大峡谷的傈僳族特有的多声部民歌，是云南优秀的多声部民歌之一。其结构为单声领唱和多声合唱两部分，主要采用一领众和的演唱方式，用真声结合喉头颤音唱法。这种曲调的特点是每首末句末均以"呀拉咿"作为结尾，使歌唱更为和谐、欢快、流畅。"摆时"曲调奔放、热烈，富于表露内心的激情。约分爱情歌与叙事歌两类。

民族器乐包括民族乐器和民间器乐曲。

云南器乐品种繁多，约有 200 多种，其中吹管乐器约占二分之一，打击乐器占四分之一，其余为弹弦和拉弦乐器。大致而言，氐羌族群使用吹管乐器和弹弦乐器较多，百越族群以善于使用吹管乐器和打击乐器见长，百濮族群则多用吹管乐器，苗瑶族群使用吹管乐器芦笙最多。其中有许多独具云南特色的民间乐器。

巴乌，竹管置铜质簧片发音并有按音孔的吹管乐器。巴乌系象声词，原系滇南少数民族吹管乐器的泛称。有大、小之分，大者长约 50—

80厘米，直径约2.5厘米，有8个按音孔，形如笛，音色深厚低沉，甜美；小者长约30厘米，直径约1.2厘米，音色柔和抒情。边寨乡村，青年们常用巴乌来表情达意，谈情说爱。

葫芦箫，傣族传统乐器，亦称葫芦丝，直吹簧管以葫芦作音斗的乐器。其结构常见者以一管插入葫芦腔正中做主管，主管安有铜或银质舌簧片，管上开7个按音孔（前6后1），在主管旁再加2至3副管，不开孔。主管奏旋律，副管鸣固定音。吹奏时数管齐鸣，音色甜美柔和，被称为"最美的声音"。

铓锣，圆形中凸铜制打击"体鸣乐器"，常与象脚鼓一同演奏，一敲一打，相得益彰。有单铓，有排铓。排铓为大小不同的数面铓锣，按高低音顺序排列，置于架上，并装有几个摇动的锣锤杠杆，奏时，同时敲打，能发出和谐的音响。

三弦，又称弦子，分大、中、小三种。小者，以拉祜族小三弦为例，它长约30至50厘米，用一块整木作琴，鼓头用薄羊皮或猪膀胱、蛤蚧皮蒙面，以三根铁丝作琴弦，以一枚铜币或银币再加一小截铁棍为琴码，音色清脆、明亮、柔美，余音较长，更深夜静其声音更具魅力，其滑、柔、打音的效果，是其他乐器难以达到的。小三弦还能模仿生活中的语言音调，被誉为"会说话的小三弦"。石林县彝族支系阿细、撒尼人所用的大三弦，长达150厘米以上，琴筒为长圆柱体，木质，筒面蒙羊皮，三弦，一弦弹曲调，二弦伴奏，用木拨弹弦，若多支大三弦合奏，声音宏大，气势雄浑。流传和使用最广的中三弦，多为龙头状，在白族地区最为常见。

口弦，一种古老的民间乐器，滇西北的傈僳、彝、纳西、普米等民族多用。清代张泓在乾隆初年所著的《滇南新语·口琴》中记述云："剖竹成篾，取近青，长三寸三分，宽五分，厚一分，中开如笙之管，中簧约阔二分，簧之前笋相错处，状三尖犬牙，刮尖极薄，近尖处厚如故，后约三分，渐凹薄，至离相连处三四分，复厚，两头各凿一孔，前孔穿麻线如缌，以左手无名指小指挽之，大指二食捏穿处，如执柄，横侧贴腮近唇，以气鼓簧牙，其后孔用线长七八寸，尾作结，穿之线，过结，阻以左手之食中二指，挽线徐徐牵顿之，鼓顿有度，其簧闪颤成声。民家及夷妇女多习之，且和以歌。"这种三簧口弦，悠扬委婉，妇女多用以吐露心声。另一种单簧口弦，略大，音色稳重典雅，有表现男性心理特质的功能。

七音竹筒。滇南多竹，竹筒是打击乐器之一，但多无固定音高。基诺族的七音竹筒，是能演奏乐曲兼节拍音程、有音高的打击乐器。它由七个长短留有竹节的簧片竹筒，在另一端砍成斜口，按长短顺序排好，画出调音口线，并逐个挖好调音口，调成"1、6、5、3、2、1、5"，由5至7人演奏，能敲击出各种曲调。

云南民间乐器较有特色的还有佤族大木鼓、傣族象脚鼓、滇南各族的铜鼓、藏族和纳西族的大皮鼓、傈僳族的四弦琵琶、纳西族的苏古笃（胡拨）、傣族的葫芦琴、彝族的三胡、阿昌族的独弦琴、佤族的二孔箫、傣族的排笙。此外有草秆、稻草笛、吹木叶等。这些民间乐器多为就地取材、自制自用。

丰富多变的大自然音响，酸甜苦辣的人生经历，喜怒哀乐的人类感情，酝酿出了美不胜收的民歌和器乐曲，其中有独奏、合奏、单曲、组曲。有舞曲，有宗教音乐（佛、道、伊斯兰、天主、基督等教及祭祀时的乐曲）。以中小型曲式较多，变奏结构亦不少。民间乐队以小型为常见，如彝族打歌，常用笛子、芦笙伴奏，或加三弦，组成小乐队。各地洞经乐队，包括了弦乐、管乐和打击乐，乐器多少视情况而定；有的以打击乐器为主，如傣族的象脚鼓加铓、锣钹组成的乐队。云南器乐曲甚多，《云南民族器乐荟萃》一书，录有220多调。其中较有代表性的是：

纳西族的《白沙细乐》（又名"崩石细哩"、"别时谢礼"），是古老的组曲，表达某一民族乃至人类共同饱经沧桑而又充满期冀的感情。流传至今的有《笃》、《一封书》、《三思汲》（又称《三思渠》）、《阿里里格吉拍》（又称《美丽的白云》）、《母米无》（又称《公主哭》）、《跺蹉》（或称《赤脚舞》）、《抗蹉》（《弓箭舞》）、《暮布》（《挽歌》）等曲子。既可独立成章，又可连缀演奏。常用的乐器有横笛、直笛、波伯（芦管）、琵琶、筝、苏古笃（胡拨）、二胡、中胡，有的兼用唢呐、觱篥。这组感情丰富、旋律优美的器乐合奏曲，是"纳西古乐"的代表，曾到十多个国家演出，饮誉中外。其中《阿里里格吉拍》是一首带有歌词的送行曲。

低音舒缓，反复回旋，温柔深情，倾情注视着亲人灵魂幻化成苍鹰白鹤，盘旋在黑山白水之间，逐渐消失在白云缥缈的天际。《母米无》（《公主哭》）是一首以唢呐为主奏的曲调，似在倾诉大悲大恸，时而哽咽难言，时而抽泣不已，进而向苍天呼号人间的不平。《白沙细乐》的创作时间和来历，主要有两说。一为忽必烈所赠，乾隆《丽江府志略·礼俗略》称"夷人各有种，皆有歌曲……其调亦有《叨叨令》、《一封书》、《寄生草》等名，相传为元人遗音"。光绪《丽江府志略·风俗》将其具体化为忽必烈1523年领兵南下革囊渡江时所传。另一种说法是"悼亡之音"，清代咸同之际的纳西族诗人李玉湛（1827—1887）在《巨甸居人》一诗中自注"此曲创自民间，木氏盛时，永宁夷众来袭，木氏设伏白沙以待之，歼夷殆尽。民间造此曲以吊之，故曰'白沙细梨'。细梨者，细乐也"。因曲调"缠绵悱恻，哀伤动人"，至清末，多在丧事时于"灵侧"演奏。曲中所表现的感情已超出某一事件、某一民族，而令广大听众所领会，在不同场合演出，均受听众欢迎。

彝族尼苏歌舞组曲。这是彝族支系尼苏人的传统组曲，因其流行于红河县垤施、洛孟（乡）一带，又称"垤施组曲"。过去常为宗教祭祀活动表演歌舞时伴奏，后成为一独立乐种，可单独演奏。乐曲有序歌《歌舞之歌》、《踩荞歌》、《追撵》、《三步弦》、《斗脚》、《纺线》、《找姑娘》、《擦背》、《翻身》、《洛策调》、《瑟歌》共11段乐曲。有时演奏用《来玩啰》曲调开头，起互相召唤、酝酿情绪的作用。3—9段基本上是一个曲调，整个组曲实际上由5个乐曲组成。乐器有四弦、三弦、二胡、笛子（或直箫）、巴乌、树叶、草秆等，各自构成一个独立的声部，彼此按特定的规律保持复调关系。乐器均为自制，乐曲为自创，被认为是最具民族个性的乐队。

白族唢呐吹打乐。白语称"裴的得"，白族聚居区及邻近各民族中流行的风俗性吹打乐。乐器主要有长短唢呐、大鼓、大小锣、钹、芦管等，唢呐与打击乐器结合，气氛热烈，曲调变化多端，情感起伏强烈，运用甚广，婚、丧、节日、盖新房、庆寿等场合常见。曲牌较多，在不同场合演奏不同的曲调，如《耍龙调》、《栽秧调》、《离别调》、《蜜蜂过江》等。边远的维西县有的艺人到兰坪学艺，学到《千家乐》（婚事过礼时吹奏）、《一杯酒》（婚礼宴客时吹奏）、《过节调》（敬完酒后吹奏）、《大开门》（新娘出门时吹奏），还有《小桃红》、《一字腔》、《战腔》、《高腔》、《搬转台》、《大将军》、《串板》、《大摆队》、《顺宁腔》等近 20 支曲调，结合实际，灵活运用，被多方延请。

云南民间还流传着大量的器乐独奏曲，如《过山调》、《放羊调》、《送郎调》、《招亲调》、《逃婚调》等，有的为笛子、芦笙、三弦、巴乌等独奏，有的为二三件乐器小合奏。如维西傈僳族常用自制的乐器"起本"（四弦琵琶）、"菊律"（笛子）、"吉资"（二弦琴）等三大件乐器或加"出处"（口弦）演奏当地曲子《阿尺木刮》（又称《倮当木刮》），整个曲调以模拟山羊叫声为基调，时缓时急，跳动幅度大，形成颤音。其声悠扬婉转，给人以自由舒展的感觉。歌词既可抒情，又可叙事，既可沿用前人的唱词，也可即兴发挥，有较大的创造空间。

云南的宗教音乐，常与宗教仪式结合，与舞蹈配合。包括原始宗教音乐（含巫、傩）、佛教音乐（大乘、小乘及藏传佛教）、道教音乐、伊斯兰教音乐、天主教、基督教音乐等。在长期发展过程中，有的独立成为在社会上广泛演奏的音乐。其代表是《洞经音乐》，源于明初由中原传入云南的道教音乐，最初为配合道教仪式演奏，其后逐渐吸收当地民间音乐或宗教乐曲，因而有地方特点。根据社会的需要，在一些地区，由宗教性的演奏逐步变成当地文人雅士自娱自乐的演奏，有些进入家庭做斋、祭祀、求福等活动。其器乐体裁约分三类：一为"细乐"（丝竹乐），由丝竹乐器与小件打击乐器组合演奏，曲调幽雅，音色细腻柔和；二为"大乐"（吹打乐合奏），以唢呐、大锣、大鼓、铙、钹等较大的打击乐器合奏，气势宏大，热烈奔放；三为"清锣鼓"（打击器乐合奏），时而音响强烈，时而悠远清静，变幻多端，带有神秘性。

明清以来各地民间有学习和演奏洞经音乐的组织，叫"洞经会"、"谈经班"，曾一度衰落，近年各地逐渐恢复。昆明、大理、保山、文山、曲靖等地常有演奏，建水、丽江等地演出频繁。

此外，有祭孔音乐。

第三节　民族舞蹈

氐羌族群舞蹈　百越族群舞蹈　百濮族群舞蹈

云南舞蹈，植根于民族文化的沃土，争奇斗艳，各呈妙姿。按内容分，有祭祀舞、劳动舞、自娱舞、表演舞等；从使用的道具乐器分，有鼓舞、刀舞、羽舞、芦笙舞、弦子舞、手巾扇子舞等；从族群分，有氐羌舞蹈、百越舞蹈、百濮舞蹈。现就各族群代表性的舞蹈及其特征略加介绍。

氐羌族群舞蹈。氐羌为从中国西北南迁进入云南的民族群，南迁时间有先后，路线各不同。部族众多，包括藏、普米、纳西、傈僳、白、彝、景颇、哈尼、拉祜族等；分布面广，居住地方或多高山大川，或有盆地山坡，气候偏凉，亦农亦牧。其中以彝族人口最多，2010 年有 502 万人。氐羌舞蹈多粗犷、有力、深厚、雄健。联臂踏地为节，圆圈起舞。上身舞蹈动作甚少，以腰为主动，延伸而成独特的动律，下身的动作多为踏地、蹬脚、崴脚、抬腿，舞蹈整齐和谐，富于韵律美。藏族的"锅庄"搭肩扶腰、彝族打歌、纳西族窝热热、傈僳族琵琶舞、拉祜族芦笙舞等，牵拉手搭肩前后摆动，踏地跺脚，共进共退，大起大落。但随着生活环境的改变，各族文化的交互影响，其舞蹈也随之发展，有的舞蹈不再环臂搭肩，给肢体以自由，或甩臂，或拍掌，或转身，或下蹲，或穿花，或逗脚，舞姿变化，逐渐变得灵活自如。氐羌族系舞蹈中流行最广、参与人数众多的舞蹈，要数"打歌"。各地、各民族叫法不尽相同：以伴奏乐器称"芦笙舞"、"笛子舞"、"跳弦"等；以姿势称"踏歌"、"打跳"、"跳歌"、"跳乐"、"左脚舞"、"跌脚舞"、"三跺脚"等。它历史悠久，《新唐书·南蛮传》上载："吹瓢笙，笙四管，酒至客前，以笙推盏劝酹。"瓢，即可作水瓢的大葫芦。瓢笙即葫芦笙。以芦笙舞为饮酒助兴，为民族地区常见的风习之一。明代，纳西族著名诗人、丽江府土知府木公在《饮春会》一诗中写道："官家春会与民同，土酿鹅竿节节通。一匝芦笙吹未断，踏歌起舞明月中。"官民同以跳芦笙舞，即月下踏歌为乐。清代嘉庆初年曾任永平、邓川等知县的桂馥，在其《滇游续笔·踏歌》中记："夷俗男女相会，一人吹笛，一人吹芦笙，数十人环绕踏地而歌，谓之'踏歌'。"又在《踏歌行》一诗中描写"一人横笛居中吹，和以芦笙声缕缕。四周旋绕数十人，顿足踏地如击鼓"，"男歌女和余音长，垂手转肩身伛偻"。在巍山县巍宝山文昌宫文龙亭壁上，于乾隆年间绘有一幅《松下打歌图》：在群山环抱的平地上，在枝干弯曲如虬的古松旁，三十多人围成圆圈踏歌起舞，中间三人，一人吹笛，二人吹笙，舞步大幅跃动，环绕而舞者多数牵手抬左脚，正前方有二人相对扬手，各呈斜"大"字，似在作表演性舞蹈，有人边舞边咂旱烟锅，悠闲自得；还有三人在圈外弹琴、挥扇、鼓掌，与场内舞者互相应和。彩色的民族服饰，彰显巍山当年彝汉杂居的地方特点。男的多半戴有边毡帽，女的多着黑色长裙。有"毡帽踏歌"的风韵。

踏歌，在云南，既是氐羌族系共用的舞蹈形式，又以彝族为代表。据说，早年流传在大姚、姚安一带的"跌脚"，彝族称"古则"，以笛或葫芦笙作伴奏，男女牵手，周旋踏歌，上肢基本无动作，下肢以大跺大

图下 6-4　巍宝山文龙亭壁画《松下打歌图》

跳为特色。舞者身披羊皮，有的头插羽饰，有山区围火取暖、饮酒欢舞的原始之风。"打歌"则是"跌脚"舞的发展。在伴奏上，有了三弦、四弦等弦乐，在队形上既可拉手扶肩，又可转身、插花、拍手、逗脚，欢快起舞，不同的民族支系结合各地的实际有新的发展。

阿细跳月。阿细是彝族的一个支系，生活在弥勒西山一带，因喜欢在月下踏歌起舞，而称"阿细跳月"。用竹笛与三弦伴奏，其中的三弦，逐渐改进，渐变渐大，较一般的三弦琴筒粗大，共鸣声强，欢快强烈，震撼人心。小伙挎的大三弦，弹起来节奏明快，气氛浓烈；女青年鼓掌抬脚，欢天喜地、洒脱奔放，如行云流水。舞步有三步一踹脚、拍掌、转跳、对脚等。伴奏乐曲多是五拍一乐句，舞者前三拍进退，转身跳跃，后二拍原地击掌对脚。男女双方按节拍发出"哦哦"的欢呼声，洋溢着火一样的热情。这歌舞，传到近邻的路南撒尼村寨，深受撒尼人的喜爱。

烟盒舞，流传于滇南红河州彝族聚居区，也为当地其他民族所喜爱，在异龙湖周围的农村较为盛行。它以双手执竹制或木制的烟盒弹跳起舞而得名。舞者以食指规律地弹奏烟盒，发出清脆的"呱呱"的响声，调节舞步，多用四弦琴伴奏，又称"跳弦"、"跳乐"、"三步弦"。一般是双人舞或多人舞。它既有基本的具有代表性舞蹈，称之为"正弦"（又称"母弦"），也有后来丰富发展的舞蹈，称为"杂弦"。"正弦"以"两步弦"开头，接跳"斗蹄壳"，再跳"两步半"。"杂弦"舞为多侧面表现滇南彝族生活，从情绪舞转向有简单情节的舞蹈、哑剧。有的诙谐幽默，如《猴子扳苞谷》、《老人家》；有的富于生活情趣，如《鸽子渡食》、《鸽子学飞》等。据说"杂弦"有150多套，舞蹈动作讲究"柔"、"韧"、"脆"。许多节目带有较高的技巧，增添了舞蹈的表现力。由古朴的"跌脚"舞，发展为以舞蹈动律传达生活神韵的"烟盒舞"，展现了彝族民间舞蹈从简约走向丰富的发展趋势。

百越族群舞蹈。云南民族舞蹈中与氐羌族系舞蹈风格大为相异的是百越族群舞蹈。云南百越族群，包括傣族、壮族、侗族、水族、布依族等。这一族群舞蹈中，最有代表性的是傣族舞蹈。云南傣族主要居住在德宏与西双版纳自治州及临沧、普洱市的一些县。傣族生活的地区为亚热带气候、森林茂密、坝子较大、河流平缓、灌溉便利、物产丰富，生活条件较为优越；全民信佛，寺、塔遍布村寨，原始宗教多有遗存，赕佛祭神的活动频繁。人民性格平和温静，行动安详、舒缓，舞蹈动作柔美、轻盈、平稳、含蓄，以"三道弯"和"一边顺"的美为傣族舞姿的主要特点。与氐羌民族动脚多、动手少的舞姿相较，百越民族尤其是傣族的舞姿上肢动作多，舞蹈语汇丰富，既有造型美，又有韵律美；既有动态美，又有静态美。以孔雀舞、象脚鼓舞等最具特色。

孔雀舞。孔雀是亚热带森林中的珍禽，是百越族群人民喜爱的吉祥鸟。孔雀羽冠、蓝颈、翡翠般的尾羽上，分布着眼状圆形斑纹，开屏时，绚丽多姿，光华四射。古老的佛经中就有孔雀明王和孔雀的故事。据佛经记载，孔雀明王"着白缯衣，头冠缨络，耳珰臂钏。身有四臂，分执莲花及孔雀尾等，乘金色孔雀，结跏趺坐白或青莲花上"。佛教传入傣族地区后，加深了百姓对它的崇敬。以孔雀翎献佛、手执和头插孔雀翎起舞，"羽舞"的图像遍布两千多年前的青铜器及岩画；进而使用道具扮成孔雀起舞，祈求吉祥。早年，表演者多是男子，头戴佛塔形金冠，慈祥的菩萨面具，身挎纸扎或布做的羽身，肘挂双翅，手套尖长的抓甲，以象脚鼓伴奏，模仿孔雀姿态，翩翩起舞。动作主要为孔雀起飞、下山、翱翔、降落、栖树、出林、寻伴、饮水、戏水、抖翅、踩石、扒沙、追逐、展翅、受惊、窥望、静歇、寻虫、啄树籽等。随着动作、情绪的变化，鼓点疾徐强弱变换多端。舞蹈动作来自对孔雀生活习性的精细观察和模仿，同时又广泛吸收了印度及东南亚各国的舞姿，丰富了舞蹈的表现力。德宏州傣族男演员毛相，大胆除去面具、道具，徒手表演孔雀舞，他双眼闪耀着光芒，动作矫健敏捷、充满生命力，感情内蕴、韵律委婉抒情，舞姿流畅自然，开了一代新风。

象脚鼓舞。象脚鼓是多民族使用的长圆柱形打击乐器，因其形状似象脚而得名。象脚鼓舞是傣族有特色的群众性男性舞蹈。其鼓有长、中、短三种。长象脚鼓多见于德宏州，一般长约130—150厘米，鼓面直径约35—40厘米，击鼓不用棒槌，而用拳、掌、指敲打。用拳，以拳底、拳背、拳侧敲击；用掌，以掌心、掌肌、掌背敲；用指，以五指、四指、二指、一指敲。敲击点有鼓心、鼓侧、鼓边等不同部位，娴熟的鼓手有时还用肘打、脚打、膝盖打。抑扬顿挫，形成特定的"鼓语"。以打法变化多、鼓点丰富见长。舞步扎实、稳重、刚健，起落纵跃，鼓尾摆动，动作幅度较大。不限人数，人少对打，人多围成圆圈打。西双版纳地区流行的，多为中小型象脚鼓舞，舞步灵巧，招式干脆。象脚鼓更多时候，是集体舞、孔雀舞的伴奏乐器，特别是狂欢的场合少不了它。

嘎光，是傣族地区古老而有特色的群众性自娱舞蹈，直译为"跳鼓"或"围着鼓跳"。鼓是伴奏的主要乐器。一些地区由两妇女用长棍担起一面大铓，以一手相扶，一手敲打；另一名妇女敲着系有长穗带的大钹为前导，边敲边舞。参舞群众随后跟进，和着鼓乐声屈伸、俯仰、半蹲微颤，形成三道弯、一边顺的韵律美。

百濮族群舞蹈。百濮族系包括佤族、布朗族、德昂族等，分布于澜沧江、怒江流域，北至保山、腾冲、永平、云龙，南至缅甸景栋及泰国景迈地区。各民族能歌善舞，各有所长。其中佤族舞蹈知名度较高，其代表性的民间舞蹈有：

木鼓舞。木鼓是佤族崇拜之物，通神之器，通天之鼓，用整段的原木挖制而成，一般用红毛树或椿树等优质木材，体量硕大。鼓分公、母，母鼓比公鼓大，有原始母系遗风。过去只有在重大祭祀活动时才敲打木鼓。随着社会发展，宗教色彩逐渐淡化，集会、喜庆也打，成为群众娱乐伴奏的乐器。一般是在寨子中围绕放在架上的木鼓，边敲击边舞蹈。男的转着圈敲木鼓，或跳着敲木鼓；女的俯仰甩发，转圈甩发，或男女共舞。"咚咚"的木鼓声伴着激昂刚健的舞蹈，表现佤族人民的豪爽的性格，抒发奔涌的激情。

舂臼舞，是一种模拟舂臼劳作的舞蹈。一般为四人，面对石臼围圈起舞。动作有舂与摇晃、舂臼与打臼边；跳换位置舂臼、跳舂臼；跑舂臼。重复中有变化，简单的动作中有生活气息。

云南各民族都有自己的舞蹈，20世纪80年代以来，经过多方收集调查，搜集到"舞蹈7818套（个）"，"几乎全省120多个县都汇编成册出版，在此基础上编选的《中国民族民间舞蹈集成·云南卷》收入24个民族的126个节目"，为云南的民族舞蹈积累了丰富的资料。近百年来随着省内外、国内外文化交流的日益频繁，云南各民族的音乐舞蹈逐步走向全国，走向世界；而中外各种舞蹈又流传到云南，为各族人民所了解接受。

第四节　戏曲举要

滇剧　花灯　白剧　傣剧

云南地方戏中属于汉族或以汉族为主的地方剧种有滇戏、花灯、大词戏、曲剧、杀戏等。以滇剧和花灯特色浓、影响广、成就高。

滇剧孕育于明，形成于清，盛于民国及当代。元明之际，随着大批中原移民通过军屯、民屯，为官、经商等各种方式进入云南，云南城镇人口大增，中原戏曲随之进入云南，明景泰五年（1454），嵩明人兰茂曾撰《性天风月通玄记》；嘉靖年间，杨慎有"滇音按歌，秦声半讹"之句；明末晋宁唐泰招待徐霞客"具酌演"。清康熙三十六年，浪穹（今洱源）何蔚文作杂剧《缅瓦十四片》。明清两代各地相继建造戏台，如易门县大龙泉戏台，初建于明，乾隆重修。壁间留有雍正庚戌（1730）进士、邑人董良

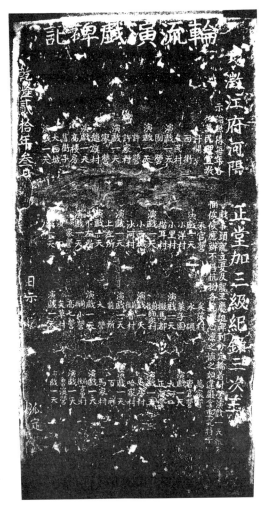

图下 6-5　清澄江府河阳《轮流演戏碑记》　现存澄江县西浦公园龙王寺（据《玉溪碑刻集》）

材书"同登寿域，共乐春台"，"山色树色兼春色，泉声鸟声杂歌声"的对联。玉溪县土主庙万年台，建于明初，正德、嘉靖、万历年间相继重修，每年"二月十五日圣驾（土主巡行）返宫，演优三天酬答"。玉溪九龙池戏台建于明万历年间，会泽江西庙戏台建于康熙五十年；宣威楚圣宫戏台建于康熙年间，乾隆时重修以供"作乐敬神"、"人无不和"。康熙四十六年，宜良草甸由于长期以来于新春花潮之时，各村盛会，"寄之歌唱，妆以傀儡"，感到"会非戏则聚不久，聚不久则情不畅"，因而于土主庙前搭建戏台，名为"祈丰"。康熙四十年，昆明有石俯、长乐等四戏班建"乐王庙"；乾隆五十三年吉祥、长春等八戏班建昆明老郎宫，供奉戏剧祖师爷。乾隆二十年（1775），澄江西龙潭立有《轮流演戏碑记》，以县令之名示谕"头龙立夏及龙王庆诞，牌到分定，轮着村、营演戏一天，报答神麻灵佑"，开有二十三列村、营名单。演戏时各类角色有分工，如道光二十二年（1842）昆明《重修老郎宫碑记》所列捐款名单中有生脚（角）、花脸、末、外、老旦、正旦、清音、当子动、笛子、丝弦、管箱、抬杂等不同名目。各戏班为了争取观众，顺应云南的民意、民情、民风，在内容和形式上逐步地方化，约于清代道光前后，形成了独具特色的滇剧。道光年间的雷振风，又名雷震，历来被滇剧艺人尊为祖师爷。光绪二十五年朱庭珍等在《莲湖花榜》中，以诗的形式对花旦潘巧云、青衣陈双喜、闺门旦刘彩云、刀马旦杨双兰等当时的名伶进行了品评。清末，随着民主革命思潮的澎湃，滇剧改良活动兴起。留日学生主办的《云南》杂志、《滇话报》等发表文章，倡导戏剧改良。《滇话报》第二号，报道过同盟会员、滇剧演员翟海云，捐家产、置新装，上演《取金山》、《辽阳大激战》等戏，用以弱胜强的实例，激励民众，抗击英法的侵略。《滇话报》还刊有《滇乱纪事》、《狗官》、《金碧魂》、《党人血》等剧本。远在滇西的《丽江白话报》，刊有《苦越南》等反映现实的滇剧。舞台上充溢着新思想，呼唤着社会大变革。民国初年，戏园勃兴，遍及全省，罗香圃、栗成之、竹八音等为骨干的"群舞台"兴盛一时，为滇剧的发展、提高作出了贡献，并留下了一批唱片，保留了100多个剧目的唱段，使滇剧影响扩展到省内外。

滇剧的声腔以丝弦、襄阳、胡琴为主，多由外地传入，经过长期的流传演变，逐渐形成了地方特点，有较强的艺术表现力。它用云南方言演唱，声、韵、调上有自己的个性。丝弦属今梆子腔系，兼有高亢激烈、热情欢快和温柔细腻，有"甜"腔，亦有"苦"腔。襄阳腔来自汉剧襄河派，属今西皮腔系，高亢明亮，顿挫有力，流畅轻快，活泼自然。胡琴来自徽调，今属二黄腔系，长于表现哀伤、沉痛的情绪和凄凉悲壮的气氛。演出时或以一种声腔为主，或多种声腔穿插并用，视剧目、剧情而定。各腔基本板式已形成男女腔之别和不同行当的特征。伴奏音乐文、武场兼备，即管弦乐和打击乐。有丰富的吹牌、曲牌和锣鼓经。滇剧传统乐队：文场一般设主弦一人，主奏丝弦、滇胡、唢呐、笛子；若有副手则奏滇二胡、月琴、三弦等。武场一般由五人组成，即板鼓、大锣、大钹、小锣、堂鼓各一人。区别情况可减。各种角色行当俱全，有脸谱百余幅，灌注了历代艺人的爱憎和审美情趣，如秦始皇（杨崇福绘）、项羽（王少明绘）等很有特色。《劈杨藩》中的丑鬼杨藩，被劈一次把头上额部头像抹掉一个，直变到三次而死。"变脸"特技的使用，颇具匠心。

滇剧的剧目，有1650余个。民国年间刊行的有《滇戏》、《滇戏曲谱》（梁星舟等辑，1923）、《滇戏指南》（栗成之编，1930，12册）等；1949年后刊行的有《云南十年剧目选·滇剧集》（1959）、《滇剧剧目》（三集，1961—1964）等。传统剧目多为口传心授，20世纪50、60年代进行了广泛的发掘整理，至1960年记录下来的近千种。其中一部分是其他剧种移植，另一部分为本省作者自己创作或根据其他文学作品改编的。也有反映现实的剧作，如写辛亥、护国生活的《党人血》、《援川》，描写生活某一片断的《戒烟记》等。

滇戏流传于云南全省和四川、贵州的一些地区。爱好者城乡均有，尤以乡镇农村为多。业余组织大大超过了专业团体，因而它有较深厚的群众基础。由于诸多原因，近年演出团体、场次、剧目，已大幅萎缩。怎样推陈出新，重获活力，成了滇剧面临的新问题。

云南花灯约在明代后期兴起，它与"社火"活动关系密切。举行"社火"时，前抬"土主"，接着为彩灯、杂耍；后为只舞不唱的趣味性角色表演，继之以又唱又舞的歌舞。这后一部分演变为"花灯"。在农闲或节庆时演出，载歌载舞，欢声笑语，自娱自乐。流行于汉族聚居或汉族与其他民族杂居的乡村城镇。明代景泰年间云南总兵官沐璘（1429—1457）在《滇南即事》诗中有"管弦春社早，灯火夜街迟"之句。明嘉靖年间杨升庵有《观秋千》诗，其中有"滇歌僰曲齐声和，社鼓渔灯夜未央"之句。至清，在滇西禄丰有"元宵张灯三日，士庶会构灯棚"、"百姓儿童自扮采茶"、"灯联杂剧奇"，连日欢歌的记载⑪。在滇中澄江，谢俨《澄江春社行》中有"西巷茶歌犹未歇，秧歌东唱又重重"之语。同治年间元谋县令王戬谷作《灯词》三首，直接写到花灯剧《芦花记》的演出⑫。另一位作者王学富，在元谋《竹枝词》中描写花灯演出盛况："正二月间闹花灯，扮唱吹弹见性灵。开财连相多吉庆，男妇争观挤数层。"今能收集到的云南乡间花灯传本，多为光绪初年物，如禄丰《太平灯会手抄本》、《灯曲小唱本》等。还有相传产生于道光年间《大王操兵》等剧目。由此可知，云南花灯约萌芽于明，形成于清。它生活气息浓厚，为百姓所喜闻乐见。清末，农村中有灯会、灯班、灯棚等业余演出组织，民国初年，仅昆明官渡区就有28个，元谋县有39个花灯社，可见其分布之广，数量之多。

　　花灯的曲调，一部分为早期移民从中原带来的民间小曲，如《打枣竿》、《挂枝儿》；一部分为当地的民间小调略加改造，成为花灯曲调；还有变自其他戏曲声腔或洞经音乐者。花灯音乐音节较为规整、轻快、跳跃，动感很强。云南花灯音乐还与各地少数民族音乐多有联系，如滇西弥渡花灯曲调，有白族音乐元素；滇南建水花灯音乐，富于彝族音乐的色彩；滇北的元谋花灯音乐，常有四川音乐的一些元素。伴奏乐器，各地不同。呈现丰富而又大体统一的局面。

　　传统的花灯，地方特点浓郁。有的剧目，借外地剧本的线索，反映本地的生活。如《城乡亲家》借乾隆年间朱朝佐《缀白裘》中的《探亲相骂》的故事，反映清末民国初年昆明城乡习俗、文化差异，历数昆明东西城门间的景物。有的直接描写当地的社会生活，如《永昌花鼓》写小两口逛永昌城，介绍永昌城的大街小巷、山川地势、民族风情。又如《游春》借老爹与众姊妹的对唱，描绘云南的物产、风光。贴近当地实际，洋溢着浓郁的生活气息。题材、立意大多与农民、市民的生活息息相关。花灯小戏，未设置重大的矛盾冲突，多半是一点小误会，小争吵，小矛盾，很快化解，重归于好。道白演唱用乡音土话，方言味浓，有的还掺进部分少数民族话，百姓容易听懂。幽默风趣，轻歌曼舞，观众易于产生审美的愉悦，发出会心的微笑。说乡事，唱乡音，跳乡舞，是花灯的突出特点。

民间花灯重在歌舞。艺人们在"歌"与"舞"上积累了丰富的经验，有的还吸收了当地少数民族的舞蹈。花灯舞蹈的基本动作特点是"崴"。俗话说"不崴不成灯"，娴熟的花灯艺人上场一崴，那胯的左右崴动带动了上身向相反的左右摆动，配合手的"风摆柳"，身体形成波形三道弯，具有流畅感，加上"捻扇"等动作，就能表现出千种风情。"崴"花灯时的道具：以扇和手巾为主，琳琅满目、色彩鲜艳的扇子、手巾，优美丰富的捻扇、扣扇、抖扇、翻花扇等"扇花"动作，与青年男女歌舞相互配合，使得舞台花团锦簇，妙趣横生，荡漾着春意春情。

民间的花灯演出，有边走边舞的"过街灯"，有在庭院演出的"院坝灯"，有在谷场上或空地上演出的"广场灯"。为让四面八方的观众都能看到，其队形多用圆圈形，又称"簸箕灯"。演出时先用不带情节的集体舞把场子拉开，将观众吸引过来，称之为"团场"；或用一丑角即兴表演并向主人或观众说些吉庆祝贺的话，接着就有花灯歌舞或花灯小戏演出。歌舞多以"问答"、"猜谜"的形式出现，小戏多以爱情婚姻、伦理道德为题材。节目短小，道具简单，内容丰富，便于适应不同层次观众的口味；也便于业余爱好者有登台演出的机会，增添花灯的群众基础。情节曲折的大戏，是在 20 世纪 40 年代花灯进入城市进行营业性的演出后才逐渐出现[13]。

花灯的角色注重三小，即小生、小旦、小丑。由于剧目逐渐丰富，角色的要求也日益细致，即以小生为例，有娃娃生、文雅小生、风流小生、大小生、二小生等，要求五官端正，身材匀称，嗓音清脆，浑身柔活，脸部有戏，眼睛传神，演出性格。

对于花灯，民间传言"乡里生，乡里长，乡里人民将它养"。扎根于人民深处的艺术之树是常青的。

白剧，原名吹吹腔，属弋阳腔系统，1949 年后吸收了大本曲的一些曲调，进一步丰富发展，才称为白剧。

吹吹腔的起源，大约是元末明初大批江南移民进入白族地区，随着人流物流传进来，在长期传习过程中又与本地民俗和文化艺术相结合，并吸收了其他剧种的某些因素而形成独特的剧种。明末洱源何蔚文《大理》诗中，有"点苍红遍茶花坞，樵径山歌唱僰腔"之句，点出白族民歌与劳动生活的密切关系。清雍正《赵州志》（赵州，古地名，大理凤仪）中载："民家曲，以民家语为主，声调不一，音韵悠然动人，亦有演出戏剧者，或杂以汉语，调之汉僰楚江秋。"（僰、民家均为明清时白族的别称）此条资料说明，雍正时期大理即有以白语进行戏剧演出活动。洱源县在乾隆、道光年间吹吹腔盛行，据洱源兰林吹吹腔第七代传人杨万合的回忆，他的远祖杨永桐是乾隆年间有名的吹吹腔高手，72岁还到下关演出。又从云龙县长辛区干坪村的四代吹吹腔戏班班长承袭名单看，清道光年间，该村的李贵文，时任大理府司业与云龙州把总赵育才联名上书府台，请求让干箐坪成立戏班演吹吹腔。获准后即从洱源请来戏师傅及唢呐艺人传授戏艺，李贵文卸职后被推为第一任戏班班主。这说明道光年间吹吹腔已流行于白族腹地洱源、邓川、云龙等地。至光绪年间，较有名的吹吹腔戏班有剑川县象图的李汉文班，鹤庆打板箐村的罗万兴班，云龙县汤邓的李生香班、下坞的李开文班、干箐坪的李朝彦班、大达的张述明班等，活跃在白族聚居区的各乡镇。由此可知，吹吹腔可能是在民间演唱民家曲（僰曲）及吹奏唢呐活动的基础上，融合了中原传入的声腔（如弋阳腔等）、剧种（如滇剧等）逐渐形成有白族特点的戏剧。萌生于雍乾时期，普及于清末。

吹吹腔的传统剧目有200余出。在已知剧目中，有少部分是写白族历史文化的，如《牟伽陀开辟鹤阳》、《火烧松明楼》、《张浪子薅豆》、《刘成五搬板凳》等，无固定时间、地点，但多与白族人民生活息息相关。大多数剧目是全国共同的历史传说故事，如三国、隋唐、列国、水浒、封神等。唱词每段四句，前三句为七字，后一句五字。这种"三七一五"的格式，最早见于明代白族诗人杨黼于景泰元年所撰的《词记山花·咏苍洱境》，刻于大理喜洲圣元寺《重理圣元寺西山碑记》碑阴。以十首"三七一五"的诗体组成，以汉字记白音，文词优美，音韵和谐，为白族文学中的佳篇。此碑所运用的形式也多为后世效法，称之为"山花体"。也许，杨黼所采用的也是原已流传在民间的民歌体。在唱词中，若需要长一些，就两段相连成八句，前七句为七字，后一句为五字，这是"联体"。在行文和语言上是白语和汉语相杂。如白语戏词："硬篾有曾崔文瑞，升天上山去遭夕。遭夕共畏硬古母，愿他一百岁。"汉语意译为："我名叫做崔文瑞，每天上山去砍柴。砍柴供养我老母，愿他一百岁。"在杨黼的"山花体"中也是如此，如白语诗为："苍洱境锵甂不饱，造花工迹在阿物。南北金锁把天关，镇青龙白虎。"汉语意译为："苍洱美景赏不厌，天然胜迹万万千。南北有青龙白虎，镇上下两关。"⑭形成白汉相杂的原因，是长期的历史发展过程中，白语中吸收汉语词汇较多，据杜秉钧《白语汉词考释》⑮一书所列，就有 1030 条。还有一些是以汉字记白音，俗称"白文"。这是民族文化交融的典型例证之一。

吹吹腔的唱腔，可大体归纳为高腔类和平腔、一字腔类。高腔以高亢、昂扬为主要特点，后者较平稳、舒缓。平腔常讲唱结合，长于宣叙；一字腔旋律较强，长于抒情。唱腔四句，一种是每句一过门，一种是二、三句无过门，一、四句后有过门。过门多半是唱腔的延长和夸张，起着舞蹈伴奏渲染感情的作用。凡吹过门时，演员总要按唢呐旋律起舞。打击乐器有鼓、锣、钹、梆子（或交板）等。有较为系统的锣鼓经。

傣族信仰南传上座部（又称小乘）佛教，寺庙遍布各个村落，寺中讲唱佛经，声调抑扬起伏，宗教活动频繁，宗教音乐亦常相伴。民间音乐歌舞盛行，与群众生活一起生生不息，逐渐形成一些固定的节目，如《十二马》，叙述一年十二月的节令变化和生产劳动，由男女各六人边唱边舞，来往穿花；《冒少对唱》（男女对唱）表现一对傣族青年男女从相识、相悦、相恋、相誓、相别的心路历程，类似表演唱。傣族还有丰富优美的民歌、民间故事传说，为讲唱文学、歌舞表演积累了丰富的素材。这些因素，逐渐相融，形成了一种新的艺术形式傣剧。

看似机会有些偶然，但傣剧的形成却是有其必然的条件。相传，嘉庆年间有个山东皮影戏班来干崖（今属盈江县）演出，并在当地传授技艺。清道光年间干崖二十一代土司刀如玉赴京时，带回皮影戏箱，在凤凰城（今盈江新城乡）、龙口城（今盈江旧城镇）等地演出皮影戏，原演皮影戏用汉语汉调，当地百姓听不懂，土司署属官刀如安将皮影戏剧目《封神演义》翻译成傣文，并用"转转唱"中的曲调演唱，他和亲友分别担任剧中的姜太公、周武王等角色，将皮影戏换成真人表演，用的是傣语、傣族的调子，受到当地百姓的欢迎。这次实践，对傣剧从说唱转变为戏曲积累了经验。清同治六年（1867）干崖人尚贺，用老傣文编写了第一个剧本《相勐》。清光绪四年（1878）承袭干崖第二十三代土司的刀盈庭，根据明王朝进军云南的史实，写成傣剧剧本《沐英征南》。同时，本地佛爷、知识分子，也将汉文历史演义、戏剧改编成傣剧剧本，产生了《红宝莲》、《王昭君》等傣剧连本戏，丰富了傣剧舞台。

　　傣剧的长足发展，尤得力于干崖第二十三任宣抚使刀安仁（1872—1913）。刀安仁字佩生，又作沛生，受过汉傣两种文字的良好教育。19岁袭职，曾带兵阻止英军入侵昔董及铁壁关；于光绪三十一年（1905）到印度、缅甸等地考察，受资产阶级革命派的影响，在本地筹办学校，培养人才，聚集力量，与革命党人秦力山等来往密切；次年带领十余人赴日本考察学习，加入孙中山领导的同盟会；回国后发展实业，开设火柴厂、印刷厂、纺织厂，引种橡胶等。1911年10月27日与张文光等组织了腾越起义，成为云南辛亥革命的先驱之一；1912年2月到南京报告起义经过，因遭人诬陷入狱，获释后于1913年含恨辞世。

　　刀安仁爱好文艺，十余岁时就在《阿暖相勐》一剧中扮演男主角相勐，动员他姐姐扮演女主角，开了男女同台演出的新风。他又组织了男女傣戏班。光绪二十九年（1903）他集中了一批佛爷（和尚）和傣族文化人，编写傣剧剧本，采取分散创作、定期交稿、有稿必酬、优质重奖的办法，产

图下6-6　干崖土司刀安仁像　清末佚名摄

生了《朗画贴》、《朗高竿》等一批剧目。刀安仁也写了《陶禾生》、《庄子试妻》等剧本；同时，还用唱词的形式编写了《千种词》一书，根据傣戏的特点，把各式人物按其性质特征、社会地位，编出他们的唱词、唱腔，供演出时据不同情况参考运用，成为傣剧的基础教程。刀安仁参考滇剧等其他剧种，对傣剧表演的许多方面也作了改进：分出生、旦、净、丑；不同人物性格，用不同的唱腔；按傣族审美传统设计成为傣族人物脸谱；借鉴其他剧种的打击乐，改进武场锣鼓经等，丰富提高了傣剧的表现力，喜爱傣剧的人日益增多。傣剧通过节日集会、宗教活动、婚庆等机会，由干崖逐渐向其他地区流播，各地竞相模仿，组织人员演出。至清末民国初年，在盈江、陇川、潞西、瑞丽、梁河和怒江沿岸的傣族村寨，以及保山、腾冲、龙陵等县的傣族聚居区，与今德宏州接壤的缅甸境内的一些村镇，都有较广泛的傣剧演出活动。

傣剧的传统剧目，约可分为三类：一是民间生活小戏和歌舞节目，如《布屯腊》（《犁田的爷爷》，以祖孙犁田，婆婆送饭为主线，即兴编唱）、《十二马》（傣语称《马西双》，以男女对唱为主）等，多富于生活气息；二是根据傣族民间传说或叙事诗改编的剧目，如《相勐》、《红宝莲》、《阿暖海东》等，有较浓的傣族历史文化色彩，情节多曲折引人，连台本戏较多；三是据汉族古典小说或戏曲改编移植的剧目，如《陶禾生》（《聊斋》故事改编）、《庄子试妻》等。据说根据《三国演义》、《封神演义》等改编的戏曲有一百来出，可单折演出，亦可连台演，体现了汉傣文化的交流融合。

早期的傣剧重歌唱，无道白。傣剧用的声腔直接来自民歌，或民间歌舞曲；后来借鉴佛教讲经声调及适应多种情绪的表现方法，逐步形成傣剧的"戏调"。戏调约分徵调式为特征与羽调式为特征的两个基本调。最初流传在盈江时，城镇演出多用前者，乡村演出常用后者，各唱一个调，无男女或生旦腔调之别。流传到潞西后，男角专用羽调，女角多用徵调，并逐步性格化，有了小生腔、老生腔、草王腔、女角悲腔等。同时吸收一些民歌到剧中来，或作插曲，或表现各种气氛、情绪、人物性格。如用《琴调》表现哀怨、悲伤、思念之情；用《婚宴调》表现人物的庸俗、轻浮；以《孔雀歌》作热烈欢快的歌舞唱段；将《鹦鹉歌》用作序歌或剧终合唱等。有的逐步改造脱离民歌原生形态，成为戏剧音乐。傣剧传统的乐器多为锣、钹、鼓三件组成。其后逐渐增加乐器品种，较有民族特色的有牛皮鼓、象脚鼓、铓锣、荸光（象脚琴，拉弦乐器）、荸夏拉（以笋叶蒙琴面，形似二胡，弦乐器）、荸琴（三弦琴，弹拨乐器）等，未形成固定乐队。

云南少数民族戏剧，除上举白剧、傣剧之外，尚有壮剧（清代中叶形成）、佤族清戏（清代中叶形成）、苗戏、彝剧（20 世纪 50 年代形成），还有流传于西双版纳地区的"章哈剧"，也是 20 世纪 50、60 年代形成。

【注释】

① 《史记》卷一一六。

② 以上图例俱见云南省博物馆编《晋宁石寨山古墓群发掘报告》图录册，文物出版社 1959 年。

③ [唐] 樊绰：《云南志》（又名《蛮书》）卷八，见赵吕甫：《云南志校释》第 291 页，中国社会科学出版社 1985 年。

④ 《新唐书》卷二十二《礼乐志》。

⑤ 《易》：初九，潜龙。见和瑞尧：《周易本义评读》第 15 页，作家出版社 2011 年。

⑥ 《易》：初六"履霜坚冰至，盖言顺也"。见和瑞尧：《周易本义评读》第 40 页，作家出版社 2011 年。

⑦ [唐] 唐次：《骠国乐颂》。见方国瑜主编：《云南史料丛刊》第二卷第 203 页，云南大学出版社 1998 年。

⑧ 《骠国乐》，《全唐诗》卷四二六，13 册第 4698 页，中华书局 1960 年。

⑨ 戈阿干：《东巴神系与东巴舞谱》第 39 页，云南人民出版社 1992 年。

⑩ 各种神名，不同译者、不同著作中有差异，此地按 2001 年云南人民出版社出版的《丽江纳西族自治县县志》第 806 页的译名。

⑪ 刘自唐纂辑：康熙《禄丰县志》，康熙壬辰（1712）刻印。

⑫ 顾峰：《云南歌舞戏曲史料辑注》，云南省民族艺术研究所戏剧研究室编印，1986 年。

⑬《中国戏曲志·云南卷》，中国 ISBN 中心出版 1994 年。

⑭ 周祜：《大理古碑研究》第 86—88 页，云南民族出版社 2002 年。

⑮ 杜秉钧：《白语汉词考释》，云南人民出版社 2009 年。

第七章

奇特风俗　迷人节庆

　　不同的地理生态养育了不同的民族群体。相应地，不同的民族群体会形成不同的文化和民风民俗。云南拥有独特的地理生态和丰富的民族资源，因而，云南的民风民俗也就显得格外多姿多彩、引人注目。

　　民风民俗本身是由多种因素构成的，这其中最外显却又是人类最不可或缺的衣食住行及婚姻丧葬习俗，便是最能反映和体现各地区各民族民风民俗的典型事象。同时，独具特色的节日庆典由于具备了周期性、集体性、群众性、丰富性等特性以及凝聚整合民族群体、展现地方和民族文化等功能而成为各地区各民族风俗文化中最为灿烂耀眼的明珠。可以说，云南民族的服饰、民居、饮食、节庆和婚丧习俗共同绘成了云南民族文化这幅色彩斑斓的图画。

第一节　民族服饰

材质奇特　内涵丰富　服饰与美学

　　服饰文化在人类文化中显得最为直观，但同时又常常具有丰富的内涵，蕴含着深厚的文化价值和审美价值。服饰，指的是穿戴在人们身体上的各种衣服和装饰物的总称，包括了"服"和"饰"两个主要层面。

　　材质、色彩、型制是构成服饰的核心要素。这其中，材质又最能体现特定地区特定民族服饰的风格和特色，因为传统服饰的材质往往在很大程度上取决于当地的自然地理环境。就云南而言，自然风貌千差万别，地理环境形态各异，气候海拔复杂多变，因而，云南拥有丰富的动植物资源。这些富足的资源为云南民族服饰的丰富多样奠定了物质的基础。

　　受经济条件和生产力水平的制约，云南各地的少数民族更多地保留了取材于自然的服饰构成特色。当然，如果进行粗略划分，云南民族服饰的材质可以分为以下三大类：其一，取材于植物型。这种类型又可进一步区分为直接取材于植物型和取材于植物后经一定加工型，前者如棕皮衣、芭蕉叶，以及饰物中的花草、树枝、藤篾箍、藤木镯子等，后者如火草衣、棉、麻、丝等，以及以上述材质制作的各种装饰物。其二，取材于动物型。同样可区分为直接取材于动物和取材于动物并经一定加工型，前者如穿兽皮衣、披羊皮，以及饰物中的动物羽毛、兽角装饰、动物骨头、牙齿项链、手链等，后者如毡、氆氇、毛线织物等，及以上述材质制作的各种装饰品。其三，其他型，主要针对饰品。

　　取材于植物型。越是在人类社会发展的初期阶段，人类对于自然的依赖程度越大。云南的很多少数民族由于长期以来地理封闭、生产力低下，在一定程度上对于自然的依赖程度较为突出，表现在服饰的取材上，以树叶、树皮作衣，"芭蕉叶子做被盖，龙头叶子做斗篷"[①]，时见记录。一些民族还会剥下棕树的树皮，用来制作蓑衣，既可挡雨，又可防风，广受欢迎。在云南民族服饰中，有一种"火草衣"。火草是一种生长于山间的草本植物，是过去用火镰取火时的引火物，每年七八月份火草生长最为茂盛，采回火草，晾干之后，用双手轻轻一揉，火草绿色的表皮就去掉了，只剩下洁白柔软的绒絮。之后便可借助纺车将这些绒絮纺成粗毛线般的白线，然后在织布机上织成纯白的布料，再以手工缝制成衣服。它不仅冬暖夏凉，而且还有雨淋不透的特点。火草衣在滇西北彝族的支系白依人和丽江永胜的他留人中均有保留。

　　云南各民族服饰的主要材质还有棉、麻、丝等取自植物纤维的材料。根据新石器时代遗址的考古发现，在洱海地区、金沙江中游地区、滇池地区等新石器文化遗址中多处发现了石制或陶质的纺轮[②]，这说明大约在 3000 多年前，云南地区的居民已经开始纺织。有棉（木棉）、麻织品，汉代已经有丝织品。其后如傣族、布朗族、景颇族、德昂族、佤族等民族的妇女所穿筒裙一般用棉布或本民族织锦制作，哈尼族的服饰和藏族的轻薄衣物多用棉布缝制，而苗族、傈僳族、怒族的服饰多用麻布制作。

取材于动物型。动物的皮毛在保暖防寒方面具有天然的优势，因而也成为早期先民服饰的主要材质之一。特别是在那些曾经以狩猎和畜牧为生的民族中，服饰取材于动物皮毛是一个突出的特点。穿羊皮褂、披羊皮较为普遍，冷时可保暖，睡时当被盖，野外可当坐垫以防潮湿，还可遮风挡雨，可谓一物多用。丽江纳西族妇女也喜披一张羊皮披肩，其实用功能自不待言。

将动物羽毛、骨骼、牙齿等作为装饰物，可能是原始先民普遍的喜好。沧源岩画中的人物同样有很多用羽毛、兽角等作为装饰。滇人饰品中用鸟羽做成的羽冠别具一格。

除了直接将动物皮毛或其他各部分用于服饰，云南各民族也掌握了将皮毛进行加工再进而制作服饰的工艺。如在云南很多民族中流行的披毡习俗。毡是用羊毛擀制而成的，在经过加工后，披毡比羊皮更耐磨，也更加实用。云南彝族的民众，不管男女，就喜欢披一块羊毛披毡，这甚至成为彝族传统服饰中的标志之一。藏族的氆氇同样是羊毛制成，也同样体现了对于动物皮毛的运用。其制作程序是先将羊毛用纺锤捻成线，再用织机纺织而成。

一些民族则将兽皮兽毛加工成靴子、袍服、毛帽等，最大限度地发挥了动物皮毛的实用功能，如藏族、普米族。

其他型。这是主要针对饰品而言的，其材质特殊，无法包含在植物、动物两大类中，如金银、玉石等材质。以藏族为例，不论男女，均喜佩戴饰物，其材质则涉及金、银、玉、玛瑙、红松石、绿松石等。景颇族妇女衣服上的银泡、胸前的银链、银项圈，体现了重银饰的特点。苗族服饰中的银饰更是琳琅满目。白族妇女则最喜欢玉镯头和银镯头。

傣族女子喜欢金质饰品。总而言之，云南民族的饰物，其材质从最古朴的木、竹、羽毛，到金银玉，种类丰富，各具特色，成为各民族服饰中最灿烂耀眼的组成部分。

图下 7-1 清末苗族服饰 殷晓俊提供

服饰是人类历史和文化的积淀，其中蕴含着丰富的文化内涵。特别是云南的少数民族，其服饰的文化内涵显得尤为丰富。

其一，标志着角色身份。云南很多民族的服饰，常常通过细节、型制、色彩等方面体现出穿戴者的年龄、角色和身份。以新生命的诞生为例。对于初生的婴儿，云南各民族大多采取自己的方式来"拴住"其不稳定的灵魂，服饰是重要的一个环节，如独龙族婴儿一降生，老人们就用独龙毯包裹婴儿，同时轮流抱在怀中。用独龙毯包裹婴儿，其目的是表明这个降生的婴儿从这一刻起就是独龙族的一员了。白族的婴儿在出生 7 天后，大人要为其穿上一件"狗皮衣"，这件狗皮衣并非狗皮制作的衣服，而是一件自制或购买的小棉布衣服，在狗身上象征性地披一下后再给婴儿穿上，因为民间认为鬼怕狗，婴儿穿上这件"狗皮衣"，今后易养易长。

服饰的年龄、角色标志性功能更多还体现在云南各民族的成年礼、婚礼、丧礼等各阶段。成年礼是标志个体告别少年阶段、迈向成人阶段，从不成熟的个体向真正的成人转变的过程。这个礼仪，在云南的很多少数民族中，同样是通过服饰的改变和转换来达成的。其中，最典型的就是纳西族摩梭人的成年礼。摩梭人在 13 岁的时候，分别为男孩和女孩举行名为"穿裤子礼"和"穿裙子礼"的成年仪式。这个仪式中最重要的部分当然就是为受礼者更换服饰。在此之前，少年一般穿的是一件麻布长衫，在腰间系一条布带，举行成年礼时，则分别换上成年男女的服饰。

通过服饰，还可以看出云南的很多少数民族是否已经成婚。云南石林彝族支系撒尼人妇女头上戴的绣花包头十分漂亮，传说是把天上的彩虹绣在了包头上。当地的老年女性和已婚妇女多用红、黑两色布做包头，头顶上只有一只平放的三角形饰物；未婚姑娘的包头则色彩更为艳丽，用红、黑、黄、绿等五彩丝绸做成，包头边沿还要钉上洁白的银泡，包头两端绣着精美的花草图案，包头的双耳部各插一只刺绣精细的三角形饰物"彩蝶"。所以，看到包头，就能知道撒尼女子的婚姻状况。

有的民族的服饰则还能体现是否已经生儿育女。如云南富宁壮族，在有了孩子后服饰相应改变，原来穿的鞋底是有毛边的，现在不再有毛边；原来鞋面上的绣花图案鲜艳多样，现在绣花图案明显减少；原来穿的衣服，不论是头巾、外衣、围腰颜色均较鲜艳，现在服饰的色彩变得更加素朴，以蓝、黑色为主。哈尼族爱尼人当了祖母的要戴一顶镶有很多银泡的帽子，当了祖父的要裹红色的头巾。

其二，反映着宗教信仰。云南少数民族大多有自己的民间信仰，而这些信仰崇拜的内容在服饰中也有突出的表现。如彝族崇拜虎，以虎为图腾，自认为是虎的后代子孙。小孩子要戴虎头帽、穿虎纹肚兜和虎头鞋，象征自己是虎族的后人和子孙。背孩子的背被上绣着"八方八虎"的图案，表示虎祖护佑后代。在毕摩的法帽帽带下端通常会悬挂一对虎爪或鹰爪。毕摩在祭祖活动中有时也会穿上虎皮短袄。有的则在披毡上绣彝文的"虎"字。毕摩的很多法器上也刻有虎的图案或采用虎的形状。拉祜族崇拜葫芦，传说拉祜族的始祖就是从葫芦中走出来的，后来繁衍了拉祜族人。于是，拉祜族将从葫芦、葫芦藤、葫芦叶抽象出的葫芦纹广泛运用于其传统服饰之中，镶绣于衣服的明显部位。比如，两个尖角相对的三角形就是葫芦的象征。

其三，体现着价值观念。云南各民族的服饰文化中，还体现了各民族的道德观念和价值意识，是对其精神世界的象征和表述。如纳西族妇女身上披的羊皮披肩，称"七星披肩"，其制作精美工巧，一般在肩部一左一右缀有两个大圆布圈，分别象征太阳和月亮，其下背部并排钉着五个小圆布圈，代表"星星"。也有不钉两个大圆布圈而仅在背部并排钉七个同样大小的圆布圈的。这块披肩隐含着深刻的文化价值，意为纳西族妇女吃苦耐劳，披星戴月。又如基诺族服饰，有一种月亮花装饰，传说一位基诺族的小伙子爱上了一个从月亮上下来的美丽姑娘，但姑娘被恶魔逼走，小伙只抓到了姑娘的裙角，撕下了一小块带花纹的布片。为了怀念爱人并铭记与恶魔的深仇大恨，便将布片缝在背上，人们纷纷效仿，于是基诺族的服装上便有了月亮花这样的绣片。月亮花图案成为基诺族表达真挚爱情和追求善良美好的标志[③]。

其四，记录着历史文化。服饰中所蕴含的历史和知识是云南民族文化中的重要组成部分。如苗族服饰上的每一个图案、每一道纹饰都和祖先的迁徙、民族的历史有关。云南禄劝、武定、安宁一带生活的苗族支系大花苗的服饰，背上有一块方形绣花披肩，是将两块厚实粗硬的毛织物缝连一角后披于肩上，外形类似铠甲。在披肩上绣满各种花纹图案，而每一种花纹图案都有自己的含意。据说过去苗族在北方有自己生活的一个美丽富饶的地方，后来受到欺压被迫逃离家园。所以披肩上的大花图案代表着过去苗族祖先生活过的京城，红色和绿色的花纹则代表着京城内的街道，交错的条纹代表着田埂。除了披肩，妇女的百褶裙上纵横交错的线条代表着山川，菱形花纹及各种小图案表示五谷，花点代表谷穗。裙腰和下摆处，有两条红黄相间的线条，表示黄河和长江。

又如景颇族中流传着一句谚语："筒裙上织着天下的事，那是祖先写下的字。"景颇族妇女的筒裙上绣着一种"蕨菜纹"。据说那是因为蕨菜曾养活过景颇族的祖先，为了铭记先祖走过的那段艰难历史，也为了感谢救命的蕨菜，所以将其图案绣在裙上。

云南民族的服饰体现了各民族的色彩美学。不同的民族，具有不同的色彩喜好，形成不同的色尚观，反映了不同的审美意识。而各民族的服饰，就最集中地体现了民众的色彩审美观念。云南各民族也将对于色彩的喜好反映于他们的服饰文化中，传递着他们对于美的观念。

白族尚白，自称"白子"、"白尼"。白族的服饰，也以白为主色调。男子服饰中的包头是白色的，上身穿的对襟衣同样主要是白色，女子服饰中的白包头、白衬衣、白围裙，以及剑川、洱源、鹤庆一带妇女喜披

图下 7-2　清初纳西族
服饰（据文渊阁四库全
书《皇清职贡图》卷七）

的洁白羊皮，也都是白色的。在白族调中，还有所谓的"白字歌"："白白月亮白姐姐，身上穿件漂白衣，脚上穿双白布鞋，披着白羊皮。白米白面吃肚里，白说白讲莫再提，白天人多嘴又杂，白月下相聚。"④这首歌谣中，描绘的就是一个穿着白色衣服的白族姑娘的美丽形象。服饰以白为主调，强烈地体现了白族人民热情、平和的民族性格和审美偏好。

哈尼族尚黑，其服饰也体现了以黑为美、以黑为贵的特点。不论男女服饰，全身以黑或深蓝为主色调。在哈尼民众的心目中，这就是最美的颜色，是哈尼儿女的保护色。关于此，还有一传说为证。传说很久以前哈尼族喜欢穿白色的衣服，两位妇女为躲避横行一时的恶魔而奔逃，途中被泥土和山上的植物染成了黑色，魔鬼也不再追，她们明白了：原来正是这黑色救了她们，黑色是她们的保护色！从此以后，哈尼族的服饰就变成了现在的黑色为主色调。传说固然不可信，但是，哈尼族对于黑色的情有独钟自然有着更多的原因，哈尼族主要依赖半山区的梯田稻作为生，不论男女均需下田劳作，黑色自然是最不易脏又耐磨的颜色；加上哈尼族生活的地区长着很多的板蓝根等植物，哈尼先民很早就掌握了从中提取靛蓝染料的技能，自己染出的布，非黑即蓝，却是哈尼人生活经验的累积和表现，久而久之，黑色成为哈尼族最喜欢的颜色也就不足为奇了。同样以黑为美、以黑为贵的还有彝族，其服饰中，黑色也是主色调。

除了对某种颜色的特殊偏好，云南民族的服饰在色彩选择和运用上还体现出对比强烈、大胆融合的特点。很多民族的服饰都将几种对比鲜明的颜色置放在一起，营造出不一样的美感和效果。白族服饰以白为主，但却也要加上其他色彩的映衬，在红色、黑色，或紫色领褂和包头、领口、袖口、围腰等处鲜艳刺绣的映衬下，白族服饰的白才显得格外的明快、纯净。彝、景颇、佤族的服饰都强调黑、红两色的交替运用，在对比冲突中又能做到很好地谐调。这样的色彩对比，不仅渲染了一种极具视觉冲击力的美感，更重要的是反映了云南民族集热情、淳朴、大胆、明快、温柔、平和为一体的民族精神和性格。

云南民族的服饰体现了各民族的装饰美学。相比较于北方民族，南方民族的服饰显得更加注重装饰，在装饰中，体现出了繁简结合、张弛有度的美学原则。彝、白、苗等民族均是精于刺绣的民族，这些精美的刺绣为一些民族朴素的服装色调中注入了鲜活的成分，为一些民族服装单一的裁剪和型制增添了生气和活力，其装饰性功不可没。

除了刺绣，各民族还喜欢直接用佩饰来装饰和营造美感。藏族佩戴的饰物最多，满身的银饰、红绿松石、珊瑚、玛瑙，烘托出一种华丽之美。白族妇女喜欢佩戴玉石饰物，过去结婚时一只玉镯是送给新娘的必备之物，玉镯的质地晶莹温润，刚好与白族女性简洁明快的衣服相互呼应。彝、傣等民族喜欢佩戴金、银饰品，其闪亮的光泽与浅色调的衣服谐调一致。傈僳族、怒族的佩饰中，多用贝饰，其质地光洁又具质感，搭配上质地稍显粗糙的麻质衣裙却别有一番风味。

除了佩戴饰品，云南民族的服饰装饰艺术还体现在实用与审美的高度结合。大理地区的白族，喜欢随身戴一顶用洁白的麦秸编制而成的大沿草帽，既可遮阳防雨，同时也成为服饰中的一道亮丽风景。玉溪新平的花腰傣，妇女喜欢佩戴一顶竹篾编成的斗笠，腰间还要佩戴一个秧箩，斗笠既具实用功能，又增添了山野美感，而秧箩既可装东西，更是与其服饰谐调一体的装饰物。小小的秧箩也被傣家女子装点得漂漂亮亮，成为其服饰的一个有机组成部分。此外，云南各民族中的挎包同样体现了实用与审美的融合，同样也是其服饰中不可缺少的点睛之笔。云南的景颇、佤、傣、阿昌等民族都喜欢背着挎包，也称"筒帕"。这些筒帕往往制作精美，上面绣着各种花纹图案。筒帕既可以随身携带烟草、茶叶、午饭之类，具有实用性，同时其精致的图案和工巧的手艺也为这些民族的服饰增色不少，具有突出的审美性。

云南各民族的服饰体现了各民族的认同美学。这里所谓的认同美学实际指的是各民族对于本民族历史、文化的认同感所引发的一种审美效果。各民族的服饰是各民族达到族群认同的重要依据，而这样的族群认同心理又往往升华或外化为一种审美上的认同。比如，基诺族妇女的服饰是头戴一顶洁白的三角形尖顶帽，再搭配上衣和短裙。在基诺族的心目中，这就是最美的服装。为什么呢？因为这套服装代表着基诺族的共同记忆。传说基诺族的女始祖阿嫫腰白从水里冒出来的时候就是这样的一身装扮，所以基诺族的后人就模仿女始祖的样子来穿戴。在这里，所谓的美与不美已经无关色彩、形制等纯粹的质素，而是与人们的精神、思想、价值发生契合，凡是穿戴上阿嫫腰白一样的服装的，就是基诺族人，就是最美的。很多民族正是在这样的一种族群认同心理的强力规约下，自觉地传承着本民族的服饰文化。尤其在民族聚居地，长期保留着各民族的传统服装，特别是在节庆、仪式等场合，形成云南服饰文化发展的宝贵资源。

第二节　民居

民族与民居　　生活与民居　　精神与民居

不论是从纵向历时的角度进行追溯，还是从横向共时的角度进行考察，云南民族民居都可谓丰富多彩。从简朴粗陋的原始古建筑遗址，到宽敞舒适的现代建筑，一部云南民族民居的发展史中，出现了无数辉煌灿烂的篇章。从傣族的干栏式竹楼、彝族的土掌房平楼、普米族和纳西族摩梭人的井干式木楞房、藏族的平顶碉房，到白族的三坊一照壁、汉族的一颗印，云南民族民居的多样性展现无遗。

民居既是适应自然地理环境的产物，同时也是各民族民众的集体创造和智慧积累。在长期的历史发展过程中，云南各族民众将自然地理的状况与自身对居所的理解和追求结合起来，创造了类型多样的云南民族民居形式。总体来说，云南民族的民居建筑主要有干栏式、井干式、土掌房、合院式等几种。

一般认为干栏式建筑是由古百越族群创建的，壮、傣等百越族群的后裔直接继承了干栏式建筑，而佤、布朗、德昂、基诺、景颇、拉祜、傈僳等民族，由于与古百越族系的民族为邻，也间接地将干栏式建筑的经验移植、借用到自身的建筑当中。

干栏式建筑在云南地区分布很广，现主要流行于居住在滇西德宏、澜沧江下游亚热带地区的傣、德昂、景颇、拉祜、佤等民族当中。这些民族地区森林茂密，日照充足，降雨量大，气候湿热，且有山洪危害，干栏式建筑既可抵御虫蛇侵害，还可防潮防湿，避洪灾，同时有利于通风散热。从类型上而言，傣族的竹楼，景颇族的矮脚竹楼，佤、德昂、布朗、拉祜等族的木掌楼，怒江傈僳族、独龙族的千脚落地房，瑶族的半边楼，壮族的吊脚楼都属干栏式系统。尽管上述民族在建筑的用材和细部处理上不完全相同，但以木柱或竹柱作为房子的底架，在其上建盖房屋的结构形式却是一致的，并且大多都遵循着"下畜上人"的居住原则。云南民族的干栏式住屋以傣族的竹楼最为典型。傣族的竹楼从外观上看轮廓丰富，多为歇山式屋顶，短脊，坡度较陡，重檐深出，屋面交错组合，屋顶承重构架多为木制构架，覆盖材料为草排或缅瓦，墙面为垂直或向外倾斜的毛面平缝木板，也有的是竹篾墙，一般开小窗或不开窗。平面布局多为横长方形，房屋的下部用木桩作底架，有柱无墙，除家畜的窝栏外，这里主要是存放大型农机具、杂物和进行粗重家务劳动的场所。楼上为日常生活起居的中心，包括廊、展、堂屋和卧室四个部分。廊是架空层上一条有顶无墙的通道，具有通过来往、乘凉休息、日常进餐、日常性接待来客、进行纺织缝纫等手工家务活动、存放粮食等多种功能。展为走廊尽端与之纵向相连的部位，是晾晒衣物和早晚冲凉的地方。与廊横向连接的是日常生活起居用的"室"，由一道纵向的墙体将之分成两个房间，居左的一间为堂屋，居右的一间为卧室。堂屋是礼仪性待客的场所，其中心设有火塘，用以煮饭烧水。

滇西北高寒山区的部分独龙、傈僳、纳西族摩梭人等，多采用井干式木楞房。楚雄大姚彝族的木楞房，丽江纳西族摩梭人的木楞房，兰坪普米族的木楞房，洱源西山白族的"木栋栋房"，怒族的"垛木房"都属这一系统。所谓井干式，即在方形平面的四个边上从下到上一根根、一层层地摞叠圆木或方木，再加顶盖建成房屋，因形如井口，故称"井干式"。其顶盖用一种民间称之为"闪片"、"滑板"或"黄板"的沙松板直接覆盖在木檩上，板面留有一条条细长的小沟，以利排水。为防止被风吹翻和脱落，木瓦上常压上石头。相互交错叠罩的圆木壁体既是围护结构也是承重结构，所用圆木梢径一般在 15 厘米左右，长度一般为丈二或丈五。木楞接触面凿成深槽，利于木楞叠紧稳固并防风。在四角交叠处要砍凿出卡口，令其牢牢相扣。这种房屋结构严密，整体性好，利于抗震，但耗材较多，故所分布地带都是盛产林木的地区。普米族的木楞房，正房多坐西朝东，多为二层，平面布局有单间式、双间式和三间式三种，每一种又有带外廊和不带外廊的区别。贡山怒族居住的木楞房当地称"垛木房"，又可分为"井干—土墙"式和"平座式"两种。由于居住在怒江狭谷的坡地上，为避免大挖大填，建房时房屋的长边尽量与等高线平行，在上坡一侧定出房屋的高度，并在下坡一侧夯筑一段土墙，其顶与在上坡处定出的高度相应，然后在其上垛木建房。这种下为土墙、上为井干壁体的住屋就是所谓的"井干—土墙"式。"平座式"木楞房则是在起伏的坡地上修建垛木房时，先用短柱及架、板搭成一个平台，然后再在平台上垒木建房⑤。

土掌房是为了适应云南地区干热或干冷的气候而形成的一种土生建筑，是在密楞上铺柴草抹泥的平顶式房屋，多集中于云南中部和东南部的彝族、哈尼族居住地区。除了彝族典型的土掌房外，元阳一带哈尼族居住的蘑菇房和德钦藏族的平顶碉房亦属土掌房系列的住屋。土掌房一般为长方体或正方体，房体厚实，土木结构，墙壁为纯粹土坯垒砌或泥土夯成，泥土经牛反复踩踏过，黏性极好。屋顶用横木覆盖，用树杆、树叶等物铺平，再以稀泥层层涂抹，使顶面结实平整且不漏雨。土掌房的优点是取材容易，经济实惠，造价低廉，厚实的墙体和屋顶有较好的隔热性能，具有隔热避暑、保暖防寒的功效，不开窗的特点也使得热辐射量大大降低，故室内冬暖夏凉。平顶可兼用作晒台，克服了山区地形

图下 7-3　土掌房
村落

的限制，为人们提供了一个农作物晾晒和室外活动的空间。彝族的土掌房前后地面错半层处理，平面多为三开间，前面是一层厢房，后面为两层正房。正房楼上堆放一年收获的谷物，正房二层屋顶上加盖局部或全部的双坡屋面，两山不封，坡顶下是一层泥土筑的封火顶，可防火也可晾晒粮食作物。滇西北的藏族多采用平顶碉房，稳重坚实，有利于防风避寒，御敌防盗。由于当地木材较少，因而用土筑屋，也是出于就地取材的考虑。哈尼族的蘑菇房是土掌房体系中的一个分类，它与平顶式土掌房的区别在于主体空间之上覆盖了一个四面坡的草屋顶，状如蘑菇，因而得名，其主要功能是防雨。

与汉族交往密切，受汉文化影响较大的白、纳西等族多采用汉式合院式建筑。云南的合院建筑多为严整式的布局组合，在私密性、防盗、避风等方面均较为理想。首先是高耸的围墙和大门将房屋围合成相对独立的院落，营造了一个强调个体家庭亲情生活的空间，大理一带和建水地区转角处以"漏角"相连，也增加了房屋的严密性。其次，在院落中，既有属于全家人的公共活动空间，如前廊、堂屋、天井等，又有厢房、卧室等个人私密空间，个体活动的私密性得以大大提高。

一颗印民居属于合院式建筑，主要分布在滇池之滨，颇具昆明地方特色。从平面布局上看，正房为三开间，左耳房、右耳房各为两开间，道座进深有八尺，故有"三间四耳道八尺"之说。其平面布局紧凑有序，方方如印，因而又被称为"一颗印"。住屋方正匀称，多为瓦顶土墙，正房和厢房虽为硬山屋面，但厢房屋面分长短坡，长坡向内，短坡向外，加强了立面的向心感。由于天井尺度较小，故将堂屋向天井敞开，并把堂屋的地面标高提高，使之与道座和两侧耳房的地面标高保持较大高差，既显示出堂屋在建筑整体中的统领地位，显得主从分明，又减轻了道座对其采光、日照的遮拦。由于建筑紧凑，有利于防风，一颗印民居非常适合昆明地区风大的气候特点。也有学者认为一颗印可能是在土掌房这一云南土著建筑的基础上嫁接了穿斗木构架技术而"汉化"的产物，土掌房是源，一颗印是流，是当地传统形式与中原技术结合的产物[6]。除了汉、彝族外，蒙古族、回族也有一颗印的住屋形式。彝族的一颗印民居可以说是彝族土掌房发展飞跃的形式之一，多为三间两耳式，正房为三间两层，前有腰厦，屋顶为双坡硬山式，两边厢房为二层挑厦，屋顶为不对称长短坡硬山式。

白族的三坊一照壁、四合五天井是汉式合院体系的典型代表，也是在白族传统建筑基础上，不断融合中原汉民族先进建筑技术而发展起来的独具地方民族特色的建筑样式。三坊一照壁就是建三坊高矮一致、体量相当的房子，一坊就是一幢三开间二层的楼房。三坊一照壁即在正房两侧各再建一坊，正房对面则建照壁，形成一个四合院。正、厢房一般建造两层，楼层高约七尺，底层高约八尺，俗称"七上八下"。照壁矮于正房和厢房，为的是多纳阳光。照壁有"一字平"和"三叠水"两种。"一字平"又称"独脚壁"，壁面等高，不分段，壁顶为庑殿式。"三叠水"式则是将壁面分为三段，中段高宽，左右稍矮。"三叠水"型壁顶修建成飞檐滴水，瓦脊两端起翘，形成优美的弧线，两头四个檐角如飞。照壁上画有各种图案，琴棋书画、花鸟虫鱼，还题有"紫气东来"、"清白传家"、"琴鹤家声"、"百忍家风"、"青莲遗风"等字画，主人家用以明志。照壁前多修条式花台，种花植木。中间的天井较大，利于采光通气。庭院内广植草木花卉，使封闭的庭院生机盎然，充满幽情雅趣。大门分为有厦和无厦两种类型，有厦大门多为三间牌楼形制，又可分为平头式和出阁式两种。平头式也叫"一字平"式，就是门上的檐是平的，装饰较少。出阁式则是门檐外挑，尖长的双层翼角翘起如飞，檐下有斗拱装饰，出阁架斗，檐牙高啄，上有木雕、泥塑的龙、狮、花、鸟等图案。出阁式中的"三叠水"式门楼，装饰更多，尤为瑰丽精美。四合五天井则是以四坊房子围成一个四合院，即不建照壁。院子四角各建一个耳房，耳房与主房相交处形成四个小天井，再加上院子中间的大天井，共有五个天井，故称四合五天井。如果建成一进两院，则又称"六合同春"，在两个院子的转角处开门，两院之间可互通。院内四坊房子楼上楼下都有走廊相连通，故又被称为"走马转阁楼"。这种类型房子，多是过去那些经商为仕或其他殷实的大户人家修建。白族合院式民居在很多方面都独具特色，比如在抗震方面，创造了一套"木锁"工艺，强化了木构架中各构件在节点处的联锁；大理地区风特别大，为了防风、防火，白族匠人又创造了带封火檐的"三合一"外墙工艺；而精美绝伦的装饰艺术也是白族民居最引人注目的地方之一，从门楼、照壁到门窗、外墙、山墙、屋檐，精细的雕刻和高超的绘画为白族民居增色不少。

丽江地区的合院建筑，在平面布局和木构技术上受到了大理的影响，但在风格上却有自己的特点。其正屋的悬山式屋顶多为中央高、两侧低的形状，挑山顶部有悬鱼，寓意"年年有余"，又鱼与水相连，故悬鱼兼有防火之意。南面的围墙上多开漏窗，院内喜植花木，并用天然卵石铺地，铺成各种各样的图案。

滇南石屏、建水等地的合院式民居则是明代移民进入的结果。与白族的民居相比，直接移植汉式合院的成分更多一些。有单坊式，称"羊角厦"；有四合院，有"三间六耳下花厅"，后者是一种带花厅式的住屋；还有"四马推车"等多种形式。

民居与生活的关系是最为密切的，民居的产生主要出于生活的需要。

旧石器时代晚期，在利用天然洞穴的基础上，已经有原始先民利用自然条件搭建简易的半地穴式住屋，从完全利用自然洞穴走向主观创造性因素的开始介入，它代表着人类能动创造的开始，因而意义重大。云南地区远古先民半穴居住屋的形式多为以天然坑壁为墙，以坑为室，上搭避风雨的简棚，是一种简易的民居建筑。这也是新石器时代云南远古建筑中的主要形式。其代表性的遗址较多，如大理苍洱境内新石器时代遗址中共发现半穴居遗址三处：马龙遗址、佛顶遗址和白云遗址。马龙遗址和佛顶遗址都发现了圆形的土坑，白云遗址发现的土坑面积还非常大，大概都是早期半穴居住屋的遗址。

　　新石器时代的云南地区，有的地方居民采用的是洞穴居，有的地方则过着"巢居"或"林居"生活。巢居即在树上结棚而居，多见于滇南地区。沧源崖画中亦有反映巢居的图画，岩画第五地点二区（中）和五区有一图，利用树桠为房柱，构屋树上，屋上有顶盖遮雨，四周有壁挡风，人们援绳梯或长木上下。这种巢居形式后来发展成为原始的干栏式住屋。云南的独龙、彝等民族口头文学中还保留着对远古先民巢居形式的记忆，彝族史诗《阿细的先基》中说道："箐沟里有豹子，山头上有老虎。世上的人都没有住处。他们爬到树上住，扯叶子来垫……"直到明清之际，云南还有关于林居和巢居的记载，景泰《云南图经志书》卷四："北胜州（傈僳族）……居山林，无室屋。"康熙《云南通志》卷二十七："（景颇族）居无屋庐，夜宿于树巅。"

　　如果说半地穴式住屋标志着人类开始人为地确立空间秩序的话，地面起建黏土木结构住屋形式无疑就是人类真正意义上房屋建造的开始。在云南，距今约4000年的云南宾川白羊村遗址中也发现了地面起建黏土木结构的住房遗址，房址共11座，均为长方形，系地面木构建筑。房址分早、晚两期，早期房址，居住面积略加平整，在地面上铺灰烬、生黄土，再经踩踏而成。在洞内立木柱，再于沟内填土。柱洞较少，且多在屋角。洞壁坚实，木纹清晰，洞内多有木屑。柱间编缀荆条，两面涂草拌泥而成木胎泥墙。晚期房址建于早期灰土堆积或房屋废墟之上，房基四周不开沟，直接由地面上挖柱洞，其余完全承袭早期的建造技术。房屋四周在地面上铺垫扁圆形石础，再立木柱，编缀荆条，两面涂草泥而成木胎泥墙⑦。

　　青铜时代，云南地区出现了干栏式住屋形式，考古的证据可见之于大理剑川海门口遗址、祥云大波那遗址和晋宁石寨山遗址。剑川海门口遗址长140米，宽12米，发现松木房桩柱224根，木柱下端削尖插入水中。从遗址的成排木桩可知，此处房屋为干栏式建筑。祥云大波那出土

图下 7-4　剑川海门口
遗址干栏建筑遗存

的屋形铜棺及青铜房屋模型也是干栏式建筑形式。整具铜棺长约两米，由七块铜板组成，外形颇似一座"干栏式"房屋。墓葬中还随葬了两座"干栏"式的青铜器房屋模型。晋宁石寨山遗址中出土了多座铜房屋模型，均为干栏式建筑。

　　东汉以来，由于铁器的运用，生产力有了很大提高，云南民族的民居建筑也有了巨大的发展，砖瓦、石灰等材料开始被运用于建筑当中，干栏式建筑也得到了进一步发展。大理大展屯东汉砖室墓中发现了一件干栏式房屋模型，该模型由上下两部分组成，下部为干栏式构架，是饲养牲畜之所；上部为三开间的结构，是日常起居之处⑧。这与后来云南很多民族干栏中下畜上人的居处方式是一致的。

　　到南诏、大理国时

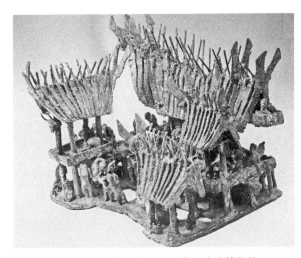

图下 7-5　西汉干栏建筑模型　现藏云南省博物馆

期，云南和中原地区的交往较为密切，特别是由于南诏统治阶级十分崇尚汉文化，汉式建筑在云南地区也有了更广泛的传播。当然，此一时期，井干式和土掌房等带有更多本土色彩的建筑形式在滇西南、滇南地区还有分布。

元明时期，汉式建筑成为云南很多地方建筑的主体形式。干栏式、土掌房、井干式等更具本土色彩的建筑形式虽继续存在，但分布减少，分布的区域也移至边境地区。

除了与生活水平密切相关，云南各民族的民居也与其生活方式密不可分。由于自然环境、社会发展状况的差异，云南民族的生活和生计方式也是多种多样的。

就大的方面而言，有农耕型、游牧型等，在各种大的类型之下还有不同的亚类型。农耕型之下，有原始的山林刀耕火种型，如基诺族、独龙、怒、佤、德昂、景颇族等；有半山区的梯田文化型，以哈尼族最具典型性；还有平地稻作文化型，以白族、傣族和部分彝族为代表。不同的生计方式对各民族选择何种形式的住屋影响颇大。从事农耕的民族，生活往往相对稳定，一般在很长时期内都不会有变动，特别是在坝区人们往往固守土地，追求长治久安，因而这些民族重视房屋的稳固和长久性。此外，由于农耕民族需有晾晒粮食和贮存粮食的场所，因而除了有卧室、会客室、厨房之外还需有晾晒场地和仓库等，天井、住所一般较宽敞。而从事畜牧、游猎等生活方式的民族则其民居遵循简便、朴素、易于搬迁的原则。傈僳、拉祜等民族多实行原始的狩猎方式，因而他们多居于林木繁茂、野兽较多的山区，他们的房屋也隐没在崇山峻岭的丛林间，体量较小，显得粗糙朴实。

滇东北地区的苗族，进入云南地区的时间较相邻的民族稍晚，平坝区已为其他民族占领，只好生活在高山森林中，可耕地资源有限，只能靠打猎为生。这种游猎的生活不可能长期在一地固定居住，所以就产生了简便易建的棚屋式住房"叉叉房"，随到一地就临时搭建，只求暂时性地遮风避雨，不求永久性地坚固耐用。澜沧县拉祜族的"挂墙房"也是适应游猎生活的产物。云南小凉山的彝族，习惯于在山地草场游走放牧，其常见的住屋是"闪片竹篾房"棚屋，屋顶以木板覆盖，四周以竹篾为壁，再栽上一圈柴桩作为维护，整个房屋低矮、简陋。

滇西北迪庆高原上的藏民多采用季节性"逐水草而居"与冬季定居相结合的游牧生活方式。这类藏民的居所也有两种方式，冬季定居的住宅是平顶碉式建筑，厚重坚固，为永久性建筑；而夏季游牧时节则住在黑色的牛毛帐篷中，比较简陋。同属农耕经济类型的民族中，操原始刀耕火种方式的民族，其民居就不像坝区那么高大宽敞了。因为刀耕火种的耕作方式要在相对大的范围内把土地划分为若干小块，每年种一块，种过就抛荒轮歇。当一片土地抛荒不能使用时就要寻找新的可耕地，这样，可能先利用的是那些离固定住所较近的土地，再后来，就要到较远的地方开发可耕地，由于离家较远，人们就在地头搭建简陋的住屋，在耕作期内都居其内。如拉祜族在火烧地上建盖临时性房屋，供生产季节参加劳动者居住，称为"班考"。因而，这些持刀耕火种生计方式的民族一般在村落中有一个较为固定、永久的居所，而在劳动地建筑一个暂时的居所。由于这种相对的流动性，即使是较为固定的居住处，也不可能追求十分的坚固和稳定，依然是较为简陋的。独龙族也是一个刀耕火种的民族，清夏瑚《怒俅边隘详情》中说到俅人（独龙族）："今年种此，明年种彼，将房屋之左右前后土地分年种完，则将房屋弃之也，另结庐居，另砍地种。"长期处于"人随地走，地随山转"的状态中，其游动的生活不要求民居的永久性，千脚落地竹篾房取材容易，建造方便，但不太坚固，却恰好适应了独龙族游耕的生活方式。

云南各民族的民居，不仅是当地民众生活提高、生产发展的结果，同时也是各民族生活和民俗得以展示的空间和舞台。

独龙族、景颇族、傈僳族以及部分地区的哈尼族、基诺族、彝族的村寨中，大多曾经有过"公房"这一民居建筑形式，男女青年在成年之后，与父母分开居住，住进公房。这里的"公房"，其实就是提供青年男女谈情说爱、互相了解的一个社交场所。怒江白族的勒墨人，异性亲属间遵守着严格的禁忌，不允许涉及性、与性直接或间接相关的内容。子女到十三四岁时就不再与父母住在一起，搬进父母为之准备的简易小竹楼里居住。或者，父母在住房的端头另辟一个房间供成年未婚子女居住。这种为成年子女单独修建的简易住房称为"南毫"，青年男女可以在此谈情说爱、休息娱乐。爱尼人的竹楼叫"拥戈"，内部空间用墙划分为两部分，"波罗坡"为男性成员居住，"拥玛坡"为女性成员居住，上下的楼梯也分为男梯和女梯两架。当子女到了一定年龄，父母在拥戈旁建盖几间室内不分隔的小屋称为"拥扎"，即子房之意，供儿子寻偶和婚后蜜月居住。蜜月过后，父母将屋顶揭掉，看到这个信号，儿子和儿媳就要离开子房，分别住进男室和女室；如果见到子房的屋顶又被重新盖好，就表示儿子和儿媳可以再回子房共宿。德昂族的房屋中，前门、前楼梯、前火塘供男人使用，后门、后楼梯、后火塘供女人使用。客人来访要从前门进，在前火塘处与主人会面。晚间来串姑娘的小伙子要从后门进，在后火塘与姑娘见面。

白族民居中，正房底层居中的一间是"堂屋"，是接待客人和全家公共活动的地方，因而，也常常成为民俗活动的重要场所。中甸藏族碉房的内部空间中，同样体现着藏族民俗的内容。在当地藏民的观念中，楼层以高为贵，因而，如果建盖的是三层楼房，经堂、客厅和喇嘛净室等必须设在第三层。在这里，我们看到藏族民居中的经堂、中堂等成为其宗教民俗的活动场所，很多空间甚至专为宗教信仰的目的而设置。

一个民族的民居不仅仅是他们挡风避雨的地方，更是他们情感交流、精神寄托的重要场所，是他们表达自己精神世界、伦理观念、价值判断、文化意识的重要符号。解读多姿多彩的云南民居，可以发现其中包含着丰富的精神内涵和文化意蕴。

其一，云南的民居，体现了与自然和谐相融的生态观念。云南民居中强烈地体现出各民族追求与大自然和外部环境和谐相处的自然观。首先，云南民居多取材于自然，进而使整个建筑也显示出一种与自然的相融契合。不论是土掌房所用的土，木楞房所用的木，还是竹楼所用的竹，都透露出一种天然、质朴、简约中不乏韵味的感觉，在那质朴的外观之下隐藏着人们与自然和谐共居的内心追求。其次，民居的结构布局因地制宜，巧妙利用自然环境，遵循着与自然环境谐调相融的原则。哈尼族民居建寨要选在半山坡，寨子周围要树林茂盛，水源丰富。寨子上方和山顶要有茂密的神树林，不得任意砍伐、污染其中的树和水源。

其二，云南民族的民居，体现了对神灵崇拜和敬畏的信仰观念。云南民族的民居，往往是人神共处，从布局、构件、装饰中透露出浓厚的宗教意识和信息。哈尼族的每个寨子有一道正门，两道侧门，称"龙巴门"。人们认为龙巴门神圣不可侵犯，住在门内的人，可以得到村社神的保护，因而每年要举行祭祀活动，还要在三月和九月立两次寨门。寨门为木结构，在两根木柱上置横梁，梁上刻有花纹、小鸟、人像，有的还要悬挂木刀，有驱鬼避邪之意。傣族竹楼中的8根中柱，被赋予了家神的象征意义。8根中柱被分别称为"绍岩"、"绍南"，即男柱和女柱之意，相传是傣族传说中造屋的始祖桑木底和其妻的化身。中柱的选择神圣而隆重，由老人选好、砍第一刀后，其他人才能去砍。中柱从山上运回寨中时，所有人都去迎接并泼水祝福。中柱的楼上部分是老人去世时靠着穿衣服的地方，其上贴有彩色纸，插着蜡条，平时禁忌依靠或触动。中柱的楼下部分也不得拴牛马牲畜。布朗族认为靠火塘里侧的中柱是家神的象征，是神灵的住所，因而任何人都不许触动。

云南民族在起房造屋的过程中，也往往包含着大量敬神祈神的宗教内容。傈僳族有用种子占卜选择房址的风俗，先选9粒种子，分成三份，分别种在三个意向性的地方，待种子发芽，如果三棵苗都出齐，就

图下 7-6　傣族民居

表示此处可以盖房，反之则不宜盖房。景颇族则是用芭蕉叶包上两包米酒，按照欲建筑的房屋的尺寸，在两端各埋一包，过三五天后挖出，如果酒味甜，表示此地适宜盖屋，如果酒味酸，则不宜盖屋。普米族建盖新房时，要先向山神和土地神祭献，砍伐梁柱时要由巫师向神灵举行祈祷仪式。大理的白族，选好房址后，开始动土那天，主人家要用香油煎上一些祭品敬献给土地神；在竖房前一天晚上，要举行"送木神"仪式，即给木神敬献各种物品，请木神保佑第二天能顺顺利利竖起新房。

其三，云南民族的民居，体现了对社会伦理规范调节的道德观念。例如，基诺族的"大房子"式民居就反映了原始公社阶段大家庭式的社会结构。由十多个乃至二十多个个体家庭组成的大家庭共居一幢干栏式"大房子"内，组成以男性家长为中心的父系氏族大家庭的结构形式。家中的成年男子及其配偶和他们的未成年子女共同组成一个"火塘家庭"，凡属同一氏族大家庭的"火塘家庭"都集中在一个"大房子"内，有统一的家长领导，共同居住、共同生产、共同消费。这样的父系氏族大家庭人口很多，几十人、上百人不等，相应地，房子的规模尺度也就很大。每个"火塘家庭"都有一个供煮饭、烤火的火塘，火塘设在房子中部，沿整个房屋的纵轴线布置。火塘两边的两条走道每条宽度在 3 米左右，既供人们行走，同时也是每个个体家庭的"厨房"、"餐室"和休息之所。房子左端入口为大门，右端入口为小门，大门、小门之外都设展台，供晾晒粮食、衣物之用。大房子外面还建有仓库、柴房、畜圈等附属建筑。又如，永宁摩梭人居住的井干式木楞房，在空间布局和房屋分配上都与其母系大家庭的社会结构有关。院落的上方为"祖母房"，摩梭语称"一梅"，多为北向的一层房屋，这是整个院落的核心，也是家庭集体居住、炊事和议事活动的主要场所。"一梅"的进深较大，双坡屋面较为平缓，坡顶插有三赤叉和净水瓶，有避邪防火的功能。在其左、右、前三方，又有三坊房屋围合，三坊均为二层楼房。左边一坊的楼上是经堂所在，供喇嘛念经和居住，其余两坊的楼上均为若干小间，每间置火塘，是家中成年女性的卧室，即供家中女性与阿夏偶居的地方，摩梭语称"花骨"。楼下的房间作为牲畜圈或草料房。"祖母房"分为上室、中屋和下室。中屋又分为前室、中室和后室。前室主要起过道的作用，设有主入口，由此可以进入中室和上、下室。上室为饲料加工场所，下室是家中的老年男子居住的地方，后室存放粮食及贵重物品。位居中央的中室，由女性家长和未成年的子女居住，也是全家聚集的场所和中心。摩梭人的住房中，空间的位置和分配上均体现出妇女在家庭生活和社会生活中的主导地位。

其四，云南民族的民居，体现了居住与审美相结合的美学观念。云南民族的民居不仅类型多样，而且风格各异，很多民居本身就是一件件精美的艺术品，具有极高的审美价值。各民族的民居有的自然质朴，有的华丽高雅；有的原始粗犷，有的精美繁华；有的厚重敦实，有的轻盈通透；有的精致灵巧，有的雄伟壮观。云南民族民居中各异的审美风格和倾向与各民族生存的环境有一定关系，但更重要的是与他们的民族性格及不同的民族心理和审美意识有关。

傣族常被誉为"水一样的民族"，其民族性格以温柔平和著称，反映在其民居中，也体现出追求宁静优美的审美心理和以自然、舒展、简洁、清新为美的观念。西双版纳傣族的竹楼，外观简洁流畅，重檐深出，短脊、陡坡，屋顶给人一种舒展中有变化的感觉。座座隐现于绿荫竹林中的竹楼，与周围的环境和谐一体，显得自然而清新。滇中的彝族土掌房，多分布在坡地上，分布密集，户户紧挨，沿着房顶及楼梯，无需下地就可走遍全村。远观之下，屋面层层错落，左右延展，显示出一种壮观之美。这与彝族热情而坚韧的民族性格带来的审美心理也有一定的对应关系。同时，不论是彝族的土掌房还是藏族的平顶碉房，其厚重敦实的风格正是彝、藏民族淳朴、稳重的民族性格之反映。

又如，佤、傈僳等民族善于狩猎，他们形成了以力量、勇敢为美的心理，于是这些民族的房屋建筑上多挂着狩猎所获的动物头骨。独龙族将兽头骨挂在房门上，傈僳族将兽头陈列在屋内，或将羽毛、兽皮、兽爪等挂在屋内墙上，作为民居上的装饰。

第三节 饮食

饮食与民族 饮食与信仰 普洱茶与过桥米线

作为一个民族众多的地区，云南的饮食文化自然也打上了多民族的烙印，呈现出丰富多彩的特色。不论是从食材的种类、烹饪的方式、风味食品，还是从饮食的器具、饮食的礼仪来说，云南民族的饮食都体现了丰富、多元的特点。

云南民族食材的丰富和独特性是云南饮食文化的突出特征。云南的自然地理形态十分多样，山高林密，河流纵横，湖泊密布，良好的自然地理条件为云南各民族提供了大量天然的食物资源。"靠山吃山，靠水吃水"这句话在云南表现得尤其突出。一方面是自然食物资源的优厚，另一方面则是云南的各民族社会生产力长期以来较为低下，而越是社会发展程度不高的民族，其对于自然生态的依赖就越大，所以云南各民族在饮食上也显得与自然之间关系尤其密切。从主食的角度来说，云南的农耕民族多以稻米、玉米、土豆等为主食，狩猎和畜牧民族则多以畜肉和奶制品为主食。但不论是从事何种生计方式的民族，往往都以丰富的山茅野菜等作为补充。在云南，举凡山果、野菜、昆虫、鲜花皆可入菜，制成美味佳肴。山果野菜方面，就有野生的植物块茎、苔衣、野生菌等多种，仅是野生菌，又有鸡枞、松茸、牛肝菌、青头菌、干巴菌、白凤菌等，数不胜数。长期生活在山区和靠近森林的基诺、布朗、德昂、佤等民族，均有采集野生植物补充食源的传统。

傣族、景颇族生活的地区，气候炎热，植物繁茂，野菜众多，傣族最喜欢采食野生青苔。此外，当地还生长着香椿、蕨菜、鱼腥草、野香菜、水芹菜等多种野生菜。在大理洱海、洱源茈碧湖等高原湖泊中，生长着一种当地称之为"海菜"的水生植物，用之煮汤或炒食，味道极为鲜美。昆虫入菜也是云南民族饮食的一大特色。可以食用的昆虫有蚂蚁、蝉、蚂蚱、竹虫、蜂蛹、蜘蛛、蟑螂、沙虫、柴虫等，这些昆虫是傣、基诺、彝、哈尼、白、佤、傈僳、拉祜、壮、布朗等民族的餐桌常客。鲜花同样被云南各民族当做美味佳肴，常食用的有芭蕉花、树花菜、杜鹃花、仙人掌花、金雀花、三七花、鸡蛋花、雪莲花、玫瑰花等。傣味中的炒芭蕉花是典型菜肴，为民众所喜爱。藏民从雪山上采回的雪莲花，晒干后可与藏红花、木瓜等一起泡酒，也可炖鸡，滋补效果显著。彝族将采回的金雀花洗净后和鸡蛋、火腿及各种调料一起翻炒，清香爽口。白族喜欢将从苍山上采回的白豆花（即大白花杜鹃）经过煮泡等工序去除苦涩味后做成汤，别具风味。白族妇女还喜欢用玫瑰糖做的汤圆馅，或作为米凉虾、木瓜水的调料，食后唇齿留香。

从烹饪的方式来说，云南民族的饮食文化同样体现了丰富性和独特性。从食生、石烹、烧烤，到熏、腌、焐、舂，应有尽有，更不用说常见的煮、蒸、炒等烹饪方式。

在还没有掌握火的使用以前，人类长期处于"茹毛饮血"的生活状态，生食就是最早的烹调方式。云南的一些民族至今还保留着食生之习俗，较典型的有白族的吃生皮、傣族的剁生等。白族的吃生皮，取火烧猪的肚底皮薄肉嫩的部分，或是其他部分的带一点肉的猪皮，切成薄片，拌上盐、辣椒、醋、酱油、炸碎核桃或花生、香菜、腌菜等各种佐料，就可以吃了。其实白族吃生皮的饮食习俗早在南诏时期就已经存在了，唐代《云南志》记载："猪、羊、猫、犬、骡、驴、豹、兔、鹅、鸭，诸山及人家悉有之。但食之与中土稍异。蛮不待烹熟，皆半生而吃之。"⑨元李京的《云南志略》中也说白族人："食贵生，如猪、牛、鸡、鱼皆生醢之，和以蒜泥而食。"⑩说明白族食生习俗历史久远。傣族的剁生，同样是生食的代表，是将新鲜的鱼肉、猪肉、猪肝、牛肉等剁碎后拌上辣椒、大蒜、醋、酱油等食用。

除了生食，古老的石烹法在云南一些民族中同样还保存了下来。怒族的石板粑粑就是用石锅烤制的，在火塘上支一个铁三角，上面则是一块圆形的石板，即"石锅"，石锅加热后，把调好的面糊倒在石板上，烤熟便是石板粑粑。傣族、独龙族等民族中，还有另一种石烹法，其源更古。在地上挖一个坑，将牛皮垫在坑里，往坑里加好水，放进肉或鱼，然后把烧红的石头丢进汤里，借助石头的热量烫熟里面的肉。烧烤也是人类掌握火的使用后最早采取的烹饪方式之一，云南的很多民族都酷爱烧烤类食物，如傣族的烤鱼、烤肉，甚至还有烤竹筒饭，彝族的烤野鸡、烤羊肉、烤土豆，还有烤松茸。云南各民族还普遍用烟熏之法制作腊肉香肠等。白、哈尼、傣、纳西等各族人民还常常腌制各种蔬菜。剑川的白族地区过年时，几乎家家户户腌鱼，腌好数日后再蒸食。景颇族、傣族还善于利用舂的技法制作菜肴，如舂干巴、舂折耳根等，拌上各种佐料再舂制出来，香味更甚。

云南民族的风味食品体现了云南饮食的多样性。云南的稻米文化源远流长，栽培稻谷的历史十分悠久，至少已有三四千年。因而，云南很多民族的风味食品就与稻米有关。壮族和布依族在节日时喜欢制作花糯米饭，即选用优质糯米，用采回的野生植物的根、茎、花、叶的汁浸泡后再蒸熟，这样就会做成色彩缤纷的糯米饭，亲友之间常相互馈赠。哈尼族则是在"黄饭节"时染制并蒸出黄色的糯米饭敬献给布谷鸟。佤族的鸡肉烂饭是待客的上好佳肴，是先将鸡煮半熟，把鸡捞出，将大米放入鸡汤中继续煮，煮到一定程度，再将鸡肉撕碎，撒上辣椒面、花椒面及各种调料后再倒入米饭中，搅拌均匀即可。景颇族的"鹿血饭团"，是在猎获鹿之后，把米放在竹筒里煮熟，然后把鹿子剖开，取出护心血，连同饭、肉末、佐料一起揉拌捏成团食用，是招待贵客的最佳食品。此外，傣族的竹筒饭、泼水粑粑，哈尼族的糍粑，白族的饵块，也都是与稻米有关的风味食品。

云南代表性的滇系特色菜有汽锅鸡、过桥米线等。汽锅鸡是云南独有的传统风味菜，所选用的汽锅一般是黄褐色或红褐色扁圆小巧的陶锅，在锅底中心有一突出的中空的小嘴。将鸡洗净后砍成小块，加入各种佐料，除了姜、葱等外，还可加入三七、天麻、松茸等滋补的药材和山珍，放入汽锅内盖好，再将汽锅放到一放满水的汤锅之上，放到火上煮。汤锅的水烧开后，蒸汽就通过汽锅中间的汽嘴喷出将鸡逐渐蒸熟，这个过程一般需要3—4小时。由于汽锅鸡的汤汁是蒸汽凝成，鸡肉的鲜味在蒸的过程中丧失较少，保持了鸡的原汁原味，味道鲜美。除此之外，白族的砂锅鱼、酸辣鱼、吹肝、炒螺蛳、煎乳扇、冻鱼、木瓜鸡等也是特色菜肴。砂锅鱼的鱼一般选用洱海中捕来的鲫鱼、鲤鱼等，配料多达数十种，有嫩鸡块、腊肉、火腿片、肉丸子、蛋卷、冬菇、豆腐、玉兰片、白菜，用土制砂锅炖成，色泽晶莹剔透，味道鲜香可口。此外，纳西族的琵琶肉、哈尼族的竹筒鸡等也是各具特色的菜品。

除了食的部分，云南各民族饮的部分也有诸多特色，如藏族的酥油茶、白族的三道茶、布朗族的酸茶、苗族的油茶，以及藏族的青稞酒、彝族的咂酒、傈僳族的同心酒等，均为特色的饮品或饮用方式。藏族的酥油茶是先将茶叶或砖茶放在水中煮，再把茶水倒入特制的酥油茶桶，再放入酥油、核桃仁粉、麻子粉或花生粉和食盐，用力用木棍上下抽打，使得酥油和茶水相互交融，便成了喷香可口的酥油茶了。白族的三道茶，共饮三道，分别是"一苦二甜三回味"。第一道茶是苦茶，将茶叶放入茶罐中烘烤冲泡，味道稍苦。第二道茶是甜茶，除了茶外还要加入少许红糖、乳扇、桂皮等。第三道茶是回味茶，除了茶，要加入适量蜂蜜、炒米花、花椒、核桃仁，味道甜、酸、苦、辣俱全，令人回味。三道茶寓意了人生也是先苦后甜的道理，并传递了只有通过努力最终才会回味无穷的人生哲理。布朗族的酸茶是将煮熟的茶叶置于阴凉处数日待其发酵后再装进竹筒，将竹筒埋于地下一月左右，取出后即可饮用，茶味中带有特殊的酸味。苗族的油茶则先将茶放入锅中，加入油、盐、姜等一同翻炒，然后加入清水，待水沸后将渣滤去，把茶水倒入碗中，再加入米花、花生、葱花、花椒面等后饮用。除了茶，酒在云南少数民族中也有重要地位。彝族俗谚云："壶中有酒客常在，壶中无酒客难留。"客至，喜用自制酒水招待。彝族饮酒的方式较为特殊，或喝咂酒，或喝转转酒。前者即一群人围成一圈，中间放置一酒坛，其中插放着多根麦秆、竹管等物，大家可一同畅饮。后者同样一群人围成一圈，在一个大碗中倒满酒后顺次而饮。不管是哪种方式，都体现了彝族喜欢群体共饮的习俗。藏族多种植青稞，因而喜欢用青稞酿酒。傈僳族有喝同心酒之俗，即用一竹筒或酒杯、碗盛满酒后，两人搂肩贴

图下 7-7　傈僳族饮同心酒

面，一人用左手，另一人用右手共同举起同一酒具同时饮下杯中之酒，由于贴面共饮，显得饮酒者之间十分亲近。

云南民族的饮食器具同样体现了云南饮食文化的多元性。云南各民族的餐具既保留了传统风尚，也受到现代化的影响，显得更加多样。景颇、德昂、傣、佤、傈僳等民族大多用竹子、木头、枝叶等做成桶、罐、杯、碗、勺、筷，傣族保留着大量传统的竹制餐具，如竹盆、竹碗、竹勺等。一些民族用泥制作成陶器、瓦罐器皿。如傣族早年以慢轮制陶自制的土锅不论是盛水还是煮汤都更能保持原汁原味。一些民族中也大量运用银、铜、瓷等作为餐具的材质。藏族有包银木碗，为藏民所喜爱并随身携带，可用之食用糌粑等，十分方便。白族、纳西族的银铜器制作工艺发达，此类餐具也随处可见。鹤庆新华村的白族制作的银酒杯、银碗、银筷，既具实用性，同时也已经成为具有审美价值的旅游工艺品。白族、纳西族的火锅、铜锣锅运用广泛。此外，装水的桶，装食物的盆、盘都大量使用铜制品。婚嫁时，大多要置办一套铜器具。

云南民族的饮食礼仪体现了云南饮食文化的多元性。由于长期的集体共居生活的影响，云南的一些民族保留着平均分配食物的习俗。景颇族过去猎获野物，不论大人小孩，一律平分，甚至路过者也见者有份。佤族保留了吃饭时由主妇分食的习惯，每人一份，平均分配。普米族吃饭时也是全家围坐在火塘边，由家庭主妇分给饭菜，每人一份。这种平分食物的习俗无疑与过去共同劳动、平均分配的原始集体生活不无关系。云南的各民族也乐于聚集会餐共饮，在这样的集体聚会中同样体现了民族成员之间的感情和对过去集体生活的回忆。哈尼族在每年的"昂玛突"节时，要摆长街宴，每家每户准备好丰盛的食品摆在桌上，桌子一张紧接着一张，置于村寨道路中央，首尾相连，如一条长龙，故又名"长龙宴"。各家各户的成员可以互相品尝，交流经验，增进感情。云南各民族的饮食礼仪也体现于他们的待客之道中。红河一带的哈尼族如有客至，便杀鸡待客，吃饭时主人要将鸡头献给客人作为最高的敬意。回族请客吃饭时，要请客人坐在面对大门的上座，上菜后要由客人先下筷，拈菜、盛饭、舀汤时手不能反转，否则视为不尊重客人。先吃完饭不宜先离席，要待全桌吃完后一齐离开。除了待客，云南各民族的饮食礼仪还体现于对长者的尊敬和特殊礼遇中。哈尼族举行祭典杀牲后，由年长者先食用；白族设宴待客，要单设"老人席"，由年长者先开席，老人开席后其余人才能吃饭。与老人同席，要等老人先动筷，吃完饭，也要让老人先离席。

饮食中的习俗偏好、禁忌、礼仪的形成原因较多，其中一点就是与人们的信仰有关。在云南一些民族中，长期保持着对自然万物和神灵的尊崇和信仰，因而在云南民族的饮食中，也就打上了这种信仰的烙印。

云南民族饮食与信仰的关联首先表现在当地民众常常通过食物的供奉来表达对神灵的崇敬。对于各民族所信奉的神灵，表达敬意的最好方式之一就是将精心准备的食物奉上，取悦于神，让神灵更好地庇护和保佑民众。佤族、独龙族有剽牛祭天的习俗，将牛供奉给天神享用，同时全村将祭天的牛肉均分后食用。白族信仰本主，认为每村每寨均有本主在庇佑，所以会为本主建盖本主庙，而且对本主要不时备上牲礼、素供、斋饭、茶酒，以表达内心的感激和酬谢。家中生儿育女、娶亲成婚、出门远行等，白族村民均会准备牲礼素供去庙中祈求本主。哈尼族家中多有火塘，过节时除了要杀牲祭祖，各家各户也要备好米饭、肉菜和辣酒各一碗，专门祭祀神圣的火塘。在哈尼族的"昂玛突"节时候，家家户户要携酒带肉，到神林祭供。在日常生活中，藏族的活佛、喇嘛吃饭前都要先念经，有的藏民在吃饭前也要先用手沾酒或茶在桌上点三滴，意为供佛。傣族、壮族猎获猎物的时候，要先祭山神，将最好的一块肉供给山神。云南的阿昌族、苗族、傈僳族、景颇族中普遍流行尝新节，节期多在稻谷将要成熟的时候。在尝新节时，老百姓从田间采回新稻穗做成新米饭首先要喂给狗吃，相传谷种是狗从天上取回给人类的，所以新米饭先给狗吃，以示感谢。

云南民族饮食与信仰还表现在各民族的饮食禁忌上，这些饮食禁忌的形成多数也与民众内心深处的信仰有关。如回族禁食猪肉，满族不食狗肉，壮族、拉祜族不食牛肉等。以拉祜族为例，在该民族的史诗《牡帕密帕》中，提到拉祜族是靠牛才得以生存，故不但不吃牛肉，牛死了还要好生埋葬。拉祜族还禁止用母猪及母兽肉做"剁生"这道菜，因为他们认为生命是母性所给，如果剁母畜之肉实在太残忍，会遭到所有兽鬼的报复。

云南民族的饮食与信仰还体现在各民族的餐具上。最典型的要数彝族的漆器类餐具、酒具，在这些餐具上，绘制着大量的图案，这些图案就是彝族民众自然崇拜的反映。如图案中的山形纹样、水形纹样、火形纹样、日月星辰等天体纹样，以及牛眼、牛角、鸡冠、羊角、马牙等图案，均源自于彝族民众的生活和他们对这些事物的崇拜与信仰。有的餐具还直接采用了动物造型，如鹰爪酒杯，无疑也与彝族对鹰的崇拜不无关系。云南新平傣族至今保留着土陶制作工艺，很多人家都把土锅作为餐具，在当地的土锅上，有一种叫"鱼齿纹"的纹饰代代相传。关于这种花纹的由来，村民一般认为如果不先把平滑的土锅划花，鬼就会把土锅划烂，于是出现了这种斜划纹。这种说法显然与当地长期信仰原始宗教有关。当然，鱼齿纹，应该是与鱼有关，而傣族自古就是一个近水而居的民族，与水的关系密切，捕鱼吃鱼也是其生活方式之一，所以在长期的生活实践中，傣族民众将对鱼的喜爱传递到他们的日常用品当中，形成了土锅上的纹饰，也不是不可能。大理鹤庆新华村白族艺人制作的九龙壶酒具、九龙火锅等餐具，同样体现了白族民众意识深处对龙的崇拜和信仰。

云南是茶树的原产地之一，茶文化历史悠久。这里不仅可以看到生长了两三千年的古茶树，而且各民族人民种茶、饮茶的历史得以完好保留，有各种声名远播的名茶，也有丰富奇异的茶俗、茶礼。来到云南，能体会到茶文化的博大精深。在云南众多的名茶中，普洱茶格外引人注目，进入 21 世纪以来，普洱茶更赢得了世界性的关注和声誉。

普洱茶，较普遍的说法是因产地得名，即普洱茶是以过去的普洱府为茶叶加工、销售的集散地而得名。现代的普洱茶则指的是在云南西双版纳、普洱、昆明、下关等地用云南大叶种晒青毛茶精制整理或蒸压成型后长年贮存陈化的产品以及在 20 世纪 70 年代以来技术创新而采用云南大叶种晒青毛茶为原料，在人工控制下快速发酵形成的具有陈化风味的产品[11]。早在唐代《云南志》中，记载了普洱一带的饮茶习俗："茶出银生城界诸山，散收无采造法。蒙舍蛮以椒姜桂和烹而饮之。"[12]银生即今普洱景东、景谷及以南地区，相当于今天的普洱市和西双版纳州。到了宋代，银生仍是云南茶叶生产和交易的集散中心。明代，江南湖广移民的进入进一步促进了普洱一带茶叶工艺的发展，明谢肇淛在《滇略》中记载："士庶所用，皆普茶也，蒸而成团。"说明当时普洱茶多采用了紧压工艺。到清朝，普洱茶更加声名鹊起，并从雍正年间开始，正式入册上贡清廷御用，自此形成了清宫廷中"夏喝龙井，冬饮普洱"的习俗。清朝廷还将之作为赠送外国使节的礼品茶。

普洱茶不仅是一种珍品佳茗，而且在一定程度上已经成为民族和地区间文化交流的媒介，成为了云南茶文化的象征。

云南人善做米食，除煮米饭之外，还做成饵块、饵丝、糍粑、汤圆、卷粉、米糕等，形式花色各不相同。蒸煮煎炸，各有妙招。其中"过桥米线"，是云南风味小吃之一，滋味鲜美，食法独特，久负盛名。

过桥米线主要以汤、肉片、米线再加佐料做成。汤，用土鸡、猪筒子骨等熬制，以清澈透亮为佳；将鸡脯、猪里脊、猪肝、猪腰花、鲜鱼、火腿等切成薄片，排入盘中；米线则以细白、有韧性者为好；同时，备有豌豆尖、黄芽韭菜、嫩菠菜等。吃时，以"大海碗"盛汤，加熟鸡油，汤滚油厚，碗中不冒一丝热气。汤上桌后，将鸽蛋搕入碗内，继将肉片汆入汤中，轻轻搅拌，肉片霎时变得玉兰片似的雪白、细嫩；然后放入鲜菜、米线，配上辣椒油、芝麻油、胡椒等调料，便可食用。碗中红白黄绿交相辉映，奇香沁人，使人胃口大开。有的还配上各种精致的风味食品小碟。

过桥米线之名，一说是吃米线时，陆续将米线挑入汤中，米线长，筋骨好，在两碗之间搭成一座不断线的"桥"，因而得名；另一说是个饶有风趣的传说：古时有位秀才在蒙自南湖中的小岛上攻读，他贤惠的妻子为他送饭，路远，常凉了。一天，她提了一罐鸡汤去，到那里，还热乎乎的。原来厚厚的鸡油把热气保护住了。她由此受到启发，常用鸡汤烫米线给丈夫吃。她送饭时进入湖心要过桥，因而有人就称为"过桥米线"，一时传为美谈。这种做米线的方法流传开去，并加丰富发展，成为云南的一道名特小吃。

第四节　民族节日

泼水节　火把节　目脑纵歌　三月街　插花节　刀杆节　三多节
绕三灵　二月歌会　转山节

云南的民族节日丰富多彩，如俗谚所喻："云南天天都过节。"

云南各民族的节日，首先包括中华传统节日春节、清明节、端午节、中秋节等。此外，各个民族有着各自的多个节日，统称为民族节日。每个民族节日，都有其独特的文化内涵和审美品格，且与民族生产生活和精神信仰密切相关。一些主要的民族节日，其文化内涵往往是多元的。有原生态的，亦有衍生态的，还有多民族共有型的，其文化的诠解五彩纷呈。根据不同的文化形态和内涵，可以把云南民族节日分为不同的文化类型。

一是历法文化类。云南一些少数民族有自己特殊的历法，如傣历、藏历、彝族十月历、佤族星月历、哈尼族十月历等，由此而形成了本民族特有的年节，如傣历新年、哈尼十月年、藏历新年等。其中，傣历新年即泼水节影响广泛，最为典型；哈尼十月年亦极具特色。

傣历新年——泼水节。傣历的起源可以追溯到周秦之际，现行傣历则起于宋元时期。它以六月为岁首，规定太阳进入金牛宫的那一天为傣历新年。这个傣族一年一度的节日，一般在傣历六月下旬或七月初（公历4月中旬），节期三天（有时四天）。第一天相似于农历的除夕；第二天（有时是两天）称为"空日"，既不属旧年，又不属新年，为静休日；第三天（或第四天），为傣历元旦，天一亮就开始进行各项节日活动，彰显出它多层面的文化特色来。

它有比较浓郁的宗教文化特色。泼水节又称浴佛节，曾是印度婆罗门教的一种宗教仪式，后为佛教所吸收。约在12世纪末13世纪初，随着南传上座部佛教经缅甸传入云南傣族地区，这一节日习俗日益广泛流传。节日期间，人们着装圣洁，捧着花果、美食进寺赕佛，用清水给佛像洗尘，听大和尚念贝叶经，在寺院里堆沙成塔，插上青枝而拜；有大佛塔的地方，也要供献叩拜，求佛保佑降吉。

它有传承英雄文化的古典秘彩。节日的主要活动项目之一是泼水祝福。关于泼水的来历，傣族民间有七位姑娘为民除魔的传说：古时出了一个魔王，抢去七位傣族姑娘做妻子，她们看到魔王滥施风雨，毁坏庄稼，给人间带来无穷灾难，自己也深受折磨，决计除掉魔王。她们探知一个秘密，只要用魔王一根头发勒其脖颈，就可将其杀死，于是趁魔王喝醉睡熟，拔其头发，勒其脖子，魔王头立刻落地。但魔王头一落地就冒火燃烧，眼看要酿成大火灾，大姐不顾一切把它抱在怀里，火立即熄灭。为了不让魔王头落地燃烧，她们轮流抱着魔王头直到其腐烂。在轮换时，姐妹们便泼洒清水，冲洗身上的污秽。后来，傣族人民为纪念这七位英雄女性，就有了泼水求吉的节日习俗。节日泼水有讲究，对老幼和尊贵的客人，用青枝蘸清水轻轻摇洒；而在年轻人之间，则你泼我、我泼你，泼得越多越有福，泼得越狂越吉祥，泼水节是傣族的狂欢节。

它有情恋文化的内涵。节日期间，未婚男女青年热衷于丢包活动。丢包场一般设在村旁草地上，男女分列两边，相距三四十步。开始时，花包随意丢向对方，小伙子如接不住花包，就要把准备好的鲜花去插在丢包姑娘的发髻上，姑娘如接不住花包，就要把鲜花插在丢包小伙子的胸前。花包纵横飞舞，传递着青年人纯洁的感情，如此一来一往，男女相互选中对方，花包就准确地飞向意中人，双方就开始收获初恋的甜蜜。

自然，最热烈的还数其年节喜庆文化的张扬。其中之一是放高升——土制火箭，先搭起一座座楼房高的高升架，每架由两个青年人点放，一个个高升冒着白烟尖啸着冲向蓝天，放到最高者还得奖。活动之二是盛行于百越民族中的龙舟赛。在西双版纳澜沧江边，披红挂绿、张牙竖角的龙舟整装待发，号令一响，一条条像离弦之箭飞向前方，你追我赶，竞相夺冠，民族体育文化之花在节日里纵情绽放。活动之三是欢快的舞蹈。随着铓锣声、象脚鼓声的节奏，男女老少围成一个个圆圈，边舞边喊"水，水"，表达出节日内心的无比高兴之情。这种种活动相互穿插映衬，使节日喜庆文化气氛渲染得十分浓烈魅人。

傣历新年泼水节，是傣族多元文化和独特风情集中展示的节日，节日内容不断丰富，规模愈演愈大，它已成为名闻遐迩的旅游文化品牌。

哈尼族十月年。按哈尼族的历法，十月是岁首，十月年是大年。节期一般从农历十月的第一个属龙日起，至属猴日止，历时五天。节日期间，举行祭祖仪式，表示向祖先拜年，同时开展磨秋（荡秋千）、摔跤、歌舞等娱乐文化活动，男女老少齐参与，过大年的欢乐气氛充满了大村小寨。

十月年的大亮点是长街宴。届时，家家户户都把饭桌搬到街心（或村里道路上），摆出各种美味佳肴，一家挨一家，一桌接一桌，摆成五彩缤纷、芳香四溢的长街宴，全村人坐在长街宴的两边，一起提筷举杯，共庆新年。这种长街宴，小则数十桌，多则成百上千桌，看上去就像一条彩色的巨龙，非常气派，大有可观。

二是农事文化类。云南少数民族最基本的经济形态是农耕生产，而农耕生产有极强的节令性，不同的节令有不同的农事，人们感受自然节律与农事的关系而有了时间观念，从而创造了适应农耕需要的农事节日，通过节日活动表达风调雨顺、祈望丰收的愿望。农事节日围绕农业生产来安排，如基诺族春节前后的"打铁（农具）节"，纳西族正月十五棒棒会（农具会），佤族佤历气艾日（公历3月）演示播谷的"惹岛节"，布依族农历四月"祭青苗节"（让牛休息一天，又称牛王节），哈尼族五月庆贺栽秧完毕的"那尼节"，傣族、布朗族等七月集中生产而禁止谈情说爱的关门节，多民族六月以火把照苗祛灾的火把节，香格里拉藏族的七月望果节，佤族、景颇族等多民族在秋收时节的新米节、尝新节等。其中，流传最广、影响最大的是火把节。

六月火把节。主要是彝、白、纳西、哈尼、傈僳、拉祜、普米等彝语支民族共有的传统节日，但到现在，其他民族包括汉族都参与其中，成为社会性的节日。节期为农历六月二十四日至二十六日之间，一至三天不等。活动内容因地因民族而不尽相同，但点火把则无一例外。

火把节的功利主旨，是借助火威驱虫灭害，保庄稼，护丰收。这在史书中早有记载，如《大理县志》称火把节为"保苗会"，说"用柴竹剖束为火炬，燃之以熏田、驱螣"。清许印芳《五塘杂俎》说："节之日是夕，在所人户，同时燃树，入室照遍幽隐，口中喃喃作逐疫送穷语，而农人持火照田以祈年，樵牧渔猎各照所适，求利益大光明中。"而一些民族的节日传说也映衬了护农保丰主旨。彝族支系撒尼人传说，天王不满阿育神把五谷撒向人间，派大力神去毁坏庄稼，人间英雄朵阿惹姿摔跤战胜了大力神，大力神又撒香炉灰，变出各种害虫吃田苗，人们便点火把烧虫灭害，保住了丰收。

具体活动也大体与记载和传说一致。家家门前要竖一个一两丈高的大火把，村口靠田处竖更高的大火把，上面插花挂果，还插纸糊的斗、升和写着"五谷丰登"的红绿彩旗。晚饭后，男女老少齐集，摆上各种供品，点燃火把。老人们举杯畅饮，看火话丰。年轻人则手舞小火把，成群结队绕村串寨，穿田越野，照火撒松香粉，腾起一朵朵绚丽火球，把无数扑火的飞蛾烧灭。大火把节节往下烧，所挂水果落下来，表示保苗顺利得丰收，大家上前争抢，表示抢到了丰年的福果。这样的活动内容与农事紧扣。六月下旬正是大春作物进入形成果实关键期，需防害以保；同时也处于农活非忙期，正好稍作休整，开展斗牛、摔跤、放孔明灯、打秋千、歌舞等娱乐活动，养足精神以迎秋收大忙。

火把节的文化内涵也是多元的。其一，火把节古代又称星回节。星回于天在腊尽岁终，但早年西南民族中有以伏为腊之俗，他们以北斗柄上指与下指来划分伏腊，上指在伏是"星回"，下指在腊亦"星回"。这与彝族十月历关于北斗柄上指的六月二十四日为一个过年日的节律一致。徐实在《禄劝县志》中说："六月二十四为火把节，亦谓星回节，夷人以此为度岁之日，犹汉人之星回于天而除夕也。"这星回节，也就是过六月年。

其二，火崇拜。彝族腊鲁支系中传说，古时无火，人们受尽了生食和寒冷之苦，有个叫者洛的人到天上找火种，从天神那里偷听到火的出处，回来找到铁片、石头、火草，铁石相击而得火，这天是六月二十四日，人们举火狂欢以庆。现在当地节日期间，仍有祭祀火神、取火、举火舞蹈等活动。

其三，纪念忠贞烈女。白族民间传说，火把节源于南诏火烧松明楼事件。南诏皮罗阁会五诏于松明楼，诱而焚杀之，遂并其地。邓赕诏妻慈善夫人（柏洁夫人）劝夫勿去，夫不从，乃以铁钏约夫臂，夫被焚，凭钏认之以归。皮罗阁欲妻慈善，慈善闭城而死，人们燃炬吊之，该日正是六月二十四日。《南诏野史》等则记有相类另一事件：汉元封时，

图下 7-8　景颇族目脑
纵歌

叶榆（大理）酋长曼阿娜被汉将郭世忠所杀，郭氏欲占酋长妻阿南，阿
南要郭氏让她生祭故夫、焚夫衣，待火起，阿南引刀自刎，扑于烈火之
中，时在六月二十五日，人们点火把吊之，后把这一天称为星回节。白
族民间过火把节时，还有制作松明楼模型、染红指甲以表示对刳夫尸时
十指淋血的慈善夫人的纪念等事象。

　　火把节相沿成习，世代不衰，它已成为中外瞩目的盛大节日。楚雄
州和石林县举办的火把节，规模大，影响远，有群众文艺表演和民族体
育竞技登台亮彩，古老的节日焕发出强大的生命力。

　　三是祭祖文化类。云南民族节日或多或少都有祭祖传史的文化成
分，而相对纯粹的祭祖节日则有：德宏景颇族的目脑纵歌节，阿昌族祭
祀创世始祖遮帕麻和遮米麻的"窝罗节"，瑶族盘王节，布依族六月六祭
祖节，佤族祭祀人类祖先化身"莫伟"神的拉木鼓节等。

　　景颇族目脑纵歌节。"目脑纵歌"意为"大伙跳舞"，实为一年一度
的歌舞盛典。其文化蕴义在于：祭祀创造这一歌舞盛典使民族繁荣昌盛
的始祖宁贯娃，演示从祖居地喜马拉雅山麓迁徙到现居地的曲折历程，
认同祖源族史。节期在正月十五日。传说聪明始祖宁贯娃看到鸟雀们从
太阳神那里学来的"目脑会"能使五谷丰收、生活美满，即刻把它学会，
在喜马拉雅山麓划定舞场，把舞姿套路画在栗木柱上，并仿效孔雀选任

"脑双"（领舞），举行了第一次目脑纵歌。其后子孙们在迁徙过程中沿传下来，成为节日。

节日届临，相对固定的目脑广场中央，竖起五彩的目脑柱，柱高约20米，用两块栗木板做成。右柱画有蕨菜，蕨蕾如握拳，蕨叶如排箭，象征团结前进。左柱画一个大四方形，以两根对角线将其等分成四个三角形，涂以四种不同颜色。两木柱之间交叉放置两把大刀，象征所向披靡。目脑柱左右两侧还竖两块高约8米的木板，上画美丽图案象征子孙昌盛。上边横匾画喜马拉雅山表示祖源地，下方横匾画家畜和农作物，表示生活美满。四柱两侧搭两个高台，表示登高望远。高台周围木桩上挂8面大铓锣、两个大皮鼓和其他乐器。最外层围着表示吉祥的竹篱笆，开两道门。整个广场显得庄重而热烈。

节典开始，景颇族男女老少穿着民族盛装进场，小伙子戴白包头、执长刀，姑娘们穿艳丽裙装、佩戴银泡披肩，色彩耀眼。铓锣、大鼓一起奏响，头顶装有鸡蛋、糯米和米酒的礼物篮的景颇妇女，成一列从篱笆右门鱼贯而进，顿时礼炮齐鸣，欢声雷动。大家围成舞圈，吹响竹乐器，边歌边舞。两位德高望重的老人，头戴孔雀羽帽，手挥景颇长刀，当"脑双"在最前领舞，众人跟随在后，男执长刀，女抖银泡，队列整齐而变化有序，舞步刚健优美。队列迂回前进，其路线象征着景颇人从族源地迁徙到现居地，又回溯到族源地的过程，以示不忘祖先。参加者除景颇族外，还邀请周围各民族同乐，少则数百人，多则两三千人，高亢的旋律飞荡高空，热烈的欢呼震动广场，跳到高潮时真是山鸣谷应，气派壮观。就这样群情欢腾，一直要跳到通宵达旦。

佤族拉木鼓节。木鼓是乐器，佤族却视之为神物，在腊月祭祀人类祖先化身"莫伟"神时，要举行神圣的拉木鼓仪式，而且木鼓形体粗长而有槽孔，象征繁衍旺盛的神圣母祖之化身。在十来天的拉木鼓活动中，始终伴有祭祀音乐，这是该节日的典型特色：选树前卜占吉时献祭品，由祭师"摩巴"吟唱祭文；伐树时高唱"祈祷歌"；拉木鼓时，数十上百人拉着做木鼓的树段，领唱者坐树段上指挥众人边拉边唱拉木鼓号子；建盖木鼓房时，大家唱木鼓房歌；木鼓上架击响时，众人纵情歌舞；最后由祭师吟唱佤族史诗《司岗里》，大家共唱《祭木鼓歌》，在音乐中结束仪式。

四是商贸文化类。民族商贸节日，是应各地域各民族间产品交换的需要而发生的。有的起源于庙会活动，如白族三月街源于观音会，纳西族三月会源于龙王庙会等。有的由简单的街天如按十二兽历法确定的猪街、羊街、鸡街等，发展到一年一度的跨地区跨民族的大型集市而成节日。商贸节日既是经济交流的节日，也是文化交流的节日。时至当今，商贸节日的内容四向辐射，不但诸多文化性的节日逐步开展了经贸活动，而且有新的商贸节日不断涌现，如以单一产品命名的芒果节、苹果节、石屏豆腐节等，呈现出商贸节日新的文化特色来。不过，传统的民间商贸节以其历史悠久、影响广远，仍占据着主导的地位。

大理白族三月街。本来的三月街是较单纯的商贸集市，现在正式定为白族一年一度的节日，节日内容变得丰富多彩。从文化上考察，可抽绎出几个特色。

其一，历史悠久。据明代李元阳的《云南通志》载："三月十五日在苍山下贸易各省之货。自唐永徽间至今，朝代屡更，此市不变。"照此看，三月街已有1300多年的历史了。

其二，源发于观音会。《云南通志》说："观音入大理，后人至日烧香，四方闻风，各以货来也。"《白国因由》也说到南诏初观音到大理之后，"年年三月十五日，众皆聚集，以蔬食祭之，名曰祭观音处。后人于此交易，传为祭观音街，即今之三月街也"。这种佛教庙会色彩，师范有《月街词》予以生动描绘："乌绫帕子凤头鞋，结队相携赶月街。观音石畔烧香去，元祖碑前买货来。"

其三，商路广远规模大。大理处于古丝道和茶马道的枢纽，是入川藏、通印缅、进中原的要冲，因而商路八达，商货繁茂。清末《大理县志稿》载："盛时百货生意颇大，四方商贾如蜀、赣、粤、浙、桂、秦、黔、藏、缅等地，及本省各州县之云集者数十万计，马骡、药材、茶市、丝棉、毛料、木植、瓷、铜、锡器诸大宗交易之，至少者值亦数万。"其规模和影响由此可见一斑，正如清末李燮羲的竹枝词所道："昔日繁盛几春秋，百万金钱似水流。川广苏杭精巧货，买卖商场冠亚洲。"

其四，并行为文体盛会。节日期间，可以尽情观赏白族文化，如耍龙舞狮、演白剧、唱大本曲、听古乐、对歌、品三道茶等。尤以赛马远近闻名，届时，白、彝、藏、纳西等各族骑手你追我赶，令人眼花缭乱。

其五，商贸内容与时俱进。随着社会的发展，节日最主要的骡马交易渐行衰退，商品结构不断变化。古老的三月街，正越办越丰富多彩。

纳西族三月会和七月会。这是两个盛大的商贸节日，除主体纳西族外，周边各民族都参加。原只有三月会，后因扩大商贸的需要而增加了七月会，节期一周左右。据记载，清乾隆二年，丽江象山西麓黑龙潭畔修建了龙神祠。每年三月在这里举办三至五天的龙王庙会，借以交流百货，尤以骡马交易为主，故称为骡马会。随着时代的发展，现又改称物资交流会。

这两会的起源，与骡马的生产历史十分密切。丽江很早就以马与巴蜀客商交换盐、铁。纳西象形文《东巴经》中有不少养马的描述。据《木氏宦谱》载，明洪武十五年后，土知府木氏以丽江马赴京朝贡，世代效行。同时，丽江处于茶马古道进藏的重要通道，曾为茶马交易重地，赶马文化盛行。丽江马背腰长短适中，四肢强健，蹄质坚硬，善走山道，驮载力强，素为外地客商所喜求，由此曾使骡马会日盛一日。随社会发展骡马交易渐行衰减，鲜明的地域商贸色彩仍浓厚，作为骡马会的历史的那一页，依然闪耀着独特的文化之光。

五是英雄文化类。在云南少数民族一些节日的起源传说中，主角是为民除害乃至勇于牺牲自己的英雄，特别是女性英雄，人们为纪念他们的英雄事迹而立为节日。这些英雄本是平凡人，却为民族百姓利益作出了大义大勇大智的壮举，受到了广大族众的敬仰。如白族立节纪念的舍身杀蟒英雄段赤城，傣族泼水节纪念的除魔七姐妹，怒族仙女节（鲜花节）采鲜花绕山洞祭念的抗暴女英雄，彝族插花节纪念的舍身除暴的女英雄咪依鲁，哈尼族昂玛突节纪念的用计除魔的智慧寡妇。英雄文化，成了这类节日的深层内涵。

彝族插花节。节期在农历二月初八，地点在楚雄彝族自治州大姚县昙华山。这时的昙华山处处盛开马缨花（大杜鹃花），人们视此花为女英雄咪依鲁的化身，过节的姑娘们都要插戴以示纪念，故称之为插花节。其传说主要是：咪依鲁伴允某淫暴土官逼婚，用计以毒酒除害，她也含笑而逝。这一天恰好是二月初八，人们就把这一天定为纪念她的节日，年年都要上山过节。一到节期，四乡八寨的彝族乡亲共同聚会，十分热闹。

二月八，是彝语支民族进行春祭祖先和踏青赏花等民俗活动的节日，因此插花节兼有祭祖和游春赏花野炊娱乐的民俗文化内涵。插了花的青年围成圆圈，按着月琴的节奏，跳起左脚舞，在祭祀祖先和纪念女英雄的同时尽情释放幸福快乐的心情。

哈尼族昂玛突节。它是红河哈尼族的一个传统节日，节期定为农历二月的第一个属龙日。根据民间传说，是为了纪念一位智慧的女性英雄。古时哀牢山出了魔王，逼迫哈尼人家轮流给他送美女，如有不送，魔王就把这家人吃掉。一位寡妇，让儿子扮女，计除魔王。哈尼人敬佩这位寡妇，在她于二月龙日死后尊为村寨保护神，年年办节纪念。节日期间，男女老少欢聚，唱歌跳舞，摆长龙形的长街宴，共庆得来不易的幸福生活。

六是戍边文化类。云南的边境线长，边境上的世居民族多为少数民族。有的边境民族节日中，蕴含着卫边保疆的理念和活动内容，呈现出独具一格的节日文化情采。最具典型意义的是居住在腾冲、怒江的傈僳族中盛行的刀杆节。

关于刀杆节的由来，据传是为了纪念明代"三征麓川"的王骥将军。那时的滇西边疆发生了外敌入侵和叛乱的事件，特别是思伦发的兵马几度叛侵，给边境各族人民的生产生活造成了极大的祸害。朝廷三次派王骥将军带兵前来平定，巩固了边防，保住了边境百姓的安宁。王将军到傈僳村寨，亲自教傈僳子弟练武强身，学好守边卫疆的过硬本领，嘱咐他们面对来犯之敌要敢于上刀山、下火海。就这样，傈僳子弟和王将军结下了深厚感情。他们决心遵照王将军的嘱咐，练好上刀山、下火海的本领，守卫边疆，保护家园，并一致议定把王将军到傈僳寨的二月初八这一天为纪念他的节日，后来就成为一年一度的刀杆节。

刀杆节的精彩活动内容，就是上刀山和下火海这两项绝技表演。

先是下火海。在节日广场开阔地上，烧一堆熊熊大火，燃到很旺时，矫健的傈僳汉子们一个个精赤着双脚，在火焰上面跳过来跨过去，有如群鹰翔舞。当木柴烧成炭，火焰消失，留下一大摊炽热的火炭堆时，赤脚傈僳汉子们第二次下火海，有的踩着红烫的火炭堆而行，有的用赤脚猛踢火炭堆，嘭嘭扬起的火灰，火星四溅，而他们的脚板毫无损伤，令人惊奇。

上刀山，先立刀杆。用粗实的高木杆立成梯架状，每道阶梯用两把锋利长刀交叉绑在木杆上，刀口一律朝上。一般用 36 把刀，绑成 18 级刀梯，远看就是一座闪闪发光的刀山。傈僳汉子光着脚板，头缠红毛巾，身穿红衣服，手摇红旗子，踩着刀梯一步一险地冲天而上。他们下过火海的脚板，踩在刀刃上毫无损伤。当一位登梯者站在刀山之巅，把红旗四向掷下，气宇轩昂地高呼："谁敢侵犯我堂堂中华！"全场一片欢呼，真有气壮山河之势。

除了这两项活动，节日里还有不夜的歌舞，大家围着火纵情欢跳，享受这火的节日的美丽与快乐。

七是族神文化类。族神，即民族神，小则为一个民族不同地域的村寨神，大则为一个民族共有的保护神。这类族神及其所代表的节日文化，与正规宗教没有多大联系，而更多地体现为本土原始信仰的崇拜偶像，认同为一个民族村寨的保护神或整个民族的保护神，祭祀保护神的民族节日，具有原始崇拜文化色彩。云南少数民族中，族神崇拜现象不少，如傣族、哈尼族等有村神寨神，白族村寨有本主神。缪鸾和先生记述大理"凡七十一村，村各奉其本主"。其祭祀活动，有的成为节日，有的则在其他节日活动中夹带进行，如白族绕三灵、绕海会节期有祭拜各村本主的内容。祭祀保护神成为民族大节日的典型是纳西族三多节，祭祀的是整个纳西民族的保护神——三多神。

三多节起源于北岳庙会，庙在丽江白沙玉龙山麓，系南诏异牟寻封玉龙山为北岳时所建（784—785），庙里塑祀三多神，民间又称三多阁。农历二月初八据说为三多神的生辰，民间举行祭祀活动，除当地办庙会外，金沙江两岸的纳西族以村寨或家庭为单位祭祀三多。三多神没有列入纳西族东巴教的神祇谱系中，祭三多是民间行为，不属于东巴教仪式。

关于三多神的来历，主要有这样的传说：丽江古纳西部落的猎人阿布高丁上玉龙山打猎，看见一只白麂，放猎犬追去，白麂飞跑到一块大白石后面消失了，而猎犬对白石狂吠不已，猎人想把它搬开，一抱却很轻，以为附有神灵，把它背下山来；到山脚稍歇，又去背时，白石又重如千斤，真是神石，立刻报告酋长麦踪。酋长好奇怪，昨夜有个叫三多的白甲神将托梦给他，说来帮助他振兴民族，说完化为白麝飞跑到一颗白石后面去了。他认定那块时轻时重的大白石是神将的化身，就在白石落地之处建盖神庙，举行祭祀。自此后，人们屡见一位戴白盔、穿白甲、执白矛、骑白马的神将显圣：打仗时，他带领白色兵马助战；有火灾，他从云雾里降雪灭火，瘟疫流行，他乘风而来驱散瘴气；发生水患，他在夜间带白衣人来疏浚。丽江风调雨顺，纳西族不断繁盛，于是纳西人把他尊奉为保护神"阿普三多"，每年都要祭三多。

这里透示出一些古典的文化内涵来：其一，白石崇拜。这原属古羌文化，迄今川西羌族房头上仍立白石，传说白石为制胜神器。纳西族作为羌裔民族，崇拜三多就是白石崇拜的象征。而纳西族崇拜的白石其实就是玉龙雪山的缩影，是纳西先民自然崇拜的折射。其二，尚武精神。纳西族是个小民族，历史上战事频仍，所以需要像三多那样英武的神将做保护神。其三，与周围民族和谐象征。在三多庙中所塑三多神的两侧，塑有藏族大妃和白族二妃，一齐享受祭祀，反映出纳西与相邻的藏、白两大民族之间包括通婚在内的紧密关系。

八是娱乐文化类。大凡民族节日，或多或少都有娱乐文化内涵，成为人们在紧张劳作之后调节生活节奏、放松身心的方式，即使是敬神性强的节日，在敬神之后都有一定的歌舞等娱乐事项。而在相对农闲的时节举行的与诸如游春等相关的节日，则为较纯粹的娱乐性节日，其中较典型的是白族的绕三灵。关于这个节日的译名及内涵，大体有两种不同的说法。

一种是绕山林或绕桑林，"绕"意为"逛"，主要指游春娱乐。大理有俗语曰："三日逛北，四日逛南，五日返家园。"还有一首白族民歌："四月里来绕山林，一绕绕到大理城。绕到东门唱一调，绕到西门停一停。绕到湾桥歇一歇，绕到喜洲谈谈情。绕到庙头才住下，一夜唱到大天明。"

第二种说法是绕三灵，即要依次游过三个地方的本主庙进行祭拜。

头天向北顺着苍山之麓而到五台峰下称为"神都"的庆洞庄本主庙圣源寺，次日从"神都"启程，经过喜洲街，向南至洱海之滨河涘城的本主庙，第三天继续沿洱海滨至"佛都"崇圣寺东面的马久邑本主庙，经祈祷后各自归家，节日结束。

节期在农历四月二十三日至二十五日，过节形式为队列式载歌载舞在山野道路上行进。领队为两个白族男子，缠大白包头，穿白对襟衣，外披黑领褂，戴墨镜，共扶一大枝挂有红绸和葫芦的杨柳枝，一人挥贴金折扇，一人甩毛巾，边舞边唱而前，其唱词幽默，动作诙谐。跟在后面的队伍也分两列，一列唱"串会白族调"，一列唱情歌"花柳曲"并伴奏。有的吹树叶，有的敲八角鼓，有的吹唢呐。歌者多即兴编词，或唱爱情，或描述沿途风光，或表达风调雨顺希望。一路上，一边走，一边大声、尽兴地唱，到了借宿的本主庙里，更要狂欢般地唱，一直唱到通宵达旦。

除了唱，还有特色舞——跳霸王鞭。其间尤以老年女性引人注目，她们颈挂牟尼珠，身背香积囊，头戴竹笠帽，发插红纸花，手执饰有彩条和铃铛的霸王鞭，边唱边跳，并用鞭杆击打自己的肩、胸、脚等部位，热烈而潇洒，充分反映出白族歌舞娱乐文化的自然美韵和生活情趣。

九是婚恋文化类。少数民族青年男女恋爱择偶，多半在节日期间进行。凡民族节日，或多或少均有情恋活动，而以求恋寻偶为主的则有布依族二月二歌会、纳西族摩梭人的转山节等。

布依族二月二歌会。住在罗平县九龙河边的布依族，有节期达一个月的歌节。从正月初二开始，青年男女倾巢而出，背着大米、罗锅等生活必需品，来到瀑马山一带落脚。男女各自相约东一群西一群地游走，碰到适合的场合，男队一甩手巾，一阵吆喝，向一队女青年发出对歌信号，女队在另一头扬毛巾回应，表示愿意对歌。尔后，男女群唱群和，即兴编唱求恋歌，男女慢慢靠近。若其中有一男一女彼此中意，便成双离群，两两另择地方对歌，直到通宵达旦，终而结偶。

一个月的节期，都在对歌寻恋。其间仅回一次家，即正月十五过小年。正月十六又都回到歌场，直到二月二。这最后一天，无论结成对的和未结对的，都要回瀑马山聚会。结了对的，约定下一次相聚时间。未结对的，不失时机地挑选意中人。所以这一天最热闹。节日过后，结了对的男方家，请媒人正式说亲、定亲，终而结亲，开始了稳定和谐的婚姻生活。

摩梭人的转山节。宁蒗县境泸沽湖边，有座美丽的狮子山，永宁纳西族摩梭人称之为格姆山，认为它是格姆女神的化身，每年春暖花开的三四月间，都要举行转山节日活动。一是踏青游春，二是祈求干姆女神保佑风调雨顺、人畜平安，三是让青年男女相识相恋结成"阿夏"婚伴。

摩梭人中有母系家庭的阿夏婚制，即走婚习俗，"阿夏"意为蜜侣。男不娶媳进家，女不嫁出家门，皆居母家。男子到女伴侣家过婚姻生活，夜去晨归；女子则在自家楼上接待男伴侣过婚姻生活，夜来晨去。传说干姆女神也有阿夏婚伴侣，所以转山的青年男女都要祈求干姆女神保佑自己找到合意的阿夏伴侣。

节日期间，男青年们打扮得英俊潇洒，骑着骏马，驮着生活用品，哼着高亢的"阿卡巴拉"调子，沿着格姆山麓而行。姑娘们穿着艳丽的裙子而来。转山转到开阔处，聚拢来对歌、跳舞、野餐，相互寻找意中人。如男女双方情投意合，就结为阿夏婚伴，并约定走婚信号，如男方丢一石子，女方就开门等。节日过后，他们的走婚生活就开始了。

白族石宝山歌会。节期从农历七月二十七日至八月初一，节址石宝山在大理白族自治州剑川县境内，山因石窟文化享誉古今，更以一年一度的白族赛歌会闻名遐迩。节间虽有演戏、游山、拜庙、娱乐等活动，但中心事项是对歌、赛歌。届时，满山只见身着节日盛装的白族男女，多为年轻辈，也有其他民族的客人。赛歌均用白族调子即兴编词对唱，参赛的歌手一一登台展艺，或问或答，相互考难，最后决出优胜者，男的封为歌王，女的封为歌后。以歌传情，以歌结友，两情相悦，终成眷属，亦是歌会的内容之一。

十是竞技文化类。藏族赛马节（五月端午），彝族赛衣节（二月二十八日）等。

第五节　生命的赞歌

生殖崇拜　婚姻类型　婚礼婚俗　家庭形态

不论是对于个人还是对于集体而言，生命都是最可宝贵的财富。越是在社会发展和生产力相对后进的地区，就越需要个体生命的累积和综合以便形成更为强大的生命合力来对抗自然和外界。云南长期以来社会发展形态和生产力水平均相对后进，因而对于生命的渴求和对于集体力量的需要就显得更加突出。生命的诞生就意味着希望，就意味着力量，因而云南各民族普遍重视生的民俗，形成了浓厚的生殖崇拜之风，有着隆重的诞生民俗。同时，由于生殖、生命降生与婚姻的紧密关联，云南民族对于婚礼也是十分重视。而云南民族的家庭形态也多数是出于对集体劳作和生命合力的需要而缔结，传统的家庭形式以规模较大的集体式大家庭为主。

生殖崇拜是普遍存在于世界各地的一种文化现象，指的是人们对于人类原始生殖能力的信仰和崇拜现象。云南地区由于社会发展形态和生产力水平的后进、自然环境的封闭、对自然的依赖程度较大等原因，很多民族十分注重人口的繁衍和生命的延续，因而生殖崇拜的现象也更加突出。

云南地区的生殖崇拜首先体现为一种对男女两性生殖器的崇拜。云南纳西族的支系摩梭人，常将低洼之处看作女性生殖器加以崇拜。永宁的摩梭人把格姆山的山腰山洼看作女性生殖器，还有一些地区的摩梭人把泸沽湖西的一泓水视为女阴，有的则把岩穴内的钟乳石凹视为女阴。这些女阴象征物所在之处，多有一汪幽泉，妇女们常在此焚香点烛祈求生子。最引人注目的就是在大理剑川石宝山的石钟寺石窟中，第八号石窟整窟雕刻的是一具女性生殖器，称为"阿央白"，当地老百姓一直对其顶礼膜拜，从古至今，此风不绝。塑像前面的石蒲团已经被跪拜祈子的人们的膝盖磨得深深下陷，无声地诉说着这种信仰的强大力量。妇女们还用香油涂抹在石阴上，以求将来生产顺利。在佛教石刻中，同时雕刻女性生殖器，这在世界上也是绝无仅有的。而这自然与当地民众心目当中生殖和繁衍所具有的神圣地位不无关系。男性生殖器的崇拜在云南地区同样很突出。云南宁蒗达坡村的摩梭人将村后的山冈视为男神生殖器的象征，向其祭拜祈求生育。西双版纳曼贺山上有一石柱亦被当地傣族民众视为石祖，认为它与妇女交媾后才生育了人类，所以妇女要向其祈求生育。在拉祜族地区，象征生殖的寨神被竖立于寨中跳谷场中央，寨神桩用栗木削制而成，一共三根，象征男根。在一些地区，对男女两性的生殖器崇拜又被结合在一起，体现为一种两性合体的性行为崇拜。过去，在云南西盟佤族地区，青年人婚前性生活比较自由，在村寨内多建有公房，供男女青年婚前自由交往，在这种公房中，往往装饰有双体木雕人像，人像为一男一女，裸体，彼此相拥相抱。

云南各民族的生殖崇拜除了体现为生殖器崇拜并与求子习俗相结合外，在一些地区也表现为单独存在的求子之俗。白族婚礼期间的一些活动中已包含着祈求子嗣的含义，如在订喜被时放入瓜子、松子等喜果，嫁妆中要有两个柜子，均有早生贵子之意。在傈僳族中，如果妇女久婚不孕，人们便认为是蛙神"俄坎尼"和家鬼"海夸尼"在作祟，就要举行祭祀，将12块粑粑和一碗酒送往河中，让鬼神远离妇女。福贡县的傈僳族如不孕则祭夜鬼，于半夜在家中用小猪进行祭祀，祭祀完毕吃掉小猪肉，吃不完的投入火中烧掉。佤族妇女婚后如果不育，就认为是夫妻的精魂没有结合在一起，所以要举行修正婚礼，先用鸡卦占卜，若是男方精魂没有与女方结合，只需在男方家重新举行一次婚礼即可，若是女方精魂没有与男方结合，则需要到女方家"娶魂"才能修正。

云南各民族中普遍存在的葫芦崇拜也与生殖观念有关。哈尼族在过"六月年"的歌舞游乐场上让童男头戴棕皮面具（表示祖先的脸），下挂半截葫芦表示生殖器，边跳边甩⑬。此外，广泛流传着洪水后兄妹婚繁衍人类的神话，其中兄妹得以幸存的重要避水工具往往是葫芦；在一些民族中还流传着葫芦生人的神话。这些都与人们强烈的繁殖欲望有关。这种对葫芦的崇拜又具体化为特定的习俗，至今云南哀牢山的彝族还保留着结婚时将葫芦破为两半作交瓢饮的风俗⑭。

云南有较为多样的婚姻类型，有一些独特的婚姻形态和婚姻模式。目前保留的或是曾经在云南地区存在过的比较典型的婚姻模式就有一夫一妻式、一妻多夫或兄弟共妻式、对偶婚式等。

云南多数地区多数民族实行一夫一妻的婚姻形式，并以男娶女嫁的从夫居为普遍模式。有的出现过一夫多妻的婚姻状况。

云南的藏族地区，曾存在着较普遍的兄弟共妻的一妻多夫婚姻形态。比较普遍的情况是家中的两兄弟年龄相差较大，便先由长兄将妻子娶进门，待其他的弟兄成年后，也和兄长的妻子形成夫妻关系。还有一种情况是，家中的多位弟兄出外打工、做生意或当兵，留在家中的一个弟兄娶妻，其余兄弟回来时也可能会与在家的兄弟共妻。有的喇嘛还俗回家后，也会与在家的兄弟共妻。这种婚姻模式的存在，与当地海拔较高，可耕地少，土地贫瘠，要求家庭中有比较多的劳动力，各有分工，才能使家庭经济有效运转。同时，这种婚姻形式有效解决了因分家带来的土地分割及建房等问题。

在云南纳西族的支系摩梭人中，还存在一种名为走婚的对偶婚形态。生活于泸沽湖畔的摩梭人，在相对封闭的自然环境中，至今仍保留着走婚的习俗。所谓走婚，就是男不娶女不嫁，男女在成年后，可以结交自己的伴侣，称为阿注或阿夏。结为阿夏的男女，各自生活于自己的母系家庭。男方到了晚上便可到女方家走婚，留在女子房中过夜，待天亮之前悄悄离开，回到自己的家中。走婚生下的孩子，归女方抚养，男子需要抚养照顾的是与自己同处一个家庭的姐姐或妹妹与别的男子走婚后生下的孩子。这种婚姻关系较为不稳定，当任何一方不想再维系关系的时候，婚姻关系便可轻易解除，对于男子来说，不再去女方家走婚过夜便是解除关系的表现；而对于女方来说，如果想要解除关系，男方到来时不再让他进门也就表明了自己的立场。其优点是：男女双方的婚姻更多是基于爱情而较少受到其他因素的干扰；避免了结婚的男女组成家庭后与其他家庭成员之间不可忽略的矛盾，特别是无需处理婆媳关系、妯娌关系等复杂的家庭关系，与自己的亲人生活在一起家庭氛围更加和谐融洽。

入赘又称上门、倒插门等，在汉族中较受歧视，但在云南的一些民族中，则有不同。西双版纳的傣族，普遍实行上门习俗。成婚后女婿必须到岳家上几年门，至于上门时间的长短，视双方家庭情况而定，有几个月、一两年或是终身几种情况。短期上门的，到时间可带妻子回本寨安家；终身上门者，可与岳父母共同生活，女婿享有财产继承权，或在岳父的寨子另立新户。

在一些民族中曾流行转房婚，较常见的是兄死弟娶其嫂，弟死媳转嫁给兄，类似的还有姊亡妹续嫁给姐夫，汉族还曾有嫡子继承父妾、侄子继承伯母的转房习俗。蒙古族曾流行兄死弟娶其嫂的转房婚。在独龙族中，如家族中某一已婚儿子死了，其妻可由公公娶为小妻。这同样也是转房婚的一种表现形式。在迪庆三坝的纳西族中同样有转房的婚俗。转房婚的存在，一般认为是为了使家庭的财产和劳力不外流。由于转房的存在，寡妇以及子女和财产都可以因为转房而继续留在家庭内部；反之，如果没有转房，寡妇可能再嫁，不仅她自己作为劳动力流失了，就是子女和财产也极有可能流失到别的家庭，这对于原来的家庭无疑是一种损失。

在云南的很多民族中也流行表亲婚习俗。表亲婚还可具体分为四种情况：一是姑舅表优先婚，即舅家的儿子可优先娶姑家的女儿，姑家的儿子也可以优先娶舅家的女儿，其中一方放弃这种优先权后，另一方才能将女儿出嫁给他人。二是单向舅表婚，指的是姑家的儿子可优先娶舅家的女儿为妻，但舅家的儿子却不能娶姑家的女儿。三是单向姑表婚，指舅家的儿子优先娶姑家的女儿为妻。四是姨表婚，指同胞姐妹的子女之间进行婚配[15]。表亲婚常常被民众认为是"亲上加亲"，受到肯定。比如在大理剑川的石龙村，至今表亲婚仍受到人们的认可，村中表兄妹结婚的现象十分突出。丽江的纳西族同样盛行姑舅表优先婚，当地民众认为舅舅的儿子娶姑妈的女儿是天经地义的事情。云南小凉山地区的彝族也十分推崇姑舅表亲婚，并力图通过对通婚范围的限制来维护等级和血统的纯正性。云南的景颇族和独龙族则实行的是单向舅表婚。独龙族认为外甥本来就应该成为舅父的女婿。景颇族如果舅家有女儿，其男外甥在求偶时就必须先选择舅家的女儿为妻，否则舅家就会感觉丢脸，姑家必须向舅家送礼道歉，俗称"洗脸"。云南麻栗坡的壮族，只允许姑家的儿子与舅家的女儿结婚，却严禁舅舅的儿子与姑家的女儿结婚。阿昌族则是并行姨表婚和姑舅表婚的民族，民间流传着这样的俗语："表兄表妹表成对，姨子姨妹姨成双；侄女跟着娘娘走，只准淌出不淌进！"⑯这里描述了阿昌族对姨表婚和姑舅表婚两种形式表亲婚的赞同。

云南的苗、布依、壮、怒等民族曾存在过不落夫家的婚姻习俗。不落夫家，也叫长住娘家，指的是新娘出嫁后，只在新郎家住几天，便回娘家长住，只与其夫偶尔相会，直到怀孕临产才又被接回夫家。待到生下孩子，才能真正落脚夫家。关于不落夫家的原因，有的认为是云南的很多民族女子在婚前的交际相对比较自由，而女性想要延续这种自由，便要尽量延长住在娘家的时间。此外，也有的认为此种婚姻习俗的出现反映了从母权向父权转变的过程中，从从妻居向从夫居转变，然而母权也不甘心退出历史舞台，所以就出现了长住娘家这样一种婚俗。对此，还有一种解释，那就是一些民族的观念中，认为不生育就不能算结婚，所以只有生了小孩，才算正式结婚，也才会到婆家去住。

婚礼是人生仪礼中最重要的礼仪之一，是男女两性成家立业、生儿育女、组成家庭的重要标志。云南各民族的婚礼大多较为隆重，体现出各自的特色。

从婚礼的过程来看，一般要经过择偶、订婚、结婚等过程。从择偶而言，云南的少数民族传统上多有自由择偶的特点，对青年男女婚前的交往不做过多的限制，有的甚至还提供节日、集会这样的场合让青年男女谈情说爱。有的民族在村寨中建有公房，这里的公房实际就是让青年男女谈情说爱的场所。有的民族，在姑娘长大后为其建立单独的"姑娘房"，同样是为了方便其择偶。

从订婚来说，各民族有所不同，有的送酒，有的送茶，有的送衣服首饰，但总的意思是一样的，就是通过仪式，表明双方订下婚约，一般不再反悔，只等择期完婚。纳西族的订婚较有特色，称为送酒，分两次进行。第一次称送小酒，所送为酒、茶、糖、米等物。送小酒半年或一年后，再送大酒，除了酒外，加送布匹、衣服、银手镯、猪肉等。纳西族称吃大酒为"吃毒药酒"，意为行此仪式后就算其中一方反悔也必须履行婚约，后悔也来不及了。过去佤族订婚也主要以送酒的形式进行，但要送三次酒。第一次是送氏族酒，一般为六瓶，再加上芭蕉、茶叶之类。这六瓶酒给女方同一氏族的各男性当家人吃，表示同一氏族的人都同意本氏族姑娘外嫁了。第二次送邻居酒，也是六瓶，表示吃了该酒的邻居可作为婚事的旁证。第三次送开门酒，只送一瓶，是给女方的母亲喝的，母亲要在晚上悄悄地喝，边喝还要边为女儿祈祷。云南墨江地区的哈尼族有"踩路"订婚的习俗，男女青年相互情投意合，就由双方的老人共同走一段路，称为"踩路"，如果在路上没有遇到兔子、狼等野兽，就表示可以结亲。经过了"踩路"仪式两人就算订婚了。在订婚之后，便可进入结婚的程序，结婚仪式在云南的各民族中一般都比较隆重，有迎亲、拜堂、闹房等习俗，但也存在民族和地区差异。有的民族，光是结婚仪式就要举行三天甚至更长的时间。有的地方在结婚仪式中还有重要的拜神祈福等宗教内容。如大理剑川地区的白族，在结婚头一天不论男女双方均要邀请家族中长者齐聚一堂，带上荤素供品和香火蜡烛，共同到村中的本主庙中祭拜，报告本主一对新人将要结婚，祈求本主保佑他们的婚事顺利，保佑新人白头偕老。

傣族的青年往往利用泼水节、开门节等节日场合寻找对象，通过赛龙舟、放高升、丢包、赶摆等活动创造谈情说爱的机会。丢包是傣族过节时的一种娱乐活动，届时青年男女来到丢包场上，姑娘们还会随身带上自己精心绣制的花包。到了丢包场上，青年男女们分成两列，相距十几米相向而立。然后开始相互丢包，刚开始时可能是没有固定目标的，但随着花包在空中抛来抛去，青年男女之间可能就会产生特别的情意，这时就会在花包中带着礼物抛给对方，这对青年男女便会悄悄离开丢包场，到僻静的地方谈情说爱。如果二人情投意合，男方就会给女方送上手镯、戒指、耳环等物，女方则会送给男方背包、包头巾等，表示互许终身。傣家男女如果恋爱成熟，男方便请舅舅或姨妈出面去女方家说亲，女方父母和家族长辈同意后，媒人就可通知男方准备定亲的礼物，双方商定结婚的日期。傣族结婚，要举行隆重的婚礼。婚礼中的拴线仪式尤具特色。由于傣族信奉南传佛教，婚礼这天，新郎新娘要去佛寺拜佛，祈求神佛保佑他们幸福美满、白头偕老。然后，到达女方家，门前铺上花毯，上置敬佛的鲜花果品。新郎新娘并排坐在毯前，并由一位和尚念经祝福新人。和尚念完经后把彩色丝线拴在新郎和新娘的手腕上，以示祝福。各位亲朋也争相给新人拴线。拴线仪式表示新郎、新娘的魂被拴在了一起，二人将会白头到老。

白族青年有自由恋爱的传统。姑娘、小伙子在赶街、栽秧、捕鱼、打柴、割草等生产劳动和参加三月街、绕三灵、渔潭会、耍海会等民族节日时都有可能遇上自己的意中人，并发展为恋爱关系。当两人情投意合、爱情成熟时，小伙子便请父母央请媒人去女家说亲。如女家同意，男方托媒向女方要红帖，依俗要送酒、茶、糖、布等，但因礼物轻，俗称"送水礼"。迎娶前一两个月，男方派媒人上门商议结婚日期和议定男方应付的彩礼，这是男方送给女方置办嫁妆之费用。白族婚礼多在农历十二月或正月举行。婚嫁之日，新娘按照传统要给男方亲人送见面礼，送绣花鞋或绣花鞋垫等。婚礼大致需要三天。第一天俗称"搭彩棚"，是做婚礼的准备工作。第二天是迎娶的"正喜日"，男方到女方家接新娘，新娘迎娶回男方家后，要在堂屋中行拜堂仪式。新娘迎回新房时，早有人准备好辣子面撒入炭火中，辣味四溢，而辣子面的"辣"在白语中与"亲热"谐音，所以此举有象征新人亲亲热热的寓意。当晚还有闹洞房的活动，青年小伙和姑娘们会聚集于新房中，给新郎新娘出难题，让新郎新娘表演节目等，热热闹闹地结束婚礼。第三天，称回门，新娘家里派人接新郎新娘回娘家。

由于生活条件相对较差，云南独龙族的婚礼相较而言比较简朴，其最大的特色是离不开歌与酒。青年男女订婚前，男方父母便邀约一些伶牙俐齿的亲朋好友，带着几筒水酒到女方家去求婚，所带水酒讲究必须要成双数。到达女方家后，双方边饮酒边即兴对唱。男方唱的就是双方结亲如何之好，而女方总要摆出各种理由推托，最后才答应。一旦说定婚事，男方以牛、锅、铁三脚、衣服、耳环等为聘礼。到了正式举行婚礼时，所有的村民都尽情畅饮，尽情歌舞，整个村寨都沉浸在欢乐之中。在婚礼仪式上，新婚夫妇要向众人表示今后会尊重长辈、孝敬父母、白头到老，二人还要共饮一杯同心酒作为誓约。

云南的怒族在婚礼中有一个独具一格的仪式，即当送亲人将新娘送至男家，男家邀请客人进屋入席时以鸣枪三声表示祝贺。

基诺族的婚礼中，也有一些独特的仪式。在订婚后，要举行一个认舅舅和请舅舅放女儿的仪式。如果女方没有舅舅，则用女方母亲姐妹的儿子代替舅舅。如果女方母亲的姐妹也没有儿子，那就把蚂蚁土堆视为舅舅。基诺族民众认为，不举行认舅舅的仪式，即使结婚了也不会生儿育女。仪式之后，舅舅赠与外甥女的嫁妆在婚礼中被送到女方家。订婚之后一般不超过一年便可结婚，新郎到女方家迎亲时，要给新娘的母亲一笔"吃奶费"，给新娘的舅舅送一笔"接人费"。过去还有在迎亲当天新娘离家出走的习俗，出走的新娘必须要由舅舅去找，找到后由母亲、舅母或年长的妇女为其戴上"五搓"，这是一种竹制的戴在发髻上支撑三角披风女帽的圆形器物，也是已婚妇女的标志。有的地方则是新娘在被接到新郎家后，赶在婚礼前上山砍柴并借机尽情歌唱以宣泄心中情感，表达心目中对少女时光的怀念。有些基诺族地区在新娘出发前往新郎家前还要举行"哭嫁"活动，新娘用哭来表示对少女时代的不舍，对父母亲人的留恋，对未来生活的恐惧。父母亲人则用哭来表示对女儿出嫁的难舍和对女儿嫁到别人家生活的担心。

云南各民族中还存在一些独具特色的婚俗，其中引人注目的就是抢婚。直到新中国成立前，景颇族、傈僳族、哈尼族、苗族和傣族等少数民族中，都还存在抢婚遗俗。当然，在很多民族中，过去曾经存在的真正的武力抢亲已经演变成一种象征或模拟性的抢婚。德宏傣族抢婚时，小伙子和姑娘事先已约好时间和地点。之后，小伙子带着邀约的伙伴，手中持刀，口袋里装着铜钱，来到事先约好的地点隐蔽起来。时间到了，姑娘们也来到约定的地点，于是，小伙子们忽然冲出将姑娘抢走。姑娘假装不知情，高声呼救，以通知家人。当姑娘的家人和邻居赶来营救时，小伙子们便将铜钱撒在地上，引诱追赶者拾钱，抢婚者乘机逃走。在经过了抢婚的程序后，男方家再正式派遣媒人到女方家求婚，履行结婚的程序和仪式。云南红河一带的苗族，小伙和姑娘在芦笙场等场合相遇并有意，则男方会约请伙伴一起到女方家将姑娘抢走，或趁姑娘在屋外干活之机把她抢走。无论是以哪种方式抢，姑娘总是事先知情的。抢亲后第三天，男方聘请媒人到女方家说亲，女方父母收下礼物就表示答应这门亲事了。云南勐海县一些哈尼族同样有抢婚习俗，一对男女青年自愿结为终身伴侣，便会私自约定时间，男方在伙伴们的帮助下把姑娘领回家中暂住，然后请媒人带上礼物前往女方家求婚。女方父母通常要对媒人吵骂一番，但最终也只好按照传统习惯，用过年时特别酿制的酒和上等菜肴来招待求婚者，双方商议定下聘礼。商议确定后即可举行结婚仪式。

与其他地区一样，云南各民族的家庭形态经历了从传统的大家庭到小家庭的发展过程。

迪庆地区的一些藏族因实行兄弟共妻的婚姻模式，相应的也形成了一种特殊的大家庭结构，家中有较为充足的劳动力，而且由于妇女特殊的核心地位，在整个家庭生活中占据了较为重要的位置，家庭中的经济生活和感情生活都主要由妇女来掌控和调节。家中妇女的主要工作是耕田、种植、收割、炒青稞、搓毛线、织毯子等，男子的工作是在牧场上放牧或者外出打工、经商。不论是在牧场上打理的男子还是在外经商的男子，都将收入全部交给妻子管理。家庭生活中遇到大事时，也多是由妻子负责和全家人商议。

泸沽湖畔的摩梭人因实行走婚的婚姻形式，其家庭长期是一种母系大家庭。在这样的大家庭中，年长的女性是家中的家长，负责家庭劳作的安排、经济的收支、大事的决策等。家中的其他成员均要听从女性家长的安排和分配，各司其职，共同劳动，共同为家庭的发展贡献力量。摩梭人的母系家庭体现了妇女较高的地位。由于摩梭人走婚后男女双方并不缔结新的家庭，所以男女双方均各自生活在自己的母系大家庭中，因而母系大家庭中是没有父亲的，家中的男性便是舅舅。除了祖母和母亲所具有的较高的地位，舅舅对于孩子们来说也是最为亲近的人之一，他既像父亲一样关怀着孩子们，也是家庭劳作中的顶梁柱，因而摩梭人对舅舅也很尊重。摩梭人男孩女孩 13 岁的时候要举行成年仪式，男孩子就是由舅舅来主持，而女孩子则是由母亲来主持。

基诺族过去的家庭形态也是父系大家庭的模式，家长由年长的男性担任，在这个大家庭中，还包含着多个父系的小家庭。一个父系大家庭的全体成员共同居住在一幢大竹楼里，这幢大竹楼称为"大房子"。大房子前后开两个大门，前门右边第一间房子是家长的居室，两旁是各个小家庭的住房。大房子中央建有大火塘，旁边排列各小家庭的小火塘。整个父系大家庭内部，实行集体劳动、共同消费的家庭生活模式。这样的大家庭生产劳动模式，有效整合了各个小家庭的力量，既形成了集体的合力，又相对保持着小家庭的独立性，因而受到了基诺族民众的欢迎，在基诺族中存在了较长时间。

过去的集体式大家庭现在多已难觅其踪，原因是随着时代发展生产力水平有了提高，很多生产劳作已经不需要像过去那样依靠集体的力量来完成，个体小家庭承担了生产和消费的功能。同时，核心式家庭因家庭内部成员关系相对简单，避免了解决家庭内部矛盾的很多需求，因而越来越受到年轻一代的欢迎。

第六节　逝者的庆典

丧葬习俗　送葬诗篇

云南各民族在长期的生活中形成了自己的生死观，表现出了重视死亡但又能比较超脱地看待死亡的特点。云南各民族普遍存在灵魂信仰，认为人死之后其灵魂与肉体分离，肉体虽然消失，但灵魂却是不灭的，所以要让死者安心，就要让其灵魂安稳地回归其应该回归之处。这样做会给活着的人带来好处，祖先的亡魂会保佑活着的后代子孙。正是基于这样的认识和信仰，云南各民族的丧葬习俗神圣而隆重，同时还产生了指路经、送葬调、丧葬曲等与丧葬有关的文学艺术形式。

从丧葬的方式来说，云南地区存在土葬、火葬、水葬、天葬、塔葬等葬式。其中，土葬是汉族的传统葬式，有的人认为是土地提供了生命的可能，所以人死之后土葬才是生命最好的回归。一些民族，如白族、纳西族等过去曾盛行火葬，后来因受到汉文化的影响而改为以土葬为主。哈尼族人死后多实行土葬，一般都用薄木棺材，也有的是砍回一截粗大的树干，将之剖为两半，并用刀斧将树干中心部位挖成槽状，把两块挖空的树干合起来便是一个简单的棺材。比较讲究的还会在棺木表面雕刻上龙头或草木等图案，作为装饰。布朗族人死后一般也实行土葬，多用竹棺，也有用木棺的。在迪庆的藏族中，流行天葬、水葬等葬法，天葬有专门的天葬台，由专职的天葬师将尸体肢解后喂给"神鹰"食用。

藏族的水葬多用于夭折的儿童。云南信仰佛教的民族如傣族、藏族僧侣活佛去世后也多行火葬。傣族的长老死去，举行火化，火化后的骨灰盛于瓦坛中，葬于寺后，有的地区还要在其上建一坟塔。藏族的活佛去世行火葬后，骨头灰烬被带到高山之巅顺风撒落，或者撒到大江大河之中顺水漂流。塔葬是专为有名望的活佛喇嘛、高僧大德举行的葬礼，可先将去世高僧的尸体用药物处理，风干后置于灵塔内永久保存，也可先行火葬，后将舍利装入塔内保存。在云南，大理感通寺后有担当和尚的舍利塔；大理古城南弘圣寺一塔南面有日本诗僧塔，埋葬的是四位日本僧人。这些都属于塔葬的典型。

　　除了葬式葬法，云南各民族的丧葬礼俗也十分丰富多样。人死之后，一般要先报丧。景颇、拉祜、佤等民族都有鸣枪报丧之俗。拉祜族人死后，亲人鸣火枪或铜炮枪报丧。西盟地区的佤族，如果死者是男性，以敲锣、鸣枪的方式报丧；如果死者是女性，光是敲锣报丧；如果死者是小孩，则不报丧。怒族则以鸣竹号的方式报丧，并且讲究所吹竹号的数目要与死者的身份和年龄相符合，未婚者吹 1 支竹号，已婚并有儿女者吹 2 支竹号，头人去世吹 3 支竹号，巫师去世则要吹 4 支竹号，以上皆限男性；妇女死去不吹竹号。除了报丧来告知亲友邻居死者的死讯外，为死者沐浴、更衣，将死者的尸体停放一段时间以供亲人祭拜和悼念，也是云南各民族丧葬仪式中的主要内容。各地区各民族停尸守灵的时间往往有诸多不同。有的强调越早入土越好，有的则要让算命先生或巫师之类占卜，以确定停尸时间。有时停尸时间长达数月甚至半年以上，在一些地区由于停尸时间过长而产生"寄葬"之俗，即临时性地安葬尸体，待到真正下葬的时间到来时再正式安葬。西双版纳的傣族强调凶死者要当天埋葬，不举行停尸守灵和其他丧葬仪式活动。西盟佤族成年人正常死亡者是隔日埋葬，停尸一天，而如果是小孩死亡则当天即葬。停尸祭拜结束后，一般就是入殓、出殡、下葬等程序，这些隆重的丧葬仪式往往只针对正常死亡的老者，很多民族中，死者年龄越大、辈分越高，并且儿孙满堂，享受的葬礼待遇也就越高。而对于那些非正常死亡者、凶死者，没有任何的丧葬仪式，或者丧葬仪式也多是简单了事。阿昌族如果死者是年老者，在出殡之时，需要由八个人来抬棺材，而如果死者是年轻人的话，只需要四个人来抬棺材即可，从抬棺人数的多寡也可看出对死者葬礼的重视程度。大理的白族中，如果是高龄老人去世，家中会为老人举行盛大的葬礼，很多人会不请自来参加丧礼，前来丧家吊唁的人们在吃饭时还要千方百计带走一个吃饭的碗，拿回家中让自家的小孩用，意为小孩可以沾上高寿老人的福气，今后更加平安、顺利地成长。如果死者是非正常死亡，则另当别论，特别是那些死在外面的，甚至不能将尸体运回家中，只能在村口设置灵堂，丧礼也更加简略。

在傣族地区，若寨中有老人去世，全寨的人都会停下手中的活计，前往吊唁，并协助丧家料理丧事。老人去世，亲人要给死者沐浴，为死者更衣，包上新头帕，用白布裹尸。然后将死者平放在堂屋中间一门板上，此举叫停床。在家停尸期间，家人要请寺庙里的高僧念经，为死者超度亡灵。傣族有土葬、火葬、水葬三种丧葬方式，对于正常死亡的人，通常实行土葬；佛寺里的长老、和尚逝世，则行火葬；凶死之人，或实行火葬，或实行水葬。出殡之前，要先选墓址，死者亲属手拿鸡蛋或瓷盘，抛置地上，如果破碎，就表示此处可选作坟地。如未破碎，则继续挑选，直到破碎为止。由于傣族没有祭祖的习俗，所以安葬死者的坟地不留坟堆也不立墓碑。

布朗族人死后要请佛爷或巫师念经驱鬼，并于三日内出殡。布朗族生活的寨子边的丛林中设有全寨人的公共墓地，死者埋于公共墓地中。

图下 7-9　清末滇中地区送葬　殷晓俊提供

但有一讲究，即需按照死者的辈分、年龄、长幼采取分台下葬的办法，年纪越大、辈分越高的老人埋在越高的一台，依此类推。

在白族地区，到了一定年纪的老人要提前为自己备好棺木，或者要求儿女为自己准备。在白族话中，将棺材称为"房子"，如同活着的人要住在房子中一样，死者也需要有这么一所"房子"。这也可看出白族民众对死亡的豁达态度。白族还讲究老人一定要寿终正寝，当老人病重之时，家人就会将老人的病床移置到堂屋中，亲人轮流守候。老人弥留之际，要举行"接气"的活动，由老人的儿子或亲友将老人抱在怀中，让老人在儿子怀中咽下最后一口气，表示气就接下来了。同时还要给老人口中放上口含，取一颗大枣去核，其内装上一些碎银、茶叶、米粒，放入老人口中。老人咽气后，由亲人为其沐浴更衣，剪指甲，男性要理发、刮胡子，女性要梳头。入殓时如果死者是女性或上门的男性，还要等候其后家人前来检查，待后家人没有意见了，才可盖棺并钉上钉子。入殓后棺木停放于堂屋，停尸时间各地略有不同，少则两三天，多则十天半月，停尸期间，家人为之守灵，亲朋前来吊唁。到出殡之日，亲朋送葬，最后将死者抬到墓地下葬。掩埋时，埋者注意不要顺着阳光照射的方位站立，即不要让自己的影子倒映在墓坑中，否则往墓中埋土时有可能将自己的影子埋进去，那是十分不吉利的。成坟后还要竖好墓碑，葬礼才算结束。

普米族在老人弥留之际，亲人会将一只狗牵到老人床前，将拴狗的绳子一头放在老人手里，并告诉老人这是为其引路的狗，然后将绳子剪断，一段放在老人怀里。又牵来一只白色的绵羊，仍让老人手握拴羊绳子的一端，并告诉老人这是让老人放牧的羊，同样剪断绳子，留一段于老人怀里。再拉一匹马到老人床前，仍将马缰绳一头放在老人手中，告诉老人这是驮老人回到祖先所在地的马匹，然后剪断绳子，留一段在老人怀里。老人一咽气，家人立即爬上房顶掀开一片木瓦，意为为死者打开灵魂通天之路，然后鸣鼓、放枪、吹牛角号，向亲友报丧。老人去世后，举行火葬，届时前述的三段绳子将与死者尸体一同火化，表示老人带走了这些动物。

云南的很多民族将死看作是生命的再次开始，同时也是出于对灵魂

图下 7-10　纳西族东巴安抚亡灵的祭风仪式（采自《中国西南古纳西王国》）

的敬仰和畏惧，因而在人去世后并非一味悲伤，相反较为豁达。傣、景颇等民族中还存在娱尸之俗。《百夷传》中记载："父母亡……聚少年百余人，饮酒作乐，歌舞达旦，谓之娱尸。妇人群聚，击臼杵为欢。"[①]这种人去世后还舂臼唱歌的习俗直到近代还保留在佤族的丧葬仪礼中。景颇族在死者去世的当天晚上，本村及附近寨子中的青年男女都会聚集到死者家中跳一种祭祀性的舞蹈，一连数夜，通宵达旦。哈尼族葬礼中在出殡前夜有一重要仪式叫"莫搓搓"，青年男女们在丧家附近敲锣打鼓，点燃篝火，然后围着篝火尽情歌舞，通宵达旦。有时在这样的歌舞当中，青年男女相识相恋，乃至最后结成家庭、生儿育女，从这个意义上说，死真正成为了生的另一种开始，一段生命的结束同时也就意味着一段新生命的开始。生死轮回既然是生命中不可规避的自然现象，那么也就不必对生与死的问题过分纠缠，更不必对死亡的来临恐惧和伤感。

　　云南的各民族也相信祖先亡灵会护佑子孙后代。但与此同时，毕竟死者已经变成鬼魂，与活着的人有所不同，而灵魂信仰的力量也让民众认为亡灵不仅可以保护活着的人，同样可以对活着的人造成危害。所以，在云南民族的葬礼中，又有一些仪式和习俗表达着这种对亡灵既敬又怕的矛盾心理。人们往往通过仪式表明人鬼殊途，划清界限，祈求鬼魂不要过度留恋人间，也不要纠缠生者。白族出殡之日，送葬的队伍一将死者棺木抬出大门，就有人开始将数日来积累的稻草、杂物清扫出去，送葬的队伍送完死者最后一程，折返回家的时候，家中的人已经准备好一堆松柏点燃的火，送葬之人要从火堆上跨过方可进入家门，一进家门还要喝上一大碗红糖姜茶。这些举动，都在暗示生者与死者已经分离。西双版纳的傣族送葬归来同样要跨过寨口一堆点燃的香火，回家后还要用洗米水洗头意为去邪。独龙族参加送葬的人们回来时都要到河边洗脚，以防死者鬼魂缠身。阿昌族在把死者送到墓地并准备往墓穴里掩土的时候，死者的儿女、儿媳要背向墓穴，请人把土放在上衣后襟上，再抖落到墓坑里，同样表示生者与死者的分离。纳西族举行火葬的时候，最后留下来收葬骨灰的两名男子离开之时，还要采取一些技巧，其中一人会打几下火镰，故意打不着，然后对另一人说自己去找火，让对方等着。然后便悄悄溜走。过一会之后，另一个人也假装说去挑水之类的，让亡魂等在那。然后便匆匆回家，留亡魂在墓地等候。纳西族认为这样就会中断亡魂与生者的联系。布朗族丧礼上还要专门请"召曼"主持一个生者与死者割断联系的仪式。仪式中要用芭蕉叶包上一些草烟、草排带到寨心处，召曼将这些东西砍成两段，一段放在死者身旁，一段则交生者保存，此举意为割断了生者与死者的联系，死者亡灵不会再纠缠生者。在送葬结束后，召曼走在送葬队伍的最后面，边走边念经驱鬼，并为全寨子的人叫魂："走吧，活着的人都一起回寨子去吧。竜山是

图下 7-11　景颇族送葬舞《金再再》

很脏的地方，是死人在的地方，大家不要呆在这里，赶快返回寨子去！死去的某某某，我们全寨子都与你割断了关系，你千万不要带走活人的灵魂，你要是不听话，当心全寨人用枪打你！"⑱

云南各民族普遍有灵魂信仰，人死后，要为之举行隆重的葬礼，安抚死者灵魂。在葬礼中，很多民族都有吟唱指路经、开路经、送魂经、招魂经、送丧歌的习俗。指路经、送魂经等往往以韵文的形式体现，实际上就是一篇篇优美的诗歌，是饱含着生者对死者的深厚情感的动人诗篇。

指路经中最突出的内容就是给死者亡魂指路，让其魂灵顺利回归祖先故地。由于很多民族认为自己的祖先原来居住在遥远的地方，因而在人死亡后，其灵魂也应该回到祖先过去的居住地。这种观念的产生，与一些民族曾经经历过不断的迁徙有一定的关系，一些民族在送葬时吟诵的指路经中往往也蕴含着与祖先迁徙历史的契合。哈尼族经历过频繁的迁徙历程，哈尼族的史诗《哈尼阿培聪坡坡》就是一部著名的迁徙史诗。因而，在哈尼族的葬礼中，主人家要邀请摩匹即祭师为死者念诵指路经和家谱，以便死者顺利回归祖先故地并在阴间和祖先相认。阿昌族在丧葬仪礼上有给死者送魂的仪式，阿昌族认为每个人都有三个魂，人死后，一个魂要供在家里，一个魂要送到坟上，另一个魂则要送回祖先所在地。如果有高龄老人去世，家人便会请巫师来吟诵歌颂始祖功绩的创世史诗《遮帕麻与遮米麻》，吟诵过程一般要持续一天一夜，内容主要讲述祖先的英雄业绩和迁徙历程，并告诉亡者的灵魂阿昌族的祖先是谁，祖先如何繁衍了阿昌族后人，祖先的灵魂安息的地方所在，引导亡者灵魂沿着祖先迁徙的路线回到祖灵所在的老家去⑲。生活于怒江福贡的白族支系勒墨人在死者丧礼上要唱送葬歌，歌名叫《魂归故里》，其中主要讲述了勒墨人的祖先从大理迁徙到怒江地区的过程中所经过的各个地方，以及迁徙途中所遭遇的困难甚至是与其他民族和群体的冲突和斗争，最后祖先来到福贡定居下来。所以，死者的亡灵要沿着祖先的迁徙路线回归曾经的故乡，回到祖先的居住地。

在云南彝族支系撒尼人中，人们认为人死后要回到祖先居住过的叫做"阿着底"的地方，因而在人死后，也要由毕摩在死者灵前唱指路经，为其指明回到"阿着底"的路途，还有追忆民族历史、祖先生活的唱词，内容丰富，有时唱词长达上万行。纳西族同样有将死者灵魂送回祖先居住之地的传统习俗，各地纳西族都有十分详细的送魂路线，灵魂返祖地经过的每一个地名都在口传或书写的东巴经中标出，故这种送魂路线实际反映了古代纳西族由北向南迁徙的历史轨迹⑳。

指路经中还常常反映出各民族的生死观，对生死的看法，或者是对死者将要去的彼岸世界的理解和描述。云南禄丰地区的彝族中流传的《指路经》中就体现了民众对生与死的看法，经文中唱道："世上有生必有死，人人都过生死关。世上易找不育者，世上难找不死人。""自古生死不一定，自古生死不由人。"㉑经文中明确指出生死既然是自然万物之定律，那么顺其自然会更好些。

彝族《指路经》中把人死后亡魂居住的地方设想为世外桃源般的美丽所在："大山翠茵茵，树花亮晃晃，栗树红彤彤，麻栗树似伞，梨树花烂漫。雀鸟叫喳喳，獐鹿顺山逛。右边看一眼：右边有水塘，水波轻荡漾，白鱼尾尾长，红鱼把嘴露；此处宜放鸭，附近可养鸡，挑水很方便，还有好菜园。左边看一眼：左边是旱地，旱地平坦坦，还有包谷地，麦田在近旁。门前看一眼：水田水汪汪，养鱼有鱼塘，大田展展平，水田弯弯长，宜种白米谷，也可种红谷，糯谷也适栽，还有香稻田；水口有水淌，水声潺潺响……"㉒在纳西族东巴经《雌逸姑树腊》中也描述了各个氏族祖先所住的地方青草或镟镝铺满大地，白鹿在山上游逛，牦牛在山上嬉戏的美好情景㉓。彝族支系撒尼人指路经中描绘的祖先故地"阿着底"是一个不冷不热、不饥不渴、不黑不暗的地方，如同人间仙境一般地美丽和舒适，非常适于居住和生活。这样的描绘自然也与人们对于死后的彼岸世界的憧憬不无关系，把亡灵居住的世界幻想和描绘成世外桃源一样美丽，自然也在一定程度上消除生者对于死亡的恐惧。换而言之，对彼岸世界的美化同样也反映了人们对于死亡的达观态度。

云南各民族一方面以歌舞方式取悦死者，另一方面也会以哭丧的方式来表达悲痛与怀念。哈尼族通常由"搓厄厄玛"也就是职业的哭丧女来担任，也就是由她们来给死者哭唱挽歌。她们会坐在棺材前面，哭唱亲人的悲伤，哭唱死者的生平，还可能引申到民族历史、天地万物。其唱词不亚于优美的诗篇。石林一带的彝族有《送魂曲》，又被称之为《人生三部曲》，其内容首先是追述死者从生到死的生命历程中成家立业、养儿育女等。其次是描述死者在阴间的生活场景，并安慰死者家属，要求生者不要过分悲痛，搞好生产生活。最后是说丧事已办完，死者灵魂已送到其回归之所，生者要振作精神。大理地区的白族在丧礼上有一个重要的仪式就是请人为死者吟诵一篇至数篇祭文。祭文的内容除了回顾死者的人生经历，也有对死者的赞誉和怀念，同时还有希望死者保佑子孙后代的祈愿。这些祭文都用白语吟诵，充满韵律，加上吟诵者的抑扬顿挫，产生如泣如诉的韵味和美感。

云南各民族中流传的这些送葬诗篇，既是生者情感的传达，也是民众智慧的结晶，表现了各民族对生与死的观念，在诗意的叙述当中传承着可贵的人生经验、坚定的生命信念和达观的生命意识，是传统文化中值得重视的重要组成部分。

【注释】

① 朱宜初、李子贤主编：《少数民族民间文学概论》第 130 页，云南人民出版社 1983 年。

② 汪宁生：《云南考古》第 11—26 页，云南人民出版社 1992 年。

③ 玉腊编著：《百彩千辉——云南民族服饰》第 135 页，云南教育出版社 2000 年。

④ 大理白族自治州文化局编：《白族民间歌谣集成》第 373 页，云南民族出版社 1997 年。

⑤ 段炳昌、赵云芳、董秀团编著：《多彩凝重的交响乐章——云南民族建筑》第 96 页，云南教育出版社 2000 年。

⑥ 蒋高宸编著：《云南民族住屋文化》第 369 页，云南大学出版社 1997 年。

⑦ 蒋高宸主编：《云南大理白族建筑》第 38 页，云南大学出版社 1994 年。

⑧ 张金鹏、寸云激著：《民居与村落——白族聚居形式的社会人类学研究》第 10 页，云南美术出版社 2002 年。

⑨ [唐] 樊绰撰，向达原校，木芹补注：《云南志补注》第 111 页，云南人民出版社 1995 年。

⑩ [元] 李京撰，王叔武校注：《云南志略辑校》第 87 页，云南民族出版社 1986 年。

⑪ 骆锐、邵宛芳：《云南普洱茶的发展历史探讨》，《茶叶》2006 年第 2 期。

⑫ [唐] 樊绰撰，向达原校，木芹补注：《云南志补注》第 103 页，云南人民出版社 1995 年。

⑬ 刘亚虎：《南方史诗论》第 69 页，内蒙古大学出版社 1999 年。

⑭ 刘亚虎：《南方史诗论》第 175 页，内蒙古大学出版社 1999 年。

⑮ 吴存浩：《中国民俗通志·婚嫁志》第 36 页，山东教育出版社 2005 年。

⑯ 中国科学院民族研究所云南民族调查组、云南省历史研究所民族研究室编：《云南省阿昌族社会历史调查材料》"阿昌族调查资料之一" 第 66 页，1963 年。

⑰ 汪宁生：《云南沧源崖画的发现与研究》第 76 页，文物出版社 1985 年。

⑱ 征鹏、杨胜能：《西双版纳风情奇趣录》第 219 页，云南民族出版社 1997 年。

⑲ 刘亚虎：《南方史诗论》第 13 页，内蒙古大学出版社 1999 年。

⑳ 杨福泉：《原始生命神与生命观》第 170 页，云南人民出版社 1995 年。

㉑ 罗曲、李文华：《彝族民间文艺概论》第 319 页，巴蜀书社 2001 年。

㉒ 蔡毅、尹相如：《幻想的太阳——民族宗教与文学》第 236 页，云南人民出版社 1992 年。

㉓ 杨福泉：《原始生命神与生命观》第 173 页，云南人民出版社 1995 年。

主要参考文献

1. 《担当诗文全集》，（明）担当著，方树梅辑，余嘉华、杨开达补辑点校，云南人民出版社、云南美术出版社 2002 年版。

2. 《滇考》，（明）冯甦著，李孝友、徐文德校注，云南民族出版社 2002 年版。

3. 《滇略》，（明）谢肇淛著，文渊阁《四库全书》本。

4. 《滇南诗略》，（清）袁文典等纂辑，民国《云南丛书》本。

5. 《滇南文略》，（清）袁文揆等纂辑，民国《云南丛书》本。

6. 《滇诗丛录》，（民国）袁嘉谷等辑，民国《云南丛书》本。

7. 《滇史》，（明）诸葛元声著，刘亚朝校点，德宏民族出版社 1994 年版。

8. 《滇系》，（清）师范纂辑，民国《云南丛书》本。

9. 《滇云历年传》，（清）倪蜕辑，李埏点校，云南大学出版社 1992 年版。

10. （天启）《滇志》，（明）刘文征著，古永继点校，云南教育出版社 1991 年版。

11. 《关中奏议》，（明）杨一清著，《四库全书》本。

12. 《汉书》，中华书局 1962 年版。

13. 《后汉书》，中华书局 1965 年版。

14. 《华阳国志校补图注》，（晋）常璩著，任乃强校注，上海古籍出版社 1987 年版。

15. 《晋书》，中华书局 1974 年版。

16. 《旧唐书》，中华书局 1975 年版。

17. 《李元阳集》，（明）李元阳著，施立卓编校，云南大学出版社 2008 年版。

18. 《丽郡诗文征》，（清）赵联元辑，民国《云南丛书》本。

19. 《蛮书校注》，（唐）樊绰著，向达校注，中华书局 1962 年版。

20. 《纳西东巴古籍译注全集》100 卷，云南人民出版社 2001 年版。

21. 《南来堂集》，（明）苍雪著，民国《云南丛书》本，上海王培孙辑校本。

22. 《南齐书》，中华书局 1972 年版。

23. 《南诏野史会证》，（明）倪辂辑，（清）王崧校理，（清）胡蔚增订，木芹会证，云南人民出版社 1990 年版。

24. 《钱南园诗文集校注》，（清）钱南园著，余嘉华等编校，云南民族出版社 2007 年版。

25. 《全明诗》，章培恒主编，上海古籍出版社 1990 年版。

26. 《全上古三代秦汉三国六朝文》，（清）严可均辑，中华书局 1958 年版。

27. 《全宋诗》，北京大学古文献研究所编，北京大学出版社 1998 年版。

28. 《全宋文》，四川大学古籍研究所编，上海辞书出版社 2006 年版。

29. 《全唐诗》，彭定求等编，中华书局 1979 版。

30. 《全唐文》，董浩等编，中华书局 1983 年版。

31. 《三国志》，中华书局 1959 年版。

32. 《石淙诗钞》，（明）杨一清著，嘉靖刻本。

33. 《史记》，中华书局 1959 年版。

34. 《四库全书总目》，（清）纪昀著，河北人民出版社 2000 年版。

35. 《宋史》，中华书局 1977 年版。

36. 《宋书》，中华书局 1974 年版。

37. 《隋书》，中华书局 1973 年版。

38. 《通典》，（唐）杜佑著，中华书局 1988 年版。

39. 《西南彝志》，王运权等编译修订，贵州民族出版社 2004 年版。

40. 《新唐书》，中华书局 1975 年版。

41. 《新纂云南通志》，（民国）龙云、卢汉著，民国三十八年铅印本。

42. 《徐霞客游记校注》，（明）徐弘祖著，朱惠荣校注，云南人民出版社 1985 年版。

43. 《雪山诗选》，（明）木公著，明嘉靖刻本。

44. 《杨升庵丛书》，王文才等纂，四川天地出版社 2001 年版。

45. 《彝族毕摩经典译注》106 卷，云南民族出版社 2011 年版。

46. 《永昌府文征》，李根源纂辑，民国刊印本。

47. 《云南丛书》，赵藩等纂辑，中华书局 2010 年版。

48. （道光）《云南通志》，（清）阮元、李诚，道光十五年刻本。

49. （万历）《云南通志》，（明）李元阳，民国三十八年铅印本。

50. （景泰）《云南图经志书》，（明）陈文撰修，李春龙、刘景毛校注，云南民族出版社 2002 年版。

51. 《云南志补注》，木芹补注，云南人民出版社 1995 年版。

52. 《云南志校释》，赵吕甫校释，中国社会科学出版社 1985 年版。

53. 《云南志略辑校》，（元）李京著，王叔武校注，云南民族出版社 1986 年版。

54. 《元史》，中华书局 1976 年版。

55. 《张愈光诗文选》，（明）张含著，民国《云南丛书》本。

56. 《资治通鉴》，中华书局 1956 年版。

57. 《白语汉词考释》，杜秉钧著，云南人民出版社 2009 年版。

58. 《白族民间歌谣集成》，大理白族自治州文化局编，云南民族出版社 1997 年版。

59. 《白族心史》，侯冲著，云南民族出版社 1994 年版。

60. 《百彩千辉——云南民族服饰》，玉腊著，云南教育出版社 2000 年版。

61. 《布朗族氏族公社和农村公社研究》，颜思久著，中国社会科学出版社 1986 年版。

62. 《大理丛书·金石篇》，杨世钰、张树芳等，中国社会科学出版社

1993 年版。

63. 《大理古碑研究》，周祜著，云南民族出版社 2002 年版。

64. 《傣族史》，江应樑著，四川人民出版社 1983 年版。

65. 《滇国探秘——石寨山文化的新发现》，蒋志龙著，云南教育出版社 2002 年版。

66. 《滇国与滇文化》，张增祺著，云南美术出版社 1997 年版。

67. 《滇南碑传集》，方树梅纂辑，李春龙、刘景毛等点校，云南民族出版社 2003 年版。

68. 《滇云文化》，林超民主编，内蒙古教育出版社 2006 年版。

69. 《东巴神话研究》，白庚胜著，社会科学文献出版社 2002 年版。

70. 《多彩凝重的交响乐章——云南民族建筑》，段炳昌、赵云芳、董秀团著，云南教育出版社 2000 年版。

71. 《方国瑜文集》五卷本，方国瑜著，云南教育出版社 1994 年版。

72. 《古滇文化思辨录》，余嘉华著，云南教育出版社 1997 年版。

73. 《幻想的太阳——民族宗教与文学》，蔡毅、尹相如著，云南人民出版社 1992 年版。

74. 《景颇族山官制度研究》，龚佩华著，中山大学出版社 1988 年版。

75. 《昆明佛教史》，昆明市宗教局编，云南人民出版社 2001 年版。

76. 《丽江历代碑刻辑录与研究》，杨林军著，云南民族出版社 2011 年版。

77. 《林超民文集》四卷本，林超民著，云南人民出版社 2010 年版。

78. 《民族问题五种丛书》，云南人民出版社 1980 年版。

79. 《明代云南文学研究》，孙秋克著，云南人民出版社 2010 年版。

80. 《明季滇黔佛教考》，陈垣著，河北教育出版社 2002 年版。

81. 《纳西族文化史论》，杨福泉著，云南大学出版社 2006 年版。

82. 《纳西族文学史》，和钟华、杨世光著，四川民族出版社 1992 年版。

83. 《南传佛教与傣族文化》，刘岩著，云南民族出版社 1993 年版。

84. 《南方史诗论》，刘亚虎主编，内蒙古大学出版社 1999 年版。

85. 《南诏大理国新资料的综合研究》，李霖灿著，台北故宫博物院 1982 年版。

86. 《少数民族民间文学概论》，朱宜初主编，云南人民出版社 1983 年版。

87. 《天国的边缘——云南上座部佛教的历史和经典》，姚珏著，云南大学硕士学位论文 2002 年。

88. 《晚清留日学生与近代云南社会》，周立英著，云南大学出版社 2011 年版。

89. 《汪宁生论著萃编》，汪宁生著，云南民族出版社 2001 年版。

90. 《西南寺庙文化》，段玉明著，云南教育出版社 1992 年版。

91. 《西双版纳份地制与西周井田制比较研究》（修订本），马曜、缪鸾和著，云南人民出版社 2001 年版。

92. 《续云南碑传集校补》，方树梅纂辑，云南民族出版社 1993 年版。

93. 《彝族典籍文化》，朱崇先著，中央民族大学出版社 1994 年版。

94. 《彝族古代文论》，王冶新著，贵州人民出版社 1997 年版。

95. 《彝族民间文艺概论》，罗曲、李文华著，巴蜀书社 2001 年版。

96. 《元谋人发现三十周年纪念暨古人类国际学术研讨会文集》，云南科技出版社 1998 年版。

97. 《原始生命神与生命观》，杨福泉著，云南人民出版社 1995 年版。

98. 《云南沧源崖画的发现与研究》，汪宁生著，文物出版社 1985 年版。

99. 《云南丛书书目提要》，李孝友、张勇、余嘉华著，2010 年版。

100. 《云南大理白族建筑》，蒋高宸著，云南大学出版社 1994 年版。

101. 《云南傣族土司文化研究论文集》，云南民族出版社 2008 年版。

102. 《云南歌舞戏曲史料辑注》，顾峰著，云南省民族艺术研究所戏剧研究室编印 1986 年版。

103. 《云南贵州辛亥革命资料》，中国科学院历史研究所第三所编辑，科学出版社 1959 年版。

104. 《云南考古（1979—2009）》，杨帆，云南人民出版社 2010 年版。

105. 《云南考古》，汪宁生著，云南人民出版社 1980 年版。

106. 《云南考古文集》，云南民族出版社 1998 年版。

107. 《云南民族史讲义》，方国瑜著，云南人民出版社 2013 年版。

108. 《云南民族住屋文化》，蒋高宸著，云南大学出版社 1997 年版。

109. 《云南人类起源与史前文化》，云南省博物馆编，云南人民出版社 1991 年版。

110. 《云南史料丛刊》（1—13 卷），方国瑜主编，云南大学出版社 1998—2001 年版。

111. 《云南史料目录概说》，方国瑜著，中华书局 1984 年版。

112. 《云南通史》，何耀华主编，中国社会科学出版社 2011 年版。

113. 《云南原始宗教》，杨学政、袁跃萍著，宗教文化出版社 2004 年版。

114. 《云南杂志选辑》，中科院历史研究所第三所编，科学出版社 1958 年版。

115. 《藏族、纳西族、普米族的藏传佛教》，杨学政著，云南人民出版社 1994 年版。

116. 《中国贝叶经全集》100 卷，人民出版社 2010 年版。

117. 《中国歌谣集成·云南卷》，中国民间文学集成委员会编，中国 ISBN 中心 2002 至 2003 年版。

118. 《中国近代史资料丛刊·辛亥革命资料丛刊》第 6 册，中国史学会主编，上海人民出版社 1957 年版。

119. 《中国民间故事集成·云南卷》，中国民间文学集成委员会编，中国 ISBN 中心 2002 至 2003 年版。

120. 《中国少数民族原始宗教经籍汇编·东巴经卷》，习煜华、赵世红主编，中央民族大学出版社 2009 年版。

121. 《中国西南历史地理考释》，方国瑜著，中华书局 1987 年版。

122. 《中国西南民族考古》，张增祺著，云南人民出版社 1990 年版。

123. 《中国戏曲志·云南卷》，中国 ISBN 中心 1994 年版。

124. 《中国谚语集成·云南卷》，中国民间文学集成委员会编，中国 ISBN 中心 2002 至 2003 年版。

125. 《中华文明史》，袁行霈等主编，北京大学出版社 2006 年版。

索　引

K

L

M

后　记

　　遵照中央文史研究馆要求，云南省文史研究馆，八易其稿方确定篇目，全卷撰写成稿后又经四审四改，不断增益新知、深化认识、提高质量，历时六载编就《中国地域文化通览·云南卷》，展现云南历史悠久、民族交融、文化多姿多彩的画卷，彰显云南各族对中华文化的贡献，并对云南文化特质做了探索。

　　本书得到中央文史研究馆馆长、《通览》主编袁行霈教授指教。国务院参事室主任、《通览》执行副主编陈鹤良，中央文史研究馆《通览》审读小组王尧教授、陈祖武教授、柴剑虹编审及陈思娣司长，亲临云南指导。

　　本卷组委会主任、云南省人民政府副省长丁绍祥同志一直关心、支持编撰工作，本馆四任馆长何宣、黄立新、刘智、王维真同志把握方向，组织推动编撰任务完成；编委会主任、名誉馆长张文勋教授厘定思路、点将分工，组建编撰班子；编委会成员各展所长，集思广益，完善编目；主编林超民教授拟定纲目、统揽全稿并撰绪论和上编；副主编余嘉华教授统筹下编并撰下编第六章及第五章一部分，为上编各章的文学部分撰写文稿；副主编张亚平副馆长主持编委会日常工作并撰下编第七章部分内容。下编其余各章撰稿人是：第一章王元辅、杨新旗、金黎燕、郑成军、张晖，第二章张勇、李孝友、萧霁虹、张庆松、梁晓芬，第三章伍雄武，第四章王国祥，第五章郑卫东、张一龙、郗卫宁，第七章董秀团、杨世光。

云南省民委、云南省宗教事务局审阅书稿并就民族宗教政策给予审核把关，李惠铨编审、朱端强教授、周智生教授应邀阅改书稿，为提高学术质量作出了贡献。编撰办公室杨世领、李亚明、范妤、李婧同志提供编务和组织协调服务，刘聪、王春桥、杨勇、黄泓泰同志编写索引，付出了辛勤劳动。

谨向关心支持、指导帮助本卷编撰的领导、专家、同仁表示衷心感谢！由于能力和学术水平有限，尽管作了极大的努力，缺陷或疏漏仍在所难免，恳祈方家与读者批评指正。

编者

2013 年 11 月

跋

　　《中国地域文化通览》34 卷系国家重点文化工程。经过六年的努力，终于出版发行。我谨代表《通览》组委会和编委会，向参与《通览》撰稿的 500 多位专家，参加讨论和审稿的各位专家，以及以各种方式给予本书关心、支持和帮助的领导及朋友们，向精心编校出版本书的中华书局，表示衷心的感谢和崇高的敬意！

　　在这部约 1700 万字的巨著公开发行之际，我有三点想法愿向读者请教：

　　《通览》是我国第一部按照行政区划梳理地域文化，学术性、现实性和可读性兼备的大型丛书。在大量可信资料的基础上，《通览》各分卷纵向阐述本地文化发展的历史脉络，横向展示各地独具魅力的文化特色和亮点，可视为系统、准确地了解我国地域文化底蕴的读物。2008 年 7 月，在确定《通览》作为国家重点文化工程时，国务委员兼国务院秘书长马凯明确指出：“希望精心准备，通力合作，成为立意高远、内容殷实、史论结合、特色鲜明的传世精品。”本着这一指导方针，中央文史研究馆和各省、自治区、直辖市文史研究馆、文化机构或文化组织，均高度重视、精心组织实施，并在当地政府的指导下，聚集各领域的专家学者，协力攻关。这是《通览》编写工作得以顺利推进的重要原因。香港卷、澳门卷、台湾卷亦在各方社会贤达和学界名家的参与和支持下完成。

　　《通览》编撰历时六年，先后召开规模不同的各种论证会、研讨会、审读会上千次。袁行霈馆长亲任主编，国务院参事室原副主任陈鹤良和12位中央文史研究馆馆员任副主编,主编统揽全局,副主编分工联系各分卷,从草拟章节目录到审定修改书稿的各个阶段,他们均亲自参与,非常认真负责,严守学术规范。全书普遍进行了"两上两下"的审改,有些分卷达三四次之多。各卷提交定稿后,编委会还进行了集体审读,各卷根据提出的意见做了最终的修订。贡献最大的还是各位撰稿人与各卷主编,他们研精覃思,字斟句酌,不惮其烦,精益求精,这是本书水平的保证。中华书局指定柴剑虹编审提前参加审稿讨论,收到书稿后又安排了三审三校。中华书局的一位编审感慨地说:"像《通览》这样集体编撰的大部头著作,能有如此严肃认真的态度,近年来确实不多见。"

建议各地运用电视、广播、网络、报刊等,对本书加以必要的推介、宣传、加工和再创作。可根据《通览》的内容,改编为中小学的乡土教材,以加强对青少年了解家乡、热爱家乡的教育。可用人民群众喜闻乐见的多种形式,让中华优秀传统文化滋润民众的心田。地域文化所蕴含的优秀传统文化基本元素,更普遍更有效地融入社会道德文化建设,必将有助于提升全体国民的道德素质和文化修养。

当前,地域文化研究如何深入?一是可对近百年来地域文化的发展脉络做出梳理,也就是撰写《通览》的续编。我们鼓励有条件的地方政府,率先独立负责地启动《通览》续编的工作。若能为《通览》补上1911年后的百年之缺,无疑是件大好事。二是拓展地域文化的科学研究,进一步探讨中国地域文化发展变化的规律,努力建设扎根于民间、富有时代特征、紧密服务于经济社会发展的地域新文化。文化大发展大繁荣,不能割断历史,不能超越历史,而只能在继承优良传统的基础上有所创造、有所创新。三是要探讨中华地域文化同世界文明的关系。今日之中国已同世界各国一道进入了经济全球化和信息化快速发展的新时期,只有放眼世界,博采众长,才能建设好我国的新文化。

总之,我们希望各地重视这部书,充分利用它,并进行地域文化的更深入研究。

《通览》生动展现了中华地域文化的多样性,揭示了中华文明多元一体的大格局。正确认识和处理统一性和多样性的关系,非常重要。这不仅是发展地域文化的要求，也是中国现代化建设的基本要求。一个国家、一个民族，尊重和倡导多样性，才能源源不断地激发全社会的创新活力，否则势必导致单一、呆板、停滞和退化。历史和现实表明，尊重和倡导多样性，对今天的国人来说，实在是太重要、太紧迫了。无庸置疑，社会主义为经济、文化、社会发展的多样性，开辟了前所未有的巨大空间。一方水土养一方人，一方水土孕育一方文化。当地域文化所蕴含的中华民族固有的道德、智慧和审美，渗透到人们的思想、行为、情感和性格中去，渗透到经济活动、城乡建设、社会管理等领域中去，那么我们的经济建设、政治建设、文化建设、社会建设、生态文明建设必将呈现出更加生机勃勃的繁荣景象。我们期待着，无论是历史名城还是新兴城市，都拥有自己的独特风格和文化内涵，如城市建筑再也不要从南到北都是"火柴盒"式的高楼林立。我们还期待着，在文化和艺术领域能涌现出越来越多植根于乡土的传世佳作，使中华文明的百花园更加绚丽多姿。当神州大地现代化建设万紫千红、异彩纷呈的时候，也就是中华民族真正强大和受人尊敬的时候。

综观数千年，中华文化不仅源远流长，博大精深，而且峰峦迭出，代有高峰。弘扬中华文化是21世纪的中华儿女共同肩负的神圣使命。我们愿为此贡献绵薄之力。

陈进玉

2012 年 11 月 21 日